总主编◎曹胜强 徐 玲

安 涛 陶道强◎主编

台儿庄大战

资料选辑

下卷

中国社会科学出版社

目 录

下 卷

下　卷

3.《申报》（汉口）

敌俘虏供词

【本市消息】临沂大胜，我俘虏敌军甚众，其中敌一等兵玉利六夫供称：（一）在此间作战部队为坂垣第五师团长，野片野粟饭原三部联队，约九千余人，骑兵四五百人，战车二十余辆，装甲车五六十辆，飞机十余架，炮二十余门，在沂河两岸作战，敌伤亡确有三千余人，官兵伤亡者甚多。刘家湖之役，第三联队长平田，第九中队长中村均阵亡，第三大队全军覆没。（二）敌作战时均着白昼，因地形不熟，极患夜战时冲锋。（三）国内厌战，士兵来华后，自缢而死者甚多，因退后必被杀，前进必阵亡，被俘虏，不如自缢全尸而死等语。

摘自《申报》（汉口）1938 年 2 月 22 日　第二版

沂水莒县相继克服

【徐州二十七日本报专电】津浦北段西犯之敌，现已有终止西进形势。惟二十七日又有一部敌军经兖州开往济宁。在嘉祥之敌约三团，皆为机械化部队。又微山湖之敌四出收买散匪，然均不愿附敌，故无收效。

【徐州二十七日本报专电】津浦北段右翼，我军连日先后克服沂水、莒县等地，我第 X 战区第一游击司令刘震东于沂水一役殉职。又敌侵我日照涛雒后，复于二十六日由涛雒向我虎山阵地进犯，伪军有连长一人率部向我投诚，迄二十七日仍在激战中。又亘烽之敌千余，二十六日向我碑郭一带进犯，迄未得逞。

【徐州二十六日中央社电】津讯：冀省游击队活动范围，现已达到津浦沿线，二十五日马厂附近之铁桥已被破坏。津济间通车已不能直达，游击队在王庆抢一带与敌军有冲突，二十六日有敌军数百人由津南下。

【曹县二十七日本报专电】嘉祥方面，连日经我某部死拼，情况转好，迄二十七日晨已不敢再向西犯。嘉祥仍在我手中，现嘉祥村、孟良山、河长口、唐家口一带我阵线牢固。又我生力军某部，已由津浦正面某地出动，夹击敌之侧面。

【徐州二十七日中央社电】蒙阴之敌，向费县进犯，被我伏兵在县公路埋有电雷，二十五日午炸翻敌汽车五辆，敌死伤百余名，我伏兵亦同时跃起，将随行之敌包围，除歼灭者外，并生擒二十余名，二十七日解徐发落。

【徐州二十七日中央社电】临城二十七日电话：二十五二十六两日，敌均以少数部队向我香城（邹县东南）阵地进犯，均被击退，顷据军息，邹县敌军已备妥枪弹，有攻香城说。

【徐州二十七日中央社电】二十六日晚我军某部进至东西安东（日照南），敌据寨墙碉楼顽抗，二十七日敌又增援。我奋勇拖延，毙敌甚多，至下午二时，敌又来飞机二架助战，炮火极烈，我敌各伤亡约四五百名，现仍在激战中。

淮河战局我能控制

【徐州二十七日中央社电】（一）津浦南段敌军，新开到大部队，向铁路东侧移动，似有在洪泽湖附近再度北犯企图。（二）雍家镇裕溪口……

津浦全线战况概述

【徐州二十七日中央社电】旬日来津浦北段两翼之紧张局面，现已逐渐转佳。右翼之敌，自分山东北西北两路以我临沂为进犯中心后，其由东北进犯一路，势甚猖獗，诸城莒县日照既相继被陷，穆陵关及沂水亦先后不守，致临沂情势一度告急，顷据军息，我某军会同陆战队及当地民团连日与敌浴血抗战，猛烈反攻，传将莒县及沂水收复，残敌狼狈北窜，该敌多系匪伪，实力本弱，复经此重创，似不足为患。其由西北进犯一路，则始终被我拒阻于蒙阴泗水一带，迄未得隙南侵，现临沂已转危为安，众信该翼为泰沂山脉所绵亘，即所谓三角形山脉地带，如我此后能善于运用地势，滞敌在该翼展开山地战，即足以予敌重创。至左翼之敌，先后突破济宁汶上之重围，曾用主力渡过运河，分趋嘉祥金乡，一面并征调船只，有逾越南阳湖模样，当经我某某两部迎战，敌损失甚重，惟嘉祥终被其攻陷，我现改守巨野金乡一带，仍不时向敌反攻。又据军息：该敌主力现又大部向济宁回撤，窥其意，似以该翼湖沼纵横，湖沼战非其所长，故对原由该翼侧袭陇海之企图，已知难而退。此外铁路正面，我敌仍在两下店对峙，惟双方时用威力搜索及侦察，仅有小冲突。

摘自《申报》（汉口）1938 年 2 月 28 日　第一版

嘉祥敌军进犯巨野

【曹县一日本报专电】津浦北段西犯之敌，连日在嘉祥经我军奋勇抗战，一日敌之先头部队步兵千余人，改绕道向巨野进犯，我军早已配备重兵，严阵以待。又济宁敌三百余人，一日用小船数十支企图偷渡南阳湖，已被我炮兵击退。又正面邹县以南张庄卞庄之敌，亦有南犯模样。

【曹县二日上午一时本报专电】嘉祥方面战事，相持已达五昼夜，我X师某部占领城东洪山，尖山高地，敌三次进犯，均未得逞，后以敌军源源增援，环绕围攻，阵地被毁，刻奉令扼守万福河南岸之线。

【徐州一日中央社电】敌七八百人，一日由嘉祥向巨野进犯，我正截击中。同时汶上属开河镇南岸三官集高店等处，一日亦发现小股敌军出没。

【徐州一日中央社电】伪军国弼臣师，现已开到青岛，正用汽车向日照方面运输中。我军某部廿八日晚向石家屯（莒县西南）之敌攻击，现仍在激战中。

淮河南岸战机转寂

【寿县一日中央社电】近来淮河南岸战事，虽呈胶着状态，但我军仍随时活动，始终不能予敌有安憩之一日。全椒方面小马厂之敌，廿八日被我攻击后，已退大马厂。凤阳方面之淮滁公路附近，我军民配合运动，敌已视为畏途，不敢与交绥。

【徐州一日中央社电】敌防我袭击，于蚌埠各重要地点及小蚌埠，均设有地雷，沿淮河北岸十里以内之村庄，亦均被敌焚毁。

【阜阳廿八日中央社电】据蚌埠临淮关怀远之敌，渡淮西犯，此间业有官电证实。敌后方部队，并向前增进。据怀远之敌，有少数窜至涡河岸之河溜集地方（在怀远西北），我精锐部队顷向涡河某据点挺进中，大战即将展开。又怀远由文昌阁北门至北，西至栏杆，东至木厂，均成一片焦土。

【徐州一日中央社电】徐北微山湖，最近发现股匪百余名，闻内有少数系刘匪桂堂之残部，在铜山沛县境有骚扰模样。徐保安司令李明扬，一日午偕铜山县长曹寅甫亲到微山湖视察，并指挥两县部队会剿。

【徐州一日中央社电】军息：（一）定远境永康集藕塘集武王庙一带，有敌约两千名。（二）全椒现有敌四百余，和县西梁山白渡桥等处，有敌四百余。（三）鲁豫交界楚河北岸之敌，因被我南岸部队监视，无法偷渡。

【郑州一日中央社电】前方来人谈：豫北民众，不堪敌军之蹂躏，均纷起抗战，侵入博爱之敌，因烧杀奸掠，激起民愤，日前有大部武装民众，将敌诱至济源山黄庄一带，予以痛击，敌伤亡百余人。

摘自《申报》（汉口）1938 年 3 月 2 日　　第一版

敌俘虏供词
【本市消息】临沂大胜

津浦北段战况已转趋稳定
【徐州二日本报专电】津浦左翼嘉祥方面，我改守巨野金乡间之万福河，现嘉祥敌约三千，我军在万福河沿岸防守，敌时以步兵七八百人向我嘉祥西南纸坊集，独山集等处前进，袭我阵地，另有小部犯马村血沽一带，均被我击退，兖州敌司令部设在花园饭店。又闻济南之普利门、大西门，城内均有伪军维持治安。

【徐州二日中央社电】津浦北段两翼战况，现均稳定。犯我右翼之敌，西北一路仍被我拒阻于蒙阴泗水，东北一路，则在沂水莒县日照以南，与我对峙。沂水虽经我一度收复后，又陷敌手，莒县则始终为敌盘踞，前传收复说不确。闻东北一路之敌，原以刘桂堂匪部两千余人为基干，另佐以日浪人刘佩忱所率之流氓地痞千余人，实力极弱。自刘桂堂部被我击溃，刘佩忱部多数投诚，敌已调板垣师团之一联队开赴胶东，现我生力军亦已开该翼增防。犯我左翼之敌，自攻陷嘉祥，即将主力撤回济宁，有久守意。我现扼守巨野以东金乡以北之某某两河，观察家认敌之西犯嘉祥，目的似在压迫该翼我军远离运河西岸，以免济宁之时受我反攻。至北段正面，日来仍沈寂。

【徐州二日中央社电】嘉祥城内有敌约三千余，一日向我幢山庄附近阵地进犯，被我奋勇击退。

【徐州二日中央社电】津浦南段临淮关蚌埠怀县之敌，现在四周埋设地雷，防我袭击，暂时并无再度北犯模样。至淮河南岸铁路两侧，几无时无我游击队之活动，惟此项战事，均为小接触。

【徐州二日中央社电】上窑新城口方面，数日来我敌隔河砲战，我官兵均有伤亡，一日午敌由外窑偷渡九十余名，同时新城口亦偷渡三十余名，均被击退。池河现有敌千余，由池河至滁县公路一带，我义勇军极为活跃，又珠龙桥广武街（滁县属）间公路，有敌战车十余辆，掩护修补。珠龙桥附近，并筑有工事。

【寿县二日中央社电】最近定远之敌，亦改取游击模样，定远与池河间有敌千余人，其方向不定。定远西十八星岗，三十里店一带，已无敌踪。凤阳山中曹家庄之敌，已退朱家徐大庄。一日敌在定远西靠山集有增加模样，我已入敌后路，截其归途。廿八日我将定远东桑家涧东西二桥破坏，敌运输遂被阻。又怀远之敌，时与我有小接触，怀远北贾家围子，泚河南岸太庄，均被敌焚烧净尽。前驻蚌埠宝兴公司之敌司令部，经我空军炸毙敌军官三人后。现移至西莱房。

【徐州二日中央社电】交通界息：南通、如皋、泰兴、泰县沿江各地，均甚安睦。江阴对岸之靖江，驻有敌军约三四百人，扬中被敌占据后，敌军掳去该地四乡妇女达五六百人。上月十五日，敌一度至泰兴江岸之天新桥上岸窥探，旋即离去。

【徐州二日中央社电】沿运各县秩序恢复，邵伯之敌，在鳅鱼口，筑有防御工事，扬州西南乡之黄珏桥，敌军始终未敢前往。因该处义军四起，敌受极大威胁。

摘自《申报》（汉口）1938 年 3 月 3 日　第一版

新乡传已收复

【曹州三日本报专电】津浦左翼，敌我仍在嘉祥西南巨野金乡间之万福河相持，无激战。河长口一带桥梁，均被我破坏，现敌强迫民众修理。安居镇之敌，由济宁向兖州正增援中，济宁敌数甚少。

【徐州三日中央社电】徐州一带三日竟日阴雨，津浦南北两端战事，均无大接触。北段正面，我敌依然在两下店附近相持，左翼我西北一路，对蒙阴泗水之敌，监视甚严，东北一路，亦在日照莒县沂水附近，向敌相机进攻。南段淮河北岸，我阵线无变化，淮河南岸我游击队在铁路两侧及滁六公路一带，不断活跃，敌主力始终被我抑留蚌埠凤阳定远一带地区，未敢有所作为。

【上海三日中央社海通电】过去数日间津浦北段及淮河一带之战事，已有根本之转机，日方之报告，仅称日军在津浦前线之阵线并未变更，实在华军在该处已极为活跃，华军向津浦路推进，猛烈侧击日军，并将日军，驱回铁路沿线，据此间今晨所得消息，蚌埠南九十公里之张八岭及铁路东廿五公里之来安，均已发生战事，日军对华军之侧击，已感不支，现已放弃其占领已数星期之阵地，被迫退出。

【徐州三日中央社电】全椒赤镇及张家桥敌，一日被我壮丁队袭击，已退上镇村，二日晨敌又进至千人会，经我壮丁队堵击，敌退回县城。黄家庵之敌，一部开大马厂，已与我壮丁队接触，一部东窜。

新到津敌军达十列车　将转各线增援

【徐州三日中央社电】津讯：新开到之敌军，一二两日共开到十列车，分在平津暂驻，将转赴各线增援。

摘自《申报》（汉口）1938 年 3 月 4 日　　第一版

新乡附近昨仍在激战　我正积极向侯马增援　氾水对岸龙王宫敌兵突增　似有偷渡企图　我军已严防

【郑州四日中央社电】我军克复新乡汲县（即卫辉）之消息，此间当局迄今尚未公布。关于该地近况，亦未接到报告，对收复经过，尚难明了。惟据其他方面所得消息，我某部生力军，自奉命渡河北进反攻后，以神速之行动，于其短期间，到达指定地点，事前曾与我新乡汲县之游击部队取得密切联络，故能一鼓而克汲县，再战而下新乡。闻新乡附近，四日仍有战事。又我克服滑县之某军，与逼近浚县之部队，刻亦向前推进，期于最短期间，肃清铁路东侧之敌。闻平汉线敌之主将土肥原，已被我某部在新乡击毙，确否待证。

【徐州三日中央社电】博爱红枪会，因恨敌之残暴，激于义愤，联合多数同志，予敌以不意之猛击，毙敌甚众，该县城遂为我收复，残敌纷向晋城方面逃窜中。

【徐州四日中央社电】四日津浦南北段无大接触，我敌仍在原阵地对峙，惟北段右翼临沂方面，二三两日曾一度告急，经我军沉着应战后，现局势已趋稳定。

【徐州四日中央社电】两下店有敌约三百余，新由济宁增来三百余，邹县之敌平日约三百余名，但可于两小时内由曲阜及兖州方面增加千余，至兖州城内约有敌四百余，城内南村落亦约有百余，敌弹药库则在城内东关。又闻济宁方面之敌，前被我围攻，损失极大，敌指挥官已羞愤自杀。

【寿县四日中央社电】盘踞济宁之敌，近日大部向兖州增援，安居镇嘉祥等处仅留少数防守，我便衣队乘机向济宁活动，敌甚感恐慌。

【徐州四日中央社电】敌步骑炮联合兵力，约两千余，二日沿通莒县公路迫近，至前后转轴郑家庄泉沂庄，与我发生激战，我据寨抵抗，并已集结大部兵力，乘机逆袭，且出奇兵牵制，拟一举而歼灭中。

【徐州四日中央社电】临淮关淮河南岸，约有敌二百余，北岸约有敌三百余，两岸并架有宽约二丈之橡皮桥一座，该处敌三分之二能操华语，每于夜静聚谈，辄起乡思。

【徐州四日中央社电】我某部及民团二日在永康镇北与凤阳交界之山地，与敌发生遭遇战，毙敌三十余。又据报池河现有敌千余，中并有机械化部队。

【寿县四日中央社电】皖中一带敌，以全椒，和县，无为三处为进攻路线，现大小马厂等处，经我数度包围攻击，均已退回全椒。无为沿江敌舰，虽时来侵扰，但经我一再拒击，敌亦知难而退。至和县方面交通路，经我破坏，现敌仅蛰居于西梁山、白渡桥、裕溪镇一隅。

摘自《申报》（汉口）1938 年 3 月 5 日　第一版

津浦线春雨连绵战事转寂　鲁南敌图进犯临沂

【徐州六日中央社电】徐州连日雷雨，并降春雪，气候骤寒。据报：敌以兖州为轴心，常以兵力由该地向济宁邹县泗水各轴翼回旋运动，近日来敌因西侵受挫，似又回头，着重于邹县及泗水各地带之顽守。至济宁之敌，多数调回，向津浦北段正面增援，泗水一带敌之运输汽车，亦络绎于途，观察家信敌之此种疲于奔命，又系受我某种战略牵制而发生之后果。

【徐州六日中央社电】以临沂为进犯中心之敌，现企图将东北、西北两路回合，连日分在兴头镇及费县迤南地带，与我展开激战。五、六两日因春雨连绵，战事稍趋沉寂，犯该地之敌，因刘桂堂所部既被我击溃，刘佩忱部又已归顺，现悉系以板垣及田野部队为主力，其少数后续部队，在由潍台公路向南输送中。并闻另有敌军用品，用汽车二百余辆，正由兖州向泗水方面运输。我以临沂为鲁南重镇，已有严密布置，预料该地将展开血战，至犯日照之敌，仍在准备与我对峙中。

【徐州六日中央社电】盘踞邹县两下店之敌，连日均至兖州方面增援，形势似趋紧张。据临城六日电话，邹县敌已增至千余人，并运小汽船一批至南阳湖，该敌时到四郊村庄搜抢大车粮秣，运回城内，邹兖间之电线，被敌于四日拆卸一部，运往济宁。两下店之敌，亦增二百余名，日前敌骑百名进至大头庄，旋仍退回两下店。

【徐州六日中央社电】津浦南段战事，淮河北岸现仍沉寂，淮河南岸我军，现在洛河高塘铺及怀桥之线，与敌对峙，不时发生炮战。

【阜阳五日中央社电】淮河流域连日阴雨，前线转沉寂，涡河滨之河溜集，已无敌踪。敌二百余人四日攻我和县南雍家镇，我出迎击，并抽队攻敌侧背，战况甚烈。三日白渡桥之敌又向我姥镇进犯，现正激战中。又四日我某连在定远西黄虫关将敌骑先遣队三名射杀，后即埋伏道旁，多时敌骑百余名果至，遂猝起猛击，我于敌阵纷乱中，毙敌三十余名，马八十六匹，残敌退回定远。

【寿县六日中央社电】盘踞新城口之敌约有步兵百余名，五日以炮向王家嘴连发五十余声，毁我民房数间。

【徐州六日中央社电】军息：（一）一日晚靖江到敌人三千余名，靖江八圩港东运到敌炮多门，并有大批炮兵登陆，似将有犯江北企图。（二）口岸敌舰水兵连日在高港龙窝等处，强取木材，架设浮桥码头。（三）一日晨有敌三千余名，由靖江抵泰兴属之昆临寺侦察一小时，并测量靖泰界河桥梁之宽度。

摘自《申报》（汉口）1938 年 3 月 7 日　　第一版

津浦战事侧重临沂

【徐州七日本报专电】津浦北段右翼，连日我时与敌小部队接触，六日晚十时，我军收复大店镇（莒县南），另一部进至夏庄（莒县西南），敌退往河阳镇，万沟一带。

　　【徐州七日中央社电】津浦北段战事，现仍以右翼较紧张，该翼战事重心在临沂及日照，犯临沂之敌田野部队，七日仍与我在临沂北之桃园蒋家庄一带相持，敌机多架，七日更更番飞临沂轰炸，城内稍受损失。我生力军已开往临沂增援。犯日照之敌，现悉为伪山东自治联军司令张宗援（即张宗昌之弟）所属之伪二师刘佩忱部，其内部极为复杂，安东卫（在日照南鲁苏交界处）虽已发现伪步骑二百余名，然我在赣榆迤北地方，已布有重兵防堵。至北段正面敌虽增，尚无进犯模样，似为防我出击。左翼我仍坚守巨野以东金乡以北之线。

　　【徐州六日中央社电】以济宁为中心之敌，其南路于四日夜曾攻至距金乡十八里之天义集，后被我反攻，将敌击退至四十里外，共西路除在巨野东筑工事修桥梁外，并有敌约数百人分在嘉祥西北之孝姑集马村集及迤西之大山头一带，侦察警戒。原在嘉祥之敌，四日午经济宁撤回兖州增援。北段嘉祥城内尚有敌六百，并设有旅团指挥部。

　　【徐州七日中央社电】津浦南段之淮河北岸，除小蚌埠时有少数敌步兵出没侦察，怀远尚有小股敌盘踞外，余均无敌踪。淮河南岸铁路西侧，我军仍坚守洛河高塘炉桥之线。

夏庄一役敌遭惨败

　　【徐州七日中央社电】津浦南北段，连日阵地无变化，惟临沂方面前曾一度告急，现我敌仍相持于汤头镇，马家庄，郑家庄一带，夏庄之役，我利用崮岭地形，三面均置伏兵，敌机械化部队冲入我埋伏阵地，顷刻被围，由我某旅长亲自指挥，四面来击，毙敌五百余名，并获装甲汽车十四辆，大炮三门，步枪七百余枝，子弹十数万发。残敌狼狈向北逃窜，万沟方面由沂水来犯之敌，势亦汹汹，被我伏兵袭击毙敌二百余名，旋莒沂两路之敌，会合于汤头镇，向我猛攻，我军浴血苦战，故连日敌伤亡达三四千名，我亦死伤约近两千，此后战事之激烈，在抗战史上，亦占光荣之一页。

摘自《申报》（汉口）1938 年 3 月 8 日　第一版

津浦南段敌窥合肥

　　【徐州八日本报专电】津浦北段正面及右翼战事，由沉寂渐趋紧张。敌意由右翼及正面直取徐州，与晋南战事遥相呼应。左翼之敌连日向正面积极增援，两下店七日下午二时敌向我阵地猛犯，激战至晚八时即止，仍呈相持形势。敌在洛口架浮桥二座，驶行汽车，北来津浦车，只通北岸，济南兖州间有交通车。至津浦南段仍无大战事，八日晨八时有敌步兵三四百人骑兵百余附大炮廿门，由和县白渡趋向姥下镇进犯，当经我壮丁会同保安队将敌击退。

【本市消息】津浦南段之敌军，因被我军侧击，改向南犯，企图以攻合肥为中心。其对徐州方面之攻略，仍未因屡挫死心，改以侵略北方之部队负责，由西尾中将指挥。其第五师团及第十师团之全部，第一师团及第七师团之一部等约十万人之兵力。由鲁省东南部及津浦路北段，分为东西两方进犯，企图会合南下，以临沂为重要据点，威胁徐州海州间，在采先犯徐州之计划，然后策动济宁南犯之敌军第十师团，同时开始攻击商邱，企图作津浦路南北段之军事声援。

【寿县八日中央社电】葛沟（沂水临沂交界）西南之高里及李官庄，六日一度被敌占领，施经我反攻，敌当夜退回葛沟。又据葛沟逃出难民云。葛沟附近，敌焚尸千余，其死亡之中，亦可想见。

【徐州七日中央社电】津讯：我冀鲁边区游击部队于二月廿五日拂晓，克复鲁边吴桥县城。

【寿县八日中央社电】定县东珠龙桥，有敌三四百余人，近日将沿公路南民房完全拆卸，又路北民房亦被打通，并在四周设铁丝网沿路桥梁，均有敌兵七八名警戒，并时有骑兵来回检巡，附近十里民房，悉数被毁。

摘自《申报》（汉口）1938 年 3 月 9 日　第一版

我围攻莒县　临沂已转安

【徐州十日本报专电】十日晨十时。我军包围莒县城，现正激战中，据交通界息，我军某部于十日下午已克复莒县，并向北推进廿余里，惟尚无官电证实。又据临沂来人云：刘桂堂匪部千余人，枪五百支，服装亦不整齐，谋犯我右翼，我已严防。左翼战讯沉寂，我与敌仍在万福河相持中。

【寿县十日中央社电】敌对打通津浦野心，仍未放弃，最近敌在上海方面积极增兵，似在浙杭及长江一带，另有企图。观于沿江一带敌区之活动，或将向我皖中部队压迫。惟就整个局势观察，敌欲在各县同时活动，决不可能。一般观察，敌于平汉线告一段落，津浦一带又将发生激战，尽尚有再做一试之幻想也。

【徐州十日中央社电】津浦北段正面及左翼，十日竟日沉寂无接触，右翼我仍守原阵地。顷据临沂电话，右翼之敌及乌台之匪伪军，实力虚弱，我各路已有严密戒备，敌决难有作为。至临沂防务，极为牢固，地方安谧如恒。我某长官特派大员，前往宜慰，士气益振。

【徐州十日中央社电】临沂方面，前曾一度告急，经我忠勇将士浴血抗战，予敌重大打击后，现已转危为安。

【徐州十日中央社电】济宁迤西，九日发现匪军千余，企图窜扰南阳湖。沿途假借名义，肆行掳掠，现我某游击司令，已派队痛剿中。

【徐州十日中央社电】津浦南段我敌十日仍无大接触，敌因遭遇我游击队痛击，不胜烦扰，近日曾大举向我集结地点猛犯，但我军神出鬼没，敌不能奈何。

【寿县十日中央社电】怀远以南，十日自午至暮，炮声隆隆，盖我武装民众，已与敌发生接触激战。至晚得报，头河街自海洋一带之敌已被击退。又十日晨我在定远东双庙大户曹附近，与敌二百发生激烈遭遇战。企图搜索我凤定山之敌，亦被我击退。

【阜阳九日中央社电】久雨初霁敌亟图打通涡河线，以进窥归德，八日有少数敌骑，由怀远驰经河溜，进抵距蒙城三十五里之桑涧集，借探我虚实，惟龙亢尚驻有我军，敌未敢深入。

老当益壮　六旬老翁率众抗敌

【徐州时日本报专电】滕县鲍叔乡乡长胡挺阡，年已六旬，鬓发尽白，现亲率民众参加抗战。闻者壮之。

摘自《申报》（汉口）1938年3月11日　第一版

蒙阴城二度克复　犯临沂敌转守势

【本市消息】军息：津浦线北段云店之敌，十日向我阵地侵犯，被我击退，十一日尚无再犯模样，临沂东北之敌，现构筑工事，似已转攻为守。南段定远城内被我包围之敌约两千余，为萧钰部队，刘府敌六百，为高桥部队，凤阳敌千余，怀远敌三百，为横川部队。

【徐州十一日中央社电】津浦正面十一日仍无大接触，右翼临沂一带战事已入和缓状态。至左翼嘉祥一带，我游击队甚为活跃，敌颇感棘手，十一日嘉祥巨野之线，敌有向济宁兖州撤退模样。

【徐州十一日中央社电】进犯临沂之敌，将公路修复后，连日汽车运输频繁，津浦北段正面之敌，续有增加，刘家岩、付家庄一带，已增至两千余，似有攻击企图，又敌主力三千（内伪军千余）向付家庄、尤家庄移动，另一部两千余人向白塔、汤头镇一带移动。

【徐州十一日中央社电】临沂十日电：据费县县长报称：我某营十一日下午收复蒙阴，残敌向新泰逃窜。按蒙阴之为我收复，此为第二次。

【徐州十一日中央社电】邹县原驻及新增之敌，合计四千，附炮极多。犯我黄山之敌，已被我击退，进犯金顶山之敌，与我某部激战，亦不支退却。

【徐州十一日中央社电】定远附近公路，多被我破坏，敌行军极困难，且连日被我袭击后，时派步骑搜索。九日晨我游击队在双庙附近，与敌三百余遭遇，毙敌七十余名。又我某部九日在小溪河与敌遭遇，毙敌四十余，并有夺获。

摘自《申报》（汉口）1938 年 3 月 12 日　　第一版

津浦北段敌又增加

【徐州十二日本报专电】津浦北段，正面邹县敌又增一旅团，团长仲诚千秋。敌便衣队每晨六时在城外三十里内放哨，并有犯我香城形势。两下店敌增援千余名，我与敌激战中。右翼临沂东北之敌，因我军反攻，现敌已开始构筑工事。左翼战局无大变化。又津浦线北来难民，中有敌探多名，被我在邹县南查获，已解某地侦讯。又据临城电：敌机连日在我阵地投弹，十一日午在滕县投弹多枚，民众伤亡数十人。

【本市消息】津浦北段，敌主力集中在临沂之北，企图相机进犯，盘踞日照，沂县之敌，有南犯赣榆之意，我军已严防戒备。

【徐州十二日中央社电】敌近由泰安向兖州方面开来增援部队约两千余，驻兖州之敌矶谷中将，于日前曾被我游击队击伤。又两下店攻我黄山之敌经击退，现在下看铺蜀白乐一带对峙，我军乘机驱逐。又攻我右翼金顶山阵地之敌，激战至十一日，被我击溃，向大故县北退去。

【徐州十二日中央社电】蚌埠之敌，近增加一师团。淮河南岸我游击队极活跃，每日恒与敌遭遇战十数起，平均毙敌二三百名不等。我空军近日复不断在敌阵轰炸，敌损失甚大。又凤阳属上窑新城口一代，连日我敌炮战甚烈，并闻上窑已为我军于日前克复。残敌被我分段包围歼灭，惟尚无官电证实。

【寿县十二日中央社电】怀远之敌，常劫难民便衣及难民证，以便退逃。（二）怀远刘府考城靠山集、上窑、新城口等处，敌最近增至步兵二三千名，骑兵约四五百名，意欲牵制我某部，但我军及民团时出袭击，敌极感困窘。

摘自《申报》（汉口）1938 年 3 月 13 日　第一版

津浦北段临沂我反守为攻

【徐州十三日中央社电】据报：（一）津浦北段右翼犯临沂之敌，已被击退，我马部乘胜追击，七日已过汤头镇，现在郝家庄葛沟一带，与敌对峙中。（二）安东卫附近无敌踪，我军正向虎山涛雒挺进中。

【徐州十三日中央社电】临沂一带我实力雄厚，敌喧嚷多日进犯，卒不敢轻进，我现已反守为攻。

【徐州十三日中央社电】十三日临沂电话：敌机十三日晨两度飞临沂轰炸。九时一架，十时半两架，先后在城郊投弹数枚，下午三时半，敌步骑炮联合三四百人，由临沂东面向我作试探攻击，敌炮并向我阵地轰击，我沉着应战，敌半小时即退。又蒙阴自被我军克复后，残部向新泰方面溃退，蒙阴县长已于十三日入城安民。

【寿县十三日中央社电】上窑至怀远一带，敌增援后，静寂数日之上窑敌军炮声，今日又传达此间，隐约可闻。又全椒之敌，日来向滁县方面撤退，城内仅留敌百余人。

敌机狂炸津浦北段

【徐州十三日中央社电】敌机连日轰炸津浦北段各大站，我无辜人民惨遭死伤者甚众。十三日又两次飞台儿庄滕县窥察。据报，前日敌机在滕县向美籍教士之神学院投三弹，并在德籍教士之天主堂投四弹，两处教友及人民死伤廿余名。

摘自《申报》（汉口）1938 年 3 月 14 日　第一版

津浦北段战事又转紧

【徐州十四日本报专电】津浦北段战事,沉寂多日,现已展开血战。正面之敌约七千余人,坦克军百余辆,并飞机大炮机枪甚多,十四日分三路大举猛犯。(一)正面以大炮坦克军及空军向我黄山之阵地轰击,以骑兵二百人,坦克车数辆,犯我界河,以步炮联合犯我白山阵地。(二)左翼敌向我军石墙地寨一带进犯。(三)右翼敌以纵队分两股向我香山,普阳山、龙山一带进犯。自晨迄晚仍激战中。然我阵地毫无变化。我军有一连在黄山间壮烈牺牲。又敌飞机在下择铺被我击落一架。至津浦北段右翼,临沂方面无变化。左翼南阳湖以北之敌,十三日晨向我张家桥,周涛进犯,该处全成焦土,我移守马波以北阵地,现仍在激战中。

【徐州十四日中央社电】临沂方面,我军某部十四日拂晓向敌猛攻,发生激战,颇有进展。敌机竟日在临沂盘旋轰炸,电话线稍有损坏。

【阜阳十三日中央社电】沿涡河进犯之寇,经武装民众到处截击,已趑趄不安,前龙亢集(在怀远西北七十里)仍在我军手中,十三日下午三时敌机两架飞蒙城上空盘旋窥察,旋向西南逸去。又敌牵制我迂回作战部队,亟图夺取田家巷洛河镇,以进窥合肥。据蒙城电话,洛河方面亦发生战事。

摘自《申报》(汉口)1938年3月15日　第一版

我生力军增援反攻　津浦北段昨晚仍激战　两下店敌进窥黄山触地雷右翼我越沂水进击

【徐州十五日本报专电】津浦北段正面,界河附近于十四日起至十五日晨激战一昼夜,我转移白沙河新阵地,右翼仍在龙山一带相持。左翼石桥我军移转大、小坞庄。十五日,滕县以北十余里,发现敌人,我正截击中。滕县方面我有重兵扼守,援军亦已开到。右翼方面,我军连日改守为攻,十四日拂晓我张部由钓鱼台(临沂城北)诸葛屯猛渡沂河,九时许占沙岑子以南各地,午后二时敌又向我□□阵地猛犯,并再犯沙岑子,现仍激战中。又我某部已占领黄山一带阵地,左翼我占石家屯(滕县附近)山头等高地,正面进占东西官庄。

【曹县十五日本报专电】敌板垣师团五千余人,自占领汤头镇相公庄后，复继续前进，迫近临沂附近之芝苏墩菌墩石埠一带，我□□□部诱敌深入，佯向后退，敌军于十三日晚八时进至距临沂四里沂河东南岸，我□军迂回敌后方袭击外，并令□部十四日拂晓暗渡沂河，向莒县临沂公路徐家太平、大小太平、白塔、亭子头猛攻。□部亦同时攻击，已将敌大半歼灭。毙敌指挥官一名，并占领徐家太平、大小太平等地。又：敌三次向后方求援，顷由潍县调来援军，用敌机六架掩护，即展开空前白刃战，我□部奋勇异常，截至十四日下午九时，我占领相公庄，敌狼狈退去。我并派骑兵由相公庄之南追击外，并由徐家太平渡河之□军十五日前抵汤头镇，肃清东南之残敌。又□军一部向莒县前进中，□部由蒙阴向泗水推进中。

【徐州十五日本报专电】津浦北段敌五千余，附大炮三十门，十五日晨六时犯我龙山阵地，我某部扼守沙河，某部队与敌激战甚烈。又大小山大屋村一带，战事亦极激烈。右翼沂水东岸我军，十四日进占相公庄，各路同时反攻。沂水西，我军某部强渡成功后，已进至亭子头与大太平之敌激战甚烈，敌阵地已呈混乱状态。

【徐州十五日中央社电】津浦北段之敌，十四日午改由铁路西侧南犯石墙，向我吉木山阵地猛攻，我康营沉着应战，毙敌三百余名，我康营亦牺牲大半，同时铁路正面之敌，由两下店绕至我黄山阵地附近，触我地雷，炸死百余名，十五日我生力军开到后，即开始反攻，我敌激战竟日，入晚炮火益烈。

【临沂十四日中央社电】自我军于四日改守临沂城北十五华里桃园蒋家庄之线，另以一部置于沂河西岸，形成侧面阵地后，至十二日止，鲁南战况，即成对峙状态。十三日下午临沂县东南沂河东岸余村之敌，向我阵地右侧猛攻，均被击退，旋敌向我小黄山一带，集中射击，我仍毫无损失。至十四日拂晓，我以敌势已疲，乃于沂河两岸，实施总攻，由沂河东岸出击之□部，除于十四日晨五时将由余村进犯之敌击退外，并由桃园蒋家庄之线，向前推进三十里，占领相公庄之线。我两部即可在东岸会师，而将葛沟以南盘踞台潍公路之敌击退。

【宿县十四日中央社电】津浦北段香城方面，敌我激战甚烈，我□□团退守普阳山阵地，敌续向我攻击，并有一部绕袭龙山。又敌今晨，续向杨宿增加，左翼上下九山亦各发现敌数百名，惟无力兼顾。又我军自移守大山阵地后，当面之敌，继续猛攻，敌我伤亡均重。龙山方面，敌猛烈进攻，分部窜入龙山与界河中间之前后枣庄及范家庄，我□部正在守御。

摘自《申报》(汉口) 1938 年 3 月 16 日　第一版

津浦线正面敌已败退　越沂水我军正追击中

【徐州十六日本报专电】津浦北段正面，向我白沙河进犯之敌，十六日晨完全被我击退。又敌军一部三百余人犯我界河阵地，我奋勇应战，右面敌向龙山阵地进犯，现呈混战状态。左面大屋、小屋之线，敌我激战甚烈，我仍守原阵地。

【徐州十六日本报专电】白沙河北岸之敌，增援二千人，又敌千余人由龙山右面向我沙河进犯，并以坦克军十辆掩护，我军正沉着应战中。普阳山一带，十六日晨敌向我一度包围，我军已冲围而出，现仍苦战中。滕县以北，东郭龙马店一带，敌增加四五千人，向我猛犯，我已迎头痛击中。至临沂方面，我军□□部进展极速，十五日已进占相公庄东北十里之红埠岭，平墩湖及东西庄、黄家屯、傅家屯等处。黄家屯、傅家屯之敌，被我猛攻，有撤退模样。沂水西岸停子头之敌三百人，被我包围，现已完全肃清。又我军□部开始猛攻柳行头，现正在激战中。

【徐州十六日中央社电】津浦北段正面之敌，分三路南犯，右翼我□部在龙山，普阳山，与包围之敌激战中。正面我□部在界河正面，与敌对峙。敌人一部窜入界河以南之柳泉，我正抽调部队肃清中。左翼我□部在簸箕掌、金顶山及季塞左方高地，与敌激战中。现我右面之敌，络绎增加，计香城方面约二千余人，界河正面约二千人，季塞方面将近三千人，又闻青岛开来两师团，定十九日由济南到邹县增援。

【徐州十六日中央社电】临沂电话：临沂方面我军某部，进展极速，十六日已进占相公庄东北十五里之红埠嶺，平墩湖及北间之东西沙庄等地带。黄家屯被我猛攻，敌有撤退模样。同时我某部向柳行头之敌猛攻，敌尚顽抗，预料不难歼灭。敌因被我各处击溃，以一部攻我汤佛崖，拟牵制我全线行动，被我迎头痛击，毙敌极重。

【临沂十六日中央社电】十六日敌机竟日在临沂盘旋轰炸，我民房被毁约千余间，无辜平民惨遭死伤者约百余人，天主教堂，亦落一弹。

摘自《申报》(汉口) 1938 年 3 月 17 日　第一版

津浦北段战事愈激烈　窜滕县敌军被我驱退　另有一股进犯官桥正堵击中　临沂方面双方肉搏伤亡均巨

【徐州十七日本报专电】津浦北段正面战事，以十六、十七两日为最激烈。滕县东三十里之东郭庄，敌军又增千余人，我奋勇迎击，激战之烈，牺牲之重，为津浦线淮河济宁两役后第三次大战。现敌我仍在滕县东郭附近混战中。又我军□□部向铁道左侧大小坞村增援，与敌千余名发生遭遇战，我即展开步队，占领附近各庄村要地。至左翼我军，为策应津浦正面战局，十六日已开始动员反攻，在唐家口据河（万福河）顽抗之敌，经我军□部由孔庄渡河绕击，十七日拂晓敌已向于家坡、薛家屯溃逃。同时盘踞杜家屯之敌，见势孤亦不敢应战，向马房屯方面遁窜。我军遂于十七日晨九时将唐家口、杜家屯两要据点完全克复。又据报我胶东游击队□□□部，已收复安邱，敌向北窜，有官电证实。

【徐州十七日本报专电】十七日敌机飞往津浦北段我阵地侦察，并投弹炸轰。晨八时半，敌机一架飞临城沛县，九时飞沙沟，柳泉一带侦察，十二点四十分，敌重轰炸机一架飞临城投弹十余枚，弹多落于车站附近。下午敌机三架于三时半飞新浦，海州一带盘旋侦察后，又飞至临城投弹十余枚，车站附近民房被毁百余间，平民伤亡百余名。

【郑州十七日中央社电】津浦北段战事，十七日更趋激烈，滕县曾一度被敌侵入，嗣经我援军赶到，后将敌军逐出。另有敌军一股，携坦克车数辆，窜至滕县临城间某处，我已派精兵截击。

【徐州十七日中央社电】津浦北段仍在激烈战争中。我军奋勇抵抗，战况已趋优势。铁路正面滕县方面，我右翼坚守龙山一带，左翼则在大小坞等地，十六日敌又增援，向我大小坞阵地□拥进犯，我军沉着应战。待敌扑近，即密集机枪及手榴弹予敌痛击，予敌重创。十七日晨，我某部迁往东方之土堡，将敌一部包围，又发生激烈战斗。我军遂挑敢死队，向敌冲锋，后因敌增援部队赶到，我即退回，扼守原阵地。至左翼方面，敌增援数千，向我猛袭，于是又展开血战，我因占领各高地，敌屡攻不进，旋我大举反攻，敌亦顽固不退，机枪声手榴弹声密如联珠，双方死伤一时无法统计。十七日晨，我□部与滕县东方之敌激战，已将敌逐至东沙河附近，战况极端顺利，又官桥以北，十七日亦发现敌二千余，经我堵截，当发生激烈战斗，敌频向我猛犯，但我士气极旺，毙敌甚多。综合十六日、十七日两日之激烈战况，为津浦北段正面开战以来所罕见。我虽有相当伤亡，但敌尤倍于我。现我援军源源北上，当可予敌以更大打击。

【徐州十七日中央社电】津浦北段我生力军现已增加，分路挺进，据报，十七日午我右翼进展极速，锐气所向，敌势披靡，刻已达滕县东北各山地。我左翼亦抄敌之侧背，策应铁路正面，预料日内当另有新战势展开。

【韩庄十七日中央社电】津浦北段战况异常激烈，敌军以全部力量围攻滕县，东北面之敌约四五千人，我军一面迎敌，一面另派部队进击，在城东与敌遭遇激战。向西面进攻之敌约千余人，我援军已到，严阵固守，敌难得逞。

【徐州十七日中央社电】临沂方面，十七日战事仍在激烈进行中，我军仍坚守原阵地。据报：北面之敌约三四千人，十六日夜我某部分三路向敌进攻，战事非常激烈，我首先选拔敢死队占据要点，敌大举反攻，大炮机枪齐向我阵地密集射击，我军士气反趋高强，振臂一呼，齐跳出与敌肉搏，当展开大规模之争夺战。肉搏结果，双方死伤枕藉，沂水尽赤，其惨痛之状态，楮黑难罄。十七日我仍坚守原阵地。

【正阳关十七日中央社电】津浦北段战争，又呈紧张后，津浦南段之敌，亦蠢蠢思动。最近敌在上窑至新城口与全椒至大马厂一带，积极布置，预料在一周内，敌又将发动新企图也。

【正阳关中央社电十七日】我游击队十六日自定远城外□□潜入城内，毙敌十余人而回。

摘自《申报》（汉口）1938 年 3 月 18 日　　第一版

临沂血战敌伤亡过半　津浦正面我坚守官桥　我机大显威力　敌军车覆马翻

【徐州十八日中央社电】我机一队十八日下午四时飞津浦北段助战，向敌阵地大肆轰炸投弹六七十枚，刹时间敌坦克车、装甲车骑炮兵等于蠢然烟幕中，车覆马倒，人尸横飞，毙敌约千余人，坦克车装甲车炸毁十数辆，敌军狼狈四起，我前线将士睹我飞将军助战，军心大振，兴奋若狂，咸举手高呼我空军万岁。我机以任务完成，五时安然飞回，行至沛县境，适过由徐投弹后向北飞返之敌轰炸机两架，当将敌飞机包围，三分钟内，即将敌机击落，一架于微山湖东岸夏镇北之大王庙，机身已毁，敌驾员两名跌死。另一架则落于滕县城内。旋我机与另一敌机遭遇，复将其包围击落，地点在调查中，我机以任务完成，安全返防。

【徐州十八日本报专电】十八日徐州竟日在警报中，上午八时，敌机一架飞徐，盘旋侦察甚久，始向北飞去。九时廿分，敌机三架飞徐，在铜山东站投弹十二枚，死十二人，伤四人，内一小孩仅四岁，死状最惨。下午四时，又有敌重轰炸机三架，飞铜山北站，在站投弹十枚，八枚未炸，只炸二枚，均为五百公斤重量者。并飞东关投燃烧弹，扶输小学及同祥粮栈全被烧毁，同祥粮栈职工均未及逃出，死伤情形，已在调查中。同时我飞机三架，由□□出动作战，在鲁南将敌机击落一架，落于沛县西南之乡村。

临沂全线告捷 我正乘胜追击

【徐州十八日本报专电】十七日下午一时许，滕县东北及铁路两侧敌二千余人，向我阵地猛犯，我军奋勇血战，在南沙河一带肉搏数次，我□军军长身先士卒，虽受伤病仍在前方督战。卒因敌炮火猛烈，乃忍痛改守官桥临城之线，现我生力军已源源开到目的地，十八日我与敌在官桥激战竟日，双方伤亡极重，现仍在火拼中。

【徐州十八日中央社电】临沂方面，数日来我大举反攻，与敌血战数日，节节胜利，东庄屯东西北河崖尤家庄柳河一带之敌，十七日被我奇兵猛击，已全部肃清。大太平郭家亭子头一带，亦激战数日，共计毙敌五六千，夺获极多。十八日我某部复在临沂东岸，乘胜向敌猛攻，血战竟日，敌约三联队，伤亡过半，敌联队长长野，在刘家湖被我击毙，在庙家庄复毙敌中佐丰田及大队长各一名，残敌向莒县溃退。另一小部，则向北逃窜，我正追击中。现仅汤头镇尚有少数之敌顽抗，不难于短期内全部解决。总之，是役我大获胜利，敌已溃不成军，此后我北段右翼，当有新进展。

【韩庄十八日中央社电】津浦线滕县县城，自十六日晨起，敌五六千人，四面包围攻击，我守军死力抵抗，现我援军已到，正在竭力反攻中。

【徐州十八日中央社电】津浦北段正面，连日敌以全力进犯，血战数日，双方伤亡均巨。滕县以东敌约三千，十七日混战竟日，我生力军开到后，即向敌夹击，毙敌极多。滕县以西之敌，被我包围堵击后，已乱不成军，不难歼灭。十八日，敌四五百名，向我滕县以东某部侧击，适我援军开到，当向敌夹击，激战二小时，敌弃尸二百余具，向东逃窜，我正追击中。另敌一小部，曾迁回至城南某处，已被我包围消灭。

【临沂十八日中央社电】沂河东岸亭子头及郭家太平、大山太平等处，被我收复后，敌数次反攻，均经我军击退。该方面作战，不仅牵制敌人，并将予敌以重大打击，而获迅速进展。

【徐州十八日中央社电】我某部十六日由赣榆向碑郭（日照属）推进，与刘匪桂堂残部遭遇，我乘胜追击，已将碑郭包围。

【徐州十八日本报专电】我游击队张部十五日晨率部收复清丰，现正向濮阳追进中。

摘自《申报》（汉口），1938 年 3 月 19 日　　第一版

我空军飞同蒲路轰炸　　津浦北段仍在混战中　　右翼我追击进抵莒县附近　敌南窜部队已被分别包围

津浦正面战局

【徐州十九日本报专电】津浦北段我军，现正由左右两翼已突进，左翼我□□各部已向济宁方面推进，并有精锐部队到达兖州附近，右翼我军已向泗水推进，正面我军已向北推进，战局即可好转。又此次正面战争，我□□师师长王明章及参谋长赵向贤均壮烈殉国，□□师师长陈离，□□旅长吕立南均受伤，滕县城内现仍有我军固守，敌军只在四关有小部队冲入，现正血战中。

【临城十八日本报专电】津浦北段战局，因右翼我军张庞各部由临沂向北进攻大捷，将万余之敌击退，毙敌约四五千人，顷会师于汤头镇，业已达到莒县沂水附近。我张部与敌激战时，毙敌军官数十名，内有旅团长一名。正面虽较吃紧，但战局仍甚稳定。此次战役，我张部最为出力，牺牲亦最大，自十四日起血战数昼夜，我共伤亡官兵约三千余人，张亲赴前线指挥，现正乘胜追击中。闻葛沟亦已克复。安邱自我游击队克复后，现该队又向青州推进。至津浦正面敌骑兵窜绕临城以南沙沟后，我已将其包围，同时我并在运河南岸，布有重兵及坚固工事，现滕县临城附近一带，仍在激战中。我增援部队已到前方。

【徐州十九日本报专电】我军以□师向济宁正面之敌攻击，以□师分向嘉祥附近及运河以东攻击，现正向唐家口、河长口、纸房集、开河镇等线猛烈攻击，与敌激战中。我军有力之一部，已经过□□□，向界河方面袭敌侧背。

【徐州十九日中央社电】津浦北段正面，连日呈混战状态，敌利用其机械化部队，以骑兵为前哨，刘桂堂便衣匪军作向导，分由香城、红山、宝峰山，窜入临城，滕县迤南沙河、官桥、临城各地，自十六日起分别围困。我生力军增援前方，亦由东侧反将滕县官桥各处之敌包围。同时我右翼亦配有雄厚兵力，协同侧击。此三日来，敌我阵线互为切断，敌使其机械化武器，不顾联络，仍锐意南窜，我誓死抵抗，虽阵形紊乱，但我阵地稳固，迄未动摇。十九日午，敌骑百余，由铁路东侧周家营等处窜抵韩庄附近，当被我正面生力军予以三面包围，将敌骑全部歼灭。

我生力军推进

【郑州十九日中央社电】津浦北段战事连日颇为激烈，我援军刻正积极前进，闻我某某等部生力军已在某站下车，向津浦左右两翼包抄北进。滕县西面某地，仍有我军一部，与敌对抗中，枣庄车站曾发现敌坦克车数辆，已被我击退，我已将台儿庄至枣庄一段支线路轨拆毁，某处铁桥亦自动破坏，阻敌进犯。

【宿县十八日中央社电】十八日晨敌约步兵二千余人，猛攻我官桥阵地，激战至午，将该敌击退，午后一时敌复增加二千余人，强烈反攻，我增援，正激战中。并由一部迂回至临城附近，我已派部队迎击中。我□师十八日晨由虎山就山向滕县东北东沙河桑村之线攻击前进，敌不支，增援三千，向我右侧背迂回，相持于党山虎山门，战斗甚为激烈。

【临沂十八日中央社电】敌以大炮向滕县城东南角轰毁数处，我□旅□团团长负伤，敌我伤亡均重，现正督部抗战中。

【徐州十九日中央社电】十九日午敌重轰炸机五架，在驱逐机三架掩护之下，飞徐轰炸。十二时三刻，侵入市空，当在东站投弹十六枚，我高射炮密集射击，敌机一架负伤，尾冒白烟，乃纷向北逸去，我仅被炸毁民房廿余间，幸无伤亡。

临沂人心安定

【徐州十九日中央社电】我张部十九日晨续占领白塔，十九日下午四时正围攻汤头之敌，一面派队截击葛沟汤头间敌之联络，沂河方面，战事即可告一结束。临沂在一周前几有兵临城下之势，现战事已离城北六十里，人心大定。

【临沂十九日中央社电】数日来我军在沂河两岸已获大胜，敌伤亡惨重。刘家湖、苗家庄、大太平、寇屯一带，敌积尸如山。据俘虏供称：敌旅团长一员，在刘家湖阵亡，板垣师团已溃不成军。又我张部在刘家湖夺获之敌炮三门，已留前线应用。庞部亦在东岸夺获敌重迫炮一门，装甲车一辆，敌辎重无算。现西岸已无敌踪，我张、庞两部即可在东岸汤头会师，而将汤头、白塔一带沿公路之敌扫荡。此间获此捷讯，莫不欢欣鼓舞。

【临沂十八日中央社电】敌新增一旅团，由汤佛崖渡河，向我崖头、刘家湖、苗家庄、钓鱼台之线猛攻，并以飞机十余架轰炸，我□□师沉着应战，正在激战中。我□□□师已将停子头之敌肃清，现已向□□等处攻击中。

【宿县十九日中央社电】沂河东岸自被我攻占后，敌数次反攻，均被击退，十八日下午敌仍调集重兵，向我反攻，我守兵沉着应战，并派队侧击，敌向左家官庄退去，即可肃清，由塔桥车庄偷渡沂河之敌，一部已被我消灭，其大部仍在小石家屯、白官庄与我激战中。敌伤兵向北输送约千余人，可见敌伤亡之奇重。

【宿县十九日中央社电】津浦北段临沂方面之敌，原为第一〇五师团，后加入第五师团，共计二万人，我军自一周来奋勇进攻，将其后路截断，形成四面包围，十八日我某两部肉搏前进，先将沂河以东之敌纷纷予以击溃，迄至傍晚，将敌全部包围，敌死伤三四千人，弃尸一千余具，夺获军器甚多。其一突围之残部，分向莒县，沂水溃退，我某部积极跟追，已经赶过汤头镇，我某部已转向□□方面前进。津浦北段正面之敌，因右面发生危险，有动摇之势。

左翼据点克复

【徐州十九日中央社电】津浦北段左翼，日来我各路大举反攻，十八日，我□部抵达王贵庄，与大流店附近之敌激战，敌不支，向西正桥溃退。现我大军已向济宁，安居，嘉祥之敌施行总攻，日内当有新进展。

【正阳关十九日中央社电】盘踞嘉祥之敌，仍在阎刘村一带，与我相持中，十七日我□部已将唐家口（在济宁南）杨家屯（嘉祥之西）两要点克复。

【徐州十九日中央社电】津浦南段日来我有新进展，怀远蚌埠一带，俱闻炮声。我□部十八日向靠山集、武店、洋店、考城、上窑、怀远一带之敌大举游击，现已将武店、洋店及考城等地次第克复。又我某部十八日突出奇兵，将定远县城包围，发生激战。

摘自《申报》（汉口）1938年3月20日 第一版

津浦北段战局好转 截断敌孤军归路 我正由韩庄峄县向北猛攻 右翼进展开抵汤头镇

【徐州二十日中央社电】津浦北段战局，现已逐渐好转，越滕县临城南侵之敌，经我生力军迎头痛击，已北退数公里，我正由韩庄峄县之线，向北猛攻。此外我鲁西各军之出击，敌侧背已受威胁，且有归路被断之虞。徐州虽距前线稍近，一切安谧如恒。

【徐州二十日中央社电】津浦北段正面越滕县临城孤军南侵之敌，约步兵三千余，坦克军廿余辆，十九日晚在滕县东南一带，与我某部遭遇，当发生激战。我另一部袭击敌后，敌阵混乱，我各路即大举联合进攻。敌我前线仅离五十米，我军前仆后继，卒将敌第一线占领，并将敌分节围困。廿日晨，敌大举反攻，因我军防范严密，无法突围，我乃采取急战方针，加紧兜剿，各路战况，比前更烈。每当敌欲突围之际，我军即乘机肉搏，手榴弹之声，密如连珠，刺刀如不及使用，则以枪柄互殴，双方伤亡均重。

【徐州二十日中央社电】我某部大军，廿日晨向滕县东南之敌侧袭，双方均欲占领阵地附近三高地，争夺尤烈，我军现已占领其二，是役敌伤亡七八百，我伤亡亦重。又廿日窜至津浦北段西侧之敌，进至某要隘时，我伏兵两面夹击，共袭敌三四百，我亦伤亡八十余。

【徐州二十日中央社电】临沂方面，敌已退至汤头镇东北，赶筑工事，我□部协同□部，正向该方面残敌积极攻击，肃清后即向北推进。现沂河两岸，已无敌踪，东海方面我□部已将碑郭镇占领，以牵制照日方面之日伪军。津浦北段正面，我□部在滕县以南与敌激战，约三千之敌，向我右侧背急进，我军一部在韩庄以北正，极力堵截中。又由临城南犯之敌，向沙沟附近猛攻未逞，敌我伤亡均重。鲁西方面，我□部出动后，刻向运河东岸强渡，另以一部向嘉祥之敌攻击，颇有进展。

【徐州二十日中央社电】我张部游击队长尹承恩，尹祉礼，探明沂河城内，敌人无多，乃星夜进袭，十六日拂晓，由北门攻入，敌由东门向莒县溃退，遂将沂水县城克复。

【徐州二十日中央社电】鲁南我军，廿日已进驻汤头，汤头以南沿台潍公路一带，已无敌踪，残敌正沿台潍公路北犯，我已分兵向莒县沂水跟踪追击。又据报，莒县一带，连日有汽车百余辆，由前线装载敌尸，经莒县转青岛，足证此次沂河大阵中，敌我伤亡均重。

【徐州二十日中央社电】鲁西我军廿日晨向嘉祥济宁之敌猛攻，□部已将嘉祥之敌包围，刻正混战中。某部亦将济宁东南南贯集之敌围困，廿日晚可悉数将其歼灭。

【徐州二十日中央社电】淮河北岸我军已将涡河北岸各处零星敌人肃清，现仍坚守临淮关、北关、小蚌埠及北小街之线。淮河南岸，我军一部十九日在怀远西南将敌百余人包围，一部会同民团十九日晚向定远猛袭，激战三小时，拂晓退回原阵地。

【正阳关二十日中央社电】我某部协同红枪会，连日向怀远之敌攻击，当与敌在荆山马头集两处，数度发生激战，敌伤亡众多。

摘自《申报》（汉口）1938 年 3 月 21 日　第一版

援军续到士气益振　我敌在韩庄肉搏　临枣支线敌阵被截成数段　铁路东山地战事仍烈

【徐州二十一日本报专电】津浦北段各路战事，虽因雨大无开展，但我援军到后，士气振奋，形势好转，正面我守运河，然运河以北滕县，临城之右，我与敌仍在血战中。铁路正面，廿一日午后韩庄残敌，绕窜向我利国驿以南阵地炮击，我亦还击。下午五时，敌不支北窜。又由滕县南窜之敌约二千，被我在运河韩庄附近截击，将其击退。

【徐州二十一日本报专电】敌步、骑、炮三千人，集中南阳镇东张桥一带，我正计划围击中。

【徐州二十一日本报专电】临沂方面之敌，自被我军击退后，节节后退，我乘胜追击，毙敌极众。廿日晨敌后援开到，在白塔一带又激烈顽抗，我向敌冲锋三次，毙敌甚多。同时李家、五湖、曹家庄亦发生激战。又伪自治联军总司令张宗援，确系日人，前曾任张宗昌之顾问，故冒称张弟，以便号召汉奸，现该部已大部瓦解。济宁嘉祥正面我军，继续猛攻，敌在嘉祥凭城顽抗，我毙敌甚众。又我由河镇已渡河，敌由汶上增援步骑炮千余人，我继续与敌激战中。

【郑州二十一日中央社电】交通界息：津浦北段我军，廿一日晨在韩庄与敌激战甚烈，旋即开始肉搏战，我军奋勇厮杀，卒将韩庄克复，刻正向临城积极挺进中。是役共毙敌六百余名，我亦有壮烈牺牲。左右两翼，我军进展神速，某某等部已陆续逼近兖州，敌已陷我大包围，阵线极为紊乱。又津浦右翼枣庄之敌，亦被我军勇猛击退。

【徐州二十一日中央社电】临城南侵之敌，仍被我阻于韩庄台儿庄之线迤北，敌我现在韩庄台儿庄间隔运河南北相持，我越临枣支线□□□□城迂回部队，已将敌后路截成数段，廿一日仍在激战中，我极为得手。鲁西我军大部强渡运河后，正向某某侧袭，前锋甚锐，敌已受重大威胁，沂河方面之敌，虽又越汤头沿台潍公路向白塔沙岭子反攻，经我□游击队又由沂水袭其后，敌受重挫，仍有北窜势。

【徐州二十一日中央社电】津浦北段战事，连日益趋剧烈，我北上之生力军，除大部布防正面外，余均防集两翼，开始大规模运动战歼敌计划，敌目前似已放弃其正面之猛冲企图。廿一日我铁路迤东各山地部队作争夺战，终日搏斗，我军利用起伏地形，致机械化部队不能运用，故被我予以重大创伤，毙敌人马千余名。

【韩庄二十一日中央社电】津浦正面，十九日敌兵步骑四千余，附坦克车四十余辆，炮廿余门，向韩庄北廿一公里之峄县进犯，我军猛击，廿日晨仍在峄县东北一带山地激战，我军伤亡虽不少，敌军伤亡更重。

【徐州二十一日中央社电】犯我津浦北段正面之敌，自一部进与滕县以南后，我敌逐日发生激战。廿一日晨敌约二千余，又转至东面，我某部猛烈截击，敌冲锋多被我手榴弹炸毙，血战一小时，敌被我击退，是役双方伤亡均重。同时滕县东南高山之我某部，亦大举反攻，敌势大蹙，现敌被击退二里许，我伤亡仅百余，敌伤亡六七百，我正乘胜追击中。

【徐州二十一日中央社电】临沂方面敌调后方整顿，另有大部增援开到，据险顽抗。廿日晨我□师□旅一部进至前湖，与敌遭遇激战多时，毙敌甚多，一部正与前后湖之敌激战中。左翼方面我军，一部渡过运河，进逼兖州，一部进攻嘉祥，进展甚速。

【徐州二十一日中央社电】由碑郭（日照属）溃逃之敌伪，经我猛烈追击，已向巨峰涛雒一带逃窜，是役毙敌甚众。

【徐州二十一日中央社电】济宁嘉祥正面，我连日反攻得手，敌虽凭城顽抗，我仍继续猛攻，不难一鼓而下。唐家口据河顽抗之敌，经我硬渡痛击后，纷向蒋家山一带溃退。同时盘踞杜家庄之敌，亦不敢恋战向马房山逃窜。至开河镇附近我军强行渡河以来，正与敌激战中。

【正阳关二十一日中央社电】津浦南段我军颇有胜利，十八日自蚌埠至上窑，凤阳至上窑两公路，均经我破坏，同时我乘敌运输困难，增援告绝之际，乃在靠山集考城一带，死力进攻，此役我以三十余人之牺牲，击毙敌百余人，夺获敌重机枪一挺，轻机枪四挺。

固守滕县　三十六小时　血战经过　三千将士壮烈牺牲　王师长重伤后自戕

【徐州二十一日中央社电】津浦北段正面之敌，十四日开始向□界河，黄山及香城之线猛攻后，我军即以肉搏长城，奋勇抵抗，敌迄未得逞。十五日敌以步炮空联合力量集中攻我右翼香城一点，我以火力不足，卒被其突破，敌即乘势由香城向我滕县，临城迂回。当时我重兵均配备前线，滕县，临城正空虚，至十七日晚相机沦陷，某部多作壮烈牺牲，尤以滕县一役，战事最惨，详情如次：敌之迂回部队，系十六日晨八时逼近滕县，先将我东关包围，并以巨炮向东城射击，我东关守军初守土城，即于围攻之敌浴血苦战，肉搏达八小时，所部牺牲殆尽，黄昏始奉命退入城内。是役我在界河部队闻声，为坚固后方，急自前线撤回，增援滕县，滕县城内守军，至是共有军警约三千人，我王铭章师长，即以此三千人为基干，决在滕县与敌拼一死活，滕县县长周同，亦协同固守。敌既占我东关，乃于十六日夜向城内开炮，城坡被击塌两处，我以堆存之沙袋千包，将缺口填堵，其他各门，亦以沙包填塞。十七日晨，敌大部已包围四城，由飞机大炮掩护，开始抢登，我城垣守军，以手榴弹机枪制敌，毙敌无算，惟此时城内炮弹如雨，敌机轰炸不绝，烟云迷漫，火烟烛天，我三千将士，生还寥寥，王铭章师长，以局势危急，当率参谋长赵渭滨、团长王麟、县长周同等，登城督战，我生存健儿，经王激励，仍奋勇杀敌，有死无退。无如敌众我寡，卒于十七日下午三时，被其由东南城两缺口登城，窜至西城，我赵参谋长渭滨，王团长麟阵亡，王铭章师长腹部中弹，旋以大势已去，危城难守，即以手枪自戕，临死仍高呼"中华民国万岁"，"抗战到底"，其甘为国殇，杀身成仁之壮烈情绪，神鬼向泣。周县长同越城逃出，当亦跌死，我城内尚有重伤兵三百余名，未及退出，不愿受敌残杀，互以手榴弹爆炸而死，其死事壮烈，诚惊天动地。敌既入城，我城内零星部队，尚有五六百人，仍集合与敌巷战。晚七时，一鼓而突出重围，且战且退，途中又伤亡逾半，至是，滕县乃正式沦陷，计自十六日至十七日，我军困守滕县，亘卅六小时之久，我军将士牺牲两千余，敌之伤亡倍我，滕县郊外，敌尸满原野，血流成渠，滕县经此浩劫，城内建筑，悉付焦土，烟焰蔽空，入夜火光，烛照百里。

摘自《申报》（汉口）1938 年 3 月 22 日　第一版

津浦全线昨反攻　滕县东南敌守各村镇顽抗　我三路出击战局极占优势　正面仍在韩庄相持中

【徐州二十二日本报专电】津浦北段我生力军开到后，自廿二日拂晓，即开始猛烈反攻，同时我后方援军仍援援增开，截至廿二日晚，铁路正面我军与敌仍在韩庄以北隔运河相持，双方激战于韩庄沙沟。正面敌约二三千人，附有大炮及坦克车及一部分骑兵，我军兵力雄厚，敌南犯企图绝难实现。同时我由铁路右面以有力部队向北进击，故临城官桥滕县之右面，均有激战发生。右翼我□部已开始向铁路正面邹县兖州进击，左翼我军已达济兖间孙氏店，正向兖州推进中。又滕县东南之敌，被我逐日围攻，伤亡甚重，敌反攻无力，改守各村庄。廿二日晨我□□两部同时出击，敌据守村中街头墙垣顽抗，发生巷战，至傍晚时，仍在激战中。滕县以南之敌，廿二日晨又向东出动，我军奋勇应战，争夺某处高地，失而复得者三次。□部赶到后，又向敌之左翼猛击，又南段定远一带我游击队与敌时发生激战，我□部廿日占沙河车站（津浦南段）已有官电证实，张八岭车站亦被我占领。又敌在临城正积极建筑飞机场，现有飞机数架北飞，传达消息。

【徐州二十二日中央社电】津浦正面发现敌步兵三四连，装甲车十余辆，在韩庄东南河岸活动，我军已堵击。沿临枣支路之敌，图向台儿庄进犯，我军自今日拂晓开始全线反攻，及至目前战况，至为激烈，我军已有相当进展。

【徐州二十二日中央社电】滕县东南之敌，被我逐日围歼，伤亡极多。现敌已失反攻能力，零乱据守各村镇，我生力军源源开到，廿二日晨大举反攻，分由三路同时出击，敌据守墙垣顽抗，我不断猛攻，已发生巷战，现我各方均占优势，传枣庄有已被我收复说。至滕县以南之敌，廿二日晨又向东出动，我军奋勇应战，同时我某部向敌侧击，该处附近高地，争夺尤烈，我得而复失者凡三次，现仍继续猛攻中。

【徐州二十二日中央社电】临沂方面，在白塔、解家庄、李家庄及五湖一带向我反攻之敌，与我某部发生激战，两日来互相争夺地势，冲锋肉搏，无限壮烈。我某部廿一日出击敌侧，敌亦向兖州地迂回猛击，血战两昼夜，双方伤亡均重。我军现已将敌击退至水湖崖，又前后细腰等处之敌，经我某部迎头痛击，敌气大挫，已溃不成军。

【徐州二十二日中央社电】临沂敌军于十九日反攻，与我某军在白塔、解家庄、李家五湖一带激战，历两昼夜，各处浴血肉搏，毙敌甚多，敌仍猛向我进攻，我军频予敌军重大打击，迄至廿日下午九时止，敌不支而退，战况沉寂。

【正阳关二十一日中央社电】近月以来，敌在津浦南段，始终居被动地位，盂我军联合民团，随时随地予敌以严重之威胁。凡敌所利用之公路，无不被我破坏，因此定远城、靠山集、考城、池河镇等处，时被我包围痛击。最近敌恐在津浦南段被我完全肃清。故积极增援，以维持其占领区城。

【徐州二十一日中央社电】津浦南段，我军已有一部渡过浦河南岸，并破坏敌之障碍物甚多，南岸之敌，仅有少数，在蚌埠附近抵抗。

【徐州二十二日中央社电】廿一日晨十时，敌数百由定远东门冲出，与我某部发生激战，我军埋伏敢死队，同时出击，将敌击毙数十人，敌又冲出一部，向我右翼侧击，我军实行肉搏，已将其完全击退。

摘自《申报》(汉口) 1938 年 3 月 23 日　第一版

敌南进孤军歼灭　大迂回战略成功　峄县附近敌溃退我正追击　徐州威胁业已消除

【徐州二十三日本报专电】津浦北段正面之敌，自被我反攻后，受创甚重，在临城滕县以东，敌只凭村庄垣墙顽抗，似已改取守势。廿三日午滕县东南我军突进在香山附近，与敌发生肉搏战，又某高地亦为我占优领，敌由三面进犯，我军奋勇抵抗，敌终为我击退。又我胶东游击队为策应临沂我军计，特预伏□□□□间，以备阻击敌军。廿二日傍晚敌由高密开赴莒县汽车十六辆，系运军火，待至潍河时，被我伏军出击，我并有敢死队三十人以手榴弹猛掷，将敌手榴弹车一辆炸着，轰然巨声，全车粉碎。敌因不明我伏军多寡，未敢恋战，急驰而去。

【曹县二十三日本报专电】津浦北段右翼，我自十六日开始反攻，各线均有进展。已渡河之部队，均奋勇挺进。同时西岸我□团强渡攻汶上之敌，敌向城南之官庙溃窜，温口据点随为我军占领。又孙军□、□两旅以锐军绕道急进，现一部已逼近兖州城郊。

【韩庄二十三日中央社电】鲁南战事形势好转，沿临枣支路我军，在台儿庄运河一带集结完毕，阵地巩固，我某部于廿、廿一两日，在峄县东南一带，向敌攻袭，击毁其坦克车数辆，廿二日我军抽选一旅之众，向峄县附近猛攻，残敌退县城顽抗。我军一为准备解决峄县之敌，一为另派部队由黄山阴平侧面威胁韩庄附近之敌。左翼方面，金乡、巨野我军现全部渡过运河，正向济宁推进。

【上海二十三日中央社路透电】据中国方面消息，前由津浦路南抵运河之日军一万人，因华军大迂回战略之成功，已被全部歼灭，现南下之日军，已全部被击退至六日前之原阵地，徐州之威胁，现已消灭。最近上海日发言人，连日皆未有日军进展之消息发表，皆以未接前方报告相推诿，以此引证华方之捷报，其可注意。

【上海二十三日中央社海通电】中国军队在鲁南之大举反攻，已成为中日战争爆发以来最重要之一幕。中国军队已由铁路两翼向日军开始正面攻击，故日军至沙沟后，即无法前进。同时中国正规军及游击队在滕县附近之活动，日军后方，交通颇受威胁。左翼方面，华军正由济宁向兖州猛击中。军事观察家咸认，津浦北段之日军，已渐摇动，因后方铁路既完全在华军掌握，日军或不得不早日退却。至于陇海线方面，并无新发展，该地之日军，似已移至津浦北段作战。另讯，日军在封邱渡河之企图，已告失败。

【徐州二十三日中央社电】军息：滕县西南之敌，被我某部猛击后，歼灭过半，廿三日已退后顽守。又我军□□等部，在滕县东南，已占领□□敌阵地，自廿二日起，向敌奇袭。敌因久战疲劳，且实力比我薄弱，均不敢续战，我正向敌压迫中。至此次滕县之役，敌死伤尚难统计，惟据土民言，敌每日运走之死尸及伤兵，络绎不绝。

【韩庄二十三日中央社电】我军在汤头镇东北及正南，奋勇抗战，汤头镇附近残敌数千被包围，发生激战。莒县之敌机械化部队，纷纷向沂水撤退。

【徐州二十三日中央社电】临沂方面敌新增之部队，已非板垣师团，连日与我顽抗，在白塔岭子一带，均发生激战，我军由滕县官庄侧击，敌亦迂回增援，战事激烈，我敌两方伤亡均重，但我占优势。

【徐州二十三日中央社电】日照方面，我军廿三日已进占保安山圣宫山之线，刘匪桂堂部队集涛雏，其在巨峰及白虎山一带者，约五百余，内有日指挥官十数人。

【徐州二十三日中央社电】沂水县长孙桐峰，顷正式电告收复沂水。该电略谓：县城之敌，业经尹队长于十六日选拔精锐士卒，乘夜袭击，黎明敌仓皇东窜，尹队长即率队进城。

【徐州二十三日中央社电】我军某部连日占领津浦南段之张八岭，沙河集等车站后，随即尽量破坏路基路轨，廿二日我毙敌约二百四十五名，为避免与敌胶着起见，激战后即退回原防。

【正阳关二十三日中央社电】定远西北靠山集之敌二百余，廿二日又被我围击，将予以消灭。

【徐州二十三日中央社电】淮南方面，连日有敌步骑炮联合兵千余，经滁县向珠龙桥冯家庙前进，似为应付我游击队模样。又有步骑炮之敌约七百余，廿二日由曹家店向能仁寺方面移动，被我击毙数十人。

【阜阳二十三日中央社电】军讯：（一）我军越过龙亢，向涡河敌反攻，廿二日进展至遐沟集，颇占优势，火线距蒙城已在百里外。（二）廿三日午蒙城上空发现敌机八架，有六架飞向涡河线窥察，旋向怀远逃去，两架向南飞行，未投弹。（三）上窑之敌，经我军民久困，廿二日残寇向东窜退，田家庵以东之敌，已完全肃清。

摘自《申报》（汉口）1938 年 3 月 24 日　第一版

我猛攻峄县枣庄　敌第一道防线昨已被突破　沂河东西岸再度展开血战　犯台儿庄敌遭受重创

【徐州二十四日本报专电】津浦北段右翼，我军由铁路右面向北增援之精锐部队，现已到达枣庄，峄县东面及北面，向前推进。廿四日下午，峄县以南敌二千余人，南犯甚急，经我迎头痛击，敌向东北方面溃逃，我军于廿四日夜十一时向峄县枣庄猛攻，现已血战中。又廿四日午后，敌二千余向我台儿庄东北方面进犯，并有大炮廿余门，飞机三架协助作战，曾有敌百余人窜抵台儿庄附近，经我完全解决。至由临沂以北南犯之敌，共三四千人，自廿三日夜起在沂河东西两岸再度展开血战，敌续由唐当崖渡河猛攻刘家湖，我为战略关系，放弃该地，移转茶叶山崅头之线，积极血战，至廿四日晨六小时内，我冲锋共六七次，至廿四日夜敌有不支之势。临沂情况，尤为安定，廿四日敌仍在白塔以南炮台（村名）附近激战中。又敌军连日增兵，尤以北段增加最多，双方大决战，即在日前，敌增加之人数，虽尚无确报，但其主力似仍在铁路之东侧，预料蒙阴沂水一带山地，将为大血战之场。

【徐州二十四日中央社电】自滕县临城相机被陷，敌即分三路进犯，一路沿津浦正面攻略沙沟，韩庄，一路循临台支线侵我枣庄峄县，一路向微山湖东岸之夏镇压迫。惟此三路进犯之敌，日来经我生力军扼微山湖及运河堵截，始终未得寸进，仅在枣庄、台儿庄间，与我隔运河相互炮击。廿三日午，我某处炮兵对准微山湖东岸官庄之敌炮兵阵地，施以破坏射击，收获甚大。并射中敌弹药车一辆，当即起火。闻我对敌，已形成大包围，即展开大战。

【徐州二十四日中央社电】路息：峄县方面敌步兵千余，廿四晨向我台儿庄猛攻，我军沉着应战，敌受重创，向北溃退，我已乘胜追击。

【徐州二十四日中央社电】峄县附近之敌，经我某部连日痛击，阵形已散乱。廿四日晨敌又向我进犯，我待敌迫近，先投手榴弹，旋即跳出战壕，与敌肉搏，敌前头部队，被我悉数歼灭，残敌溃退，我追击中。至枣庄附近之敌，廿四日被我某部迂回迎击，敌仓皇应战，半小时内我即占据二三要点，继续冲锋，敌第一道防线被我突破，二次毙敌极多，我亦有相当牺牲，现仍在对峙中。

【徐州二十四日中央社电】津讯：津浦线连日激战，敌甚不利，连日有大批军队由津南下增援，计廿二日晚及廿三日晨共有敌军二千人及伪满军队二千人南行。

【徐州二十四日中央社电】敌机一架，廿四日晨十一时飞徐窥察，盘旋一周即北去。

【徐州二十四日中央社电】白塔附近及沂河东岸，廿三、廿四两日均有激战。我军行动敏捷，阵形变幻莫测，且挟胜利余威，故所向披靡，敌虽屡欲向我侧击，但均为我所挫，我仍占优势。

【徐州二十四日中央社电】济宁嘉祥方面，自我反攻以来，极为得手，附近一带零星之敌，现已被我逐一消灭，敌仅在城内负隅顽抗，始终不敢出城。

【韩庄二十三日中央社电】津浦北段敌，企图以主力从临城韩庄偷渡泇水河，袭击归德，我已严防，敌决难得逞。

【徐州二十四日中央社电】我军某部廿二日向溪河集小溪河车站等地之敌袭击，将附近桥梁破坏，并毙敌数十名，该处敌兵站及电线，全被焚毁割断。

摘自《申报》(汉口) 1938 年 3 月 25 日　　第一版

津浦北段总反攻后　昨十余处有血战　左翼我一部冲至兖州城关　陇海灵宝附近敌歼灭

【徐州二十五日本报专电】津浦北段我总反攻后，□□□部由峄县枣庄之东北两面，向盘踞峄县枣庄附近之敌进攻，同时□□□部亦分向铁路线附近袭击，共有十余处发生激战，情况凶猛空前。□□□亲赴前线督战，廿五日晨在枣庄台儿庄附近一带，一度冲入敌阵，俟生力军开到，血战至午，卒将敌击退。临沂以北敌机械化部队四五千人，廿五日起向我临沂附近之三官庙胡家庄一带猛攻，并以大炮向我阵地轰击，我亦还击。临沂城内及南关一带，亦落有炮弹。廿五日晚，我□□□部由临沂出击，形势好转。至津浦正面，我与敌仍在韩庄以北隔运河相持，廿五日竟日炮声未绝。左翼方面，我□□各部以□师□旅、□旅分向兖州进击，廿三日确到达兖州附近十余里之某地方，将兖州济宁间铁路破坏三四十节，并将数桥梁破坏，复向大汶口方面活动，廿五日已到达大汶口附近。又据报，廿五日晚我军一部进至兖州西北两关，并传我军一部冲入城内，发生巷战，但尚无官电证实。

【郑州二十五日中央社电】津浦北段，廿五日全线激战颇烈，此间某机关廿五日接前方报告如下：(一)津浦北段台儿庄东北沧镇之敌，约二千余人，廿四日晚被我军夹击，将敌击溃，敌分三路退却，现追击中。(二)峄县之敌约三四千人，附坦克车四十余辆，枣庄之敌约一千人，韩庄正面之敌仅数百人，临城之敌向峄县移动，我军正分向该处之敌猛攻中。(三)临沂方面，敌军增调援军，企图反攻，我军一部守城，大部已渡沂河，积极出击。该方面之敌，约三四千余人，廿五日敌我激战中。

【徐州二十五日中央社电】津浦北线右翼，廿四日夜炮声甚烈，我军在炮火掩护下，一部渡河北进，将运河北岸台儿庄峄县间之狐狸埠，予以包围。进犯台儿庄之敌，感受威胁，廿五日晨后退。我渡河军，已与台儿庄我军取得密切联络，剧战即可展开。

【徐州二十五日中央社电】廿三日下午六时，我某部在台儿庄以北之洛欢堆，与敌千余激战，毙敌极多。廿四日突窜来敌人数百，我当将敌包围，歼敌百余。廿五日晨我由台儿庄出击，乘敌不备，三面猛攻，毙敌甚多，残敌向东北沿铁路两旁溃退，正午敌后援部队赶到，又与我顽抗，现仍在对峙中。

【韩庄二十五日中央社电】敌军对临沂方面反攻，似甚积极，廿四日敌机九架，向我阵地轰炸，重炮竟日射击，敌对我攻击，侧重左右两翼，但被我猛烈扫射，毙敌甚众。

【曹县二十五日中央社电】声据济宁嘉祥附近之敌，不下三千余，兖州不足千人，我□师及□旅廿四日夜袭击兖州，济兖支路均经破坏，我□师□旅已向大汶口方面挺进。又我□□□支队廿四日晚一部占领石□附近山地，以主力向界河滕县挺进中，嘉祥及赵王河正面，正在激战。

【正阳关二十五日中央社电】今日我某部向临淮关方面积极推进，与敌发生遭遇战。

【正阳关二十五日中央社电】临淮关至门台子路轨枕木，敌已铺齐，惟桥梁犹未修复。蚌埠至刘府公路，敌亦在赶修中。我当地民众每于深夜将枕木搬去，路桥毁坏，敌无法应付。

摘自《申报》（汉口）1938 年 3 月 26 日　第一版

我军昨攻克韩庄　峄县附近敌被围即可解决　左翼袭大汶口嘉祥有血战　敌犯北段计划又失败

【徐州二十六日中央社电】敌自在淮河遭遇打击，即变更其打通津浦战略，改在北段主攻，南段助攻。我洞悉其奸，早已调队迎击，为先发制人，并于廿日晚向北段之敌开始总攻，三日来我各路均有进展。铁路正面，我已收复韩庄，铁路东侧，我强渡运河之某部，已将沿临枣枣台支线侵入枣庄峄县之敌围困，进犯台儿庄之敌，亦经击溃，临城之敌，虽全部开往枣庄峄县增援，更被我截击于途。该路我军为守南口之某部，骁勇善战，预计廿六日晚当可将支线沿途敌人悉数歼灭。铁路西侧，进逼微山湖东岸该地之敌，我正派队袭其侧背，亦不难歼灭。左翼我强渡运河某部，亦已向滕县、大汶口间侧袭，敌后路确已动摇。右翼我某部，正回师与越汤头沿台潍公路反攻之敌久井部队血战，极占优势。总之，津浦北段，现已展开大会战，某长官并已亲临前线指挥，将士无不奋勇应命，敌之在北段主攻计划，又将遭我严重打击。至目前南段之敌，系由松井兵团所辖之现役兵十三师团和预备役兵一〇一师团，分防蚌埠以南各地，时受我广大游击队袭击，正忙于应战，其欲策应北段助攻，恐无此能力。目前该敌着重于进攻无军事重要性之南通、如皋，东台一带，无非企图牵制我兵力，于整个津浦战局，不致发生任何重大效果。

【徐州二十六日本报专电】津浦北段正面韩庄，廿六日晨经我军克复，车站尚有少数顽敌，在我包围中。左翼方面，我□□各部与嘉祥之敌正血战中，我军颇有进展。抄袭大汶口之□□部，正与敌肉搏。

【徐州二十六日本报专电】津浦北段我军自廿四日夜起向敌总攻，系采大包围战略，一面在韩庄正面坚守，相机推进，一面由左右两翼向敌包抄。右翼方面，我某有力部队在枣庄东面及北面向西南攻击，另抽调一部由费县向临城，滕县推进，同时我并另以有力部队由台儿庄向西北攻击峄县韩庄间之敌。三日夜以来，血战激烈，敌伤亡甚众，我亦有相当牺牲。峄县以北之潭河郭里集徐楼有敌五六百人，廿六日晚已经我军包围，即可解决。临城枣庄我军，亦有进展。枣庄附近之高地亦被我军占领，我居高临下，甚为得力，枣庄有即日可下势。又我□军□部廿六日拂晓向界河车站进袭，出敌不备，攻入站内，当时停于该站之机车一辆炸毁，毙敌四五十名，我仅伤士兵四名。

【徐州二十六日本报专电】我□部向□县挺进，我先头部队与敌发生猛烈接触。又□部迂回枣庄以南，与敌遭遇，我军左右驰击，毙敌甚众。敌之一部被我解除武装，俘虏甚众。又临城正面敌步兵千余人，经我截为三段，分别袭击，现正激战中。临沂方面，我军夜袭大太平之敌，与敌在双庄古城村一带发生激战，我即将该处占领。

【徐州二十六日本报专电】敌驱逐机七架，重轰炸机四架，廿六日下午一时自临城飞徐，在东车站及徐州郊外投弹三十四枚，津浦第二三两月台共落五枚，票房落一枚，电报房及车站检查所房屋九间均被炸毁，津浦第四七八三股道各被炸毁一节，并伤炮师团士兵二人，车站附近房屋玻璃，均被炸碎，扶轮小学一带落九枚，教室覆倒九间，天桥以南空地，落弹九枚，电线震断，今晚即已修复。灵台镇落燃烧弹及一百公斤炸弹各一枚，草房瓦屋九间被炸起火。南马路亨裕油坊落二枚，毁屋四间，梁庄落二枚，毁房一间，梁庄以南落四枚，有一地下室被震塌，压死小孩六人，老妇一人，伤六人。

【韩庄二十六日中央社电】企犯韩庄之敌，经我□部压迫，敌退守中兴煤矿中兴中学院内，我军正围攻中，并俘掳敌兵百名，枣庄塔楼四座，被我占领三座。中兴煤矿公司之水塔，已被我占领。该方面敌福荣支队及装甲车第二中队，由枣庄退出增援，在郝家河反攻，与我前进部队激战，昨日前线，我敌大炮激战结果，击毁敌装甲车六辆，大卡车五辆，炮两门，又毙敌百余，敌一部由峄县韩庄间绕道向台儿庄前进，有企图袭击运河模样，我军准备截击中。廿四日在邳县西南附近发现敌少数便衣队，当经我军一举歼灭。

沂河西岸我军陆续回师击敌

【临沂二十六日中央社电】敌自在沂河两岸惨败，即乘我西岸部队增援津浦正面之际，新增久井兵团，配以匪伪军共约五千余人，越汤头循台潍公路反攻，经我庞军奋勇抵抗，终以伤亡过巨，致白塔、沙岭子、尤家头、桃源等处，先后又陷敌手。廿六日薄暮，桃源之敌复向临沂以东之九曲店一带炮轰，临沂城内，又闻炮声甚密。现我西岸部队，已陆续回师进击，预料战局即可好转。

【临沂二十六日中央社电】临沂方面，昨日我张军一部在停子头与敌激战，当将古城村明皇坡一带占领，敌增加部队猛烈反攻，激战终日，仍被我军击退至桃园三官庙一带，我军右翼阵地，敌炮积极轰击约二千余发，往返肉搏数次，我另庞部队向敌侧击，刻下各方面正在激战中。

【正阳关二十六日中央社电】军息：津浦北段沂水西岸，我□部廿五日仍与东西城子官庄一带之敌激战中。

【徐州二十六日中央社电】廿四日晚由峄县逼近台儿庄以北十华里刘家湖之敌，廿五日经我某部拂晓总攻，已悉被击退，我已将刘家湖附近装庄、浪庙、边庄之敌扫荡，并确实占领。残敌五六百人廿六日仍在孟庄附近，占据碉楼顽抗。是役我在刘家湖附近各村庄进出三天，战事极为激烈。

【徐州二十六日中央社电】日照之敌，匪伪千五百人，被我击溃后，其大部向傅疃河左岸退去，另一部窜退王城一带。敌由该路窥伺东海之企图，已被我粉碎。闻刘匪桂堂此次在前线受重伤，廿二日退至□□时，传已毙命。

摘自《申报》（汉口）1938 年 3 月 27 日　　第一版

津浦展开歼灭战　枣庄克复敌惨败　大汶口一带敌兵联络截断　我军占潭山围攻峄县

【徐州二十七日本报社电】峄县以北，枣庄东南之潭河徐楼敌军数百人，廿六日午后全数被我歼灭，我军积极前进，进攻枣庄，在枣庄附近之郭里集，有敌主力部队矶谷师团之一部，共三千余人，血战肉搏十余次，至廿七日拂晓，我军大获胜利，将敌三千余人大部歼灭，仅有少数残敌溃窜，我并俘虏敌官佐三四千人，获敌机枪三四十挺，轻机枪二挺，毁敌坦克车五辆，我牺牲亦极壮烈。据军息，我军于廿七日拂晓克复枣庄，又有敌千余人由临城方面向枣庄附近增援，猛烈反攻，我军展开阵线，在枣庄东南与敌再度血战，迄至廿七日午后，仍在枣庄东南一带激战中。又据晚间消息，我军廿七日下午二时将枣庄完全克服，中兴公司职工子弟学校内有敌百余人，未及退出，全被我用手榴弹击毙。又据交通界息：枣庄车站尚在敌手，枣庄东站亦有敌少数顽抗，敌在韩庄车站又赶筑工事。又沂水东岸，廿六廿七两日战事，仍极激烈，在临沂闻炮声甚为清晰。敌之步兵约四千余人，其先头部队在三官庙以南，我廿六日晚分三路反攻三官庙，将敌击退。至津浦左翼我军挺进反攻，均有进展：（一）我□部刘营廿六日午将池头集附近之敌击退，即进占该处，廿七日拂晓并派一团向界河柳泉方面之敌攻击。（二）我第□游击队已进至邹县西南廿里之双庄一带，在尹家桥张桥之我部队，已将泗河太平桥汜沟桥商桥吉利桥完全破坏。

【徐州二十七日中央社电】整个津浦北段战局，现均在顺利进展中，战事重心，敌日前集中于临枣台支线，企图将该线我主力击破，再迂回威胁徐州。该路敌大遭我汤部之奋勇反抗，已无能为力，并发生动摇。兼之大汶口滕县间敌之后路，已被我截成十数节，我并继之以追击动作，此项在临枣台支线孤军深入之敌，恐已后退无路，依情势判断，数日内津浦北段将展开伟大之歼灭战。

【韩庄二十七日中央社电】枣庄之敌约一联队，经我第□师猛攻后，现退守中兴煤矿公司，利用该公司房屋顽抗，但我已占据西部北部高地及南临之铁路线成包围之势，预料残敌即可全部就歼。又我占领枣庄之西部时，计毁敌战车八辆。又敌三千余人，坦克车四十辆，在枣庄西端之齐村，与我某部激战中。

【徐州二十七日中央社电】据捷报：汤部廿六日晚继向困守枣庄中兴中学之敌猛攻，黑夜激战，我军勇气百倍，加以挟战胜余威，每见敌人，不待号令，即向前围上，激战至黎明，我即收复枣庄，此时敌矶谷师团长又由临城调所部千余开到增援，会合原在枣庄西郊齐村被困之敌共有三千余名，我围攻部队出而突击，我各级官长均亲临前线督战，士气奋发，屡向敌阵推进，敌死于我手榴弹及刺刀下者，不知凡几，敌阵动摇，我全线冲锋，势如破竹，卒获伟大胜利。是役敌伤亡逾半，少数残敌，乘机逃脱，俘敌官兵三十四人，敌死亡数目，正清查中。

【徐州二十七日中央社电】汤部另一队廿七日晨，攻占峄县郊外之潭山，刻正围击郭里集及峄县城内敌人，台儿庄附近孟庄据守碉楼顽抗之敌，仍被我监视，廿六日晚敌已向台儿庄方面增援，约二千人，我正迎击中。敌机多架廿七日晨飞台儿庄肆虐，我损失轻微。

【徐州二十七日中央社电】犯津浦北段正面韩庄附近之敌，连夜被我军痛击，在车站西北一带赶筑工事，增设重机枪数挺。又韩庄东新围子发现敌便衣队及战车数辆，我运河南岸守军，已严密防范。

【正阳关二十七日中央社电】台儿庄之敌，被我奋勇击退后，分向东及东北溃退，残留敌百余，尚据台儿庄以北顽抗，可在围攻中，不难歼灭。

沂河东岸激战通宵

【徐州二十七日中央社电】军息：临沂当前之敌为酒井兵团，并发现伪军甚多，恐系由鲁东一带土匪所编成。敌总数约四千余，其先头部队在三官庙以南地区，距临沂城仅四里，我庞部廿六日于敌炮沉寂后，由黄山郁九曲分三路向三官庙之敌袭击，当将敌击退，敌遗弃尸身马匹炮弹布机枪及文件甚多，现沂水东岸我军，已与进攻日照之某部及西岸某部密切连击，声势浩壮。

【临沂二十七日中央社电】沂河东岸我庞部廿六日晚向由三官庙进逼

临沂之敌逆袭，激战通宵，毙敌甚众，并获机枪八挺，步枪数十支，战马数匹，重要文件无数。廿七日残敌已向相公庄一带败退。沂河两岸，我张部廿六日在交山一带与敌激战，我占优势，临沂廿七日仅闻炮声，而无枪声，足证战事确北移，情势又趋稳定。

【徐州二十七日中央社电】津浦北段大汶口至滕县间铁道，已被我由鲁西强渡运河之侧袭部队，截成十数节，每节中之路叉口被拆毁数公里，大汶口滕县间敌之联络，确已中断。目前该地带内何处为我军占领，何处由敌盘踞，尚难作明确之分析。所可知者，大汶口附近有我军踪迹，兖州西北区为我军占领，邹县迤南之两下店，亦有我军出入，廿七日竟日，大汶口滕县间已有十数处发生激战。

【韩庄二十七日中央社电】我某部两团，廿六日先后击破嘉祥附近之敌，克复西正桥薛家屯，刻与敌在安居镇附近相峙中，敌由济宁火龙增援。又我□师越南阳湖向界河柳泉庄沙河一带，袭击敌之侧背，毙敌百余人，破坏铁路桥梁路轨数处，并炸毁敌火车机车汽车各十余辆。又我□□两旅廿四日晚攻袭兖州，毙敌百余，当将四南关及北关占领，将敌在兖北所筑之防御工事完全捣毁，并将由兖州至济宁之铁道，破坏数十丈。又我军廿五日晚袭击津浦北段之界河，将界河北之大桥及敌已修好之小桥与刘家崮铁桥，均予炸毁，敌之军用电线电杆，均被我全数破坏。又界河车站停敌兵车一列，经我猛击，毙敌甚多。

【正阳关二十日中央社电】盘踞津浦南段之敌，总计约有六七千人，最近敌在津浦南段不仅失去攻击能力，抑无法维持其交通，所有在敌占领区域之道路，旋修旋毁，即为明证。我在津浦南段，日夜出击敌军，所谓积小胜而成大胜之战略，已取得相当之成功矣。

摘自《申报》(汉口) 1938 年 3 月 28 日　第一版

窜台儿庄敌歼灭　临城之线仍有激战　左翼我军进取济宁

【徐州二十八日本报专电】津浦北段全线之敌，共二万余人，大部在滕县以南，峄县，枣庄，韩庄附近一带，内有两联队在临沂方面作战。我军实力，较敌雄厚，我自克复枣庄后，峄县之敌在我三面包围中，连日激战甚猛，敌为牵制我兵力，故近日由峄县向台儿庄增援，廿七日夜敌机械化部队一部分将我台儿庄以北之防线冲破一小点，有敌三四百人由台儿庄北门外挖地洞偷入，当被我军发觉，奋勇猛击，与敌血战竟夜，双方伤亡均重，迄廿八日午，将窜入台儿庄之敌，全数歼灭，并续将台儿庄以北附近之敌击退，现仍与敌激战中。峄县之敌，连日增援颇多，廿八日晨迄晚，我与敌猛烈血战，附近之庄村多数轰平，死尸满地，战事之烈，可以想见。枣庄被我克复，已完全证实，惟附近一带尚有敌残部，据高地顽抗，我正搜索前进中。又北段正面，我与敌仍在韩庄以北隔运河对峙，今日右翼方面大战，敌纷往增援，故运河对岸尚无大战。铁路左侧，我军夜克临城，后以敌军增援，现在激战中。

【韩庄二十八日中央社电】津浦北段正面，我军大捷，临城于廿七日晚十二时克复，峄县正在包围中，台儿庄附近之敌，已由□□□部包围，可全部歼灭，我汤军现由东南两面，向西包围，孙、曹两军由南阳桥渡过运河，将临城至兖州间之铁道，破坏四十余处，并占领界河，向东南迂回，将津浦正面矶谷师团之后方完全切断，同时我汤军占领临城，枣庄两据点，向西压迫，敌约二万人，因完全被我包围，即行溃乱，现向抱犊崮乱窜即可聚歼。

【徐州二十八日中央社电】（一）鲁南正面我军，自昨日夜将枣庄完全克复后，即乘胜强行军北进，敌因临城以北铁道全被孙曹两路破坏，并已占领大汶口，无法后退，当于廿七日下午将敌已占领多日之临城克复，敌现正向东溃窜，俘获无算，正清查中。（二）至左翼我军，自鲁西南济宁军事据点，被敌占领后，迭攻未克，廿六午敌且分三路由济宁向我阵地进犯，我守军当即让开正面，用扇式包抄，层层将敌迂回包围，切断敌后路，经血战结果，于廿七日夜攻入济宁城，刻正扫荡残敌。（三）在临沂方面之我军右翼部队，自汤头镇与敌激战后，原取守势，兹闻中左两路大捷讯后，当即配合日照方面增援部队，与廿七日下午合力向敌采取攻势，激战至廿八日晨，敌势不支，向莒县方面溃退，总计此一战役我军三路运动应战，将敌主力各个击破，实为抗战以来之空前胜利。

【曹县二十八日中央社电】廿五日晨我孙、曹两军向济宁挺进，与在西正桥之敌步兵约二百余名激战两时，敌向济宁溃退，我乘胜追至八里庙附近，继向济宁围攻，廿七夜攻入城内，少数之敌占据市房，与我军巷战，现正扫荡中。

【临沂二十八日中央社电】临沂方面，敌自廿七日起继续增加，我□□军以全力逆击，我□□军又增援渡河侧击，将敌击溃，已将胡家庄三官庙克复，敌向北溃退，斩获甚多。

我军破坏敌方交通

【徐州二十八日本报专电】我孙、曹两部，进袭大汶口及破坏敌后方交通之经过如下：（一）我□旅于廿六日晚八时由马庄附近出击，至郭庄附近，当即以□□□团附工兵两排，由赵团长率领，进袭大汶口之敌，并破坏大汶口之铁桥及飞机场，另以□□□团张营附工兵一排破坏大汶口以北彭宿店附近之铁桥。闻敌机被我炸毁五架。（二）我张营于廿六日晚十一时到达彭宿店附近，至廿七日晨四时，我方乘隙将彭宿店以北之铁道破坏四段及涵洞之处，敌由泰安驶来铜甲车一列，向我射击，时已拂晓，我军当返□□□。（三）我便衣队廿六日进至云亭山以北约三四里处，将路轨螺丝取去数节，适有敌由泰安驶来军用车一列经过，机车出轨，车翻数辆，同时由泰安来敌机六架，向我扫射狂炸，我伤亡七名。（五）我□师□□旅于廿七日晚占大汶口泰安间铁路以西马庄，红庙等处后，以先到马庄之连旅，向大汶口实行夜袭，吴唐两旅昏夜赶到，以各一部对肥城宁阳方面警戒，其余全部进袭，包抄大汶口，同时敌由宁阳方面调三百余人，向北运动，似有袭我侧背之企图，我已预伏□□等处，以备截击。

【曹县二十八日中央社电】据报滕县城关附近有敌十余，我□旅及□旅廿六日将池头集附近敌人驱逐后，即进占该地，廿七日晨以一团向界河柳泉方面之敌攻击，以□营向北河之敌攻击，我□□□所率之游击队，廿七日晨进至邹县西南廿里双庄一带，并已将泗水太平桥、纪沟桥、商桥、吉利桥完全破坏，截断津浦，以阻敌之归路，又我□□等旅，廿三日夜进袭兖州，乘敌不备，分将兖州西关北关占领，并破坏济兖间铁路十余段，桥数处，铁轨三段，涵洞桥三处，我□□等即向大汶口转进，廿七日进驻大石桥（肥城南）一带，续向大汶口袭击，廿七日夜大汶口即为我军占领，敌退路已断，现正东向莒县方面溃窜，被我俘虏甚众。

敌机狂炸徐州市区

【曹县二十八日本报专电】津浦左翼我军孙曹各部连日分路向兖邹滕界河曲阜大汶口一带活动，将铁路桥梁破坏多处。界河自津浦线大战开始以来，敌飞机不断到徐投弹，多落车站一带，从未向城内投弹，自大举反攻，敌进犯困难，廿八日午敌重轰炸机十二架，由利国驿先后抵徐上空，向城内掷投炸弹，此为敌机轰炸徐州城内第一次。敌机投弹后，向北飞去，据事后调查，城内区公所落一弹，毁民房一间，□□局门前落一弹，内落二弹，毁房四间，伤三人，死一人，丁小巷落二弹，毁房二间，中山纪念堂门前一弹，炸死民众男女各一，血肉模糊，情况极惨。警察局东巷杨姓房内落一弹，毁房一间，死一人，伤二人，南关通达利皮行内落一弹，伤男女各一，毁房一间，铁佛寺后门落一弹，又□姓家落一弹，毁房一间，后院落二弹，伤一男孩，一女孩，北车站落十一弹，毁客车三辆，敞车四辆，路轨三股，民房十二间，伤三人，红十字会落二弹，毁房二间，下午二时解除警报。

【徐州二十八日中央社电】廿八日晨七时半起至下午一时半止，此间发出五次空袭警报，仅第四次有敌机九架侵入上空，在车站及城内公安街共投弹数十枚，死伤平民十余人。

摘自《申报》（汉口）1938年3月29日　第一版

韩庄我军守南岸　正面隔运河炮战　临城济宁我退出城外围敌　鲁北游击迭克名城

【徐州二十九日本报专电】津浦北段自我变更战略总攻后，右翼张庞两部首创奇功，正面□军牺牲甚重。我守台儿庄之部队，廿九日晨已与敌以重大打击，除将敌击退外，并追踪廿里。又敌由滕县官桥南犯之部队，廿八日晨猛向枣庄攻击，我进驻枣庄之部队当奋勇抵抗，血战甚烈。同时峄县之敌亦增援反攻，血战一昼夜后，我进驻枣庄之部队，因过于突出，向后移动，现仍在枣庄东南一带，与敌血战中。又我生力军一部向峄县以东增援，已与临沂我军取得联络，正向峄县进攻。据探报，右翼之敌由莒县沂水向临沂增援，廿九日拂晓，敌在临沂方面三官庙与我发生激战，十里堡前后岗等地，战况均极激烈。至我□部绕渡黄河，袭击敌背之□□团，廿八日晨一时袭击平原，敌仓皇应战，拂晓敌不支，我于晨七时正是克复平原，击毙敌四十余名，俘虏十三名。恩县，平原一带民众武力二千余名，随军已分向禹县及德州以南各站袭击，至鲁西方面，我已将高塘、朝城、莘县先后克复。

【徐州二十九日中央社电】枣庄经我收复后，我以该处无关重要，仍退回运河南岸，该处廿八日有敌五六百，炮数门，于晨十一时至下午四时，与我隔河相互炮战，我无损失。廿九日韩庄附近，又增加穿杂色军衣之敌七八百，其企图不明。

【徐州二十九日中央社电】津浦北段战事，壮烈空前，敌以全力进攻，我亦以全力抵抗，处处包围，节节切断，故每一村一镇一城之争夺，互经几十次之肉搏，而战事形势，亦因此瞬息万变，不独今日与明日固多差异，即午前与午后亦未必相同。敌自被我在临沂、临城、济宁各地击溃后，复分途增援，希图恢复颓势，但我军亦正迂回包围，正攻侧攻，双管齐下，现尚未达决胜时期，故小退却自不可免，但就大势观察，敌被我包围歼灭为期甚近。

【徐州二十九日中央社电】临城敌我巷战数小时，城内之敌大半为我解决，一小部退回敌之司令部闭门顽抗，我军乃一面围攻，一面纵火焚烧敌之辎重，所有弹药粮秣均着火，火光于廿八日晚仍可望见。

【徐州二十九日中央社电】津浦线正面战争，临城经我军于廿七日晚收复后，廿八日下午敌从齐村方面增援，集中全力，大举进攻，我以兵力较薄，为避免包围暂退出镇外，现已增调部队，准备绕攻，以击破敌之主力。在台儿庄以北一带，敌又增援三四千人，顽强抵抗，我军于廿九日拂晓三时开始总攻击，敌亦向我攻击，往返冲锋，敌狼狈溃逃，我军遂乘胜进入济宁西关，而敌方大部增援，以炮火掩护，拼命争夺县城，我军暂退出镇外，仍取包围形势。

【徐州二十九日中央社电】台儿庄以北之敌约三四千人，因受我□□师压迫及□□师阻击，乃集中炮火，向台儿庄猛攻，廿九日晨三时，敌复增援，大举向我猛攻，现正激烈战斗中。

【徐州二十九日中央社电】犯台儿庄敌溃退，我当将台儿庄北面邵庄，围上等村占领。廿九日晨我全线反攻，所有军官均上前线参战，前锋甚锐，并已与据守峄县台儿庄间獐山头之我军取得联络。当我军廿八日夜廿九日晨肃清台儿庄附近数里各村庄残敌时，我挑选敢死队三百名冲锋，应征者达八百，每人出发前，各携手榴弹数枚。共同宣誓不击退敌人不生还，迄至冲入敌阵，有敢死队八名，来回投掷手榴弹，声如连珠，各达百余枚。又我□处炮兵，同时亦发炮助战，当将邵庄敌之汽车油库击中起火。

【徐州二十九日中央社电】廿九日午敌机十七架，飞至台儿庄及宿羊山以东各村大肆轰炸，图阻我军前进，投弹二百余枚，仅炸毁民房一部，毙无辜农民数十人。

【徐州二十九日中央社电】峄县以北之郭里集一带，敌矶谷联队被我歼灭殆尽，我军此次胜利原因有二：（一）敌遇村落碉楼固守，我则用火焚攻，烧毙敌人极多。（二）敌坦克军冲来时，我第一线步兵，即以其随行之步兵猛击，两相肉搏，敌所有坦克军均失效用。

【临沂二十九日中央社电】沂河东西两岸，廿九日晨均发生激战。东岸战区已回至三宫庙一带，我军屡向敌冲锋，毙敌极多。廿九日下午，犹在相持。西岸战事迄下午，战事尚未停。

【临州二十九日中央社电】临沂方面，我□□军右翼稍后退，□□军增援部队，廿九日晨亦已加入战斗，猛烈反攻，敌不支溃退。敌因正面未得逞。复犯我沂河西面之古城，南埠、小岭，昼夜猛攻，炮火剧烈。我军于烟焰中，浴血奋战，敌伏尸累累，现仍相持中。

【徐州二十九日中央社电】廿九日下午一时前方电话：我某有力部队，配合四围强劲之游击队某某部等，于廿七日猛力向大汶口之敌施行攻击。敌卒不支，退守附近机场，我亦挑选敢死队百名，携带大刀及手榴弹，乘夜向该场进袭，敌被我炸死遍地，该场停有敌机八架，悉被我炸毁。其弹药库油库亦焚烧净尽，火光冲天，爆炸之声，达数里之外。（按：此项消息，本报昨日专电已有报告）现我另一有力部队及该处游击队，已将大汶口以南兖州以北敌之交通路线，尽数破坏，我军乘胜向泰安猛进，泰安已被我包围。

【徐州二十九日中央社电】大汶口铁桥被我炸断，现我军扼守大汶河南岸，阻敌援军南运。兖州方面，廿八日晚被我便衣队混入敌机场，亦以手榴弹炸毁敌机三架。

【徐州二十九日中央社电】界河之敌五百余人，被我某部完全歼灭，我于廿八日晨进占界河纸坊集附近，敌我激战甚烈，伤亡惨重。

【曹县二十九日中央社电】鲁西方面，济宁之敌系矶谷师团一联队，廿七日敌六七百名，由济宁安居镇分向薛家屯、魏家桥、马房屯我□□师阵地进犯，激战甚烈。我□□部乘机侧击，敌以腹背受击溃退，我乘胜追击，曾一度冲入城内，旋即退出。又由宁阳迁向白马庙北进之敌，廿八日被我□旅阻于汶河南岸，隔河对峙中。

【临沂二十九日中央社电】临沂方面，敌自廿四日至廿六日连日猛攻，我官兵奋勇抗战，迭次肉搏，伤亡甚重，敌终未得逞，但我阵地完全被击毁，守兵牺牲殆尽，临沂城垣殊为危急。乃奋勇全力反攻，战斗至为激烈，毙敌甚众。于廿九日晨克复三官庙，小钟庄，胡家庄等处，获轻机枪八挺，步枪六十余支，我亦伤亡甚重。敌退却时，各村民众均被惨杀，现各部仍在激战中。

【徐州二十九日中央社电】敌鉴于津浦战事，节节失利，近三日内由青岛登岸两师团增援津浦线，企图挽回颓势。

摘自《申报》(汉口) 1938 年 3 月 30 日　第一版

津浦敌突围未逞　台儿庄我军大捷　临城以北各地仍在混战中　临沂方面地总溃退

【徐州三十日本报专电】津浦北段战事，自廿四日晚我军开始向枣庄、峄县、台儿庄附近之敌总攻以来，迄今已逾一周，该处之敌约二三万人，虽未能即行解决，但经过七日夜之大血战，敌迭次均未能突出我军之大包围阵线。我军汤孙各部牺牲固极壮烈，而被我歼灭之敌，亦有三四千人。敌欲于最短期内，攻下我徐州，打通津浦线之企图，已被我粉碎。现闻敌向军浦北段增援两师团，有准备从青岛登岸，但以实力比较，敌纵然增兵，亦不易冲破我阵线。刻我军各路奋勇推进，希于敌军增援未到前，将台儿庄、沂水、枣庄及临沂北之敌全部解决。

【北平三十日中央社路透电】鲁南日军之情形，异常危殆，华北之日军，已大举南下增援。此间各界有以军事状况询诸日当局者，均未获答复，足见日军之不利。众信华军在津浦线，确获切实胜利，日军死伤极重。

【本市消息】昨晨八时，我机□□架飞往津浦线峄县，轰炸盘踞该处之敌，当我机飞到时，见城内之敌军，甚形紊乱，辎重品甚多，当即投弹轰炸，均命中爆发，且见数处着火，我机于投弹后，均安然飞返。

【徐州三十日中央社电】津浦北段战事，现仍以临枣台支线最烈，深入该支线之敌，虽有运河阻其前，微山湖扼其右，山地伸其左，活动范围甚狭窄，但仍欲突破台儿庄反攻，经我予以重创，确已无力再举。我现进行大举歼灭计划，至临城以北大汶口间，现仍在混战中。

【徐州三十日中央社电】犯台儿庄之敌，廿九日晨六时与我军在寨前搏斗，是时敌分路攻我北站，经我某军奋勇击退，自昨晚迄今晨一时，敌向台儿庄正面猛攻，发生剧烈巷战，未尝稍停，刻仍在肉搏血战中。

【徐州三十日中央社电】我军三十日晨再度击溃反攻台儿庄之敌后，已占领圩外之三里庄板桥南洛等地，敌向仝里庄之铁道东退却，我两侧部队即乘机驰出协击，又发生喋血大混战。我扼险堵击，敌屡次冲围争夺圩外各要点，达七八次，现仍在围击中。

【徐州三十日中央社电】峄县之敌，因枣庄已被我克复，后路切断，无法后退，陷于进退狼狈，又充腾公路数处，邹县两下店间铁路亦为我破坏，刻敌并向津浦北段增援生力军约五联队之众，冀图解围，我已设法堵截，□一鼓聚歼。

【徐州三十日中央社电】济宁廿九日有敌约千五百，均退入城厢困守。又我军某某两团，廿八日向济宁西南之敌逆袭，敌仓皇分向唐家口河长口退却，计毙敌百余。

【徐州三十日中央社电】济宁方面，敌军自增援后，我军向济宁侧击之部队，正采取积极行动，以达牵制之目的，我袭击池头集之部队，准备向界河两下店进攻。

【本市消息】军息：我军事机关，昨日下午四时半接前方电话称：临沂敌军向北全线溃退，我某部正向前追击中。

【临沂三十日中央社电】临沂之敌，自廿七日晨开始向古城一带我军阵地攻击，复于廿八日增加约千余人，连原来军队共四千余人，炮廿余门，附飞机往复轰炸进击，村中房屋多起火焚烧，血战两昼夜，我军仍据守原阵地。迄近日拂晓，敌再度进攻三次，争夺阵地，毙敌数百，敌势不支，总计数日激战结束，敌伤亡约三千人，有撤退模样，我已准备追击。

【正阳关三十日中央社电】津浦南段之敌，因被我四面牵制，无法活动，颇以为苦。近敌为冲破此种困厄之现状起见，连日在和县含山合肥等处，大肆轰炸，并另派部队在和县方面积极侵犯，冀直入含山巢县，迫我合肥部队后撤。

台儿庄血战详记

【徐州三十日中央社电】津浦北段我军以崭新之战术展开空前大战，敌经我连日痛击，已逐渐疲惫。总观五日来战况，敌在临枣台一带已坠陷阱，现进退维谷，惟仍极力挣扎，向我台儿庄猛犯，以图断我归路。巨遭我骁勇善战曾在南口建立奇勋之□□□军。血战五日已将敌两联队歼灭三四千名，敌尸枕藉遍野。自廿四日台儿庄形势危急，我军孙部开往增援，廿五日开始攻击，剧战于台儿庄以北，我一日间连克五六村。廿六日敌增机械兵种两联队，并以飞机六架，坦克军廿余辆助战，向我总攻，我因未及赶筑工事，血战竟日，各村据点多被轰毁，乃又退回原阵地，旋我平射炮运到，将敌坦克车击毁三辆，当夜战事稍息，我军赶筑工事，并派迁回部队绕至敌背，廿七日晨敌向我台儿庄圩内猛攻，并配大炮廿余门，坦克车十六辆，飞机多架，我池师率部在台儿庄东北方面。猛扑敌背另一部在台儿庄圩内奋勇堵击。我各级军官分率英勇将士，一律赤膊，手执大刀，腰中满插炸弹，与敌浴血肉搏，自晨至夕，窜入台儿庄北圩之敌五六百名，悉被歼灭。凭碉楼顽抗之五十余名，亦被我以手榴弹完全炸毙，台儿庄北圩外敌亦被我池师击退，是日我平射炮尤发挥威力，将敌坦克车击毁十一辆，敌至为寒胆。廿八日拂晓，我敌又开始冲锋，一声喊杀，震撼山岳，敌飞机虽来助战，因双方肉搏，亦无法展开其所长，而大炮亦失其威力，坦克车更难活动，机械化已无价值。是日我又击毁其装甲炮车三辆，战至黄昏，方稍缓。迄廿九日，敌因后路被我截断，运输困难，乃以飞机六架运送弹药给养。三十日晨，残余之敌，在台儿庄以北十数里之三四村内，被我大军重叠围困，敌图退却，以飞机六架掩护助战，我军再施猛攻，战至午刻，益形激烈，敌屡图突围，均难得逞，我大举歼灭之计划，已逐一实现。现残敌仅余六七百名，计至三十日晚止，我共获敌坦克车十五辆，装甲车三辆，大炮六门，机枪廿余挺，步枪数百支，军用品无算。此次胜利，殆与临沂无分轩轾。该股残敌，不难予二三日内一鼓而歼灭之。我部乜子彬及团长韩世俊、王冠五、王彬均受伤，但仍在前线负创指挥，轻伤士兵，均不愿到后方疗养，士气之激昂愤慨可以想见。

【徐州三十日中央社电】台儿庄当面之敌被我连日围歼，损失极大，廿九日敌又由峄县附近迁回窜来四五千，再度迫近台儿庄，我军即展开阵势，相机奇袭，我军有士兵何志浩，以大刀杀敌十三，士兵王嘉善以大刀杀敌九，士兵张绍敏以大刀杀敌五，其他立于前线者，平均一把大刀，杀一个半敌人，战事之烈，为古今中外所仅见。计此次毙敌当在一千以上。

张自忠建奇功　撤销查办处分　国府昨颁发明令

【重庆三十日中央社电】国府三十日令：（一）张自忠前经明令撤职查办，兹据军委会呈称，此次临沂之役，该员奋勇歼敌，树立奇功，拟请撤销前令，以资鼓励等情，张自忠撤职查办处分，应准撤销，用昭激励，此令。（二）侨务委员林成就，早岁参加革命，□济军饷，卓著勋劳，近年赞襄侨务，倚生良殷，遽闻溘逝，悼悼殊深，应予明令褒扬，用彰劳勋，此令。（三）国营金水流域农场场长陈振先，学术精邃，治事忠勤，此次在任惨遭暴徒戕害，临难不苟，以身殉职，抚念前劳，良深悯悼，应予举行公葬，着行政院转饬遵照办理，用彰忠义，此令。

摘自《申报》（汉口）1938 年 3 月 31 日　第一版

敌昨又猛犯台儿庄　再度展开争夺战　大庄被我占领残敌已歼灭　泰安兖州间交通切断

【徐州本报三十一日本报专电】津浦北段右翼枣庄，峄县及台儿庄附近之血战，为第二期抗战最后胜负之关键，亦为双方主力胜负之决斗，故战事演进情形，极为世界人士所注目。连日英、美、法、苏、德各国记者均来徐州观战。我国各大报记者，亦云集于此，我军向敌总攻，始终占主动地位，枣庄峄县台儿庄及临沂以北之战事，虽互有进退，而敌军伤亡之数，实倍于我。台儿庄方面为两军所争之焦点，亦为徐州及陇海东段之屏障，故数日以来敌在台儿庄进犯，我南端展开大会战，敌积极由峄县增援，猛犯台儿庄，希突破此重要据点，进犯徐州，我以实力相拼，并抽调劲旅分路向敌袭击，在二三日前台儿庄情形，确为紧张，截至卅一日，我军将台儿庄附近之敌击退，战事转趋安定。台儿庄西面，韩庄以东，运河附近大庄，有敌机械化部队五六百人。三十日深夜，我孙部□旅前往夜袭，出敌不意，击破敌之据点，将敌三面包围，敌仓皇退入村庄，我跟踪追击，我军百余人冲入庄内，与敌猛烈巷战，各街口亦被我占领，至三十一日拂晓，将敌完全击退，遂将大庄占领。至台儿庄西北方面有敌四五百人，仍据高地顽抗，三十日夜亦被我大部歼灭，残敌逃窜，我正乘胜追击中。又津浦北段自我总攻以来，敌以主力先头部队由正面猛犯，我□军长则派所部各旅截毁敌之后路交通，泰安兖州间，敌已六日无火车通行，桥梁涵洞铁路及电线被我军炸毁，共计四十余处。又洛□铁桥，经我机日前轰炸，损坏颇重。

【徐州三十一日中央社电】津浦正面台儿庄敌三千余人，占据南洛、刘家湖、三里庄及台儿庄东北部，凭借围寨碉堡，负隅顽抗，重炮声彻夜未停。我□□师在台儿庄，□□师在右翼孟庄，邵庄向西，并绕至北翼枣庄，孙庄向南，将敌包围，猛攻竟日，敌伤亡甚众。三十日晨我续攻，并以□□旅向东，□□师向南，期将该敌完全围歼。三十日下午敌战车三辆，兵车十余辆，至台儿庄西之万里闸，顿庄闸间，有由该处渡河模样，我已严堵，敌绝难得逞。我□□□部复渡河北进，遮断敌之后方联络。三十一日晨八时，已攻占马庄，正络续前进中。又曝台儿庄电话：三十一日晨一部围困于台儿庄迤北大庄之敌，约一大队为一千人，经我前后夹攻，悉数歼灭，几无一见脱。是役为近一星期来鲁南我军最痛快之一战。

【徐州三十一日中央社电】我敌对台儿庄之争夺战，经三十日晚三十一日晨最后肉搏，似已告一段落。车站及近郊已无枪声，除毙敌千余人外，又夺获坦克车十七辆，并俘甚多。但至三十一日午，敌以重炮掩护续由铁道正面向我台儿庄附近再进犯，致喘息甫定之台儿庄争夺战，又告复发。薄暮我军全线出击，战事极为激烈。

【徐州三十一日中央社电】三十一日午敌再度反攻台儿庄，已无能为力，并逐渐坠入我大规模歼灭战之圈套中。大庄一大队敌军之整个被我歼灭，仅为此伟大歼灭战之序幕。短期内将有更较多数之敌，步其后尘。又我机械化部队，三十日起已开始参加鲁南战场，我忠勇空军，亦不时飞临助战，前线士气因之益旺。

【徐州三十一日中央社电】枣庄东北黄山，马崮村一带之敌，廿九日晨大部向郭里集方面撤退。我□□等部，廿九日晚由女峰山经尚岩，兰陵镇向南转进，至泥沟北洛间，遮断峄县与台儿庄之联络，并协助□军围攻台儿庄之敌。□□等部廿九日晚占领平山、傅山、石城崮、青山、女峰山一带高地，该敌后方联络线，已被截断。

【徐州三十一日中央社电】敌步兵七八百，三十日由北向我杨家庙、张楼、常沟一带活动，我孙庄、枣庄主力，即迎头痛击，由早至晚七时，继续猛烈肉搏，我军沉着应战，三十一日仍在激战中。

临沂我军乘胜追击

【徐州三十一日中央社电】津浦右翼临沂之敌，经我全线出击，节节追击，三十日占领沟上，廿里阵等处，我张军□旅沿河追击，毙敌甚众，并占领葛家庄、王平角、沂庄等处。敌分两部向东北及西北溃退，一经角沂庄南曲坊向汤头，一经义堂集窜走。三官庙之敌约千人，廿九晚迭次向我庞军阵地攻击，被我击毙甚多，向北退却，□□□部跟踪占独树头，仍迈进中。

【徐州三十一日中央社电】临沂西北之敌，确已向来道后退，我正追击中。又临沂东南之卞庄，卅日晚发现敌人经过，向城前进，其先头骑兵百名，与我某部发生遭遇战。又我进攻日照之□部，已收复巨峰，毙敌一百余，残敌向高兴庙一带溃退。

【徐州三十一日中央社电】我袭击大汶口部队，廿九日晚越汶河活动破坏泰安东北堡一带铁桥二孔，路轨七段。济宁方面，我某部卅日攻克河长口。

【徐州三十一日中央社电】蚌埠之敌，近增加二千余，据云系修理铁路工人。凤阳附近，有敌约七百，常往来临淮关、定远、滁县一带，运输军资。又南通、如皋一带之敌，约一千五百，近日敌有在杨州增兵三千之说。

摘自《申报》（汉口）1938 年 4 月 1 日 第一版

敌犯台儿庄又败　南岸我军向韩庄奇袭　两下店界河先后克复

【徐州一日本报专报】台儿庄附近之敌，大半被我击退，少数残敌仍据高地顽抗，一日仍与敌血战中。我孙军□部乘胜推进之□劲旅，昨、今两日在马黄与敌激战，我将马黄庄、大庄、小集、三佛楼、獐山等地收复，残敌千余均被歼灭。又台儿庄马庄之敌，被我击退后，一部选进我岔山路口阵地，双方肉搏，敌被我歼灭大半，余纷纷溃窜。至枣庄及峄县附近战事，亦甚激烈。

【徐州一日本报专电】津浦北段正面，我敌仍隔运河相峙。临沂方面三官庙敌千余，迭次向我进犯，经我痛击，现敌除炮兵射击外，其步兵不敢进犯。临沂以北之敌，分两部经角河庄、南曲坊，向汤头镇及经义堂集方面退去。临沂正面卅里傅家庄，卅日晚发现的骑兵五六十人，步兵百余人，经截击，即可解决。窜向城（峄县临沂间）之敌，其先头部队骑兵百余人，经我军迎头痛击，现正激战中。又敌一部卅一日窜至爱曲，威胁我右翼，我一面向爱曲之敌袭击，一面向临沂东方及北方袭击，击毙敌千余，敌大部向东北溃退，我正追击中。沙子一带一日已无敌踪，据报，费县发现敌之增援部队，有向临沂增援之情形。

【徐州一日本报专电】我孙军□团卅一日夜袭两下店，敌未敢应战，离站而去，我军当将两下店占领，并分往南北附近，将铁路及桥梁完全破坏，敌凭坚固工事抵抗，现正在围歼中，又我□团同时占领前坑及界河车站，正与残敌激战，并分兵将车站南北十里内之铁路桥梁炸毁数处。

【曹县一日本报专电】津浦正面界河两下店之敌，增援五六百人，向我侧备活动甚力，卅一日午后敌由官桥南沙河转向故县（镇名）、卧虎山、沃里、东曹一带前进，当夜十一时，我□旅由沃里乔团携同向界河、张家庄、两下店敌进攻，同时我游击队向邹县活动，一路侵入钓鱼台，横断敌之交通，□团并派□营向泰安活动，□□营向界首洪沟活动，破坏交通。泰安南开车辆一列，行至大汶口以北，因桥梁破坏，坠落桥下。我□部绕赴□□，现已到□□□□、□□□一带。

临沂二次大胜　　长坂师团溃灭

【临沂一日中央社电】临沂方面，敌大部向东北溃退，□□军已迫击至义堂集，其一部敌步兵千余，骑兵二百余，经武德（临沂西）、中村、冷水沟、卞庄，沿台潍公路，直趋向城，企图迂回攻击，三十日在兰陵镇南，被我军截击，正激战中。

【徐州一日中央社电】此次由胶东增援反攻临沂之敌，为长坂师团，酒井兵团即该师团之一旅团。此次某司令长官复派参谋长徐求谋前往，代表部署反攻，徐把握敌之厌战惧战心理，运用其巧妙战略，复得张庞廖各部将士之协同动作，奋勇应命，卒将长坂师团继坂垣师团之后击灭，遂造成临沂之二次大胜。

【徐州一日中央社电】胶东方面敌新增加之长坂师团，除以两联队猛攻临沂外，另以一部向西南进发，以图解除台儿庄附近被困部队之危，其前锋卅日抵达卞庄时，遇我汤军，予以迎头痛击，毙敌无算。

台儿庄无异「但能堡」

【徐州一日中央社电】津浦北段我军，卅一日夜全线开始向敌第二次总攻，尤以临枣台支线，因已进入最后决战阶段，厮杀最烈，收获亦大，孤军深入支线之敌，原只一个半师团，自廿四日晚我第一次总攻以来，已被歼灭达五千人，所剩仅约万人，其机械化部队亦经我用平射炮击毁逾半。卅一日，一日两日，敌虽集合剩余部队，与我在台儿庄附近作拉锯战，复被我用火攻，歼灭甚众，敌尸正在清查。现残敌已被我汤、孙两部，利用优越地形，前后夹击，我机械化部队，又猛冲助战，决难生还。我国贤明之军事家，久已判断台儿庄无异欧战时之「但能堡」，近年我国陆大员生，亦常以台儿庄为野外演习地点，足证我对台儿庄之重视，已非一日。敌之在台儿庄，均遭覆没，乃我人意中事。至临沂我总攻部队，一日已将残敌驱逐至临沂以北四十华里以外，敌遭遇第二次惨败，又溃不成军。其乘隙窜至卞庄往向城前进企图策应台儿庄方面之敌，亦经我歼灭大半，确不足为念。鲁西及津浦正面我军，一日亦有相当进展，其他我侧袭泰安临城间之部队，亦极为活跃。

我空军昨飞往鲁南前线助战

【本市消息】昨晨我忠勇空军一队，飞赴鲁南各线助战，并向峄县台儿庄间之负隅残敌，投下大批炸弹，均命中爆发，浓烟四起，毙敌甚众，我机任务完成，安然飞返防地。

【徐州一日中央社电】一日午，我空军一队，飞台儿庄、枣庄、峄县、临沂各处视察敌情，并到敌阵轰炸，收获甚多。旋安然返防。又敌机三架，一日午亦飞台儿庄我阵地轰炸。

【徐州一日中央社电】津浦正面，我□军于廿九日夜袭击三里庄，三十日晨为我占领，敌反攻甚烈，我□□师已攻占南洛，截敌后路，现敌由北洛向西南移动，台儿庄及北站之敌，三十日晨向我□□师猛攻，我□部与敌肉搏数十次，将盘踞城西北角之敌，歼灭大半，惟东南角仍有敌残部，据要点顽抗，并以飞机狂炸，三十一日下午，我□军反攻，进展极速，已占领马庄、下庄、兰成店等处，向西续进，其一部三十晚在大庄附近，将敌一大队歼灭，并克复台儿庄北四里之枣庄，现敌后退无路，被我四面包围。

【徐州一日中央社电】一日晨至午，敌为报复，再以野炮重炮三四十门，向我台儿庄战地不断射击，战车四五十辆，同时向我猛冲，仍被击败，午后，敌线又转趋活动，发炮达数千发，并有战车廿余辆，掩护步骑兵与我部大战于园上、孟村、岔路口等地，我高级长官亲临前线指挥，士气甚旺，薄暮仍在激战中。

【徐州一日中央社电】路息：传韩庄经我渡河部队之奇袭，一日又第二度被我收复，敌向台儿庄方面窜退。

【徐州一日中央社电】军息：韩庄仍有敌八九百，其阵地在韩庄西北。我运河南岸部队，卅一日晚为策应临枣台支线我军反攻，曾渡河向韩庄奇袭。又我鲁西某部，一日拂晓攻入两下店。

【徐州一日中央社电】由峄县南下之敌，至多不过三千余人，其主力仍在峄县西北西南一带地区，抱犊崮二十八日晚即为我占领，歼灭颇众。峄县东十五公里之夏庄，三十晚到敌数百，被□□师一团击退，嗣敌增加约三千人，向我□□两军阵地空隙乱窜，经我截击退回。峄县之敌，并向东攻击，与我对战中。

【徐州一日中央社电】据报：连日敌在台儿庄附近战死官兵尸身，已有四千余具，运至峄县焚烧。又我某游击队廿九日破坏兖滕公路数处，邹县两下店间铁路一里许，并炸毁济兖间孙氏店迤西铁桥一座，路轨四节。

摘自《申报》（汉口）1938 年 4 月 2 日　第一版

鲁南战事愈激烈　敌兵力全集中右翼　我续派生力军迎击

【徐州二日本报专电】津浦北段我敌在右台儿庄一带主力大混战，已逾十二日，敌之兵力，最初共四联队，坦克车八十辆，重炮八门，野炮山炮共二三十门，经连日血战，敌之兵力已被我歼灭一联队，重炮被我击毁二门。现敌由滕县临城大部向台儿庄增援，同时临沂之敌北撤后，以二三千人向台儿庄以北向城方面移动，台儿庄为双方血战之处。台儿庄西北东北两角，被敌占领，该两处敌约千人，一日晚我分路进攻，我□部攻东北角彭家楼，插花庙之敌阵地，将该地之敌，歼灭大半，我将该两地占领，复继续猛攻三里庄，板桥。同时我□部由侯新攻占台儿庄西北角巩庄，范口之敌阵地，将敌歼灭大半，克复该地。攻击时，我官兵奋勇异常，与敌肉搏十数次，将敌千余人歼灭约六七百人，我军占领三里庄，板桥两地，台儿庄北门仍有少数之敌，据碉楼顽抗，二十日晨敌由峄县用汽车廿余辆运增援军，向台儿庄反攻，经过极激烈血战后，三里庄，板桥两地复陷敌手，我亦开到增援军，继续向三里庄，板桥进攻，现台儿庄北门里之敌，正在我包围中。枣庄方面，敌之后路被我截断，敌之给养及弹药，无法运送。我在枣庄，暂取守势，连日无激战，峄县之敌，仍坚守顽抗。临沂方面，敌分别向汤头镇义堂集撤退，临沂以东，已无敌踪。敌兵有二三千人转向枣庄临沂间向城集结，我已派兵迎击，发生激战。□□部于一日夜向台儿庄东北之兰陵镇，洪山镇一带猛攻，毙敌甚众，残敌不支，向西南溃退。台儿庄北五圣堂、陶沟堡、上村一日夜亦有战事，迄二日仍甚剧。迄发电时，台儿庄大战，仍甚剧烈，我军新布置已完成，敌将兵力全集中于右翼，但人数不过六联队，我军于最短期间，即可将敌完全歼灭。

【徐州一日本报社电】津浦正面我军孙□□总指挥，亲在最前线督战，自廿三日起我与敌苦战，迄今已十余日，战况极为悲壮，我实行波状式之攻击运动游击战与阵地战，交互运用，反复肉搏，前仆后继，一村落一堡垒之争夺，宁冒重大牺牲，决不放弃寸土，尤以台儿庄围墙之坚守，截至一日，敌每日以汽车满载尸骨运回峄县焚化者，共约三千具以上，前后计击毁敌坦克车十三辆，山野炮五门，夺获敌山炮两门，用炮击毁敌汽油仓库一座，其他军用品无算。前日我孙总指挥向官兵宣誓，与台儿庄共存亡，即剩一兵一卒，亦必以最后一滴血，深印于锦绣河山之上。

【曹县二日本报专电】我军赴泰安一带游击敌背，断敌归路，已全达到目的，卅日晚十时，我队将泰安北十六里大佛寺之铁桥炸坏一孔，并转至常家庄破坏铁轨四段，电线五六百米，泰安、界首、沟德各站，均有敌探照灯向铁道两侧交互探视，警戒极严。我另一队一日早一时已猛进至大小万德间，当即将该处涵洞，铁桥炸坏一孔，铁轨四段，拂晓复乘隙将张夏（距济南一百一十华里），南土门附近长四十高十余公尺之铁道完全炸毁，现已越过张夏向崮山（距济南六十五华里）附近铁道两侧游击，并破坏铁道桥梁。

【徐州二日本报专电】金乡电：盘踞济宁，嘉祥之敌，近因津浦正面后路被我切断，故极恐慌，我□军□师以□□山、□□集、□□庄等线为攻击准备阵地，连日向敌分路猛攻，另一部向新桃河、周村铺一带游击，并将河长口通嘉祥之公路破坏，迭与敌在于家桥，安居镇与敌发生遭遇战。卅一日在崮山附近阵地与敌发生激战，敌炮火异常激烈，以土山桥、固山为目标，并用步队冲锋多次，我军誓死抵抗，毙敌三四百人，我亦有壮烈牺牲，卅一日我□团绕至蚂蚁山东北侧袭，敌不支向嘉祥城内溃退，是役我伤亡营长二员，营附以下十余员，士兵二百余名。

【徐州二日中央社电】临台枣支线深入之敌，我第一次总攻，已歼其五千，自上月卅一日我机械化部队参战实行二次总攻以来，战况更为顺利。一日夜一时，出其不意，突向台儿庄正面之敌加以夜袭，敌仓皇应战，阵容大乱，遭我戮毙凡千余名，大败而溃，其前后指挥部，亦被我占领。

【徐州二日中央社电】一日、二日两日，我敌在台儿庄圩内及附近均有激战，敌被我歼灭又逾千人。我孙部亦有壮烈牺牲，现窜入圩内之敌，已告肃清，圩外附近之敌，亦向东北溃退。

【徐州二日中央社电】临沂方面战事，二日稍沉寂。据报，敌二次惨败后，又自胶东增援，并已到达汤头附近，我军已布置新计划迎击。

【徐州二日中央社电】我军某部卅一日晚向两下店袭击，顽敌凭车站坚固工事抵抗，我挑选敢死队持手榴弹向前冲锋，将残余敌人完全消灭，夺获大批子弹及食粮，并将该处附近路轨桥梁彻底破坏。

【徐州二日中央社电】我军于克复界河两下店后，滕县与临城敌军之联络，已皆为我截断。

【徐州二日中央社电】峄县之敌，因枣庄抱犊崮先后为我占领，下看铺以南之桥梁，亦被我破坏，我游击队复占钓鱼台，横断邹县滕县敌之后方交通，敌极感恐慌。连日敌汽车二百辆，时由周村向鲁南运输，博山方面亦有敌汽车百余辆，满载人员辎重由鲁东沿公路线增援鲁南，策应各方冀挽颓势。

【徐州二日中央社电】刘匪佩臣部卫队团长张汝凯，于上月卅日率部二百余投诚。

【徐州二日中央社电】敌机三架，上月卅一日飞临城轰炸，投五十磅炸弹十二枚，毁民房四十余间，死伤平民廿余人。

【徐州二日中央社电】上月卅日，敌机三架，飞紫阳（五河东卅里）轰炸，卅一日下午四时，敌步骑炮联合兵力二百余，在敌机七架掩护之下，进占涧溪双山，有进犯五河及双沟企图，我已严防。

【正阳关二日中央社电】能仁寺之敌经我伏击后，已有四五日不敢向外活动，昨夜因粮食恐慌，出外掠食，又被我游击队发觉，当即予以痛击，敌被迫退回。

【正阳关二日中央社电】津浦南端前线，二日淫雨不绝，战事沉寂。

摘自《申报》（汉口）1938 年 4 月 3 日　　第四版

鲁南我军奋勇出击　台儿庄四路告捷　两日来歼灭敌兵二千以上　临沂方面昨无大接触

【徐州三日本报专电】津浦北段我敌主力大血战，现已完全转移台儿庄。该地附近敌之兵力不下七八千人，我军在枣庄，峄县等地除留相当兵力与敌周旋外，其余向台儿庄移动，协助我孙军解决台儿庄之敌，同时我新增生力军□□两师全部参加台儿庄大战。而敌方于增援后，于二日夜间开始总攻，数度南侵，三日拂晓，台儿庄北面及附近各村庄四路血战极猛，我□□部于三日拂晓前，将台儿庄之东北插花庙，彭家楼一带敌阵地冲破，继续前进，再度猛攻三里庄、板桥等地，互有进退者十余次，我敌伤亡均极惨重。迄至三日晚，我军仍扼守原上、范口、插花庙、东庄、彭家楼一带血战中。□□部迂回敌侧，亦有进展。五圣堂、陶沟桥、后堡、辜庄、彭村等地，多成焦土，血流满街，尸骸遍野。我军用大刀手榴弹杀敌，大占优势。

【徐州三日本报专电】津浦正面固守台儿庄之孙□□部，二日夜派□□□师敢死队八百余人，施行夜袭，在台儿庄东北角（敌人方面）冲入，与敌激战，争攀登寨墙，前仆后继，直捣文昌阁敌指挥部，毙敌五六百名，夺获枪械及军需品文书地图甚多。我□□师守城部队亦乘机反攻，猛烈巷战，敌尸塞途，刻正协力肃清残敌，又近日敌以正面损失惨重，不能进展，乃增援步炮联合之敌二千余，向我□□师右翼包围猛犯，刻在台儿庄东五圣堂五窑路辛庄后堡一带混战中。我孙□□部自上月廿三日与敌浴血苦战，迄今已达旬余，毙敌约在五六千以上，合计伤亡约在一万四五千人，我军伤亡亦达数千名，自康副师长以下负重伤之长官，亦有二三千人。又据曹县电：我军分赴津浦线专作破坏敌后方工作之游击队，截至二日止，计将大汶口万德附近之云亭山、百子坡、朱家堡、阴灵关、火佛寺等处路轨铁桥数十处及通长清、泰安、宁阳、大汶口等公路，先后予以破坏及相机进袭，敌颇受威胁。今日济南至泰安之交通，亦完全断绝。我军□□□部已于二日确已占领界首万德间数重要据点。

争夺数十次　巷战尤悲壮

【上海三日中央社路透电】日方发言人昨称：近日津浦线战事激烈，运河河水变赤，而双方仍在相持。据华方报纸消息，临沂、台儿庄、峰县现已成为焦土，日机昨日飞往日军阵线散发传单，助其极力维持战线，并称大队援军即将抵达。

【徐州三日中央社电】津浦北段战事，仍以台儿庄一带为重心，战事地点，现集中于下列四路：一路在台儿庄西北，约四五公里，即临枣台支线迤西之插花庙、彭家楼、范口、龙庄、园上等村落，犯该路之敌，二三两日经我反复肉搏，终被击败。一路在台儿庄正北约六公里，即临枣台支线正面，二、三两日猛攻，敌全部被我歼灭。一路在台儿庄正东约八公里，即临枣台支线以东之后堡、辛庄、五窑路、五圣堂、陶沟集、周沟桥、彭村一带，我奋勇冲锋，毙敌甚众。另一路在台儿庄东北约廿公里之洪山镇、兰陵镇、秋湖附近，该路之敌，系由沂河西岸窜来，三日晨我向洪山镇出击，敌联队司令部当经我占领，敌联队长千岛亦于是役战死。至秋湖之敌，经我部二日晚将其包围后，即施行猛攻，敌骑三百，悉被歼灭。三日晨敌步兵五百增援，亦为我歼灭逾半。综合四路之敌，在二三两日被我歼灭者，至少在二千以上。现我军为彻底歼灭台儿庄一带之残敌计，三日晚全线复向敌猛攻，□长官等亲临前线督战，预料日内更有进展。

【徐州三日中央社电】深入临枣台支线之敌，现被我逐渐驱集于台儿庄东北六公里，正北四五公里及正东八公里一带村落，我对此三处之敌，已分别派队围困，不难各个击破而聚歼之，现由沂河西岸向台儿庄方面增援之敌，被我堵截于台儿庄东北廿公里之地，始终未与台儿庄附近之敌取得联络。

【徐州三日中央社电】两周以来，我军在台儿庄、韩庄、峄县一带，浴血肉搏，前仆后继，洵为我战史上未有之壮烈。目击忠勇将士在火线之上奋战情况，莫不肃然起尊敬与感谢之念。最近两三日，台儿庄、韩庄之争夺战，出入凡数十次，巷战尤为悲壮。幸天佑我军，二日夜大举进攻，于激战数小时后，敌死伤狼藉，丧失抗拒能力，卒将台儿庄、韩庄完全克复，我军乘胜进击峄县，不使敌有喘息□裕，在该处将敌包围，经我炮兵猛烈炮击，敌不支，纷纷溃退，遗弃尸体无算，但有一小部分尚希图在附近抵抗，我军正在扫荡中。有一部分则退至兰陵镇，（在峄县东，台儿庄北）我军又乘胜前进，包围该镇，集中炮火，猛施轰击，敌一联队（等于我一团）死伤殆尽，其联队长亦阵亡，我军正在肃清该镇残敌，今夜当有捷报。

【徐州三日中央社电】临沂方面，三日无接触，沂河东岸汤头沙岭，有敌警戒部队，二日并有汽车四十辆，满载敌士兵辎重，在汤头下车，汤头设有敌兵站。沂河西岸，敌在义堂集、艾山、红沟崖一带，略有活动，并有敌一部由义堂集向下庄前进。另一部之敌约五六百人，自蒙阴、费县向义堂集前进。以近日临沂方面敌之行动判断，显欲以主力自卞庄经兰陵向台儿庄附近增援。

【徐州三日中央社电】津讯：此间敌军部以津浦北段战事激烈，敌伤亡惨重，求援甚急，已将驻日租界，津市及河北各地部队，择数南调，约有二千五百人。又临沂西北敌军约千余人，经向城、兰陵，转往临枣台支线增援。

【徐州三日电】津浦北段左翼我军，向敌后方铁路沿线活动，到处破坏交通，敌极感恐慌，故向铁路沿线增兵活动。界河，两下店等地我军现又移车站附近，围攻敌军。

鲁西运动战　我收获极大

【徐州三日中央社电】鲁西我军，三日晚亦在济宁嘉祥一带，与敌激战。

【徐州三日中央社电】三日晨，王参谋由济兖前线携带战利品解徐，记者采访一周来鲁西作战经过，据谈：鲁西方面，以□师及□旅为主干之北攻部队，三月二十七日晚间进抵大汶口，旋进至界首，卅一日进至肥城，以某师为主干之南进部队，三月卅一日晚已占领两下店，一日晚进至界河，南北两队，进展皆甚顺利。兖州大汶口间，兖州济宁间及兖州临城间，各段路轨，均已完全破坏。致敌南下增援部队，先后到六列车，停泰安车站，无法移动。当我北进骑队二十七日晨突进至接山集西北姜家集时，敌机低飞用机关枪扫射，我骑兵即用步枪还射，敌机当即着火坠落，我军追击搜索，见其三驾驶员二已死，余一持手枪放射，亦被我军击毙。二十七日夜间，袭击大汶口飞机场时，敌驾驶员正在休息，仓惶逃避，当被我击毙十余人，并焚毁敌机八架。二十九日晚在界首时与敌步队发生猛烈遭遇战，歼灭其全队共四百八十余人，获枪支三百四十余支（正在设法运往）。南进部队卅一日夜半占领两下店时，歼灭敌步队五百余人，获枪二百九十余支。此次我鲁西各军，在津浦北段左翼，作此种机动性之大运动战，不仅收获甚多，且完成津浦北段正面歼灭战之外卫线，意义极为重大。

【正阳关三日中央社电】津浦南段之敌，颇呈恐慌，其原因有四：（一）津浦北段之敌，已呈崩溃，致打通津浦线之幻想，已告粉碎。（二）大江以南我军，节节猛攻，敌后路有被切断之可能。（三）敌在津浦南段兵力单薄，应付我军之进攻，极为困难。（四）皖省民众奋起抗战，致敌随时随地受意外之打击。

摘自《申报》(汉口) 1938年4月4日　第一版

台儿庄附近仍苦斗　犯赵村敌被击溃　窜向城敌亦被我全部歼灭　枣庄峰县战事转寂

【徐州四日本报专电】台儿庄附近，我与敌主力大混战，连日凶猛情形，为抗战以来空前未有。台儿庄实际情形，据调查，我敌各据一半，敌在北部，我在南部，庄内房屋多被击毁，尤以北部为甚。截至三日深夜，徐州曾接前方电话，台儿庄北部之敌，确已被我驱逐，台儿庄全部均被我克复。惟四日消息，台儿庄北关仍有少数敌兵据碉楼顽抗，与我血战中。台儿庄以北邵庄、裴庄、沧浪庙一带，我孙□□部队□团三营死守不退，敌用大炮轰击，将三庄完全击平，我三营官兵全部殉难，悲壮事迹，可泣可歌。敌因迭犯台儿庄迄未得逞，三日晨突以主力由台儿庄西迁回台儿庄东南赵村、丁家桥、徐家坡，以全力向我围攻，企图截断我台儿庄后路，我扼守赵村之□□师黄□□全部勇士，以死相拼，敌利用炮火飞机猛射，我军前仆后继，无一兵一卒向后退却，卒将犯赵村之敌击退，残敌向东北溃退。同时我汤□□部亦由北面向敌压迫，战局转安。四日晚据报，台儿庄东南数里之地，有窜来之敌数百人，已被我包围，全数歼灭，兰陵镇、洪山镇以南，双方已入大混战状态，因大战地点南移，故枣庄、峰县转寂。

【徐州四日本报专电】台儿庄附近之敌，三日晚向我阵地发炮极多，又三日晨有敌五六百人，战车四辆，向我台儿庄活动，我一面应战，一面出击，当占领西房前小王庄、凤落镇、大古庄、小锅里一带。我□部在洪山镇、刘庄袭敌之司令部，在所获文件中，知当面之敌为北支派遣队所辖小曲、大庭、谷井、片野、西山等联队。刘家湖正面之敌二千余人，向东南活动，与我□部队发生遭遇战，北洛有敌汽车甚多，向东移至韩庄一带。临沂以北汤头镇、沙岑一带，有敌四五百人活动。敌因津浦路交通被我破坏，军实改由胶济路运输。

【徐州四日本报专电】我军孙□师之□□团，在台儿庄以北地区与敌发生激战三昼夜，猛攻肉搏四次，我官兵奋不顾身，四日晨三时，卒将千余之敌击溃，是役毙敌百余名，获步枪九十八支，三八式轻机枪一架，掷弹筒一具，手提机枪一支及文件多种，又□师□□□团在运河北岸游击，已占领彭家楼，将盘踞该处千余之步骑敌兵击退。此次在台儿庄与我激战之敌，为矶谷六个联队，计步兵第十，第卅九，第六十三联队，野炮第十，重炮第二联队，又一大队装甲车，一中队自动车，又骑兵一大队，其实力虽不薄弱，自经我孙军于上月廿三日接触以来，伤亡极重，于上月廿八日敌又增一师团。又济宁之敌，现约千余名，分驻于南关月河沿，并在麒麟门附近赶筑工事，似拟凭城顽抗。嘉祥之敌约五六百名，扼守各城门要点，凤凰山安居镇有敌百余名。

【徐州四日本报专电】徐州四日竟日在警报中，砀山四日午发现敌重轰炸机九架，经砀山向马牧集西飞，沛县一时发现敌侦察机一阵，轰炸机二架，经铜山向西飞，丰县一时半发现敌机二架，经铜山到利国驿侦察。

【徐州四日中央社电】台儿庄方面，我军昨晚再度猛攻，迄今晨战况愈烈，现我军向北面推进，残敌已成强弩之末，不难肃清。峄县残敌无多，刻在我包围攻击中。敌后方公路，被我破坏，向台儿庄增援之企图，现已完全失败。临沂正面敌不敢轻入侵犯，据军事观察家称：我军此次在鲁南作战，出神入化，始终在主动地位。敌处处遭遇牵制，穷于应付，铁路线既被截断，敌不得不作种种尝试，企图打通另一路线，增援南犯，不料在兰陵镇、洪山镇被我袭击，竟大部覆没。据探悉，在台儿庄侵战之敌，为素称精锐之板垣师团，该师团之另一部，不久之前在临沂覆没。

【徐州四日中央社电】敌机轰炸台儿庄附近阵地，被我击落一架降于三里庄附近。四日下午五时，敌以催泪性瓦斯进攻，我官兵愤慨非常，正苦战中。

【徐州四日中央社电】由沂河西岸窜抵向城附近，企图策应台儿庄方面之敌，顷据汤军团长电告，四日已被我全部歼灭。

我空军炸敌　昨飞峄县台儿庄间

【徐州四日本报专电】我机□□架四日午沿陇海线飞至黄口，即分散由铜山三九二六各区，向东北飞去，经车辐山、宿羊山等地，又经原路集合，向□□飞去，在峄县台儿庄一带敌之阵地，猛烈轰炸，敌损失极重。

【本市消息】台儿庄附近之敌，受我各方重重包围，已陷绝境，其主力现集结于峄台支路两侧，企图作最后之挣扎，我空军于昨晨分数路出动，轰炸峄台间之敌，当我空军抵南洛之上空时，发现泥沟以北铁道两侧，有大部敌军南窜,当即向泥沟、吴寺、乱沟附近,投下重量炸弹,均命中爆发。我机任务完成后,安返防地。又我机□□架昨日下午二时许,再度飞往台儿庄东北一带,轰炸顽抗之残敌,当我机到达台儿庄东北约十公里上空时,即于峄台支路两侧,发现大批身着黄色军服之残敌,并马匹甚多,正在狼狈溃退中,我机遂投重量炸弹,猛烈轰炸,并以机枪扫射,予敌重创,同对敌地面部队,亦向我机射击,我机于任务完毕后,均安然飞返。

摘自《申报》(汉口) 1938 年 4 月 5 日　　第一版

鲁南战局转稳定　敌主力移台儿庄以东　獐山阵地被我克复

【徐州五日本报专电】台儿庄当前之敌,连日经我军迎头痛击,伤亡过重,不敢再由正面进犯,故四日夜即向后退,迄至五日午,台儿庄附近战事稳定,消息沉寂,敌之大部均向右移至台儿庄东北獐山,与我汤□□部猛烈激战中。据报,獐山五日午为我军克复。又我□□部张部由台儿庄北向峄县挺进,五日晨到达峄县附近,将峄县以东之山头占领,现正向峄县之敌猛烈攻击。闻峄县之敌,并不甚多,我正努力猛攻,企图于五日晚克复峄县。又我□□□部俘虏敌官兵四十余人;现有二军官已先解至后方,其余不日可解至□□。

【徐州五日本报专电】由台儿庄右面南犯之敌,现仍在台儿庄东南岔山河一带,与我激战中。敌之阴谋,拟由赵村附近强渡运河,威胁徐州,两日以来,经我军痛击,敌伤亡极众,又无援军,而我援军又续到,正勇猛进击中。又我□□部四日夜袭进至南坝子(台儿庄南),将该处之敌数百人歼灭大半,余溃逃,我军乘胜进追,将枣庄季庄之敌包围,敌多据庄内房屋顽抗,我选敢死队冲入,长敌肉搏,敌全部被我歼灭,闻我于五日晨将枣庄季庄克复。

【徐州五日本报专电】我便衣队游击破坏班,自二日占领大万德以南郭家河赵家庄一带(距济南一百里)以来,现敌由济南增调三四百名,向我蝎子山阵地猛攻,三日激战竟日,我于国□营伴向西撤,诱敌深入王庄之际,以两连抄敌两侧,敌不支,仍退回万德,是役毙敌百余名。又据报:我游击队□□□部庄河北省景县甚为活跃,三月十六日敌三百余人由德县往犯,□□部退出城外,向阜城贾得柳村,集合民众武力,俟敌追到时,伏兵四起围攻,当伤毙敌二百余人,残敌逃窜,是役我获敌大炮二门，机枪数挺，步枪二百余支。

我军部发言人　指斥敌方造谣

【本市消息】军部发言人昨晚宣称：台儿庄城垣，始终在我军手中，二日我军曾将侵入台儿庄北部之敌歼灭，四日上午，敌主力窜向台儿庄东方，其一部进至台儿庄南门外，五日晨我军由台儿庄及黄林庄反攻，已将该敌击退，敌称已于三日占领台儿庄，纯属造谣狂吠，希图欺蒙世界耳目。实则铁般事实，岂系虚伪宣传所可奏效。敌方此等卑行，徒见其心劳日拙而已。

【徐州五日中央社电】我军围攻台儿庄东北之敌，已四面合围，五日晨敌炮火极为猛烈，惟自下午以后，炮声渐息，想已弹药用尽。被围之敌，计有谷川、福井、中村、西村、木下、天原、能久、森平、铃木、长野、川村、加藤、赤柴等十余联队，悉将成为瓮中之鳖。又连日来敌步炮飞机猛攻，我军亦勇敢出击，斩获甚多，计获敌坦克六、装甲三、炮四门，敌机一架，其他战利品等多件。

【徐州五日中央社电】四日拂晓起，敌我在台儿庄外争夺甚烈，敌欲死守台儿庄之东北隅，以大炮机枪集中火力，向我猛烈攻击，我全军官兵奋勇进击，敌未得逞，双方伤亡均重，庄外敌人千余，二日已为我歼灭大部，所余少数残敌，在庄东北负隅顽抗，至台儿庄西南之敌，已为我全数击退，敌之主力现移向台儿庄以东，该方面我军均系生力军，确有歼敌制胜之把握。且台儿庄东北沿公路之兰陵镇及其西面之洪山镇等处，由东北面向台儿庄策应之敌二千余，经我军猛烈袭击，已大部就歼，五日晨敌向我朱庄、大头庄之□□师阵地攻击未逞，我军并乘机攻敌之侧背，我在台儿庄形势已稳固，现战事实际上在台儿庄之东北部，至西南之敌，已在我军完全控制之下。惟敌军发言于昨竟捏造占领台儿庄，向南挺进之说，乃完全为欺骗其国人与全世界之一种作用也。

【徐州五日中央社电】我军四日由台儿庄向北推进后，五日颇有进展。敌在峄县辎重，据报已开始北运，预料三日内战事将有惊人发展。窜往台儿庄东南黄林庄侯新关一带企图沿运河南窜之敌，复经我四日晚前后夜袭，肉搏数次，敌大部被我歼灭，五日晨敌又增援反攻，我亦派一部迂击敌侧，战况益烈，迄晚犹在相持中。

【徐州五日中央社电】我台儿庄外线各军，四日晚五日晨运用向心离心原理，发挥英威，颇有收获。其向心运动部队，在牵制攻台儿庄敌之侧背，并截其归路，此项部队之一部，五日拂晓已将峄县台儿庄间獐山高皇庙之敌驱逐，并确实占领，另一部占领台儿庄东北之合庄高家楼，并将四日晚进犯朱庄潘庄之敌约千余击退，犯台儿庄之敌，受叶威胁，已陷进退两难。其离心运动部队，在堵截攻台儿庄敌之援军，并断其衔接，此项步部，五日已向兰陵之西南丁潍常沟攻击前进，激战甚烈，兰陵之敌呈动摇势。

【徐州五日中央社电】坚守台儿庄之某师长，五日晨一时电台儿庄报告战况云：本师保卫台儿庄要点，北圩自廿四日被敌突破，旋经歼灭，廿六日复被突入，系福荣第六十三联队千余名，台儿庄遂为我敌所共有。旬日来，敌日以重炮卅余门，飞机十二架，猛攻台儿庄，弹丸之区，已成焦土，内外夹攻，斩敌甚重。我自副师长以下，伤亡官兵四千余人，苦战十二日夜，浴血苦撑，士气振奋，复仇歼寇，均报殉国殉城决心，刻正在激战中。另闻台儿庄北圩，截至五日晚止，尚有敌二百余人，我已重重包围，不足为虑。

【曹县五日中央社电】临城、峄县、韩庄、台儿庄之敌，经我连续猛攻，歼灭过半，少数残敌，虽尚死守待援，图作最后挣扎，但以铁路及公路交通均被我破坏，退路断绝，增援无望。临沂方面，敌于苦战之余，竟退出阵地，分兵向台儿庄转进，淮南之敌，不顾侧背袭击，纷向蚌淮集结，晋南之敌，不惜放弃其以绝大代价所得之地区，抽兵东移，凡此种种，无非策应津浦，图解台韩残寇之围。足证敌人对鲁南会战之重视，及其危殆焦灼之程度。

【徐州五日中央社电】津浦正面我军，除一部扼守运河南岸外，一部五日又渡河出击，现正向某地迂击。

鲁南敌兵阵地遭我空军猛炸

【徐州五日中央社电】我忠勇空军一队，五日下午飞鲁南敌军阵地轰炸，毁敌人马辎重及炮兵阵地甚多，历半小时，安然返防。

【本市消息】昨晨八时许，我机□□架飞往津浦线东侧，轰炸敌由莒城方面增援之部队，当我机到达莒临公路上空，在莒县西南公路上，发现大批敌军，正在行进中，遂即投弹猛烈轰炸，毙敌甚多，我机于任务完毕后，安返防地。

【临沂五日中央社电】由沙埠庄南犯之敌，经我击退后，我军乘机攻克文帝屯，敌调大部分由化沂庄干沂庄向我猛扑，我亦以有力部队，向姜庄出击，激战三时，敌不支西退，窜走时并将各庄集中炮火数次焚烧，我□部并将水馥桥马站及穆陵关克复。

【徐州五日中央社电】我沂河东岸部队，五日由相公庄独树头向前威力搜索，当将沙岭以南之敌肃清，西岸部队一部，向船流之敌约三四百猛攻，刻正在激战中。一部向临沂西北文蚌庄之敌逆袭，当将该屯占领。嗣后敌由潜沂屯调炮增援，文蚌庄房屋竟为炮毁无遗，我复向潜沂屯攻击，敌有后退势。

【徐州五日中央社电】沂河两岸我军，五日由相公庄、独树头、角沂庄、姜台岭、密家庄之线，再向前线威力搜索，颇有进展。敌由汤头西南对岸船流，经乔家集、老堂集、麻家埠，觅取向台儿庄增援路线，被我派队分段破坏，已无法运用，现敌又欲自兖州，经泗水，费县，觅取另一增援台儿庄路线，亦被我派队截击，似难成功。

【正阳关五日中央社电】淮南方面我军，日益活跃：（一）我军某部连日向定远一带之敌游击，截获敌军辎重甚多，一部亦正向张八岭滁县一带急进。（二）上窑方面之敌，五日用重炮向我方阵地猛烈轰击数百发，我无损失，同时我炮兵亦即还击，当将敌炮兵阵地命中，于是敌炮声始止。（三）我某部五日派队向怀远之地袭击，即在怀远城附近发生激战，另有一部已奋勇渡河过淮河南岸，与敌激战。

【正阳关五日中央社电】二日由乌衣镇增全椒之敌约百余，已为我壮丁队及红枪会所围攻。

【正阳关五日中央社电】怀远之线甚沉寂，我游击队逼蚌埠近郊，曾一度夜袭，进攻市内。

摘自《申报》(汉口) 1938 年 4 月 6 日　第一版

昨晚第三次总攻　台儿庄我军大捷　数路合围奋勇袭击　敌兵四千悉遭歼灭

【徐州七日上午二时中央社电】我军为彻底歼灭台儿庄东北各村落残敌，于六日晚八时起开始第三次总攻，预料七日晨当有更好捷音，困守一隅之残敌，即可全告肃清。

【徐州七日上午零时卅分中央社电】军息：峰县台儿庄间敌我激战，五日晚我军突出奇兵，将敌四面包围，同时谭庄堡子、张楼、刘庄等处我军，亦协力出击，发生大规模喋血混战。我第一次挑选敢死队五百冲入战阵，黑夜混战，敌阵大乱，后头部队亦跟踪而上，敌联络切断，我军遂加紧猛攻，再四挑选敢死队，不断冲击，直至六日晚五时，敌卒不支，全线摇动，我军当将当面敌人全部歼灭，获空前未有之胜利。此役计毙敌三千余，俘获堆积如山。

【徐州七日上午一时中央社电】台儿庄正东东北及正北一带村落敌之主力，被我围攻，至六日晚，计内线各军歼敌逾千，外线各军，歼敌达三千，两昼一夜，共歼敌四千余众，俘获无算，开抗战以来未有之胜利。

【徐州六日本报专电】台儿庄附近一带，五日我军全部夜袭，各线均占优胜，情形如下：（一）占据赵庄，黄林庄之敌步兵各三四百，经我□□师派队猛烈夜袭，毙敌百余人，我与六晨一时前将赵庄黄林庄完全占领，迄午敌仍以炮火向我已占各村庄猛烈集射中。（二）台儿庄我夜袭敌阵地时。敌亦向我猛烈反攻，肉搏三四次，极为剧烈，敌我伤亡均在二百名以上，六日午敌又以步兵四五百名，战车数辆，协同以猛烈炮火由城外向我北城冲击，城内之敌亦拼命向我猛攻，与我守兵激烈巷战，情形极烈。（三）我□师夜袭顿庄闸、南坝子、褚家埠之敌，六日晨一时前将褚家埠、南坝子，确实占领，顿庄闸占领一大部，仅顿庄闸东北角少数敌兵负隅顽抗，我正努力肃清中。敌六日晨又增援步兵四五百名，向我反攻，我有壮烈牺牲，迄晚敌我仍在激烈苦战中。（四）我□师□旅六日晨已将獐山高皇庙之敌驱退一部，破坏敌交通，我大部向泥沟进击中。又台儿庄之敌因进犯难逞，后援又断，至取下策，连日用催泪性瓦斯手榴弹，伤害我军。

【徐州六日本报专电】台儿庄电话：记者六日晨到台儿庄视察，得悉二周以来我孙军在台儿庄一带以波浪式之攻击运动战、游击战、阵地战，交互运用，血战肉搏，不仅为一村一镇之争夺，却为一房一屋之争夺，激烈情形，可以想见。台儿庄北部被大炮击平十分之八，南部击毁三分之一，近日被敌用燃烧弹烧毁大半，凄惨情形，不忍目睹，官兵精神极为振奋，统计敌在津浦北段约四万余人，在台儿庄附近一带即有二万余，并多系机械化部队。现我援军续到，布置严密，最近期间决可将顽敌全数歼灭。数日来敌曾选窜台儿庄东南，西南我军后方，但均经全数消灭。六日我汤军一部由兰陵镇洪山镇与敌激战，敌大部向台儿庄东北撤退，我□□部已到达台儿庄北张楼。□□军到达台儿庄东面之刘庄，□□军抵台儿庄东南之杨庄，敌后方援军完全断绝，我军图布已妥，于六日午后向台儿庄附近之敌总攻，同时我大炮亦向敌猛击，大歼灭战今已开始。又□□军长亲率□团昨夜经滕县、官桥，横越津浦路，向□□□□□集中，今晨到达卧虎寨，下午猛攻枣庄附近之敌，现仍激战中。又我孙汤各部，六日午后向台儿庄东北总攻，并悬赏限期肃清顽敌，我军异常，激战甚烈，迄晚敌不支，向北溃窜，我正乘胜追击中。又峄县东南有敌五百余人，六日晨被我包围。又据报：我骑兵□□团上月杪我克复平原，并于三日分队夜袭禹城，张庄两车站，已将该两站占领。

【徐州六日本报专电】津浦北段左翼之敌，已被我孙、曹各部以弓形阵线围困多日，最近后路又被截为数段，正面台儿庄之敌进犯极为不利，故左翼之敌拟探试我军实力，嘉祥之敌于四日晨六时乘浓雾由嘉祥城出东门，经嘉祥村向我□□旅商村阵地攻击。当由我□团长率该团第二营官兵迎头痛击，同时我游击队由商村急往截击，我炮兵并于□□□向敌射击，敌伤亡颇重，窜退嘉祥城内。

【徐州六日本报专电】泰安大汶口之敌，连日死守城内及大桥梁之处，惧我再为破坏，四日夜我与敌在长清以南蝎子山、芯村铺一带激战，迄五日下午我诱敌深入村庄，我并以预伏之部队暗抄敌侧，敌不支，向长清溃窜，毙敌三四百。

【徐州六日中央社电】六日下午二时，我空军一队再飞台儿庄，兰陵镇一带助战，向敌阵地及其炮兵阵地投弹多枚。我各军作战部队，因连日空军加入杀敌，情绪益高。

【徐州六日中央社电】军讯：我空军一队，四日飞至洛口轰炸黄河浮桥，投弹多枚，均已命中，我机安然飞返。

【徐州六日中央社电】台儿庄六日晨八时电话：五日敌因汽车油库被我空军炸毁汽油告罄，致在各线坦克车绝迹。又称五日拂晓起，敌以重炮向我台儿庄东南之黄林庄猛轰，掩护其步兵攻击，我重炮亦密集还击，我空军并出动助战，激战至午，我军大转优势。由内外两线向台儿庄正东东北及正北之马兰池庄潘庄混沟南洛北洛各点取包围形势，分别歼敌七百余人。下午四时后炮声渐稀。并将前进阵地整理，晚七时炮战再转激烈，我仍向各庄包围，与敌又激战四小时，午夜渐停止，敌死伤又达三百余人。

六日晨我又继续向该地区之敌内外包围进击，续有斩获，敌阵愈缩愈小，现正据守碉楼待援。我军决在其援军未到达前，一举而聚歼之。

【徐州六日中央社电】六日晨我军向台儿庄东面猛攻，续有进展，台儿庄以东之孟庄，赵村有敌军主力约六七千，刑家楼、五圣堂有敌军五六千，台儿庄正面沿临枣支路，自南洛、北洛等地亦有敌数千人，总计此次台儿庄争夺战之敌方兵力，约在一师团以上，经我军奋勇作战，敌方死伤甚众，敌兵力被我分散，失去联络。目前战事中心，已由台儿庄东北推移，敌主力已陷我军重围，图作最后挣扎，现正激战中。

【临沂六日中央社电】临沂正面敌军约一联队，昨日自晨至暮向我军阵地猛烈进犯，竟日以大炮猛击，我军阵地，屹然不动。敌一大队复绕道进攻，又被我击退，现我张庞两军，正向北推进中。

【徐州六日中央社电】台儿庄东侧各军，已达贺庄、郁庄一带，敌向该点反攻甚烈，但终被我军击退。台儿庄西侧各军，已将爱曲、秋湖一带残敌肃清，现正向敌侧背包围中。峄县西侧之卧虎山，被我军克复，峄县之敌，死守城内，已如釜底之鱼。

【徐州六日中央社电】侵入鲁西之敌，经我数度逆袭，极为恐慌，现济宁敌约千余，尽分布运河两岸。嘉祥敌约五六百，昼则据守城内各要点，夜则出守凤凰山。

最后消息：鲁南歼敌经过　我军获得空前胜利

【徐州七日上午一时中央社电】某军事专家称：此次我军在台儿庄一带血战两周，杀敌逾万，几为抗战以来空前胜利。其战斗经过，亦将占战史中重要一页。在我军第一次总攻时，原可将敌一鼓聚歼，惟当时因敌主力尚逗留于临城，峄县间，未肯轻易前进，致我军仅毙敌六千，心殊不足。我为达到歼灭战之预定期望，布置第二次总攻，事先令内线占据南洛北洛园上刘家湖各军以运河为底线向南撤退，备诱敌深入，然后再令在山地之外线各军，出击敌背，里外呼应，自可完成聚歼大计。敌未细察，竟误入我圈套，惟台儿庄我第二次总攻，正顺利进展间，而向城兰陵一带，又由沂河西岸窜来敌援军数千，有牵制我外线各军后路之势，至是我外线各军，不得不改变预定计划，忍痛掉头，先向向城兰陵进犯，以解决线路威胁，在此数日间，我因内外各线呼应中断，致使猛扑台儿庄之敌猖獗一时，台儿庄之势岌岌可危，而造成混战局面。迄后向城兰陵之敌肃清，我外线各军后顾无忧，遂全力回师南下，复得内线各军之策应，始终得此伟大歼灭战之胜利。现残敌气势已馁，且已弹药援绝，仍盼我忠勇将士，再接再厉，以竟全功。

摘自《申报》（汉口）1938年4月7日　第一版

台儿庄敌总崩溃　我乘胜围攻峄县　板垣矶谷两师团主力歼灭　俘获极众正清查中

【徐州七日本报专电】振动中外之台儿庄喋血大战，已逾两周。六日我军将敌八面包围。孙军担任正面及西面，汤军担任东面及东北，分别向敌进攻。六日晚八时，我军在台儿庄附近一带全线总攻，孙军当晚十时即首立奇功，占台儿庄东北之围上，十时半将台儿庄大小两门占领，嗣又占东门，同时攻击四周寨墙，均先后占领，旋又攻北站，站外有小新庄，于十一时占领，至此台儿庄城内东北角之敌七百余人，已成瓮中之鳖。我池师长亲至北站指挥，继续血战，至七日拂晓，将敌完全歼灭，台儿庄城内东北角之七百余敌，亦被我全部歼灭，无一生还者。我军续攻台儿庄以北三里庄，亦即攻下，所有附近各小村庄，均被我占领，我正乘胜向刘家湖之敌进攻，旋又占领刘家湖、赵庄、鱼麟及南北洛一带，我军到达北门内时，残敌自知不能逃窜，纵火自焚，共发现敌死尸四五百具，此次计获敌装甲十一辆，大小战车八辆，内大型者四辆，中小型者各二辆，内被我击毁一辆。又闻峄县附近十余里之桥梁，均被我破坏。至台儿庄右面之敌，我军原分三路进击，展开大战，六七两日毙敌二三千人，残敌仍顽抗未退，迄晚仍激战中。

【徐州七日下午五时中央社电】我台儿庄大胜情形如下：六日晚我军向敌开始第三次总攻后，激战彻夜，又歼敌二千余，获坦克车八辆，其他军用品无算。残敌约三千余人，七日沿临枣台支线两侧溃退，有向西北突围势，我已猛烈追击，台儿庄圩内窜据车角碉堡顽抗之残敌百余，经我七日晨派队扫荡，已悉数肃清，台儿庄圩内已无敌踪。

【徐州七日下午九时中央社电】我军此次在台儿庄作战经过，约略如下：（一）五日下午，我右翼军迫至柿树园，陶口，常沟，朱庄，谭庄，高地之线，我军进至贺庄，萧汪东庄之线，我左翼军在赵庄、插花庙、小屋子、南坝子、张庄之线，我某师主力攻占獐山。（二）该敌一度向谭庄台庄激烈反攻，经我击退。（三）我右翼军经山张楼向台儿庄北猛攻，左翼军攻占南洛、北洛之线，□师向兰成店挺进，攻占敌之侧背，按此情势，敌在我重重包围中，惟西北方面略有空隙，故敌向该方向突围逃窜。

【徐州七日中央社电】台儿庄一带之敌，自六日晚至七日晨全线总崩溃后，残部向峄县狼狈北窜，我军分兵数路追击，峄县已在我军四面包围中，残敌即可歼灭。盘踞滕县临城之敌，仅数百名，遭我军截击，归路已断，是役我军俘获敌军遗弃武器甚多，敌生还十不获一，为津浦北段之空前大捷。

【徐州七日下午六时中央社电】台儿庄残敌向西退却，其未能逃出我包围者，可全部歼灭。我军正面追击部队，已至南洛、北洛，刻向峄县之北前进，南洛、北洛在峄县南廿公里，峄县西之卧虎寨，亦为我正面部队与前日收复，故峄县亦在我军夹攻中。

【徐州七日下午二时中央社电】（一）敌板垣、矶谷两师团主力，已被我歼灭，其一小部分向峄县逃走，我军正在战场追击中。（二）我军在战场上俘获战利品极多，刻在清查中。

【徐州七日中央社电】台儿庄正面之敌，自六日夜被我大部歼灭后，困守台儿庄城内东北角之残敌六七百，遂陷入进退维谷危境，我台儿庄圩内守军，即猛烈出击，东西两面，亦协力猛攻，敌图最后挣扎，顽据碉楼抵抗，我方士兵，均争先恐后，报名参加奋勇队者，竟达七百廿三人，每名携带手榴弹七八枚，步枪一支，大刀一把，迫至碉楼门户，首先投掷手榴弹，将守门户之敌击毙后，即蜂拥而入，唤令缴枪。敌竟欲作困兽之斗，我健儿横冲直撞，大刀效力最大，敌人接二连三，应声而倒，激战至天明。该处敌人，全部歼灭，并俘虏千余，所获战利品，堆满十余屋。

【徐州七日中央社电】沿临枣台支线两侧溃退之敌，经我猛烈追击，现已分为二路，一路约千余，向台儿庄东北逃窜，经我追击部队与堵截部队合围夹击，闻已悉数歼灭。另一路为敌之主力，向西北峄县逃窜，我已派主力穷追，现正追过刘家湖、鱼麟、邵庄一带。现台儿庄附近廿里内各村庄，已无敌踪。

【徐州七日中央社电】台儿庄正面被我四面包围之敌，于六日已形动摇，六日夜间在某军右翼间走一部，狼狈向北逃去，其他敌军队伍现正陷于混战状态中。据军事专家判断，敌军已向后退却，刻下我战场正面包围圈已缩小，在我某部已到达南洛，准备进击。又台儿庄北方之敌，已于六日夜崩溃，在战场中敌大部分已为我军歼灭，一部分则沿临枣支线铁路两侧向北溃退，狼狈紊乱，已不成军，我军续向北追击中，现正扫荡战场上之残敌。

程潜到徐协同指挥

【徐州七日中央社电】程司令长官潜，此次到徐，协同指挥，下车之时，即会同李司令长官下令，自六日起，限于三日内，将台儿庄附近之敌，全部歼灭。我英勇将士受此策励，在限期之第一日内，即歼敌逾四千。足证我军令之森严，将士之用命。又程司令长官在徐下车时，白副参谋总长迎之于站，首语程司令长官曰：人言马到成功，今则车到功成云云，证以今日之胜利，吾人益信白总长官之灵验也。

慰劳专员　过郑赴徐

【郑州八日电】台儿庄我军胜利，举国欢腾，蒋委员长特派□部长□□赴前线宣慰犒赏，□已于八日过郑赴徐，转赴台儿庄。

敌俘虏供述战败原因

【徐州七日中央社电】此次我军在鲁南所获俘虏，六日已解徐转送后方安插，其中有敌上等兵刘部重夫，一等兵上尾一马二名，被□军事机关提讯，据供：日本军队此次在鲁南失败，原因有如下述：一、日军官常告士兵，谓中国军队极怕死，实则较日军勇气百倍，极非日军所能比拟。二、日本军队十之八九，皆充满厌战惧战情绪，大部反对战争，因受高度压迫，均勉强应战。三、作战期内，日军运输，常遭截击，致弹药无法补充，给养断绝接济。四、对中国水土不服，常有破伤风及腹泻也，战斗力自日见削弱。渠等并谓，日本军官对士兵在中国之掳掠财产奸淫妇女，并不禁止，依渠等观察，日军所为，实太背人道。

摘自《申报》（汉口）1938 年 4 月 8 日　第一版

我军之宽仁　台儿庄获俘虏数百　施以医药供给饭食

【台儿庄八日中央社电】敌自台儿庄大败后，纷向峄县逃窜，尚有一部希图退往临沂，我军正分途追击中。我军在台儿庄附近各战场，陆续发见敌军死尸六千具，其受伤未能逃亡者，亦有数百人，因敌狼狈溃退，伤者均未治疗。我军本人道主义，现正派遣医师，携带药品，前往救护。此外尚有数日粒粟未曾下肚之敌军，不能走动，我军亦施给饭食，再送后方，敌军莫不感谢国军之宽仁。

【徐州八日中央社电】台儿庄东北之邵庄被我收复后，附近乡民，指点敌埋尸所五处，上树旗杆，每处均有敌尸三四百具，敌对阵亡尸身，辄用全力抢走，此次竟遗尸达千余具之多，足证其溃退之狼狈。

【台儿庄八日中央社电】我军在台儿庄以北，歼灭敌第十师团，扫荡战场，及至目前，我孙部一部已截获坦克车、装甲车及自动车一百五十余辆，俘获敌士兵五百余人，其中有饥饿四五日，不能行动者，已由我给予饮食，俘虏甚为感激。我军其他部队俘获亦多，尚无详细报告。敌军残部主要退路为峄县方面，但峄县南门外桥梁已被我军切断，敌坦克车、大卡车、自动车等不下数百辆，填塞道路，我军正追击中。今晨盘踞峄县城内敌军在四处纵火，民房悉被焚毁，烟火弥天，测其用意，敌军似在掩护退却，我追击部队已将泥沟（在峄县南）附近残敌肃清，即向峄县猛击。

鲁南敌兵溃退后　被截击又毙千余　残部向峄县退却不难聚歼　枣庄克复敌后路已断

【徐州八日中央社电】台儿庄以北当面之敌，七日经我□□两军猛烈攻击，因归路已断，无法后退，故于杨楼、陶墩底、石桥一带，作困兽顽抗，当与我两军肉搏不下十余次，我毙敌约在一千左右。我王军并获山炮八门，轻机关枪五十余挺，步枪三百余枝，辎重战马凡四百余，我关军俘获亦等于王军三分之二。迄至黄昏，敌因受创过巨，始散溃纷纷向峄县方面退却，我王军跟踪追击，刻已到达柿树园，兰成店附近，残敌虽仍节节抵抗，但不难悉数歼灭。

【台儿庄八日中央社电】我军将台儿庄当面之敌击溃后，除派队跟踪猛烈追击外，即着手清理台儿庄内外战场，某总司令八日亲到台儿庄视察，并抚辑流亡。被我追击之残敌，现仍在峄县迤南獐山一带徘徊，众借峄县獐山间桥梁，既被我破坏，峄县枣庄间又有我军堵截，兼之济南临城间敌运输已中断，残敌实已陷于走投无路。目前虽尚图作困兽之斗，无非作最后挣扎而已。另据消息灵通方面称，鲁西济宁嘉祥之敌，现已发生动摇。鲁境黄河以南之敌，已有总崩溃之势。

【徐州八日中央社电】由台儿庄沿支线向峄县溃退之敌，沿途遗弃辎重弹药甚多。我追击部队，八日已由刘家湖邵庄进至泥沟北路一带，八日敌向我追兵数度反攻，求掩护退却，惟我追兵首先已将獐山一带高地占领，敌虽欲作困兽之斗，卒无法突围。是役战事极烈，仍不亚六、七两日之歼灭战。现已占极端优势，九日拂晓必有新发展。我另一路追踪部队之先头，八日已追近峄县迤东之甘露寺，绕袭敌侧，该处之敌，亦顽强抵抗。又我□部前占领齐村枣庄后，为战略关系，曾自动放弃，现以齐村枣庄为峄县后方，八日复向齐村枣庄逆袭，当将两处之敌千余包围，敌顽抗，我包围齐村之□部曾屡次冲入敌之据守点，实行喋血混战。至枣庄我敌对车站地势之争夺战，亦相当激烈，我□□两连，已一度冲入车站，将该处敌人百余大部击毙，不幸手榴弹用罄，不敢应战，故又退守，现仍在相持中。

【台儿庄八日中央社电】我军某部已到达枣庄西北石涛、南堂、杨庄、毛谷村一带，已将枣庄敌司令部占领，并向南切断敌北退后路，残敌四五百名据守中兴公司，利用坚固围墙顽抗，现正扫荡中。

【徐州八日中央社电】枣庄经我军收复后，滕枣公路已破坏，峄县敌后路已断，闭城顽守，我军各路围攻，敌可完全歼灭。峄县城内少数残敌，现正在纵火焚烧民房，杀戮居民，以图泄愤。但城西卧虎寨已被我军占领，此敌直如釜底游魂。

【台儿庄八日中央社电】临沂方面敌军，因图收容台儿庄败兵，七日上午曾向我军反攻，但被我军击退，东台方面敌军昨夜进击我军，经我军奋勇迎头痛击，敌不支，立即后退。

【徐州八日中央社电】临沂方面，与我军在白道红埠寺激战之敌，刻又增加。东北一带，敌炮亦向红埠寺集中轰击，八日战事仍未中止。至西南朱陈（距临沂卅五里）之敌，已被我包围，正歼灭中。另传汤头又到敌军千余，有渡河增援峄县之势。

【临沂八日中央社电】临沂方面，我张军一部于昨日克复朱隆（在临沂南约廿公里），现正续向西南堵截中。

【临沂八日中央社电】临沂方面我游击队，将乔家湖敌辎重百余辆击毁，并将乔家湖至大墩交通切断，枯麻庄、竹子园桥梁亦被我破坏，敌经我游击队猛袭，向义堂逃窜。

【临沂七日中央社电】四日我军在洪山镇附近之刘庄棠前一带与逃窜之敌板垣师团余部二千余人相遇，我奋勇猛攻，歼敌过半，残部向尚岩溃退，获军需甚多。

【徐州八日中央社电】界河、两下店方面，我军因得台儿庄捷报，即于七日下午从铁路东侧，强行军向敌军猛烈进攻，敌极恐慌，无心抵抗，我军于七日夜一举而克枣庄，滕县敌军已形动摇。

【曹县七日中央社电】五日敌由济南开泰安六百余，希图南下增援，由长清南下，敌六日进至圣佛站（肥城北），有增援鲁南企图，我展师已派队严堵，泰安敌一部西进，分布马家庄一带，六日晚与我便衣队即民团遭遇□□□，双方伤亡均重，刻仍对战中。

【台儿庄八日中央社电】我游击队昨向泰安以北及济南方面挺进，我便衣队同时分袭济南万德间沿铁路之敌，□□□□□□及张夏间铁路十余处。

摘自《申报》（汉口）1938年4月9日　第一版

济南商埠地东关　先后被我军克复　传伪部二千反正里应外合　峄县附近敌受夹攻

【曹县九日中央社电】我某部自五日开始进攻济南，六日经过数度激战后，到达距济南三十公里之地点，七日复继续前进，沿途遭遇敌军，皆予以迎头痛击，敌节节败退，我军卒于八日夜十二时占领白马山（距济南东关十五华里），斩获甚多。我复选拔先锋队数百名，即夜兼程猛进，今日黎明攻至济南东关外，后续部队亦到，现正包围中，敌有向黄河北岸撤退模样。

【徐州九日中央社电】鲁境黄河以南之敌，自在台儿庄惨败，现已整个动摇，津浦北段及两侧，大有遍地烽火之势。顷据军息：我孙曹两部手枪队二千名，于九日晨化装由白马山袭击济南，当将南关之千佛山、齐鲁大学、共和医院、东关华美医院及西关一带区域占领，刻正攻入商埠地，与敌发生猛烈巷战，敌之辎重纷向黄河北岸移动。

【徐州九日中央社电】官方公布信息：我军某部于七日晚占领白马山，随即向济南挺进，八日夜及九日晨，先后占领济南商埠地，东关华美医院，千佛山齐鲁大学等处，敌辎重向黄河北岸撤退。又传济南伪维持会长马逆良已被捕枪决。惟激战经过，尚未接详细报告。又据曹县电话称：自我军退出济南后，曾□有两营便衣队，分驻于白马山及华美医院，迄后马逆良将该两营收编扩充，约为二千人，负责维持济市治安，此次吴化文部由鲁西北进，事先已与该两营接洽就绪，济南之占领，恐系里应外合所奏之效果。又称，我占领济南消息，系由范筑先司令急电报告，吴本人尚未来电证实，惟吴出发后，所携电台即已发生障碍，想系电台机件尚未修复，致来电稍迟。

【台儿庄九日中央社电】台儿庄附近被我击溃之敌军残部，窜逃至峄县后，复与峄县城内原有敌军会合，在峄县西北山地布置阵地，负隅顽抗，我强行军与昨晚已攻近该敌军盘踞地带，并已发生激战。

【台儿庄九日中央社电】峄县之敌现向我追击部队进攻，我由界河南下之某军已到达峄县北齐村（距峄县十四华里），峄县之敌已在我军南北夹攻之中，有向西溃退模样。

【徐州九日中央社电】我鲁西某部九日晨再向嘉祥济宁围攻，极为得手，我另一部队已由鲁西越津浦铁路分布于泰沂山脉山地，并将泰安、莱芜、博山间及兖州、曲阜、泗水间公路桥梁破坏，阻敌援军，由沂河西岸窜抵向城朱阵企图增援峄县之敌，正被我围歼，其炮兵且已北进。被困峄县以南之敌，刻由我南北夹攻决难漏网，敌之重兵器如坦克车大炮及大宗辎重，因獐山以北桥梁被断，塞满于峄县台儿庄间之大道中，无法运动，将悉为我获。又我韩庄渡河步队，现正猛袭临城及临枣间公路。

敌犹调残兵图增援鲁南

【上海九日中央社路透电】据路透社访员自各方面所得消息，凡日军一兵一卒，可自他处调开者，现多已运往津浦线。于台儿庄以北一线，尤为注意。援军中有自日本本部及「满洲国」匆忙运往华北者，在天津、青岛之日本驻军，为数原已大减，现亦以台儿庄为目标，向南开拔。日军前曾两次宣称，两度占领台儿庄，并大事宣传，惟众觉华军在该处大胜后，日本之「威信」，现已岌岌可危。故日军似已决心夺回该据点，并不惜任何牺牲，不欲迂回绕过台儿庄，而选由该处向前推进。此间军事家现多以台儿庄一役，比之于欧洲大战时英德军出全力争夺之比利时爱泼两大战。

劫后台儿庄已成瓦砾场

【台儿庄八日中央社电】（迟到）记者于收复台儿庄后三小时，入庄视察，见劫后台儿庄，大半化为瓦砾，敌我分区决战之壕堑，宛然在目，除横尸倒骸外，不复见敌人踪迹，民间草舍，余烟未灭，则为敌纵火残痕，据乡民告记者：三月三十一日后剧战时，敌炮轰击密如连珠，每日动以千百发计，而我军事之重炮，入晚亦隆隆密集，在敌阵爆炸，如细长红绳，作短波振动。乡民称谓池师长追击部队七日晨即北进，先后收复三里庄，刘家湖，邵庄各村落，顿庄闸我军亦由李庄向东北挺进，敌仓皇沿临台线北溃，在南洛北洛间□□变阵脚，惟经数小时之遭遇战，又复仓皇溃退，目下敌主力一部分集峄县四周，被我军围攻，日内定有重大发展，记者至三里庄邵庄时，见倒地敌尸，三五成列，而败毁之战车，则加死骸蜷伏，状殊可笑。乡民指邵庄为敌军埋尸所，隆然成堆，上有旗帜，墓标已为乡民拔出折毁。

汤孙两部在台儿庄俘敌七百余名　昨已解往后方安置

【徐州九日中央社电】我汤、孙两部此次参加台儿庄大会战，共俘获敌官兵七百余员名，九日晚由宿羊山专车过徐，解往后方安置。又我军所获敌坦克车及装甲车九日亦由前方运载过徐。

最后消息：鲁南战事　重心移峄县　三路均有激战

【台儿庄九日中央社电】鲁南战事，因我军之追击与堵截，已形成以峄县为重心，现激战地点集中下列三路：一路在峄县台儿庄间，激战结果，峄县正南之獐山，东南之马山、九山，东北之双山，悉为我占领，檀山即可夺获。是役毙敌甚众，并俘虏百三十余人。残敌大部窜入峄县，一部窜往郭里集，现我已将峄县包围，且夕可下。一路在峄县枣庄齐村间，曹福林部九日晨，攻进西齐村，毙敌甚多，敌退守崔翰林石楼内，仍与我巷战中。另一路则在峄县临沂间，该路之敌，系由汤头渡河，亦欲开往峄县增援者，九日被我分困于临沂西南之朱阵及向城一带，激战甚烈。

我空军炸敌

【本市消息】昨日下午一时许，我机□□架，飞赴峄县以北侦炸溃退残敌，当我机到达峄县上空时，见城内多处起火，城外并有我军符号，正向该城猛攻中。城内残敌，见我机到达，即四散奔窜，我机投弹百余枚，均命中暴发，并低飞以机枪向敌军扫射，我机于任务完毕，安全返防。

【徐州九日中央社电】我空军一队，八日午分飞临沂，诸城，济南，泰安，兖州一带侦察投弹，颇有收获，发现由胶东增援之敌不多，其已渡沂河西岸者，正被我军围歼。

【徐州九日中央社电】军息：我空军九日飞鲁南侦察轰炸时，曾将摊塞于峄县台儿庄大道中敌之坦克车大炮及辎重炸毁甚重。

摘自《申报》（汉口）1938年4月10日 第一版

峄县战事仍激烈　残敌顽抗图乘隙突围　我加紧向郭里集截击

【徐州十日本报专电】敌在台儿庄受创后，即狼狈北窜，溃不成军。六日夜有敌骑六百余人，在峄县以南峄台一带顽抗，掩护步兵退却，我军向敌猛击，往返争夺，毙敌二三百人，将敌阵地附近之高地占领。又在獐山顽抗之敌，经我痛击，伤亡甚重，因獐山桥梁被我破坏，敌无法北退，故十日午向西溃走，经刘庄、杨庄、山头、罗山等地，窜往黄山附近之黄山湖一带，约二千余人，我□□师跟踪追击，十日晚仍激战中。□部□军由北路向敌进击，将峄县以东之九山双山之高地占领，与盘踞双山、潭山、曹庄、七里店、前楼、杨杜、王庄、吴家林、乱沟之敌激战。峄县东北之郭里集，连日来战事亦极激烈，枣庄之敌四五千人，十日窜往郭里集，同时峄县以南仙人桥之敌四五百人，亦向郭里集我阵地进攻，经我痛击，毙敌二百余人，敌又增援千余，到相庄附近，被我截击，伤亡亦重。枣庄方面，敌据齐庄西寨顽抗，我某团不顾牺牲，冲入寨内，巷战数小时，毙敌甚众。攻入车站之我军，十日仍在激战中。又□□部已进至峄县滕县之间，截断敌之归路。

【徐州十日本报专电】吴化文部七日夜以便衣队一团攻入盘南之商埠地、东关、南关一带，与敌以重大打击。我军任务已毕，八日晚退出济南，因敌有一部向长清活动，吴旅已赶往长清，与敌激战中。

【台儿庄十日中央社电】以峄县为重心之三路战事，经我军之追击与堵击，已缩小为二路，因朱阵向城之敌，或逃窜或被困，故峄县临沂间一路，已无足为虑也。军事家判断，敌在峄县东南顽抗，系迟滞我之追击，在峄县正北之枣庄齐村困守，则在吸引我堵截部队之兵力，然后从容乘隙，大部由峄县向东北之郭里集方面撤退。证以峄县之敌，已有千余开始向郭里集输送，其为急于实现此种企图，益为明显。我洞悉其奸，除令追击部队加紧追击外，并令增援部队之一部，由枣庄向郭里集截击，期将该敌一网打尽。至目前敌虽尽各种可能方法，以谋增援之迅速，但因鲁境黄河以南，遍地烽火，凡铁路公路之可为敌利用者，桥梁路轨多被我节节破坏，决非短期内所能修复，敌之运输，已发生重大困难，恐其援军未渡河，而鲁南待援之师，已不在人间，故鲁南战事前途之继续获得胜利，仅时间问题耳。

【曹县十日中央社电】台枣峄一带，连日我军大捷，残敌纷纷向北溃退，其由峄县仙人桥北溃之敌四五百，九日早六时，经我南进支队靳团在郭里集以南地区截击，激战激烈，我侯营长身先士卒，率队冲锋，不幸阵亡。敌之后续部千余，回窜抵桐庄附近，我派侯团向桐庄东花沟急迎腰击，堵其归路，当在牛角与敌遭遇，发生凶猛之白刃战，敌死伤狼藉，残部渐向西侧移动，希图觅一弱点，继续北窜。我又派乔团向双山一带截阻，扼其咽喉，以期无一漏网。

【徐州十日中央社电】溃退峄县之敌，经我军跟踪追击，右翼我军已占领峄县东北五公里之九山，峄县西侧之卧虎寨，早经我占领，齐村后路亦为我军攻占，峄县南桥梁已断，敌战车已无从活动。

【徐州十日中央社电】津浦北段正面韩庄之敌，现约二三百人，在庄堰四周，构有工事，九日夜我某部向敌逆袭，激战甚烈，该敌自知欲归无路，似有据庄顽抗势。

【徐州十日中央社电】峄县东南残敌，用无法运走之重炮七八门，野炮十余门，坦克车四五大辆，集中向我图作孤注之一掷，我在泥沟以北之追击部队，沉着应战，屹然未动，并渐次对该敌包围，成一弧形，俟敌炮稀疏，全线向敌进攻，当毙敌百余，十日晚战事犹未终止。峄县之收复，乃时间问题。峄县以东向城之敌，约二三百人，已分两路突围退却，一路向正东，一向正北，我跟踪尾追，毙敌数十。朱阵之敌约五六百人，十日仍与我围攻步队顽抗。

我空军昨出动击落七敌机　并飞峄县轰炸敌阵

【徐州十日中央社电】我空军一队，十日午在鲁南敌阵完成轰炸任务返防时，遇敌机十一架，由兖州飞来，当与我机发生遭遇战，我一气击落敌机七架，一落黄县东南王镇着地起火，一架落夏邑，余五架落于归德韩庄间。

【本市消息】昨晨我英勇空军部队□□架，飞往津浦线北段峄县附近，轰炸正在向北溃退之残敌及其辎重部队，当我机到达峄县上空时，即发现敌军之密集部队，及其炮兵辎重队，当即投下重量炸弹，均已命中。敌受创后，死伤枕藉，余狼狈四窜，我机于任务完成后，均安全飞返。

【徐州十日中央社电】我空军一大队，十日更番飞往鲁南敌阵轰炸，并散发敌兵来临通行证，及其他宣传品。

摘自《申报》（汉口）1938 年 4 月 11 日　　第一版

枣庄敌围歼过半　郭里集昨有激战　峄县敌有向西北溃窜模样　我军奇袭曲阜宁阳

【徐州十一日本报专电】台儿庄敌军从东退后，我军阵容大振，连日乘胜进击，所有台儿庄峄县间大小村庄，十之八九均被我军占领。峄县方面，敌之主力已受我大军压迫，渐向北撤，十一日下午，传我军北进峄县，已将峄县克复，但尚未得官电证实。又我军为肃清残敌计，现开始第二次大包围，正面孙□□部进击，东北方面由汤□□部分路进击，西北方面有孙、曹各部截击，同时鲁省民众武力，已分别发动，到处与敌以打击。我援军大队亦继续增加，照形势观测，再度大战最近当可开始。又我游击队九日晚携带炸药，往□□□游击，毙敌数十，并将铁路及桥梁炸毁数处。

【徐州十一日本报专电】我□部十日晚分别向曲阜、宁阳进袭，预伏城内之我便衣队，同时夹击，敌恐慌异常，自行混乱，我城外部队用浮梯爬入城内，加入巷战，敌退入民房顽抗，天明卒将该两处之敌完全解决，大部缴械投降，我获给养甚多，正清查中。又当我军攻击宁阳时，派兵一部队包围敌机场，将看守机场之敌步哨十余人击毙，并将机场完全破坏。

【泥沟十一日中央社电】我堵截部队，十日已完全占领峄县北部之郭里集，并将枣庄之敌围歼过半，当夜又南下，□□峄县之背，期与追击部队合围，被困峄县之敌，原企图能从容乘隙向郭里集退却，现经我将郭里集封锁，并受我追击堵截部队之双重压迫，又不得不另求出路。据报，峄县敌之辎重及坦克车大炮，十日夜已开始向西北方面输送，敌似有向西北溃退模样。

【泥沟十一日中央社电】我军十日将峄县东南之敌包围成一弧形后，当夜全线向敌猛烈进攻，并调重炮加入助战，□□预得地势，依峄县东南西三面之双山、潭山、獐山一五〇高地及卧虎寨等地势，布置其坚固前进阵地，顽强抵抗，颇使我军火力不易抬头，惟扒山运动为近年来我国军队训练之基本课目，我官兵均饱尝山地战经验，兼之又得优势炮火掩护，故经彻夜激战结果，卒将顽敌摧毁。至十一日晨一时止，我追击部队之中锋，已将峄县正南之獐山及一五○高地完全占领，右翼已迫近铁道，并将峄县正东之双山，潭山夺得一半，右翼亦迫近峄县正西之卧虎寨，残敌正退守峄县本阵地，我追击部队既尽得峄县东南西三面高地，峄县在我掌握之中。

【泥沟十一日中央社电】敌为争夺峄县北部之郭里集，以作退却路线计，十一日晨用步兵二千余，炮数门，与我堵截部队又发生激战，嗣敌又自枣庄增援五六百，我军沉着应战，杀敌甚多，并有俘获。十一日午，该敌一部已窜越郭里集之东，似有落荒而逃模样，据俘虏供称：侵郭里集之敌，为坂垣师团支队长板本少将，辖杉本、长野两联队，另附武田炮兵队之一部，现每联队因迭次伤亡，余数不足七百人，是役伤亡中，有某某少佐及山口少尉约五六百员名。

【徐州十一日中央社电】峄县附近之敌，仍有顽抗模样。左翼我军已占领峄县西南之八里屯，峄县东南，沿临枣支线之朱庄，獐山高地，亦已为我军占领。右翼我军，自占领峄县西北之九山后，其南面双山，在我围攻中。韩庄尚有少数残敌，亦被我包围，敌已处于四面楚歌中。

【曹县十一日中央社电】由峄县仙人桥北窜之敌约四五百名，在郭里集附近被我截击，发生激战，其后续部队千余人，已抵相庄附近，同时枣庄附近之敌一部，向郭里集东窜，被我在牛角袭击，毙敌甚多。

【临沂十一日中央社电】青岛方面敌似到有增援部队，约五千人，一部已到达莒县，向城被我占领后，残敌东窜，朱陈附近之敌已歼灭，仅有残敌三百窜匿寨内，现正解决中。

【临沂十一日中央社电】临沂西南朱陈之敌，被我围击后，大部向西南猛窜，当经我某某两部分别在黄土堰、小沙埠等处截击，敌一部复向西北团窜，一部仍返朱陈，刻我军已占领黄土堰、庙山等村，又我某部已占崔庄，对敌仍取包围形势。

【曹县十一日中央社电】肥城之敌五六百名，八日进据伊沟孙家庄一带，另一部约百余名至城东渔池庄一带，焚烧民房。又东北堡庵上村间石桥被我炸毁。又济宁敌三千余开兖州，我向济宁攻击中，济兖公路已被我破坏。多处交通中断。

摘自《申报》(汉口) 1938 年 4 月 12 日　第一版

我迭克重要据点　峄县敌四面陷围　一部东窜已被截击

【徐州十三日本报专电】津浦北段敌，连日积极向枣庄峄县增援，屡图顽抗，敌在此前线者，仍有万余人，十三日激战战况如下：（一）峄县北枣庄东南郭里集东窜之敌，两日经我击毙计五百余人，敌续由峄县增援，达三千余人，十二日起向我反攻，在桃源、陈岭、三家屯、石炭窑埠之线，激战甚烈，两日以来肉搏十余次，迄十三日晚仍相持中。（二）枣庄东廿里税郭一带，敌二千余人，我由两侧迂回猛击，毙敌甚众，南安城仍在我手中，敌三次进攻均失败。（三）峄县正面草山敌七八百人，据险顽抗，我某司令长官因该地甚为重要，已严令限即日收复，我军于十三日晨开始猛攻，以相当牺牲，于午刻占据草山，午后敌又增援反攻，我亦增援夹击，残敌即可肃清。（四）峄县附近土楼河敌数百，被我击溃，窜往城东七里店、王庄，我正追击中。（五）□□部连日向峄县西北枣庄西南之敌猛攻，十二日晚我占领湖山、马庙、霸王庄、贾泉、倪汤、永安庄、夏庄、聂家庄、佛山庄一带，残敌即肃清。（六）枣庄中兴公司有敌三千人，十一日敌又由临城增援千人，我军十三日晨向敌侧袭，激战甚烈，曹部侯益振团长身先士卒，肉搏六七次，中弹殉国。（七）獐山天柱山附近敌增援千余人，我□团奋勇抗战毙敌甚众，现仍向前推进中。（八）我□部十二日夜十二时向匡镇、贾庄、濠城之敌进击，毙敌甚众，十三日晨先后将以上各地占领。

【徐州十三日本报专电】我军连日以大包围形势，向峄县台儿庄之敌进击，极为得手。我□□两高级长官现仍亲在前线指挥，士气大振。此次在台儿庄作战出力之部队，已明令升奖，而对作战未能达到任务之□□部队长官，已分别令其戴罪立功。

【徐州十三日本报专电】十三日晨峄县附近我军，各路均捷，□□师占峄县西卧虎寨，老虎山及八里庄、张庄、刘庄、于庄、孙庄一带，我□部□军占领峄县东之姑嫂山，即双山，惟潭山仍有敌顽抗，我正猛攻中。□□部□□□师占峄县南铜岔楼、壕沟一带，□□□□部亦将峄县枣庄北各高地占领，现峄县四面高地均入我手，峄县敌陷重围，县城指日可下。

【曹县十三日本报专电】我军一部过汶河潜伏于孔家庄一带，十一日晚进至铁路附近，当分六组，计破坏高家店、兴隆庄、河堰、魏家庄、歇马亭、十全庄等铁路桥梁及水泉庄河洼等处之公路石桥二座，又我军另一部到达南峄以北三里许，将该处铁桥石灰桥一座炸坏。

【徐州十三日中央社电】我包围峄县之各路大军，十二日晚一致总攻，乘月色皎洁之夜，我运动迅速，残敌仓皇应战，尤以我正面大军，乘白战余威，势如破竹，是夜将当面之敌，驱逐一空。

【徐州十三日中央社电】困守峄县一带之敌，经我各路大军重叠包围后，十二日又全线向敌猛烈进攻，我重炮亦发扬威力，激战竟日，迄至十三日晨，已有大进展。我军现已薄近城郊，困守峄县城内之敌，现依碉墙死守，弹尽援绝，由飞机输掷粮食。十二日晚，敌一股由峄城向东企图逃窜，经我汤军截击，已消灭大半。

【台儿庄十三日中央社电】我军围攻峄县数日来之惊人进展，已达合围之势，顷据前线电话称：我近迫峄县县城之各方部队，由峄县东方向西推进者，已占据双山一半，由东南向西方取半面包围者，自獐山前进后，过黄山等要地，现已达永安庄一带，由西北南下进击部队，业已到达齐村卓山，逼近台儿庄，并已积极与各部队取得合围联络，现敌军甚为慌乱，峄县之敌于昨夜有一部向东方之南安城溃窜，余部尚顽强据守峄城，据军事家判断，该敌后方四面皆为我军截断，不难即日歼灭。

【泥沟十三日中央社电】峄县东南安城之敌，被我围困后，恐慌万状，我三路协击，我军某部十二日夜，首由东侧猛击，往返肉搏，当将正面之敌歼灭二百余名，我某某两部同时迁进敌军两翼后方，一鼓加击，敌卒溃退，南安城当被我军十三日晨正式克复。

【台儿庄十三日中央社电】峄县西北永安庄及县西四公里之卧虎寨，八里屯已被我军占领，峄县敌一部向北溃窜，我前进部队，已临城下。朱陈残敌数百，仍据寨顽抗，唯敌后退无路，援军亦断，正由我包围解决中。我军某部十日进占宁阳城，残敌百余，向东北溃退，大汶口铁桥已被我军炸毁，兖州至大汶口之敌，有北窜模样。

【临沂十三日中央社电】朱陈之敌，仍固守顽抗，十二日下午四时至八时，我某部炮兵曾向敌据守之炮楼轰击，当击毁二座，随起火焚烧，敌因而葬身火窟者甚多。

摘自《申报》（汉口）1938 年 4 月 14 日　第一版

敌尚图负隅困斗　我迫峄县西南关　天柱山一带昨晚战事甚激烈　枣庄残敌即可肃清

【徐州十四日本报专电】连日我军以大包围之形势向峄县枣庄之敌进攻，我军采取新战术，使敌不知我军主力之所在，及人数之多寡。我军自由运用，或进攻，或侧击，均甚得手，敌军虽用全力屡次冲入我阵地，但均被击退。我军十三日一度占领天柱山，后仍退回原阵地，十四日晨我又反攻，迄晚仍激战中。峄县城南一里余之北山，十三日我与敌血战十三小时，我卒将北山、长山、黄山均占领，毙敌四五百人。十四日敌增援六七百人，向我反攻，敌军一部冲入东北角，我增援反攻，毙敌三四百人，仍恢复原阵地。又十三日夜我军克复峄县城西之红庄、王庄、萧庄、马厂等地，毙敌四百余名，获机枪二挺，步枪百余支，我亦伤亡三百余人。郭里集方面我军，十一日将枣庄周围村落之敌大半击退，十二日敌忽以千五百名反攻，经十三日血战，敌卒不支，遗尸遍野，向枣庄退却。

【徐州十四日本报专电】十四日夜前方电话：铁路线以东税郭之敌，约二千余人，均被我汤部四面包围，我军正奋勇进攻，期于最短间，将敌歼灭。又连日我增援及生力军源源北上，期于最短期间解决枣庄峄县之敌，□□两高级长官仍留前方，指挥一切。□□预备步队已相继开到，兵力雄厚，战局将有大开展。据报，孙□□部□□□师向峄县推进，已到峄县西南及西南关附近□□里之□□，敌反攻卧虎寨，迭次血战，均被我击退，迄十四日夜仍在我军手中。

【泥沟十四日中央社电】以峄县为中心之大规模歼灭战，据军事家观察，现已近成熟之期。前由临沂方面增援之敌，被我分别截击于向城，贾庄，向城敌约五百，贾庄仅百余人，现均在我围困中。十四日据前线报告，敌现弹绝援绝，奄奄待毙。十三日晨敌机输掷弹药七箱，竟有五箱误落我阵地。现我以宽大宏慈之意，规劝无辜日兵，自行投诚来归。至困守峄县城内之敌，现屡图突围，以审往向城方面，图与该地之敌取得呼应，惟难得逞，我为实行大规模歼敌之计划，两日内当有惊人进展。

【泥沟十四日中央社电】据守峄县南郊各高地之敌，被我连日猛攻，伤亡极重，十三日午后又由他处增援汽车及坦克车数十辆，敌来步兵千余人，向我反攻，双方激战于卧虎寨附近之锅底山，敌锋颇锐，屡次冲进我阵地。我官兵跃出战壕，与敌肉搏，血战达数小时，敌不支溃退。我俟敌气稍挫，即大举反攻，当冲至敌阵，反复肉搏，锅底山得而复失者三次，混战终宵，截至十四日晨，我敌仍在该处混战中。

【徐州十四日中央社电】峄县之敌，现敌犹作困兽之斗，十四日我已将城郊各高地完全占领，我军孙部业已迫近南关，现仍积极猛攻中。

【台儿庄十四日中央社电】今日我军由正面南洛一带向峄县进攻，集中炮火，毁敌阵地，我昨日进占峄县附近各高地后，形势已在我完全控制之下，敌负隅困斗，终必为我悉数歼灭，同时我军某部主力进攻枣庄残敌，战况亦甚激烈，即可肃清。

【临沂十四日中央社电】朱陈之敌，仍在我围困中，据俘敌伤兵供称：寨内敌炮共八门，弹药行将用罄，敌兵因食物缺乏，屡屡设法突围，均难得逞。现虽在寨内要口堆积沙包，死守待援，状极疲惫。

【临沂十四日中央社电】据探息：莒县现开到敌军约二三千，汤头镇方面之敌迭次增援，概由青岛用汽车运输，我军在沂河东南阵地戒备严密，如来进犯。必予以重击。

【曹县十四日中央社电】鲁西连日战讯沉寂，济宁有敌千余，驻东南关车站一带，逐日派三四百赴兖州，二三百赴嘉祥梭巡，日暮后仍返济宁，故布疑阵。濮阳敌千五百余，十三日晨经濮县桑村镇沿黄河堤西南运动，有渡河企图，我已派队截防。

摘自《申报》（汉口）1938年4月15日　第一版

峄县近郊仍在肉搏　敌战斗力愈薄弱　我夜袭枣庄连克重要阵地　津浦正面敌撤退沙沟

【徐州十五日下午六时电】□□□部向北增援后，共分两路开展，一路开赴□□，截击敌军，一路向津浦右翼侧击。正面之敌现向沙沟撤退，我正推进中。韩庄方面，仍有少数敌军顽抗未退，包围峄县之我军，于十五日进攻向城，毙敌甚众。又十四日夜冲入峄县南关之我敢死队二百余人，以手榴弹抄袭西门，将敌军击毙五十余名，我方将附近高地占领，十五日晚我由西南关猛烈攻城，现仍激战中。枣庄方面之敌约千余人，被我孙曹两部包围，已七八日之久，十五日晨二时，我□部进攻枣庄，在张庄、王家庄与敌血战，□□围攻入枣庄之东南，巷战甚烈，敌军进攻我左侧，我仍退出，十五日晚仍在激战。峄县以南北山被我占领后，敌增援反攻，血战甚烈，我军一部由右面向敌迂回包抄，敌顽抗，曾以百余名攻入我阵地，被我全数歼灭，我军获敌战车两辆，装甲汽车三辆。

【台儿庄十五日中央社电】我军围攻峄县阵线，今日无何变化，枣庄峄县方面，敌军并无增加，其战斗力渐渐减弱，而其待援反攻企图，迄难实现。反之，我方□□有力部队，亦已加入围攻之大举，实力更加雄厚。峄县以西，约四五公里之老虎山附近，敌今晨二度猛烈反攻，但均以兵力薄弱，当我精粹之师，如卵击石，故稍有交绥，即被击败，我军刻下加紧进攻税郭，并已占领峄县东北附近各地，以断敌之后路。又我军迂回部队，刻已到达峄县南面约五六公里之王开村一带，城内仅有敌数百。临城有敌二三千人，似有顽守模样。

【泥沟十五日中央社电】敌我争夺大混战，仍在峄东南卧虎寨天柱山一带，八里屯当面之敌，被我击退后，十五日午又以步骑分路向我进犯，当被我迎头痛击，我柏营复全部迂击敌军侧背，激战三小时，敌因两面夹击，伤亡极重，我当夺获轻机枪一挺，步枪十七支，同时我张营亦由张村协击，剧战四小时，残敌以三面受围，当向东溃窜。下午敌又增援反攻，我赵营长奋勇出击，断敌联络，因是分别激战反复肉搏，毙敌达数百名，迄发电时，双方仍在混战中。同时北山方面，十五日敌我亦在竟日剧战，我火力猛烈，掩护冲锋，该处阵地失而复得者五六次。

【泥沟十五日中央社电】我右翼大军，运动完毕，十四夜二时，开始向枣庄攻击，我先头队与千余顽敌在王家庄、张庄一带遭遇，于月明风清之夜，展发白刃血战，我指挥官当下令全路总攻，士气奋发，激战达三小时，张庄之敌渐呈摇动，我某团加紧冲锋，卒将东北角占领，旋因敌迂击我左翼，我仍回守原阵地，王家庄正面，我敌反复互攻六七次，截至天明始稍沉静，十五日晨八时，敌再图蠢动，我沉着应战，现仍相持原阵地。

【台儿庄十五日中央社电】枣庄之敌约四千余，郭里集东窜敌约二千，枣庄西南倪汤、永安庄、聂家庄一带，已被我收复，并将峄西之老虎山，卧虎寨，青檀寺及八里之张孙刘于四庄占领，枣庄北卓山，枣庄东南安城，亦在我手，枣庄郭里集之敌，即可就歼。

【泥沟十五日中央社电】窜至乱沟与丁场之敌，被我一渡三面包困，敌由天柱山又增来一部，向我侧击，我军当时处境颇危，幸赖将士用命，卒得突出重围，计是役我来往肉搏，不下十余次，大刀队亦大显威力，敌人死于我大刀下者，达七八十人。又我连长三员，负伤指挥作战，卒将顽敌击退，现我军士气益奋。

【徐州十五日中央社电】顷据敌方俘虏称：临沂南面朱陈之敌，约为铃木师团之一部千余人，粮弹尚足，决死守待增援。

事实胜于雄辩　敌承认我胜利

【上海十五日中央社合众电】今晨日军部发言人称：峄县附近战事异常激烈，台儿庄已为华军夺回，日军现在向城附近与华军作战。又称：距峄县四英里之獐山附近，亦有激战云云。日方承认台儿庄被华军夺回，此尚为第一次。

【北平十五日中央社合众电】日方发言人昨称：台儿庄或已为华军克复，惟日方前线详情，渠不能有所说明，因恐为华方知悉云。日军计划，原欲在运河以北地带，进攻华军，且曾一度成功，后华方以大批生力军增援前线，致情势变化。峄县战事，现并不激烈。至台儿庄峄县一带之华军，共有十三师，在临沂之华军有三师，华军现正进攻韩庄，惟来势不甚猛。济宁附近及临城以北，均已发现华军。关于晋豫军情，日方发言人称：日军在本月十日至十二日三日间，在焦作临汾各处，开始进攻工作，华军前袭击临汾以西及禹门口河津各处之日军，惟已后退。

【徐州十五日中央社电】我某部近在津浦北段破坏敌交通线甚力，十日夜在官桥南沙河间，炸毁路轨六十处，割断电线及电线杆百余根，并将公路破坏廿三段，经敌发现，以炮火向我猛攻，我军以任务已达，遂撤回。又邹县南之三孔桥及济泰、泰兖各段铁道及其桥梁公路，亦被我连日破坏多处，敌近在汶上泰安附近，增加步兵八百，铜甲车数辆，似为保护交通，并掩护修理被我破坏之铁桥公路。

【曹县十五日中央社电】盘踞肥城之敌一部二百余名，十三日午后，向城西南运动，抵新镇，为我某师孙营所阻，入夜我分路向敌猛袭，激战一小时，敌不支，仍向肥城窜去，是役毙敌军官一，士兵卅余。

【徐州十五日中央社电】津浦北线黄河以南之敌，迭受我奇袭，侧击及破坏交通，颇感有遍地烽火，步步荆棘之慨。据报，安居镇之敌，大部撤至济宁，又敌在济宁装甲车战车各十余辆及步兵三四百名，十三日开至兖州，均有北退模样。

平汉线敌军转津浦增援

【香港十五日中央社电】津息：津浦线敌军增援部分，多系自平汉路过津前往，十二日有两列车南下，并有大批军械随行，驻津四郊之零星部队，亦多分别随车南下，可证明敌军人数已有不敷分配之情势。另有坦克车四十余辆，由平到津，停于河北铁道外，据闻敌军战略，对平汉线有暂保黄河北岸不再进犯之传说，沿黄河北岸各地敌近来筑大批碉堡，布置防御工事。

摘自《申报》（汉口）1938年4月16日　第一版

鲁南我能控制全局　将再度展开血战　犯卓山湾一带敌击溃

【徐州十六日下午九时电】十五日午我炮重数门向黄山之敌猛击，敌阵大乱，我军在大炮掩护下已冲抵黄山口，现正激战中。又我敢死队十五日猛攻峄县城，与敌肉搏，至十六日拂晓，毙敌极众，城内之敌，已现混乱状态。

【徐州十六日下午八时电】我军□部十五日晨克复乱沟以南之三村庄及崔家庄、柳家庄，跟踪向老头追击，敌分头向七里集溃退，我军正大举进攻中。汤庄乱沟亦被我军占领，当再向吴庄徐家庄追击中。

【徐州十六日下午六时电】津浦北段敌惨败后，死伤甚众，现将鲁南阵线缩短，备守青岛，并拟放弃济南，退守黄河北岸，济南之敌日来积极搜集煤炭烧柴，存于各大楼及大建筑物内，似预备退时烧焚济南市。

【徐州十六日下午七时电】津浦北段我军为解决顽敌计，现正运用新战策，变更部署。峄县东北之向城及铁道正面之韩庄，仍有小接触，我均占优势，综观全局峄县枣庄及税郭、郭里集等地之敌，均在我大包围形势控制下，日内大战再度展开，不难将敌解决。又峄县卧虎寨之敌骑步兵四五百人，十五日午后向我反攻，我柏、赵、张三营长分三路向敌包围，并由左面侧击。

【台儿庄十六日中央社电】今日峄县各方消息沉寂，无大规模反攻模样。津方盛传敌军有以关外抽调军队南下增援之说，实际不过在平汉晋南方面抽调若干军队，向津浦线增援。我军采取稳健作战之方策，逐步进迫，敌据险死守，我每克一村，必有一次恶战，故连日敌军伤亡甚大。

【台儿庄十六日中央社电】峄县仍在围攻中，枣庄东北秦崖之敌，屡挫屡攻，并以一部进犯卓山湾、官庄、朱楼等处均被击退、韩庄、朱阵及税郭东北一带，我均增加生力军，猛烈攻击，正分别歼灭中。

【泥沟十六日中央社电】敌连日以步、炮、兵、坦克车联合，向我卧虎寨一带阵地猛攻，我官兵有进无退，每当危急时，我军静候肉搏，敌卒未能得逞，但敌伤亡均重，十五日敌又增加步炮联合兵力向八里屯侧犯，我军迎头痛击，将敌击退。

【红店十五日中央社电】由郭里集东窜税郭及兴隆山之敌，系其先头部队，企图在试探郭里集向城间虚实，备作退路。被困向城之敌，尤负隅顽抗。我汤部对此有充分把握，即可将其击破。

【红店十五日中央社电】连日企图由郭里集东窜突围之敌，为板垣、矶谷两师团残敌部三千余人，被我汤部堵截，有回窜势，我汤部十四日晚已向西猛攻，前锋逼近郭里集，其他各路亦已协同夹击，残敌陷于四面楚歌中。

【红店十五日中央社电】记者顷由台儿庄经兰陵转鲁南山地视察，沿途迭晤汤关李诸将领，得悉半月来我忠勇将士为牵制峄台间敌之侧背，并断其归路，几无日不在迂回线上，浴血奋斗吃苦，最大收获亦多，自敌在台儿庄总崩溃，我汤部为策应正面我孙部将残敌聚歼，时而迎击，时而堵截，立功尤伟。现残敌企图由峄县穿山地窜胶东。

【临沂十六日中央社电】据探息：莒县方面陆续到有敌军三四千，系用汽车三百余辆装载，并有大批辎重械弹，该敌多持晋钞，谅系由晋省抽调而来。

【红店十五日中央社电】向城之敌，前用飞机运送接济，共掷七包，我拾其三，一为果品，一为马蹄铁，一为机枪弹，借知该敌人病马疲。十三日晚加紧围击，当毙敌二百余，残敌四十余，据寨内首户赵宅顽抗，又被我用火攻，仅逃出三人，余尽焚毙，向城遂为我完全收复。

摘自《申报》（汉口）1938 年 4 月 17 日　第一版

我一度攻进峄县　天柱山以北仍在激战　吴家庄残敌缴械投降

【徐州十七日下午时电】我□、□两部十七日起一度攻击峄县县城，大炮猛烈扫射，守城之敌均被我击毙，我敢死队在大炮掩护下，携带爬城梯，蜂拥爬上城墙，城内之敌据民房顽抗，我城上敢死队一面向敌射击，一面投掷手榴弹，至下午二时，我爬上城墙者已一二百人，城内之敌亦继续增援，敌以密集炮火向我射击，我为避免无谓牺牲，于三时自动退出城外。城内之敌，愈为恐慌。又十七日我□部开始向□□之敌猛攻，极为得手，日内将有新开展。□□部十六日奋勇占领韩庄以北之多□沟，敌六七十人企图夺回该地，激战甚久，我生力军开到，现已迫近刘桥，刘庄一带，我某部十七晨向沙沟东南之杨庄挺进，将敌百余击毙，我即占领该地。又□□部十六日夜向獐山吴家庄之敌猛击，敌顽抗，激战终夜，敌退入碉楼，我选敢死队一连，冲入碉楼，以手榴弹将敌大半解决，残敌缴械投降，乱沟附近吴村之敌，被我层层包围，敌屡次突围，我为歼敌计，将敌诱出，敌每冲出一部分，即被我包围歼灭，后敌不敢冲击，据守民房，我随选敢死队占领敌之据守点，至夜十一时，敌被我歼灭大半，残敌皆向西北溃退。朱陈之敌，死守待援，义堂集之敌窜来千余，被□□部截击，敌先头部队百余人大部被截，余向西撤退，其一部仍在义堂集附近激战中。

【徐州十七日下午九时电】记者十七日晨到台儿庄前线视察，得知敌兵增加及旧有者，共有万余人，分布于枣庄、峄县、税郭与临城、韩庄一带，峄县附近之战场，为一大圆形，敌据峄县以南天柱山、獐山附近南面之卓山、白山，西南之黄山，东南之九山、双山，及西面卧虎寨以东等高地，共约六七千人，皆凭高山与坚固工事及石寨顽抗。我□□军各部已由东、西、南三面包围，向敌进击，枣庄亦在我严密控制之下。我军连日分路夺取各山头，利用炮击，毙敌甚众，敌已陷于被动地位。十六日夜我全线总攻，至十七日晨占领天柱山以北汤庄、吴庄两要点，敌增援反攻，现正激战中。午刻敌由北山、黄山，向我阵地活动，被我击退。敌自十七日起，企图攻我峄县以南之望仙山及城东之卧虎寨，我已严防。

【曹县十七日中央社电】枣庄北卓山众崖等处，日前敌我激战一昼夜，杀敌五百余，我伤亡仅四十名，敌受重创，连日未敢进犯。

【临沂十七日中央社电】敌自台儿庄惨败后，积极设法增援，本月十至十二日，自晋省转移济南之敌约万余，一部开往胶东。十四日敌步马二千，汽车百辆，由胶东开莒县汤头镇等处，现临沂，敌增援约三千已到达，即开始向我阵地攻击，其后续部队，尚有三千，我亦有生力军加入堵截。

【台儿庄十七日中央社电】峄县南黄山之敌，向我反攻甚烈，已被击退，我军一度冲入峄县南关，峄县西南乱沟，丁家庄之敌，在我围攻中。

【徐州十七日中央社电】我军某部十七日晨向沙沟（临城南十九里）

东南之杨庄挺进，与敌百余激战，我士气非常焕发，一鼓前进，势如摧枯拉朽，敌卒被我击退，向西侧逃窜，计此役毙敌卅余人。

【徐州十七日中央社电】我军某部十四日拂晓向韩庄攻击，我军已进占韩庄车站。又枣庄北，敌我激战，郭里集、税郭、向城（昨日外间盛传克复不确），朱陈之敌，我正分别围歼。

摘自《申报》（汉口）1938 年 4 月 18 日　　第一版

津浦正面克韩庄　残敌退沙沟以东山地　我军仍猛攻峄县临城

【徐州十八日下午十时电】我孙、汤各部已将峄县之敌包围夹击，峄县以南之獐山、天柱山及峄县以东之向城，连日均有猛烈炮战，毙敌甚众，□□□部于十七日晚八时向韩庄之敌总攻，敌顽强抵抗，我敢死队奋勇而上，卒将敌南面阵地突破，敌退守韩庄内，我均各携手榴弹多枚，向庄内投击，激战甚烈，十八日晨三时，我已占领韩庄一带，敌犹作最后挣扎，又被我敢死队击退，敌阵地动摇，我夹击冲锋，先后肉搏达三小时之久，敌不支，退守韩庄车站附近，□□部迂回敌侧，将沙沟包围，敌恐后路截断，纷纷逃窜，十八日晨五时我已将韩庄收复，该处之敌约千余，已死伤大半，残敌已退往沙沟以东山地，我正向峄县临城推进中。敌主力大部均被我歼灭，临城之敌日内即可肃清。又□□部十七日夜向峄县东南吴庄之敌夜袭，十八日拂晓我进占吴庄，毙敌三百余，现仍苦战中。

【徐州十八日中央社电】我军十八日晨拂晓，已将韩庄及车站确实收复，按过去韩庄，虽经我两度攻入，因系游击性质，随即推出，此次系正式收复，详情俟续报。

【徐州十九日中央社电】利国驿电话：我某某两部十七日晚由利国驿渡河袭击韩庄，十八日晨四时，攻入韩庄及车站，经猛烈肉搏，毙敌甚众。盘踞韩庄之敌，原有千七百人，受此巨创，除极少数尚据庄内礼拜堂及车站之一角顽抗外，大部向庄东北十余里之楼庄陶官庄逃窜。我一面派队追击，刻正在陶官庄发生激战。一面派队扫荡礼拜堂及车站残敌，预计十八日晚可彻底肃清。韩庄及车站事实上已被我确实收复，至沙沟之敌五百余闻警，十八日分两路南下增援，一路被击退，一路被截击，刻正在激战中。

【徐州十七日中央社电】我围攻峄县，今仍与敌激战，于峄县附郊卅里内各山地，敌先期占领优越地势，将各村民房悉付一炬，在房内掘成交通壕沟，蜷伏死守，故我军连日进攻，颇感困难。并悉枣庄之敌潜藏于中兴煤井各窟口，置有哨兵机枪防守，附近居民先期在煤井避难者，均遭残杀，妇女均被蹂躏，我军已将枣庄东北方面严密包围。

【台儿庄十八日中央社电】困守峄县之敌，除以主力对我东南方面应战外，十八日拂晓，一部由郭里集、税郭向东北方面我土山阵线活动，我军据险迎击，敌屡次冲锋，我军从容待敌迫近，即与敌肉搏，敌尸纵横布满壕前，俟敌疲惫时，我即跟踪猛攻，一来一往，反复冲杀，卒被我将冲锋敌军全部歼灭。又由韩庄窜抵东北陶官庄之敌，十八日仍与我在激战中，有窜峄县模样。

【徐州十八日中央社电】峄县方面，我军已将吴村（乱沟西北）占领，敌完全被歼，徐家庄亦已被攻下，残敌据碉堡顽抗，我正围歼。

【徐州十八日中央社电】枣庄西侧齐村及西邹坞（临城枣庄间）之敌，已增至千余，与我军在齐村东南及西邹坞西北对战中。临城之敌约八百，向南沙河及沙河集两处增兵二百，散布铁道两侧，与我对峙中。

【徐州十七日中央社电】由向城北窜之敌，在黄庄蔡家岭一带被我截击，现仍在激战中。我军某部十四日晚在向城东北官桥附近，与敌激战竟夜，至十五日晨三时，敌仍占据英王山官桥歇脚山一带高地顽抗，我某团向敌冲锋肉搏，敌尸遍地都是，我军卒将歇脚山占领。同时我另一部由周庄向北侧击敌背，敌伤亡极众，向西北方逃窜，我正猛烈追击中。计此役毙敌四百余，其伤兵均用汽车运往向城。我亦伤营长一、连长一，士兵伤亡二百余，向城城内之敌，尚有四五百名。

【徐州十七日中央社电】西邹坞为临枣路交通咽喉，有敌七百余，筑有工事，我某部奉命克期歼敌，不断向敌猛烈冲击，刻仍在激战中。又我某部向孙庄过山沟级村曾家店兜抄，与六七百顽敌激战，我取连环夹击，敌穷于应战。又我某部已包抄枣庄，刻在田庄王家庄一带，与敌猛烈激战中。

【临沂十八日中央社电】敌自鲁南惨败后，峄县枣庄，相继陷我重围，现以抽调援军，由鲁东攻我临沂右翼，冀解峄枣之围，目下集结临沂西北义堂集之敌约三四千，自十六日起，向我阵地猛攻，双方争夺据点，失而复得者五次，正激战中。

【临沂十八日中央社电】沂河两侧之敌，闪由青岛开来援军六千，又呈猖狂，侵入西岸之敌，十八日与我在城北十余里之某处相持，南岸之敌，亦越相公庙南犯临沂，又成三度兵临城下之势，我生力军已开往增援。

【徐州十七日中央社电】津浦北段，我游击队极活跃，崮山至界河间铁路，完全破坏，官桥以南地区，及临枣支路间，将敌修复之铁路桥梁及电线，大事破坏，敌顾此失彼，无法应付。

摘自《申报》(汉口) 1938 年 4 月 19 日　　第一版

津浦正面仍有接触　临沂北战事愈烈　敌腹背受击难突围逃窜　我续克峄县附近阵地

【徐州十九日中央社电】被困峄枣之敌，因弹尽粮绝，又因我实施斩断其爪牙计划，益感惶恐，已以约二千以上兵力，东出郭里集、税郭，间越山地，而与向城朱陈之敌会合，再进而在临枣支线与沂河西岸之间，构成一东西联络线。该敌经我汤部在白沟以南地区堵截，已激战三日，不仅未获通过，且受重创，敌因此计不易得逞，又以新增部队，猛攻临沂，期先取台潍公路台临段控制权，以便由青岛输送援军，再与我作鲁南第二次大会战。十九日正与我争夺临沂，我除已派队向临沂方面增援外，并已部署歼敌新计划。韩庄之克而复出，即为此种歼敌计划中应有一着。预料鲁南二次大会战，即将展开。

【徐州十九日下午六时电】津浦北段我因运用新战略，以期解决残敌，连日增援，均已分别配备，是以前方无剧战，只有局部接触。一般预测，我与敌再度大决战，将在峄县、枣庄，及临沂以北一带。十九日所得战况：（一）十九日晨敌二千余向我峄县东北襄下屯方面移动，被我□□团部痛击，午后我将附近高地完全占领。（二）枣庄退出之敌，其步兵千余人，大炮六门，与我在白山、谷山、狼套等地相持中。（三）我军进击韩庄后，敌增援反攻，在韩庄以北之杨庄与我激战，十九日自晨至午血战甚烈。

【临沂十九日下午七时电】津浦北段我生力军向右翼推进后，声势大振，敌恐我袭其后路，即增援反攻，十九日晨起，临沂北面战事，转趋激烈，我分两路向敌猛攻，一路我军大举向临沂西北玉堂集之敌反攻，分三路推进，敌以死力抵抗，我当抽调一部，由左方侧进，切断敌之联络。一路我开抵临沂西北大岭、小岭，向敌之侧背推进，十九日晨开始猛攻，敌腹背受击，应付困难。敌经过一日苦战，终未脱出我三面包围。敌又集中兵力向我猛冲，企图突围，双方仍激战中。

【台儿庄十九日中央社电】韩庄北面尚余小部残敌顽抗，我军正进行肃清中，枣庄以北村庄数处，均已为我占领。

【徐州十九日中央社电】利国驿电话：我占韩庄及车站部队，十九日午已转移阵地。

【徐州十八日中央社电】鲁南方面，旬日来敌之企图，表面虽以峄县为死守据点，实则在吸引我主力，□□于峄县四周，再乘隙分由台潍公路，及津浦铁路，以运送其援队，而解峄县之围。一面并在朱陈向城、税郭、郭里集一带，分布爪牙，胜则充其援军之向导，败则亦可为峄县被围之敌预布一突围路线。我军已窥破敌计，除调生力军分途迎击敌之援队外，并已开始斩断敌之爪牙，连日朱陈、向城、税郭、郭里集、沙沟一带，均发生猛烈战事，峄县争夺战，反趋沉寂，即为我实施斩断爪牙计划之所致。现韩庄即已收复，其他各处之地，亦在围歼中。

【临沂十八日中央社电】敌炮骑联合部队，十七日晨分三路向我临沂西岸进犯，一路由廿里铺，一路由沟上攻葛家王庄，一路由向河屯攻南北道，敌后续部队，继续增加，至十八日午，我得力步队开到，大举反攻，将敌联络切成三段，直至十八日晚，仍在激战中。

【临沂十九日中央社电】昨日我军由临沂西北六七公里之北道奋勇向敌反攻，战况激烈，歼敌甚众，曾毙敌尉官二名，敌后方部队尚积极增加，敌军炮火，向我猛犯。又十九日晨我开始向敌猛攻，临沂城内我军，亦出城逆袭，敌深恐为我分段歼灭，亦以凶猛姿势奋勇向我压迫，现临沂情势，甚为紧张，我正增援中。

【徐州十九日中央社电】沂河西岸大、小岭南北道之敌，十七日被我击退后，十八日晨又增步骑联合向我反攻，我军奋勇迎击，激战甚烈。十八日晚，战事已迫近临沂城，综合两日作战，毙敌近千，内有尉官五，并获步枪五十支，手枪七支，我亦有相当伤亡。

【徐州十九日中央社电】济宁城内，敌续有增加，连原有敌军共约有三四千人，炮三十余门，战车廿余辆，据闻敌将派某有名师团团长赴津浦线正面指挥。

【临沂十七日中央社电】（迟到）十六日敌机十架，飞临沂轰炸，漫无目标，投弹共达五十余枚，民房被焚毁百余间，死伤平民二百。

【徐州十八日中央社电】济宁敌步、骑、炮、兵联合部队，十七日拂

晓续犯南阳湖、张桥、仙庄等处，我以炮火过烈，暂放弃张庄、马庄，退
守圈里马坡。午刻由□□□□团长，率部奋勇肉搏，迄晚六时，卒将张桥
及各原阵地夺回，□团营长薛金声身先士卒，在张桥壮烈牺牲。

韩庄一带敌复用毒弹

【徐州十九日中央社电】□医官检验连日由韩庄运徐伤兵中，多半为
远炸弹创痕，且有中催泪性瓦斯者，我已应对付办法。

敌军增援

【徐州十九日中央社电】津讯：连日平汉线敌军，整批向津浦线开
拔，十七、十八两日，又有敌两三千，自平绥线过津南下增援，此间传荒
木现到平，对战略上有所指示。据估计，过去若干日由平汉线以及最近由
平绥调往津浦之敌军，当在三万人以上。

【徐州十九日中央社电】路息：敌自在津浦惨败，向国内火急求援，
并令津局调集军车，至关外接运，十七日又令将空军暂停津浦段待命，十
八日反由津调往关外千五百余人，据料关外必有事故发生。

摘自《申报》(汉口) 1938 年 4 月 20 日　　第一版

津浦右翼仍血战　临沂城我军自动退出　峄县敌反攻已被击溃

【徐州二十日下午十时电】津浦北段敌自在台儿庄惨败后，已退集峄
县、枣庄、税郭一带，坚守待援，同时敌在向城朱陈之残部，亦死守不
退，连日敌增援军队先后开来。增加枣庄、峄县一带者，系平汉路调来土
肥原指挥之第十四师团全部，及刘桂堂匪伪军千余人，增加临沂附近者，
系由上海调来之一〇二师团，共三联队。自十八日夜起，敌全线向我反
攻，十九日战事最为激烈。临沂方面，敌以全力由西面进攻，我为战略关
系，移至新阵地。敌军由西门入临沂城，我军仍在临沂东南城外附近，与
敌继续血战。我□部生力军已兼程开到前方，二十日开始反攻，在沂河西
岸与敌隔河对战甚烈，迄晚仍在相持中。峄县枣庄方面之敌，十九、二十
两日由峄县右面向我反攻甚急，我□部奋勇应战，双方伤亡均重。敌连日
在峄县枣庄以南赶筑工事，似以峄枣为根据地，有再犯台儿庄模样，现我
生力军源源开到，敌绝不能得逞。

【徐州二十日下午五时电】敌近由青岛向临沂增援约一师团，峄县附近之敌，亦增五六千人。峄县及其东西南三面之敌，连日经□□部进击，敌颇难活动。又敌有打通临沂峄县间公路之企图，我军已到□□附近增兵，随时截击。又廿日晨敌机六架飞台儿庄车站，投弹廿余枚，均落道边麦田内，我无损失。

【中央社本市讯】记者顷走访我某高级军事机关负责人，叩以临沂方面战况，承告以我军自放弃临沂城经过及意义如次：敌人自台儿庄惨败后，即退守峄县待援，因我各部队及民众对敌后交通，随时予以破坏，致敌增援部队，到达非常迟缓。最近敌以重兵增加于其右翼，而临沂方面，故作攻击，以图牵制我军，我为不受其牵制，并使该方面之作战灵活起见，故于二十日晨令我临沂守城之某部队，自动将临沂城放弃，盖战事重心，已转移他处，临沂在战略上，已乏价值，实无坚守之必要也。但我在临沂方面之部队，仍在附近机动使用，并在其四周，对敌监视，及对敌后方采取更积极更大之破坏扰乱行动，以疲困敌人，消耗敌人，是临沂城之放弃，反而对于我重要方面之作战有益也。

【徐州二十日中央社电】昨日下午敌军炮火猛轰临沂西关北关，打破一缺口，冲入若干部队，后经我堵塞，将冲入之敌一百余人包围歼灭，现我敌在西关北关激战中，我主力在临沂以南策应反攻，临沂侧面，我军迂回部队，昨日开始总攻，并占领大岭、小岭。

【徐州二十日中央社电】敌由汤头镇渡过沂河，在西岸船流登陆，分股南犯，自十八日起，与我在临沂西北之义堂集大、小岭南北道一带，激战多日，双方死伤惨重，截至廿日止，我军仍在临沂西北（费县临沂间）及西南（临沂傅家庄间）一带，将敌包围，并猛烈反攻，战事极为剧烈，我仍占领优势。我某部骑兵廿日仍坚守临沂以东，即沂河东岸相公庄迤西之线，并与西岸反攻之我军，相互策应。又枣庄齐村邹坞方面，敌我连日激战，我伤亡五百余，敌伤亡更倍于我。

【徐州二十日中央社电】路息：沙沟之敌，现装运两列车北开，临时转峄县增援，另有敌辎重装四十大车，由公路开往，又韩庄之敌，廿日与我隔运河炮战。

【徐州二十日中央社电】峄县敌今拂晓向我猛烈反攻，旋经击退，铁道正面敌增援部队约一千左右，与南沙河我军对峙，韩庄残敌刻又增援反攻，我军现正于韩庄之东北加以截击。又由向城北窜之敌，与我□旅之一部，在芦家湖一带遭遇，当予猛击，毙敌约百人，焚毁其给养共十余卡车。

【徐州二十日中央社电】某部团长陈理、团副周子华、营长毛佩芝，十七日晚在峄县东南吴庄之役，奋不顾身，率部冲入敌阵，浴血肉搏，迭挫凶顽，不幸于炮火连天之际，均中弹阵亡。又营长张天显，亦于是役失踪，生死不明。

【曹县二十日中央社电】我骑兵胡团，十八日夜率民众将平原北之铁路破坏四十余里，短期内绝难修复，平原以北各站，敌守军均有增加。

【徐州二十日中央社电】盘踞济宁之敌军，大都南下增援反攻，我军一部在韩庄东北向敌袭击，峄县方面，今日拂晓敌军向我反攻，后经我军奋勇击退，铁道正面敌增援部队约一千左右，与南沙河我军对峙，大小官庄（沿公路一带）似亦有敌军小部队前进。

【曹县二十日中央社电】济宁之敌，不时调动，现其最高司令为耕宫，十四日早沼田率部千余，赴兖州转临城增援。嘉祥敌一部三百余名，十八日早进至嘉祥时，向我商村阵地进犯，经我炮击，敌不支，退回城内。并击毁敌大炮一门，弹药车一辆。济南敌增万余，系由河北开来，一部已赴前方，盘踞城内者，约五千之多。

　　　　　　　　　摘自《申报》（汉口）1938 年 4 月 21 日　　第一版

临沂方面苦斗三日　敌疲惫战事转寂　我生力军续开往围击

【徐州二十一日下午七时电】我军放弃临沂后，连日在临沂南关与敌血战，共三昼夜，我□部□师奋勇应战，我□师增援反攻，曾一度冲入南关，后敌增援反攻，我仍退回原阵地。又廿日敌军二百余，附坦克车汽车廿余辆，向大柳前进，被我击毙四十余人。又我□□旅廿日夜十时派兵攻进滕县车站，并破坏滕县以北公路铁路。

【徐州二十一日下午十时电】津浦北段敌军反攻以来，我阵地孙军在獐山东南之□□□以东以西地带，与敌相持，血战甚烈。右面我汤部在泥沟正东，台儿庄东北之□□□、□□□一带，与敌血战中。临沂方面，县城虽为敌据，但县城之东西南，均有我军与敌血战，现我军正开始反攻中。

【徐州二十一日下午七时电】敌军打通津浦线之妄想，近又死灰复燃，北段之敌，自本月三日起，至二十一日止，据报，先后增加之部队，番号有九个师团（实际并非全部），据闻计二、五、六、七、八、十、十

三、一〇一、一〇五等师团之一部或全部，此外并有酒井兵团，铃木兵团，山下兵团，其伪军刘桂堂、张宗援、张步云、张济源、刘佩忱等匪军约二万人，我方援军积极北上，预料三五日内大战即行展开。

【徐州二十一日下午七时电】峄县东北之敌，连日增加约四联队，大炮四五十门，坦克车卅余辆，十八日夜向我猛犯，一路向汪平山进犯，其主力部队由三家屯、太平庄向四流井、店子等地猛犯，另一部迂回绕击我侧，我分路出击，至廿一日拂晓，先后肉搏十余次，毙敌千余，我伤亡亦重，双方阵地均成焦土，我正继续向敌攻击，现仍血战中。又底阁洋楼方面，敌四五百人，廿日晨敌向陶镇进犯，晚间增二千余人，我奋勇应战，迄二十一日晨仍相持中。又敌骑兵百余人向大庄子活动，威胁我右翼，我派军夹击，现正激战中。敌以正面不得手，故迂回东进，侧击我□□□阵地，我迎头痛击。

【徐州二十一日下午十时电】敌我在襄下屯、红瓦屋屯一带，廿日迭有接触，我均占优势。战况如下：（一）敌步骑兵五六百人，由襄下屯反攻，我□师奋勇将敌击退。（二）汪家庄及朱庄我敌仍激战中。（三）红瓦屋屯东北敌两纵队各数百人，附坦车五辆，向我□□□活动，我迎头痛击中。（四）□□□□□、□□□等处，我军向前推进时，敌以大炮向我猛攻，同时敌一千五六百人分路向我猛犯，另一部迂回至向城之西，我军沉着应战，敌迭次猛冲，均被我击退，相持至晚，我全线反攻，将敌击溃，毙敌六七百人，获军资颇多。

【徐州二十一日中央社电】临沂方面，我军阵地刻在城南及城西约五六公里，有力之增援部队，均已到达各重要据点，对敌成一弧形包围线，我方渐转优势。

【徐州二十一日中央社电】临沂方面，经三日来应战结果，敌势已疲，所谓敌增援之加藤正师团部队，受此当头打击，损失奇重，已不敢续犯，廿一日竟日，临沂战事突转沉寂。敌虽费三次增援之力，并出重大代价，十九日下午□□山北关攻入临沂城垣，但在临沂以东，相公庄独树头一带，既有我骑兵活跃，临沂以南两部，更有我某某两部防堵，三面被我包围，绝难发生积极作用。况我生力军已源源开往前线，不难就临沂城垣，将该敌聚歼。

【徐州二十二日上午一时中央社电】临沂方面之敌，廿一日无动作，现临沂东南西三方面，均在我包围中，阻敌南犯，峄县东南之敌，廿一日曾进犯，被我击退。敌企图将峄县与临沂打通，取得联络，我方早已洞悉，正分别阻击，敌计绝难实现。鲁南第二次大会战，现在运动期中，三五日内必有惊人发展。

【徐州二十一日中央社电】向城之敌，一部沿台潍公路东犯，有企图夹击临沂我军之势，我已派队堵击。

【徐州二十日中央社电】廿日晨向城之敌，分两路突围，我包抄部队让开道路，待敌出城时，即包围袭击，战至九时，敌一股窜至向城东之代村，又被我伏兵袭击，现仍在该处堵击，是役毙敌百余名，该处之敌，刻急谋与临沂西犯之敌，取得联络。

韩庄东北激战　我袭滕县车站

【徐州二十日中央社电】据难民设称峄县有敌五千，内伪军估十之九，马千余匹，城内除西门外，均用沙土堵塞，十八日晨敌炮二门，用烧夷弹向扬楼、小里庄、和顺等处射击，民房半数被击毁。

【台儿庄二十日中央社电】峄县枣庄方面，敌向我反攻甚猛，阵地未有变化，韩庄敌续有增加，系由兖州济宁转来者，兖州至泰安之铁路线，已经敌派队掩护修复。

【徐州二十日中央社电】我军转进韩庄东北之周家营一带后，廿日晨敌向我反攻，我军奋勇出击，反复肉搏，激战至午，我另一部由侧翼突击，顽敌不支，向东方山地溃退，我正迂回追击中。又西辛庄之敌，亦于廿日晨向我阵线进攻，我以逸待劳，沉着应战，终将敌击退，阵线已趋稳定。

【曹县二十日中央社电】转战枣庄齐村一带之我□支队，已到达□□□以东一带高地，与我监视滕县之□旅，取得密切联络，各分别占领具有重要军事价值之各个主要地区，廿日夜十时开始动作，一部袭击滕县车站，一路破坏滕县北铁路公路，另一部同时大规模破坏时家台苏台铁路公路，均极得手。

【曹县二十一日中央社电】我军十九日晚，将泰安南官庄东北前线破坏，现用枕木垫架之桥梁一座，以煤油焚毁，并将洪沟店南之五孔铁桥炸毁，铁路西侧公路，久经破坏十余处，同时泰安北之董家庄铁轨亦炸断多处，敌军后方联络交通悉被切断。

摘自《申报》(汉口) 1938 年 4 月 22 日　第一版

临沂敌失活动能力　战事中心移峄县　鲁南我生力军配备已完成　日内将向敌大举反攻

【徐州二十二日下午七时电】津浦北段连日以来，我敌均积极增援，加紧布置，已达再度大战之前夕。我增加之生力军□□等部队，开到前方后，分路向□□目的地推进，配备大致完成，将于日内总反攻，前方士气极振。廿二日各路无大接触，峄县正面，我敌仍在泥沟一带相持，陶墩附近有敌三四千人，廿一日起与我□□部展开血战，我刘团长身先士卒，与敌肉搏十余次，毙敌五六百人，不幸刘氏中弹殉职，我军移陶墩附近一带仍与敌血战。据闻廿二日下午，陶墩又为我军克复。

【徐州二十二日下午七时电】微山湖发现敌军活动，有民船廿余只，我□□部派队前往堵截中。利国驿韩庄附近及西辛庄我军，于廿一日两入敌阵地，我军奋勇异常，与敌血战甚烈，午后我安然返回原阵地。又济南增加之敌，陆续南下，并有敌机十余架，竟日运输给养，滕县界河间铁桥，敌修复后，现又为我破坏。

【台儿庄二十二日中央社电】鲁南战事，现侧重于临沂西南与峄县东南。该两处之敌，显欲会合南犯，廿二日经我以机动性战略，分途迎击，激战竟日，敌受重创。廿二日晚仍分在南桥、大店崖及河湾、陶墩一带相持中。现我生力军大部开抵前线，并配备就绪，气势甚旺，某某亦驰赴前线督师，预料鲁南二次大会战，即将在临沂峄县间展开，一般对此次战事前途，均抱绝对乐观。

【徐州二十二日中央社电】临沂方面，我军某部在城南，某某两部在城西南，某部在城西，敌虽占领临沂，但已完全在我包围控制之下，失其动作之能力，故战局转为沉寂，于是敌又企图从峄县方面进攻，以期牵制，故今昨两日峄县方面战事异常激烈，敌军主力用飞机坦克车及火炮掩护，向我红瓦屋兴隆桥（峄县东南十余里）阵地猛扑，我早有准备，固守阵地，刻尚在激战中。

【徐州二十二日中央社电】临沂之敌，廿二日向西南突围，企图会合朱陈、向城之敌，以与峄县东南方面取得呼应，经我军在南桥大店崖之线堵击，竟日均在激战中。据俘虏供称：临沂附近之敌，除一〇二师团加藤正之一部外，第五师团之大场、铃木、伏口、汤川及骑炮兵各联队残部，均混合在内。此外前方并发现第五师团之河边联队及寺内兵团之森永联队两番号，其人数恐不足额。

【徐州二十二日中央社电】军息：临沂未失陷前，敌汽车五十余辆，由汤头西进，十九日下午，驶至乔宜湖附近时，被我□部伏兵截击，敌顽抗约二小时，终以受创过巨，遂向东北回窜。旋敌又开来汽车四辆，载步兵百余，企图反攻，我仍占领乔宜湖围墙，与敌死拼，截至日没，敌不支东退，是役又毙敌三十余名，焚毁汽车十一辆。

【徐州二十二日中央社电】河湾我军，闻陶墩有警，奋力向红瓦屋屯北部之敌进攻，期为陶墩我军声援。该屯之敌约五百余，因受逆袭，仓卒应战，被我斩获无算，我并击毁敌战车三辆。二十一日晚，敌增援反攻，我亦有生力军赶到，战事复趋猛烈，廿二日仍在相持中。

【徐州二十二日中央社电】我由韩庄转移部队，在韩阳东北狼尾港前后刘家桥西辛庄之线，与敌血战三昼夜，毙敌极多，我亦有相当损失。当我某营与敌混战于西辛庄时，因进展甚速，失去联络，以致一时陷入敌围，敌曾以数倍兵力，向我猛攻，幸赖我将士用命，坚决支持，卒于廿一日晚打出血路，安全退往泥沟以东某地，廿二日韩庄方面，已无战事。该处之敌，闻为第十三师团千叶联队之高岛队。

【徐州二十二日中央社电】我□部廿日夜猛袭滕县车站之敌，毙敌甚众，滕县以北铁道公路，又为我军破坏，又南沙河以东之尖山，钵山北王庄、高庄、张庄，均已为我占领。

【徐州二十一日中央社电】向城之敌，一部沿台潍公路东犯，有企图夹击临沂我军之势，我已派队堵击。

【曹县二十一日中央社电】嘉祥敌一部约三百余，前晚向我商村阵地进犯，经我炮击，敌不支，退窜城内。

【徐州二十一日中央社电】滕县官桥间铁桥，经敌修复后，十六日夜复被我□部破坏，又我□部便衣队，已将津浦路□山张夏间大铁桥破坏。

摘自《申报》（汉口）1938 年 4 月 23 日　　第一版

敌主力在临沂峄县　我军昨分路出击　大官庄泥沟等处有争夺战　陶墩转稳　我克朱陈

【徐州二十三日下午十时电】津浦北段我军，廿三日起分路出击，开始反攻，进行极顺利，台儿庄北在泥沟相持，敌迭次由泥沟南犯，均经我

□□部击退，四户镇附近之敌，自我□□各部开到，会同某部夹击，毙敌甚众，临沂南郯城北米□带之敌颇多，□□部已赶到截击，情况好转。

【徐州二十三日下午九时电】津浦北段右翼连日转沉寂，我敌均加紧配备，敌主力似在临沂、峄县，敌一部由临沂南犯在郯城以北米店一带。又敌一部围攻四户镇，我军奋勇迎战，迄廿三日午后，情况渐好转，峄县方面，无大变化，红瓦屋、大官庄及马庙、泥沟等处，时有争夺战。又敌司令部设兰陵镇，我援军积极向前推进，士气旺盛，将展开大战。

【徐州二十三日下午十时电】峄县方面，獐山以北之米庄一带，两日来激战甚烈，敌增援千余，与我□□两部肉搏多次，迄未得逞。前城、后城廿二日晚起我敌开始激战，我毙敌五六百人，峄县城西卧虎寨，敌曾一度冲破我据点，我卒将敌击退。又我□□部廿二日夜袭滕县以北，将少数之敌包围，廿三日晨我军抵滕县车站附近鲁家寨及滕县以北七里沟、二十里堡等处，将铁道加以破坏。

【台儿庄二十二日六时电】廿一日我以红瓦屋阵地过于突出，现转移于□□□，廿一、廿二两日，敌七八百人向我轰炸，我浴血抵抗，结果敌死伤四五百人，我亦有相当牺牲，廿二竟日激战，台儿庄可闻炮声，以炮声之方向测之，台儿庄东北祁山镇、兰陵镇，及獐山西北之天柱山，均有激战。

【徐州二十三日中央社电】向临沂西南进犯之敌约千余人，在大店涯以南之米庄，廿三日晨与我堵击部队遭遇，战事激烈。又临沂西南朱陈之敌约七八百人，自廿一日被我击溃后，即逃回临沂附近，我□部廿二日晨已收复朱陈。又据报，敌汽车百余辆，十九日晨二时，载敌尸由临沂附近经诸城开往青岛，此项敌尸，均为攻临沂之阵亡者，其数当在一千左右。

【台儿庄二十三日中央社电】包围峄县西南之我军，廿二日起与敌在卧虎寨激战，敌虽屡图突破我据点，我以坚毅精神应战，毙敌极多，激战至下午，卒将敌击退。

【徐州二十三日中央社电】敌增援部队，实不足五万人，前传增援四师团，系敌为虚张声势。惟增援部之番号，实已超过四个师团以上，足证系由东抽西调勉强凑成而来。连日敌得援后，虽幸获突围分由临沂西南及峄县东南进犯，但经我迎击，廿三日仍在米店、大官庄、小官庄一带相持，众信目前接触，仍为第二次大会战前之序幕战。

【徐州二十三日中央社电】韩庄方面之敌主力，仍布于东北之西辛店、朱家庙、金马驹一带，其战车一部已运返沙沟，该敌番号，除有十二师团千叶联队、高岛联队外，并有上海派遣军之山本队、村上队、米治林队、山田常队及生井队等。

【台儿庄二十三日中央社电】峄县东西之四户镇、大良壁、小良壁及向东延伸之各村庄，均在我军手中。由临沂南犯之敌，已被我军堵截于四户镇之北，敌军分由临沂峄县进攻，测其用意，似企图在台儿庄东北地区取得联络，然后向台儿庄长驱进迫。向峄县进犯之敌数千人，昨晚在峄县东南红瓦屋、陶墩、河湾一带与我激战，该方一度紧张，现我□部生力军开到，立即加入作战，迨至今日拂晓，将敌完全击溃，予敌以甚大之损害，我军乘胜向峄县方面进击，此为敌方调集援军，开始进攻后，第一次遭重大之挫折。

【徐州二十三日中央社电】津浦铁路正面我□师一部，在官桥附近，与敌激战，敌据官桥歇脚山高地顽抗，经我奋勇攻击，往返肉博，卒将歇脚山占领，同时一部由周庄猛攻敌侧面，敌不支，向北窜去，是役毙敌甚众。

【徐州二十三日中央社电】我军进袭滕县车站，毙敌数十，因敌增援，我退至鲁寨与敌对峙中，并抽派部队将滕县以北之七里沟长三十里铺间铁道，完全破坏，并于昨晨进占廿里铺小马庙之线，阻敌修复。

【曹县二十三日中央社电】滕县南沙河一带，日来我军极为活跃，廿一日夜，又将时家店苏台间公路掘成断绝壕，廿五处，计长七里，线路地基挖空多处，路轨空间，官桥大长口间，官桥郑庄间，及官桥临城间之铁路公路亦完全破坏，此外并派队四出袭击，烽火遍地，造成极端恐怖状态，敌已疲于奔命。

摘自《申报》(汉口) 1938 年 4 月 24 日　第一版

郯城附近争夺战　我生力军已增援迎击　临台支线昨战讯转寂

【徐州二十四日下午十时电】记者廿四日晨赴前线视察，当夜返徐，探悉津浦北段之敌增援后，以主力由右翼猛犯，一部由台儿庄东面南犯，一部由津浦南犯，企图扰我□□镇（陇海东段）及□县，再会同西犯徐州，以达打通津浦线之迷梦。连日经我军分头痛击，敌受创颇巨，且我援军大部开到，已将开始总反攻，战局日内当可大好转。兹将战况分述如下：（一）台儿庄东北迄峄县西南□□□一带之防线，仍由我□□□部坚守，敌迭次进犯，均被我击退。（二）敌由台儿庄东面南犯者，约七八千人，三日午后在五圣堂与□任一带，我□军□□师与敌血战甚烈。（三）由台儿庄东北关、官车墩、牛庄、岔路口等地南犯之敌，经我□部痛击，毙敌甚众，经□□袭击后，敌受两面夹击，不支而退。（四）由四户镇南犯之敌，现在潭河镇以北与□□部激战，□□部已由右面绕击敌侧，敌甚恐慌。（五）由临沂南犯之敌，二十三日下午后进犯郯城甚急。

【台儿庄二十五日上午一时中央社电】峄县之敌，廿四日晨一度沿临枣台支线进犯，经我以猛烈火力镇压，敌未敢有所动作。支线西侧，廿四日竟日沉寂，支线东侧，我取得密切联络，该线虽发生断续接触，阵线无变化，廿五日晨，我全线乘夜出击，此为我军放弃围攻峄县后之惊人创作。

【台儿庄二十四日中央社电】鲁南战事现以郯城方面较紧张，由临沂南犯之敌，廿四日已越米庄，与我在郯城附近发生猛烈争夺战，我生力军已由某地驰往增援，情势即可转佳。峄县东南之敌，一部虽窜抵四户镇附近，经某部迎击，敌烟已息，邳县城极安谧，临台支线及两侧阵地无变化。

【徐州二十四日中央社电】由临沂向西南方面进犯之敌，图与峄县之敌相呼应，现被我军截击于□□□东北地区，其另一部被我截击于临沂西南之□□一带，敌受创甚巨。又由峄县向东南进犯步炮联合之敌约三千人，经红瓦屋屯、颜庄、河湾之线活动，我军据报，即迎头痛击，廿三日下午与敌遭遇于半步店，激战至黄昏，敌气大馁，我即加紧反攻，廿四日该敌已回窜。又敌一部，不下千余人，自廿三日晨起连续向我猛犯，我军沉着应战，卒将顽敌击退，黄昏后，敌再度来犯，廿四日仍在激战中。又滕县方面，敌增一二千，分两路南下，我军已在□□两处堵截中。

【台儿庄二十四日中央社电】廿三日晨，峄县正面之敌约千数百人，屡由獐山麓之乱沟，用大炮掩护，向我猛扑，我军迎头痛击，卒将顽敌击溃，并乘胜猛追，直迫至獐山麓，我□团营长梅兆坤，不幸中弹阵亡。又廿三日晨，在大、小官庄、柿树园击溃之敌，系北向颜庄溃退，因血迹查知，敌伤亡约在三百以上。廿二日在红瓦屋屯之役，现查明共击毁敌坦克车四辆。

【曹县二十四日中央社电】敌约二千余，由滕县临城分途向我某支队阵地迂回攻击，廿三日午至晚，激战甚烈，我某旅奋勇抵抗，反复肉搏，毙敌甚众，刻仍对峙中。又我某师一部，廿二日夜十一时在万德以北，破坏铁路桥多处，并将起铁两侧公路掘断多处。

长官通电嘉奖各部队

【徐州二十四日中央社电】李司令长官顷通电嘉奖台儿庄之役参战各部队，原电略谓：查此次台儿庄战役，赖我将士用命，浴血奋斗，幸获全胜，殊堪嘉慰。程司令长官及本司令长官，前曾各悬赏十万元，以资鼓励。现蒙委座如数发下，自应遵照，以奖有功。惟是战守虽属同力，劳绩自有等第，论功行赏，各有攸宜，凡我将士应秉承委座战胜勿骄，受挫无馁之明训，各尽忠诚，继续奋斗，扫荡倭寇，以竟全功，有厚望焉。

【徐州二十四日中央社电】李司令长官以此次鲁南获胜，承各方面捐金慰劳，截止四月廿日止，共收到捐款六一，七五九．九六元，除提发徐州民众总动员委员会九，七五九．九六慰劳负责官兵外，余款已分配发给参战部队，以昭公允，现已电饬各该部队，派员具领。

渡淮河敌被我扫荡尽净

【徐州二十四日中央社电】沉寂多日之津浦南段战局，我军除不时运用游击战侧击外，敌军迄未积极活动，最近蚌埠、怀远之敌突乘津浦北段紧张之际，廿一日开始偷渡淮河、涡河，向我河北阵地进犯，企图牵制我津浦北段作战，廿二日偷渡，敌达千余名，我军分途埋伏，当夜大举袭击，敌被我刺伤炸毙者无算，廿三日拂晓战事稍寂，上午十时敌再增援军，向我反攻，我坚守阵地，沉着未动。当晚我又选敢死队三百名猛冲，敌阵大乱，乃向淮河南岸退却，北岸之敌被我扫荡尽净。生擒之敌，相率自杀，仅二人愿投降，我军亦有相当伤亡。

摘自《申报》(汉口) 1938 年 4 月 25 日　　第一版

鲁南会战局势转佳　我军昨反攻郯城　四户镇敌窥邳县战况极烈　卧虎寨阵地已克复

【徐州二十五日下午七时电】津浦北段增援之敌改由右翼南犯，我军亦积极增援，分路进击，三四日内来台儿庄东面及东北、东南两面并郯城西南、邳县东北一带，展开血战，尤以台儿庄东面萧汪后堡，邳县北面连防山，东面小黄家等地，战事激烈，综观战局情况，北自峄县以南，南达邳县，东到沂河东岸，成一东北至西南长弧形战场，二十三、二十四两日发生激战后，我军源源推进，廿五日战局已呈稳定。廿五日台庄西北以迄峄县西关卧虎寨之线，敌军虽时常来援，均经我击退，现主力部队之决斗，仍在台儿庄以东及邳县东北一带，战况如下：（一）台庄东南之敌，廿四日窜抵萧汪后堡一带，顽抗不退，当夜我军夜袭，敌顽抗，我由东面进攻，旋改由西面进攻，我军百余人冲入庄内，肉搏一小时，即将敌击退。（二）潭河镇北，我□军正面由马店南犯之敌激战，我颇有进展，敌由四户镇增援七八百人，炮四门，向我反攻，我奋勇出击，敌迄未得逞。又廿四日我将官桥北桥之敌大部解决，并占领以上两地，同时我□部占领朱庄、马庄、土桥，将敌击溃。（三）峄县以南江家庄之敌五百余人，廿四日向我王家庄猛攻，被我击退，下午四时，敌五百余人在前城后城，我即将敌三面包围，毙敌数十人，残敌逃散。（四）台庄北罗店正面，廿四日夜有敌三百余人，向小集进犯，亦被我击退。（五）郯城之敌，连日向西南进犯，廿四日拂晓，先以重炮向我□□□阵地进犯，另以步、炮兵千余人向铁佛寺以北□□猛犯，并以飞机六架助战，我奋勇迎击，周团长高鹏身先士卒，午后中弹殉职。迄廿五日敌仍猛犯邳县，发炮密集如连珠，我军浴血抗战，极为剧烈。又敌数千人，向我邳县以东十余里之黄家进犯，我□师正与敌激战中。

【徐州二十五日下午十时电】台儿庄东面岔河镇以北马店之敌，廿五日晨猛犯我阵地，我分三路出击，激战三小时，将敌击退，我推进到达□□附近，双方伤亡均众。又由临城增援韩庄之敌七八百人，廿四日晚九时向我八里沟广平庄活动，与我发生激战，我将敌击退。又向我党庄进犯之敌，已被击退，现我已迫近□□□□□附近。金马驹之敌，被我击退后，改守杨庄西辛庄、朱家庙一带。

【台儿庄二十五日中央社电】鲁南我军阵线，始终保持联络，予敌以猛烈夹击。自昨日下午迄今日中午，战况综报如下：郯城我军，曾一度向南撤退，俟增援部队开到，今晨已向敌开始猛烈反攻。台儿庄东北之陶墩、河涧一带，我某某两军，取得联络，并有生力军加入作战，已大有进展。敌军昨晚由四户镇方面向邳县以北之连防山我军阵地猛烈进攻，企图由此线进迫邳县，当与我军发生激战，邳县附近，我已有大部增援，可告无虞。我某部由鲁南山地向西袭击，四户镇以北一带之敌当不及后顾，其小部队被我击溃后，乃由四户镇增援，与我在四户镇附近激战。峄县正面，敌进犯郝家湖（在临枣支路之西），天柱山、獐山仍在我军手中，卧虎寨一度失守，已于昨日克复。

【本市消息】记者以郯城方面，战事日趋紧张，特叩访某高级军事机关负责人，承告详情如次：峄县残敌得国内及各战场之增援部队后，连日除向峄县东南方反攻未逞外，并以一部兵力，由临沂直趋郯城，以至郯城我军于二十四日退出，我军自鉴于最近敌军以重兵增援鲁南，已重行策定作战方略，郯城于战略上，固无关重要，敌占郯城后，亦未南下，现该方我援军已到，于二十五日晨已开始反攻该城矣。

【徐州二十五日中央社电】鲁南我军，廿五日晨全线出击后，局势转佳。临枣支线方面西侧及正面无变化，东侧我廿五日由贾家埠马庄之线，推进数公里，并将河湾收复。

【东海二十五日中央社电】我军于廿三日晚放弃郯城后，即在城南堵敌南窜，以游击战术消耗敌力，同时我由临沂西南来援之某部，廿五日由郯城西北之南桥鲁坊向郯城西北关压迫，敌受两面夹击，有回窜临沂势。又廿五日晚我军三面向四户之敌进攻，战事极为激烈。

【东海二十五日中央社电】我由某地回师增援郯城之某有力部队，续向南进，廿四日下午五时敌由四户镇增援步兵七八百炮，向我反攻，我军在南乔西南勇猛出击，敌卒未得逞。旋我又向南乔以南之鲁坊挺进，将鲁坊之敌大部歼灭，随即占领鲁坊，残敌向西南逃窜。按：南乔、鲁坊，位于四户镇之北，及郯城西北。

【台儿庄二十五日中央社电】支线当面泥沟以北之敌，廿五日晨以重野炮十余门，向我阵地发八百余炮，继由步兵七八百人用烟幕掩护向我攻击，我军沉着应战，迨敌迫近三四百公尺处，齐掷手榴弹出击，毙敌三百余人，残敌狼狈北窜，迄晚未敢续犯，支线西侧稍沉寂。

【徐州二十五日中央社电】洪山以南马甸方面，我敌发生激战，我军迂回出击，敌卒不支，向后溃退窜往西马甸之敌百余，亦被我包围全部歼灭。

【徐州廿五日中央社电】路息：廿五日晚韩庄北岸之敌，又向我阵地发炮射击，我亦报以重炮，双方炮战数小时始息。

【徐州二十五日中央社电】廿四日由临城开到韩庄之敌，约七八百名，韩庄之敌则北开约三百余名，谅系换防性质，韩庄东北金马驹之敌，被我进追后，已撤至扬庄西辛庄、朱家庙一带。

【徐州二十五日中央社电】蚌埠怀远方面之敌偷渡，被我击溃后，其少数在淮河北岸之残余，廿四日复被我完全肃清，廿五日竟日转趋沉寂。

【阜阳二十五日中央社电】怀远敌又有沿涡河线北犯模样，□师已派队向怀远推进，拟迎头痛击。廿五日晨八时两敌机飞蒙城散放荒谬传单，下午一时许，敌机飞龙亢集窥察。

摘自《申报》（汉口）1938年4月26日　第一版

郯城一带仍在激战　我分路推进迎击　邳县以北敌伤亡惨重

【徐州二十六日下午十时电】我□□等部向某地挺进，到相当据点，日内将有大发展。又我军为扫荡津浦北段顽敌起见，连日运用新计划，集中大军，向前增援，后方预备队兵力极厚，我各高级将领均赴最前线指挥。现我军一面在台儿庄东南及邳县以北，与敌血战，一面增加援军，分路推进，截至廿六日晚，前方战况如下：（一）台儿庄东面战争，自廿六日起，在萧汪后堡之西黄石山、韩庄、胡山、锅山之线，激战甚烈，韩庄由我坚守，胡山、锅山敌我各据其半，西黄石山在敌手，我正分别反攻，血战甚烈。廿六日晨二时，我曾一度夜袭，克复后堡，五时敌增援三百人，我又放弃后堡，萧汪附近我敌血战甚烈，此路之敌约七八千人，我军奋勇不难将敌解决。（二）台儿庄以北我敌在柿树园、河湾、曹家埠、堡子及小集线相持，廿六日贾家埠东南地方敌三百余被我包围，毙敌甚众，柿树园仅千余向我兰城店进犯，肉搏多次，均被击退，我由左翼迂回侧击，毙敌三百余，小集敌三四百人犯我阵地，亦被击退。（三）邳县以北之敌，经五昼夜血战，廿六日起我转移于连防山以南，与敌相持，前后毙敌在一旅团以上，故十六日战事稍绥。（四）郯城敌千余人，一由郯城西南孙家寨、薛家寨、关爷庙向邳县移动，马头镇敌千余，向邳县增援，我均分头截击，激战甚烈。（五）郯城西面我敌大混战，已三日之久，敌迭次增援，向我左翼包围，企图冲破据点。

【徐州二十六日中央社电】鲁南第二次大会战，即将运动成熟。被困峄县临沂间之敌，自由台潍公路及津浦线路运来援军后，约百数万人，乃以主力分由峄县东南及临沂西南在兰陵集结，经洪山南□四户，威胁邳县，另一股由峄县沿临枣支线再犯台儿庄，一股沿临郯公路攻略郯城，此外在韩庄及济宁间取守势，窥敌用意，无论在进犯之任何一点获得成功，均可切断陇海东段，而予徐州以重大威胁。我生力军配备就绪，并已开始攻击，敌之企图，必再被粉碎。

【徐州二十六日中央社电】我军向郯城之敌，积极反攻，昨晚在城边激战，尤以郯城以西马头镇为烈，峄县东南与我对峙之敌一部窜入萧汪迂回，我遂转移阵地，自兰城店至张楼：丁家桥、戴庄等处，成一斜直线，阻止该敌前进，另一部在南乔以北王庄河湾之敌，企图迂回，攻我南乔阵地，我军当予以逆袭。

【曹县二十五日中央社电】由滕县、官桥、临城三路向我党庄、磨坑、大康、留公孙桥等处进犯之敌，经我张支队分别迎头痛击，毙敌极众，激战至廿三日夜十二时，敌不支，分向东沙河涸堆官庄及滕县城内溃退，廿四日拂晓，官桥敌七百余人，滕县敌四五百，同时向我反攻，战事极激烈，我原有阵地，屹然未动，刻仍对峙。

【台儿庄二十六日中央社电】峄县之敌，廿六日晨又向我临枣支线及两侧进犯，东侧红瓦屋屯南之□□□，廿六日晨首被敌炮轰射数百发，续有步兵约五六百人冲锋，当经我守军奋勇击退。西侧獐山附近之□□□，自廿五日晚至廿六日晨，我敌混战一夜，该地邻近各村寨，均被敌炮轰毁，我军死守，屹然未动。正面之敌，廿六日晨亦有四五百人，由大炮及烟雾掩护，再度来犯，我军沉着应战，敌受重创，狼狈北窜。

【徐州二十六日中央社电】我游击队二十六日晨袭击临城西北，激战至午，我安全撤退，又临城韩庄间铁路桥梁被我数度破坏，敌已感不胜修复之苦，现改变方针，修整临城韩庄间公路，备为军运。

连防山之役我光荣牺牲

【徐州二十六日中央社电】记者于廿日到邳县，转赴前方观战，是晚我□军奉命，在邳县以北二十里之连防山及某某等处严防，敌不下一师团之众，于次晨即到达阵地前方，黎明开始向我连防山阵地攻击，我守连防山之部队，为□军□师高团全部，计自廿一日至廿四日，敌主力连续指向该处猛攻，不下数十次，我全体官兵奋勇搏战，迄未稍动。廿四日晨以后，连防山阵地围寨墙屋，悉为炸平，该团坚支四日，伤亡殆尽，高团长犹自裹伤挥众，力予巷战，反复肉搏，敌之伤亡，更数倍于我，四日来当在三千以上。我守连防山之高团，自团长高鹏、营长楼浩乡、曹云剑、姜玉振以下全体官兵每作壮烈牺牲，仅余数十人，尚与敌争持，至死不退，终至全团殉职，其光荣报国，可与南口战役之罗团先后互相辉映。

摘自《申报》（汉口）1938年4月27日　第一版

津浦我全线反攻　有力部队向郯城侧击　邳县以北敌受创败退

【徐州二十七日下午八时电】津浦北段台儿庄附近及邳县以北等地战事，仍激烈进行，我军增援反攻，战局转安，廿七日各路战事无大变化。台儿庄东面我敌仍在□黄石山、岔河镇、佛山、锅山一带血战中，我集中兵力，分路抄击，故战况极为激烈，附近村庄多成焦土。台儿庄北面贾家埠小集、王庄、刘庄、张楼、兰城店、姚家庄、大官桥一带，亦有激战，台儿庄西北以迄峄县西关卧虎寨之残敌，迭以小部队试犯我据点，均经击退。峄县方面我敌仍在连防山以南，艾山、半步庄子、青石桥一带血战中。郯城以西，战事亦极剧烈，我□部反攻甚为得力，已占据郯城以北狼子湖，刻正继续推进中。□□□部及新增之□□□部均由右面向郯城推进，郯城之敌共二千余人，谅不难解决。

【徐州二十七日下午七时电】我□□□部□团，廿七日晨一时向平滩之敌夜袭，敌向东北溃退，我遂将平滩占领，同时□团向大庄夜袭，经数度肉搏，敌伤亡甚重，该庄即被我占领，俟敌增约一大队之兵力反攻，我士气极旺，仍激战中。又我□团全部向贾家埠之敌攻击，经数度争夺，该地被我占领三分之二，敌大部撤退，仅以一部占据该村碉楼顽抗，经我奋勇冲杀，并将该村东端房屋焚毁，后以炮火封锁其退路，残敌即可解决。我于团长是役负伤，经救护后，仍赴前线指挥。

【台儿庄二十七日中央社电】津浦北段右翼战事，廿七日仍以峄县东南及邳县北部较烈，峄县东南之敌，廿六日晚廿七日晨三千步兵，配以炮兵四中队，坦克车多辆，向我□□□至□□□□之线进犯，我亦全线反攻，当展开血战，其中□□曾一度失陷，廿七日拂晓仍被我夺回，该线廿七日已属稳定。四户镇之敌，廿六日晚廿七日晨向我邳县北部之□□□一带进犯，仍被击退。至郯城方面，我已向敌夹攻，综观全般战况，我自廿七日晨后已转优势。

【东海二十七日中央社电】郯城之敌，大部向西南移动，我生力军已由□□□推进，并向敌进攻，郯城西北我某有力部队亦已南下，向郯城侧袭，据报郯城之敌不多，经我夹攻，不难收复。

【台儿庄二十七日中央社电】鲁南我军各部队均已到达指定地点，某部昨晚由连防山东北，向连防山之敌开始进攻，同时我某某两部主力夹攻四户镇侧背，颇为得手，该处已为战事重心，兰城店争夺甚烈，我有新增部队，敌进攻已受顿挫。右翼泥沟之线，无何变化，该方面敌，似无积极企图。

【台儿庄二十七日中央社电】峄县东南即临枣支线东侧，我敌廿六日在兰城店□□□至□□□姚家庄之线对峙，廿六日晚七时起，戴庄方面又发生猛烈混战，直至午夜，戴庄西北卒被敌侵入，廿七日晨，我军反攻，至下午仍在混战中。又兰城店方面我军，廿六夜向敌大举反攻，尤以兰城店接战最烈，□营奉命任先锋，直向敌阵猛扑，敌扼守简单工事顽抗，我有进无退，敌前头部队被我歼灭，其后续部队亦跟踪补上，来往冲锋，不下四五次，卒将该敌击溃。是役我颇有伤亡，敌较我更惨重。至张楼、黄庄、刘庄，虽一度失陷，廿七日拂晓仍被我夺回。

【东海二十七日中央社电】郯城敌约三千余，昨晨迁回至郯城西南方之南涝沟、北涝沟、冯家窑一带，企图使我军腹背受敌，我军分头迎击，至下午五时，将该进犯之敌击退，刻郯城敌分为二路，一路在马头镇附近，一在马头镇东南关爷庙附近，与我激战中。

【徐州二十七日中央社电】邳县以北之敌，廿六日晚分三路向我攻击，我守军奋勇应战，往返肉搏，激战终夜，敌仍未得逞，廿七日晨三时左右，我伺敌疲乏，全线反击，冲锋队争先恐后混战至天明，敌受重创败退，是役共毙敌三百余，获轻机枪五挺，步枪卅余支及其他战利品甚多。

【徐州二十七日中央社电】我□师一部在卧虎寨一带杀顽敌百余人，毙其小队长池田银之助一名。又昨夜我□部攻击台儿庄以北贾家埠之敌，经数度猛烈争夺，该村被我占领三分之二，敌大部占据碉楼，并利用民房，挖成枪眼顽抗，俟以我军奋勇冲杀，遂将该村全部包围，我并毁该村东端房屋，以炮火封锁敌之退路，刻扼守碉楼之少数残敌，仍顽强抵抗，我正积极扫荡中。

【曹县二十七日中央社电】敌此次增往鲁南部队号称四师团，大部均由台潍路南下，其由济南沿铁道线南来者，廿五日午已有千余经过泰安。其后续部队仍源源不绝，截至廿六日晚十时止，通过泰安徒步南进之敌约有五六千众，均系步兵。

【曹县二十七日中央社电】敌步骑二百余，廿五日午由界河方面向北行进，经过下看铺时，被我□旅部队突击，敌狼狈北窜。两下店之敌百余，亦欲蠢动，刻在小苗庄与我□团对战中。

半月来各路战役歼敌三万余人克复城镇十六处之津浦方面

津浦方面

近半月之大战重心，均在津浦北段之临沂、峄县、台儿庄等地区，南段则仅有小规模之游击战，共计毙敌官兵一万七千余人，内有敌川岛联队长以下官长甚多，俘敌伤病官兵八百余名，获敌步枪一千八百余支，子弹二万六千余发，手枪百余支，轻、重机枪一百二十余挺，大炮十门，战车十二辆，击落敌机一架。

摘自《申报》(汉口) 1938 年 4 月 28 日　第一版

连防山阵地昨收复　敌军联络线切断　右翼战事仍着重邳县

【徐州二十八日中央社电】鲁南第二次大会战，仍将在临沂峄县间展开。敌此次反攻，不再用主力于台儿庄正面阵地，而先以主力向我右翼猛攻，再向正面挺进，窥其企图，似有待于能在运河获得胜利，再攻台儿庄正面。廿六日我以炮火过猛，放弃胡山，退保□□阵地，敌以为有隙可乘，进攻益烈，迄晚，我大举反攻，阵势好转，及推进至胡山左近。敌在此三角形突进线，我军将领势必扫荡，决不任敌突破，至迂回郯城之敌，廿六日晚被我反攻，亦已向后退却，昨前两日，此线双方各有动作，廿八日晨，记者离此线时，隆隆炮声，远震人耳。以目下情势论，今后□□□□各据点，仍将为决战期中争夺之标的，浩劫余烬，虽不知再有如何摧毁，但战事前途，可保乐观。

【徐州二十八日中央社电】综合今后上午前方战报，双方阵线，无甚变动，我军阵势甚佳，昨晚敌二次进犯至台儿庄以北之泥沟及黄庄，均被击溃，敌伤亡约八九百人，刻已停止进攻。台儿庄东北敌进攻企图，仍着重邳县方面，其主力向连防山进攻甚猛，迄未得逞。郯城方面，关爷庙有敌约一千，马头镇约三千，我军已分路前进袭击。

【台儿庄二十八日中央社电】廿七日拂晓，敌向我兰城店、小集一带猛攻，发炮千余发，十时小集被敌侵入一部，我军猛烈反攻，午时将敌击退，犯兰城店之敌，借炮火烟幕掩护，亦被侵入一部，经我军与敌肉搏二小时，敌不支溃退。王圣堂之敌，向我禹王山一带炮击终日，铁路正面，敌炮亦不断向我晒牛厂阵地轰击，步兵数度冲锋，均经我军沉着击退，迄晚未敢再犯。

【徐州二十八日中央社电】邳县北部之敌，因伤亡过重，自廿七日晚起，改向我夜袭，激战至廿八日晨，仍不断向我阵地进犯，经我军奋勇迎击，卒未得逞。连防山与虎皮山之间，敌遗尸三百余具，我虎皮山得而复失者数次，现仍为我所有。又我某部廿七日在芦曹庄、大王庄、十字沟、黄庄（在邳县东略偏北）一带，与敌混战一昼夜，拂晓，敌不支溃退，我当占领南北涝沟，我另一部同时协力向北谢庄猛袭，亦将该地占领。

【徐州二十八日中央社电】峄县东南情况，二十八日无变化，邳县北部，我已将连防山收复，敌之联络线已被我切断，郯城方面，我正顺利进展中。

【徐州二十八日电】某司令长官谈鲁南敌兵力不逾八万，其计划仍在攻台儿庄，图占徐州，惟因得上次教训，故主力渐移台枣路以东，预料此处大会战解决后，其对我作战，完全陷入失败之境，就目前情况言，敌尚无在海州登陆企图，且亦极不易成功。

【徐州二十七日中央社电】据报：峄县城内有敌仅五十余名，县西北高地约二百余人，峄县东南嘉鱼寺附近约万余人。刘匪桂堂约三四千人，战斗时，以刘匪为前驱。临城南铁桥被我破坏，齐村有敌飞机场，每日有敌机数架起落。

【徐州二十八日中央社电】我某部在台儿庄西北之泥沟一带，与敌激战，敌三度猛犯，均被我击退，毙敌约八九百人，临城之敌向我夏镇一带猛攻，我军奋勇还击，敌未得逞。又敌仍向连防山一带猛烈攻击，我守军沉着应战，并不断向敌反攻，情势现极稳定。至被我围困贾家埠之敌，昨夜增援四五百人，向我反攻，我军与之往返肉搏，战况极烈，刻我军转移贾家埠南里许之邵庄阵地，与敌对抗中。

徐州被狂炸　落弹百余枚死伤奇众

【徐州廿八日中央社电】廿八日敌机卅三架袭徐，六时半先来一架值勤，八时敌机沿铁路线分三路来袭，同时发现于宿萧铜三县，徐埠逐发出紧急警报，移时，三路敌机相继侵入市空，我防空部队立即戒备，敌机漫无目标，滥施轰炸，盘旋达半小时，乃向南窜去。在徐共投弹百余枚，多系烧夷弹，计东站及二马路南子桥北闸门投六十余枚，死伤平民四十余人，烧毁房屋五十余间，北关外西高堤车站一带投弹五十余枚，死伤平民四十余人，烧毁民房五六十间，地下室塌陷一座，窒死多人，并死伤难民多人，少华街落一弹，死伤四人。各处被炸后，房倒屋塌，烟火蔓延，被炸平民，断肢残胫，横卧血泊，数岁小儿，尸裂于麦田者多具，残酷状况，不堪目睹。

【徐州二十八日中央社电】敌机十八架，廿八日晨八时半袭徐，在东、北两站投弹数十枚，城内县府前亦落一弹，损失待查。

摘自《申报》（汉口）1938 年 4 月 29 日　　第一版

我军昨克复郯城　续向马头镇猛攻

【徐州二十九日中央社电】鲁南全般战况，我正在顺利转变中，出郯城西南企图威胁邳县侧背之敌，廿八日被我歼灭达二千以上后，残余遂向郯城退却，复经我紧急追击，巷战于郯城，又歼灭千余，并将郯城完全收复，残敌现向北逃窜，我仍在尾追，城西马头镇，经我包围后如能指日攻下，郯城即可稳佳。

【徐州二十九日中央社电】郯城以南之敌，仍用板桓第五师团之第廿一第四十二联队番号，并有多门师团之一部在内，我军廿八日夜八时突出奇兵，将敌包围，全体官长均亲身督战指挥，九时开始猛攻，敌顽强抵抗，极难得手，我乃改变策略，集中攻击敌之左翼，两连敢死队携带手榴弹轻装冲锋，奋不顾身，卒有一半直迫敌阵，将敌歼灭数百，后续部队，拟即一鼓前进，克复郯城。

【徐州二十九日中央社电】郯城以南之敌被我击溃后，残余向郯城退却，我军乘胜猛烈追击，廿八日晚直迫城郊，敌将城门堵塞，原期固守待援，我军当将东南西三面包围，廿九日拂晓开始攻城，城内我便衣队突击，敌起慌乱，是时我攻城部队蜂拥进城，猛烈巷战，敌拼命争夺北门归路，我英勇官兵绕至北门堵截，白刃肉搏，又不下十余次，敌尸铺满街道，我军每将五六敌人围困一屋，迫令缴械，如敢违抗，即予歼灭。混战至廿九日下午五时，我遂完全收复郯城，除少数残敌逃窜外，大部被我歼灭，其数约千余人，并俘虏十余名，夺获之多，尚无法统计，我军伤亡亦相当重大。廿九日晚，我军正向敌跟踪追击中。闻某司令长官及某总长获此捷讯，已传谕嘉奖，并限令廿九日晚收复郯城以西之马头镇。

【台儿庄二十九日中央社电】连防山方面之敌，昨以主力集中炮火向我涧下沟大袁庄阵地三度猛攻，均经我将敌击溃，现正派队追击，俘获在清查中。

【徐州二十九日中央社电】敌矶谷师团赤柴联队猛攻泥沟前马庄区米厂一带阵地，经我官兵沉着抵抗，俟敌接近，以猛烈火力扫射歼灭，敌死伤五百余人。

【徐州二十九日电】今晨八时许我于部□团，向扼守邳庄碉楼之敌猛攻，相持至午，我扈旅长率众冲锋，中弹殉职，少校参谋范广友、李承玺均负重伤，刻仍激战中。

【徐州二十九日中央社电】我军昨夜出击进犯虎皮山之敌，激战彻夜，卒将顽敌击溃，毙敌甚众。又敌约七八百名，昨夜与我在拂庄一带激战，迄至午刻，将敌击退，敌随即增援反攻，我军亦以全力还击，现仍激战中。

【曹县二十九日中央社电】犯我南阳湖东岸鲁桥之敌，廿八日竟日以大炮猛轰我阵地，南阳湖心之南阳镇，当被敌侵入。

摘自《申报》（汉口）1938 年 4 月 30 日　　第一版

鲁南我反攻得手　邳县北战事仍极激烈　郯城我军暂退出城外

【徐州三十日下午十时电】卅日午后我军各路反攻，均有进展。大王庄已克复，邳县以北，连防山以南及邳县东北战事，均极激烈，连日敌伤亡达四五千人，现仍在连防山以南老虎山艾山一带激战中，卅日敌向我猛攻三次，均被我击退。又敌军自廿九日夜起由邳县右面攻我邵山头，我军奋勇将敌击退，并向北推进十余里，前哨到达□□□□□一带，我□部生力军开到，士气一振，战局极乐观。

【台儿庄三十日下午七时电】邵庄之敌约步兵三四百名，昨晚向我□□阵地秘密移动，我沉着静候，俟敌迫近时，伏兵突起猛击，敌不支，退邵庄内死守，刻我已将该庄包围，顽敌不难解决。又柿树园有敌炮兵阵地，似有所企图，我已严防。

【东海三十日中央社电】顷据前方电话称：昨日下午我某某两部协同向郯城西南关爷庙进攻，敌即向郯城溃退，我军遂乘胜克复郯城，追至昨日下午敌调援军拼命反攻，我为避免牺牲计，暂仍退出郯城，刻我已增援，开始第二次进攻。

【徐州三十日中央社电】我向郯城西南挺进部队，收复捷庄前，与敌在捷庄迤西之南港上，亦曾有猛烈激战。南港上之敌，经我数度攻击后，伤亡颇多。二十九日，敌又增援二百余人，向我反攻，我阵势一度险恶，幸赖士兵有进无退，终将附近高地夺回。但敌仍以死力反攻，得而复失者三次，争夺至黄昏，战况更烈，迄夜我大举袭击。又展庄之敌，廿九日晨以密集炮火向我阵地夹击，我军屹然未动，十时敌炮火沉寂，我实行反攻，激战至三十日晨七时，展庄之敌，完全被我击退，计此役毙敌百五十余名。

【徐州三十日中央社电】峄县方面我军，由兰城店至戴庄之线，搜索前进后，当面之敌，卅日晨已呈动摇，并向后退，其突入胡山锅山三角形地带之敌，亦被我肃清，邳县北部连防山附近之敌，多向西北溃退，郯城方面我仍在进击，马头镇方面亦正激战中。又韩庄刘桥之敌，连日乘夜向我袭扰，均被击退。滕县附近铁路公路，经我屡次破坏，敌戒备极严，现已实行火力封锁。

【香港二十九日中央社电】津讯：敌陆军次官梅津美治郎，日昨到平，廿九日晚来津，定明后日赴津浦前线，闻敌将调集化学部队，积极配备，企图总攻。

【徐州三十日中央社电】邳县北部之敌，廿九日晨至午又举全力向我阵地进犯，三次均被击退，旬日来与我在该方面作战之敌，已发现者有第三、第九两旅团及片野支队，我□军在该方面先后夺获战利品甚多。

【徐州三十日中央社电】廿七日晚敌以五百余向我马蔡家庄猛击，我□□团初未回击，敌由道凹跟进，即以机枪扫射，复再混战至天明，敌仍溃退，检获敌尸二百余具。

【徐州二十九日中央社电】进犯我军涧下庄（连防山南）、火裳庄之敌，廿八日黄昏被击溃后，我进击部队于麦田中缴获步枪六十余支，敌遗尸遍野，狼狈可见。敌旬日来欲夺我艾山长高地，进迫邳县，然屡犯屡溃，刻已力疲，我士气则益壮。

【台儿庄三十日中央社电】峄县东南之敌，在丁家桥戴庄间之胡山、锅山获得三角突出线后，即将兵力西移，向我台儿庄东南迂回，连日向我□□□□□□阵地猛攻，均被击退，廿九日夜，我为截断该敌归路，向胡山、锅山之火石埠及其西南高地侧袭，极为得手，卅日晨，敌增援三四百，又向我反攻，致火石埠敌我各占一半，正对峙中。胡山、锅山方面之敌，因恐归路被断，大部北撤，我正入山搜索，传已将敌肃清，惟无官电证实。

【台儿庄三十日中央社电】峄县西南之敌，在天柱山向山西长山黄山一带，加强工事，有久守意。峄枣间已通火车，枣临间火车甚少，以汽车输送，装甲汽车掩护，枣庄敌所加强工事，枣庄齐村间，敌已筑成地下交通壕，兵力亦厚。

摘自《申报》（汉口）1938 年 5 月 1 日　　第一版

郯城敌三面陷围　鲁南我以运动战获胜　敌又向津浦南段增兵

【徐州一日下午十时电】一日起我军又将郯城以及马头镇三面包围，并分路反攻，郯城西南之敌，为多门兵团，共三千余人，卅日夜九时向我总攻，已被击退，当夜十二时我乘胜全线出击，血战甚烈，尤以西南最凶猛，截至一日晨三时，西北面我军已转优势，三面夹攻，曾两次占领敌之第一线高地，旋我仍退原阵地，一日晨我利用两面侧击，正面之敌被迫后退，我推进四五里，毙敌三四百。又邳县以北，敌我仍在连防山南艾山河一带血战中，敌窜往北谢大王庄、苏操庄、冯家窑一带顽抗，但因伤亡过重，已无反攻能力，我乘胜追击，期于日内解决。至台儿庄以北及峄县西麓之线，一日分向我各据点进犯，均被□□部击退，一日拂晓，峄枣公路东南熊堡，我分两路向敌截击，敌由两翼向我迂回，我集中兵力，先将敌左翼击退，争夺各高地，敌右翼集中炮火向我射击，增援反攻，但终被我击退。

【徐州一日下午七时电】津浦线之敌因北段损失甚重，故现又由南段活动，企图牵制我兵力。据一日消息：敌增援四五千人到达□□□□。

【徐州一日中央社电】鲁南第二次大会战，现已运动完毕，我军渐转优势，并能控制战局。现鲁南之敌，残余至多不过四万，该敌原来即为疲惫之师，此次又行军作战多日，困乏益甚，只须我军伺机大举总攻，不难将其整个击破。故未来战事，我绝对可抱乐观。至目前我系以运动战制敌，致临枣支线两侧邳县北部及郯城方面，我敌阵地，犬牙交错，形势上突陷于混战状态，此种局势，在总攻顺利后，即可澄清之。

【台儿庄一日中央社电】我军现开始第二次包围郯城，颇有进展，该敌似有准备突围他窜模样，兰城店之敌，被我军歼灭大半，我已进占兰城店。又我□军昨下午歼灭郯城西南沟涯之敌十余人，并占领之，获辎重无算，敌又集中兵力，向我南港猛攻，现正激战中。

【台儿庄一日中央社电】邳县东北西北拐南哨十字沟之敌，已被我军击溃，毙敌甚众，各该地已为我完全占领，犯我南港（邳县东北）之敌，昨自晨至午，数度向我猛扑，经我官兵奋勇出击，敌不支，向半庄溃窜，我军跟踪追击，当将残敌肃清，并占领半庄。

【台儿庄一日中央社电】台儿庄西北方面之敌，向我熊铺驱家庄裹场一带数度猛攻，均被击溃，该方面我军极为顺利。鲁西敌占南阳镇后，一部约二百人，偷渡南阳湖，被我军完全消灭。又济宁敌有向南移动模样，泰安有敌数千人南下增援，该敌装备不整，状颇疲乏，似系各战场拼凑移来者，内并杂有蒙伪军多人。

【台儿庄一日中央社电】临枣台支线西侧，我敌在峄县以南山地成对峙状态后，已沉寂多日，卅日敌约千余，又思蠢动，进占铁角山后（天竺山附近），即向我阵地进攻，前后均为我击退，激战一昼夜，共毙敌三百以上，一日仍在相持中。

【台儿庄一日中央社电】临枣台支线东侧，自熊堡兴隆桥北往南，经柿树园丁家桥一带，卅日、一日均有战争，□□战军一日晨拂晓分两路出击，敌气已挫，我正反攻中。禹王山附近之敌，连日被我击退后，卅日又增援三百余，再向我阵地进犯，并有少数向我侧袭，接触至一日晨，我大举反攻，又将敌击退。丁家桥禹王山间之大石埠，我敌仍在相持，禹王山以东胡山、锅山方面之敌，据报仍未肃清。

【徐州一日中央社电】廿九日晨八时，敌约二百，由长淮卫偷渡，被我某部与民众武力迎头痛击，截敌过半，午刻敌又有增援，亦被我分别包围歼灭。

【徐州一日中央社电】韩庄刘桥敌情无变化，临城之敌自占领夏镇后，扣留民船约百只，并仍在继续强征船舶，似有由水路进援模样。

【六安一日中央社电】沉寂已久之津浦南段战事，因和县含山于上月廿五、廿七两日失守后，又呈紧张局面，敌近在蕉湖宜城一带，一面赶筑工事，一面撤兵北进，同时又有大批援军，由京西开，在足证其有于津浦南段牵制我军，与助攻津浦北段之企图。

摘自《申报》(汉口) 1938 年 5 月 2 日　第一版

鲁南各路均有激战　袁庄一带敌击退　郯城方面大包围形势已成　敌开肥城鲁西又转紧

【徐州二日下午八时电】（一）郯城方面，连日我军将郯城及马头镇以南之敌包围，我分路猛攻，二日敌退入马头镇村内顽抗。（二）台儿庄郯城间共有敌千余人，台儿庄北碾庄附近一带，有敌四百人，均被我包围，料日内即可解决。兰城店方面，我毙敌甚众，残敌退碉楼内死守待援。（三）台儿庄东南刘庄、北石埠一带之敌，连日增援，我敌在附近一带高地作争夺战，现该两高地仍在我手中。（四）邳县以北连防山一带，敌顽抗不退，双方阵地无变化，艾山一带现仍激战中。（五）敌一部二千余人，刻在台儿庄以北冯家窑、捷庄、大王庄一带，二日晚我猛烈攻击。

【徐州二日下午七时电】二日午韩庄方面之敌增援数百，我各路正分别迎头痛击中，刘官桥之敌不断向我阵地炮击，临城方面，新山平汉路磁县调来之敌约四五千人，现临城枣庄间敌火车汽车往来调动极忙。

【徐州二日下午十时电】津浦南段之敌连日在淮河、涡河一带活动，均被我守军及民团击退。

【徐州二日中央社电】我攻郯城关爷庙林子之部队，已将该敌击溃，敌退郯城南约二三公里之王庄黄楼，我即追击，将该两地之敌包围，我军□部已绕至郯城北方一带，另一部渡河侧击，大包围形势已成，即可肃清。又敌一部约三千，在大王庄、冯家窑附近，我军正围攻中。其主力仍在四户镇以南地区，我军正扫荡前进。又峄县西北红山有敌一联队，一部两百余南侵，盘踞大明山（韩庄北约十一公里），我已派军渡河迎击。

【运河站二日中央社电】犯郯城西南袁庄南港上展庄之敌，一日晨被我击退后，残敌约二千余人，仍窜冯家窑、捷庄、大王庄一带，现被我猛击中。另一部敌约千余人，则逗留展庄附近，二日已有一部被我包围歼灭逾半，残敌无几，现我仍在加紧肃清。至马头镇之敌约千余，向我右翼移动，企图声援，被我迎击，即北窜据守马头镇顽抗。

【台儿庄二日中央社电】峄县西南，我敌卅日在铁角山（卧虎寨以西）激战后，敌又自红山口方面增至三千人，继续进犯，我沉着应战，每以肉搏挫敌，至二日晨十时，激战犹未已，现我生力军已驶往增援。

【台儿庄二日中央社电】临枣支线泥沟迤北之敌，一日晚二日晨以猛烈炮火向我集中射击，我亦报以巨炮，隆隆之声响一昼夜，我待敌炮稀疏之时，即向敌攻击，激战终日，二日晚仍在对峙中。又临城东南洪山口，卅日发现敌千余，抵达桃花山、大明山时，被我□□□附近之某部迎击，我某部亦迂回侧击，一日仍在激战中。韩庄之敌，二日续有增援，我各部正予敌以打击，刘庄之敌，二日下午向我阵地炮轰，我无损失。

【徐州三日中央社电】津浦路正面，我敌仍夹运河东侧，我亦有相当兵力，对坚守韩庄之敌，予以两面包围，韩庄附近敌除布有电网地雷外，并将民房内部完全挖成交通壕，敌我迭次袭击，均未得手，该处敌仅有步兵四五百名，大炮四门，被我击毁一门，现尚有三门，置于汽车上往返移动放射，故布疑炮，最近三晚，敌自刘官桥向我开炮，继续未息。

【徐州一日中央社电】（迟到）邳县东北之敌，卅日晚以全力向我展庄、半庄南港上一带阵地猛攻，对展庄攻击尤烈，彻夜未停，我守军猛烈出击，敌尸积遍野，敌向冯家窑方面溃退，是役毙敌极多，遗留敌尸达三百余具，夺获步枪八十余支，机枪二挺，及重要文件甚多，现正清查中。又台儿庄正面之敌，向我进犯受挫，阵地无变化，阵地前敌遗尸及武器数百件，敌川上中佐阵亡，数中队全溃灭。

【曹县一日中央社电】敌援军仍源源南来，二十九日有敌千余，由长清向肥城开行，三十日早继续南开，我已派队堵击。

【曹县一日中央社电】二十九日早敌分三路向肥城一带集中，一约三千余，由长清东陈家饭馆循公路开肥城，一约七百余，由长清开往孝里铺，一部乘汽车卅七辆，由泰安经鱼池开肥城，人数不详。又邹县曲阜之敌，廿八日廿九日两日有千四五百人，开南阳镇，似有向南运动企图。我湖东部队已在两城以东高地，与敌发生激战。鲁西大战在酝酿中，周内当可成熟。

殉职师长王铭章枢今日由徐运川

【徐州二日中央社电】在滕县殉职之川军师长王铭章，尸已腐化，由当地民众协助，设法通过敌境，运至夏镇，渡湖，二日午运徐，灵枢暂停西关慈云寺，三日晨公祭毕，下午运汉转川安葬。

摘自《申报》（汉口）1938 年 5 月 3 日　第一版

鲁南前线昨总攻　台儿庄以东我军转占优势　邳县北激战克复大小良壁　敌延翼竞争运动失败

【徐州三日下午十时电】冯家窑、大王庙、北谢苏操庄、小王庄一带之敌，筑有坚固工事，连日来我与敌激战甚烈，尤以三日为最剧，自拂晓起，敌先以大炮轰击，并以坦克车掩护步队，向我猛攻，我军俟其迫近战壕，乃以机枪、步枪射击，敌阵大乱伤亡甚众。下午一时，敌又再度进犯，并以一部迂回至冯家窑左翼，与我争夺高地，我军奋勇抵抗，拉锯式之肉搏战共十余次，至午后四时，敌未得逞，我将冯家窑附近之各高地均占领，五时我军乘胜追击，将敌包围，敌伤亡千余，敌联队长千岛被我击毙，迄夜仍相持中。又郯城之敌六七百，马头镇之敌千余，自二日夜至三日晨，不断向我阵地猛攻，并企图迂回侧击，我派队向马头镇搜索，与敌激战，至三日早毙敌二百，此外敌触我地雷毙命者尤多。又二日夜至三日晨，我军向大王庄、捷庄敌阵地攻击，将敌之工事突破，在庄内发生巷战，我军奋勇爬墙，与敌肉搏，并以手榴弹猛烈投击，战至夜深，敌大部被我击退。

【徐州三日中央社电】我鲁南前线各军，三日晨拂晓开始向敌总攻，刻正在顺利进展中。

【徐州三日中央社电】我鲁南全线各军开始总攻后，各路均发生激战，邳县北部，我进展较速，已将大小良壁收复，赣榆方面，我亦在柘汪北获得胜利，郯城西南及临枣支线，则更截敌甚众。现我全线各军，均以此为重要关头，无不奋勇前进，各处之敌，均呈残破不堪畏首畏尾之势。预料经过数日血战，形势即可明了。至淮南与临城之敌虽思蠢动，企图牵制，我已配备重兵防范，无足为虑。

【徐州三日中央社电】（一）我军正面敌情无变化，左翼方面敌继续增援二千余，我军退至兴隆集邵庄之线，我生力军加入协攻，战况渐趋好转。右翼我军已陆续渡河，一部正解决冯家窑之敌。（二）我军某部已过郯城以北，其先头一部可到达临沂附近。（三）济宁敌增千余，上月二十八日敌矶谷师团长曾到济宁。

【运河站三日中央社电】敌自上月十八日起增援，向我反攻，其用以专攻我邳县北部阵地者，现查明为第三、第六两师团，及片野板本等支队，均近二万人，原拟一举占我邳县，西出运河，直趋徐州，经我某军在连防山虎皮山一带迎击，敌死伤过半，我并获战利品山积，连防山虎皮山，仍在我固守中（连防山一度失守，隔日即夺回），一日夜敌为图最后挣扎，以小部约三百余人，又向我连防山夜袭，仍被击退，并生擒敌腾田一名，现敌已残败不堪，改守待援矣。

【台儿庄三日中央社电】鲁南战事连日成胶着形势，迄至今晨，更见激烈，台儿庄以东，正面战局稳定，我军就主动之地位，予敌以重大攻击，右翼郯城方面，盘踞冯家窑之敌，即可解决，左翼之敌陆续增援二千余名，猛烈进攻，我某部坚守兴隆集邱庄之线，现某部开到协攻，战况渐趋好转。

【徐州二日中央社电】敌自峄枣突围以后，所用战略，据专家判断，系延翼竞争运动。一日以前，因在我右外翼延翼失效，现又以新到增援之兵力四千，由临枣南犯，改在我左外延翼，前传该敌系在该翼佯攻，兹证明不确，我已派生力军驰往铁角山、望仙山一带增援，又可在该翼将其新增兵力消耗。按延翼竞争运动，为欧战时常用之战略，即一方以兵力向另一方之外翼包围，令外翼延伸，是谓之延翼竞争运动。

敌图犯鲁西

【曹县三日中央社电】（一）我某部已到滕县东北约四十八公里，一部抵邹县廿公里罗头、楯庄一带，另一部抵曲阜东约十五公里之椿树沟、尧家沟、屯里、南幸一带，均向宁阳前进中。（二）由肥城南下之敌约千余，在肥城南约十五公里之陆房凤凰庄一带，与我游击队混战中。一部约六七百名，分路向我望鲁山、红山阵地进袭，正战斗中，敌似有打通肥宁公路企图。

【台儿庄三日中央社电】济宁敌方增加约一千余名，有南犯金乡，以窥归德之企图，禹城至南阳镇，闻敌军往来频繁。

【曹县二日中央社电】由济南增往台枣之敌，自廿六日至廿九日，陆续经兖州南下，盘踞肥城一带之敌，已有千余，继续越肥城南进，其先头部队三四百，一日午在王晋以西地区为我军所阻，当发生激烈战斗，我□师已派队星夜往援。闻敌后续部队，有转向西移动模样，南阳镇之敌有向湖西进犯动向，我沿湖守军，除加紧戒备外，□□等处地方团队，亦向前推动，增厚湖防。又卅日晨敌机一架，在金乡上空往返六次，曾散荒谬传单，下午二时，并有一架在辛王寨上空投弹二枚，一落白坨集，一落周黄庄，现敌此种举动，似为向我进犯之先声。

行政院昨决定褒奖孙连仲汤恩伯

【本市消息】行政院昨举行第三六一次会议，主席院长孔祥熙，议决案件共四十余起，兹录其重要者如次：一、台儿庄一役，孙总司令连仲指挥所部部队固守该地各村落，沉着应战，予敌重创，便友军达成包围任务，汤军团长恩伯指挥主力军队，迂回枣峰等处，侧击敌军，获取胜利之基础，刻总司令，军团长，忠勇奋发，指挥治当，应即呈请国府，明令颁给青天白日勋章，以昭懋赏，而资激励。二、呈请国府特令褒扬张增梅，追赠陆军中将，交军事委员会，依中将例给恤，并将事迹，存备宣付史馆。

敌机炸徐州　平民死伤惨重

【徐州三日中央社电】三日下午一时半，敌机廿一架，由蚌埠方面北飞，分两批到徐轰炸，第一批为十四架，二批七架，共盘旋四十分钟，投弹七十余枚，所投仍多烧夷弹，以北关外之河堤及黄河北堤被炸最惨，计毁民房二百余间，陇海北站外之某小街及铁路公寓火神庙各处，或成瓦砾，或付一炬，平民死七十人，其他陇海楼房附近之乡民地窟，亦被震塌多处，窒死人数，尚难统计。

【徐州三日电】三日下午二时灵壁发现敌轰炸机六架，萧县发现敌轰炸机十五架，二时廿分均达到徐州上六投弹轰击，计马厂湖一带落二枚，死伤六人，朱庄空地落八枚，无损失，牛山口南落两枚，西巢街北落八枚，内有燃烧弹二枚，毁房七八十间，徐州北站车街落四枚，内燃烧弹一枚，死伤三人，毁房廿余间，至三时半分飞去。

摘自《申报》（汉口）1938 年 5 月 4 日　　第一版

鲁南各路昨血战　台儿庄东北我采攻势　敌被歼甚多竟用毒

【徐州四日下午十时电】台儿庄东北獐山、前城、泥沟一带之敌，昨被我击退后，敌试探反攻，复被击退，三日晚九时，敌四千余分三路向我大官庄阵地猛攻，我军奋勇出击，肉搏数次，敌阵动摇，我正乘胜追击，敌用催泪瓦斯及照射弹向我发射，我军为避免无谓牺牲，乃退回原阵地，旋我军又迂回侧击，极为得手，现正向前推进中。台儿庄东南廿里李家圩一带，我连日与敌激战亦烈，李家圩敌我各据一半，三日夜展开剧烈巷战，至四日拂晓，该村之炮楼被我夺获数处，毙敌甚众，李家圩之东南禹王山，三日夜敌向我猛攻，我三面向敌迂回，将敌之先头部队包围歼灭，我左翼进展尤速，已将敌侵占之高地夺回，是役毙敌四百余，获战利品甚多。

【徐州四日下午九时电】邳县以北之铁佛寺，三日下午被我克复。熊堡一带，三日夜十时我敌发生夜袭之遭遇战，双方冲锋，我□□部冲入敌阵地，敌阵大乱，四日晨七时战事稍寂。又郯城与马头镇敌又由临沂增援千余人，连前共计二千余人，三日晚敌二百余向我刘湖附近猛攻，我军拼命迎击，四日拂晓将敌击退，敌伤亡百余。又四日午刻我军□□部猛攻滕县彭家城之敌，并派敢死队冲锋，毙敌数十，另一部绕击敌侧。

【台儿庄四日下午九时电】四日拂晓，我向郁庄车墩、平滩、大庄等处之敌猛击，与敌激战肉搏，迄下午二时，敌不支，退入庄内，晚六时，残敌向东溃退。又邵庄之敌四日晨一时向我阵地进犯，经我守兵沉着应战，敌不得逞，仍退回村内。

【徐州四日中央社电】鲁南第二次大会战，序幕揭开后，四日竟日各路均在激战中，尤以两翼即郯城西南及临枣支线两侧最烈，中央战场即邳县西北部方面，较沉寂。各路我军，现正发挥英勇，予敌以打击，战区蔓延至广，我敌阵线亦极综错，且各路歼敌甚多。预料局势之澄清，尚需相当时日。峄县西南之铁角山、望仙山一带战事，四日仍在猛烈进行中，临枣支线泥沟以北之炮战，四日稍和缓。韩庄方面，我敌仍隔运河相峙，情况无变化。

【运河站四日中央社电】郯城之敌，因受我围攻，已自临沂调步兵千余增援，马头镇之敌，亦增至二千人，此外马头镇捷庄间之刘湖及彭家城，四日亦发生战事，我极占优势。至邳县北部我军进占大小良壁后，四日仍在该地与敌对峙中。

【徐州四日中央社电】敌机十四架，四日午到新安镇、邳县一带轰炸，投弹数十枚，平民死伤颇重，徐州一日间警报五次，敌机虽两度来徐亲察，惟未投弹。

【台儿庄四日中央社电】鲁南我军自开始总攻后，有顺利开展，右翼我军已占领邳县东北铁佛寺韩家圩，并继续推进，正面锅山胡山现有激战，我极占优势，左翼我猛攻峄县南金陵寺之敌，亦颇有进展。又由临沂开赴郯城敌汽车百余辆，中途被我截击，毁敌汽车十数辆，郯城乌头镇及大王庄附近之敌，亦被我包围，捷庄之敌七八百，二日被我军包围攻击，并将捷庄西南东南一带敌阵占领，一度攻入西门，与敌巷战，刻正围攻中。

【台儿庄四日中央社电】珈口圩北正面之敌，二日夜猛袭禹王山枣庄营，被我军击退，三日午敌炮击李家圩千余发，该村全毁，敌主力似有先占禹王山，台儿庄车辐山，企图中央突破，遮断峄台支线模样。

【台儿庄四日中央社电】台儿庄东北战局，我军采取新攻势，俾肃清侧面敌军，以稳固我正面挺进部队三阵地。今晨由岔河镇西南侧击胡山、锅山与敌激战，两日来敌经我歼灭，伤亡约五六千人。右翼方面，盘踞郯城马头镇之敌，始终被我军监视中，昨日下午，由临沂开向郯城之敌汽车百余辆，载械弹给养，中途被我截击，毁汽车数十辆，敌损失极重。

【台儿庄四日中央社电】鲁南我军开始总攻后，各路均有进展，迄至昨日上午九时止，其战况如下：（一）中军路已到达小良壁，该地以北敌军纷向北溃退。（二）左翼方面我军已逼近金陵寺，前线阵地益形稳固。（三）右翼方面我军已占据郯城以北地带，并向临沂方面猛进，郯城敌军已为我切断后路。

【曹县四日中央社电】越肥城南下之敌，二日下午二时侵入安驾庄，迄晚该庄陆续到敌步兵二千余，骑兵百余，其他一部敌四五百，三日晨渡汶河，向宁阳方面前进。又敌千余，炮十余，辎重车二百余辆，一日晨由济南出发南来，当夜在长清东杨家台宿营，二日晨续向肥城方向前进，总计自廿八日至三日晚由济南经长清徒步南下之敌，共约五千余。

南段进犯敌已被我击退

【徐州四日下午六时电】津浦南段之敌，连日颇为活动，三日晚敌又大举进犯，终被我击退，又怀远之敌亦不断向我炮击，四日敌我炮击竟日。

【安庆四日中央社电】淮南线南段战况，较昨无变化，因我重兵均已到达指定地点，敌图进犯益乡，我军近亦采取攻势。又四日敌轰炸机一架，在汤阳南门外投弹三枚，落二□间，无损害。

【固镇四日中央社电】蚌埠临淮围之敌，近又偷渡淮河，我诱其进至淝河以南之八达集、胡口子一带地区，予以迎击，敌受创甚重。

【正阳关四日中央社电】淮河之敌，开始向我局部攻击，似有由淮南向西北前进模样，蚌埠西方河之集，八大达集已为我克复，临淮北岸，敌我正激战中。

摘自《申报》（汉口）1938 年 5 月 5 日　第一版

邳县北敌军受挫　四户镇附近被我占领　峄县西南连日争夺战

【徐州五日下午十一时电】鲁南战线自韩庄以南，经峄县以南之白山、獐山、台儿庄北面，东北□□东南面及邳县北面，郯城南以至日照南之安东卫，赣榆以北柘汪等地，全长不下百余英里。敌企图取得机会，集合兵力进犯，我在各地均有坚固工事配备，并不时出击，故近日以来战事转趋激烈，五日战况如下：（一）我军□部自四日起在峄县南白山以西一带之敌攻击，首将袁庄之敌包围，入夜我又派敢死队绕攻袁庄西北角，激战至五日拂晓，袁庄之敌完全被我肃清，五日午后我乘胜力向袁庄北之朱庄展庄之敌迂回侧击，至黄昏时，将敌击退，现敌仍有待援反攻模样。我王旅长在前线督战，中弹受伤。（二）我军□部五日晨向台儿庄以北□□之敌出击，一部向侯家庄小王庄攻击，激战二小时，现正追击肃清中。（三）我□部将台儿庄东北大良壁、小良壁完全占领后，并乘胜将大硕珊刘庄之敌包围，刻仍激战中。（四）敌千余人连日向我邳县以北进犯，均未得逞，五日我军□部步骑向四户镇袭击，敌仓皇退入碉楼顽抗，我分数路协击，激战半日，有三村庄被我占领，现敌顽抗待援，仍激战中。（五）禹王山以北李家圩之敌，四日晚与我激战后，我再派敢死队争夺碉楼，将该地完全占领，五日拂晓，敌再增援反攻，我仍退回原阵地。又宁阳以北安架庄，敌增援二千余，一部向宁阳前进，我迎头痛击，现正激战中。

【台儿庄五日中央社电】峄县西南即临枣支线西线铁角山望仙山一带战事，经争夺数日，渐延至白山西南麓之金陵寺与张庄附近，四日拂晓我向金陵寺西南卜洛之敌袭击，敌向金陵寺溃退，我当占领卜洛，至夜，敌再增援向我猛烈冲击，彻夜未停，是役毙敌甚众。我王旅长受伤，其他官兵亦伤亡四百余。

【运河站五日中央社电】邳县北部连防山当面之敌，因攻击受挫，伤亡逾三分之二，弹药亦消耗过巨，确已疲惫不堪。现日夜加强工事，暂取守势待援。又我军探悉四户之敌一部他移，四日晚突举兵向四户猛袭，敌据该镇四周碉堡应战，我官兵奋勇冲锋，已将镇外各村落占领其三，五日晨敌又调部队开到增援，现仍与我激战中。

【台儿庄五日中央社电】连日临枣支线东侧各村落，因我军之攻击，多发生战事，现我军已将马甸西北郁车墩、平场各村之敌，完全驱逐，惟由胡山、锅山进犯之敌，四日与我激战终日，虽受创甚巨，五日又增援向我再犯，我守军官兵奋力保卫，五日竟日仍在激战中。我极占优势。又李家圩经四日恶战结果，我敌原各据一半，四日夜我敌在圩内发生巷战，彻夜不停，我敢死队争夺碉楼，曾得其二，五日拂晓敌反攻，又陷敌手。我迂回部队一度袭击敌侧，不久亦为敌援军压迫退回原阵，五日下午犹在反复争夺，战事极为壮烈。

【台儿庄五日中央社电】今晨前线颇为沉寂，我中路部队进占大、小良壁后，续有进展，胡山、锅山方面□有激战，兰城店、贾家埠方面敌增加一二千，向我进攻，冯家窑大王庄之敌，连日经我围攻，即可解决。马头镇敌增至二千余，郯城附近敌到千余，我军进攻稍有进展，济宁敌约增至五六千，临城滕县亦略有增加。

摘自《申报》（汉口）1938 年 5 月 6 日　第一版

郯城西南大激战　中路敌军总退却　我加紧追击传冯家窑收复　锅山一带敌被包围

【徐州六日下午九时电】郯城西南冯家窑、王庄、捷庄一带之敌，连日经痛击后，敌损失甚重。六日晨三时，中路之敌先被我击退，我全线猛攻七时敌总退却，我遂将冯家窑一带之敌完全肃清。又禹王山一带五日夜有激战，六日晨二时当面之敌全被我击退，毙敌五六百人。至獐山以西金陵寺之敌，五日晚十时向我夜袭，被我诱入至高坡一带，歼灭甚众，同时我□□军迂回敌阵之后，激战一小时，敌向西撤退，经我□□部截击，敌损失甚大。

【运河站六日中央社电】郯城西南冯家窑、捷庄、展庄一带，我敌已争夺数日，战事惨烈，敌伤亡奇重，乃向郯城及四户乞援，五日敌增援部队赶到，五日晚由冯家窑向我展庄大举进攻，我在敌未接近阵地前，即派出迂回部队牵制敌之行动，敌误以为我主力所在，竟以全力向我迂回部队侧击，我数百勇士，坚守三五高地，抵挡敌猛烈炮火，该敌卒未得逞，及转以主力攻我正面，我长官均临前线督战，士气奋发，敌虽不断猛冲，均为我击退，混战达旦，杀声延扩至十余里，肉搏之壮烈，为近日来最伟大一幕。六日晨三时，中路之敌首被击退，我即全线包攻，至拂晓，敌开始总退却，并以密集火力掩护。我除还以猛烈炮火施行镇压射击外，并加紧追击，现仍在进展中，传冯家窑有已被我完全收复说，按冯家窑郯城邳县间之要道，为军事上一据点。

【徐州六日中央社电】敌自改向我左翼铁角山望仙山施行延翼竞争运动以来，卅一日我连失峄县西南十数村庄，局势颇呈危急，幸我已调□军□师加入该线，截至五日晚，我先后克复阴平、张庄、卞洛等十数村庄，该线东西十五华里各高地，均被我收复。敌六日晨意图反攻，故六日该线战事颇烈，炮声尤为紧密。

【徐州六日中央社电】鲁南正面之敌，四日犯李家圩禹王庄甚烈，已被我击退，胡山锅山之敌，周围均筑有工事，我军正围攻，马家窑、车墩、堡子、大硕珊等处，均在我包围封锁，左翼我军进占韩庄东北石泉、阴平、全庄等处。

【台儿庄六日中央社电】胡山、锅山之敌，盘踞山顶，被我军包围，该处敌四周均有工事，死守待援，我军一部攻占该处西北之马家窑，平墩堡之线，已成封锁形势。前昨两日，该处敌南攻禹王山甚烈，已被我军击退，毙敌数百。郯城马头镇方面，敌由临沂增援，我军一部在郯城东赤峯镇构筑阵地。

【徐州五日中央社电】济南之敌又增千余，临城之敌近驱大批难民修临城至夏镇间公路，并以微湖水涸，宽仅五里，拟由夏镇附近之沙缸堆筑一横贯微湖之长堤，西通杨屯，期由该地进窥□地，我窥破敌计，已派大军在沿湖监视。

【徐州五日中央社电】济南滋汤间铁路公路，经多次破坏，迄未通行，由肥城安驾庄渡过汶河南进之敌，于三日午占据宁阳，现在城内即云山店盘踞，其余分向曲阜、兖州、济宁开去。

摘自《申报》（汉口）1938 年 5 月 7 日　第一版

临枣线两侧激战　捷庄敌大部被我解决　津浦南段昨续有接触

【徐州七日下午十时电】郯城以南捷庄方面之敌，六日被我包围后，当夜我东路先占领碉楼及附近二三街道，南路肉搏多次，至七日零时卅分，敌以全部向我猛犯，白刃相接，我军将敌包围，至七日晨四时敌大部被我击毙，残敌退碉楼顽抗，现我仍包围中。至台儿庄西北金陵寺方面之敌，七日晨一时猛烈炮火向我猛犯，我军分两路将敌夹击，左翼僵持，右翼肉搏多次，迄午仍激战中，又七日拂晓，我□部向杨庄之敌侧击，我以猛烈之炮火将敌之阵地轰炸，敌死守不敢应战，午后仍激战中。又七日晨四时敌分三路向我禹王山进犯，我周营长当率部迎击敌之右面，毙敌四十余人，至六时敌右面一部向我猛攻，肉搏一小时，我将敌击退，毙敌百余。

【台儿庄七日中央社电】临枣支线西侧金陵寺之敌，七日晨一时又以猛烈炮火掩护步兵，向我阵地攻击，我军展开阵线，分两路迎战，最初三小时战况极烈，迄后敌终被击退，七日晚敌改用大炮向我阵地集中射击，我军正沉着应战中。

【徐州七日中央社电】邳北之役敌死伤奇重，虎璧山涧下沟一带，敌弃尸遍野，臭气冲天，我军于六日晚予以掩埋，计在我阵地前五百米远以内，掩埋敌尸达二千三百余具，并检获步枪二百余支。又我□军□师张、袁两旅援北次参战有功，奉命晋升为副师长。又四日拂晓台儿庄东北邵庄之敌，数度向我袭击，均被击退，我并夺回裴庄。

【台儿庄七日中央社电】临枣支线东侧，我□□□守军，连日予敌重创后，当面之敌，七日晨四时，又增援分三路反攻，我□部周营长自告奋勇，领队侧袭敌之右翼，与敌遭遇，激战顷刻间毙四十余，敌左翼部队二百余激战，至九时半复予敌以重创，计是役毙敌至少在一百以上。

【台儿庄七日中央社电】泥沟西北之敌千余，五日晨借烟幕掩护，向我阵地猛犯，我师长黄樵松亲率所部迎头痛击，当在姚家村以北地区与敌发生激战，卒将敌大部歼灭，计击毙敌大队长吉村重冶少佐及河合国雄大尉等以下官兵四百余名。

【曹县六日中央社电】肥城南下之敌，约三百余，五日晨到达宁阳东北之安驾庄以北之上庄，经我军潜伏侧击后，敌退守上庄，是役其伤亡四十余，毙敌百余。

【徐州七日中央社电】津浦南段之敌，以第三师团第九旅团添田孚所属两联队，于一日偷渡淮河北犯，期以助攻，声援鲁南之敌，迭经我军奋勇抗战，现仍相持于绘河以南地区。该敌主力系从怀蒙公路向西北进犯，另在蚌宿公路与津浦铁路，亦以少数部队进扰，在五河方面则取守势。七日晨黄隆集我军向敌侧袭，敌受创甚巨。七日午我□部已加入作战，气势益旺，七日晚仍在相持中。蚌宿公路之包家集，七日仅发现敌转移村集，约二百余，我正包围聚歼。津浦铁路沿线，我敌则在新马桥、曹老集间接触，此外敌更在淮南与盐城一带，分途骚扰，期为渡淮河之敌策应。淮河敌陷我巢县后，一路循巢湖南岸窥庐江，一循合公路□□阁，经我派大军迎击，已受挫折，现西路仍未越巢县而获得进展。盐城之敌中路仍在进窥阜宁，七日与我混战中。至运河邵伯之敌，连日尚无动静。总之我军为保障鲁南第二次大会战胜利，早对津浦南段之敌袭有迎击计划，并配有雄厚兵力，敌欲在南段各线实施助攻任务，以图牵制，必受打击无疑。

【阜阳七日中央社电】盘踞淮河南岸之敌，连日由蚌埠、怀远、临淮分三路北犯，我军分头迎击，大战展开后，我占优势。由怀远向西北进犯之敌，企图沿涡河线迂回袭击，怀蒙间战事甚烈，五日蒙邑遭敌机空袭，投弹百余枚，民房百余栋楼炸毁，死伤平民百余人。

【六安七日中央社电】六日拂晓，敌以大炮机枪向巢湖南岸一带我军轰击，我与之激战颇烈，迄午，敌复向南岸进攻，我军即出面迎击，激战数小时，卒将该敌击退。

【桐庐七日中央社电】我游击队六日晚攻袭海塥，先将守城敌哨格毙，旋即冲入东南西三门，敌尚酣睡，醒后与我激战，敌死伤百余人左右，余约三百名退至北门据工事顽守，迄七日晨尚在北门相持。

摘自《申报》（汉口）1938年5月8日　第一版

蒙城附近昨激战　含山克复巢县包围中　鲁西大会战序幕揭开

【徐州十日下午十时电】津浦北段之敌，在临枣郯城各线遭我猛烈抵抗，已处不利地位。近复增强左翼一线，向我鲁南一带窥伺，济嘉及济金沿公路一带村庄敌兵，均有增加，安居镇亦增加三百余，西郑桥增四百余，嘉祥、肥城各有敌数百余名，其企图乃一路欲由济宁南犯金乡，直扑归德，断我陇海路联络，一路则由南阳镇强渡南阳湖，窥犯丰沛，鲁西大战近将成熟，惟该路我军配备雄厚，敌绝难逞。

【徐州十日下午七时电】济宁之敌九日晨分四路向我进犯，一路约三千人，由王贵屯沿南阳湖西岸南进，一路百余人占喻屯后，向丁家庄前进，一路二三百人，骑兵五六十名，由李家屯河沟向我进犯，一路四五百人，骑兵五六十名，由苦水张向我后庐楼阵地进犯，我部队正迎击，与敌激战中。又敌一部进至范庄，与我□师激战中，一部千余，骑兵三百余，坦克车十余辆，装甲车廿余辆，已到达巨野北黄堆集一带。

【东海十日中央社电】盘踞郯城之敌约千余，昨日向南进犯，在红花埠（郯城南十余公里）附近与我军激战，鲁南阵地无变动。

【徐州十日中央社电】鲁南正面战况无变化，郯城敌约千余绕至郯城南，我军正驱逐中。

【徐州十日中央社电】鲁西汶上之敌，图渡运河南犯，现与我军某部激战中。济宁南阳镇一带，敌备木筏船只甚多，有蠢蠢欲动之势，我军严予戒备，敌军陆续由濮阳方面，向东移动。

【徐州十日中央社电】郓城八里河、五沙湾、刘官屯一带之敌，九日晚起渐趋旋动，经我守军严密监视，今晨不断向我阵地进犯，我沉着应战，终被击退。

【徐州十日中央社电】我军某部九日晚分三路向蒙城南十里井一带之敌袭击，展开主力战，我迂回部队突然占领敌联络线之高地，形势转优，右翼首先得手，敌势大挫，现我军仍继续围攻中，是役我毙敌五百余。

【徐州十日中央社电】我某部于十日晨一时，开抵蒙城西南之□□□即与敌接触，当发生激战，我军分两面向敌进击，右翼取监视态度，左翼主攻，激战两小时，毙敌极多，十日拂晓，敌猛烈向我反攻，我沉着应战，阵地屹然未动，迄午战况转寂。旋敌又增加一千二百余名后，我奋勇出击，最前锋之敢死队，冒弹前进，战事之烈，为近日所仅见，战至发电时止，我已占领敌之四周高地，现仍在激战中。

【六安十日中央社电】含山昨午被我克复，巢湖方面敌军，亦已完全肃清，现巢县已在包围中，不难于最短期间收复。

【六安十日中央社电】淮河南岸我军，为牵制津浦南段敌军，以策应津浦北段战事，连日向前挺进，攻击敌军，九日拂晓，我某部到达指定地点后，一鼓收复为敌盘踞数月之新城口，毙敌百余，同时占领所有上窑外窑北部之高地，五店方面之我军，亦出敌不意，作猛烈之攻击，敌五千余人被我击溃，死伤约四百余人。我军仍向前推进，刻已抵□□附近，并已与凤阳来援之敌激战中。又盘踞淮河北岸之敌，近日借其空军掩护，猛攻我军，九日晨我军由其侧背之□□北上，途经丁家集，遇敌骑四百余人，当将敌包围，我士兵遂以日语高呼缴械，敌因深陷重围，无法挣脱，乃纷纷缴械，此役我俘敌二百余人。

【东海十日中央社电】津浦南段敌军，图向固镇进犯，昨日与我军在淮河北岸之苏家集激战，毙敌百余名，敌不支溃退。

鲁南敌军将再用毒气　我向国联提出照会

【徐州九日中央社电】据报：鲁南之敌因屡战屡挫，东京敌大本营乃恼羞成怒，竟不顾国际公法，准敌再用毒瓦斯及毒菌弹，我军事当局对此，除已□有抵制办法外，并将诉诸正义。

【日内瓦九日中央社哈瓦斯电】国联中国代表团顷以照会一件送达国联秘书长爱文诺，谓日军曾在山东省前线用毒瓦斯作战，并准备大规模采用此项作战方法。匪特与日本所签字加入之现行各种国际条约相抵触，抑且违反一切人道观念。

四月下半月歼敌统计　各方共达两万余人

【本市消息】军息：自四月十六日起至四月三十日止，我各路军游击队以及地方民众武力，到处袭击敌人，毙敌甚多，据统计，在平汉线，晋绥、江南、津浦各方面，共计歼敌二万六千余人，敌受伤者，估计当二倍于此数。于是足见敌人愈深入，必愈受重创也。

徐州被狂炸

【徐州十日中央社电】徐州十日竟日在空袭中，晨八时起，敌机一架侦察半小时，二次由南来九架，在东关投弹百余枚，一小时后，三次由南再来九架，北来三架，又投弹百余枚，四次来六架，五架在宿县一带轰炸，一架到徐，盘旋两小时，五次又来三架，仅在徐南旋扰，未临市区，徐埠共投弹二百三十余枚，多重磅及硫黄弹，被灾区域计津浦镇南天桥东西两侧及津浦马路，下洪乡、顺河街、天房乡、铁茶乡一带，因本日西风狂作，火势蔓延，消防人员亦被炸死伤多名，故无法灌救。截至晚九时，仍在燃烧中。共计焚毁民房约四千间，平民死伤三百余名，记者当晚莅灾区视察，以铁茶乡被灾最重，该乡共有居民一千零一百余，房屋三千间，此次被灾九百五十户，延烧二千五百间，津浦镇铁路两侧民房千余间，悉付一炬。在南天桥登高瞭望，烟火满目哭声震耳，现各户仍继续在火堆中扒掘人尸，未死者人半露亟待救，记者并目睹尚有十数具无主尸身断头残肢，横卧火窟。

摘自《申报》（汉口）1938 年 5 月 11 日　第一版

孙连仲汤恩伯给青天白日章　国府前日颁布明令　区寿年等晋级中将

【重庆十日中央社电】国府十日令：（一）孙连仲、汤恩伯各给予青天白日勋章，此令。

汪孔于等昨祭王铭章　今日各学校公祭

【本市消息】王故师长铭章追悼会，昨（十一）日开始，各长官于午前至灵堂致祭者计有汪、孔、于右任、张群、何应钦、鹿钟麟、陈树人、周佛海、陈公博、曾仲鸣等，何成濬且亲率职员前往祭悼，下午陈立夫、邵力子、董显光、张道潘亦均前往致祭，各党政军警机关及军事学校前往致祭代表络绎不绝，且多数系由其主管长官亲自率队前往，今日上午由武汉各小学公祭，下午则为中等以上各学校公祭。

徐州昨复被炸

【徐州十一日下午十时电】徐州十一日又到敌机三十八架，六次猛炸，所投多系重量弹，内有燃烧弹多枚，北站起火，均成焦土，幸市民预先避出，仅伤亡十余人，详情如下：（一）上午七时五十分，敌机一架由固镇来，在八里屯与我机五架发生空战，敌机狼狈逃去，在双沟投弹八枚，向南飞去。（二）敌机九架于九时卅五分由车辐山侵入徐州上空，在车站附近投弹。（三）敌机五架于九时五十三分由利国驿飞入徐州车站附近一带投弹。（四）敌机三架由新安镇侵入市空。（五）敌机十五架于十时零七分由夹沟侵入市空。（六）敌机五架于下午三时五十分由炮车（陇海路站名）侵入市空。事后调查，东车站一带东关街投弹八枚，死伤六人，毁房廿一间，东马路投弹四枚，毁房十五间，北马路投弹廿余枚，燃烧弹四枚，毁房廿间，北车站一带投弹四十余枚，毁铁轨七节，围墙一段，站内及附近房屋一百七十余间，死伤十二人，共计本日投弹一百余枚，毁房四五百间，伤亡十余人。

【曹县十一日中央社电】下午二时，敌机一架在兴福集东端上空投弹五枚，旋向北飞去，因弹落空地，我无损失。

摘自《申报》（汉口）1938年5月12日　第二版

犯永城敌全歼灭　鲁南正面仅有小接触　鲁西激战我反攻郓城

【徐州十二日下午九时电】济宁之敌约三百余，向我河长口阵地进犯，我守军沉着应战，待敌进至三百公尺内，即猛烈射击，敌狼狈逃窜，生还仅四十余人。至津浦南段由蒙城北犯之敌，十一日晚一部攻入永城县，十二日我反攻，当将永城之敌全部歼灭，并克复永城县城。又蒙城以南仍有我军与敌激战，甚为得手，我援军源源开到，即将反攻，战局好转。铁路正面我敌仍在固镇以南新马桥一带激战中。又鲁西郓城附近之敌，约二千余人，十二日晨向我猛犯，至午后六时，战况不明，现我与敌仍在□林李家河一带激战中。又郓城敌一部强行渡河，我正迎头截击中。

【徐州十二日中央社电】鲁南发现杂色伪军，正面仅有小接触，辛庄、金陵寺已为我收复。敌主力似移向两翼郯城及临城西北之夏镇转角模样。左翼顾儿河敌我激战三昼夜，肉搏十余次，双方伤亡均重。鱼台西北之潭口集、兴福集、口里集均被敌突破，刻在邵家庄、路家庄等处对峙，敌似有积极向鱼台进犯模样。

【运河站十二日中央社电】窜过城南境大禹庄之敌脚踏车队及骑兵约三四百人，被我□部击退，敌机数次抛送子弹接济该敌，均被我夺获，现红花埠附近已无敌踪。

【曹县十一日中央社电】鲁西大战现在渐次展开，十一日菏泽、定陶、巨野均遭敌机轰炸，曹县竟日在警报中。金乡当面，为敌主力所在，连日以猛烈炮火，掩护其步兵冲锋，意在迅速将我金乡攻下后，再兼程南犯，我军在该方面于两昼夜血战结果，前后毙敌千余，强敌遭此挫折，前锋已不若来时之锐。现我仍固守蒋家庄、潭口集路家之线。

【徐州十二日中央社电】由济宁嘉祥南犯之敌，刻仍在金乡鱼台迤北，与我某部激战，该敌大部为十四师团土肥原所部，连日经我□□部奋勇抵抗，已受顿挫。

【曹县十一日中央社电】越唐家口西犯之敌，九日晚有六百余分四路纵队，向我后芦楼前进，我□团□营当即迅速散开，待敌接近时，齐以机枪及迫击炮猛射，毙敌二百余，残敌分向苦水张溃退，十日晨三时敌再度进犯，四时进入肉搏战，六时许仍混战中。又敌重野炮廿余门，十日早以来向我兴复集□旅□团防地集中轰击，我军以阵地尽毁，乃改守邵家庄、潭口集路家之线。

【曹县十一日中央社电】郓城八里河王营一带，十日我敌竟日血战，该一带村庄全被敌炮轰平，我工事亦为击毁，我守军在断垣残壁中，与敌肉搏，战况激烈，我敌伤亡均重。惟以敌后续部队，频频增援，我官兵牺牲殆尽，不得不将阵地略向后移，现我某生力军已驰往增援。

【曹县十二日中央社电】敌由济宁进犯鱼台北约二十公里相里集之我军戒阵地，用野炮重炮集中轰击，该镇烟火四起，房舍俱成灰烬，我军昨晚放弃该地，转入潭口集新阵地，与敌激战，敌有向鱼台南犯模样，我军在该地配置守军，准备迎击。

【曹县十二日中央社电】昨日汶上正面之敌，猛扑郓城，炮火异常剧烈，迄晚郓城我军转移阵地，刻在增援反攻。

【徐州十二日中央社电】津浦东侧之敌，虽欲分由郯城阜南会合于陇海东段，经我军南北堵截，郯城南红花埠附近，已无敌踪，阜宁敌亦未再深入，陇海东段，安谧如常，两侧之敌，十二日仍在济宁蒙城一带与我激战，十二日晨敌机十余架，到蒙城北之永城轰炸，并有敌骑数百，在蒙城永城间窥察，已被我击退。另接前方电告，传蒙城十二日为我军收复，淮北我军出击后，颇占优势。

【运河站十二日中央社电】淮北敌军一部，由蒙城沿公路深入皖豫边之永城附近，其主力在石弓山（离蒙城四十余公里），我军今日已开始向敌进攻，深入敌军，甚为危殆。

【六安十二日中央社电】含山于九日确被我克复后，十日敌由和县进犯含山，我敌遂在含山发生争夺战，我方卒以火力单薄，阵地未稳，十一日含山乃又落入敌手。

【六安十二日中央社电】我军昨晨曾一度抢占上窑东北之洞山寺、朱大山，敌以炮向我攻击，我毫不顾避，迫近敌军，当毙敌百余人。下午六时我炮兵向上窑敌阵地发炮，同时我复向老古山敌阵地进攻，并炮击上窑、应小山之敌观测所。

敌又狂炸徐州　平民受害惨重

【徐州十二日中央社电】徐埠十二日晨九时许又遭敌机五架之狂炸，

被炸区域，仍为车站附近之平民区及小商店。记者于解除警报后特往视察三日来敌机连续集中轰炸之车站情形，目击其所投二百余弹，几无一落站台者，而站之东南北三面二里以内民房商肆千余，尽付一炬，死伤二百以上，十一日该处流离失所之平民，于警报前往站西二里之铁场刹村躲避，讵料敌机又续往轰炸，致全村成为一片焦土，死伤又达二百余，站东里许中华基督教长老会所建之马可福音堂，亦于十一日遭敌机三次轰炸，该堂面积七亩，所有石基礼堂教友住宅及围墙均全部震塌，堂中之陈设及图书亦已烧毁，幸未伤人。该堂瓦面漆有百八十方尺之美国旗两面，另漆一面白底蓝十字旗，此种有显明目标之第三国建筑，仍难逃日机之投弹，实证日航空员之不顾国际公法。该堂牧师安台德，已电驻华美大使馆报告，并以徐州月来被轰炸平民及伤兵日众，已另电汉美国红十字会及中外慈善团体，请求捐助药品，来徐救济。

【徐州十二日中央社电】敌机多架，十二日在津陇两路肆虐，海州，兰封，宿县，符离集，固镇，运河各站均被轰炸。

摘自《申报》(汉口) 1938 年 5 月 13 日　　第一版

鲁西战事愈激烈　敌三路进犯被我重重堵击　济宁敌强渡万福河亦遇挫　传我再度克复永城

【徐州十三日下午十时电】津浦线焦点，现移鲁西，敌以万余之众由济宁向西南之金乡、鱼台进犯，□以五千之众由濮县向郓城、鄄城进犯，我□□两部连日在金乡东南及鱼台附近与敌展开血战，肉搏凶猛情形，为空前所未有。□□□□□各部亦在巨野菏泽以北，与敌血战中。截至十三日午，由济宁南犯之敌，五六千人，强渡万福河，在河南岸金乡东南之□□□□一带，与我□□□部血战，鱼台附近有敌七八百人，亦向我进犯，我□□□旅之□□□团在城内死守，敌迭次来犯，均被击退，现巨野、金乡、鱼台均在我手，□代总司令已下令饬所属各部死守，与我共存亡，现我援军已积极推进。濮县敌五六千人侵我郓城后，刻又侵我鄄城，□□部奋勇抵抗中，菏泽城北廿余里处发现敌约千余，□部已往迎击。

【徐州十三日下午十一时电】永城前线紧急电话：永城之敌连日北犯甚急，十三日午后经我□□□部与敌肉搏数小时，将敌击退，遂再将县城克复，敌增援反攻，料明日拂晓我将有更大之进展。

【徐州十三日中央社电】津浦两端战争，现仍以鲁西淮北为重心，鲁西之敌，系分三路南窥，其由嘉祥郓城进犯者，约万余人，已被我重重堵截，其由济宁进犯者，约六七十亦被我□部分段截击，敌伤亡甚重，现在鱼台、金乡西北相持。另由夏镇拟偷渡微湖挠丰沛者，已与我西岸守军激战多次，迄未得逞。淮北之敌，系由怀远蚌埠渡河，倾巢来犯，人数已逾三万，怀远蒙城间敌之联络，被我分段截击，时断时续，敌之接济及给养，屡被我夺获。六日来敌被我在淮北击毙者，至少五千以上。十二晚十三日晨敌一部与我在蒙城西郊激战，又伤亡千余。十二日进至永城，其战车七辆，并于十三日晨再越永城向北试探，均被我击退。

【运河站十三日中央社电】由郯城南犯之敌，被我击退后，又仍向西南之浪子湖方面进援，十二日晚向我阵地猛攻，我军奋勇应战，当将敌击溃，并有夺获浪子湖西南之大王庄冯家窑，又被敌千余盘踞。

【台儿庄十三日中央社电】敌在峄县放火焚烧，全城悉成焦土，峄县枣庄之敌，纷向临城集结，微山湖东岸夏镇敌约一联队有渡河南犯企图。

【郑州十三日中央社电】我军在金乡以北十余公里之罗家堂嘉河滩之线，与敌对峙，敌不断以炮轰金乡，盘踞郓城之敌约二千名，有继续向南进犯模样。又盘踞长垣封邱之敌，在黄河沿岸窥察，颇为蠢动。

【郑州十二日中央社电】军息：犯郓城之敌，经我军勇猛抵抗，歼敌数百，终因众寡悬殊，我乃向郓城以南转进，与敌继续激战中，我援军已陆续前进，开始向敌反攻。

【徐州十三日中央社电】十三日到徐轰炸之敌机，系分由蚌埠海州两处飞来，共总攻数原共一百五十一架，到徐在炸者两批，共计五十四架，未来徐在津陇两路沿线轰炸者，计有九十七架，自晨五时至晚九时，徐州共发警报十余次，内中仍杂有烧夷弹，该站附近建筑及民房悉被炸毁，并有多处起火，黄昏始熄，平民死伤又逾百余人。十三日晚八时余，敌机一架又到徐侦察，历五十分钟始解除警报，按：徐州自昨年中秋之夜曾被敌机夜袭后，此为第二次。

国联行政院注重个别援军　将痛斥日本之毒气战　鼓励我英勇抗战

【日内瓦十三日中央社电】国联行政院今晨举行秘密会，讨论中国之申请书，结果一致决议组织决议案审查委员会，由英、法、中、苏、罗等五国代表组织之。审查委员会于今日下午开会，将决议案审查后，定今晚向行政院公开会议提出报告。议决案约分下列数点：（一）痛斥日本之毒气战，认为违反国际法及人道主义。（二）对中国人民因战事所受之痛苦，表示深刻的同情。（三）鼓励中国之英勇抗战。（四）重申国联大会去年十月六日之议决案，及行政院本年二月之议决案，并对于各国单独援助中国一点尤加注重。今日开会时，各代表对中国之抗战皆表同情，罗马尼亚代表，除代表其本国政府对中国表同情外，更非正式代表小协商国向我表示善意。

【日内瓦十二日中央社哈瓦斯电】国联行政院本届常会，预料当于十四日晚闭幕。

敌机一百五十架　昨终日在徐肆虐

【徐州十三日中央社电】十三日到徐轰炸之敌机，系分由蚌埠、海州两处飞来，其总数原共一百五十一架，到徐轰炸者两批，共计五十四架，未来徐在津陇两路沿线轰炸者，计有九十七架，自晨五时至晚九时，徐州共发警报十余次，竟日未能解除。

【徐州十三日中央社电】连日敌机来徐轰炸，已成疯狂状态，无辜平民及第三国财产之受其荼毒者，不知凡几。十三日晨，敌机五十四架，又分批到徐轰炸，在陇海北站投弹达百余枚，内中仍杂有烧夷弹，该站附近建筑及民房悉被炸毁，并有多处起火，黄昏始熄，平民死伤者又逾百余人。十三日晚八时余，敌机一架又到徐侦察，历五十分钟始解除警报，按：徐州自昨年中秋之夜曾被敌机夜袭后，此为第二次。

摘自《申报》（汉口）1938 年 5 月 14 日　第一版

菏泽附近有激战　敌机昨又炸陇海沿线　我积极肃清巢县残敌

【徐州十五日下午九时电】盘踞南阳湖之敌，十四日晨至万福河及鱼台县东北之河长口，被我击退。鄄城西南临濮集之敌，被我痛击，已无南犯能力，在该地构筑工事待援。又进犯菏泽以北小留集之敌约二千余人，经我□□部截击，现正激战中。至盘踞日照之敌约二千余人，经我军连日痛击，同时我空军飞往助战，毙敌甚众，我军遂于十四日午夜克复该县城。又据归德电：十四日由永城北窜之敌，经我军□部在砀山以南五十里□□□迎击，当夜敌军完全歼灭，获军用品甚多，并毙敌少将联队长一人。

　　【砀山十四日本报专电】（迟到）敌久留米师团附机械化部队，与我□□部遭遇于永城□□□，昨今激战结果，我击毁敌机一架，战车二十余辆，敌兵数百不支溃退。

　　【徐州十五日中央社电】鲁南正面无变化，鲁西方面由郓城向西南犯之敌二三千，与我军在菏泽附近发生激战，现我军已移至城外新阵地，巨野西南观音集龙堌集敌约二千，临濮集敌后退四十里，定陶以北发现敌踪，又敌一部约四五千，攻鱼台、金乡甚烈，独山集，羊山集等处，正激战中。

　　【徐州十五日中央社电】鲁西方面情况：一、金乡城十三日午被敌炮十余门轰击三小时。二、鱼台十三日晨八时，被敌步兵千余炮六七门包围猛攻，城墙多被击毁，现我与敌在激战中。三、十三日晚侵入金乡西北章缝集附近之敌，有向□□□方面进犯之企图。四、敌四百余，由土山集嘉祥村向我攻击，并以一部向我右翼迂回。五、我与步兵约六七百炮八门之敌，十五日在金乡北李城屯随家弓反复肉搏，争夺六七小时，旋敌增千五百余，炮四门，与我激战。

　　【徐州十五日中央社电】淮河北岸之敌，由石弓山集向北移动，永城敌约二千，一部向砀山前进，我军正向敌围攻堵截中。

　　【徐州十五日中央社电】顷据由蒙城脱险到徐之士兵谈：我在蒙城以千余兵力，抗有飞机大炮骑兵战车齐全之敌六千余人，自六日起，血战三昼夜，我方虽死至二百余人，尚与敌巷战竟日，至夜战死殆尽，未战死者，仅十余人，均于弹尽援绝之际，慷慨自尽。其最动天地而泣鬼神者，为营长蓝权之壮举，蓝营长于弹伤骨折卧地上时，尚持手枪，见敌一个打一个，接连毙敌达十余人之多，及后卒被敌兵群集，各以一刺刀戳死我誓死抵抗之蓝营长。又敌于冲入蒙城时，以伪军为先锋，敌兵在后押队，冲入城后，敌复以大炮向城内轰射如故，敌人迫我国人自相残杀之外，复有此种残杀手段，使我国人同归于尽。

摘自《申报》（汉口）1938 年 5 月 16 日　第一版

我军增援坚守徐州　迫近砀山之敌被击溃退　切断陇路计划终未实现

　　【汉口十八日电】中国政府至目前止，尚未承认陇海路已于昨日（十七日）为日军所切断，华方发言人宣称：华军与敌军在陇海沿线交锋时，曾获胜利，据官方昨夜（十七日）报告，徐州城仍在防卫该华军之手，而并无退出之意，有人为徐州形势焦虑，惟华方军事当局认为殊无过分恐惧之必要云。（路透社）

【汉口十八日电】昨日日军企图截断徐州西部，沿陇海路之接济，分南北两路猛扑，曾一度迫近砀山，与铁路附近，顷据华方可靠消息，华军经数小时苦战，卒将日军击退。又一队日军，突向砀山西部黄口攻陷，但未几亦被华军驱逐，又一队进犯砀山之东，经华军迎击，毙敌团长一名，并俘虏队长一名，又华军计划，决尽责坚守徐州，西部并由归德三封集大队主力军增援，又华方称□铁路陷于敌军，华军运输方面，仍不受影响，盖军事当局，早已准备完善计划，又谓纵使鲁南与皖北一带失陷，华军在山西之新胜利，大可借此余威，将日军完全逐出国境云。（海通社）

【上海十八日电】据华方报告，沂县海路徐州以西之日军，皆被击退云。（美联社）

【汉口十八日电】据昨午（十七日）华方所得前线军事报告，徐州以西之陇海路上，有两处剧战在进展中，星期一（十六日）下午，日军在砀山以东之黄集出现，华军自徐州开往阻止，惟自砀山东开来之华军，遭遇日军猛袭，结果终将其击退，并击毙其联队长一名，而其残余部队，则向西南之永城退却，华方公报又称，日军约有二百至三百人在兰封东之内黄出现，即遭击退，昨晨华军与日军交绥于砀山南之两村韩道口与回我集，据称有一大队长为华军所俘，同时华方虽承认徐州形势严重，惟不必过分杞忧，因华方能应付在陇海线日军别动队之袭击也，军事观察家相信，日军纵能切断徐州以西之铁路，华军亦不自徐州总退却，因中国兵力充分，足以阻截日军前进，使华军主力集中新阵地，而从事防卫也。（路透社）

【上海十八日电】此间对陇海路之争夺战，异常注意，据上海所得消息，华军迭次反攻，在减消日军之压力，但其情势不明，日方宣传曾一度迫近离徐州九英里之地，徐州南方华军防务最软弱之某站，亦曾为一日军机械化部队所突击，但华军藉大队战斗机之援助，即将该处日军击溃。又据日军司令部传出消息，华军已决将徐州西北黄河堤开放，此举将使平民受累，但以后之军事行动，亦将受其重大影响，故日方颇为惊恐。（海通社）

摘自《申报》（汉口）1938 年 5 月 19 日　第二版

徐州安谧　小股敌窜霸王山　我已派大军围歼

【汉口十九日电】此间据今日前方报告,可证明日方之宣传如何胜利,完全荒诞虚构,盖该路华军总司令李宗仁,仍坐镇徐州,华军用电话,依然能与徐州通话,又据此间外国观察家称,日军尚远离徐州,故徐州目下焉能被日军炮轰,华军对徐州前线胜利甚抱乐观,盖华军之奋勇,比之日军表显厌倦,胜负不难立分云。(海通社)

【汉口十九日电】军委会发言人称,据路透社消息,敌军部发言人称,日军已于十八日午后攻徐州城内等语,查十九日上午五时,尚接到徐州电话称,徐州平静,惟有徐西窜来数百人,在徐西山地捣乱,已派队围歼云云,敌人凭空造谣,企图欺骗世界,但经事实证明,其伎俩至为拙劣耳。(中央社)

【上海十九日电】据今晚日方招约新闻记者席上报告,日军今早占领徐州西部,继续向城中心进攻,城北之车站业已占领,日本军队据谓已有大队冲入,日方飞机据称集中目标,轰炸城之东部与南部,据由飞机上观察宿县之东灵璧,被日机轰炸发生大火,西黄口等处亦在燃烧中云。(路透社)

【徐州十九日电】敌机连日不断来徐轰炸,城内人民多已迁居城外及附近乡村,今日敌机三四十架,又更番来徐轰炸,毫无目标,车站一带被害最大,电线杆亦多被炸断,以是电话交通,颇多阻碍。(中央社)

【徐州十九日晨九时电】黄口车站被我击溃之敌一小部,窜扰徐州西之霸王山附近,我已派队加以围歼。(中央社)

【汉口十九日电】华方发言人否认日军已入徐州,又谓离徐州最近之日军,在徐州西南七英里之霸王山,日军各路游击队皆已被华军击退。(美联社)

摘自《申报》(汉口)1938 年 5 月 20 日　第二版

我军前晚退出徐州　此为避免不必要牺牲　仍在新阵地继续抗战　鲁西敌联络已被切断

【郑州廿日上午十一时电】我军在徐州一带与敌激战以来,已展开四月,其间我军奋勇阻断敌军南北交通,曾令其威受绝大困难,我既持久抗战,在战略上徐州并无死守之价值,顷我军为避免不必要之牺牲计,已奉

令于十九日晚退出徐州，我军退至适当地点后，仍将继续坚决抵抗敌军，使敌军陷于如现时在晋之窘状云。（中央社）

摘自《申报》（汉口）1938 年 5 月 21 日　第二版

津浦南段敌窜至夹沟

【郑州二十日中央社电】由菏泽南窜大黄集之敌，经我截击，毙敌甚众，敌增援后，与我在安陵集附近激战，敌损失尤重，新兴集之敌，向兰封东十公里圆头进攻，被我击退。

【郑州二十一日中央社电】我军于十九日晚自动退出徐州后，宿县我军亦于同日转移新阵地，二十日晨敌一部到达宿县以北夹沟附近，双沟亦发现敌装甲车数辆，孤山集敌约千余，正与我对战。蒙城敌约三千，多杂色伪军，永城在我军监视，黄口车站敌大部东移，一部构筑工事。

摘自《申报》（汉口）1938 年 5 月 22 日　第一版

4. 《抗敌报》

津浦北段战事日趋激烈　明光滁州一带我空军轰炸敌阵地　北段我军收复蒙阴继向新泰进攻　蚌埠临淮关之敌军企图偷渡淮河　淮河北岸洛河考城我增兵总反攻

【徐州三日电】津浦南段之敌，自在池河西岸得逞后，继分二路进犯，一路由明光沿铁路正面北取临淮，一路由池河镇马家岗燃灯寺三河集江心铺西攻定远，一日晚凤阳定远相继失陷，二日午蚌埠附近战斗甚为激烈，为从来所未有，敌空军终日轰炸，但我军仍在猛烈抵抗中。

【徐州三日电】我空军一队，三日晨至津浦南段明光、滁州一带阵地轰炸，颇有收获，我机于完成任务后，已安然返防。

【又讯】我津浦北段右翼各部收复后，继向新泰进击，一日晨在蓥阳与敌接触。我临邑□部派队增援，因敌炮火猛烈，我已改守蓥阳南山坡，敌炮火终日，我无损失。

【徐州五日电】津浦北段右翼陷我诸城蒙阴后，五日未继续南犯，邹邑济宁之敌，仍在我包围中，济宁城内现仅余敌三百余人，炮数门，残敌在西关及运河两岸，筑有防御工事，至铁路正面仍无变化。

【徐州六日电】蚌埠临淮关南关均于二日经激战后，相继失守。

【徐州五日电】蚌埠临淮关南关之敌，四日企图偷渡淮河，并以工兵强搭木桥，被我北岸守军猛击，敌坠河者甚众，怀远方面刻仍在激战中。

【徐州五日电】我大批援军现已分别在淮河北岸，及洛河考城上窑三十里路之线加入作战，全线士气大振，将向敌军开始总反攻。

摘自《抗敌报》1938年2月10日　第二版

津浦北段右翼我消灭敌军四千余　二次收复蒙阴县

【徐州十三日电】据报：（一）津浦北段右翼，犯临沂之敌，已被击退，我某部乘胜追击，闻已过汤头镇，现在褐家庄沟葛对峙中。（二）安东街附近，现已无敌踪。我军正向虎山、陶雒进攻。（三）此次据临沂之敌，约一万三千人，我军在敌炮轰击时，隐匿在村落，待敌进至数百公尺，则以机枪扫射，再近掷以手榴弹，最后肉搏，故转败为胜，此役毙敌四千余。我伤亡二千余。（四）济宁之敌，用汽车载运木器伪装，时时移动，以张声势。

【徐州十一日电】临沂十日电：我某营十日下午收复蒙阴，此次蒙阴收复已为第二次。

津浦南段我游击队空前胜利

【徐州十一日电】定远附近公路，多被我军破坏，敌行军困难，并连日被我军袭击，异常恐慌，时派步骑兵到各处搜索，九日上午九时，我游击队在双庙附近，与敌三百余遭遇，激战一小时，毙敌七十余名，伤十余名，我仅伤士兵一名，为连日我游击队空前胜利。

摘自《抗敌报》1938年3月25日　第一版

津浦北段战事激烈　我消灭敌军万余人　空军飞前线助战炸毙敌军千人　我前线战士观状高呼空军万岁

【上海二十三日路透社】据中国方面消息，前由津浦路开至运河之日军万人，因华军迂回战略之成功，已被全部消灭。现南下之日军，已全部被击退之六日前原阵地，徐州之威胁现已消灭云。最近上海日方发言人连日具无日军进展消息发表，因无前方报告，互相推诿，以此引证华军捷报足可注意。

我机大获胜利

【徐州十八日电】我机一队于十八日下午四时，飞津浦北段助战，向敌阵地大肆轰炸，投弹六七十枚。刹那间敌坦克车、钢甲车、骑炮兵在轰炸声烟幕中，车覆马倒、人尸横飞，坦克车、钢甲车炸毁数十辆，敌狼狈四窜。

高呼空军万岁

我前线将士见我空军助战军心大振，全军若狂，俱举手高呼空军万岁，我空军因任务已完成，五时安然飞回。讵知，飞至沛县境遇有由徐州投弹飞回之敌机两架，当即将敌机包围，三分钟内已将敌机击落于微山湖北岸大王庙。机身已毁，驾驶员亦毙，另一架则落于滕县城内。旋我机又遇一敌机，即又将其包围，击落地点正在调查中，我机于任务完成安然返防。

【临沂二十三日电】临沂之战，敌主力坂垣师团全部被我消灭，此为抗战以来最大之胜利。

【徐州二十三日电】沂水县长孙桐峰，顷正式电告收复沂水，该电略谓：县城之敌，业经尹队长于十六日选拔精锐乘夜袭击，黎明敌仓皇溃窜，尹队长率队入城。

【徐州十九日电】津浦北段临沂之敌。原为一〇五师团，后加第五师团，共计二万，我军近日奋力抵抗攻击，将其后路切断，成四面包围势，十八日我□、□两部肉搏进攻沂水，敌死亡甚多，遗尸四千，我获战利品甚多，敌退莒县。我进击中，现已过汤头镇，正面之敌，因右受威胁，颇有动摇之势。

【徐州二十日电】我□部游击队于十五日黎明夜袭沂水，十六日拂晓北门攻入，敌由东门向莒县溃退，即将沂水克复。

【徐州二十二日电】津讯：津浦各战敌死伤甚多。二十一日有伤兵四百余至津。

【苏联广播】津浦北段中国军赶日兵回到六日前之阵地，滕县东南打死三千五百日兵，沂水中国军开始总反攻。

五千敌军反正

【苏联二十一日广播】沂州附近有五千日满兵起义反正，投诚到中国方面来。在临城中国军队击落日机十架。

津浦南段战况

【正阳关二十一日电】津浦南段我军胜利，十八日蚌埠至上窑凤阳至上窑两公路，均经我破坏，同时我乘敌人运输困难，增援告绝，奋力进攻。此役我以三十余人之牺牲，毙敌百人，得获敌重机枪一挺、轻机枪四挺，又我军某部以游击战术攻克张八岑沙河集。

日本国库宣告破产　国债已达一七五万万　日钞低落生产摧毁军民俱反战

【东京二十二日电】日本国债已达一一八万万元，附加特别军费等，预算国债又将增五七万万元，三月底日本国债总数，将达一七五万万元。

【徐州十七日电】津讯：因伪钞发行平津市场陷于紊乱状态，外商于十六日通知，除中央中国交通三行钞票外，其余一律拒绝，又伪政府海关收入，亦难实行云。又北平电：伪钞低落每元合国币六角七被拒用。

【郑州二十二日电】军息：我由敌身上搜出牟射联队长对士兵命令。内有对弹药粮饷节用话略云。目前日本已动员数十万兵，在中国战场有日国土一倍大，战事已半年，所用物品不能按时接济，炮弹手榴弹尤感缺失，各士兵尤该节用等语。

【苏联二十四日广播】据珠江日报息：台湾居民不停的与日寇斗争，并组织队伍在山中乘机向日兵袭击，不久以前曾打死日兵二十余，日方恐其扩大，顷派三师团至台镇压。

【临沂二十二日电】我庞部在汤头镇东池草坡，发现死亡日兵八名，俱为琉球人，身上留字云，伊系中国人不愿打祖国，望祖国民军保全尸体，并于掩埋等语，足见敌军内部反战情绪之浓。又宣城敌军十之六七皆厌战，自杀事件，时有所闻。

摘自《抗敌报》1938 年 3 月 28 日　　第一版

津浦北段我军反攻　克复济宁盐城枣庄大汶口　我分三路运动战将敌各个击破　此役实为我抗战以来空前胜利

【苏联二十六日广播】山东中国军阵地已巩固，日本近受大损失。据云：在新进攻以来，日本部队已损失一半。

【曹县二十五日电】济宁、嘉祥附近之敌不下三千余，我□师□旅二十四日晚袭击兖州，破坏敌交通，现向大汶口进攻，一部克复石墙，一部向界河滕县进攻。

【徐州二十七日电】鲁西我军已占领济宁东北之平头店，济宁嘉祥间有我军猛攻，在此地敌军，更起恐慌。

【徐州二十七日电】自二十六日夜将枣庄克复，向北进，敌因临城北铁路被我孙、曹两军破坏，并因我克复大汶口，敌无法后退，当于二十七日下午将敌人占领多时之临城克复，敌正向东溃窜。我缴获甚多，至我左翼自济宁失守后，屡攻不克，二十六日午敌分三路自济宁来犯，我守军当即让开正面，予以包剿，截断敌后路，当即克复济宁向残敌追击，右翼临沂方面，自汤头镇战后，我原取守势，今闻中左两路大捷，当即配合日照部队合向敌进攻，至二十八日晨敌势不支，向莒县溃退。此役我分三路运动将敌各个击破，实为抗战以来空前之胜利。

【曹州二十七日电】二十五日晚我军某部袭击津浦线之界河，将北大桥及敌已修好之小桥、刘家港之铁桥均已炸毁，敌之军用交通多被我破坏。又界河站有敌车，我以机枪炸弹毙敌无算。

摘自《抗敌报》1938年3月31日　第一版

津浦北段残敌弹尽援绝施用毒瓦斯　敌归路被我切断接济无从　空运弹粮又错投我军阵地

【徐州五日电】犯台儿庄之敌，连日屡遭惨败，乃用其催泪性毒瓦斯，我军事当局以敌藐视国际公法，现已采有效办法抵制云。

【徐州五日电】自津浦北段泰安以南路轨桥梁被我破坏，在临枣台支线作战之敌，极感运输困难，弹药给养无法接济，前数日敌虽设法利用公路输送，又遭我军在公路两旁伏击仍无从补充，在台儿庄接触之初，故为显示其材料战之本色，大炮每发达数千弹，今则炮声低落，无当初之豪放，尤为敌补充不易之明证，现敌异想天开，利用飞机输送接济，无奈台儿庄附近已陷于混敌状态。敌飞行员技术投弹欠准，五日有敌机三架，误将给养子弹投我阵地，我□部拾得视为无上光荣，运后方陈列。

【汉口五日电】五日上午八时许我机若干架，飞往津浦线东侧轰炸敌由某城增援部队。我机达莒临公路上空，在莒县西南公路上发现大批敌军前进。当投弹轰炸，毙敌甚多。我机于任务完成后，安返防地。

【徐州五日电】我由鲁西渡河南进部队，自上月卅一日起，袭击界河、两下店以来，敌六七百扼守车站房屋，以猛烈火力顽抗，我官兵奋不顾身，往返冲击，越二昼夜，卒于二日晨将两下店克复，残敌三十人进入孙家楼，我用火攻，敌俱为烧死。是时敌车百辆满载辎重，向两下店进，我克复两下店部队予以狙击，毙敌数十，获粮食子弹烟卷甚多。界河南路轨，俱被我破坏，四日尚在我手。

【徐州五日电】我四日由台儿庄北进后，五日颇有进展，当面之敌，除留一部在台儿庄正北及东北各村与我顽抗外。一部已向峄县后撤。敌为对付我外线某军之侧击，故在峄县之辎重已开始北运，预料三日内将有万人发展，窜往台儿庄东南黄林庄侯新闸一带，企沿运河南下之敌，经我四日晚夜袭肉搏数次，敌大部被我歼灭，五日晨敌又增援数百，炮数门，向我反攻，我已派一部迂回击侧，战况异烈，迄晚犹在相峙中，至台儿庄北关，有残敌二百余，据险顽抗，我已层层监视，绝难出围。

【徐州二日电】临台枣支线残敌，大半为我歼灭。我机械化部队二次进攻，敌又惨败。现敌后路被我切断，其弹药粮食亦断接济，现敌四出在当地搜抢粮食，敌军因受饥饿，均无战斗力，军心涣散。我方探得敌情。一日晨一时出其不意，突向台儿庄正面之敌加以夜袭，敌军仓皇应战，阵容大乱。经我击毙千余，敌大败而窜。其全线阵地，已被我占领。

【徐州二日电】我某部三十一日晚向两下店袭击，敌军顽守车站坚固工事，我选拔敢死队持手榴弹向前冲锋，将敌完全消灭，得获大批子弹与食粮，并将该处附近铁轨桥梁彻底破坏。

【徐州二日电】一、二两日我敌在台儿庄附近发生激战，敌被我消灭又逾千人，我孙部有壮烈牺牲，现窜入城内之敌，已向东北溃退。

【徐州二日电】据津息：近三日关外无兵入关，刻津浦北段战事紧急，敌将平绥路线驻军开前方增援。现敌后方极为空虚，自我军反攻以来，异常猛烈。临城枣庄峄县敌军联络完全被我截断。嘉祥我军亦极有进展，敌进攻企图，完全粉碎。

【徐州四日电】我大队空军二十二架四日下午三时许飞鲁南助战，对盘踞台儿庄附近各村之残敌及峄县临城滕县各处敌阵地，大肆轰炸，收获甚多，我空军于任务完成后，安然飞返。

【苏联三日广播】津浦北段进行着顽强的战争，中国军实行总攻击，机械化部队已开到前方，因此战斗力加强。敌结果近几日，日兵已取守势，中国军在枣庄台儿庄打死了一百日兵，得了十七辆坦克车，在济宁城外打死了二百日兵，中国军已占领了吴城村，泰安至兖州间铁路交通，被中国军切断，此路总指挥李宗仁向报界代表声明，日军已遭失败，不能进攻，现正向前线调新援军，我游击队在日后方作战，使日兵战斗精神低落，山东省有许多日兵不愿作战。

【徐州四日电】敌主力军千余，附战车多辆，向台儿庄北猛攻，经我军奋勇击退，毙敌二百，敌势大挫。

【徐州四日电】台儿庄附近残敌仍据刘家湖、三里庄、庞家楼、辛庄一带各个村庄，虽被大军重重包围，歼灭大半，尚未达全部歼灭之目的，三四两日战事尤烈，该处之敌以归路既断，故弃回窜战略，四日由台儿庄东北向东南猛攻，一部有沿运河南窜企图，已被我汤军截击。我军另一部绕敌后方，两面夹击，敌死伤极重，我汤军亦有相当损失，惟士气大振，官兵有进无退，现仍在激战中。

【徐州四日电】津浦北段之中央战场，即台儿庄附近战事，三四两日刺杀之烈，为自上月二十四日第一次总攻以来所未见。四日敌一部不堪我军前后夹击，已分向峄县及兰陵镇溃退，一部仍在台儿庄城内外顽抗，一部约二千余则由东北之刘家湖向东南活动，欲作兽斗，正北之北洛，四日亦有敌汽车多辆向东移动，企图策应向东南进犯之敌，我已分别包围解决，四日晚各路仍在激战中。

【苏联五日广播】在山东的日军向台儿庄进攻已失败，中国的军队坚决的攻击，日军受极大损失，有一联队日军全部被中国军歼灭，台儿庄已无敌踪，台儿庄西的中国军队已渡过运河，日军已退出韩庄，峄县正继续作战，中国军已占了两下店。

摘自《抗敌报》1938年4月6日　第二版

津浦南段我军袭击乌衣怀远

【徐州十日电】津浦南段乌衣附近，担了街、花了桥路轨被我破坏数处，二日敌北上大车被阻，折回浦口。

【正阳关十一日电】一、怀远城之敌约千余人，炮十二门，近因畏我围攻，在城边掘坑多处，有准备最后守城之势。又敌在金山麓设三层铁丝网，并埋地雷防我进袭，九日晚我炮兵向敌射击，毙敌数十伤甚多，是日敌又增援怀远数百人。

摘自《抗敌报》1938 年 4 月 15 日　第二版

我大军包围峄县　克复城郊高地迫近南关　残敌困守城墙无路逃窜

【泥沟十三日电】敌对峄县南天柱山，草山，獐山阵地，死守顽抗，十二日晚，敌在草山又增援七八百名，我士兵在高级长官督率之下，莫不奋勇争先。经数度猛攻，卒于十三日晨再度猛攻，终被我将草山收复，敌不企图反攻，我已派部队由两翼夹击，企一举而歼灭之，刻天柱山獐山为敌我争夺之中心战场，二日来经敌我互相攻击，展开混战局面，十三日晨在我阵发现敌尸纵横满山，足证该处战事之烈。

【徐州十三日电】我各路大军将困守峄县一带之敌，层层包围后，十二日又全线向敌猛攻，我重炮亦发挥威力，激战终日，至十三日晨，已有大进展。顽敌益呈一蹶不振，峄县东南西三面，双山、獐山、天柱山、北山等九山要点，被我次第克复，其正面之卧虎山，已于昨晚被我克复，我军现已进迫城郊，困守峄县城内之敌，恐慌万状，仅依碉墙死守，现弹尽援绝，由飞机输运粮食，敌又以所食罐头陈腐，多患猩红热。十二日晚敌一股企由峄县西窜，经我汤军截击，已消灭大半，我军为彻底消灭计，决使顽敌无一漏网。

【徐州十四日电】峄县之敌现做困兽斗，十四日我已将城郊各高地完全占领，我军孙部并已迫近南关，现仍在积极猛攻中。

【台儿庄十三日电】我军围攻峄县，日来惊人进展，已达包围之势，顷接前线电话，我进迫峄县各部队，由东向西退进者，已占双山一带。向东南向西包围者，自獐山前进后，扼黄山等要地，实已抵安庄一带。由西北南下进击部队，已达到齐村，迫近枣庄。据军事家判断，该敌后方四面，皆为我军截断，不难于日内歼灭云。

摘自《抗敌报》1938 年 4 月 18 日　第二版

峄县残敌死守县城　曾被我军一度攻破
——我敢死队奋勇爬城投弹杀敌——

【徐州十七日电】军息：我□□两部，十六日晚再度攻击峄县西南关，我大炮大发威力，先将该方面守城之敌击毙后，敢死队即携梯爬城，蜂拥而上，城内之敌据守屋顶，与我对持，我上城部队，一面与敌射击，一面奋力投掷手榴弹，激战至二小时，我已有百余人攀上城墙，气势特盛，城内之敌，亦由他方增援至西南关，以密集炮火向我射击，我为避免无谓牺牲起见，三时退出城外，但城内之敌，经我此次猛攻，已惊慌万分。

【泥沟十八日电】峄县方面，我□□师将吴村占领，该处之敌，被我全数歼灭，徐家庄亦克复，仅有少数敌人据碉楼顽抗，但不难消灭。又我□师前晚一度攻入峄县西城城墙，惟因敌火力猛烈，我仍退回。

【泥沟十五日电】我左翼挺进部队，十四日占领峄县西南关，以后遂开始攻城，敌恐怖万状。我军当选拔敢死队二百名，首先攻至西门外敌之最后阵地，我军以手榴弹及手枪与敌发生肉搏，至午遂将西门外各要点完全克复，我军连日布置阵地，并准备种种攻城器具，城内之敌遂决心死守，但不难被我歼灭。

吴庄徐家庄残敌被我全部消灭

【徐州十七日电】我围攻峄县东南部队，分三路进攻，连日与敌军激战，吴庄、乱沟、獐山一带，敌仍顽抗。十六日晚，我一部冲入吴庄，将盘踞碉楼之敌百余包围，我敢死队即攀墙越垣而入，该敌即被我完全歼灭。又乱沟獐山一带之敌，被我重重包围，十七日晚，即可解决。又徐家庄之敌，亦据碉楼顽抗，我乃选敢死队一连，十六日夜攻入碉楼内，投掷炸弹，蜂拥而入，是夜将该敌完全歼灭。

【徐州十七日电】西州雾为临枣交通要地，有敌一千七百，炮二十门，筑有工事防守。我□部奉令攻击此地，官兵奋不顾身，不断向敌猛攻，刻仍在激战中。又我□部向孙庄、过山沟、泥家庄包剿，与敌六七百激战，我连路夹击，又我□部包剿枣庄，刻在田庄、王家庄与敌激战。

沂水西岸敌我空前大战

【临沂十八日电】敌炮骑联合大部队，十七日晨，三路向我沂水西岸进犯。一路由二十里铺，一路由沟上，葛家王坪，一路由河屯攻南北道，敌后续部队陆续增加，其大炮亦增至二十余门，复以装甲汽车多辆掩护猛冲，飞机六架来往轰炸，我军浴血抗战，并抱与阵地共存亡决心，予敌迎头痛击，我复反攻，为状甚烈，激战至十八日晨，敌仍不断向我冲锋，十八日晚我得力部队开到，大举进攻，将敌联队切成数段，我突击队勇猛异常，各佩大刀一把、手榴弹六七枚，每将敌阵冲破一角，即蜂拥前进，横冲直撞，斩敌无算，至十八日晚仍在激战中。

【临沂十八日电】我□师一部，前在临沂东北部之万花楼、白门埠、北贾村一带附近，与四五百之敌，汽车百余遭遇，予敌猛攻，激战数小时，缴获敌汽车十八辆，敌不支东退，我正追击中。

敌图挽危局　四师团驰增津浦

【徐州十八日电】敌军此次在台儿庄一带惨败，国际威信，一落千丈，国内民气，骚然紊乱，如此打击，实非敌军阀所料，至逃窜峄县残敌，又被我重重包围，逐步歼灭，以是敌消极万状，企挽颓势，再调大批援军到鲁南反攻，借以解救鲁南残敌之危机。顷据前方确实探息，敌援军开鲁南者，计有由沪陆续到青岛一〇二加成三郎一师团，由关外及平汉线调来一师团半，由国内抽调到青岛登陆约一师团半，共有四师团以上，敌重该处战事，据鲁南山地顽抗。我军乘胜，士气极旺，陆续进击，预料日内，敌我当有大决战，再将顽敌一鼓歼灭，而华北之敌，可不攻而退去。

【徐州十九日电】敌自在津浦惨败，向国内要求增援，但开来援军甚少，并有向关外开出者，预料关外亦有变动。

鲁省交通多被我军破坏

【徐州十五日电】我□部正在津浦北段，破坏敌交通线，十日晚在官桥南沙河间，炸毁路轨六十处，割断电线杆百余根，并将公路破坏二十三段，经敌发现，以炮火向我猛攻，我军以任务完毕，遂撤回。

【曹县十七日电】我□旅之一部，十五日潜伏于泰安西北小王庄，当晚将大佛寺南长六尺高四尺之路桥炸毁，肥城泰安交通已断绝。又津浦北段黄河以南之敌，屡受我袭击、侧击，及破坏交通。

摘自《抗敌报》1938 年 4 月 21 日　第二版

临沂战事激烈　我军克复大岭小岭　我王团长负伤仍在前线指挥　当局下令战之一卒不弃守土

【徐州二十日电】我军事当局亦严令峄县方面我军，虽战至一兵一卒，亦不得放弃守土，我将士受此命令，俱视死如归而不后退。十九日在临沂城西，我军王团长率部冲锋，激战彻夜，往返肉搏二十次，卒将敌击溃，且占领水田以南地。王团长现已负伤，但仍在火线指挥，截至二十日午，临沂西南战事，仍在激战中。

【徐州二十日电】犯临沂之敌，自十八日起，同我在临沂西北大小岑南北道义堂集一带激战多日，双方伤亡惨重，至二十日止，我军仍在临沂西北费县、峄县间将敌包围，战事甚烈，我军颇占优势，我军二十日已占沂河以东，迫敌过东岸相公庄，与西岸反攻我军互相策应。

【徐州二十日上午十一时电】昨日下午，敌军炮火猛击临沂西关、北关，打破一穴冲入若干部队后，经我堵塞，将冲入之敌包围，现我敌在西关北关激战中，我主力在临沂以南策应反攻，我迂回部队昨日开始冲锋，即克复大岭、小岭等地。

【徐州二十二日电】临沂方面，我军阵地刻在城南城西约五、六公里，有力之增援部队，均已到达各重要地点，对敌成一弧形之包围，我方渐转优势。

【汉口二十一日电】中央社记者息，敌自台儿庄惨败后，即退守峄县待援，因我军各部队，对敌后方交通，随时破坏，至敌增援部队到达非常迟缓，最近敌以重兵增加，由右翼来犯，临沂方面积极猛攻，以牵制我军，我为不受敌牵制，并使该方面作战灵活起见，故于二十日晨，我临沂守城之□军，自动将临城放弃，在暂时转移他处，临沂在战略上，亦乏价值，无坚守之必要，但我在临沂之部队，仍在附近机动使用并在周围将敌监视，更在敌后方行广大之骚扰，以疲困敌人，消耗敌人，因此临沂城之放弃，反而对我作战有利。

我军正式克复韩庄车站多义沟　大军正向北挺进中

【正阳关十八日电】我军十八日晨已将韩庄车站确实收复，按：过去韩庄虽经我二度攻入，因系游击性，战即退出，此刻为正式收复。

【泥沟十八日电】我占领韩庄车站后，我追击部队，现已将敌之前进部队阵地，完全占领，仍追击中。

【台儿庄十九日电】韩庄北部残敌，已被我军肃清，附近村庄均为我军克复。

【徐州二十日电】津浦正面，我军连日攻击，□部十六日晨，浩浩荡荡向韩庄以北多义沟推进，遂即占领该地。敌六七十名，向我攻击，企图夺获该地，我勇猛冲击，敌又增加步骑炮联合大部队，同时我□部亦侧击敌背，激战八小时，我得力部队开到，大举反攻，将敌压迫甚紧，现已迫近刘桥、刘庄一带，颇占优势。

【徐州二十日电】我军进至韩庄以北周家营一带，二十日晨敌向我来犯，我军奋勇迎击，与敌肉搏，激战至午，我军一部从旁夹击，敌不支向东边山地逃窜，我正迂回追击中。

枣庄一带有激战　敌图打通峄临沂联络　未来大战我占优势

【徐州二十一日电】枣庄齐村一带，敌我连日激战，自十七日起，敌又增加二千余，炮六门。在飞机掩护下，向我反攻，我官兵誓死抵抗，敌卒无法进展，经连日激战，我伤亡五百余，敌伤亡更倍于我。

【徐州十九日电】由枣庄、郭里集、税郭东窜之敌，十七、十八日与我白山、虎山方面激战，十九日向我乡下屯、实头岭（峄县东北）来犯，我□□两部分头迎击，该方优势地点俱为我克复，敌再向我猛击，争夺地势，我兵据险射击，敌死伤颇众，从未夺得我一山头，虽数越我阵地，我军严防，卒未得逞，现敌似有改变战略，仍欲东窜，我严密堵截中。

【徐州二十日电】台儿庄战役之后，敌之企图，表面以峄县为死守据点，实则在牵制我主力于峄县四周，再乘隙由台潍公路及津浦路以运送其援队，而解峄县之围，一面并在朱陈、向城、税郭、郭里集、韩庄一带，分布爪牙，以解峄县之围，我早已破敌谋，除调生力军分截敌增援部队外，并开始斩断敌之爪牙，连日郭里集、沙沟、韩庄、朱陈、向城、税郭一带，均发生激战，峄县争夺战其烈。即此表现韩庄更被我大部收复，其他各处之敌，亦在围歼中，敌之爪牙，将俱被斩断，而失其作用，增援之敌及困于峄县之敌，已无所适从，未来混战前途，我又占优势。

【徐州二十二日电】峄县东南之敌，二十日进犯，被我击退，敌企将峄县、临沂打通以为联络，我方早已洞悉，正分别截击。鲁南第二大会战，现在运动中，届时必有惊人之发展。

【徐州二十日电】二十日晨向城之敌，分二路出攻，我包围部队让开道路，待敌出城，即包剿袭击，战至九时，敌一股窜至向城东北屯，又被我伏兵袭击，现在该处相持，不久即可消灭。

摘自《抗敌报》1938年4月24日　第一版

鲁南第二次大战正在临峄间展开

【台儿庄二十二日电】鲁南战事，现侧重临沂西南，及峄县东南，该处残敌，现已会合南犯，二十二日经我机动性战略分头迎击，激战竟日，敌受重创，二十二日晚，仍分在南桥、陶墩、大铺崖、阿湾一带对峙中，现我生力军大部开抵前线，并配备就绪，士气甚旺，□□亦亲赴前线督师，预料鲁南第二次大会战，即将在临沂、峄县间展开，一般对此次战事前途，均抱绝对乐观态度。

摘自《抗敌报》1938年4月27日　第二版

鲁南第二次大会战展开后　我最高级长官亲赴前线指挥　敌增援五六万主力由临沂南犯　我全线总反攻敌我血战九昼夜　敌伤亡惨重大批伤兵运回天津　郯城克而复失我准备二次反攻

【曹县二十五日电】据□方情报，自十七日迄二十四日止，由沪晋冀等处到济南之敌约五万，炮百门，其他一部约有万余，炮三十门，二十三日由济南经博山、莱芜到临沂增援。另一部千人，二十三日沿铁路南来，当夜在博山宿营，二十四日晨向泰安前进，其他各部向东南开去。济南现有敌四千，最近由鲁南运回之伤兵及尸体约二万余，由徐门过河向北运去，其中有一部伤兵，闻系敌方施放毒瓦斯时，被逆风测吹自受其害。

【徐州二十九日电】郯城以南之敌，仍系用板垣师团第二十一与四十二两联队番号，由多门带队。我军于二十八日夜八时，将敌包围，各级官长俱亲身督战，九时开始猛攻。敌顽强抵抗，极难得手，我军集中突击敌军右翼，携手榴弹向敌冲锋，奋不顾身，将敌歼灭数百，后头部队已经陆续开到，十二时后，全线大举总攻，往返肉搏多次，我最高指挥长官亲自指挥，于是我军蜂拥而上，敌阵混乱，势不支向郯城溃退。敌人大部被我歼灭，此役敌死伤数千人。

【台儿庄三十日电】我军收复台儿庄东之三甸镇二要点，敌阵地被我冲破，因此我势大为好转，刻敌反攻甚烈。

【香港二十九日电】津息：故陆军士官北兴上田，日作召集会议，定后日到津浦线与化学部队积极配合企图猛攻。

【徐州三十日电】峄县方面，我军由戴庄进袭后，在锅山一带之敌，已被我肃清。沛县北连防山一带之敌，多向西北溃退，郯城及马头镇仍在激战中。

【东海三十日电】据前方电称：昨日下午我□□两部向关公庙进攻，敌向郯城溃退，我军乘胜克复郯城，至昨日下午，敌又来反攻，我为避免牺牲，四时退出郯城，现我已增援准备第二次攻击。

【运河二十九日下午六时急电】我军□部二十九日下午一时，完全收复郯城，歼敌千余人，刻正向马头山进击中，当晚收复马头山，此为鲁南第二次大会战首次之收获。

【徐州二十九日电】我军在邳县北部连坊山李山小李官庄一带与敌激战多日，二十一日至二十九日已连战九昼夜，敌死伤四五千人，我军亦有壮烈牺牲，二十八日李山之役，往复冲击不下十余次，顽敌经压走，山麓敌尸三百余，我并获机枪六挺，及其他战利品甚多，敌如不增援，绝无力反抗，我军士气甚旺。

摘自《抗敌报》1938 年 5 月 4 日　第二版

鲁南我军开始总反攻　歼敌万余克复兰城店　敌改守待援我已奠定胜利基础

【徐州三日电】敌近日攻我邳县者，为第六、第八两师团，及片野版本等支队，约近两万人，原拟一举占我邳县，企图过河直取徐州，经关麟征军在连坊山、虎皮山一带迎击，敌死伤万余，我大获胜利，战利品堆积如山，连坊山、虎皮山仍在我手中，连坊山曾一度失守，隔日夺回，一日夜敌图最后挣扎，以小部三百人，又向我连坊山夜袭，仍被击退，并生擒敌滕田一名，现敌已残破不堪，改守待援，绝难发生任何作用，说者谓邳县北部之敌，不啻在鲁南第二次大会战前，奠定我军胜利之基础。

【徐州三日电】我鲁南前线各军，开始总攻后，各路均发生激战，邳县北部，我军进展甚速，已将大、小良璧收复，赣榆方面，我已在柘汪北获得胜利，郯城西南及临枣支线，歼敌尤众，现我全线各军，均以此为重要关头，无不奋勇前进，各处之敌，均成残破不堪，畏首畏尾之势，预料几日血战，军事即可大有转变，据郯城之敌，虽欲蠢动企图牵制，但我已配备重兵防范，不足为患。

【徐州二日电】外国记者数人，二日谒见□战区□高级长官，□高级军官，予以接见谓：敌自临峄冲围，感在台儿庄之役，中央击破战略无一生效，改以新开增援，以外翼运动，包围我外翼，两周来敌由台儿庄东北，渐向东移动，因我军知敌之计，仍遭失败，一日起敌改变方向，在卧虎寨反攻，二日仍被压迫，敌不得逞，敌军在此两周中，因进行增援，战事沉寂，局部中衡，无关大体，以目前局势判断，敌企待援军到齐，重新进攻，我拟在其援军未到前将之消灭，故鲁南第二次大会战，即将揭开云。

【台儿庄一日电】津浦北段我军现开始第二次围攻，颇有进展，兰城店之敌，为我军歼灭大半，现已进克兰城店。

【徐州一日电】兰城店一日被我军克复，残敌二十余，仍窜至大王庄、丁家桥一带，现被我包围，另一部约千余来援，于二日一部被我击溃，歼灭大半，现我加紧进击，马头镇之敌约千余，向我反攻，被我击退。

我军在临沂活捉日女兵四十余

【郑州三日电】交通界息：在郯城方面，活捉敌兵二百余名，内有女性四十余名，并获坦克车一辆，大炮一门，及其他战利品甚多，刻已运到徐州，日内即运郑转汉。

摘自《抗敌报》1938年5月7日 第二版

津浦全线敌我激战

【六安十一日电】近日来津浦南北二段战事已变入激战阶段，敌在北段方面现在展开两翼运动，右翼在郯城邳县等处，左翼由济宁西犯，中路方面改变为静，按此形势观察，敌采外线作战之法，敌在南段由苏北向盐城伸展，淮南向韩山巢县进展，敌利用两翼前进，在南段一带以截徐州后路，敌企图由蒙城、怀远公路进犯涡阳，以与济宁南下之敌联络，以东窥归德，南控徐州，最近敌在淮北，包家巷、老桥集、张店、曹老集向北犯，又北段战事重心西移，与南段之向西北之敌呼应，敌之大迂回包剿之图，更显明可见。自津浦南段接触以来，我处处予敌以打击，由韩山犯巢县之敌，我军虽寡不敌众，而抵抗之力已出敌意外，九日韩山为我克复，巢县亦为我军包围。敌在巢县占领之价值已无。怀远之敌三日犯我阵地，飞机大炮猛攻，我守军誓死抵抗，虽牺牲殆半仍坚守不退，翌日敌又增兵千余，利用飞机坦克车大炮攻我胡□子，我军于工事被毁后，仍与敌肉搏十余次，毙敌百人，最后我军六百余奋勇抗战，为祖国而流最后一滴血，敌战胡口子后，即强渡淝水与我守军激战中，周营长在此役遭受重伤，后敌即一方面向正北进犯，一方面向西北曹老集、周家口、仁和集之线，数度猛攻，均被击退，八日怀蒙公路敌四千余，被击受挫后，向怀远退却，我军即乘势反攻，因此上窑一带高地及新城口、考成、刘府数处，均为我军克复，并向蚌埠、怀远、临淮关积极推进，敌自知后路被我截断危险，已呈不安状态。总观全线敌军已陷入进退两难之势中。

北段敌军展开两翼运动

【徐州九日电】鲁南之敌八日向我全线总攻，又遭重挫，我军乘胜反攻收获颇大，九日晨再度猛攻，详细情形，尚未得报，惟我军士气甚旺。

【徐州十日电】我口高级军官对记者谈，鲁南抗战，使敌损失最大，我国军队作战力甚高，据作战之经验，将来定能在战术中占重要位置，现在在战场上的我军，即以鲁南战事而言，敌机时飞上空，但我大兵毫无畏惧。我军均得良好之掩护，敌机无法得知我军所在，并且敌机多不敢低飞，在郯城附近的我军，最近二日敌机虽甚活跃，但不能伤我军之毫发，即敌自豪之机械化部队，在鲁南亦多遭困难，敌坦克车被我击毁者不计其数，且敌仅赖其炮火，若我军有敌之大炮，则短期间可将敌消灭，我军能将敌炮火消灭，则将敌驱出关外毫无困难，至于敌军之弱点，在其步兵因其战斗力较我军甚差，经此次抗战，则我步兵英勇善战之名，当可耀武扬威于世界，敌军最怕者为冲锋白刃战，但此为我军之优点，且敌大炮不能击毁我阵地则敌步兵前进被迫而行白刃战，故敌之战术即先用大炮猛轰，近四日内所发炮弹已达五千发，我军先沉着等候，待敌迫近，则以机枪扫射，结果无一生还者，现在口村之役，敌遗尸五百余，敌对炮弹不知节省，且大多任意发放，对我无军事设备之阵地，每发达五六十不等，敌在台儿庄失败后，以峄县为根据点，初以大军向我猛攻，我军奉令坚守，后发现敌向台儿庄东迂回，我军当即调军至邳县，以阻敌南下，敌军作战日夜向我猛攻，并以大小炮助战，我军沉着应战，誓死不后退，十日来敌无进展，死伤万余，现我军已改守取攻势云。

南段敌分四路北犯 但均被我击退

【徐州八日电】渡淮之敌，刻仍被我军阻于涡河以南，由淮蒙公路进犯之敌主力，刻在□地与我激战中。我生力军开始增援，士气甚旺。

【徐州九日电】津浦南段涡河一带，渐趋紧张，涡河南岸之蒙城仍为我军据守。

【六安十日电】淮河南岸之我军，为牵制津浦南段之敌，十日向敌阵地进攻，十日拂晓到达□地，共收复上窑外窑等地，是役敌死伤二百余，我军仍向前进，现在刘家庙，与凤阳怀远之敌激战。

【六安十一日电】津浦南段之敌，分四路北犯，终为我击退，淮河当面之敌退瓦邨，一部由老桥集溃退，一部自张店子退世鄂集，一路由曹老集退仁和集，上述四路之敌，企越淮河攻我固镇，但自八日起至十日止，我狙击部队虽在敌机轰炸之下，仍以机动战术予敌重创。即一小集地双方反复肉搏数次，昨晚八时我军反攻淮河一带，敌北犯之企图，因我军攻击而致挫也。

【六安十一日电】一、我军十日收复小营集、赵集、双桥集数处，是役缴获步机枪数十支，轻机枪二挺，伤三百，我伤亡二百余。二、我军于收复以上各地区时，敌骑兵向东步兵向南退窜。三、今日有敌机五架，向敌掷包袱七八十个，以为粮食弹药。

摘自《抗敌报》1938年5月13日 第二版

津浦线战事无大变化

> 近日来敌人在津浦南北段看势无力击退我英勇抗战各部，便不敢再进。只时窜向我军阵地骚扰或轰炸附近城镇罢了。北段敌军大部集中郓城、金乡一带；南段淮河西北敌增加约两师团。

津浦北段敌西移 企图威胁陇海路

▲我军于十二日收复金乡、鱼台后，敌人正在鱼台、金乡、郓城一带与我军激战，由大唐沟侵入郓城境内黄堆集一带之敌向郓城反攻终被击退，十二日敌以左翼渡淮河，与我激战三昼夜，肉搏数十次，双方伤亡均重。鱼台西北之韩集头已为我占领。现在敌军在赵家庄、高家庄一带，似有向南活动模样。

▲十二日由济宁嘉祥南下之敌现仍之金乡鱼台以北与我某部激战。该敌大部为十八师团。连日来我□□部奋勇抗战，敌已感受极大挫折。且敌

军一部已向嘉祥方面退去。

▲又据曹县十三日电：我军在金乡以北十余公里的罗家堂西河滩一带正与敌对持。现盘踞郓城之敌二千人，似有南犯模样。

▲鲁西我军陆续增援后，各线都有进展，激战已展开。连日敌在濮县渡河，并占领濮县。敌渡河兵力约一二千人，十三日午遭我机轰炸死数百。晚十一时我□部将渡河之敌包围于临濮集，予敌以猛击，歼敌一部。现在郓城虽为敌盘踞，但我自援军到后，士气大振，将该处敌军联络切断，敌已入我军重围之中，预料可逐渐消灭。金乡之敌，亦受重迫，企图渡河，竟遭我痛击，于狼狈逃窜中被我消灭大半。

▲北段正面战事无大变化。滕县邹县间之游击队现守据南阳镇附近某某等地交通要道，断绝了敌之联络。

▲临枣支线两侧及邳县北部连日来阵地无大变化。据守峄县南山口之敌，十日已逐渐向峄县撤退，并原有敌汽车一千辆亦同时北开。郯城方面经我南北堵截，郯城南三里地已无敌踪。

津浦南段敌北进

【徐州十三日电】津浦南段敌自十一日四路总攻被挫后，近日来未有急进行动。皖北一带敌仍一路由正阳关北犯固镇，一路由西北犯归德。正面一路自十一日受我当头猛击，至今没有活动。西北一路侵占蒙城后，主力线突然改变，转向永城方面进犯，其目的在切断我萧县砀山间之联络线，以威胁徐州。但我军业已形成包围线，致使敌主力部队已无法展开。同时我淮河以南正积极向敌阵地进攻；淮北方面之敌其后路亦已被切断，故目前皖北之敌已是零散片片，各地没法取得联系。

摘自《抗敌报》1938 年 5 月 17 日　第二版

我空军飞炸长崎

【汉口二十日电】我空军一队于十九日晚十一时许，由某地出发，飞往日本长崎佐世保一带散发告日本民书。于二十日晨三时许到达该地时，敌人闻机声即怆惶失措，实行灯火管制，但未放高射炮，敌机亦未起飞，我机投弹猛烈轰炸，并投下传单十万份，从容渡海于二十日晨十时飞返汉口，民众在机场热烈欢迎。飞机下落时，鼓掌声及欢呼声，历十数分钟，孔院长何部长及国府要人各报记者，俱到机场欢迎，与各勇士摄影，在机场休息时，饮香槟以为庆祝，此为抗战以来我机远征第一次之记录。

摘自《抗敌报》1938 年 5 月 23 日　　第一版

徐州附近游击战争开展了

【郑州廿日电】我军十六日向莒县之敌围攻，敌伤亡甚众，纷向西北溃退，我军当即收复莒县，又津讯，敌由津浦线上，运来之伤兵二千余，过津转往朝鲜。

【又二十一日电】夏邑、砀山、城武、单县、曹县、考城各地情形无变化，丰县沛县仍在我军手中，并克复内黄车站。

摘自《抗敌报》1938 年 5 月 23 日　　第二版

5. 《新中华报》

津浦全线战事我颇占优势

最近敌军虽已向我作全线的进攻，但战争重心，目前仍在津浦线，津浦两端连日发生激烈之争夺战。我军颇有进展，上海外人方面亦盛传我军极占优势。现将南北两端战况分述于左：

南端方面，渡过淮河北岸之敌约有一万余人之众。我军乘其立足未稳之际，派遣大军向敌冲去，敌阵混乱，我乃与敌短兵相见，当即毙敌三千余人，俘获甚多。敌受此重创，乃撤回淮河南岸，因此怀远城之少数敌兵，大起恐慌，日前曾以小部渡涡河向北窜扰，旋又退回。现淮北除怀远外，已无敌迹。淮南我军复自西向东压迫。因此，津浦南段之战争重心，又移至定远附近，定远城已被我四面包围，敌军一部并被我用迂回战略，在天长集一带歼灭过半。现临淮关及上窑之敌纷向定远增援。

北段方面，战争以左翼最激烈。铁路以西之汶上济宁连日发生激战。济宁城自十五日起我军屡失屡得。最后，我军某旅增援，践踏血迹再度由北门冲入城内，与敌进行巷战。汶上再度被敌占领后，敌虽凭城顽抗，但卒被我一部奋勇冲入。右翼安邱及诸城之敌，共七百余人，企图向我莒县进攻，沿沭河发生激战。至于铁路正面，两军仍在两下店对峙中，经几度激战后，两下店之敌已被我军包围。

摘自《新中华报》1938 年 2 月 20 日　　第一版

敌取徐州计划失败后仍未放弃

津浦线南段我军大举反攻，将已渡过淮河北岸之敌军，全部驱出淮河北岸，我军先后收复临淮关、北关、小蚌埠，及怀远对岸之北小街一带原有阵地，仅怀远城内尚余少数残兵，敌我隔淮河对战中。况淮河北岸，我筑有坚固工事，敌一时尚难北犯。南段我游击部队为侧应正面我军作战，四出活动，某部二十一日曾一度攻入六合城内，另一部进逼全椒，敌人恐慌万状，背上企图，已受着严重打击。近复有西进模样，企图占我淮南煤矿，预料日内将有血战展开。

北段正面沉寂，战事重心，仍在左翼济宁附近，敌军已下令驻防曲阜部队与邹县部队向济宁增援，因之战事愈演愈烈，战线已延伸至济宁西南安居，唐家口一带，经过几天的激烈大战，敌人伤亡逾千，我方伤亡亦达七八百余人，我军曾夺得敌人大炮数门，战车四辆，战马二十余匹，现在双方仍隔运河对峙着，在这几天大战中，我军将士的英勇壮烈牺牲精神，实可以惊天地泣鬼神！

敌人另一路由诸城沿高徐路线向西南进犯，莒县城于二十日失守，临沂日照等县亦有陷于敌手的消息，敌人夺取徐州的企图，是正在加紧的进行着。

摘自《新中华报》1938 年 2 月 25 日　　第一版

津浦全线战况侧重鲁东方面

敌对打通津浦线之企图，半月以来南北两端均遭受我重大打击。自知难有进展，故目前暂不作直下徐州之妄想。而改变战略，避实击虚，想由鲁东向苏北推进，切断我陇海路东段，达到包围徐州之目的，所以连日以来，津浦全线的战争，完全侧重于北段的右翼，这一方面敌人以临沂为中心，分两路进扰，东北一路陷我诸城、莒县、沂水、日照数县，来势汹汹，并一度伸展至沂水以南一百二十里之葛沟镇。但自我生力军赶到配合当地民众武装向敌反攻后，一度克复沂水县城。县，此股本以刘匪桂堂为主力，被我痛击后，已溃不成军。西北一路则始终被阻于蒙阴泗水。未能南侵。正面颇沉寂。左翼敌自突破汶上、济宁之重围后又以主力偷渡运河向金乡、南阳湖一带进扰，旋又退回济宁，恐因为那里湖泊纵横，不易进攻吧！同时敌人后方极空虚，有人自天津至山东聊城，途中竟未遇见一个敌兵。相反我们的游击队倒非常活跃，尤其在天津附近的杨柳青、静海一带，日前袭击敌人，一次就击毙敌兵二百余名。

津浦南段，敌人又有新军开到。一面企图由洪泽湖偷渡淮河，一面则在临淮关附近，架设四座木桥强渡。现正以主力向北输送中。怀远之敌，亦时渡过河扰乱，但淮南方面，敌人显已减弱了进攻的能力，一则因我军日来更呈活跃气象，尤其是夜袭，给敌人的威胁更大，如最近定远、明光、张八岭等处的袭击，我军都得到相当的收获。一则敌人兵力分散无法集中，虽然进展到蚌埠、上窑一带，但我军在其前后左右都有部队，故敌人没有一刻钟能得到安宁，现在敌人差不多只能困守蚌埠，刘府池河各重要据点，而且后方滁县六合一带我游击队更形活跃，克复六合之部队，会进迫敌人至江岸附近。这是以运动战为主体，配合以阵地战辅助以游击战的最好例证。

摘自《新中华报》1938 年 3 月 1 日　第一版

津浦线

津浦线南北两端，近日均无大战，两军在原阵地对峙，惟北段右翼曾三处告急，自我生力军赶到后，阵地现已稳定，双方相峙于沂水，莒县，日照以南之地带。敌若欲突破该地，窥视临沂或海州必遭重大打击。犯我左翼之敌，自攻陷嘉祥后，即在该县城四周布置坚固之防御工事，有久守该城之意，我军现扼守巨野以西金乡以北之某某两河。军事观察家认为敌犯嘉祥目的：「在压迫该地我军退出运河西岸，解除济宁之威胁」盖前次我军围攻济宁时，敌损失甚大，闻敌指挥官确已懊丧自杀。至于北段正面，日来仍沉寂无战事。

南段方面：敌正面难再度在临淮附近渡河，但仅系一小部，目前绝无北犯余力，因淮南一带，我游击队极顺利。处处予敌牵制，使敌人力量分散。又据上海外人所得消息：「津浦两段战争已移至蚌埠以南之地带。」皖中一带，敌则以全椒、和县、无为三处为进攻路线，时派小部敌军进扰，以壮声威。

摘自《新中华报》1938 年 3 月 5 日　第一版

平汉津浦两线抗战形势稳定　浦东游击队发展至万人以上

津浦线北段之右翼，日前曾发生激烈之战事。惟该路均系匪伪军，战斗力甚弱，我方士气振作异常。敌人曾以万余之众，向临沂县我军阵地猛攻，结果我军迎头痛击，敌之主力已被摧毁，敌死伤三千余人。刘桂堂匪部全部崩溃，现在战事又入于沉寂状态。我军一部曾第二次收复蒙阴城，残敌狼狈向东逃去。

左翼嘉祥、巨野一带战线，无大接触，敌亦不敢冒进，因为该方游击队甚活跃。但沉寂经旬的铁路正面，敌人为了配合右翼的进攻，连日增兵邹县、两下店，企图南犯。

南段战事无变化，敌我仍在淮河以北地区对峙中。我游击队曾以迅雷不及掩耳的手段，袭占临淮关，守该处之敌七百余人向明光溃退。该方由于铁路两翼侧我游击战争的展开，运动战的灵活采用，铁路公路常被我破坏，敌之粮食供给，增援非常困难，所以使正面之敌不敢大胆前进。这是以运动战为主，配合以阵地战辅助以游击战的一个最好的例证。

摘自《新中华报》1938 年 3 月 15 日　第一版

敌图二次贯通津浦线失败

敌人第二期作战计划的中心内容是：（一）占领徐州，打通津浦线南北两端的联络；（二）肃清黄河以北的我国抗战军队，以完成其占领华北的企图；（三）占领潼关，截断陇海西段，进而占领郑州，截断平汉铁路，其最中心目标，当然是武汉了。敌人执行这项计划时，是很灵活的，如敌人开始在津浦南段受着打击后，立即潼着山西战线我军空虚时，大举南犯，直逼黄河北岸，威胁潼关，炮击黄河南岸陇海线各重要城镇。可是敌人企图把山西我国抗战部队压迫退出黄河以北的计划，是遭受着惨败，中国抗战部队并不像敌人所想的那样，不仅没有一兵一卒退过黄河以南，或以西，相反的，所有山西抗战部队，在敌人后方进行大规模的游击战

争，不时的袭击敌人后方，破坏敌人的交通，使南进之敌的后方，受我军
严重的威胁。进至风陵渡、垣曲、平陆、临汾以南数万兽军，更在我军大
的包围中。敌人感觉到后方空虚和混乱，使他原定计划——乘胜渡过黄
河，进攻潼关，不得不有所考虑。加之我军在沿河防务巩固异常，大军扼
守于各重要渡口，侵略者的野心，也受着严重的阻碍。同时我黄河河防部
队，不单只采取防御战，并且大家都懂得，要使防御阵地安全，只有积极
打击敌人，所以不少部队，纷纷渡过黄河北岸向敌人出击扰乱，敌人在我
前后夹攻中，大有难以应付之势。最近我军曾一度收复风陵渡、茅津渡、
孟县、平陆及晋西之河曲、保德等重要渡口，并有克复候马消息，证明山
西战局并不像有些人所想的那样不利，我们正向着阻止与打击敌人南进西
犯企图的方向前进。

　　敌人之主力集中于同蒲沿线及黄河沿岸，因之晋东南我军非常活跃。
敌人虽然占领了山西大部分的城市，而我们军队仍然在山西敌人后方翼
侧，打击敌人，牵制敌人。现在晋南敌人大约在六个师团左右。

　　……

　　津浦线战争，在最近时期以来，形势又非常吃紧。敌人沿同蒲线，直
入潼关，截断陇海路西段的计划失败后，近又在津浦线北段开始大的进
犯，这一次作战有两处是非常激烈的。一是津浦线北段正面沿铁路，敌人
集中一个多师团之主力，大举南进，经过十余天激战结果，我军被迫退出
滕县、临城，坚守韩庄、台庄、微山湖一带新阵地。（离徐州约百余里）
另一路是临沂附近的激战，敌人集中一个半师团以上兵力，向我临沂城猛
攻。血战展开，我军奋勇出击，冒着枪林弹雨，不怕任何牺牲，将敌人数
次猛攻击溃，结果将敌之第五师团打得溃不成军，一败涂地，我军获取全
胜。这一次胜利原因，主要是我方士气振作，加之蒋委员长亲临该线指
挥，李宗仁将军亲赴前线督战，因之万众一心的抱着不除倭奴誓不休的决
心，使津浦线战事继续支持下去，敌人打通津浦线的计划，又宣告失败
了。

　　济宁方面，我军积极反攻，敌人退守城内，不敢出来。我军为牵制敌
人南进，在敌人后方侧翼大举出击，这是迟滞敌人前进，使正面防御阵地
更加巩固的最好办法。这一办法在津浦线南北段二次大战中已经证明了
的。

　　津浦线南面我军先后克复张八岭、沙河集两车站，同时正面亦准备渡

河南进，配合铁路两侧的运动战，给敌人以打击。

现在战事重心又移到津浦北段了。敌人援兵，不断沿津浦线南下，向前线增援。敌人企图有由微山湖西犯，首先进取归德，以断截徐州的后方。因为敌人知道，由正面进攻徐州，将会遇着比侧面进攻时更多的困难与阻碍。

摘自《新中华报》1938 年 3 月 25 日　　第一版

日本财政经济之现状

自我国坚持抗战以来，日本国内经济情况的变化究竟如何，这是全国上下及全世界人士所最注目的问题。本报兹将最近所得之情报，披露如左：

先从日本的国债说起。截至最近，日本国债现达一百十八万万日元，今为弥补特别军事费（即对我侵略费）等起见，又将增加五十七万万元，使国债总数将升至一百七十五万万元。因此日经济界极为愁虑。就目前经济状况而言，市面上绝无消化如此巨额的公债。非用特殊方法，断无推销可能。据日本大藏省发言人称：于必要时，政府将引用国民总动员的紧急条文，就是说要强迫各银行，各保险公司，各生产公司，各商店及全体人民推销或购买。现今大多数的公债，都尚存于日本各银行及各信托公司，如一旦向各生产部门推销，其结果必促进整个生产力的萎缩。日本自去年秋季极力统制输入，尽量禁止外国货入口以来，今年最初两个半月的贸易状态，仍为入超。虽其数量较去年似形减少，而输出亦随之锐减。故其经济情况的恶劣，可以想见。倘欲在生产门部再推销巨额公债，殊为困难。因此，日本政府现决定增发纸币七万万元。在中日战争以前，日本银行所发行的纸币额，约在十万万至二十万万元之间。战事发动后，逐渐增高，现已增至十四万万元至十八万万元之间，其中八万万日元，为现金准备，十万万日元为保证准备（编者按：即以有价证券为发行纸币之准备金，实际上就是不兑现的纸币）。目前为了要弥补对我国的军事侵略费，又拟增加至二十五万万日元。但日本国内现金极感缺乏，增加现金准备，为事实上所不许。只得设法扩大不兑换纸币的发行额，开始实行通货膨胀。其影响必然使日元跌落，物价高涨，劳动者及其他依靠薪金生活的小资产阶级，日益困苦。

现在日本政府为了防止通货以后日元跌价，已决定规定纽约伦敦间之汇兑率，确定为日金一元合英镑一先令二便士。

同时日寇为了挽救国内财政经济的危机，虽积极在我国占领区域内进行经济掠夺，唆使汉奸组织伪准备银行，发行伪币。但因外商大都拒用，及我国广大群众的游击战争之发展，仅能在少数大城市中强迫我国人民使用，因此亦决不能弥补日本财政危机于万一。

总之，目前日本的财政经济金融的危机，正在日益深刻化，如战期延长其总崩溃的到来，不过是时期问题罢了。

摘自《新中华报》1938 年 3 月 25 日　　第一版

抗战以来第一次大胜利　津浦线北段我军三路大捷　正面克临城韩庄左翼攻占济宁　残敌向北窜鲁南敌呈全线崩溃

目前整个抗战局面，又由晋西南移到津浦北段去了。徐州一度非常危急，但经生力军增援后于廿六日起分三路大举反攻。中路沿铁路推进，将敌全部击溃，连庄、韩庄、枣庄、临城诸战略要点。敌人此次由津浦北段南攻，主力本集结于临台支线（临城至台儿庄），企图对徐州作侧面攻击。因此被我击溃后，残敌纷纷向东北逃窜，左路敌初以济宁为据点，向鲁西南进攻。我守军当采取扇形战略，将前进之敌包围歼灭。于是作为津浦北段抗战之左翼重要据点的济宁，亦于廿七日宣告克复。是役缴获军用品甚多。右翼临沂自大战后，敌增调大批援军举行反攻，该线我本取守势，因中左两路大捷，亦联合日照我军反攻。结果将敌全部击溃，残敌纷向莒县溃逃。鲁南我军此次采取全线反攻，三路均告大捷，徐州之威胁，已完全解除，实为抗战以来第一次大胜利，全国同胞闻讯，均雀跃鼓舞不止。我们检讨此次胜利，可以说是运用迂回战术，打败敌人的一个最好例子。最初鲁西我军强渡运河，截断大汶口与兖州间敌人的交通，将该段铁路，切成十余节，使鲁南之敌的退路完全切断。济南援军数日不能南下。结果，我军终于正面击溃敌人。津浦北段敌人，经此次重创后，已呈总崩溃之势。

津浦南段，敌人总计仅有六七千人。分驻蚌埠、上窑、池河镇、考城各据点。因此，广大的地区，时时刻刻都遭受着我游击队的袭击。淮河以北我正规军亦渡河向南进逼，与敌激战于蚌埠附近。

　　最近敌人为了要配合津浦两端向徐州进攻的大迂回战略。以一旅团之众由南通登陆，沿公路北进，已攻陷东台县城，现敌我两军正相持于东台盐城之间。该敌另一部并有西犯兴化模样，很显然的，敌人企图由此与沿运河北犯之敌配合，攻取清江浦，威胁徐州之侧翼，所以这部分敌人进攻的目标，仍然是徐州。但江苏江北，大都是湖沼地带，加以当地民众已有相当训练，敌欲由此以少数部队偷袭徐州，真是梦想！

　　至于长江下游一带，最近我游击队也很活跃。

我国空军赴前线助战

　　二十五日上午，我空军△△架分三路出动，赴津浦、平汉两方面前线敌军重要据点，施行轰炸，其飞往临沂之一路，于达到目的地后，即在敌阵地上空猛烈投弹轰炸。将敌阵地摧毁，并在归德上空与敌机二十架遭遇。发生激烈之空战。我空军奋勇敌机都散，集中火力攻击，结果共击毁敌机六架。

　　　　　　　　　　摘自《新中华报》1938 年 3 月 30 日　　第一版

鲁南我军连获三次大胜　游击队袭击宛平静海北平等地

　　敌人自占临城后，沿铁路线猛进，大有一股直下徐州之势，连占去我们的韩庄、枣庄、峄县、台儿庄等重要据点。企图截断临沂我军后路，威胁该地我军后方。并向徐州做包围势，我军为保卫徐州计，决在该地予敌以打击，来阻敌南犯。自生力军赶到增援后，即开始了临、枣、台支线的空前激战，战斗延长到两个多礼拜。此地血战，写下了我军抗战史上最光荣的一页。敌人在该线兵力约一个半师团（二万人左右），后来继续增加至两个师团。双方出入争夺，你进我退几数十次，我军举行三次总攻击，杀敌一万余人，二日夜，我军将韩庄、台儿庄、峄县完全克复，敌人仅剩万余人，退集台儿庄东北、正北、正东一带村庄，现已溃不成军，我军正积极包围歼灭中。

　　正面突破敌人的胜利，当与北段的运动迂回战是有影响的。当正面战事最烈时，左翼我军积极进攻济宁、嘉祥，使敌人翼侧受威胁，同时进击敌人后方，一部进占大海日截断兖州与泰安交通，并向泰安猛进。另一部克两下店，截断临城至兖州敌之联络，使深入鲁南之敌一个半师团失掉了与后方的联络，完全在我军包围中。这一运动迂回战，收到了很大成效，使敌人束手无策。这一战场，我军已经开始取得主动地位，采取以运动战为主体的战略去打击敌人。

右翼临沂方面，敌人自受两次惨败以后，坂垣第五师团，已无作战能力，新增加长垣师团，现仍在血战中。观察敌人企图有以一部向临沂以西及西南一带运动，迂回临沂翼侧，并有直下台儿庄，打通该方与台儿庄敌军联络，向临沂作大包围之势。该线经数度激战，赖我全体将士争先恐后与敌拼命，使敌人不得寸进，而受巨大损失。（约万余人）这与台庄战斗的光荣先后可以媲美。敌人由北进攻徐州的计划，是完全被我军粉碎了。

……

鲁南战事，我军连续胜利，使整个战局有个新的转变。它的胜利，清楚地指示出我们抗战胜利之路，并且奠定了将来战略反攻的必要基础。

摘自《新中华报》1938 年 4 月 5 日　　第一版

鲁南我军大胜残敌即可肃清　我军包围峄县一度攻入济南

最近五天来的战争消息，值得我们特别兴奋与高兴的，莫过于鲁南台儿庄战役的空前胜利。敌人在临枣台支线，集中其精锐两个师团（坂垣第五师团、矶谷第十师团）企图进窥徐州。经过六、七两天血战结果，将敌主力全部摧毁。残敌退守峄县枣庄，我军正积极包围歼灭中，敌人已溃不成军，后路又被我军截断，谅残敌不日即可被我消灭。

与正面战斗互相配合的在敌人后方的运动迂回战，猛烈的展开了。我野战军分成若干支队，向津浦北段敌人后路积极出击，一部围攻滕县，另一部曾一度攻入济南，铁路桥梁悉为我军破坏，敌人后路被截断，增援峄县之敌，亦无法前进，并有少数增援部队，中途被我截击消灭，使困守峄县枣庄之敌，成为孤军，目前虽作困兽之斗，但也不过是临死之前的最后挣扎罢了。鲁南战斗的胜利，主要原因是：

一、战略战术的灵活运用，正面与翼侧部队在行动上取得一致，使敌人防不胜防，克服了过去单纯正面防御的战略战术的弱点。

二、广大民众的动员，民众武力的扩大与加强，配合正规军作战，是这次胜利的主要原因之一，这也证明民众力量的伟大。

三、我军将士为国牺牲的英勇精神，写下了抗战史上最光辉的一页。

敌人在占领区的残酷暴行，事实教训了我国军民，只有与敌拼命，才是唯一出路，才能生存。

津浦北段敌人所遭受之惨败，实为抗战以后所少有。给敌人侵略野心以迎头痛击，但这还不是致命的打击。敌人的雄心并未死，近来又加紧由天津抽派骑兵南下，企图增援来维持残局。但是我们相信，由于鲁南大胜，提高了我国军民作战情绪和志气，奠定了我国抗战胜利的基础。全体军民必然更加万众一心，誓死与敌拼命，来扩大与巩固这一胜利，这是无可疑义的。

鲁南大捷，影响到平汉、山西之敌，兴奋了该线我抗战将士。大家均以此役为模范实例，积极出击敌人，来牵制敌人增援，并实际的来配合进攻敌人。平汉线我军近日连克濮县，任县，并一度攻入新乡车站。同时散布在各地的游击队亦异常活跃，小的胜利捷音，不断的传来。该线敌人，对于我游击队的袭击，颇为恐慌，现又加调一万余人增援，已陆续开到顺德一带。敌人在津浦线的惨败，平汉线突然增兵，或许有沿平汉路突过黄河，威胁郑州，以截断陇海平汉两路的企图。

勇士创敌　　一人奋勇前进毁敌坦克七辆

我防御战车队某勇士，参加此次台儿庄大会战，一人带了十二支炮弹，击毁敌坦克车达七辆之多。当其击毁至第五辆时，即不幸负伤，但勇士仍负创前进，再击毁两辆。现勇士正在徐州就医。记者在某医院见之，勇士仅乐道其击毁敌坦克车之经过情形，而不愿告其姓名。如勇士者，诚有中国古代之剑侠遗风。

前线抗战的将士们！全中国抗战的人民：我们认为这种精神是值得夸耀于世界的，但是我们还不能以此中国古代剑侠的作风为满足，在今天的抗日战争中，需要把它发展到更高的阶段。

摘自《新中华报》1938 年 4 月 10 日　　第一版

峄县近郊展开激烈歼灭战

敌人在鲁南台儿庄一带惨败后，即退守峄县、枣庄、临城之线，负隅顽抗，作最后垂死挣扎，以待援军到来而举行反攻。我军为开展这一胜利计，亦以全力向败退之敌猛攻，以求得最后的摧毁敌主力而消灭之。因此五天来的战事，在激烈的开展着。战事重心，完全移至峄县近郊，双方争夺峄县城的血战，愈演愈烈。我军将士，不惜一切牺牲，在敌人猛烈炮火下，奋勇前进，现在峄县附近据点，如双山、獐山、齐村、卓山、永安一带敌阵地，几全为我军突破，逼近峄县城。峄县已成合围之势，残敌不日即可歼灭。

　　配合着主力部队的游击战运动战，亦在山东全省猛烈的开发着，临城至济南一段的铁路，经常被我军截断，交通完全拒绝，我军挺进部队一度克复曲阜宣阳二县城，将守城敌军全部歼灭，铁路全被破坏，使敌人援军无法南下增援，固守峄县之敌益形恐慌。

　　鲁南战线的战果，应该在各个战线的部队积极动作，互相配合，互相牵制，使敌人到处有被我军袭击的顾虑，而无法抽调其部队前往增援。

　　敌人鉴于鲁南战场的惨败，一方面积极由青岛方向增兵，以解峄县之围，同时又由上海抽调大批兵力向津浦南段增加，企图由南段进攻，来牵制我军对鲁南敌军的威胁。但是该方我军有坚强堵击敌人之作战部队，加之游击队的活跃，敌人是无法来实现这一计划的。

　　……

　　总之目前战事重心仍然在津浦北段之峄县一带。其他各线如江南，津浦南段，及平汉线不过是次要方向了。所以我们必须用全力来扩张鲁南胜利的战果。同时其他各线也须以积极动作举行反攻，来互相呼应亦能使鲁南残敌不会死灰复燃。

摘自《新中华报》1938 年 4 月 15 日　第一版

鲁南大胜后边区各界举行祝捷大会　边区后援会电蒋致敬

　　自从鲁南我国抗战部队的伟大胜利消息传到延安以后，边区各界民众兴奋异常，除分别致电前方将领表示庆贺外（见上期本报），又于十日晚间举行边区各界民众祝捷大会，到会群众约有二千余人，情绪非常热烈。大会当即通过代电致第五战区李司令长官赞前线将士，表示庆贺，兹将原文录左：

大会代电李司令长官祝贺

　　第五战区李司令长官并转前方将士勋鉴，台庄一役歼敌人主力迫使敌人全线溃退，为抗战以来改变战略后第一次最大胜利。全边区民众听闻之下不胜雀跃，仰见指挥若定将士用命最后胜利终属我方，尚冀乘胜追击迅歼狂寇。特电驰贺，诸维鉴察。陕甘宁边区各界民众祝捷大会叩

四月十日

又边区抗敌后援会，除于九日以代电致李宗仁将军庆贺外，日前又以代电呈蒋委员长致敬并贺荣任国民党总裁，亦将原文录左：

边区后援会致蒋委员长代电

蒋委员长勋鉴：日来捷报频传，津浦线上大歼倭寇，抗战局势显呈转机，最后胜利确见端倪。此诚钧座以伟大抗战精神作坚决领导之必然结果。欣佩之中复悉钧座荣任国民党总裁，益见大众竭诚拥护，位望日隆，今后党政军务得伟大领袖一贯之领导，进步必益迅速，中华民族解放之期非遥，民权自由民生幸福之基础亦于兹以立。光明在前，群心欢跃，特电祝贺，敬希察照。陕甘宁边区民众抗敌后援会叩

四月十日

摘自《新中华报》1938 年 4 月 15 日　第三版

鲁南敌人遭受惨败后调派四师团兵力前往增援　津浦北段大决战不日即将展开

目前整个战事重心，仍然在鲁南。敌我双方注意力，也集中于鲁南。因为自台儿庄我军大胜后，残敌退守峄县、枣庄、临城之线，企图死守待援。我军对败残之敌，跟踪进逼，务求将其主力最后歼灭。于是两礼拜以来，在峄县开展的争夺战，愈演愈烈。我军节节推进，一部攻入西南关，曾经冲入城内，但因敌人反攻，又复退回。该股敌军在我军重重包围逐步歼灭中。津浦北段正面韩庄于十八日被我军克复，由临城南下增援敌军十九日在韩庄以北与我军激战。

敌人此次在鲁南的惨败。使鲁南敌军失却进攻能力，敌国内及关外又无大批援军可调，于是一方面由各个战线上抽调一部分兵力赶程赴鲁南增援（由离开青岛敌第一〇二师团，平汉及山西约一个半师团），共约两个半师团左右；另一方面由国内抽调一个半师团赴鲁南，总计在四个师团以上。敌人此次增援部署大约是这样的，以由平汉线抽调及国内调来的三个师团以上兵力，沿津浦北段以主力增援韩庄、峄县，解救峄县残敌危急。另分一部由济宁向嘉祥、金乡、巨野等处进逼。再配合以一个师团沿高

徐公路增援临沂。以期攻占临沂，打通临沂与峄县敌之直接联络线。敌
之援军现已分途向上述目的地运送中，一部并已达到。故近日济宁城敌
人突然增加，临沂又复紧急，敌已三度兵临城下。已展开了激烈的血
战。很明显的，以敌人部署看，将来主力战必然在台儿庄附近，因为该
方地势比较平坦，适宜于敌之机械化部作战，铁路正面山地错杂，济宁
方面池沼横流，作战上是比较困难的。（这绝不是不可能的，因为敌人
战术灵活，会找出我们的弱点，击破一点。）敌人对徐州是采取大包围
形势的作战计划。在这种情况下，我军为准备将来大战，亦调派大批援
军前赴该线，集结于该线的部队已达□□师之众。但是我们相信：鲁南
多山地，适宜我军作战，加之我军在大胜之后，士气异常高涨，万众一
心的准备给进攻日军以迎头痛击。而敌人受了局部挫折，军心动摇，已
开始陷入困难的境地，在将来大决战中，一定能继续开展比台儿庄战役
更大的胜利。

摘自《新中华报》1938 年 4 月 20 日　第一版

鲁南二次大会战即将展开　临沂陷后敌急图打通临峄联络

鲁南第二次大会战已经展开了。这一次战争以双方的兵力比较，远超
过前次一倍以上，战争的激烈性也将比上次来得更加凶猛些。敌人在第一
次惨败之余，由国内由平汉线由上海等地区抽调了大批兵力增援，集中其
最精锐之部队，沿津浦北段猛攻，其企图很明显的是在一举而攻占徐州。

敌人增援部队，在这几天之内，已陆续集中了，并且已先后加入各个
战线参加作战，向我军开始举行大的反攻。临沂方面，经过一度激战，县
城于十九日失守，我军退守临沂以南及西南一带，待机反攻。峄县之敌，
得着增援以后，即以其主力向南猛犯，战事又逼近了台儿庄。几天的形势
看来，敌人第一步计划，是在于打通由临沂至峄县间敌之联络。因之近数
天战事重心侧重于临沂西南及峄县东南，该两处之敌，企图会合南犯台儿
庄。敌人在完成其上述计划后，必继续南进，以截断陇海路东段，而威胁
我徐州翼侧。这一点，以军事眼光看来，是合乎战术原则的。因为临台支
线及以南是比较平原地带，更能充分地使用机械化部队。同时在战术上
讲，翼侧的攻击是比较正面突破要容易些，敌人常常采用这一“聪明”
的办法来对付我们。

我们在鲁南方面的战略战术，亦是采取较进步的办法，不是死作正面抵抗，而是在有关整个战局的重要战略据点，才不惜任何牺牲，进行顽强防堵。大部分兵力是采取机动的运动战，分途侧击或迎击前进中之敌人，故临沂城虽失，但敌人是处在我军控制之下。现在战线正相持于南桥、大店崖及河湾一带，我生力军亦兼程赴援，配备就绪，该线最高司令长官亦驰赴前线督战。不过现在进行的战争，只是第二次大会战的前奏曲，主力战还未正式接触。

我军为了牵制敌人南进，活动于津浦线翼侧的野战军，正配合正面主力部队，积极动作。在枣庄以北与滕县附近我军联合攻击滕县军站，占领了许多重要据点，将铁路线及公路线完全破坏，以阻止敌人南下增援。

津浦线南段，月余以来，战事比较沉寂，我方游击队经常活动于敌之后方，使敌不敢冒进。但是近来敌人不断在淮南增兵，已达一万余人，主力集中于蚌埠、临淮附近，判断敌人，有沿津浦线北犯，夹攻徐州企图。

摘自《新中华报》1938 年 4 月 25 日　第一版

鲁南大战已进入严重阶段　邳县郯城间展开激烈战斗

鲁南自展开第二次大会战以来，战争形势转入更严重更紧急的阶段。

敌人遭受第一次惨败的教训，知道了由台儿庄及津浦线正面进攻，是需要重大代价，尚不知战争胜负属谁；于是又使用其一贯的避实击虚，迂回战术，向我台儿庄右翼举行大迂回，以期一方面截击台儿庄我军翼侧及后方，同时南下可以截陇海路东段，以便沿陇海线西进，而直趋徐州。

此次敌人增援部队，主力完全集中在临沂一带。一路出临沂南下，于廿三日进占郯城，并继续向陇海路及邳县前进，企图威胁邳县翼侧，而取夹击形势。另一路联合峄县南进之部队，约一个半师团左右，为敌人主力部队向台儿庄县进攻。

目前鲁南战事重心，完全在邳县以北数十里之艾山附近之连防山。我军为了保障台儿庄翼侧不受敌之威胁，给敌人进攻以严重打击起见，亦以主力部队关麟征部赶往增援，自廿一日起直到现在止，双方在连防山一带发生极猛烈的争夺战，敌人集中一个师团以上兵力，大炮六七十门，飞机、坦克车等新式武器，几集其精锐之全部，向我军猛攻，我军亦奋不顾身，前仆后继，反复冲锋，屡挫敌锋，其英勇牺牲精神，真是惊天地而动鬼神。我关军张师高团全部在此殉国。敌人伤亡亦在三千以上，足证明该地战争的激烈了。

台儿庄正面战争，仍在泥沟附近进行，兰城店附近亦有激烈战争，不过以整个战争局势看来，该方只不过是助攻作用罢了。当然这不应该机械的去了解，战争形势是千变万化的，而敌人的战略战术，一般说是比较灵活的。

敌人虽然继续南犯，但这里有一个巨大危险存在，即是我军若干部队尚分布在临沂、峄县、临城、枣庄之间，随时可以夹击南进之敌。敌人的冒险行动，如正面受着坚强之抵抗而复遭受第一次那样惨败的话，那么，这些敌人有完全被消灭的可能。当然这需要各方面之努力。

总计敌人在郯城、邳县之间的部队，为数约八万余人，我方兵力在XX 师以上。邳县的得失，对整个保卫徐州的大战，是有非常重大意义的。因为邳县处在台儿庄东方，陇海路北，如邳县失守，则台儿庄不保，陇海路被切断，而徐州亦危险了。

津浦南段敌人，虽然只是牵制作用，但近来因为北段战事紧张，又复有北犯企图，似在夹攻徐州。而运河沿岸敌军，同样在纷纷调动，枣台之敌，分三路向盐城前进，其目的明显的是在响应鲁南敌军。

摘自《新中华报》1938 年 4 月 30 日　第一版

鲁南第二次大会战中　敌屡试攻被击退毫无进展

鲁南第二次大会战，现在尚未进入主力会战阶段，双方正在运动与布置中。这几天以来，战斗情况如下：

一、鲁南我军右翼双方仍相持于郯城、邳县之间，曾一度发生激烈战斗，敌人兵力约在三万左右，本想向我右外翼延伸，采取包围迂回的运动战，一举而占我邳县，南下运河，以进取徐州，经我军关麟征部在连防山、虎皮山一带痛击，敌遭受重大损伤，不敢继续深入，此次战斗，奠下了二次大会战的胜利基础。

二、台儿庄峄县间的战争，敌方仍在泥沟以北地带进行激烈战斗。敌人企图从正面突破我军阵地，是万分困难的，敌人或许也不会来死拼，所以

三、由我军翼侧来找弱点。因为敌人由右外翼延伸失效，即在峄县西

南增兵向我军左外翼取包围迂回之势。连日来峄县西南之卧虎寨、铁角山、洪山口等处，又发生激烈战斗，形势极为紧张。我军亦加派生力军赶往增援，以阻止敌人向我左外翼延伸。

依据上述情况来判断，我们觉得有如下两点必须指出的。

第一，目前在鲁南所进行的各种大小战斗，并非第二次主力大会战。因为敌人有鉴于过去失败的教训，改变了过去专攻一方面的作战方针，而向各方面试攻。很明显的在郯县郯城间敌人没有进展后，即在峄县西南又一次猛攻，企图在发现我军的弱点以后，即向我薄弱之处进攻，把主力集结于适当的位置。敌人在该线找不到弱点后，或许敌人有由济宁方面出金乡而取归德以截断陇海路徐州以西的我军的企图，这是不可不防止的。

第二，或许敌人在各处试攻未得手以后，有待江苏以北的敌人之行动。所以近来苏北敌军由东台出击，上月廿六日陷盐城，向阜宁前进，企图由南北配合行动，夹击陇海路东段，使我军腹背受敌，以小的牺牲，而夺取徐州，这是有充分可能的。

摘自《新中华报》1938 年 5 月 5 日　第一版

津浦北段战事重心渐趋鲁西　鲁南激战将发展到津浦全线

津浦全线是目前第二期抗战的主要战场，而苏鲁边战争是战局的重心，该方面敌人兵力，已暴露了约十万之众，但据一般人士观察，敌人有增加至十六万人以上的兵力的模范。惟现在敌人还未采取主力进攻，只是在各个方面同时使用试攻，来吸引我方兵力与寻找我方弱点，故现在敌人的全部兵力与全般部署尚未完全暴露。这几天来的战争情形，我们可以归纳如下：

第一，鲁南战场，整个情形是在拉锯式的互有进退的状态中。右翼以郯城西南之冯家窑、捷庄等地为中心，展开激烈战斗，你进我退，战争连续进行达十五日之久，我军略有进展。中路仍在郯城以北之连防山一带对峙，敌人屡次进犯，均遭重创，不复敢冒进。左翼在临枣支线东侧禹王山一带，五天来会有恶劣战事，但敌人每次进攻，均被我军击退。依照上述战况，几天来，敌人在鲁南战场上对各方面的进攻，是受到了初步的打击，知道了由该方打通津浦占领徐州的企图，是非常难实现的。因之敌人或许有改变其进攻方向之可能。

　　第二，由于鲁南我军的顽强战斗，自八日起，据各方面消息，战事有侧重鲁西的趋势，如济宁敌军大有增加，敌师团长亲身赴济宁召开军事会议，这些情报，正是鲁西将有大战的征兆。敌人向鲁西进攻之目的，在于：（一）吸引鲁南我军迷惑其主攻方向，而便利于鲁南敌之进攻。（二）在鲁南战事激烈时，敌料我军主力将完全结于该线，来攻击我兵力单薄之处，以达到直趋金乡下归德，威胁徐州侧背企图。这两种作用，是有充分可能的。

　　第三，在津浦北段沿线的激战中，我们绝不应该减轻了对津浦南段与苏北敌人行动之注意。鲁南激战有充分可能发展到津浦全线，因为该方敌人的积极行动，必然会牵制我方若干军队，而敌人亦正要求南北军事行动的配合。几天来的消息，告诉了我们，津浦南段敌人已开始北犯，（一）淮河以南之敌，自本月四日起陆续增援渡河进犯，现在战事在曹老集（淮河北岸三十里处）附近进行，同时，怀远之敌沿涡河北进，现在蒙城附近激战。（二）苏北敌军自占盐城后，现已渡过射阳河继续北进，绕至阜宁城侧后方，很明显的敌人企图沿此线直取东海。（三）进占巢县之敌，仍续向合肥进攻，似在向平汉陇海取大迂回。

　　第四，敌人在鲁南战场上遭受我军顽强抵抗后，不顾国际信义，施放杀人最厉害之毒瓦斯，来残杀我国抗战将士与无数人民，下面一段消息，把日寇的残暴行为，完全揭露无遗！

　　【前线专电】"敌向铜山阵地发炮施放催泪瓦斯，中毒官兵流泪咳嗽，脉搏减低，四肢无力。经用酸□格冲溃，并注射清心剂始渐复原。"

摘自《新中华报》1938 年 5 月 10 日　第一版

津浦路全线展开激烈战斗　战局重心移鲁西皖北敌图归德

　　津浦北段战事现已展开到全线了，它已成为全世界视线集中的场所，因为敌我均集中其大部兵力，在南北两段进行了大会战。虽然这一次大会战不能决定最后的胜败，但对于整个战局，是有非常重大意义的。我们固然不能认为这是最后的决战，但也不能认为这次大胜利对我们是毫无影响的。

　　目前战局重心，无疑义的是在鲁西淮北两处。津浦北段之敌，首先企图向我军右翼延伸，采取外线包围策略，以达其南下截断陇海路之企图，可是结果，并未实现。于是又改变进攻方向，逐断往我左翼延伸，由济宁西侵，很明显的，是在与由淮北进犯归德之敌配合，夺取归德，包围徐州。战况大约如下：

第一，鲁西之敌，分三路南犯，一路由嘉祥郓城进犯巨野，兵力在一万以上。一路由济宁进犯，其兵力在一万五千左右，似为敌之主力，现在相持于金乡、鱼台以北一带。一路企图偷渡微山湖西运，向沛县、丰县一带攻击。三路总的目标是在夺取归德。

第二，淮北之敌，分两路向北前进，一路沿津浦南段铁路正面，向固镇宿县前进，直截我徐州后路。一路则沿蒙怀公路进犯，十日已进入蒙城，进攻涡阳亳县，企图与济宁南下之敌，夹击归德，包围徐州。

第三，敌人为了配合主力的进攻，求的主攻方面的顺利进展。在淮南苏北方面，亦已开始积极行动。不过该两处兵力不多，意在牵制我军而已。但我军为保证主力顺利打击敌人，在敌人后方，在敌人的翼侧，举行进攻的运动战，以牵制敌人前进。淮南我军已克复含山、巢县，另一部收复上窑、新城口、刘府等处，并向蚌埠、怀远、临淮关一带积极推进，以截击敌之后路，使前进之敌，亦不得不有所顾虑。

第四，郯城方面战事异常激烈，敌人由郯邳县南下，企断陇海东段之企图，并未放弃，反相的，敌人为了更有力的保证鲁西进攻胜利，必然将取更积极行动，以吸引我军，并相南下。

摘自《新中华报》1938 年 5 月 15 日　第一版

津浦线战事进入极严重阶段　敌向陇海线推进我军退出徐州

津浦线战事已进入极严重的阶段。敌人对徐州采取大包围势，企图在徐州附近进行歼灭战，以歼灭我军主力，而达到长驱直入中原，进逼武汉，夺取我国政治、经济、文化的最后一个中心城市，迫使我国政府屈服。根据这几天来的战况，大致情形如下：

一、鲁西敌军自集中其主力，分途向我军进攻后，实行外线作战，对我军采取外翼包围。同时冀南之敌，亦配合着鲁西敌之行动，由濮县一带强渡黄河，进扰山东、河南边境，图截断陇海线。敌在鲁西，采取疏散作战法，避免专攻一点，迂回在我军后方及翼侧。现在金乡、鱼台、菏泽、定陶、巨野、城武（以上山东属）、东明（河北属）、考城（河南属）、沛县（江苏属）等县城相继陷入敌手。河南的民权、开封、内黄（均在陇海线上）等地附近亦有大股敌军扰乱，陇海路一度被切断，内黄车站也曾一度被占，虽经我军击退，但形势仍然十分紧张。截止本报付印前，已接到正式战报："我军于十九日晚间，自动退出徐州城"。（郑州电）

……（略）

摘自《新中华报》1938 年 5 月 20 日　第一版

我军退出徐州后　战事重心在陇海沿线

津浦线经过四个多月以来的浴血抗战，结果把敌人速战速决，短时期内攻占徐州，打通津浦线，进逼中原，威胁武汉，以迫使我国最后向敌屈服的迷梦，打得粉碎。徐州附近的战争，很明显的不是决战，而是我们持久抗战的一个步骤，我们要在持久抗战中，逐渐消耗敌人有生力量，同时节节阻击敌人前进，使我们有充分时间，准备建立自己新的军队与技术，以求取得在最后决战中的胜利，我们在上述任务中，已经获得相当成就，于是乎在战略上自动退出徐州。

徐州的退出，并非我方失败，是我军有计划的行动。我们更须要相信，某一城市的得失，决不能决定战争的最后胜败。徐州失守，会更增强我们抗战的决心。

徐州退出以后的情况怎样呢？

敌人企图，一方面由济宁攻金乡、鱼台；一方面由淮北之怀远攻蒙城、永城，夹击陇海线，求得最后歼灭我军主力于徐州一带。敌人这一计划是完全失败了。我军十九日退出徐州后，大部分已突破敌人的包围线，纷纷向预定地点集中，继续进行抗战。鲁南我军仍留在苏鲁边境广大地区内活动，坚持着鲁南一带的抗战。鲁西方向，自敌土肥原部由濮县一带乘我军换防之际，突破河防，分途向开封、兰封、内黄、民权、义封等地进逼，并曾一度占据铁道沿线，开封非常危急。这样使山东以西的我军处在敌人的大包围中，但我军各部仍继续与敌抗战，定陶、东明、城武、考城、曹县、单县等县城仍在我军手中。同样的深入豫东的土肥原部亦在我军的包围中，故鲁西与鲁南是处在混战的状态中。

陇海线自开封以东至砀山以西沿线，虽曾被敌截断数处，但经我军奋勇迎击，敌人在铁道线上终无站得脚稳的能力，现在敌人均分布在沿铁道南北，企图进犯开封。以敌人目前作战计划看，进攻方向主要侧重于陇海线我军的翼侧，扰乱铁道沿线，使我军疲于奔命。以目前情况估计，我们必须深刻的注意到以下三点。

第一，在陇海线战事正紧张的时候，开封黄河北岸之封邱等地敌人兵力突然增加，并积极活动，敌人有可能乘我军应付不暇之时，突由此渡河，而侧击开封翼侧，甚至于迂回郑州的可能。

第二，久已沉寂的道清铁路西段战事，近来又有变化了。敌人近在该线不时增兵，被我克复已久之孟县、温县、济源等城市，在近数天内又被敌人占去，敌人援兵尚在继续增加。因此估计敌人又有可能，乘我军防备松懈时，由此一举而突破黄河，截断陇海路西段，由东、西两方面夹击平汉线。同时进攻潼关，直取西安，这是完全有可能的。

第三，淮南敌人占领合肥后，积极向六安前进，其目的固然在由六安直趋河南信阳，以迂回平汉线我军，与陇海线之敌，会师中原。

摘自《新中华报》1938 年 5 月 25 日　第一版

二　记者眼中的台儿庄

1. 临沂歼灭战

一、由临城到临沂

笔者于十二日晚与驻防临城之孙□将军握别后，即乘临枣支路之火车起临沂，抵枣庄时已万家灯火，乃下车换乘庞炳勳军团长派来之汽车星夜启行。由枣庄至临沂有公路可通，长约二百四十华里，经峄县向东北行。隐约间山脉起伏峰峦纵横，路颇崎岖，笔者为前线将士杀贼之热烈情绪所诱引，尚恨车行之迟缓。惟吸雪茄以解长夜漫漫颠簸之苦耳。

沿途为军队输送给养弹药之牛车，络绎不绝，人困牛乏时，即在旷野「打尖」御者蜷卧车下，以避风寒，朴厚之色，令人油然起敬，虽其衣服褴褛，面貌黧黑，但其不避艰险忍受饥寒贡献于国家者极具，诚我国之大好男儿。时已深夜，突一载重车风驰而至，司机者忽停车与载重车之司机稍谈片刻，两车又各奔前程，司机者状甚快慰，我急询何事，据云："那辆车是昨天从敌人手里得来的，开车的小鬼也给咱们砍死了！还得了好些东西，不过……前边就有我们的骑兵巡哨，汽车路东边庄里正干着。离这里也不过十几里地，你听！"予急请停车，时万籁俱寂，从窗中闻机枪声炮声，喊杀声甚清晰，予及季动铁帆均兴奋万状。

二、论临沂形势

十二时半抵临沂城，司机向卫兵交涉开门，经详细说明，卫兵班长谓："现在异常吃紧，须向营长报告，始敢放入。"予等乃下车等候，远闻机枪声响成一片，加以隆隆之炮声，人喊马嘶，倍觉悲壮！旋卫兵启门放入，抵司令部时，庞军团长正对悬挂壁上之军用地图作透视状，并邀予近前详加指导。查临沂为鲁南重镇，且系各公路之交叉点，南通新安镇至徐海，西南通台儿庄、枣庄、峄县，西通费县、泗水，西北通蒙阴新泰，北通沂县，东北通莒县、诸城，东通日照。如临沂失守，则徐海危急，陇海津浦交受其困。为屏障徐海，收复齐鲁，巩固津浦右翼计，非出死力保卫临沂不可！

三、庞炳勋之强硬态度

现在第□军团长之庞炳勋将军，曾任孙禹行先生之参谋长，沉着果敢，彼与其部队共甘苦，同患难，有深长之历史。自沧州转进后，即负警备徐海之责。后敌军渡河，济南沦陷，鲁南吃紧，乃率军星夜驰援进驻临沂，与敌鏖战十余日。自莒县失守，临沂人心恐慌，庞召集父老谓："只要我庞炳勋在，即剩一兵一卒一弹，也要与临沂共存亡。我年将六十，一腿尚瘫，毫无牵挂，惟觉国家到此地步，最高领袖夙夜勤劳，身为将官，自当一死报国！故自我到临沂后，人心渐渐安定，大家都起来帮助运输给养弹药，毫不惊慌逃避，所以我觉着非常有把握！前线抬回来的伤兵，没有一个抱怨长官的，将士没有奉到命令，决没一个向后撤退！我们的仗是越大越有劲，越打越有希望！"

四、诱敌深入

敌军自陷莒县，游击司令刘震东阵亡后，探知庞军人数，即节节进逼。汤头镇、相公庄继续失守，以为临沂弹丸之地，唾手可得，我军奉最高统帅"诱敌深入，一举歼灭"之密令，由庞军徐徐后撤，诱敌至临沂城附近之芝麻墩、兰墩、宋家埠一带，东南两面完全被敌包围。最近处，只距城四五里，与敌隔沂河对峙，十二日下午二时敌开始以猛烈炮火攻击，敌机连续飞我阵地轰炸，临沂已成危城一座。张自忠军自滕县奉令后，迅开临沂星夜增援，与庞熟商后，其十一个步兵团，于十三日拂晓自敌侧面偷渡沂水，将士忠勇奋发，一往直前。张当时进驻城东十二里之南曲房村，亲自指挥，以大军团活动于敌人侧背。

五、光荣之歼灭战

此时庞军全线反攻，两军夹击，于是十三日之歼灭战开始。敌机七架，自晨至午，飞临沂轰炸七次。张自忠军首先克复白塔，顶子铺，与敌实行肉搏战，往返争夺。敌自发现我生力军在其后背，士气稍觉颓丧，迫近临沂之敌军，急向后撤，集中兵力，应付张军。庞炳勋部乃乘胜追击，于当夜十一时占领距城三十里之相公庄，并派手枪队出城肃清城东南附近之残敌，我骑兵当夜越过相公庄之东威胁敌军，使其无喘息之余裕，同时张自忠军将敌击溃后，跟从向□头镇追击（距临沂九十里为通莒县大道）。计是役敌阵亡一千五百余人，张自忠部伤亡一千三四百人，庞炳勋部伤亡五六百人。当夜据由莒县逃出之人谈，敌军指挥官片野一日向坂垣师团长求援三次，至晚仅到汤头镇生力军百余人，尚系由青岛潍县分道而来，可见当时寇酋急窘之一般。

笔者于敌军狼狈退却后，急赴火线，劝问张自忠将军，出东门时已薄暮，沂河西岸深沟高垒，附近村民正集合修筑已破坏之公路，莫不喜形于色，欢欣不已。见笔者汽车过，均携手示意，其一幅快活心情直人人皆体会得来也。时张已两昼夜未眠，仍抱电话机指示作战机宜，鼓动其将士奋勇追击，频呼"牺牲是免不了的——我们好容易找着这个机会为中华民国效死，万不要轻易放过，总要沉住气！这一硬仗过去就好了！"

笔者握手诚恳慰问外，张谓："我自从回部队后，就抱定三种决心，第一是严肃军纪，必须使军队和人民打成一片，才能有力量，有生命。第二是遇见机会，就率领全军为国家效死。我相信，若是为救国家的危亡，为服从长官的命令死了，就是到了阴间，一般将士也不能埋怨我。因为这是军人的大义。第三是抗战结束后，就能解甲归田。"

笔者返城时，庞将军仍透视壁上所悬之军用地图，惟已将咄咄逼人之红色三角小旗（代表敌军）移至距临沂三十里之相公庄以东，蓝色小旗（代表我军）已由相公庄之南向汤头镇前进矣，庞笑语笔者谓："此光荣之歼灭战也！"

摘自《大公报》1938 年 3 月 21 日　　第二版

2. 莒县之战

一个受伤战士的来函

编辑先生：

你们载错了！鲁南由莒沂来犯的敌人不是刘桂堂，的的确确是坂垣师团河田部队，约三千余人。

　　当我们二月十号到临沂后，我们的游击司令陆战队保安团队都在莒沂一带，布置的情形，在军用图上看，也很周密，同时他们也说诸城方面有刘桂堂部，不足为虑。

　　谁知到二月十八日穆陵关就告急来了，我们奉命用一天百六十里的行速来应援，未到沂水，沂水失了，赶到莒县敌人已爬上西北城角。紧接着展开一幕城头争夺战。我们长官发下"拿过来"的绝对命令，我先到城的两连，这时我记的是二十一日上午八时，这紧张的情形，这壮烈的冲杀，双方机关枪的怒吼，真叫我们难忘记了，约莫打了一小时，西北城角之敌完全歼灭，轻机枪五挺，顽强的倭鬼一个也没退走，从这死尸身上，我们才证明是坂垣师团。我们伤亡五十多，营长也受伤了，就这样巩固了当日的城防。这时我们应感谢刘震东司令，他先到城一步，他说：你们太疲乏了，城防都让给我好了，明天你们接。我们真说不来的钦佩他的担当与慷慨哦？又谁知刘先生只有那几个人呢（二百来个）？我团长午时也赶到，带来人有限，我们让弟兄分班休息，作工警戒，城里感觉太凄清了，这古城哪。

　　城关很静，听说旅长正赶进中，我满希望今夜能稳下去，明天援队到了夹击成功。天哪！天未亮小鬼的排炮攻击过来了，东北城角攻破，游击队溃了，一幕一幕紧张下来，刘震东也阵亡了！一个英武的人，可惜了。我团长时带队由南往东打，我们由团副带领，由南向北打，满想堵住这窟窿，真的，敌人像泉涌一样往上上哦，团长拿着大刀，力竭声嘶，叫着"谁退杀谁"，我觉着那时只有一股热气，没有恐惧，敌人的炮，一排排地打过来，我们机枪手榴弹也尽量扫杀，敌人是林林的死踊踊的来，正在这时，团长去带游击队，也受了伤，城内外四周枪声打成一片，后来我们知道是我的援军赶到，城外打得得手，敌人退不回去，所以冲上来，小鬼也够顽强的，我们由房上街分冲出南门，我们两连人没剩多少，事后多方调查，敌人也伤亡四百多，也算够本。阵亡的弟兄们瞑目吧！我们这样失的莒县。接着我们急到茶棚夏店，敌人也跟着压迫下来，我们连夜迂回他两次，打坏十一辆敌人汽车，我们往西去的队伍，也都调回来，就在汤头同敌人来了次硬战，打了三天三夜，倭鬼攻击两次受挫，我们也没反攻动，在草池铺一个右翼据点，敌人拼死攻了两天，到第三天才突破，第八连弟兄全牺牲了，真真实实，然而我们又冲上去堵住了。我们自十一开始就东西奔驰，劳而无功。

天在下雨，眼也睁不开了，腿也没劲了，四号晚七时吧，就在下店四端我左腕受了轻伤，一路迷糊睡到后方了，醒了听说，全部当夜也自动退到临沂附近，天在下雪，□□也能休息两天，我相信我们兄弟们依然能活跃的打下去，我上司到医院来说，"敌人伤亡一千多"。

一个受伤的中尉敬上，于尚崖临沂西三月八日。

摘自《大公报》1938 年 3 月 23 日　第五版

3. 台儿庄

冯玉祥

徐州东北台儿庄，军事据点为最上。倭寇来攻打，主力移此方。矶谷各师敌劲旅，孤军深入半阵亡。飞机掷炸弹，大炮火力强。一月以来争夺战，杀的强盗心胆丧。最近后路断，敌难运弹粮。我□许多敢死队，屡袭敌营更难防。一次杀五百，十次五千亡。我军官长受了伤，依旧督战在前方；伤处加细扎，一人百可当。还有高级各将领，遗嘱写好寄家乡；能死不能退，与士共存亡。战区司令苦运筹，发动民众大力量；军民成一片，胜利有保障。最高调动大军者，心平气和不慌忙，胜算在胸中，筹划早周详。再说寇军被围困，既无子弹又无粮。我军乘机攻，勇猛不可挡。汤将军有进无退，孙指挥谋略非常；关抄敌后背，曹从背面上。一部一部层层围，敌如瓮鳖大恐慌。一冲死八百，再冲二千亡。运河之水成赤红，我军士气再奋扬。一度杀上前，再度往前撞。寇部溃乱不成军，一千二千来投降。我军三总攻，寇已不能抗。倭寇死伤两万余，缴获兵器难计量。临沂大胜后，这是第二仗。此役胜利实空前，革命史上垂荣光。价值无比拟，人人不能忘。从此打下好基础，最后胜利已稳当。我们更奋发，我们更图强，细心检讨胜利因，争取更大之胜仗。各界快起来，努力来追上；倭寇实力已难支，失地收复麦未黄。

四月七日晚

摘自《大公报》1938 年 4 月 8 日　第三版

4. 台儿庄歼灭暴敌

——血战的一幕

惜　梦

（一）台儿庄是怎样的一个地方

这次台儿庄的歼灭战，造成了抗战以来空前的胜利，台儿庄这地方，在过去并没有人怎样注意，这一次空前的胜利，会把台儿庄写在中日战史最光荣的一页上，台儿庄究竟是怎样的一个地方，我愿意在这里对国人简略地介绍一下。

台儿庄是一个市镇，是运河和临台支线水陆交通两便的市镇。西北距峄县三十四公里，西南距陇海路的运河口四十六公里。虽然是市镇，因为水陆交通的便利，实际的繁华并不次于一个县城。它的四周，也正如城垣一样用砖砌成了很高的围墙。

庄的西面，是紧靠着临台支线的车站，西南一段，运河是紧紧地靠着墙根。全庄居民，约二千六七百户，因为水陆交通的便利，居民生活大体都可以维持。庄垣四周，散布着很多的村落。特别是东、北两面更多。

因为村落是这样稠密，加以水陆交通的便利，南下运河口，可以截断徐海一段的铁路，西北两面和临城韩庄呼应，可以直逼徐州，所以敌人在津浦北段，把台儿庄作了一个重要据点，集矶谷、坂垣两师团的主力，来和我们决战。

从三月中旬开始，全庄的居民，已经推测到了这地方将成为敌我两军在津浦北段决战的要地。妇孺老幼渐渐搬到四乡外，许多青年壮丁，依旧留住在庄上，来帮同军队工作，直到二十七日的正午，敌人几千发炮弹几乎把庄打平了，他们不得已才退出了庄外。

（二）歼灭暴敌的一幕血战

根据八个月来抗战的经验，敌人惯计，只有两个，一个是迂回，一个是中央突破。此次津浦北段的大战，敌人是同时采用了这两个惯计，一方面乘占领了临城的余威，立刻分出来几百骑兵，想直逼韩庄，一方面把主力分向台儿庄猛进，用迂回来侧攻徐州。但是，我们的战略变更了，已把被动变为主动，已把退守变为进攻，加以将士的用命，动作的协调，所以才造成了这次空前的胜利。

昨天在梅神父医院慰问□□□路新由台儿庄带着光荣创伤回来的官兵，有□□□师□□□团的一个连长董万成君，他在台儿庄领着全连的弟兄，作了三天的血战，结果除了他和两个排长同两个传令兵受伤生还以外，全数都牺牲了。他的任务是坚守北门，由二月二十四日起，敌人炮火一天比一天猛烈，冲出冲入，每天不知要有多少次，直到二十七日的上午，北面的垣墙被敌人几千发炮弹完全轰平，随着敌人的步兵便蜂拥冲进，全连的弟兄，便这样的牺牲了。

董君旁边，卧着他同师□□□团的一个连长于春元君，猛然坐起来，很兴奋的插着说：台儿庄的战事，实在太激烈了，比我们在平汉线，在娘子关，都激烈得多。我们一团，有一营在车站，有两营在庄子里，我正是在庄子里面的。敌人一天不知有多少次冲锋，爬墙，向庄子里进攻！我们一天便不知要和敌人肉搏多少次。

"敌人仗着猛烈的炮火，到底攻进来一些，于是便发生了巷战。这次巷战，不止争一条小街和一条小路，连一个院落和一间房子，谁也都不肯让过。有时，我们爬进一间房子，从墙上挖一个小洞，彼此就抛开了手榴弹。庄里的房子，一多半都被打平，特别是东北两面，虽然剩一点，也是残破不堪了。我们师长池峰城，亲自领着我们干，每营，每连，都连坐，只有死，谁也不能退。其实，早已打成仇了，叫退也是不能退。敌人进来多少杀多少，另外俘虏很多。这样激烈的血战，一直到二十七日的午后，我们四个团长，受伤五个，连代理的都受伤了。"

（三） 这仇恨是不能不报复的

于连长的话还没有说完，另外一个受伤的兵士，从他枕头下取出了很多敌人的东西给我看，里边还有几张从敌人身上搜出来女人的照片。"妈的，谁都有老婆孩子，看是谁害了谁？"他这样气愤的骂了两句。

董连长在旁边笑了："说起来这些东西，实在是没有人性，在台儿庄有好多弟兄被他们捉去，用绳子把手足全捆起来，拴在马身上，骑着在路上跑，有的拖死了，有的是半死半活，他们却从旁边拍着手笑。有时候我们出击，他们忙乱了，不容想方法开心，便把我们弟兄的手或腿来斩断，如果有一点人性，怎能这样的残忍呢？"

"敌人越残忍，越加深我们对于敌人的仇恨，所以一见面就往死里打。平常我们一个人只带五六个手榴弹，这次谁都尽力带，想要多炸死几个敌人，有时候宁可准备和敌人一齐死，也不让他们活捉去。有时候子弹和手榴弹打完了，便抢上前去用嘴咬，请想：这是怀着多么大的仇恨！"

"我们将开到台儿庄的时候，敌人的飞机给我们散发过很多的传单。劝我们□□□路不要再打，不想弟兄们看到了，打得更格外起劲。我们受伤了，从二十七日被救护退下台儿庄，到了徐州，一部分轻伤的弟兄，自动地提出一个惊人的请求，凡是轻伤，认为不要紧的，都愿意转回前方，再和敌人去拼命。"

"长官有命令给我们，活捉一个十元钱，这个时候谁要钱？不是我活，就是他死，不是他死，就是我活以外什么都说不到。现在，谁都明白了，谁都知道我们中国人，再没有第二条活路。小日本挡在我们的前头，我们非把他们赶走，活路是走不着的。"

"因为弟兄们都是这样报仇的心理，我们预料到了进攻台儿庄的敌人，不会活着回去的。果然，昨天传来了胜利的消息，一方面我们是觉得兴奋，一方面我们又觉得惭愧，兴奋的是这个仇恨多少是报了一些，惭愧的是我们都受伤了，没有亲自完成这一个复仇的血战。"

"不过，我们又幸而只是受伤了，伤一好，我们还是跑到前线去，小日本给我们留下了永久的仇恨，这一个仇恨，一天不死，一天总是要想法报复的。"于连长更加兴奋的补充着说。"

（记于庆祝台儿庄胜利的次日）

摘自《大公报》1938 年 4 月 9 日　第三版

5. 慰问台儿庄

长　江

一、炸裂了的土地

台儿庄完全归复后四小时，我们立刻离开孙□□先生的野战司令部，在□□□约好池□□师长，同入台儿庄。池师长是此次台儿庄支持战的主将，半个月无休息的战争，使他的头发和胡子都长得很长，嗓子已经哑了，面色有如无光的黄纸，但是半个月的苦战，已经换得了四月七日晨间的胜利，在敌人败退之后，挟扬眉吐气之心情，以入浴血苦战之寨堡，任何沉重与疲劳，也抵不过这样光荣的兴奋了。

韩佛寺离台儿庄约有十里，我们坐手摇车循铁路北进。韩佛寺已在敌人重炮射程之内，在韩佛寺南数里之外小山地带，敌曾发炮至二三千发，但石山地区，弹痕尚不鲜明，韩佛寺北三四里处，在一片麦地上，敌人炮兵所谓"遮断射击"之痕迹，则异常清晰。与铁路大致成十字交叉之敌炮遮断线，将麦地大致以东西方向，击成漏斗形。每一重炮弹所及之被弹面，据云有四百公尺，则依地面被弹窟之密度观之，当时此线实已成为难能通过之弹墙。

更北行二三里，铁道附近有半百左右之飞机重量炸弹所炸巨坑，铁道亦曾被炸断，池师长当时见此巨坑，亦大为摇头，盖当某次他白日乘钢甲车到前方督战时，敌轰炸机十一架即对钢甲车集中轰炸，铁轨已断，车不能开，池乃下车避麦地中，敌机更低飞投弹，其前后左右麦地，尽被敌弹炸翻，独他幸得无恙。故至今回想，仍觉有间不发之紧张情绪也。

时铁路两侧有伤兵抬下，大家皆脱帽或举手致敬，据云，在三月二十七八日矶谷师团猛扑台儿庄时，四月三日坂垣部队最后参战时，铁路两侧，每日有伤兵自此运下。

更前进至一钢骨水泥桥下，在八小时前，仍为台儿庄前方司令官指挥所，桥之左右，河岸两旁，重炮与野炮曾大量光顾。现则若干传令兵休息其间。过桥，即为台儿庄之南火车站，由此过运河北为北火车站，北站东约二里，为台儿庄，南北站与台儿庄构成三角形，北站与台儿庄为运河北岸两据点，亦即为此次数万健儿浴血之场。

南站附近，地上弹窟已不能数计，站上三层洋楼，已为敌炮打落一层，站之北端有一较大之地下室，其室后左右所有地皮，皆为敌机敌炮所炸翻，独此室得无恙。时敌侦查机一架，现于南站空中，其后轰炸机三架续至，我们在小地洞中避了一会，避得不耐烦，乃急步过南站，直至运河边，向东随交通壕而行。敌机此时投弹数枚，似为掩护退却。交通壕掩蔽部内，若干士兵正在甜蜜的甜睡，有些新得敌人的枪支，正在试射其有无毛病，故枪声杂起。此时台庄东数里之村中，尚有数十敌人正被我围攻歼灭中，故机关枪声仍不绝于耳。

交通壕将尽处，乜□□旅长率团长等来晤池师长，所有官兵皆红光满面，喜气盈盈，若干士兵正继续作工，若干士兵则悠游自在的在运城河边洗脚，虽举目败瓦颓垣，疮痍满地，而胜利后的将士，则在精神上整个浸入了得胜的光辉中。

壕边未炸之重炮与野炮弹，随地皆是，敌当时目的，本欲痛射壕中士兵，然而其炮弹非落前，即落后，壕中中弹甚少。乜旅为最初诱敌出峄县，继而阻敌于南北洛，终则绕攻敌侧背于刘家湖邵庄三里庄一带，使敌不能放心全力攻台儿庄之辛劳部队。

壕尽，自浮桥过运河，桥已中数弹，勉强能过人马，时河北士兵正进餐，状态从容，身体壮实，除有少数士兵眼部略有发炎状外，皆无疲惫气象。

又数十步，进台儿庄西门，西门外桥已塞断，盖敌曾拟猛冲西关，根本断我城内与外间之联络也。西门已堵塞一半，卫兵二三日仍严密守护中。

二、台儿庄内

入西门后，即见满街瓦砾、沙土、破纸、烂衣、倒壁、塌墙……所有房屋，无不壁穿顶破，箱柜残败，阒无一人，有福音堂一所，亦毫无例外的彻底被毁于敌人密集炮火之中。士兵之驻民房中者，皆另在地中掘孔而居，上盖厚土。

台儿庄尚有唯一完整之房屋，中有战利品甚多，除旗帜符号，日记等无所不有外，催泪毒瓦斯和窒息毒瓦斯之陈列，给参观者以战争残酷程度之深刻印象。催泪瓦斯筒长约五六寸，其用法不详。而窒息毒瓦斯之铁罐，则长达四五尺，合四人之力，始能将其抬动。此一巨量窒息瓦斯，如果顺风散放，敌不知要害杀我们多少官兵。

敌人在台儿庄顶得势时，除东半部被全部占领外，西北城角，亦为其所袭据，我们最弱时只保有西南一隅，我们反攻是从西北角之收复开始，故我们首先去吊看西北角。

所谓台儿庄的西北角，是空无所有的荒地，城墙内数十步处始有民房土屋数间。而双方在此却死亡了四五百人。西南角到西北角的道路已完全堵死，我们完全顺西城墙边穿壁而行的暗道，始能达到西北隅。原来我们有一连人守着西北角，和西南角连成一气，对付城东半部的敌人。敌人为了动摇我死守城内的部队，故选拔敢死队在强烈炮火之下，冲进西北角，双方肉搏，死亡累累，敌人随得占领西北角内几间土屋，且人数逐渐增多，用平射炮及掷弹筒向我西南部攻击,双方兵器悬殊,形势对我日渐不利。

这时尚斌排长所率领之五十七壮士,突然出现,以神圣果敢坚决之英姿,向长官请命,愿以最勇猛之决定的攻击,消灭西北角之敌人,并皆自立誓言,如不成功,即皆自杀。果也,他们满带炸弹大刀短枪,自西门出去,暗自绕至西北角城外,然后以迅速之突击,爬城而入,以毫无顾惜之肉搏战,将敌人全部消灭。立刻挽回台儿庄的颓势。而我可敬可爱之壮士,亦牺牲四十余人,最令人感动者,为最初受伤之四勇士,他们被救护队救下之后,皆同时自杀,其自述理由为"未曾成功"!彼等盖不知其受伤之后,其他同志已将目的完成也。

在西北角上,敌人亦作有临时工事,但与我方比较,则见其因循苟且,不肯费力,随便掘一窟窿,得过且过之状况。

最难能者,当东半城入敌手,北门及西北角皆为敌有之时,北城墙上之一小段,仍由我张庆照连长率残部死守,使西北角之敌不能与东北角联成一片,故五十七壮士能奏□功。我们立张连长及其所部所曾苦斗之断墙上,南望台儿庄市街一片焦土,万孔千伤,令人感到无精神支持之优越兵器,无论如何凶暴,终不能敌抱必死之心之战士也。

北门附近,已为敌军占领地,有一大庙,被敌军炮毁,佛像自楼上跌至地下,双手仍作捧腹状,而盘腿已被敌弹打去一支,墙下有一身长老人被击死,长袍马褂,似为一私塾先生。庙之北面,有敌所焚尸骨两堆,余烟犹存。塘内有家鸭十余只,已被密弹射死十分之九,仅有二鸭尚凄然怯懦于水池之旁。

北门里有敌子弹库数间,六日晚被我迫击炮打中,全部炸毁,数间土屋之墙壁屋顶,皆已丝毫不见,惟遗成堆之弹壳与弹头。

摘自《大公报》1938 年 4 月 13 日 第三版

慰问台儿庄（续）

长 江

三、胜利的光辉

敌人在台儿庄死亡的确数,无法知道,不过,确实不少,则可以定论。东门里，敌所留阵亡校尉官神位，有四十余个。北门外有敌在六日晚新焚尸灰一堆，其中计有钢盔五百余顶，则敌人六月一日战斗之死亡，至少五六百人。城外园上等小村，每村皆有敌成堆尸灰，及未埋尸体，我方军队为扫清战场计，皆加以掩埋，而由屈参谋主任建议，名之曰"倭子墓"。邵庄附近有敌不及焚毁尸体，合埋五大公墓，据参与埋葬之土人报告，每墓有五六百人不等。则合以台儿庄各次战役之牺牲，敌实死亡四五千之估计，为最低限度之看法。

我们这次重炮的威力很大，邵庄附近，敌战马被我炸死二三百匹，载重车和弹药库，都被我们打中了。邵庄敌炮弹之损失，远在北门内弹药库之上，盖邵庄为敌重炮阵地，所失尽重炮弹，现尚遗数大堆巨口炮弹筒，总以千发计。

三里庄以北，即有敌机一架，已有焚毁。我们的士兵看见敌人飞机，非常痛恨，因为我们常常受敌机的威胁。四月四日，我们飞机飞到台儿庄上空，因为太高，看不清楚，故疑为敌机，我军皆藏入掩蔽部内，敌军则纷纷高扬白旗，谁知我机乃突然降下，乘敌不备，狂炸一番，敌四处乱窜，我军皆拍掌大欢呼：你们害怕飞机吗？

在台儿庄战争中，陆地上，弟兄最恨坦克，三月二十九日那次，矶谷师团实在不能忍耐台儿庄不能攻下的耻辱，乃以坦克十一辆，直向台儿庄西北角及西关冲锋，其后面尾随步兵三四百人，昂首托枪而前，目中无人态度令人不能忍受，此时我战车防御炮，早已在其侧方准备，俟其近至四五百公尺时，连放六炮，即打毁其坦克六辆，余车急狼狈而逃，其不可一世之步兵，亦作鸟兽窜，后来被敌人拖走两个，其余四辆，则至四月七日止，仍遗置台儿庄北城外之三四百公尺处。四辆之中，有三辆已被焚，有一辆则发动机仍完好。其名称一为"ムサシ"，其牌号为"日战车三十七号"。二为"キイセ"，牌号不明。三为"ナルハ"，牌号为"日战车三十八"、四为"フチチ"，牌号不明。士兵为报复起见，群立坦克之上，顾盼自豪，意若"亦有今日"者。

车旁尚有敌坦克驾驶员及射手等尸身，未及掩埋，因坦克被我击毁后，其驾驶员等皆下车图逃，然而我城上士兵之枪弹殊不能相让矣。

敌军原不料台儿庄会有如此一场恶战，只以为随便即可以占领台儿庄，然后以一师团完整之兵力，直取徐州。故敌军日记中有打油诗一首：四小时下天津，六小时占济南，小小台儿庄，谁知道竟至于这样困难！

敌军轻视中国军人，一味虚骄，一次日本对台儿庄散传单，谓："日本是太阳，你们□□□路要想打败日本军，就等于想打下太阳！"现在日本军大败而特败了，太阳还不是照样吗？

黄昏回台儿庄旅部，我们约集许多军官开了一次座谈会，大家说来说去，总是证明我们必定胜利，日本必定败亡，台儿庄新战术思想的运用，竟让矶谷、坂垣丧师，以后我们更熟练的运用新战术，一次一次胜利，毫无问题的，一定会不断地到来。

晚间离开台儿庄，河岸上战沟里士兵们歌笑声四起，加以留声机及口琴胡琴声。台儿庄已成音乐之城了。（九日）（完）

摘自《大公报》1938 年 4 月 15 日 第三版

6. 台儿庄血战故事

长 江

台儿庄争夺战的胜利，新战术之运用是根本原因，而我官兵之镇定英勇，亦为达成此种新战术之基础。

当台儿庄于四月三日最危机之时，我王冠武旅长所部仅占城内五分之一，眼看此最后根据地，即将不保，而后方司令部打电话问他："怎么样？"他说："不要紧！"前方下级干部问他如何支撑这样危难的局面，他说："自有办法！"其实他何尝有什么特别办法，不过他相信上级长官一定会尽全力以支持台儿庄，绝对不会作退后的打算，同时相信部属抗战的忠贞，绝对不会动摇，他的部下对他也是如此，因为有此互信，故造成牢不可破的共信。池师长是他直属长官，而且是负责保守台儿庄的人，他清楚的知道台儿庄的实情，当他听到王旅长说"不要紧"时，固然一面感动，一面立刻吐出一口鲜血，因为他确实知道，"不要紧"的实际，是如何的"要紧"啊！

奈谷支队进袭台儿庄时，其炮兵阵地在台儿庄北七八里之刘家湖，敌一向和中国作战，总是猛攻正面一点，很少后顾之忧，谁知我防守南北洛之七旅，乃转攻而东，直取刘家湖炮兵，敌炮六门，仓皇而逃，我步兵在麦地中跟踪追杀，敌驱马急驰，蔚为壮观。

胡营副告诉我们，士兵在台儿庄争夺战中，造成了新的信念。巷战经验告诉了士兵们，本日作战，飞机不如大炮可怕，大炮不如机关枪，而进入街市战之后，手榴弹又不如大刀了。禹功魁营长也说，士兵觉巷战有味道，敌人机械化的兵器，不易使用，而我们的长处，在近距离中可以大大发挥，故敌人愈迫进，士兵愈欢迎。

台儿庄巷战中，因为大家混战，而且在同一小镇内彼此混战了八天，不能不算是战争史上的奇迹。某次，士兵数名守一有楼家屋，大家因为太疲困，就在楼上打盹了。楼外的敌军乃自外掘孔而入，直至我护墙，将枪自我所作枪口伸入，欲行射击，突被我守兵觉察，一面在下面与之拖枪，一面自上面掷手榴弹，敌溃逃去。

在许多场合内，敌我仅隔墙而居，墙上掘一枪孔，则彼此共用，拖枪之事，每日总有好几次，到不能解决时，则我越墙掷手榴弹，士兵引以为荣。

某家屋内肉搏时，初之我方失败，尚余一未及退出之我兵，乃避入一日军所掘地洞中，彼手中步枪，已无子弹，仅大刀尚可用。旋我军反攻占此屋，又有一日兵避入此地洞，洞中漆黑，彼此皆以疑为自己之伙伴，默不作声，久之，此屋之肉搏战已过，上已无声息，日兵乃先出，我兵随之。刚出洞口，我兵发现前者为敌人，乃急拔刀欲杀之，时敌亦觉察，急回身枪射，中我兵右腿，兵倒地，但仍乘日兵惊慌中，急挥大刀砍中敌腰，敌亦倒，我兵乃起夺敌枪，胜利以归队。

我军态度之坚决与勇敢，实在感动人。如姜玉清连副，在肉搏战中，被敌所俘，他绝对不甘就缚，全力与敌争夺，适到墙边，乃突猛力以头碰墙死。

我军所守一楼，被敌炮击毁，敌军且自缺口冲上，于是乃以分班堵塞方法，不顾炮火，自缺口以狙击敌军，一班甫上，因直当敌炮射击下，顷刻即伤死以尽。然而第二班，第三班皆自动踊跃扑入。四月五日，此三班壮士在极短时间中同时牺牲，但后继请求加入之人更踊。

敌军常用烧房子办法，待我军不能立足，欲乘火势刚过，即向我进攻，但我们官兵常在火头刚熄，地灰犹红时，已急扑灰中，依败墙进行防御。

某兵与敌肉搏，手握敌步枪之刺刀，敌挣扎不脱，乃开枪，故子弹随拳心打出。但最终将该枪夺回，随奇怪之伤手，以入医院。

张营长在野战时受重伤，肠已流出，知不能生，乃捧肠叹息道："可惜我不能再打日本了！"

台儿庄战争，孙连仲部新兵甚多，不但无一人逃跑，而受伤之后，大家异常兴奋，伤兵们都说："这回打得好！我们的仗打活了！"我们对于攻击的防御，感到了兴味。

牺牲的决心，是大家一致的。不只战斗员如此，非战斗员的救护医务人员，这回也在前线硬干。担架排长死了两个，担架兵都有很大的牺牲。

池师长服务团这回服务成绩也很好，女同志还有在前线抬伤兵的。一位叫萧培及的女团员，始终在火线上出入，一点也没有恐惧。

这回不大听见什么汉奸了。敌人曾买一十二三岁小孩，到我军阵地作侦探，他毫不客气的向我们司令部自首，把敌军情形，详细报告，而回去对日本尽量撒谎。他的理由："我是中国人，当然不能忠于日本！"

（四月九日徐州）

摘自《大公报》1938 年 4 月 18 日　第一版

7. 台儿庄的刘大个

惜　梦

在前方□□□收容所，见到由台儿庄最后退下来一位受伤的战士，他说：这次台儿庄的胜利，谁都知道是将士用命，但是，老百姓合作的精神，也不容我们埋没。他很郑重的告诉我关于"刘大个"的一段故事，并且很诚恳的请求我把这一段故事能够转告我们后方的同胞。当时，在记事簿上我写成了类似丘八诗冯焕章先生的名词——的几段短句，读给这位受伤的战士听。他笑了，从板床上坐起来很兴奋地笑了。为了不负这一位受伤战士的嘱托，愿意把这几段短句，在这里献给我们后方的同胞。

> 台儿庄子在徐州东，
> 提到这地方都陌生；
> 这次对敌的大歼灭，
> 居然世界上有了名。
>
> 庄里有一位刘大个，
> 说起这人是真不错；

弟兄日夜和小鬼拼，
抛了全家帮着工作。

小鬼头天闯进了庄，
他家五口人全杀光；
有的人是折断了腿，
有的人是豁开了膛。

三四两号大的更凶，
全庄的人们都跑空；
"他杀了我们这些人，
何必可惜我一条命！"

他学会怎抛手榴弹，
拿了一些就往上干；
眼看十几个小鬼头，
在他手里都完了蛋。

"若是好铁儿必打钉，
若是好汉子必当兵；
他们既不让我们活，
我也让他们活不成。"

"实在生命可以不要，
这个仇恨不能不报！
军民赶快联合起来，
非把小鬼们全打跑。"

小鬼血债欠的太多，
还债时期不能让过；
望我中华的儿女们，
人人都要学刘大个。

二七，四，一二，于徐州

摘自《大公报》1938 年 4 月 18 日　第三版

8. 大兵团的运动战

长　江

在南口以阵地战著名的汤□□军，此次在山东作战，完全为另一种姿态，在整个战区作战计划之下，与据点死守的孙□□军配合，而担任机动作战的任务，这将近□万人的大兵团之运用，从三月二十二日至四月十五日止，始终以运动战之英姿，打击敌人之侧背，使敌人无法集中主力以扑台儿庄，因得于孙军之艰苦撑持相配合，而造成台儿庄空前的胜利。这种战法初次实用于二月中旬沂河西岸之战争，而自规模之大，战法之巧，收效之宏言之，在抗日战争史上，此实为首创。

汤军团对于津浦线滕县一带之增援，未曾赶上后，三月二十二日即奉令由台儿庄北渡运河，时敌人已占枣庄峄县，该军主力得池□□师之掩护，得安全渡过运河。

主力过运河之后，该军并不向峄县枣庄之敌由南向北正面进攻，而绕道于峄县之东，向北迅速进入鲁南山地，然后西向以扑枣庄、峄县之背。二十四日即纷向枣庄之敌进攻，二十五日关军将枣庄东十余里郭里集之敌赤紫联队部队全然歼灭，而王□□军亦占有枣庄四分之三，仅中兴煤矿公司房屋坚固，及一个碉楼未曾攻下。三月末旬，各方曾一时盛传枣庄收复，实即四分之三之占领。

自三月二十三日起，孙□□部池□□师对于峄县之诱敌战已经开始，而敌之濑谷支队已乘势南下，直攻台儿庄，汤军团得孙□□来电，乃调兵南下，欲夹击濑谷支队，适得池师电告，濑谷已受顿挫，形势已转不稳，故除郑师之一旅仍自峄县之东，南下占领临台铁路以东之□□□□□之线，协同池师作战，侧击濑谷支队。其余主力则仍控制于峄枣之东北，对分散之敌，进行个别歼灭。

濑谷顿挫之后，三月二十七八两日，为矶谷猛扑台儿庄之时，孙□□军□师皆加入作战，汤军团乃向东南移动，再转西南向，以搏敌之左后侧。以王□□为右军，以关□□为左军，欲分段突击敌人。三月二十九日，关军经临沂西南之向城，西南进以取攻洪山兰陵诸镇，正欲夹击强敌于台儿庄之东北。谁知敌由临沂方面增援南下之片野支队（板垣部队）于二十九日同日与我关军东西并道而行，各不相觉。

自三月三十日晚起，汤军团正分南北两路，猛攻犯台庄敌之左背侧，至三十一日，关军郑师先头已占领临台铁路附近之北洛，台庄附近之敌，已陷于大包围中。而汤军团之后背忽发现强大之敌人，片野支队挟两联队之众，约五千人，顺临台公路向汤军团背后打来，汤关之司令部已被敌人接近，四月一日关军乃以一营步队向东北来之敌逆袭，使其不得不停止前进，展开应战。同时急调主力，经临台公路之东南，绕过敌人之左侧，急进至片野支队之后背，向临台公路上之作子沟秋湖爱曲等地袭击。经二日半之战斗，敌被我分段击破，四月三日关军张□□师并在刘庄抄袭敌司令部。于是片野支队，侧袭我军之企图，根本失败，而且已不能在临台公路上立足。

片野支队为板垣旧部，即为去岁与汤军大战南口之对手。此次战役结果，自敌尸中得到若干日记，皆有南口战役之详细记载及进入察南，转战山西之情形。故此次应该是"老友"重战，分外有味了。

片野支队在公路沿线被我袭击之同时，其一部即离公路线，西向绕出我军之北翼，在峄县东南一带会合矶谷之师，并力攻台儿庄，故四月三日台儿庄情势几不能保。至此，汤军团全体将士，无不称赞池□□师之坚忍，及孙□□军全体将士之苦撑，以五分之一之台庄残余房屋，终使敌军用尽方法不能得手。因此始能给予汤军团再度回师侧击台儿庄之时机。如四月三、四日台庄竟告不守，在汤军团全军之迂回跋涉，将全为徒然，而使一切牺牲不能换得今日之代价。

汤军团回师东北向，迂回侧击片野支队之时，敌除猛攻台儿庄而外，更以约二千以上之兵力，向东蔓延，活动于邹县西北一带，一则威胁台儿庄之右后侧，一则以侧背攻击之姿态，应援片野支队。谁知片野被我迅速击败，余部西随矶谷，汤军团乘势掉过剑锋，西向攻击，以关□□军为北路，以王□□军为南路，猛力以打临台铁路附近之敌人。

此时我汤军团之张师，亦奉前方统帅令由韩庄一带渡河，直出临台铁路之西，攻峄县南之獐山等要地，东西合围之势且成，在台儿庄附近之敌约二万人，实已陷于全灭之境，当时若干人皆预料可造成大规模的歼灭

战，惜某部稍欠协同，致王军略受牵制。敌经五六两日之强烈战斗，知我
主力兵团无顾惜的攻击其侧背，攻台儿庄之敌，已逼处全部覆没之前途。
乃乘王军迟滞之际，赶紧将攻台主力，绕过王关两军之前锋，退至峄县东
南，转而侧击关军之右侧。

敌军三次猛攻台庄，皆被池□□师极力支撑，未能得手，四月五六两
日之形势，敌对于台庄之占领，实已完全绝望。不得不狼狈北退，故六日
晚我各路总攻，敌即仓皇北通，七日晨池师正面收复台儿庄，关王两军亦
转向西北，攻击前进。七日敌势已动摇，被我汤军团将其主力正面击破，
关王两军同时追击前进，得敌炮弹千余发粮食枪械亦多，开津浦线战争中
追击前进的首次纪录。我官兵对于追击敌人一事，至今言之犹感兴味也。

七日以后，敌退峄县附近险地，固守待援。同时自峄县枣庄向东延伸
至郭里集南安城税郭一带，约有二千之众，盖为准备与临沂东南之向城守
敌联络，封锁鲁南山地边沿，待援军到与我决战。汤军团乃于七日以后数
日沉寂中，部署峄县东北税郭一带敌人之歼灭战，汤以主力突入鲁南山
地，然后折而南向，欲自东南北三面分五路以突击税郭等地之敌人，十四
日各军正进行攻击中，而敌人大批增援之消息已至，前方统帅乃通盘考虑
战局，重布阵势，以待敌新来之军。汤军团将士对于新来之敌部，正准备
以更有力之姿势，奉敬相当攻击的敬礼也。

（四月十八日徐州）

摘自《大公报》1938 年 4 月 22 日　第二版

9. 鲁南运动战的经验

长　江

一、敌军的优点和弱点

"和敌人打几回仗，等于进日本陆军大学研究三年！"一位军官在小
村中对我说。

"进日本陆军大学，还不如打仗来得亲切，因为我们到日本研究，他
们的秘密，总不肯告诉我们，而到两军在战场上相遇，他们什么本领，都
无保留地使出来了！"我这样回答。

的确，实际战争中，是日本将官的战术思想指挥能力和军队战斗力的总实验。矶谷和他所指挥的部队，皆在鲁南对中国军人一观其短长。

㈠敌人的长处在哪里？第一，在战术上，不能不承认敌人指挥相当机动，敌人在鲁南一贯的战法，首先是以外线作战的态势，对我取大包围，然后用内线作战的手段，集中主力，突破我军的一点。如再不能即刻达到目的，则恃其机械化学交通工具的便利，用一部牵制我守军，而以大部自一翼或两翼向我后方迂回，加我以决定的打击。滕县之战是如此，台儿庄之战的初期，所谓诱敌深入之役，也是如此，其对付汤军团也是始终想从侧背去迂回。

第二，在守点战斗上，敌人相当顽强。这是以三种条件构成其顽强的事实。其一，敌人轻兵器射击，故只要少数人死守碉楼堡垒，我即不易接近。其二，敌人作防御工事，甚有研究，野外工事隐蔽甚好，不易发现。对于村落墙壁，其利用方法尤有独到处。如在墙内顺墙基，往下掘立体式散兵孔，然后顺地平面自墙脚向外开射击孔，孔内大外小，不易被外间发现，散兵孔上斜覆门板等，上更加以沙土，枪头不出射击孔外，此种工事除炮弹正落其头上外，概不易损伤，而且不易被墙外发现。其三，敌虽已决定大部退却，但往往仍留少数射手于工事内，必将其彻底消灭，始能确实占领一村。故甚为费事。

第三，敌军阀对其士兵之欺骗的恐怖教育，仍有相当力量。故俘虏不易，敌阀一面纵令其士兵在中国无恶不作，使其士兵在混沌的苟且心情中，造成一种先天的不安心理，以为"我们如此对付中国人，将来中国人必不相恕"！然后日阀利用日本民族之迷信，制为华军"杀头"之谎言。使敌军不敢轻于缴枪，宁肯战至最后，举行集团自杀。

㈠敌人却表现了不少弱点。第一，战术上，敌人对于运动战，阵地战和游击战为辅的新战术，缺乏应付办法。除滕县一役，因□军器械太差，因而失败外，此外战役，敌人皆用尽其包围突击迂回等战法，而对于坚守之据点，则既不能动摇，我大兵团之随时在其侧背袭击与突击，简直无法应付，使其不得不转主动为被动，由攻势转为守势。从有目的的进攻，转为无希望的死守。第二，战斗上，敌人步兵之攻击精神，已大非昔比，特别在南口和保定及彰河诸战役，和敌军作过苦战的关汤各部，皆大以为异。南口战争时，□□军官兵公认，不但敌人炮兵飞机猖狂，其步兵之冲锋精神，实甚顽强，其前赴后继之勇敢，对我军亦不多让。但此次鲁南战争，敌步兵几不堪一击，当敌冲锋时，只要我军下令反冲，敌立即抱头后窜，无复过去之勇敢。第三，机械化兵器效能低落，敌人对我占优势之兵器，日飞机，日坦克，日大炮，此次三者威力皆不甚高明。先就量说，敌人因对我战区过广，重兵器分散，不能集中使用。而就质说，敌之飞机战斗员，炮手和坦克使用员等，似因技术人员不够，或因战意灰颓，无心卖力，故其命中之程度，其所应及于我军恐怕与杀伤，去其平日水准，不知有若干距离！

鲁南战争中，敌机几无甚威力可言，敌炮对于台儿庄之阵地战尚略有成就。对于作运动战之汤军团，飞机与大炮所及之效力，只有增加我军对于敌军恐怖心之减缩，与乎战斗必胜信念之加强。坦克对于运动战部队，威效亦小。因运动中阵地不定，坦克不能集中对付一点。分散使用，效力甚微。一旦深入腹地，汽油接济艰难。且我各部配有战车防御炮，坦克顾忌更多。

二、我军的成功和缺陷

鲁南初次会战的胜利，当然不是偶然事实，我们有我们成功的原因。

㊀成功的部分：第一，战术上始终立于主动，这是我们胜利的根本。汤军团援滕县不及之时，前方统帅并不令其正面与敌争临城滕县，而令其速赶过台儿庄，过台儿庄后，并不与敌正面争其已占之枣庄、峄县，而急北进鲁南山地，雄视枣峄敌人之侧背。此后战役，皆不为敌之行动所调动，而始终保持自主的机动的立场，寻求敌人，进行侧背攻击。正如□□□师覃参谋长异之所谓："以大击小，以小击大"的原则。三月二十五日□□□师以绝对优势的兵力，歼灭郭里集之赤柴联队，即为以大击小。四月一日关军以一营在洪山镇迎击片野支队，使其不得不停止前进展开部队，迟滞了进行，这是以小击大。同时我军主力，秘密绕至片野支队之后，将其击溃，则为另一原则所谓"以无目标击大目标"。汤□□先生此次用兵，总以取得有利姿态为第一义。而关□□先生亦一再曰："只有采取攻势，才可增强士气，困顿敌人。"（未完）

摘自《大公报》1938 年 4 月 23 日　第二版

鲁南运动战的经验（续）

长　江

　　第二，战斗上，我们发现了许多方法。敌人是绝对不敢和我们野战的。如果我们守村落城堡，就恰好吃敌人大炮飞机的亏，我们采取攻势，敌人就死守在村落里，所以在运动战中，对敌人的战斗，以争夺村落城镇为多。敌人凭借优势兵器，再加以善作防御工事，故我军每次攻击，虽然十九成功，但伤亡甚大。普通每村总伤亡一二百人，稍有城堡之镇市，伤亡更大。这里我们经验出了两种办法，其一是□□式□□的攻击，首先和敌人接触，伤亡也有限，必俟敌人弹药消耗至相当程度时，始加以最后的突击。或则待敌人控制于村之左右部队，已出而夹击我先头部队时，我主力出其不意，用野战以消灭敌人，然后进占村落。其二，敌若死守堡砦，仰攻徒多牺牲，则宜用□攻方法，敌必自乱，然后各方围击，损害亦可减少。对于坦克车，除用炮击外，万一在炮不及使用时机，还有三种方法：其一，□□□战法，待其步兵已随坦克前进至近距离时我步兵急跃进，通过其坦克，而冲入其步兵阵中，彼此混战，敌我步兵胶着一起，敌坦克亦无所用其技，而步兵交战，我总可有利。其二，□□□□法，坦克如果冲至，坦克上之枪炮，限于死角，莫可如何，纵然自头上压过，仍与我守兵无损，但其随来之步兵，仍难逃我军之射击。其三，为破坏轮带，坦克之轮带，据经验借□个手榴弹之力可以将其破坏，如能再附汽油一瓶，随□个手榴弹掷去，且有顺坦克罅隙以燃烧内部之或能作用。第三，民众协助军队，情形渐好。

摘自《大公报》1938 年 4 月 24 日　第二版

10. 光辉的战场

长　江

　　敌人正在鲁南进行对我第二次大的决战，他用十万以上的军队，来挽回台儿庄失败以后的颓势，大家都悬心于战争的成败，这里且把第一次会战中敌我战斗上的表现，作为我们推测这回战争的参考。

一、镇定的我军

四月十五日，正是汤军团从攻击部署转来对付新情况□□□□□□□□□□。

就是这天正午，敌机到处轰炸，有许多马匹辎重，都不得不躲避在树林里。北大窑村旁的树林中，隐蔽士兵们多一半是睡觉，而少数大兵则在林中茅屋，大拉其三弦琴，有人拉，有人唱，似乎他们对于敌机只感到是高空音乐，正有帮助三弦琴的效用！因为镇定，幽默之事甚多。三月二十五日高鹏团从郭里集转换阵地。但是敌人已迫得很紧，不易脱身，又不能不设法脱身，乃在上午八时以二营之众，冒高兵器的危险，敌望而不敢追，二小时后，始用战车围攻我早已离去之村庄，其重炮亦实行追击射击，共发千余发，延长射击至二十余里，我士兵脱离敌重炮射程之后，见炮声已息，乃相顾而笑，谓："日本人礼节真隆重，对于我们中国兵都放一千多发礼炮，我们欢送国民政府林主席，也不得一百零一炮，所以，实在我们也不能说日本人薄情！"日本炮兵确乎逐渐对我真发生音乐的功效。四月十五日我和□□旅长及彭赍良主任在□□崮看炮战，敌人八门炮和四门重炮，向我们阵地大放而特放，然而从望远镜看去，敌炮尽管打，兵正在大开玩笑，我踢你一脚，你推我一拳，如果有人被推倒，大家围着哈哈大笑！高级官的表现，这回也非平常。一个简陋的□□内，□□□□□□□□。李将军始终和平时一样，不拒绝和客人谈天，在谈天过程中，安间地燃着纸烟，并且把旁人送他的水果分食客人。他的态度没有一个时候不是坦率，没有一个时候不是公平，吃了辛苦的军队，有功劳的军队，不管是谁，他总是赞扬，而且请中央嘉奖；不尽责的军队，他毫不客气地痛恨，而且一定请中央处罚。

白将军平日给人的印象是英明果断，这回我们在□□中看到他，英明果断的外貌，不减于平时，他谈话仍然是心平气和，安详地为我们分析当前的战局。那情形太令人感动了！

二、光辉的战斗

这回仗，我们很有许多漂亮的战斗。增加我们无限的信心。

　　兰陵战役，敌人二三百人在堡砦之内，我们第□师的部队去夜袭，先头只去了一排人，排长殷学渊在接近兰陵城门时，敌人有哨兵在门口，正欲入内报告或者布置抵抗，殷排长乃乘机率部飞奔而前，直冲城内，敌哨兵措手不及，殷排长已将城内弄得枪声大发，火光四起，敌人摸不着头绪，于是自相混乱，狼狈逃出兰陵镇。他事后对长官报告："敌人离开飞机大炮坦克，简直不能作战！只要和敌人步兵接近，我们一定可以以一当十！"

　　郭里集战役，□□□□团□连士兵贺杨武，被敌烧夷弹打中，衣服着了火，而且受了伤，他赶紧将衣服脱光，全身赤裸仍然继续持枪和敌人作战，并不顾一切地冲锋。□师长立刻给他三十元的奖金，并且连升三级。

　　四月十二日□□□师一部夜袭税郭，少数我军将其电话割断，奋勇冲入，敌军即起慌乱，我军即以极迅速之行动，自税郭退出，敌在□中不知我军在何方，乃仓皇互相射击。我军在城外静观其自相屠杀，殆其已稍停息，又派一部奋勇冲入，增其混乱，然后再度退出，敌于是终夜互击，伤亡四五百人。底阁战役，我们还使用过□□方法。这是张闻声连长的创作。在夜间会用□□向敌人冲锋，敌人在夜间弄不清楚，只好一味乱放枪炮，而他这一连则始终控制在旁边不动。等当面敌人子弹消耗得差不多了，然后主力出而向敌冲锋。四月七日一举而占河北村。

　　李仙成排长四月六日冲入杨楼，他带了五个人，而敌人则有二十余人，我们的轻机关枪手已经被敌人打死，轻机关枪已经被敌人抢去，眼看这六个人就要全部消灭。而李排长公然用步枪去抢回了已失的机关枪，敌人猛烈地向他射击，他当然逃不过受伤，但是他在负伤后，仍然强不想后退。

　　以寡敌众的事实不只表现在英勇的战斗上，而且在战斗方法上也有特别的成就。排长董芳云守□□，这是四个村子并成的集体村子，有几里路宽。要一排人去守，实在不易做到。不过，这位董排长仍有他的办法。他派出数人守各村，不规则地放枪，使人闻之，不知有多少人马，而在要路口上，则暗伏轻机关枪。敌人果到，就毫不客气，加以打击。结果把敌人弄得莫名其妙，没有敢于大胆的前进。

　　我们本来是重兵器不如敌人的国家，然而我们炮兵的成绩，这回表现得很好。四月十六日，知道敌人有反攻的企图，炮兵阵地已向我移近，而且有两中队敌人进入了第一线的村庄，是要前进的样子。胡营副一面通知主管的□旅长，一面就开炮射击，几炮把敌人炮兵阵地后方的骡马打得乱跑，另外几炮打中敌人进入曹口村的步兵，大概打死三四十人，于是在望远镜下，只看到敌人一个一个的向后撤退，而李家口那一中队敌兵，也继曹口敌人之后，一个一个的垂头丧气，向后缩了。

□□团有两位哨兵，看到前面有敌人一辆炮车经过，他们就跑着追赶，并且被他们两个人把那门炮居然抢到！可惜不幸最后还是被多数敌军用手榴弹打死，已得的炮车，又被他们抢了回去！这是崔家树的事情。（未完）

摘自《大公报》1938 年 4 月 26 日　第二版

光辉的战场（续）

长　江

三、慌乱的敌人

敌人的炮兵，在第一期抗战中，以阵地战为主的战术实际应用下，敌人炮兵成为决定的打败我们的力量。在运动战的原则下，敌人炮兵已有点不灵了。四月七日，敌人摸不清我们红瓦屋屯内有多少人，总是疑惑那里有我们的重要部队，由是敌向红瓦屋屯内发炮至千余发。费了敌人千多炮弹，而伤亡不过十几人！因为三月廿五日我们消灭了赤柴联队，二十六日敌人就集中炮兵猛炸，以报前日之仇。郭里集附近廿里内村庄，那时都被敌炮射击。计发炮四五千发，满以为将我主力击溃，其实我主力早已离去，只打伤三个便衣队，而且都很安全的运到了后方。敌军后方勤务，平时是比较有办法的，伤兵向来不抛弃。但是枣庄敌伤兵近千，其中有几百较重的伤势，都被他们放火烧了。这些伤兵听到要活烧他们，哭声震天！敌军上级官去为他们训话，也自己感动得流泪。在烧伤兵时有些还不断在火光中举手张口大声疾呼，而无情的日本军阀因鉴于战争不利，将来运送困难，故仍不顾人情地把伤兵活活烧死！从日记上，看到一种记载，说敌将寺内对他们将士训话，鼓励他们勇敢的反攻。只有不断的攻击才可以接近胜利。越是这样说，敌人士兵越恐慌，因为他们深知不但攻不易，无时无地不处于被攻的地位。那胜利不知要等到何年何月了。敌人一封未曾发出的信上说："我现在在中国作战，处处被华军攻击，将来不知如何是了。我自己看不出什么希望。所以身边存的三百元现款，这里完全汇回来。我已准备投身在渺茫之中。"敌军于四月七日退却时，我军奋勇追击，夜间敌军发照明弹，以辨我军行动。但因内心恐慌，用枪发照明弹时，已不敢用目直视我方，唯反手一面发枪，一面逃遁。

敌军精神不振，戒备甚差。四月二十四日敌我发生一次"同居"的喜剧。缘敌有一部宿营于郭里集东南之小便庄内。此庄与另外两庄合成一联合村庄。当夜我有一旅部即在小便庄以外两庄驻下，而且尚有一部我军直入小便庄驻宿。敌闭门驻碉堡及家屋内。竟终夜糊涂过去。次晨彼此发觉，才大打一场。敌败退时，也有敌人换成我乡农服装，企图逃跑者。被我们捕获后，异常恐慌。以手磨颈项作恐杀头状。我军以日语答以优待俘虏，他们则连呼"谢谢！"敌军缺乏灵魂，因无强固战斗理由以为之支持。一时胜败，关系不大，只要日子拖得长，敌军之战意，将日渐减退。和我们之战斗心理日渐强固者对比，我们很理智的可以看到今后战争的趋势。（四月二十五日）

摘自《大公报》1938 年 4 月 28 日　第二版

11. 鲁南二期会战

高　公

为全国人士所注视之鲁南二期会战，刻已展开序幕，因为此次战役关系之重要，不妨于事前予以探讨，则对将来结果，亦可窥知一二。

记者初由汉到徐，为明了战局之全盘情况，曾分访各高级将领，其首先使人得深刻印象者，即为各将领均有共同的自信力和决心，自台儿庄战役后，"攻击"二字已深深印入各将士之心中，盖知不攻击，换言之，即不出击，实不足以彻底打击强敌，且深知敌军士气之颓废，我军士气正方兴未艾也。敌军攻击台儿庄受挫后，即大举增援，因其国内已无兵可调，故不得不在河北山西及江南各处抽调兵力，同时又顾虑当地情况，故来鲁南者均系零星部队，合矶谷、坂垣、土肥原残部，亦不过六七万人，然皆系疲乏之众，转战各地，俱已数月，欲于鲁南战场，有所进展，实不可能。

此项增援部队，于四月中旬，陆续由青岛济南等地运往前方，敌军乃于十五日开始总攻击，其目的仍在台儿庄，乃以其主力（坂垣部）由临沂趋邳县，绕攻台儿庄南方，迫我守军不战而退，威胁徐州，但其攻击邳县之军，在连防山一带，为我汤军团严重打击后，毫无寸进，于是又不得不再向我右翼迂回，略郯城而袭陇海线上之□□□，形成大迂回战略，经我方军事当局窥破此点，事先于该处配备相当兵力，予敌迎头痛击，二十九日夜曾一度追抵郯城县城郊，外间即误传我军已克复郯城，实则我军仅抵郯城而返，并未入城也。

虽此旬日来前方战事相当激烈，然不过为决战前之据点争夺耳。

综观全局，敌仍希望速战速决，日前我军曾在敌死尸中发现长官命令，谓"如不能攻下徐州，打通津浦，不必回国"云云，正以敌此次来势之猛，仍欲实现其打通津浦之计划，故再集中主力，猛施攻击，实不过徒耗兵力而已。有人以为敌此次攻击失败后，恐将退集临沂峄县凭险固守，实与我军事前途不利，殊不知我军正可将其包围，俟其粮绝弹尽而歼灭之，因鲁南山地，实非淞沪地区可比，运输将感受相当困难也。

总之，鲁南战局，此时尚不容乐观，亦不必悲观，一切俱取决于我军之自信力与决心，只要吾人有自信力与决心，亦可克服一切困难而争取最后胜利。

（五月一日于徐州）

摘自《大公报》1938 年 5 月 6 日　第二版

三 将士谈话及采访

1. 莒县血战经过

【徐州廿八日中央社电】顷据负伤归来之某营长所谈莒县沦陷激战经过如次：我军廿一日奉命调莒。兼程而进，到达时，已疲惫不堪，但敌机械化部队三千余人，并战车四十余辆，已包围莒城东北西三面，我军仅千余名，廿三日晨七时，敌四面猛攻，西北角城墙被击坍多处，敌由缺口拥入，韩营长奉命驱逐，与敌发生巷战，选用大刀手榴弹，将城内之敌七十余名完全歼灭。城外之敌，被我以手榴弹炸死二百余名，夺获机枪两挺，自动步枪十余支，十时许，敌势披靡，斯时我游击司令刘振东，亦多加北门战役，竟以身殉。围攻西城之敌，被我邵团长亲率士兵，居高临下，以手榴弹齐掷，邵团长当场负伤，仍指挥作战。东城之敌，被我陈连长激烈抵抗，敌未得逞，南关之敌，我刘营长亲自率队出击，亦与敌发生巷战，白刃肉搏，炸弹乱掷，敌死伤三百余名，刘营长腹部中弹，我官兵亦伤亡七十余名，截至下午二时，将敌驱退，我获机枪两挺，步枪数十支。当日下午四时，敌机四架飞莒城投弹，并以机枪向下扫射，掩护再作二次攻城，我军猛烈抵抗，截至九时，敌仍未得逞，暂为休战。廿四日晨四时，敌又增援作三次进攻，我以疲劳之师，一整夜应三次剧敌，然经朱旅长亲自督师，振臂一呼，士气仍极激昂，但东北两面城垣，已被敌炮轰成平地，敌蜂拥而入，我朱旅长及负伤之邵团长、韩营长等，均仍躬亲指挥，浴血抗战，完全施用刺刀炸弹，一时血肉横飞，尸满街间，壮烈情绪，神鬼为泣，是役我伤亡近五六百名，敌死伤逾千，我某军团长以消耗战目的已达，且死守无益，乃下令于廿四日下午十时，将此已成废墟之莒城放弃，只枪林弹雨，由南门街出，现我军扼守莒城南关外各高地。

摘自《申报》（汉口）1938年3月1日　第一版

2. 敌企图打通津浦线已遭挫折——某专家谈战局亲感

【徐州廿八日中央社电】某军事专家，顷向记者发表其对于津浦线战局之亲感。渠认为敌企图打通津浦路之可能性，即已减少，且已陷于进退两难。其见解精确之处，特摘录如次：一、自南京被陷，敌驱其疲惫之师，渡江北犯，虽幸获伸展至淮河流域，惟因战区之展长，其兵力已愈形单薄，铁路公路十里外，敌即不敢活动。津浦北段之敌，亦感同样困难。兼之敌之后方交通，时遭破坏，运输维艰，前方之敌，每易陷于接济断绝之困境，故目前敌已成为强弩之末，似无足为患。二、我过去淞沪战役，系将重兵集于一隅，以血肉做长城，与敌做据点，据线式之战争，现改为有机动性的战略，展开辽阔战场，发动整个力量，造成据面式之战争，使敌随处荆棘，动辄得咎，不得不由活跃的袭击变为呆板的防守，其占据淮河南岸而陷于进退两难，即为受我此种新战略威力之后果。三、我津浦线战区各军的最高军事当局及某司令长官之薰沐陶冶，纪律严整，士气振作，官兵尤有抗敌到底之决心。两月来迭经池河、淮河、两下店、济宁、莒县战役，将士莫不用命，迄无畏缩不前及临阵退却现象，我人以此种精神制敌，何敌不摧。基于以上三种原因，敌之打通津浦线企图，实已遭遇挫折，乃毫无疑义之事实。专家并告记者，除此战时德国系以整个国家而有东西两战场之分外，一战区内而分南北两战场者，在过去战史中实罕有其先例，当以今日之津浦战区为嚆矢。徐州军民在此南北夹击中，尤能雍容应付，益足以坚强我人对最后胜利之信念。

摘自《申报》（汉口）1938 年 3 月 2 日　　第一版

3. 滕县血战　病榻前访问陈师长

在一间恬静的病室里，洁白的床上睡着我们忠勇的四川模范军人——与业已殉国的王铭章师长共同坚守滕县而受伤的陈离师长。在记者致了慰问词以后，蒙陈师长勉抑着创痛，告诉了我在滕县血战的经过。

"在本月十日以前，敌人就在津浦北段源源增兵，到十四日黎明，敌人就开始猛攻我们滕县正面的下看埠、白山、黄山等前进阵地，本来前进阵地是能支撑则支撑，不能则可退守本阵地的，然而自周营营长至每一个小兵，都愿意与阵地共存亡，有一个士兵曾冲到敌阵前八次，抛掷了八次手榴弹，最后终于阵亡。在敌人猛烈的炮火和炸弹下，一直支撑到下午二时，周营全营官兵全部壮烈牺牲，敌兵才进入了我们的前进阵地，复以大炮二十余门，坦克车二十余辆，飞机三十余架进攻我九山、王福庄、张庄、后屹村、金山等我军本阵地，幸赖我将士用命，一直到下午四五时，我们阵地始终屹然不动，敌人见猛攻不下，乃改变战略，分兵千余，自龙山濮阳山我右侧偷进我阵地后方，我当时闻讯，即自金山亲率一营前往抵御，可是随后敌人又增援千余，并有大批迂回部队，自龙山，前后枣庄进山占我后方柳泉埠，截断了滕县到界河的公路。我当时因部队多半作了壮烈牺牲，而且将受包围，乃和第二线指挥官王铭章师长商议，请他派部队和我们联络，夹攻柳泉埠敌人，以肃清后路。可是到晚间十时，刚拟出动，王团来报告，说是敌人已经占了柳泉附近界河，敌人自前方、右侧、后方包围了我阵地，预备队都牺牲，不得已乃改变计划，调王团协同师长一团两营坚守白沙河、龙山、濮阳山等阵地。一面乞援，一面加强各项防御工事。

十五日，我部与王师长部整日与敌人作了极猛烈的斗争，飞机、大炮、坦克车差不多连一分钟都不间断地在我们阵地上轰炸。我们的官兵虽然伤亡了很多，可是我们的阵地，终没有更动。

到十六日朝晨，据探报敌人万余，已自右方迂回前来，进攻离滕县城数里的东沙河。在极端的危境中，做了个决定：王师长税副师长率部在城里死守，我带领着仅存的特务连手枪连出西门，预备出其不意地袭击敌人。可是才出西门四里，即遇到了大队的敌兵，然而当时我们谁都抱了必死的决心了。就向着敌人直冲，几百个敌人看见我们就狼狈窜逃，我们就追到铁路边，预伏在铁路上的敌军铁甲车中的钢炮、机关枪，猛烈向我们发射，子弹爆裂在我的左右前后，我的卫兵好几个当时都中弹阵亡了。我们于是只能退到东面的一个村庄里。刚进村，敌人已自东面山上攻村，我们一面抵御，一面退出村子。可是刚出村五十米，敌人已经进入村庄，而一颗机关枪的子弹却射入了我的右腿。

当时我们只剩下几十个兵士了，我便命令十个士兵散伏在几个坟丘上，其余的都卧倒在身旁的一道河沟里，尽可能地杀死敌人，然后留下最后一颗子弹，自杀以报国人。可是，一直到下午三四时，我们看见大队的敌人远远地在移动，而他们始终没有发现我们。待到夕阳西下，我就吩咐兵士们赶快化装逃走，我已是一个受伤的人了，死在此地也没有关系。然而没有一个士兵愿意离开我，他们说要死就死在一起，我们一条命换敌人一条命，我们就不赔本了，我当时感动得不由不掉下了眼泪来。很幸运地，在暮霭里，几个老百姓走近了我们的身边，我当时害怕是汉奸，但他们看见我受了伤，好几个弟兄都挂了彩，他们非常同情我们。他们说我们是中国人，我们是有良心的，并告诉我们如果遇到敌人时，用什么方法就可以对付过去，最后还指示了我们向那一条路就可以逃出敌人的阵地。由于他们的诚恳朴实，使我一点也不再怀疑他们，随即遵从了他们的指点走去，一路上竟没有遇到一个敌兵，终于平安地到达了我们自己的阵地。

当我们被抬到临城的时候，刚好是王师长、税副师长、吕旅长悲壮的殉国的噩耗传来的时候，我是感到了无限的悲痛和无限的惭愧！"

谈话时间已经过多，在致了祝词以后，我就告别了陈师长。在归途中，有一句想说而没有说的话始终萦绕在心头："陈师长，你不愧为一个四川的模范军人，你的忠勇，你的辗转在山西山东的不朽的战绩，将为千百万民众热烈的爱戴和鼓颂，愿一切中国军人都像你这样忠勇，敌人是不足平的。"

摘自《大公报》1938 年 3 月 24 日　第二版

4. 军令部副厅长吴石发表临沂大捷经过

【汉口廿五日电】我军在临沂之役大捷，军令部第二厅副厅长吴石，发表激战经过、略谓，在三月十一日左右，我临沂形势颇危急，当时敌方兵力，共计二万人左右，我方兵力配备，为张、庞两部，大战开始在三月十五日晨，我方攻势移转计划，系采取包围策略，于大战前一日，已完成包围计划。十五日晨起，敌开始向我阵地进攻，情势非常凶猛，但经我奋勇抵抗，当日阵地无何变化。十六日起，敌又猛攻，结果有数地被其击破，然侧观当时敌方作战精神甚为衰颓，我军乃此面反攻，我张、庞两将军均亲自指挥，敌见势不佳，纷纷溃退。经过一日半之血战，敌一联队为我歼灭殆尽，敌方此次损失甚重，被击毙于阵前者，约在四千人以上，被我俘虏者，约五六百人。此外我并获有战利品极多。关于此次大捷，我个人有四点感动：（一）此次战斗，我方军乃北方军队，一般或视为非最锐良之部队，反之，敌方军为侵略中国最积极之坂垣第五师团及其后备师，结果却能使敌溃败不堪，足见我军之潜力，南北图强，绝无轩轾可言。（二）此次战斗，既击溃敌军，复施一日行军之主动追击，于此可以发现我抗战能力之一斑。（三）此次战斗，与其言作战计划之巧妙，则宁可归功于战斗实施之勇敢。（四）此次临沂之追击，与二月间在山西同浦线方面之退却，实具同一意义，所谓（旋进旋退）之机动，使敌穷于奔命，然后抗战之最后胜利，操诸我手。

5. 程潜发表谈话　综述最近战况：津浦役我已展开全面反攻　豫北晋南敌军无力渡河

【本报郑州二十四日专电】（迟到）平汉线司令长官程潜、二十四日接见记者、发表谈话、综述津浦平汉晋省三战区之最近形势、略谓。

津浦北段　敌于该线共配备八个师团，企图打通津浦线，进占徐州，惟经八十余日血战，敌终难得逞。临沂一役，敌即被歼四千，兹我军已于廿四日展开全面反攻焉。至平汉战线方面敌军原有四万余，敌本图消灭平汉我军后，然后回师鲁南，各个击破，消灭我驻防该两区内之二十万大军，迫我退过黄河，然事实上非但未能逞其野心，抑因我近两周来发动之广大游击战，使敌每日消耗一二千兵力。

平汉战役

……

晋南方面　敌兵力达八万，因我各部游击队之活动，及主力军之源源渡河，故晋南之敌，已陷进退维谷状态。最近津浦北段战局转紧，敌图抽调一部向该方面增援，亦因我大军之牵制，故连日东调者，仅万余而已。

总而言之　我沿河防务巩固，敌绝无渡河能力，敌此次深入我内地，所恃者仅飞机大炮，至陆军能力，远不及我、精神上更望尘莫及，故可断言将来胜利，必属于我。目前战况，亦在好转中云。（中央社）

摘自《申报》1938 年 3 月 26 日　第二版

徐培根厅长谈鲁南胜利之感想：增强我最后胜利之自信心　敌人遭遇困难将日益严重

【中央社讯】鲁南大捷消息传来，全国人民莫不鼓舞，兴奋异常，中央社记者特于昨日往访军令部第二厅厅长徐培根，叩询我军此次大胜之战略与感想，承告各情如下，敌自攻我晋南，陷于进退维谷之境，其战略又侧重津浦线，以冀实现其打通津浦线之迷梦，于是尽其在津浦线矶谷师团全力一万余人，南犯滕临等处，并以坂垣师团全力进犯临沂，并以上海之佐藤旅团由南通北上，以期会攻徐海，自本月二十日我庞张两军将敌之长野旅团歼灭后，敌攻击鲁东已受重大顿挫，但津浦正面之敌在长驱离其策源地三四百里之济南、泰安，深入我鲁南山地，于是给予我军以切断及包围之机会，我军以李汤孙曹诸将领之勇敢果决及各军之密切协同，断然于正面以攻势行动，与敌周旋，并以曹、孙两军由西侧强渡微山湖及运河，断敌侧背，以完成鲁南之大捷，吾人对于此次大胜之感想。（一）吾人自采取运动战攻击战以来，已显然于战略战术上，立于主动地位，并可证明本人前次所述引敌深入，予以痛击之战略，已有成效，国人正可因此次之胜利，增强最后胜利必归于我之自信心。（二）吾人应正告敌人，我军之战斗力，因我土地之广大，交通之困难，将益见增高，敌人苟不放弃侵略中国之野心，则其所遭遇之困难，将日益严重。（三）敌人企图打通津浦线，以完成南北通路之迷梦，被我完全打碎之后，则非特□人国内之公理派对其军阀历来判断与处置之错误可以完全认清，即全世界对于日本军阀之荒谬行为，亦可为正确之判断。

摘自《大公报》1938 年 3 月 29 日　第二版

6. 李司令长官谈津浦全线战况

【中央社徐州二十九日电】外籍记者数人二十九日晨谒李司令长官宗仁致敬，并叩以津浦线两端战况，李氏当亲予接见，对各外籍记者冒险亲临前线视察，备致慰劳，嗣将津浦战况作简说明，李氏略谓，济兖失陷后之津浦战事，可分为两个阶段：第一阶段，敌之战略为在南段主攻，北段助攻，以图打通津浦，其作战时间，自本年一月二十六日起至二月二十一日止，约近一个月，在此阶段内，我以游击战配合阵地战相辅运用之新战略制敌，颇收伟大效果，由南段主攻之敌，始终被我迟滞于淮河南岸蚌埠凤阳定远间，由北段助攻之敌，亦迄无进展。第二阶段，敌之战略，为北攻南守，并欲以主力突破临枣台支线，以遂其打通津浦迷梦，自本月十四日开始攻击以来，孤军深入临枣台支线之敌，已有一个半师团，该地区之敌，因有运河扼其前，微山湖阻其西，三角形山地伸其东，活动范围甚狭，机械化部队颇难展其所长，兼之大汶口临城间铁道已被我截成数十节，其后路联络已断，运输既发生困难，接济又告断绝，该地区之敌，已深入陷阱，短期内有被我聚歼之可能。经我击溃，现又反攻，正与我在沂河两岸展开血战，犯该翼之敌，原期策应临枣台支线，被我居中阻隔，决难取得衔接。北段左翼，鲁西我军，正围攻济宁与嘉祥，一部并已渡河，向铁道侧袭，均获得相当成功，在本阶段内，南段我军，已配合民众，不时以游击战术与敌周旋，此种零碎接触，可聚小胜而成大胜，总之，目前我在津浦线两端，已由被动地位改为主动地位，昔则我据守一村一寨一城以防敌，今则敌据守一村一寨一城以防我，惟因战区推广，据点太多，敌取守势，兵力实不敷分配，故敌已成强弩之末，我已获得战局之控制权云。俟各外籍记者以克复临城济宁消息相询，李答，临城二十七日午夜确被我一度克复，济宁亦被攻入，刻正发生巷战，旋又叩以其他有关问题，均经李氏详为答复后，各外籍记者并请为李氏共摄一影，始兴辞退出。

摘自《大公报》1938 年 3 月 30 日　第二版

7. 李宗仁谈战局：津浦我由被动改为主动并获得南北两端控制权

【徐州廿九日中央社电】外籍记者数人，廿九日晨谒李司令长官宗仁致敬，李氏当亲接见，备致慰劳，并将津浦战况简要说明，略谓：济兖失陷后津浦战事，可分为两个阶段，第一阶段敌之战略为在南段主攻，北段助攻，以图打通津浦，其作战时间自本年一月廿六日起至二月廿一日止，约近一个月。在此阶段内我以游击战配合阵地战相辅运用，颇收伟大效果，由南段主攻之敌，始终被我迟滞于淮河南岸蚌埠、凤阳、定远间，由北段助攻之敌，亦迄无进展。第二阶段，敌之战略，为北攻南守，并欲以主力突破临枣台支线，以遂其打通津浦迷梦。自本月十四日开始攻击以来，孤军深入临枣台支线之敌，已有一个半师团，该地区之敌，因有运河扼其前，微山湖阻其西，三角形山地伸其东，活动范围甚狭，机械化部队颇难展其长。兼之大汶口，临城间铁道，已被我截成数十节，其后路联络已断，运输既发生困难，接济又告断绝，该地区之敌，已深入陷阱，短期内有被我聚歼之可能性。北段右翼临沂之敌，经我击溃，现又反攻，正与我在沂河两岸展开血战，犯该翼之敌，原期策应临枣台支线，被我居中阻隔，绝难收得衔接。北段左翼，鲁西我军，正围攻济宁与嘉祥，一部并已渡河，向铁道侧袭，均获得相当成功，在本阶段内，南段我军，已配合民众，不时以游击战术与敌周旋，此种零星接触，可聚小胜而成大胜，总之，目前我在津浦线两端，已由被动地位改为主动地位，昔则我据守一村一寨一城以防守，今则敌据守一村一寨一城以防我，惟因战区推广，据点太多，敌取守势，兵力实不敷分配，故敌已成强弩之末，我已获得战局之控制权。

摘自《申报》（汉口）1938 年 3 月 30 日 第一版

8. 蒋委员长对战局表示满意 士气极盛军实无虞
接见英《泰晤士报》记者谈话

【伦敦三十日中央社路透电】《泰晤士报》驻汉特派员，日前蒙蒋委员长接见。蒋委员长对于战事之进行，不作侈谈，但表示满意。渠详言华军士气与效率之显著进步，颇形欣悦。并谓：军用品供给，目前未有使人惶虑之理由。其所谓目前者，显指今后若干月日而言。蒋委员长与其夫人，皆精神甚好，对于中国前途，极抱乐观。《泰晤士报》社评谓：日军在黄河南北两岸，现皆遭遇巨大困难，此乃无可疑者。日本军阀，已吞咽甚多，非消化力所能及矣。《伯明罕卫报》称：现有良好切实之理由，可希望中国在重大牺牲之后，卒已觅得击败其强暴侵略的邻国之途径矣。

摘自《申报》（汉口）1938 年 3 月 31 日 第一版

9. 王参谋谈鲁西作战经过

【徐州三日中央社电】三日晨王参谋由济兖前线携带战利品解徐，记者采访一周来鲁西作战经过，据谈：鲁西方面，以某师及某旅为主干之北攻部队，三月廿七日晚间进抵大汶口，旋进至界首，三十一日进至肥城，以某师为主干之南进部队，三月三十一日晚已占领两下店，一日晚进至界河，南北两队，进展皆甚顺利。兖州大汶口间，兖州济宁间及兖州临城间，各段路轨，均已完全破坏。致敌南下增援部队，先后到六列车，停泰安车站，无法移动。当我北进骑队廿七日晨突进至接山集西北姜家集时，敌机低飞用机关枪扫射，我骑兵即用步枪还射，敌机当即着火坠落，我军追击搜索，见其三驾驶员二已死，余一持手枪放射，亦被我军击毙。廿七日夜间，袭击大汶口飞机场时，敌驾驶员正在休息，仓皇逃避，当被我击毙十余人，并焚毁敌机八架。廿九日晚在界首时与敌步队发生猛烈遭遇战，歼灭其全队共四百八十余人，获枪支三百四十余支（正在设法运往）。南进部队三十一日夜半占领两下店，歼灭敌步队五百余人，获枪二百九十余支。此次我鲁西各军，在津浦北段左翼，作此种机动性之大运动战，不仅收获甚多，且完成津浦北段正面歼灭战之外卫线，意义极为重大。

摘自《申报》（汉口）1938 年 4 月 4 日　　第一版

10. 台儿庄歼敌记

—— 两受伤团长谈话

苍 岑

这在记者是一件最欣喜的事：在刚到汉口之后，想到徐州参观大战还未起身以前，居然有机会能够从新由台儿庄受伤来汉治疗的两位骁勇善战的团长口中，一聆到这次保卫大徐州首次在台儿庄歼灭敌人的激战的实况。

他们二位本是属于□□□路□□师的团长，一名王烈武，河北省任邱县人；一名王郁彬，河南省封邱县人。我们本来素不相识，乃由友人 T 君介绍，在四月一号的下午，到□□医院特五号病室会到的。

那是一间布置整洁、阳光充足的病室，那时两人正静静地卧在两个平列着的钢丝床上休息。经 T 君介绍并说明了我的来意之后，蒙他俩热烈地对我招呼，于是我首先上前慰问他俩的创伤和辛苦。

王烈武团长是在上月二十四号午后四时许在台儿庄寨墙边受伤的，枪弹由右肩穿过，肩胛骨折断，并伤及关节，现在正用架子夹着。王郁彬团长的伤口则在左膝盖骨上部，亦为枪弹所穿透，惟未伤及骨骼，受伤地点是在台儿庄北□里刘家湖。

"这真是所谓'光荣的创伤'啊！我们在后方的人对你们有说不出的

崇敬和感谢。"我这么说着。

"不要客气！我们且谈一谈那两天的战况吧。"他俩说。

"这一次枣庄台儿庄对敌人的首次歼灭战，"王郁彬团长首先开了口，"虽然我俩都受了伤，但实在是最痛快的一战，心里兴奋得很。敌人的企图，是在夺得临城、枣庄、峄县之后，想乘胜占领台儿庄，威胁徐州的。这一路的敌人，当时有两万五千左右，以矶谷师团为主力。我方早已看透了敌人的奸计，所以一方面将本路急调台儿庄附近堵击；一方面并调曾经在南口作战的□军向临城、枣庄大迂回，以图一举将临枣台支线敌人歼灭。首先渡过运河进驻台儿庄的，是我和烈武团长所带领的这两团人，当时盘踞峄县想进犯台儿庄的敌人约有三千余名。当时我们向旅长请示，决不等他们进犯，再去迎战，我们要先给他们一个教训才行。于是决定由烈武团长指挥全团把守台儿庄，由我率领本团全部北进去引诱敌人，两面夹击，一举将峄县的敌人消灭。"计议既定，于是我便在上月二十三号正午向北进至泥沟车站去诱敌，该地距峄县止十八里，敌人乘占领峄县之余威，正想南下进攻台儿庄，见我们向他来挑战，便立时派一□队约一千余人向我们猛冲，激烈战事遂于该下午一时在泥沟附近开始。双方肉搏冲锋，敌人炮火失去效用，激战约三小时，毙敌二百余人，我方亦伤亡百余，并有八连连长阵亡。同时我并派便衣队将泥沟迤东□村将敌人消灭一部。"

"这时，我见诱敌的目的已达，为的和台儿庄我军收夹击之效，便佯作败退，于同日下午五时，撤至泥沟迤南八里之北洛。七时许，敌人果跟踪而至，全力向我攻击，我与激战两小时，便又于当晚十二时撤至北洛以南五里之□□。这时敌人距台儿庄已不过十七八里了。"

"二十四号拂晓，敌人由北洛转趋东南，绕南洛，占据台儿庄迤北八里之刘家湖。傍午时分，便进犯台儿庄，与我守军作猛烈之战斗，同时用大炮六门，集中向该庄寨墙轰炸。我见我们的计划完全实现，歼敌的时机已经到临，遂率部抄袭敌人后路，乘敌人全力攻击台儿庄之际，收复刘家湖。该村敌人守军不足百人，少数被我消灭，有八人逃至村南跪地举枪，表示投降。这时敌人腹背受击，惊慌狼狈，遗尸遍地，所有敌人千余名，被我歼灭七百余，残部遂向东北方溃退，而我们这首次的歼灭战于是完成，我也便在这时受了伤！哈哈，这一战，受了伤也是痛快的。至于在台儿庄方面激战的情形，只好由烈武团长报告了。"他说完后，面上浮满着笑纹。

"是的，这一战真是非常痛快！"王烈武团长接着说："我是在上月二十二号早八时率团接防台儿庄的，我们诱击夹击的计划既定，我便指挥所部在该庄布置一切，预备歼灭敌人，台儿庄在运河北岸西南，距徐州八十里，北距峄县六十里，居民有三千余户，形势非常重要。所以敌人对该庄志在必争，而我们则非给他一个大钉子碰碰不可。二十四号清晨，天雾蒙蒙的，敌人步、炮兵千余绕过南洛之我军，经邵庄、刘家湖攻击台儿庄，自早十时起，用大炮六门向该庄寨垣轰击，步骑同时利用炮火掩护攻城。我军利用寨垣掩蔽，以机枪集中扫射，毙敌约三百余名。十二时左右，战争少停，因我军已收复刘家湖敌人后路被断大起恐慌之敌。我守军于是奋勇出击，颇收夹攻之效，将敌人又解决七百余名，残余便向东北方溃退了，我们的计划于是完成，我是在敌人攻寨垣的时候受伤的，好在是在肩上，一个月便可痊愈了。我只恨自己受伤太早，不能在这次大会战中，将敌多消灭几个啊！"他说时满面带着怒气，仿佛面前就有敌人一般。

　　我见时候已经不早，访问的目的也已达到了，遂道了一声"请你们为国珍重"而告辞了出来。（四月二日写）

　　　　　　　　　　　　摘自《大公报》1938 年 4 月 4 日　　第二版

11.　一周以来　我抗战胜利经过

——陈诚招待外记者报告

　　【中央社讯】陈诚部长昨在招待外国记者席上，讲述最近一周来各战区之战况，条分缕析，甚为详尽，讲述毕，陈部长并作简单之说明，略谓，山西一省虽沦于敌手，但敌人实际所占地带，却极狭隘，且所有军队已为我牵制，不敢擅动，津浦线将来战事之结果，预料亦必如是，查敌人目前在我国作战军队已三十余师团，将来再增加三十余师团，事实上恐亦一筹莫展，本人今日可负责相告诸记者，我军队在任何战区抗战，一日不为敌军战败，一日决不后退，如此长期坚决抵抗，相信最后胜利，必归于我，兹分誌陈部长之演词如此。

（一）鲁南及津浦南段

　　最近一旬，敌之作战，侧重鲁南，其目的在继续进行其打通津浦路之企图，其部署以鲁东之坂垣师团残部反攻，临沂以矶谷师团全力沿津浦线两侧南下，以攻台儿庄韩庄，并以淞沪之一部由南通登陆，以冀北出淮阴，以威胁徐海我军之背，作战经过如下。

△**临沂方面** 临沂之敌，自三月十八日长野旅团被我歼灭以后，十九日敌即增加兵力，沿临莒公路反攻汤头镇白塔，战斗极为猛烈，二十日敌不支退去，二十二日敌续增援四千余人，向临沂猛烈反攻，其这里侧重沂河西岸，由船渡过沂河，于二十六日起猛烈向我左翼义堂集攻击，自二十六日迄于二十九日四日之间，敌增加重炮十数门，援兵三四千人，战况至为激烈，两方死伤均在二三千以上，迄于三十日晨，敌卒不支，分两路退去，一路沿临莒公路北退，一路约二千余人，窜至临沂西方之向城，由该地之我军堵截，临沂之我军正在追击当面之残敌。

△**津浦方面** 敌自攻陷滕县临城以后，分兵两路，一路沿铁道直向韩庄于三月二十日先头达于韩庄，我军隔运河对峙，一路径趋枣庄滕县于二十一日，达于滕县。

敌既分散兵力于我鲁南山地，即陷于我军包围之中，其由济南泰安以达临城之铁路（敌之唯一后方联络线），为我节节破坏，枣庄于二十六日克复，其后方联络及相互间联络均被我军切断，于是号称善战之矶谷师团，深陷如泥淖，腹背受敌，临城于二十七日经我军一度攻入，烧其辎重粮食弹药汽油甚多，敌更感恐慌，被四面包围之敌，其在临枣支线上者，思欲突破一面，乃向台儿庄猛攻，于二十七日冲入台儿庄北端，经我数次攻击，于四月二日没以前完全歼灭，余部向北退去，庄内之敌，完全肃清。韩庄之敌思欲渡过运河南犯，经我反攻，韩庄于二十日下午克复，敌向北退去。峄县被我四面包围，残部死守城寨碉堡，不敢复出，我正进攻中。其由临沂西窜向城之敌，于兰陵镇洪山镇一带与我激战，至四月二日止，已歼灭大半，并于洪山镇附近击毙其联队长千岛一员，俘获数十人。

△**济宁方面** 敌自注全力以攻津浦路，即将济南方面兵力抽调，故我军即由济宁北上攻击，邹县兖州曲阜并于三月三十日将大汶口铁桥破坏，现正向大汶口以北泰安附近游击。

摘自《大公报》1938 年 4 月 5 日 第二版

12. 李宗仁谈战局　敌军已成瓮中鳖

【徐州四日中央社合众电】李司令长官昨对合众社记者称：日军战略，在取得徐州，威胁陇海线，然后进占武汉。但日方屡图突破华方阵线，未获结果。台儿庄附近，有日军一师团被围，已似瓮中之鳖。现日军后方，时为我军所阻扰，故援军及军需，俱未能源源运至日军前线，故不足虑。如日军继续深入，意图切断陇海线，渡过黄河，则其前锋部队，随时有遭歼灭之虞，故日方此种企图，亦不足虑。

方振武谈片

【本市消息】方前军长振武，昨对记者谈抗战前途，略称：我国抗战之必然胜利，乃决之于敌方本身。尽敌国物力人力，均极有限，惟其有限，故最初企图"不战而胜"，次则谋"速战速决"，又其次则谋"以华制华"，但皆已归失败。今就我国本身实力上视察，则九个月来之抗战，在经济、政治，与军事上言，皆已有先所不及料之成功，金融财政经济至今非常稳定，政治则我已获有空前之全国之精诚团结，至军事则有事实之上连日告捷，更不必赘述也。

陈部长招待记者报告战况　我已转败为胜

【本市消息】军委会政治部长陈诚，昨招待外国记者，讲述最近一周来各战区告捷经过，对临沂方面、津浦正面、济宁方面、津浦南段、东台方面、平汉正面、晋西、晋南、晋北、绥远并江南方面各战况，条分缕析，极为详尽，并报告各方面游击队之战绩，结论谓最近一旬来，敌各方之攻击，均已失败，尤以鲁南之被我包围，为最重大，总之，中国地土广大，兵力众多，敌不能不分散兵于各地则各处皆成劣势，此种战局，将使凶悍野蛮之敌人，亦无可为力，将见其日益消耗衰弱，而我军转败为胜，则已见其端兆也。讲述毕，陈部长并作简单之说明，略谓：山西一省虽沦于敌手，但敌人实际所占地带，却极狭隘，且所有军队为我牵制，不敢擅动，津浦线将来战事之结果，预料亦必如是，查敌人目前在我国作战军队，已达三十余师团，将来再增加三十余师团，事实上恐亦一筹莫展。本人今日可负责相告诸位者，我军队在任何战区抗战，一日不为敌军战败，一日决不后退，如此长期坚决抵抗，相信最后胜利必归于我。

摘自《申报》(汉口) 1938 年 4 月 5 日　第一版

13. 徐燕谋前线归来谈沂河败敌真相
鲁南战事重心仍在台儿庄

【徐州五日电】代表李司令长官两度赴临沂部署反攻计划之徐参谋长燕谋，于任务完成后，四日自临沂前线返徐复命。在徐中外记者闻讯，均纷往慰劳，并叩以我在沂河两岸第二次败敌真相，据谈：

首次进犯受创而退

自上月十四日起、我张庞两部、在沂河两岸与敌板垣部队血战一星期后，其第十一联队被歼灭殆尽，第二十一及第四十二两个联队，亦伤亡过半，我乘敌惨败之余，继以追击动作，残敌即于日，日（军）被迫集中沂河东岸，开始向汤头迤北撤退。

二次来犯声势汹汹

时适津浦正面吃紧，我沂河两岸部队奉令西移，退往汤头以北之敌，以为有机可乘，复驱其残破不全之师，即第二十一第四十二两个联队剩余之步炮约三千余人，回越汤头，再度向我反攻，致台潍公路之白塔沙岭李太平独树头桃源，前后重陷敌手，敌先头部队，并已侵至临沂对岸沂郁九曲附近之三官庙，于是甫已转危为安之临沂，又成兵临城下之势。

苦苦撑持渡过难关

残敌以重炮野炮十余门，及飞机十余架掩护，其步兵千余，由三官庙向沂郁九曲猛袭，竟欲突破该地，直取临沂，迄晚战事更烈，形势尤为危殆，经我张庞两将领督饬英勇将士，苦力支持，卒将难关渡过。

精锐涌到敌始北窜

廿五日晨我原由西岸西移之张部，已奉令赶返指定地点，当于廿五日下午以一部开郁九曲，协守东岸正面阵地，另以一部精锐之师，由西岸侧面阵地强渡沂河，向台潍公路之桃源侧袭，截断三官庙敌之归路。三官庙敌遭此严重威胁，复受我郁九曲部队由正面之出击，乃不得不掉头北窜，至是临沂危殆情形，又转趋安定，惟侧袭桃源之张部，被独树头与三官庙之敌两面夹击，颇有壮烈牺牲，迫不获已，始于廿六日晨撤回西岸。

沂河两岸激战两日

廿七日晨十时以前，我张部后继部队赶到西岸，立脚甫定，而□又以由东岸强渡闻，当时敌强渡部队，系第十一联队之步兵千余人，另配有大炮八十门，自廿七日至廿八日与我在大、小岭带北道古城一带血战，敌伤亡七百余，我亦损失奇重。二十八日晚敌以能将我西岸主力击破，东岸自无问题，故尽移其东岸之第四十二联队主力，继续强渡西侵，是晚适我缪部某旅已赶到增援，东岸正面我军，亦探悉敌已西渡，相约同时出击，激战至二十九日午，敌在两岸均遭惨败，遂呈动摇状态。

敌谋败露后路被截

廿九日下午敌变更先取临沂企图，以第四十二联队之残敌千人撤回西岸，第廿一联队之残敌千人由船流乔家湖义堂集厂家埠窜往向城，觅取由汤头向台儿庄之增援前线。我从俘获敌文件中洞烛敌计，除一面将东西南岸之前进阵地，巩固于临沂东北三十余里相公庄独树头角沂庄砚台嶺密家庄之线外，一面并派队，将船流至向城间敌觅定由汤头向台儿庄增援之路线切断。

前后夹击一网打尽

其窜抵向城之敌第廿一联队约千人，亦经我汤部悉数歼灭，目前依敌之行动判断，因二次犯临沂均遭失败，似已知难而退，其舍台潍公路而不由，另以千余人轻便冒险，从小径觅取由汤头向台儿庄增援之路线，尤资明证，故目前鲁南战事重心，仍在台儿庄方面，临沂似已居于附庸地位云。（中央社）

摘自《申报》1938 年 4 月 6 日　第二版

14. 政治部长陈诚谈一周来战况

【汉口四日电】陈诚部长四日在招待外国记者席上，讲述最近一周来各战区战况，并作简要说明，略谓：山西一省，虽沦于敌手，但敌人实际所据地带，却很狭窄，且所有部队，已为我牵制，不敢擅动。津浦线将来战事结束，预料亦必如是。查敌人目前在我国作战军队，已达三十余师团，将来再增加三十余师团，事实上恐亦一筹莫展。本人负责告诸位，我军队在任何战区抗战，一日不为敌军战败，一日决不后退，如此长期坚决抵抗，相信最后胜利，必属于我，陈部长演词如次：

津浦线方面

敌之作战侧重鲁南，其目的在继续进行其打通津浦路之企图，其部队以鲁东之板垣师团残部反攻临沂，以矶谷师团全力沿津线两侧南下，以攻台儿庄、韩庄，并以沪敌军之一部，由南通登陆，以冀北出淮阴，以威胁徐海我军之背、作战经过如下：

右翼（一）临沂正面临沂之敌，自三月十八日片野旅团被我歼灭以后，十九日即增加兵力沿临莒公路反攻汤头镇白塔，战斗极为猛烈，廿日敌不支退去，廿二日续增援四千余人，向临沂猛烈反攻，其主力侧重沂河西岸，由船流渡过沂河，于廿六日起，猛烈向我左翼义堂集攻击，自廿六日迄廿九日四日之间，敌增加重炮十数门，援兵三四千人，战况至为激烈，两方死伤均在二三千以上。迫于三十日晨，敌卒不支，分两路退去，一路沿临莒公路北出，一路约二千余人，窜至临沂南方之向城，由该地之我军堵截，临沂之我军目前正在追击当面之残敌。

正面（二）津浦正面，敌自攻陷滕县临城以后，分兵两路，一路沿铁道直趋韩庄，于二月廿日先头达于韩庄，与我军隔运河对峙，一路径趋枣庄峄县，于廿一日达于峄县，敌既分散兵力于我鲁南山地，即陷于我军包围之中，其由济南泰安以达临城之铁路，（敌之惟一后方联络线）为我节节破坏，枣庄廿六日克复，其后方联络及相互间联络，均被我军切断，于是号称善战之矶谷师团，深陷于泥淖，腹背受敌，临城经我军一度攻入，烧其辎重粮食，弹药汽油甚多，敌更感恐慌，被四面包围之敌，其在临枣支线上者，思欲突破，一面仍向台儿庄猛攻，于二十七日冲入台儿庄北端，经我数次攻击，于四月二日以前，将敌完全歼灭，余部向北退去，庄内之敌，完全肃清，韩庄之敌，思欲渡过运河南犯，经我反攻，韩庄于二日下午克复，敌向北退去，峄县被我四面包围，残部死守城寨碉堡，不敢复出，我正进攻中，其由临沂西窜向城之敌，于兰陵镇洪山镇一带，与我激战，至四月二日止，已歼灭大半，并于洪山镇附近击毙其联队长千岛一员，俘获数十人。

左翼（三）济宁方面，敌自注全力进攻津浦路，即将济宁方面兵力抽调，故我军得由济宁北上，攻击邹县兖州曲阜，并于三月三十日将大汶口铁路破坏，现正向大汶口以北泰安附近游击，我军之由南阳桥渡过运河口，于三月廿八日占领界河两下店，敌之后方，完全断绝。

南段（四）津浦南段、蚌埠、怀远方面、最近一旬间……略

结论最近一旬来，敌各方之攻击均已失败，尤以鲁南之被我包围，为最重大，总之，中国土地广大，兵力众多，敌不能不分散兵力于各地，则各处皆成劣势，是为必然之趋势。此种战局，将使凶悍野蛮之敌人，亦无可为力，将见其日益消耗衰弱，而我军之转败为胜，则已见其端兆也。（中央社）

摘自《申报》1938 年 4 月 6 日　　第二版

15. 鲁南歼敌经过　我军获得空前胜利

【徐州七日上午一时中央社电】某军事专家称：此次我军在台儿庄一带血战两周，杀敌逾万，几为抗战以来空前胜利。其战斗经过，亦将占战史中最要一页。在我军第一次总攻时，原可将敌一鼓聚歼，惟当时因敌主力尚逗留于临城、峄县间，未肯轻易前进，致我军仅毙敌六千，心殊不足。我为达到歼灭战之预定期望，布置第二次总攻，事先令内线占据南洛北洛间上刘家湖各军以运河为底线向南撤退，备诱敌深入，然后再令在山地之外线各军，出击敌背，里外呼应，自可完成聚歼大计。敌未细察，竟误入我圈套，惟台儿庄我第二次总攻，正顺利进展间，而向城兰陵一带，又由沂河西岸窜来敌援军数千，有牵制我外线各军线路之势，至是我外线各军，不得不改变预定计划，忍痛掉头，先向向城、兰陵进犯，以解决线路威胁，在此数日间，我因内外各线呼应中断，致使猛扑台儿庄之敌猖獗

一时，台儿庄之势岌岌可危，而造成混战局面。迄后向城兰陵之敌肃清，我外线各军后顾无忧，遂全力挥师南下，复得内线各军之策应，始终得此伟大歼灭战之胜利。现残敌气势已馁，且已弹药援绝，仍盼我忠勇将士，再接再厉，以竟全功。

摘自《申报》（汉口）1938 年 4 月 7 日　　第一版

16. 抗战前途绝对乐观　白将军语外国记者

【中央社徐州八日电】外籍记者多人，某夜承李宗仁将军之介绍，随同副参谋总长白崇禧将军，前赴津浦线视察。在大炮机枪声中，白氏初次与外国记者谈话，谓华军现已将侵入津浦路东临枣台支线及运河北之敌两个半师团的五万余人包围，决战之期已迫眉睫。著名战略家之白氏大有儒者风度，虽在戎马倥偬之时，彼之精神仍若大学教授，白氏对于抗战前途，表示绝对乐观，彼谓中国胜利之途，并不在大规模之决战，而在防止日军迅速取胜，渐次消耗敌人之力量，中国士气，远超敌人，因我为保卫国家而抗战，而日军则反是，因彼系被迫参战也，就个别及团体而论，华兵实较日兵为优，吾先哲有言，心战为上，兵战为下。八个月以来，我国一致团结之精神，实为有史以来未有之现象，党派停止纷争，全国各省军队，在最高统帅蒋委员长之下，一致奋起抗敌，虽以准备未如敌人充分之故，初期抗战不免略受挫折，惟最后胜利，相信终属于我，观抗战初期，我方在南京上海等处损失较敌人为重，而第二期作战，则伤亡顿形减轻，甚至敌人牺牲较我为重，个中理由，无非我全国军民团结一致，愈战愈强，及变更作战计划，放弃阵地战，以避免敌人巨量机械化部队之优越火力，采取运动战，以发扬我军之机动威力所致也。白氏复谓，希特勒最近声言，华军缺乏精神及武器，不堪继续作战，殊属不确，盖我军士气较敌人实有过之而无不及，致若物质之缺乏，此为过去敌我在作战准备上之比较问题，以中国之财力物力，我贯彻长期抗战，对于物质之补充，定可取之不尽，用之不竭，虽国际外交尚未到积极制止日本侵略暴举之期，然中国以持久消耗战略，终能在军事上经济上压倒侵略者。白氏继谓，日本赤字公债，已达百七十五亿元，他如工业之危机，在在可见，生产壮丁之被征入伍，国民生活程度之增高，中国市场之丧失，国际之抵御日货运动等，无一不使其日趋穷途。记者继询苏俄出兵援华问题，白氏称，为苏俄本身计，为世界和平计，苏俄应对日宣战，盖日俄本属世仇，而其主义相反，利害冲突，迟早必有一战，且中日之战争，实有惹起世界大战之危险，为迅速安定东亚，保障世界和平，尤有以积极手段防止之必要，其目前所以按兵不动者，无非受欧洲政潮之牵制而已，苟彼间和平集团克复侵略集团，苏联当可为世界和平而战。白氏又谓，以日本陆军总兵力计，尚有增兵于中国可能，惟彼仍须受苏俄之牵制，日本初意出兵十五师团侵华，可以达到目的，但目前日兵在华者，已超过二十五师团，尚无胜利光明，若再增兵，便难兼顾强邻之苏俄矣。

摘自《大公报》1938 年 4 月 10 日　第二版

17. 台儿庄火线白崇禧发表谈话　军民团结
愈战愈强　抗战前途　绝对乐观

【徐州八日电】外籍记者多人，某夜承李宗仁将军之介绍，随同副参谋总长白崇禧将军前赴津浦前线右翼台儿庄附近视察，在大炮机枪声中白氏初次与外国记者谈话，谓华军现已将侵入津浦路东临枣台支线及运河北之敌两个半师团，约五万余人包围。决战之期，已迫眉睫，著名战略家之白氏，大有儒者风度，虽在戎马倥偬之时，彼之精神，仍若大学教授，白氏对于抗战前途，表示绝对乐观，彼谓中国胜利之途并不在大规模之决战，而在防止日军迅速举动，渐次消耗敌人之力量，中国士气远胜敌人，因我为保卫国家而抗战，惟日军则反是，因其被逼参战，就个别及团体而论，华兵实较日兵为优。吾哲有言，心战为上，兵战为下。八个月以来，我国一致团结之精神，实为有史以来未有现象，党派停止纷争，全国各省军队，在最高统帅蒋委员长之下，一致奋起抗敌，虽以准备未如敌人充分之故，初期抗战，不免略受挫折。惟最后胜利，相信终属于我，观抗战初期，我方在南京上海等处损失较敌人为重，而第二期作战，则伤亡顿形减轻，甚至敌人牺牲较我为重，个中理由，无非我全国军民团结一致，愈战愈强，及变更作战计划，放弃阵地战，以避免敌人巨量机械部队之优越火力，而采取运动战，以发挥我军之机动威力所致也。白氏复谓，希特勒最近声言，华军缺乏精神及武器，不堪继续作战，殊属谬误，盖我军士气较

敌人实有过之而无不及，至若物质之缺乏，此为过去敌我在作战准备上之
比较问题，以中国之财力物力，我贯彻长期抗战，对于物质之补充，定可
取之不尽，用之不竭，虽国际外交尚未到积极制止日本侵略暴举之期，然
中国以持久消耗战略，终能在军事上经济上压倒侵略者。白氏继谓，日本
公债已达百七十五亿元，其农民救济公债，亦超出百亿万元以上，他如工
业之危机，在在可见，生产壮丁之被征入伍，国民生活程度之增高，中国
市场之丧失，国际之抵制日货运动等，无一不使其日趋穷途。记者继询，
苏俄出兵援华问题，白氏称，为苏俄本身计，为世界和平计，苏俄应对日
宣战，盖日俄本属世仇，而其主义相反，利害冲突，迟早必须一战，且中
日之战事，实有惹起世界大战之危险，为迅速安定东亚，保障世界和平，
尤有以积极手段防止之必要，其目前所以按兵不动者，无非受欧洲政潮之
牵制而已，苟彼间和平集团克复侵略集团，苏联当可为世界和平而战。白
氏又谓，以日本陆军总兵力计，尚有增兵中国之可能，惟彼仍须受苏俄之
牵制，日本初固以为出兵二十五师团侵华，可以达到目的，但目前日兵在
华者，已超过二十五师团之数，尚无胜利曙光，若再增兵，则必难兼顾强
邻之苏俄矣。（中央社）

摘自《申报》1938 年 4 月 10 日　第二版

18. 台儿庄胜利　获战略上成功

陈部长谈会战经过

【本市消息】台儿庄之役，敌胆为丧，国际间咸为我英勇将士及民众
艰苦抗战之精神所感动，我举国上下，亦坚持抗战，已获有最后胜利之把
握。此役战绩，当为我抗战史上光耀之一页。记者因特趋访政治部陈诚部
长，叩询经过，承详告以歼灭敌寇情况，并引述坦能堡之役，证明我军在
此役战术战略上之成功。兹誌其谈话如次：

敌军会攻徐州，用三路分进，合击之法，其东台与临沂方面，系属助
攻，盘踞东台之敌，自我反攻以后，在草堰镇转取守势，迄无变化，临沂
一带之敌，自三月二十二日至二十九日七日之间，经我攻击以后，敌深知
由临沂正面攻击已无效果，故将大部兵力西犯向城，希图由兰陵镇，洪山
镇南犯，直接予台儿庄之我军以侧背之威胁。

盘踞津浦正面之敌，自攻陷滕县、临城以后，其进攻徐州之计划如下：

"以一部沿津浦线两侧攻击韩庄，以主力由枣峄攻取台儿庄后再由此右旋回，以攻徐州"。

由地形上言，此种作战计划，并无可非议，盖韩庄以南，山地重重，进攻较难，而台儿庄以南，地较平坦，进攻较易也；其次，进攻台儿庄，可截断我临沂军之退路，则临沂方面之敌，自可顺利南犯，企达分进合击之效。

敌依次计划，于达临城，分兵两路，以一部沿铁道，直向韩庄，于三月二十日到达韩庄，与我军隔运河对峙，其主力径趋枣庄、峄县，于翌日（二十一日）达于峄县。

敌既以津浦线上之全力，离其所盘踞之策源地（济南泰安）五六百里，而深入鲁南，思一举而攻下徐州，因之在枣峄方面之主力军，期迅速攻击，以略取台儿庄，于三月二十五日由枣峄东犯，二十八日即达台儿庄以北地区，其主力更向东移动，二十九日将台儿庄西北高地，及北站占据，并有一部冲入台儿庄北门，此部经我守城部队，肉搏苦战，于四月二日击灭，在此期间，敌主力尽全力向台儿庄东侧地区行动，希图突破此方，企与兰陵镇、洪山镇之敌会合，其一部于四月三日冲至台儿庄南门，用毒瓦斯攻击，我守城军，死力守御，死伤甚多，但敌终未攻入，在台儿庄东方作战之我军某师，自三月三十日起，至四月三日、五日之间，受优势敌之猛攻，伤亡达十之七八，不得已退过运河南岸，敌之在台儿庄西侧者，亦猛烈向运河进攻，希图由顿庄闸附近渡过运河，但终被我击退，以上为敌攻击最激烈时期。

至我军作战，此次纯以攻击为主，对于一城一寨之得失，初不以为重，主在引敌深入，使其兵力分散，而予敌主力以打击，故枣峄之被占，并未与之猛烈争夺，并将主力略向北移，以引敌深入，而我则常保持重点于外翼，以争取包围之自由。

三月三十日以后，敌既移主力于台儿庄东北方，正向南猛攻，我右翼军，渐次展开于甘露寺，大、小良璧一带。

四月一日，由临沂转向向城之敌，向兰陵镇猛攻，我军因该敌直接威胁我之侧背，乃先予以痛击，于三日将此敌全部围歼，击毙敌联队长赤柴大佐一名，大队长以下军官士兵三千余，由临沂西窜之敌，完全歼灭。

台儿庄北方之敌，其东窜企图，完全消灭，于是尽其全力，向南冲突，此时我中央军亦次第展开于岔河镇、戴庄一带。

敌在韩庄之一部，经我猛烈攻击，于四月一日撤退，我军即占领韩庄，转向北进。

三月三十日以来，我军之由微山湖、南阳桥一带渡过运河者，将敌之后方联络线铁道及公路，节节破坏，并于二十八、二十九两日，占领两下店界河，并向南行动，以威胁其后方。

四月四日我包围之右翼，中央、左翼各军，渐次推进，其于四月三日被压迫南守运河南岸之左翼军一部，继续反攻，渡过运河，夺回黄村庄、赵村。又左翼军之左翼部队，强渡过运河，由万里闸北进占领獐山。

四月五日，我围攻部队，均已连接达于柿树园、常沟、谭庄、萧庄、辛店、台儿庄，插花庙，张庄之线，五日敌主力移向东南，全线火炮百数十门，战车百数十辆，向我中央军猛攻，战争至为激烈，我士兵浴血抗战，屹然不动，我右翼军勇猛前进，达于张楼，敌感腹背受敌，五日下午炮火渐稀，战车亦不甚活动，想系油弹均罄。

四月六日，我全线向敌猛攻，右翼军由张楼向南，左翼军进占南洛，合围聚歼，已在目前。六日夜敌由张楼遁走，一部全歼灭，敌遗弃死尸五六千具，因医官先时遁逃，致伤兵数千卧血泊中，痛呼救命，无人救治，战场惨状，目不忍睹，已由我卫生队迅速加以救治，战场发见一部因数日饥饿不能奔逃之敌士兵，被我俘获，我方均给予干粮，被俘者欢声雷动。残敌向峄县逃遁，与峄县之敌相合。该敌将峄县城民房，悉数焚烧，少数难民，悉被杀害，剖肚刳肠，以资泄愤，惨无人道，至于此极，与我迅速救治敌伤兵与饿殍之宽大态度，亦证敌野蛮民族之兽性，暴露无遗。

现我军正向峄县方面追击，目下已占峄东之九山，由临枣支路追击者，已越过獐山，由津浦线北下者，已达枣西之齐村，谅此少数残敌，直如瓮中鳖耳。

对于俘获，目下尚未查清，其已知者如下：战场敌死尸五六千具，敌伤兵约一千五百名，俘获一千余人，大炮七十余门，战车四十余辆，装甲车七十余辆，汽车一百余辆。

此次歼灭战成功之因素，可分战术战略两方面言，战术上成功之素因，吾人可以坦但能堡会战为例，加以说明。

一九一四年八月二十日，德国第八军主力，在东普鲁士古屏能攻击，俄第一军失败，第八军司令官朴列铁维趣辞职，已故兴登堡元帅，接统该军，于二十三日下令停止，第八军主力向后撤退，决定先击破由瓦哨——乌斯道进攻之俄第二军（由五军团编成军司令官沙姆索诺夫），此时俄第二军，正以两军团以上之兵力，在坦但能堡附近，猛攻德之第二十军团，该军团之左翼，因俄军优势之压迫，略向后退，俄第二军主力，遂进占阿伦斯坦，德军形势殊为危机。

兴登堡元帅，命二十军团，尽力支持当面之敌，并抽调后备旅两旅增援左翼，一面令由古屏能方面撤下三军团，转用于此方，以第一预备军团及第十七军团，由古屏能南方森林地区，向南行动，以第一军团由铁路输送，经科尼希堡——马伦堡，以转用于兑赤阿劳。

此种运动，于八月二十四日至二十六日渐渐形成包围，俄第二军之形势，于二十七日合围完成，至三十日俄第二军完全歼灭，俘获者九万六千人，俄军之死于战场者，盖逾十万也。

按：坦能堡会战成功之因素有二：

（一）德正面之第二十军团抵抗俄优势军之攻击，屹然不退，故两翼包围始得成功。

（二）德第二预备军团及第十七军团，在外翼之行动，异常秘密，故不为敌所觉察，若被觉察，则敌将转移正面退却，不过成一普通之战胜而已。

上述成功之因素，与台儿庄会战相比较，我左翼军在台儿庄正面受优势敌军压迫屹立不动，可与德第二十军团媲美，至我右翼军在侧翼之行动，前后凡十日，而始终不为敌所注意，则与古屏能以南两军团之行动无异，至先击灭兰陵镇洪山镇之敌，则尤得战术活用之妙。

日本军人，自诩为能学德国战术，而模仿坦能堡之歼灭战，尚不如吾人之神似。

战略上成功原因，目下敌军在中国境内各战场者（在东北四省不算），计共有五十余万人，而参加台儿庄会战，不过五六万人，彼何以不抽调他处兵力增援，此盖因我国自采用游击战以来，各处围歼其小部，袭攻其后方，即如山西境内，我方有二十万之游击队，遂使敌五师团之众，只能据守同蒲路沿线，不敢远离铁道一步，其他平汉线以及江北，江南，浙西各战场，均自顾不暇，遑言抽调，以远水救近火乎。故台儿庄之战胜，在战略上观察，乃各战场我军努力值总和，不可视为一战区之胜利，简言之，即我游击战，运动战，在战略上之功效也。

至台儿庄胜利之影响，有以下之数点：

一、军队之攻击精神兴起，各部队将士，均希望得一台儿庄类似之功绩，则各自努力围歼当面之敌，或可将盘踞我国土之敌人，于较短之时间，分别歼灭，则战局或可因此短缩若干时日。

二、国民之自信力增强，过去悲观之心理，于此完全扫除。

三、国际间之视听，将为我艰苦抗战之精神所感动，益能助我而抑制敌人。

四、敌国国民，将益仇视其军阀之暴乱谬误行为，其反抗之心理，或竟为敌人崩溃之导线。

五、傀儡汉奸，知敌之败征已兆，将敛其迹，而不敢倒行逆施。

摘自《大公报》1938 年 4 月 12 日第二版 、4 月 13 日第二版

19. 陈诚综述战况　台儿庄大胜有三主因

【汉口十二日电】汉口卫戍司令陈诚将军，昨向报界发表报告，阐述此次在台儿庄战事华军获胜之主因，并谓华军具此优点，定可获最后胜利，因第一、日军误信以为少数军队，即可长驱逼近，克复全中国。第二、鲁省地势使日军无法施展其机械化部队。第三、日军用高压手段对付我国农民，反增强其抵抗实力，惟华军方面第一得军民团结一致，第二全国人民遭受战争教训，遂联合预备为国牺牲，陈司令又谓，日军在京杭公路及芜湖广德与杭州一带，被华军截击，无法达到芜湖广德杭州间肃清目的，致不得不驻留大批军队，以资防守，因此其在江南之实力频受牵制，而蒙重大影响，又日军在该地带于前三周内，最少丧失四千军士，同时华军反复收复广德安吉与泗安等要镇云。（海通社）

摘自《申报》1938 年 4 月 13 日　第二版

20. 军委会发表各战区一旬战况

【汉口十九日电】最近一旬来，各战场战况，比较重要者，为鲁南方面我军之围攻峄县枣庄，晋东晋南方面我军之游动攻击与敌军之进攻，长

江下游方面广德我军之北进以及沪杭线上我军之活动，记者为明瞭各战区情况，特向军委会方面探询，承该会发言人详告如次。

津浦正面　台儿庄退出之残敌、于四月九日以主力占领峄县近郊之双山、曹庄、吴家村、乳沟、獐山、濠沟、卧虎寨、老虎山各要点，同时枣庄临城原有一部被其占领，窥其企图，在利用良好地形，固守待援，我军自八日起，即以原来之右翼，中央、左翼三军，分别向峄县及其两侧山地追击，右翼军沿临峄公路，于八日击退当面之敌，进占九山及双山之一半（峄县东侧），现在双山，曹庄，苏家埠与敌对峙，中央军沿临枣铁道线前进，八日肃清南北田营之敌，随即占领泥沟、獐山，向山西一带，左翼军进展甚速，一部迂回，峄县西北，占领永安庄，主力由西北向东南攻击，占领卧虎寨老虎山等各要点，敌虽屡次反攻，均被击退，其由峄县西南方进攻者，占领黄山、八里屯、枣庄齐村之敌约三四千人，经我猛烈攻击，固守堡寨，我军于八日曾冲入齐村一次，毙敌甚多，现敌据守该两寨，负隅顽抗，我军之由北向枣庄围攻者，已占领官庄卓山口之线，敌之一部，由峄县北窜者数千余人，由枣庄东窜者数百人，窜至郭里集，经我右翼军截击后，窜据税郭寨，我军现已包围进攻，至向城及韩庄寨中之敌，各约数百，被我围攻，现正蜷伏寨内。

临沂方面　临沂之敌，原为第五师残部及铃木联队（属华北驻屯军之山下旅团），自三月来，经我击退以后，其窜向城之一部，被我击溃，其退莒县之部，经将青岛及胶济路沿线之守备兵，调来增援后，于四月四日攻击我泗水临沂公路上之化沂庄，砚台各阵地，当被击退，其一部窜至朱陈，亦已被我军包围，最近敌续调平津沿线以及平绥路部队约五六千人，由胶济路汽车输送，转用于临沂方面，于十五日开始向我临沂阵地攻击，现正激战中。

济兖方面　济兖方面之我军，极力从事敌背后联络线之破坏与扰乱，我军一旅，于八日占领济南附近之白马山，同日一部进入济南东关附近，卒以众寡不敌退出，我游击部队在宁阳博山莱芜各县间，颇为活动，破坏博山莱芜间之公路数处，并大汶口之铁桥。

平汉方面　平汉路本周来，敌原期肃清我在内黄滑县浚县一带之流动部队，兹分述之。（一）鲁西方面范县濮县之敌约一联队，经我军及地方团队之攻击，敌放弃范县、濮县留三四百人。主力集于桑村西门镇（濮阳南）间，时向黄河沿岸搜索。（二）道清沿线及其以南地区，道清东段之我军，于四月三日袭占浚滑两县。因敌反攻滑县，又告失陷。九日再度克复，并击毙敌联队长助川大佐一名。盘踞道清西段及其以南温孟济源等县之敌，于三月中旬向东北移动，经我军到处袭击，毙敌二千余。该敌于十日进据新乡、封邱、原武、汲县、邓县一带。（三）博爱济源方面，我军某部于七日晚，由孟津白鹤渡渡河。八日午前进占少韩庄。九日分袭孟县博爱济源三处之敌。进攻济源之我军，已于十日将济源合围，并以一部攻入城内，与敌巷战甚烈。

摘自《申报》1938 年 4 月 20、21 日　第二版

招待外记者席上政治部长陈诚发表最近军政状况陈诚谈日本军民间反战情形　郭沫若谈最近国内政治情势　徐培根报告一周来抗敌军事

【汉口十九日电】政治部部长陈诚，十九日在武昌招待驻汉各外报记者，述国内政治及一周来各战区之战况，到中外记者三十余人，首由陈部长即席致辞，俟由政治部郭厅长沫若，军令部徐厅长培根，分别讲述政治战事，历一时许，宾主尽欢而散，兹分志陈部长等讲词如次：

陈诚部长报告敌方情形　反战运动如火如荼　敌尸袋内发现传单

陈部长致辞，略谓敌军此次在台儿庄溃败后，旋派飞机到我内地各处肆虐，以期报复，最近数日，除滥炸我各城市外，并狂炸湖南大学及清华大学广州中学等处。近复迭袭武汉，其用意盖在摇动我后方人心，破坏我文化机关，殊不知实际上其所获结果，恰得其反，敌机愈来肆虐，益增强我民众抗战意志，我文化机关虽惨遭轰炸，但一切有关文化事业，仍努力继续进行，绝不因敌摧残有所停滞，敌既为文化罪人，其暴举不特为我全国人民所痛恨，深信亦为全世界爱好和平之人士所共弃，同时敌国内有识之士，亦多表示反对军阀黩武，一周来敌国内外反战运动甚为高涨，在其国内如长崎、大阪、神户一带，均发生反战运动，暴动情形，颇为严重。至在我国内各战区之敌军，亦时有反战运动发生，最近虽总司令卓英，十六日自前方电汉，原电略谓：广德以北流洞桥之敌，被我击破后，我某师在金鸡村附近检查敌尸，衣袋内神符包中发现有敌士兵反战运动大会传单

一纸，内称（一）我日本的士兵，都是黄种人，不欺侮中国，纵然征服了中国，在我们也是毫无利益的，结果只是为军阀财阀贵族谋利益。（二）这样长久地战争下去，日本必然是失败的。（三）我们为着保护我们国家，保护我们的种族，非一齐起来反对那无意义的战争不可，日本兵士反战运动大会传单，昭和十三年一月一日。

郭沫若厅长报告国内政治　朝野上下团结愈坚　五大民族一心一德

郭厅长讲述，郭氏对于最近国内政治情形，分两点讲述：（一）国民参政会，我国民政府根据建国纲领"第十二条组织国民参政机关，团结全国力量，集中全国之思虑与识见，以利国策之决定与推行"，于四月十二日所颁布的国民参政会组织条例，在我国抗战形势与政治发展的现阶段上具有重大意义，因此它得了全国舆论界的拥护，国民参政会只有一百五十名参政员，比之现代各国的国会议员，似乎较少，但参政员人数的多少是无关紧要的，只要他普遍地代表着全国民众，普遍的反映着民众的意识，他就是百分之百的民意机关。从国民参政会组织条例看来，全国各省市、各文化团体、各经济团体以及蒙古西藏都有声望显著的代表参加，足证参政会确是普遍的代表着民意的，国民参政会的职构，是一方面备政府咨询，另一方面向政府提出建议，他执行着战时民意机关所应有的职能。全国的民意，就可经过这个途径反映出来，这就可把政府和民众溶化为一体，民意越是反映得普遍和迅速，政府与民众的团结便越加坚固，全国民众便越加拥护政府，政府越加容易调动民众的力量。这就是说，越加容易增强抗战的力量。（二）各民族的大团结，汉、满、蒙、回、藏五族立国，我们五个兄弟民族将来是一德一心的，只是我们的敌人，总想多方面离间，挑拨是非，近来更有一种梦想，想把我们中国划分为五个民族，但是这企图不用说，始终是不会实现的，所谓"满洲国"虽然成立了，但我满族的同胞，不断地组织义勇军，给予日本人以严重的打击，我蒙、藏、回各同胞民族，平日爱国观念也非常浓厚，对于中央政府，对于最高领袖，一向拥护跟从。自抗战以来，蒙藏回族同胞，不论在精神或实力上，都表现了他们对抗战的决心，和日寇誓不两立，以求全中华民族的解放，他们为了更进一步贡献抗战力量起见，于四月七日由各族领袖在汉成立蒙藏回族联合慰劳抗战将士代表团，其中有新疆回族领袖尧乐博士，蒙古领袖吴云鹏，藏族领袖贡觉仲尼、格桑泽仁等，该代表团于八日赴徐州前线慰劳将士，献赠锦旗，并将前方将士热烈保卫祖国之事迹，用蒙回藏文印出，分发各族同胞，唤起广大抗战精神，此外又发表通电，宣言拥护政府，服从领袖抗战到底，我全国各民族，都表现着精诚团结，共同一致，我们的抗战力量只有越见加强，日本人离间我民族的计划，只有愈见表示心劳日拙耳。（中央社）

徐培根厅长报告　当前战局　敌军再度进犯临沂　兵力已穷不足为患

【汉口十九日电】军令部第一厅长徐培根称，以现时所知，日军部已将晋北绥西兵士约一师团，由平绥路运回北平，其中三千名已调往临沂，向华军反攻，但无效，华军仍时在晋平绥线及皖浙等省进袭日军，使日军不能运兵前往山东云。又谓，日本可自本国满洲运兵增援，不过此举将招致极大危险，华军目下在鲁省，已布置完毕，随时可应付任何事变云。（路透社）

摘自《申报》1938年4月20日　第二版

21. 某高级军事机关负责人谈我放弃临沂经过及意义

【中央社讯】中央社记者顷走访我某高级军事机关负责人，叩以临沂方面战况，承告以我军自动放弃临沂城经过及意义如此，敌人自台儿庄惨败后，即退守峄县待援，因我各部队及民众对敌后方交通随时予以破坏，致敌增援部队到达非常迟缓，最近敌以重兵增加于其右侧，而于临沂方面故作攻击，以图牵制我军，我为不受其牵制，并使该方面之作战灵活起见，故于今（二十日）晨令我临沂守城之某部队自动将临沂城放弃，盖战事重心已转移他处，临沂在战略上已乏价值，实无坚守之必要也，但我在临沂方面之部队仍在附近机动使用，并在其四周对敌监视，及对敌后方采取更积极更大之破坏扰乱之行动，以疲困敌人，是临沂城之放弃，反而对我重要之作战有益也。

摘自《大公报》1938年4月21日　第二版

某长官谈　二次会战　疲兵再战敌必失败　三五日内可决胜负

【郑州二十三日电】某长官对记者谈，津浦北段已成敌我决斗重心，二次大会战即开始。敌将以重兵向我反攻，预料战事激烈，必为从前所未有，作战时间亦必甚短，因敌既以主力来攻我当以主力还击。三五日内，可决胜负。敌在津浦北段，仅有四个师团，均由各战场调来。既非生力军，且系疲兵再战。因此判断，胜利仍属于我。现平汉晋南敌军多调津浦，我军为策应津浦计，连日以来，大为活跃，各路同时北指，敌左右难顾，势必总崩溃也。（中央社）

【汉口二十三日电】上海外讯，今日字林西报社论，讨论日陆相杉山最近来华至各线视察事。称，过去四个月来，日本对华之战事，可谓已陷于停顿。事实上因华军之压迫，山东战局已完全改观，日军已有退却之势。杉山所称，殊与事实大有出入，亦无非为安定国内之人心而已云云。（中央社）

摘自《申报》1938 年 4 月 24 日　　第二版

军委会政治部发表　慰劳前线将士书

【汉口二十二日电】国民政府军事委员会政治部，顷发表慰劳前线将士书，原文录次：英勇的前线将士们，敌人占领了南京以后，就开始作第二期的进攻。在这期内，我们英勇的前线将士们，你们造成了不少光荣的纪录，改变了整个抗战的形势。

敌人在这第二期内，起先是想打通津浦路，从南北两段进攻，这个企图不能成功，又改变方略，在山西和河南的北部，分好几路进犯。然而进犯的结果，虽各路深入，都被我军包围截断，不能得手。于是又从新进犯鲁南。但敌人从青岛登陆南下的板垣师团，在临沂被我歼灭。沿津浦南下的矶谷师团的先头部队，也被我军在韩庄临城枣庄一带歼灭。板垣和矶谷师团，都是敌人最精锐的军队，最近又有矶谷师团的残余部队，和其他师团共有两万余人之多，都被我军在台儿庄附近聚而歼灭。造成我军的极大胜利，我军在鲁南连战连胜，已经使这区域变成了一个消灭敌人的大战场。

敌军在其他各路，也都受着我军的牵制包抄侧击和反攻，被我军逐渐加以歼灭。山西与河南的北部是如此，长江以南苏浙皖边的一带区域也是如此，津浦南段也是如此，鲁南我军也在节节反攻，各地游击部队都把敌人的后方，作了我们的前方。空军不断的摧毁敌军，也是打击敌人的一个主要力量。

现在我国全面战争，都已由被动变为主动，由坚守转为反攻，对各路敌军逐渐加以歼灭。抗战形势，已经变成完全于我有利的局面。英勇的前线将士们，这都是你们前仆后继浴血抗战的成绩。

敌人在华已经到处受到我军的打击，他们的速战速决的计划，已经完全失败，他们的勇气，已经完全挫折，他们的士兵，是受了他们国内疯狂军阀的压迫而来的，他们国内人民厌战，已经将反战运动一天天扩大起来。我们则是为了正义而抗战，为了保全全民族的生存而抗战，我们全国的军民，是手携手的，对着一个最高尚的目标前进。

英勇的前线将士们，我们全国的军民早已合成一体，打成一片。你们在前线奋勇杀敌，为保民卫国而牺牲，在后方的人民，更加紧了各种后援的工作，更努力于优待军人家属的运动。全国的人民，都要贡献一切的力量，与军队相配合，以争取最后的胜利。

英勇的前线将士们，你们在前线浴血抗战，已引起了后方人民极大的尊敬爱护和兴奋，我们敬向你们致最真挚的慰劳。同时，我们大家知道，目前胜利固然伟大，然而远不过是长期抗战最后胜利的开始，后方千千万万的人民，都希望你们再接再厉，步步前进，收回失地，驱逐敌人出境。

英勇的前线将士们，这是后方人民最深切的希望，我们相信，这也是你们最高的志向，最大的愿望。（中央社）

摘自《申报》1938 年 4 月 24 日　第二版

程潜预测二次会战　敌计划仍分三路进犯　决战当在临峄间展开

【郑州二十六日电】记者偕外籍记者数人，美大使馆武官卡尔逊等，在郑晋谒第□战区程司令长官，程氏畅谈我军在津浦线之战绩，谓敌犯津浦，迄今数月，屡受打击，今为顾全所谓皇军之颜面，在津浦北段必将反攻。大批敌军，刻均开到，津浦北段二次大决战，已迫眉睫。敌计划仍分东中西三路进犯，东路由胶济路沿台潍公路前进，中路顺津浦路及临枣台支线南下，西路由济宁直冲，企图侵我商邱，切断陇海。据个人推测，敌将来对中东两路必甚注意，故判断大战场当在峄县与临沂之间。因西路有运河阻隔，敌机械化部队不易运转也，我对各路均配备重兵，严阵以待。现临沂峄县间各据点，全被我军控制，敌方联络已不可能，将来大会战，敌必再遭重创。谈至此，某外籍记者当询以对二次大会战判断结果如何，程氏乃以庄重之语气，谓我相信中国必有绝大之把握，言罢呈露无限愉快。最后又谈到平汉线战事，程氏亦抱乐观，并谓我生力军已相继渡河夹击，连日捷报频传，同时我某路军亦由晋省开赴豫北参加作战云，谈至此，记者乃与辞。

摘自《申报》1938 年 4 月 27 日　第二版

某长官谈战局——津浦会战我有必胜把握

【郑州廿六日中央社电】记者偕外籍记者及美大使馆武官卡尔逊等由汉赴徐亲战，在□晋谒第□战区□司令长官，叩询一切，某氏首议我军在津浦线之战绩，次谓津浦北段二次大决战，已迫眉睫，敌计划仍分东中西三路进犯，东路由胶济路沿台潍公路前进，中路顺津浦路及临枣台支线南下，西路由济宁，直冲企图侵我商邱，切断陇海。据个人推测，敌将来对中东两路，必甚注意，故判断大战场当在峄县与临沂之间。因西路有运河阻隔，敌机械化部队不易运输也。谈至此，某外籍记者当询权对二次大会战判断结果如何，氏乃以庄重之语气，谓我相信中国必有绝大之把握，言罢，呈露无限愉快，各记者亦均欣然默祝中国之胜利。氏最后又谈到平汉线战事，亦甚抱乐观，并谓我生力军已相机渡河夹击连日捷报频传，同时我某路军亦由晋省开赴□□参加作战。谈至此，记者乃与辞，旋又晋谒适由□□抵郑之第□战区某副司令长官，叩询晋省战况，据谈晋省抗战以来，敌死于我手者不下五六万人，被我俘虏亦有千人左右。某记者询以敌军重炮之威逼如何，氏笑答谓，无何可惧。美武官卡尔逊谓余日前在台儿庄逢见敌重炮向华军□瞭望台射击达三小时，竟无一弹达到。氏最后将敌军在晋配备情形报告，谓敌二十师团现在临汾侯马之间，一零八师团在晋东，一零九师团在晋西，十四及十六两师团之一部在晋省东南，山下旅团已被我军击溃，逃回太原，我军已准备就绪，期以广大之游击战，于最短期间，将敌逐渐消灭之。

摘自《申报》(汉口) 1938 年 4 月 27 日　第一版

22. 李宗仁发表谈话　鲁南会战我军必胜
短期内即可击破峄南敌军　南犯敌仅八万人不经一击

【徐州廿八日电】中外记者顷谒李司令长官致敬，并叩以目前鲁南战况，承择要答复如下：（一）目前战况，敌自台庄受挫后，频自各方面转用兵力。但以运输困难，交通受我截断，敌逐次到着使用，遂次消耗，此在军事上为最不利之举动，我军原占优势，近又在各线利用工事，予敌以打击，消耗其兵力，在不久之期内，当可完全击破峄枣以南之敌军。（二）敌方计划，敌计划仍在攻击台庄，以图占领徐州，但此次与上次不同者，其主力渐次移于台枣路以东之方面。此亦上次被我包围后所得之教训也。（三）敌兵军力，敌兵力原为两师团余及各特种部队，经上次之损失，所存约为半数。近欲自国内增调，为事实上所不许，乃不得不从晋省及平汉平绥方面抽调，总计自台潍路及津浦南下参加作战者，截至现时，已有两师团，而战线则延长至八十公里之正面，其处处薄弱，可毋待言，近闻仍有到济南，陆续南下者，其数约万余人，故鲁南一带敌兵力，总计者不能超越八万人也。（四）鲁南大会战能否变为阵地战，鲁南正面既广，平坦开阔，且因我各方民众武力，游击队之活跃，敌后方补充之困难，绝不致变为阵地战。（五）目前大会战对于中日战局前途之意义，当然此次会战，无论在兵力上或地形上说，皆不能不谓为有重要之意义。敌自淮南一挫，转攻晋南，皆不能达其消灭我军占领要点之迷梦，台庄受挫后，仍思增兵，一逞其野心，预料此战解决后，其对我作战，完全陷入失败之境。（六）敌方是否计划在海州登陆，敌图上陆，除非守者方面有疏忽或缺点外，极为不易成功。敌于津浦南北段企图活动，后方亦勉强可利用，故就情况上判断，敌尚无在海州登陆之企图。（七）鲁南战事两方空军动态。连日敌空军虽尚不断以少数敌机，时来侦察轰炸，但已不若上海作战之肆无忌惮。盖敌空军力本属有限，作战以来，消耗极巨，补充困难，且因我空军时予敌以意外之袭击，故其战斗力已锐减。（八）游击战术在鲁南。游击战为对装备优良敌军之一种新战法，盖其装备既优，则其弹药汽油及各种必需品之补充必极巨，而后方联络线亦特重要。游击部队之到处破坏，到处袭击，致大灭其正面之作战力。且使敌处处顾虑，时时疲劳，精神与物力，交受其敝，则不得不放弃其作战意志，故游击战到处可用，鲁南亦然。（中央社）

摘自《申报》1938 年 4 月 29 日 第二版

23. 李宗仁谈敌军配备　土肥原股警戒津浦沿线
矶谷板垣分攻郯城台庄

【汉口一日电】鲁南日军已屡受挫折，但津浦线司令长官李宗仁氏，仍觉战争危机尚未过去，中日二方正在调兵遣将，以备决战。李长官又称，"鲁南日军参加战争者约五万人，充预备队者约四万人，土肥原师团分布于津浦线及临（城）台（儿庄）线，板垣师团分布于峄县及台儿庄，矶谷师团则扼守郯城线。据日军原定计划，系由板垣师团渡过运河至台儿庄西南，然后向徐州进攻，但该团现为汤恩伯军所截住，矶谷师团拟在新安镇截断陇海路，又被逐退，向郯城而逃，至于沿海岸而进之临城日军，实力较微，其集中于蚌埠及怀远区者，总计亦仅一万稍强"。（路透社）

摘自《申报》1938 年 5 月 2 日　　第二版

某高级军官谈鲁南局势

【徐州二日中央社电】外国记者数人，二日谒某战区高级军官，就战略立场，叩以鲁南最近局势，某氏曾予接见，并有所解答。某氏略谓，敌自峄枣突围，感于台儿庄之役，所用中央突破战略，屡无效果，乃以其逐次开到援军，改用延翼竞争运动，企图包围我之外翼，两周来敌屡由台儿庄东北渐次向西延翼，因我悉占先机，俱告失败，一日起乃改变方向，转移兵力三千，又在峄县西卧虎寨西山地延翼，二日仍在铁角山附近与我相持，我军现仍占先机，并以增派兵力应付，在此两周中，因系进行延翼竞争运动，战事均为局部紧张，此种局面冲突，偶尔影响阵线之变更，实无关大局。以目前形势判断，敌似期待后续军到齐，拟作同一使用，我决俟其援军未到齐前，将一举而击破之，故鲁南第二次大会战序幕，事实上即将揭开。

摘自《申报》（汉口）1938 年 5 月 4 日　　第一版

24. 某司令长官　纵谈抗战现势

【汉口八日电】粤港各界视察团视察东战场各路战况后，某日特访□司令长官，致敬话别，并探询整个抗战现势，承□长官一一解答，极为诚挚扼要，兹摘述□氏谈话大意如左：

敌方兵力已穷　作战能力低下　抗战十个月来，敌感觉我国抵抗力量意外坚强，对我使用兵力，业已超过其预定总兵力之一倍有余，但敌侵略野心，不但迄无成功之望，且其弱点反而暴露无遗，敌素自承，世界一等陆军团，而经十个月之作战，敌军若干军官对其作战能力，已失去自信心，即可证明敌军素质之低劣也。

目前战局重心　仍在津浦方面　敌既遭首次失败，今已调集大军，以冀打通南北联络，我正准备二次予敌以致命之打击，灭绝其企图，纵令其攻占徐州打通津浦路后，而其对各战线之防备，亦难期周密，我军时时随地皆能发展运动之游击战，使敌更陷于兵力不敷支配，进退维谷苦境。

抗战愈益延长　我方愈益有利　不仅津浦线若是，即其他各方面敌军，亦皆陷于进既不能，退必崩溃之危境，吾人坚信抗战延长，敌弱点愈益暴露，战斗力日渐消亡，将予我以有利之时机，而期取最后胜利。

综观全盘形势　胜利必属于我　就全般形势上观察，敌不仅军事上遭遇窘困，外交上亦日趋孤立，国际间对我同情，已随我抗战而继续增高，此攸关于战争胜败甚重要，其次抗战至今，我全国各方面均已得到丰富之经验与教训，使我政治党务经济及民众阻止均获伟大进步，尤其全国上下，精诚团结，拥护最高领袖，形成不可摇撼之力量，在此飞速进步中，我国防工业之基础，日臻革新，兵员补充不感缺乏，此乃抗战胜利之更有力保证也。

江南敌守我攻　失地不难收复　至于南战场方面，敌因地形不利，作战困难，数月来接应不继，我则乘兹时机派队进击。前次敌军分遣十个纵队，以广德为目标，由诸方面向我包围攻击，我军极力发挥全线作战之利益，乘其分离之际，而各个击破之，敌人几近全歼，我军则乘胜进出宜兴溧阳附近，目下敌寇非特不能出于活跃之行动，而现心惊胆寒之象征，勉力坚守各个据点而已，正予我以积极行动之机会，将来实不难一举歼灭敌人，收复江南失地。

当此重要关头　侨胞应尽全力　诸位来自粤港、广东为本党革命策源地，过去曾尽量以人力物力贡献本党，尤以一般华侨赞助本党革命不遗余力，甚望在今日抗日救国复兴民族之重要关头，更尽其力，供献与政府，竭诚拥护领袖，争取抗战最后胜利，诸位同道，舆论此次南旋后，振臂一呼，唤起民众坚强之（抗）敌信心，而巩固与增进抗战整个力量，此为本人所望于诸位者也。（中央社）

摘自《申报》1938 年 5 月 9 日　第二版

25. 鲁南邳县前线　某长官畅谈作战经验　我军善作掩护　敌机不能损我毫发　敌机械化部队惧我陷阱　甚少活动　敌长在炮兵　我以步兵白刃战制胜

【邳县八日电】某长官顷对中央社记者谈称，敌军心已极沮丧，反之我国将兵作战数月，而士气日见旺盛，据彼作战之经验，将来空军于战争中仅能居辅助地位，因在战场上空军作战时时感受困难，即以在鲁南战场而言，敌机虽时时飞翔于我军阵地上空，但我士兵竟视若无睹，因我军均配备良好之掩护，敌机无法觅得我兵士隐藏之所在，敌机皆不敢低飞，在高空窥察隐藏严密之我军，自属困难，在最近两个月来，敌机虽非常活跃，但不能损害我军之毫发，至于敌军引以自豪之机械化部队，在鲁南之活动亦颇感困难，敌坦克车在战场上因恐坠入我方所设之陷阱，及被平射炮所击坏，故甚少活动，某长官认为敌军之炮兵比较优良，假如我军亦有敌军之大炮，则短期间内，可将敌军予以消灭，若我军能将敌炮队消灭，则将敌军逐出关外并不困难，敌军之弱点在步兵，较之我军相差甚远，经此抗战，我军步兵之勇敢善战当可驰名于世界矣。敌步兵所畏者为利锋白刃战，而此乃我军之优点，但敌炮兵既不能摧毁我军之阵地，则其步兵非前进冲锋不可，结果必致造成白刃战，最近敌军欲攻某村之我军，乃先以大炮猛轰，先后四日内，所发炮弹达五千余发，我军先沉着等候，俟敌军迫近始以机枪扫射，结果敌军无一生还，现该村附近遗留之敌军尸体，已达数百具之多，敌军对于炮弹不知节省，大都皆肆意乱放，对一无军事设备小村庄之射击，每达五六千发不等云，某长官续称，自敌军在台儿庄失败后，现以峄县为根据地，初以大军向我军猛攻，我军奉令取守势，其后发现敌军拟向台儿庄之东迁回，我军当即调往邳县，以阻敌人之南下，自四月下旬起，敌军四万，日夜向我军猛攻，企图进犯徐州，我军沉着应战，誓不后退，十日来敌人并无寸步进展，而牺牲则达一万人以上，现我军已对该部敌人改取攻势云。（中央社）

政治部长陈诚　发表一周来战况

【汉口十日电】中国军事发言人对记者谈论最近一周间之战情云，日军放弃晋南，集其全力以攻徐州，此为近来中日战局之最可注意之一点，日本之侵略中国，有类于十三世纪蒙古人，当时蒙古军队分据于中国境内，结果反被中国歼灭，或驱逐出境，目前中日战事重心，仍在鲁南云。（路透社）

【汉口九日电】陈诚八日在招待外国记者席上，讲述"一周来战况经过"内容如次：

鲁南方面　（一）郯城方面，我军围攻郯城以南及以西之敌以来，进展甚速，于三十日击破关帝庙之敌，敌一部向郯城溃退，据城顽抗，主力窜至南北劳沟冯家窑一带，旋敌以后续部队到达，遂向我猛攻，企图与邳县以北之敌会合，当被击退，我军现除继续攻击敌外，一部越郯城北上，余二日下午到达郯城北三十公里之敷家庄，沿途击溃敌之增援部队，并截获辎重甚多，刻仍向临沂逼近中。（二）邳韩方面，邳县北方之敌，连日以来，向涧下庄虎皮山攻激甚烈，均被击退，我军于五日全线反攻，颇有进展，我军遂于三日午进占四户镇之大、小良壁，以威胁敌之侧背，胡山锅山之敌，攻击禹王山之我军阵地，更为激烈，我军亦鉴于胡山锅山之重要，由西方侧击肉搏格斗，双方死伤甚多，而尤以敌为惨重，其死亡者以达四五千，五日我冯家窑兰城店之军队，进占车墩大头平口之间，与大、小良壁之我军，已将在胡山锅山之敌封锁矣，韩庄方面，敌我仍隔河对峙。（三）济兖方面，济宁兖州汶上嘉祥一带之敌，已陆续增至万余人，其后继部队约三千人，由肥城南下中，微山湖东侧南阳镇夏镇附近之敌，亦有增加，企图渡湖西犯，我军已派重兵严密防范矣。

……

江北方面　（一）苏北方面，自敌军攻陷盐城后，继续北进，我军退守某地以后，续派队前往增援，向敌反攻，卒将敌截击于草堰口附近，目下仍在该处相对峙。杨州方面，敌续有增加。（二）津浦正面，津浦南段由蚌埠攻击八达集、梅家桥之敌，经我军奋勇抵抗，迄无进展，其由怀远北犯者，则已到达夜平集、双涧集附近，正向蒙城进犯，我军已转为守势。（三）淮南方面，敌于廿七日攻陷含山后，与裕溪口登陆之军相会合，于卅日进占巢县，我军在夏阁镇将其击退，敌退据巢北，我军向巢县攻击中。

江南方面　江南方面一周来迭次收复重要据点，攻击富阳之我军，二日夺取东关附近之秦望桥，一部占领师姑山，续向敌之侧背攻击中。余杭方面，亦颇有进展，宜兴之敌，于我军进攻时，曾密弹射击，现我军已迫近宜兴城约四公里附近。溧阳方面，我已推进金家渡家潘墩石门山之线，已将宜溧公路截断，一部且一度攻入溧阳，旋以众寡不敌退据城郊，他若宜城孙家埠、洪林桥各要点，亦均分别围攻中。（中央社）

摘自《申报》1938 年 5 月 11 日　第二版

26. 李长官对战事乐观

【徐州一日上午九时发专电】本报特派员三十日晨谒见李司令长官，李正在花园中散步，时园中玫瑰、月季花开，李氏谓春潮已到，徐海园中花草俱有生意也，记者笑谓，此正目前战局象征也，旋邀记者至亭中吃茶，李氏态度安闲，精神充沛，不似曾受重大战局之烦难者，李氏对战局前途十分乐观。（一）鲁南敌军除原有疲惫之众外，皆自各战区抽调而来，系统杂乱，且系各战区久用之卒，战斗力有限。（二）敌此次求决战心甚切，敌方死尸中发现有长官命令，此次必须攻下徐州，打通津浦，故敌来势甚猛，但至三十日止，敌中路攻邳县主力已呈顿挫，邳北要地连防山庄又被我夺回，敌左翼郯城二十九日晚亦被我收复，邳北之敌，已处于不利地位。（三）敌在峄县、枣庄、临沂一带加紧做防御工事，有作持久战之企图，因此恐敌在此次大会战失败后，使战局演成阵地战，将使我军重蹈上海战争之覆辙，李氏则以为鲁南战局辽阔，敌如死守据点，则我大军可绕至敌人后方，断其交通，切实将敌围困，无粮无弹，守险必乱，与上海在狭窄地区中作战条件，根本不同。（四）预料敌再败后，敌决不轻易放弃山东，仍将继续增援，图谋反攻，故将来难免成拉锯之势，不过如初状态，正与敌关东军参谋长中条所称，彼辈已陷烂泥中，愈挣扎愈糟矣。李最后表示，希望后方文化界与社会政治上名人多到前方视察，对于久战烦闷之将士，实有莫大安慰作用，旋谓中委刘守中先生与政治部视察团及若干新闻记者之到前方慰问，给予将士们之兴奋，殊为不少。其次，战区文化食粮缺乏，将士们之精神生活日见荒芜，故希望政府与后方文化界对前方书报作有组织之供应，此亦为精神上加强抗战力量之方法云。

摘自《大公报》1938 年 5 月 2 日　　第二版

27. 李长官谈话　我人惟有尽力打下去　胜利自在其中

【徐州十一日下午二时本报特派员发专电】本报特派员于十日大轰炸后，晚间晋谒李司令长官，徐州人士对目前展开之广大范围的战局，皆有或多或少之紧张情绪，李仍一如平时，雍容镇定，与记者谈调治胃病与战时新闻政策等事，李认为战时新闻，应以保持军事秘密为主，安定人心，乃属次要问题，归纳他的要点，（一）未实现之军事企图，绝对不能作新闻公布，如云我某日将反攻某地等。（二）不能泄露意图，如云某地危急，我生力军已星夜往援，战局可以无碍等。（三）军事重要长官人名与地名不能发表，如云某军长在某地谈话，客观上便利敌人之调查，对目前战局，李对战局之愈打愈大，使敌人在第一次会战败退，第二次会战顿挫，而不得不作第三次之更大冒险，殊不自觉，表现兴奋，李认为目前战事战略战术在我均无甚问题，而根本问题在战斗，即我军之装备兵器与训练尚待努力耳。徐州形势，李殊平淡视之，盖最高原则已决定，唯打之一途，我人但尽力打下去，胜利自在其中矣。

摘自《大公报》1938 年 5 月 13 日　　第二版

28. 某高级参谋畅谈津浦全局　徐州得失不必太重视
长期抗战敌愈深入愈不利

【徐州十五日中央社电】记者于敌机更番狂炸之中，往访某高级参谋，讨论津浦全线战局，某参谋从容告记者曰：自敌占领我首都以来，集中力量，希图打通津浦之计划，初取"北守南攻"战略，欲一举而直冲徐州。乃进至蚌埠后，我阵地战与游击战之配合战略，处处奏效，敌左右前后俱受重大威胁，不敢越铁道线一步，乃改取"北攻南守"战略，而我为适应战事起见，在临沂一带配备重兵，迎头痛击，且有大军迂回其后，将其节节切断，然后予以彻底打击，此为敌在临沂受挫之由来。嗣由敌欲由台儿庄进攻徐州，我又利用外线包围战略，在台儿庄实行歼灭大战，敌之南攻北守战略既挫折于前，北攻南守战略复失败于后，为雪其败战之耻，乃调集各战场兵力于津浦南北两段，采取"南北夹攻"战略，最近所调来机械化部队，有轻坦克车军队、重坦克军队、超重坦克军队及化学部队，图于最后时机，施放毒气。惟自其开始总攻以来，虽屡冒重大牺牲，仍难如愿以偿，敌企图欲将我全部兵力，吸引到津浦线上去，而我为策应各战场计，现时在晋南各地，已开始有力反攻，敌由其国内增兵既有困难，则以现时兵力，欲谋救应各战场，必陷于顾此失彼之苦境。故津浦战局虽甚紧张，但由全局言之，敌之不利，显然可见。退百步言，纵使敌打通津浦线之企图幸而实现，而我步步为营，稳扎稳打，且大规模之游击战正与阵地战相呼应而起，以后敌所遭遇之困难，必更大于现在，况结果得不偿失，当敌打通同蒲路之际，一时颇为震动，以为敌若渡河，则陇海既被切断，西北联络立成问题，而我军奋勇抵抗，不特敌渡河计划终归失败，而晋南各地相继为我克复者，有十余县之多。今试就昨年底局势与现在比较观之，便知敌之占领区域，初由面而变为线，再由线而变为点，点与点间，不能连接，一点失利，各点皆溃。故津浦战事固常重视，但亦不必过于重视。盖长期抗战，敌愈深入愈不利，我歼灭敌人机会亦愈多，此余所愿君代为转达后方民众者也。（又见《大公报》1938 年 5 月 16 日，第二版）

摘自《申报》（汉口）1938 年 5 月 16 日　第一版

29. 半周来战况概要

——陈诚

津浦北段

（一）鲁南方面，半周来，鲁南之敌，除一再猛攻禹王山、房庄阵地并被击退外，正面已呈胶着状态，郯城西南捷庄之敌被我围攻旬日，卒于九日克复，敌千余人悉被歼灭。右翼郯城千余人，于八日到达新安镇以北之红花埠，我军当即迎击，残敌已窜回西北方面前进，至向敌后方挺进之我军，已于十日到达临沂以东，现向□县推进中，最近数日来正面之敌，发现敌军甚多，敌有将主力转用于两翼模样。

（二）鲁西方面，南阳湖以东阳镇、王口、夏镇、等处，敌已陆续增至万余人，积极准备渡河材料，夏镇之敌并于十日、王口之敌于十一日偷渡微山湖，被我击退。济宁、嘉祥、郯城方面敌亦增加，济宁敌约五千余，沿湖西公路南下今日晚间敌在胡官屯，丁庄之线向我攻击，我军亦积极反攻中，左翼郯城东南八里屯一带，亦发现敌军，我军已派队迎击。

津浦南段

敌为策应北段战事计，亦很积极，阜阳之敌，现时被阻于城北附近，我军正乘机反攻中，津浦正面之敌，见鲁南战事紧张，再次强渡淮河，现在新桥右之线，与我军对战，怀远之敌约一师团，沿蒙涡公路进犯蒙城。其一部偷渡涡河上流，占领城北之十里堡，蒙城遂于九日失陷，我后续兵团现已到达，情状颇成好转，巢县方面自我军克复拓皋后，九日又进占夏阁镇，残敌乃向巢口万家山退却，我军已向含山，巢县方面攻击，敌进攻合肥之企图，遂成泡影，至向蚌埠后面攻击之我军，已于九日占领刘府。

摘自《申报》（汉口）1938 年 5 月 17 日　第一版

30. 华军发言人称：徐州战局绝对乐观

【汉口十七日电】华军发言人昨晚对本报记者称，中国政府对于徐州战局之变化，绝不悲观，其理由如下：（一）时间于中国有利，因战事已进行十月之久，中国犹能支持继续抗战。（二）华军在各前线予日军以重创，渐将其兵力消耗。（三）日军以为南京攻陷后，战事即可结束，但中国之力量反因抗战而增强，此次徐州战事亦证。日军以为攻陷徐州，华军抵抗将必崩溃，实则只有愈益加强而已。（四）中国幅员广阔，有利于战事，日军纵得徐州，已失山西。（五）吾人坚信必能保守徐州，山西战事，证明日军虽占铁路线及各大城市，亦未足以决定全局。（六）纵使徐州失守，吾人抗战必仍继续进行，中国既被侵略，舍奋斗到底外无他途径。

摘自《申报》（汉口）1938 年 5 月 18 日　第一版

31. 某军事专家畅谈弃守徐州原因

【郑州二十一日中央社电】我军奉命退出徐州后，大批部队仍在津浦沿线随时聚击，并与我□□□□部队呼应夹击，陇海东段沿线之敌，短期内即可肃清。顷据某军事家谈我退出徐州原因，谓我对敌作战取胜之道，在击破敌之野战军，而不在保守某一地区，假使只求保守某一地点，而不顾战略，致使敌人处于有利地势，将我野战军击破，则所欲保守者，反不能保守。例如欧战时，比利时国土被德军大部侵占，但比之野战军，始终仍能保持有力之一部，与敌作持久战，即其明证。继谓地点之重要性，观战略策定，战事之推移而定，在长期抗战中，某一时机之战略，系按战事某一时期之推移而策定，在某一时期之作战，现为机关重要之点，一经战略转变，则其重要性当即失去。例如拿破仑远侵俄国，在拿破仑心目中以为莫斯科何等重要，只要占领俄京，不愁俄人不屈服，殊不知俄人变更战略之后，莫斯科已失去价值，虽被拿破仑军占领，俄人毫不感受痛苦，而拿氏人入莫斯科以后，反致一筹莫展，卒致全军覆没，仅以身免，既又一明证也。总之，基于以上两点，在战事推移之现阶段中，关于徐州一点，与作战上已无多大关系，以战略之转变，似必须弃去已失战略价值之徐州，亦即转用大军以求敌之野战军而击破之。一般人似甚关心徐州，因不明了军事情形，故只注视该地之得失，而不能了然战略上之推移，吾人始终应以胜勿骄、败勿馁之精神，贯彻长期抗战之目的，庶不致胸无主宰，惑于谣言也。

摘自《申报》（汉口）1938 年 5 月 22 日　第二版

32. 放弃徐州的战略意义与持久抗战的任务

——聂荣臻司令第二次发表谈话

记者附语：记者前次曾以津浦大会战之形势，往谒军区司令聂荣臻氏，询其意见，承解答各点，业已发表前期本报。本日（二十一日）得中央广播息，知我军已放弃徐州，特再度往谒聂司令，叩以究竟，聂氏对此问题，与前次谈话有一贯坚决敏锐之观察，为我军民各界须深刻了解者，故特再将续谈话发表于后。

问：我军此次放弃徐州，究系何种原因？对于抗战前途，将发生何种影响？今后我军战略任务，将有改变否？

答：此次我军主力退出徐州，完全出于战略的机动，是我们自动放弃，绝非败退。本人前次已经指出，徐州的战斗，只有战役的决战意义，决不是整个战略上的决战，徐州战斗，如果我方得胜，固然会使我方最后的胜利，得到更进一步的把握；但如果我方失利，对于持久抗战的总方针，仍不能丝毫改变，我们还要集中力量去完成保卫大武汉的任务。此次敌人竭力集中最优势的兵力，以攻徐州，我方在目前条件下，决战尚非其时。暂时放弃徐州，保存主力，以准备在新的有利的条件下去布置新的决战，以战胜敌人，消灭敌人的主力，这在战略上是必要的，这是正确的，也是在目前的条件下，如果作孤注的一掷，把主力牺牲，或使主力遭受重大的损失，那恰恰上了敌人的当，使敌人达到消灭或削弱我军主力的目的，反而使我军主力的决战失掉胜利的把握，那是有害的。现在徐州虽暂时放弃，而我军主力能够保存，则我们与敌人进行新的决战，争取持久抗战的最后胜利，还有更大的保证！虽然，敌人占领徐州后，按着它的战略计划，打通津浦线，以青岛、海州、上海为其供给根据地，进而攻取武汉，将得到相当的便利，要知道只要我们主力存在，我们仍然有力量去保卫武汉，仍然能够坚持持久的抗战，仍然能够在新的决战中战胜敌人；敌人要攻取武汉，决不是轻易的事，西班牙的叛军图攻西京马德里，兵临城下，而西班牙的政府军在，仍然能够保卫马德里于不陷，这个经验，就是我们今日最好的教训，我们今日保卫大武汉比西班牙政府军保卫马德里的条件，更不知优越几十倍！因此我们必须认定：徐州暂时的退出，并不能影响或动摇我们持久抗战的总形势与总方针，我们保卫大武汉，与敌人进行新的决战。争取最后胜利的任务，还丝毫没有改变，也不能有丝毫的改变！

问：现在或者有人认为徐州的放弃会使整个抗战的胜利，没有了把握，甚至于认为抗战将就此结束，此说是否可信？

答：抱这种观点的人，有个基本的错误，就是对于徐州战斗的价值与意义没有正确的估计，他们错把徐州战斗看成是战略上的决战，看成是中日战争的最后决胜负的战斗，尤其是在台儿庄胜利以后，有些人为胜利所迷惑，过高估计了胜利的意义，于是急躁地疯狂地企图以"速决战"的姿势，一鼓而战胜敌人。因此，他们就把徐州当做决定整个战略的决战。他们还没有了解蒋委员长所说的"台儿庄胜利只是我们胜利的开始"的话。由于他们在基本观点上有了这个错误，他们就不得不在徐州暂时放弃的事实面前动摇起来，以为抗战将从此失败而结束。其实，如我在上面所指出的，目前战争的形势，绝不像他们所估计的那样。在整个抗战的过程中，一胜一败，一进一退，是经常不可避免的现象，只有通过这无数的小的部分的胜败进退，而始终不屈不挠，坚持抗战，顽强地执行着持久战的方针，才能达到最后的胜利，我们对于目前因徐州退出而动摇消极的观点，必须予以正确的纠正，不以胜利而发狂，挫折而颓丧，务本坚决持久抗战总方针，以争取中华民族自卫战争的最后胜利！

摘自《抗敌报》1938 年 5 月 23 日　　第一版

四 报纸社评

1. 发挥威力牵制敌之计划

此次中日战争，日本初本拟以"色当"战略，包围歼灭我主力，以达其速战速决之目的。不图在北战场与东战场均遭遇我军坚强抵抗，所谓"色当"战略，不特劳而无功，抑且使中国长期抗战之信念，更得到坚强之决定。及至南京陷落，在敌人方面，或以为中国至此，应可以束手就范，任其宰割。又不料蒋委员长于十二月十七日发表重大宣言，坚持抗战到底，使几濒摇动之士气人心，大为稳定。于是敌人之速战速决计划，被我粉碎无余，不得不准备与我长期作战，而同时发表一月十六日之荒谬宣言。盖彼此时，已深深感觉对付中国，必当于军事之外另觅途经也。

至其所另觅至途经为何？简言之，即军事侵略与政治侵略双管齐下，在军事方面，依然执行"色当"战略，期早歼灭国民政府之力量。在政治方面，赶紧制造伪组织，企图施行"以华制华"之手段而已。夫日本何以另觅斯种途经耶？此其答案至为简单，即彼知速战速决之目的既不能达，而其国力又不许其长期作战。在此种形势之下，倘亦效法俾士麦，提荣誉条件与中国谋和，则不独彼将视为有失"战胜国之雄威"，抑且足以引起国内之纷扰，盖其国人，必将究问"何事对华作战"，而课政府以责任也。反之，若再与中国支持下去，究竟此战争何时始能结束，必占据中国若干领土，中国始能屈服，即彼军阀心中，亦且毫无把握，而日本国力，是否可以长期胜任，实为一大问题。盖日本此时，实处于战既不能、和又不可之狼狈地位，乃于无办法之中，觅得一"军事与政治双管齐下"之策耳。

有人或问，日本执行此种策略，究竟利在何处？则彼国大资本家小林三之言，可以十足表现。其言曰，"现在'皇军'正在追击'顽敌'在治安恢复的地方，大概某种机构是会产生的，某种经营是会施行的，这是一个非常重大的问题。不过照我的意思，大陆的经营实无须一定要待统一中国全部的中央政权的产生之后。于华北可以产生华北的政权，于华中，也可以产生华中的政权，说不定将来在华南方面，又可产生新政权。……日本可不顾国民政府的态度如何，更无须等到中国统一政府的实现。"此为彼之采取政治侵略之手段，至其所以采此手段，则小林复继言："急速膨胀的巨额军需品的输入，以及日本产业上所必要的物质的输入，究将如何使之平衡呢？……当此时所幸华北正有多量足可调节此种国际收支的材料。盖今日日本须自外国购买十万万元的棉花，须输入一万万元左右的盐，须从外国购进三万万元的羊毛，若输入铁矿石，则煤也成为必要的。然而此种日本所必要的物质，华北均极丰富，因此吾人应尽可能地早日集合各种专门家，实行华北的开发。……为了这，在华北设立中央银行的事，是有燃眉之急。至其所发行的纸币的保证准备，余意以为最好发行华北开发特别公债。这样，华北的经济开发，既是用这种新纸币，则它就是与外国的国际收支了无关系的资金。如是，日本既可得多量的物质，同时更可以调节这方面的国际收支。"此一段已明显地将日本所以采取是项策略之理由，暴露无遗，抑亦彼以华制华政策之精髓也。

　　总之，日本今日，力不能与中国长期作战，而势又不得不与中国长期作战，乃于狼狈之情况下，觅得此一条路线，期欲利用中国之物力与资源，作为灭亡中国之武器，其心诚毒，其计诚狡。然以吾人观察，中国今日，无论任何方面，现均针对此两方面以谋抵制，游击战与运动战之广大的开展，已使敌人有左支右绌疲于应付之感，三个月来华中伪组织之无法产生，亦予敌以不少之打击。故自今以后，吾人所宜注意者，乃如何更发挥此广大的威力，以牵制敌人之计划，而使其自陷于崩溃；目前一城一县之得失，一村一市之争夺，实无所用其灰心也。

摘自《申报》1938 年 3 月 10 日　　第一版

2. 津浦战局转好以后

　　敌人的侵略军事，现已进入歧途！结束战争不可能，而继续打下去，又看不出胜利的结果，这叫做骑虎下不了背！

　　南京失守前后，敌人满以为可以在中国"屈膝"的形式下，确保侵略的结果。谁知中国态度较前更为坚决，于是使日本被动地走进另一条独路，即是只有用更大的武力，继续战争。一月十六日，日本否认国民政府是它的对华政略走上被动阶段的表现。因为自此以后，狂妄的日本军阀已被投入了这样的阴影，即是，日本军阀若无征服全中国的把握，则日本只有一个终于失败的前途。

讲打，当然比力量，武器固然是重要的战争力量，而作战方法和战地的人力和物力的配合，也是决定战争胜败的重要因子，而后者的适当发挥，可以有力的救济武器落后的缺点。诚然第一期战争中，在阵地上，敌人曾发挥了优势的武器的威力；而武器的威力，也是敌我军事对比上，敌人唯一的优点。敌人现既不得不从事长期战争，则唯有在能永远发挥其武器优势之条件下，始能有胜利希望；而又必须中国永远固执全面阵地战之前提下，敌人优势武器始有发生决定的威力之可能。

南京失陷之前，南北战场各次战役，日军都是以中央突贯攻击为主，而辅之以迂回。所谓"突贯攻击"之执行，全恃绝对优势武器为骨干。二月十日前后，敌人用三师团兵力强行之淮河渡过战，仍然用一贯老法，满以为打通津浦路之计划，可以一气呵成。然后西图陇海，进窥武汉。谁知当二月十一日敌人大举过淮之时，而淮河以南我军，以崭新的运动战的姿态，向东直扑敌军之侧背，敌人后方根本动摇，又不得不仓皇撤退，转移正面。自此以后，西进则虑我北面之来攻，北上又无法解除西侧之袭击。兵力集中，则罅隙过大，兵力分散，则处处可危，以致前功尽弃，进退两难。老法子自此失去灵验，优势武器必胜论，自此开始被事实打破；而敌人欲单凭此优势武力以彻底征服中国的假定，事实亦开始指明其为不可能幻想！

运动战为主，而以阵地战和游击战为辅之新作战方针，得各线将士之衷心欢迎，在此方针之下，我全体将士皆理智地看出必胜的前途。敌人荒唐的残暴，唤醒了任何知识落后的国民，国民普遍地觉醒，造成运动战与游击战之良好基础。津浦南段的军事遭受挫折之后，敌人又开始了津浦北段三路的进攻。但是北段机动攻势的战法，使敌军仍无所得。以济宁一路为主力，目的向陇海路之敌军和旧第三陆军搏斗结果，亦无若何发展，而其右侧之汶上等地，仍在我侧协之中。

摘自《大公报》1938 年 3 月 11 日　第二版

3. 临沂之战

临沂之胜，是抗战开始以来可以特书大书的一件事，我们乘此，愿对全体卫国将士，致其谢忱，述其感想。

八一三以来，无论南北战线，我们主要的念头，是坚守，是撑持。不少的人们，以为主力对峙的正式战很困难，只有游击。又有一种议论，是屡战屡败，屡败屡战，其意以为不妨败，只要能继续战。

综上所述，可知无形中，殆有不易克服的一种观念，是因火力悬殊之故，我们只能牺牲，能拼命，而不容易胜利。这些观念，到现在确实推翻了，这就是临沂胜利的最大收获。

中国军事危机，以南京初陷时为最甚，自入本年（1938年），敌军再开始攻击以来，我全体国军的精神，逐渐坚固化，活泼化。大家已不谈守而谈战，不求撑持而求胜利。浙东浙西，淮南淮北，鲁东鲁西，河南河北，晋东晋西，这蜿蜒万里的战线上，我们军队都活跃着，人民都协助着。各部队联合动作，也敏捷了，游击组织，也确实了。敌军残虐越暴露，我们军民决心越坚强。这两个月，敌军实在拼命攻，但其成效，不过南得蚌埠，北占临汾，此外完全未达到目的。我们军队，这才发扬了真正统一作战的精神，这才表示了真正长期抗战的决意。

淮上之战，敌人战略，大受顿挫，这已经是我们的胜利。山西之战，敌人数路猛攻，特别从道清路入晋的一股，得了便宜。沿河几百里，被敌人冲到，整个的山西，一时呈危险之象。但他未料到我们在晋的部队，坚强奋斗，绝不退却。这些日子，沿河又转危为安，而山西东中西北各路，我们部队，无一部不勇，无一地不战。现在不但敌人渡河的阴谋打断，且在晋敌军，已有立脚不稳之势。当此之时，敌人又急急图徐州，同时猛攻我右翼之临沂，临沂若失，我们津浦正面将大受影响当正在吃紧之时，而我们在临沂线得到重大胜利。

敌人攻临沂的是坂垣师团。大家知道，坂垣是日阀少壮派的领袖，是关东军灵魂，是中国最凶猛的敌人，但此次战事，我军确实把他击破击退，消灭其劲旅几千。当然，战事还在进行着，我们不容自满，不容大意，但确实证明一点，就是，我们只要决心，只要运用得宜，不仅可以消灭敌军的精锐，换言之，火力纵然悬殊，但依然可以消灭他，可以战胜他。

参加临沂战的部队，我们知道有张自忠部、庞炳勋部，大概还有缪澂流部，其外不详。我们感谢并赞扬这些部队的将士们，为国家建树了这样战功。并且要特别声明，这些部队都是久战部队，而武器都是平常的。特别是张自忠部，奉命赴援，大概去了还不久。

我们并不铺张这胜利的效果，但确切相信这个胜利，更增加了全国将士的自信心。有这一胜利，就可能的有无数胜利。我们同时也并不专赞扬临沂线的部队，我们对晋豫鲁、皖苏浙各线勇战的部队，以及在后方待命紧张备战的各部队，同样感谢与赞扬。并且知道近来各线部队，大得民众组织的助力。我们大江大河间广大的中原，以及苏浙晋各地，正有无量民众，为国家，为自己，奋起参战，雪耻复仇。我们对于这无量的同胞民众之感谢赞扬，同对于军队一样。特别我们对于津浦正面孙震部、邓锡侯部最近的重大牺牲表示敬悼。

全军将士们注意！中国业已有了胜利的确实途径。就是，全军整个的决心，整个的善战。就是，照这两月来的样子，都纪律好，决心坚严遵军令，善为运用。我们全军，只要都这样做，准定能随时随地给敌人重创，准定能有消灭敌人的机会，临沂战就是榜样。

八一三以来，我们军队得到世界不少的赞扬。特别如上海三个月的勇敢战斗，如南口之役，如平型关之役，如淮上之役，此外还有许多可歌可泣的局部胜利，但在去冬，大家自信心还不够，虽勇敢牺牲，但不能尽免于悲观心理，入本年后，悲观心理打碎了，今天以后，更完全要成为乐观心理了。从此大家全不必管国际形势，也不必问敌国内情。就是这样全军决心，敏活动作，专心致志的战斗求胜利，这就能够逐渐消灭敌人，逐渐达到最后胜利！

无论如何，敌人的侵略力量，是有限的，而我们的抵抗力，战斗力，应当是无尽无穷的。现在已有确切把握，断定日本不能吞中国。今后的问题，只在我们怎样胜，几时胜。敌相近卫，昨天在东京议会，已经承认作战困难，劝日本人民隐忍，这就是敌人色厉内荏的证明。世界上哪有以硬灭邻国为国策者！日本要走这死路，只有看他走！敌人前途，实在一片漆黑，我们全军全民，要一致认识自己力量的伟大，要继续努力，消灭坂垣及坂垣之流，光明荣誉，就在我们的面前！

摘自《大公报》1938年3月21日 第二版

4. 敌人的阴谋

最近一旬来，敌人攻击的箭头，忽又移向津浦线。仍然拾起他们猛攻徐海，收□我东线大□状的企图。到次我方在担任抗战的军队，打得非常英勇，加与敌人以铁重的损害。徐州正面硬拼的壮烈，嘉祥正面呼应的积极，加上以临沂为根据的内线作战的成功。都是过去所没有的崭新的军事景象。

敌人何以忽然放弃其山西方面表面成功的战绩，反转倒来进行强袭我军主力所在的津浦北线阵地。这初看上去，确似一个哑谜，好像不是狡猾的敌人所惯为的。但仔细观察之下，就可以发觉敌人之所以有此种新的转变，到真有其通盘的侵略计划——整个的军事阴谋存在。

在过去的评论中，我们曾一再提起敌人因兵力过寡，到目前已不能再同一时期中发动两个攻击，而只能在某一段阵地上攻击完成之后，迅速把主力调到另一段阵地上去，从事于新的攻击准备与实施。这固然是事实，虽敌人亦不能否认的。然而，假如我们是客观虚心而振奋的。就会除掉仅仅看到敌人的弱点之外，还会发现在敌人的弱点当中，亦正包括了他们的优点。

敌人在小战略上虽在和我们作奸灭战，这是人人都看得到的。但事实证明，在大战略上，敌人亦正在和我们作消耗战。

从廿七年度开始，敌人先后向我们进行了四个"限制目标的攻势"。第一次的攻势在淮上；第二次在平汉线；第三次在山西；第四次便在津浦线。这四次攻势的结果，敌人丧失无数兵员弹药，竟然"始终没有碰到我方的主力！"这使敌人的高级将领对于我军战略的改变，用兵的巧妙，不禁为之惊奇而纳闷。四次攻势所得到的收获，仅是距离某些战略点进了些或扩展了广阔的必须处处警戒的"游击地带。"长此以往，要把中国彻底屈服，就真会成用兵之忌——这决不是日本的"泥足"所能胜任的。

当于研究性的敌人，不会就此呆着下去的。他们在一次二次攻势的试探之后，恐怕就已晓得我方的主力军目前是正在休养生息，等候最后的机会到来，只和他来一次决胜的一拼。这是敌人所最不愿意的。因此，他们就必须用尽千方百计，要把这一支生力军在未成熟之前，就引诱出来，和他在小战略的范围下逐次消耗，而终于则使你再度破产，任他高说阔步的闯入，无法应付。这才是敌人的战略设计——军事阴谋！

在一九一六年德将法根海攻凡尔登的时候，首先就已定下用优越战术来消耗敌军的原则。而在一九一八年最后三个月，福煦将军向德军一连实施了七八个攻势，更是清楚的榜样。

简单一句话，敌人最近向各方实行有断落性的，"限制目标的攻势"，其主要企图，便是想把我方未成熟的主力引诱出来，和他逐次抵消，最终要使你倾囊，使你破产！

我们对这敌人的毒计，据各方情形看来，是明了的。事实上所感到的困难，这确是时间与人力物力不能完全相互适应的缘故。也唯其如是，所以全国对于第一线军队英勇支撑的要求，亦就越加迫切。

这一种支撑，血的支撑，我们在滕县、临沂之战的血战中，已得到最悲壮最满意的答复。

摘自《申报》（汉口）1938 年 3 月 22 日　第一版

5. 一九三八年的春雷

抗战八月，双方参战兵员达三百万，伤亡超过一百万以上，我们终于才在津浦线北段的战役中，证明获得很大的成功！

开宗明义，我们最近在军事上最大的成功，便是争取而且把握住战术上最宝贵的一个原则——即所谓"主动"。退一步说，也就是把敌人的每一次的"主动"，都变成为我们的"主动"。使他们辛辛苦苦所筹备的每一次行动，都变成他们自身难以解决的困难。行动越多，困难越大，最后则将因困难之不得解决而促成我方的最后的胜利。

津浦血战，证明我军新战略已大有收获，这一种崭新的战略景气，是在军人们立志甘做无名英雄之后才发生出来的。

抗战八月，我们有多少牺牲！在"英雄的"第一期抗战中，我们在战略上采取了"挨打主义"，在战术上流行的是"硬拼主义"，在战斗上则普遍地流行着"轻生主义"。淞沪的大熔炉，告诉全世界说：中国军人不怕死！但同时也告诉人家，"中国军队不会打胜仗的"。那时我们不是在作战——按照真理而作战，而是在"赌气"。结果敌军被我扫掉数万人，但只促成江南平原，敌人歼灭战的几乎成功，这才叫泄气。

在北方，我们有伟大的计划，可惜建筑在空中楼阁之上，不容讳言的，这空中楼阁是粉碎了。第一期运动战的失败，陷于漳河、忻口的阵地战。这也和上海的阵地战一样，"硬拼"，"牺牲"，在战略上则不断"挨打"，终于失败。

第一期抗战的危机在南京太原过去。但这并不是我们的成功，而只是敌人的失败。骄狂的敌人"追散"，一时无力继续前进。这才给予我们以休养生息的机会。在第一期抗战与第二期抗战青黄不接的时间，在上是发生了战略上英勇的转变。在下（社会中）则流行着"游击万能的阿Q主义"。目前这"游击万能的阿Q主义"，是被矫正了。由于血的经验，惨痛的教训，然后我们的整个的军事路线才纳入正轨。

基于打击，拘束，游击三位一体而拿来运用的新军事路线的付诸实施，最初的表现是在淮上之战。次之，是在山西之战，再次之才是目前津浦北段的最新的会战。

新的军事路线，给予敌人以哭笑不得的窘况。当然，"皇军"仍然是前进的，风驰电掣的。但他们每次"挺进"，便变成"长颈鹿"，轻则无从抓痒，重则易被砍头，由于淮上、同蒲、滕县、临沂的赤血横流，我们不但已坚决地把握住中华民族最合理的最成功的军事路线，而且在战术上也创立了一个空前的法则：

（一）我们担任拘束作战的军队步步为营，节节抵抗。

（二）我们担任游击作战的军民如夏天的蚊子，吮吸敌人的膏血。

（三）最后，我们担任打击作战军队呢……

这便是最后亦最有兴趣的一个问题，也是敌人所最感到恐怖的一个问题了。的确，在目前我们的打击作战的力量还是微弱的。因为现代的打击军队必须要充分的技术化，必须要具备多数靡费的条件，然后才能打痛敌人。但我们打击的力量，却必然的会在拘束和游击的力量，现阶段的牺牲者——无名英雄的掩护之下，日渐强壮而无敌起来，那是无疑的。

苏俄在内战时，第一年根本只能挨打，全无还手的力量。第二年便打了敌人一下。第三年打了敌人四下。第四年则只见苏俄在打它的敌人。西班牙政府军去年一年中，仅在瓜达拉哈拉打过敌人一下。今年度一开始，便在德鲁厄尔大打胜仗，今年来日方长，它们一定还要继续打击敌人。

力量是从鲜血教训中逐渐壮大起来的。

虽然我们并没有根本将津浦线的敌人推倒，虽然我们还没有强大的机动的力量，以致把一个良好的歼灭的机会放过。但我们已在临沂主动的打了我们的敌人一下。

这是一九三八年的第一声春雷！

摘自《申报》1938 年 3 月 28 日　　第一版

6. 临城歼灭战！

中华民国廿七年（1938 年）三月廿七日，在我们艰苦卓绝的民族抗战过程中，首次获得雷霆的胜利——"临城歼灭战"！

在过去三个月中，我们早已看穿敌人在战力上的许多矛盾，许多缺点。他们许多侥幸冒险的成功，在平时口上作业的的价值上，几乎都是不能成立的。迷于错误的传统，迷于欺骗的历史，疯狂的敌人的行动，往往都似做梦一般的「雄伟」而冒险。这结果是使他们除开获得几次盲目的成功外，一点都学习不到什么，更一点都忘不掉（他盲目的骄傲）什么。有因必有果，他们终于把脑袋撞在铜墙铁壁上了——这便是"临城歼灭战"！

在我们方面，"临城歼灭战"是侥幸得来的么？坚决的答复说：绝对不是！他的代价是大量的鲜血，无数的痛泪。他的英雄与其说最后的出击的铁军，毋实认为是早期为国牺牲的壮士。"临城歼灭战"的果是收在三月二十七日以后，"临城歼灭战"的因早种在三月二十日之前。我们在津浦线的胜利，绝不是侥幸换来的，全中国可口口。

目前敌我的军事现象是什么？在敌人方面，他们的战略是冒险的，战术是呆板的，只有一些足以使他们在战术上容易达到目的战略上可以侥幸成功的"战国工具"，来帮助他们从事于辛苦的侵略。在我们方面，我们的战略已通盘改变了，我们的战术正符合我们劣势战斗工具的性质，我们若打败，只是局部战斗的失败，我们偶尔一胜，即是战略上的成功，全世界亿万视线的转变。

"临城歼灭战"的名称是雄壮的，它是我们力量的测验，命运给予敌人的最尖锐的一个教训。在敌人整个力量未消灭前，我们在目前也许还不会有第二个"临城歼灭战"出现。但事实已经证明：（一）我们虽然是劣势的，但战略如运用得合法，依然可以打胜仗。（二）抗战时期越长，我们的「临城歼灭战」的机会便也越多，而最后最大的"临城歼灭战"，则是要复兴中国的！

　　津浦北段的血战，在三月十四日开始敌将西尾寿造指挥的第二军（约四师团），除开总预备队和右翼外，主力分为两个纵队，向徐州大步迈进。左翼的片野部队（三个联队），首先受到庞、张两军出其不意的战略奇袭，在临沂的决战中受重大的损害，溃退到汤头、葛沟一带。中央部队（似乎是矶谷廉介指挥的第十师团）不顾左翼的影响，一路跨过勇敢川军的尸体，仍然冒险攻击前进，结果虽算勉强爬到韩庄、台儿庄的运河之线，力量亦消耗大半。我们乘这时机，给他一个中央突破，一旦左翼到临城，北方另一箭头横刺在济宁，割断他们的退路，而日本矶谷廉介中将的第十师团（？）完结！

　　"临城歼灭战"这是我们首应歌颂的一点。右翼临沂方面张、庞军的小歼灭战，亦将敌人中左两方面的切断，给全军打了一口大气。同时济宁、兖州方面的左翼军又再接再厉，不断的加以游击和扰乱。临台一线，右山陵而左湖泽，原是孙子的"死地"，时机既至，汤军自然奋勇一击，将口袋中的敌人送终。

　　在目前，"临城歼灭战"仍在继续进行中，敌人许还要大举反攻，兖州、邹县之线，许还会热血横流，但我们毕竟成功了，成功的意义，不是临城的克复，不是矶谷师团的歼灭，而是在八个月长期的抗战史中，我们已打了一个最能精诚团结，最肯白白牺牲，最为轰轰烈烈的胜仗！

摘自《申报》（汉口），1938 年 3 月 29 日　　第一版

7. 敌军行将崩溃

　　敌人对我"速战速决"之幻想，自在南京陷落之后，被我最高领袖十二月十六日一篇谈话，打得粉碎；于是乃知中国长期抗战，贯彻到底之决心，非任何威胁任何煽惑所得而动摇，不得不转念于如何长期作战之一点，经过其国内若干方面之摩擦与争辩，始于一月十六日发表历史上荒谬绝伦之声明。自是之后，彼之"速战速决"心事，虽尚未曾死绝，犹时时萦回于脑筋，反映于某种事实，然在实际，则不能不就长期作战作种种准备，此即敌人现所执行对华策略也。

　　夫长期作战，谈何容易，敌人非不知之也。就人力言，占据之区域愈大，配备之兵力愈多。就物力言，战争之时期愈久，消耗之数量愈巨。凡

此两点，是否其国力所能负担，而伴此人力、物力而发生之困难，尚复多不胜举，此在敌人，断无不加以衡量，遂贸然以"长期作战"号召者；敌纵轻狂骄妄，恐不若是之粗率也。然则敌之所以敢于昌言"长期作战"者，其必有所凭借矣。

据吾人之见，敌之所恃以为凭借者有二：其一，敌以过去对于中国不尽正确之观察，复执以为衡量中国之尺度，彼以中国之热度仅五分钟，久则必冷淡而渐归消灭，从而认为中国之长期抗战，亦仅系一种宣传与姿态，决无持久性之可言。抑中国人之耳皮太软，见解幼稚，煽惑之言易入，挑拨之术易施，纵有长期抗战之决心，若果离间以分化之，必能各个击破，粉碎其团结统一力量。此在敌人心目中，认我必难长期抗战，亦其所凭藉者一也。其二，反之，我之抗战意志，不致动摇，抗战力量，不致破裂，则彼之所凭借者，乃一方面加紧军事之侵略，夺我徐州，胁我武汉，打通津浦，切断陇海，迫使我国屈服，一方面则加紧制造伪组织，用以稳定后方，招徕流亡，使社会获得表面上之安定。然后资我人力，开发富资，即复用此人力与物力，与我长期作战，于是与其国力，乃不发生联系。吾人试观近卫在其议会发表之言论，公开承认对"中国事件"之困难，与夫议员中有"政府之战略与政略不能配合进行"之质问，可知敌人之所凭借者，决不出此以外也。

虽然，吾人相信，所谓中国人热度只有五分钟，与中国人耳皮太软诱言易入，仅可以衡量数十年以前之中国人，且仅可衡量不肖之中国残余军阀与封建余孽。今日中国之对日抗战，只有愈打愈有劲，愈杀愈愤慨之事实。至如各方摩擦，不但业已减少，且可谓已无有，盖各方均知唯一之敌人为日本，任何磨擦，皆可让步以求妥协也。若夫军事上之侵略，吾人之首都且已沦陷，领土亦被占去三分之一，若谓威胁，威胁甚矣，然而吾人犹未屈服。引事实所昭示者，战局好转，已偏于六个战场，即使至愚，宁复再有中途馁退而甘作城下之盟？而焦土抗战之策略，游击战术之发展，与夫汉奸虎狼之被刺被杀者，报不胜载。彼之制造伪组织之企图，屡受打击，实现无期，则欲资我人力物力以与我长期作战之幻想，亦将终于粉碎。此非吾人乐观之语，一切一切，皆有事实为之佐证，是敢断言今后之敌人，必将忧惶苦闷，而走上崩溃之途，盖无可疑者也。

摘自《申报》1938 年 3 月 30 日 第二版

8. 总评鲁南连日大捷

上月廿四日,我军全线总攻的鲁南大会战展开以来,被我军包围在临、韩、枣、峄之间的敌军,几全部歼灭。而连日以来,为了要肃清残敌,不断的展开血战,均告胜利。敌军虽有相当的增援,企图"复活",但截至昨日止,他们依然还是在死亡线上爬,并没有挽回颓势。

我们不妨把截至昨日为止的鲁南战争,给予述评,这其间,可以让我们找到很多宝贵而有趣的资料。

一个会战的计划中,当战略开进之前,关于敌方我方全个战局军情的判断,与兵力的配备,是两件极重要的事。但是那些把打仗看成疯狂游戏,放纵成了习惯的"皇军"军官们,对于这些,却一概不管。

会战前的情势,站在敌军的立场上来讲,是极不利的。

第一是山西大游击战的展开,与豫北游击队的活动,吸引和牵制了敌在平汉线的兵力,使它不能在某一个紧急的时候,随意调出增援别个战场。

第二是敌在津浦北段前线的约有四个师团的兵力。本来以矶谷师团为主力的一个半师团与以板垣师团为主力的一个半师团,一是沿铁道线,一是沿台潍公路线同时配合南下的,因为要这样,才成有力的两个攻击纵队。但是临沂的大战,张庞军的浴血抗战,将板垣师团打得"溃不成军",其后就没有前进的能力,终被我"挡驾"于临沂以北。这样就令正面的矶谷师团,像一只独角水牛。

第三是鲁南的会战,跟看到临,而皖北的敌军,竟不来一个佯攻,以牵制我作战精神的集中一点。佯攻策应,是敌的长技,皖北敌军所以不行这一这一着棋,显然是"非不为也,乃不能也"。津浦南段自淮河大战后,敌军斗志已衰,兼以铁路两侧游击队的不绝袭击,不增援则决无出击能力。

第四是铁道线正面,四川健儿的不绝牺牲,且退且战,向敌索取相当代价,矶谷师团则一路前进,一路消耗,到达临城,恐怕已消耗了四分之一。

这样的不利情势,矶谷廉介竟熟视若无睹,还是浩浩荡荡,杀奔前来,自临城而枣庄,并另以主力伸出枣庄、峄县的铁道支线,梦想作徐州的迂回。

　　不想愈南下愈深入，愈便于我军的包围战略。而临、韩、枣、峄这不到一百公里周围的地带，也是一个不利于敌军作战的地区，西面是微山湖的沼泽地，东面是三角形的山地，机械化部队不能很活动地在这里展开袭击，兼之，主要战场，是在东部的山地，敌军的湖沼兵团，失了效用。

　　敌军入了"死地"，做了瓮中之鳖尚不自觉，不战已决定了矶谷师团的悲运。

　　其次，我们再来看敌军兵力的配备如何？我军自廿四日夜全线总攻，至廿七日克复枣庄临城，歼灭敌军大部止，为时凡三日。前线如此吃紧，而未见其后方在此三日内有一兵一卒的增援，从这里足以证明，敌军没有控制大预备队作纵深配备。据我们估量，敌军或因系渺视"支那军"之故吧，所以每次作战，恐怕都不大重视第二线兵团的配备，"一胜掩百丑"，战胜时露不出"马脚"，一旦战败，一切弱点，就此暴露无遗。而没有适当的兵力配备，尤是弱点中之最大弱点。但是我们太肯定的，说敌军不注意第二线兵团的配备，却又不然。客观的推究其原因，那是很简单的，就是：战场广大，敌军兵力不够支配。

　　我军这次在鲁南的攻势转移——有战略企图的正式出击，自抗战以来此还是第一次，结果，奇功建立，诚令人兴奋！而尤重要的是，这一战给了我们两个宝贵的教训。

　　第一，通过抗战心理支配到战略的"唯武器论"，从今以后应该绝对的收束起来。鲁南连日的大捷，简直就是说明，合理的战略配合优越的地形，是有操纵会战胜负的权力的。武器劣势，这困难可以克服。

　　第二，兵员的多寡，到底还是做了战争胜败的主要决定。敌军占领之土地愈广，战线愈长，需要兵员数额愈多，但是敌军最缺少这种条件。敌军在华作战的兵员，已超过其预定数甚多，最近鲁南战事，复彻底的指出敌兵员的十足不够支配。而将来愈深入，其不够之数愈大，可以断言。

　　如其山西是"空间"的消耗地，则山东是"皇军"时间的消耗地。

摘自《申报》（汉口）1938年4月1日　第一版

9. 台儿庄韩庄之捷

"胜不必骄，败不必馁"，这是我们应该朝夕自励的一句格言。今天台儿庄、韩庄同时告捷，我们虽不必因此自满，却正可因此自信。自信的是：抗战第二期中的国军，足以置暴寇于死地，聚而歼之，发挥我威武自卫的神力。

追溯日军在第二期抗战中的计划：第一次想从浦口北上，打通津浦线，不料刚渡淮河，就遇到我皖东苏北后路的猛袭，不得以只好白牺牲了上万人，退守原防，这一路直到今天索然无生气。这是他们的第一次失败。第二次，他们佯攻平汉正面，突出奇兵袭我晋南，企图控制黄河北岸，择一弱点强渡过来，断我陇海交通，以威胁津浦路的后路。这个战略是相当巧妙的，可是，我们守河部队坚如铁壁，他们在封邱，孟县以及凤陵渡屡次尝试，只白牺牲了许多盲从瞎摸的"皇军"，而其余深入晋南崇山中的「皇军」，人数多至四万多，却已陷入重围，进退维谷，所以这一路直到今天，也已索然无生气。这是他们第二次的失败。

两次失败之后，志高气傲的日军司令急不择食，不得不下这一着竭力想避免的"险子"，那就是从津浦北路直攻徐州的正面。徐州正面是我们重兵集中的重要据点，日军知道得最清楚。他们对我作战向来是避实击虚，屡试屡验，可是现在却不能不进攻我们最坚实的地带，实在因为攻我虚隙，斩断胫折肱，狼狈而逃，虚无可乘，隙无可寻，想要达到他们预定的战果，不得不硬着头皮来试验一下他们最后的命运。于是津浦北段的战事就剧烈起来了。我们细按这一路战事的经过，正跟晋南战况呈露同样的形态。敌军从泰安长驱南下的时候，没有几天就到了运河的边上，正跟他们沿着道清铁路直冲到凤陵渡同样的威风。可是现在，这条昂头天外的蟒蛇，竟成了一条烂死蛇，给人家斩成了几段，在那里细细收拾，细细戗割，真要令人生"一世之雄，而今安在"之感了！

现在，他们以死力撑持的台儿庄韩庄两据点，又不胜我火力的压迫而相机放弃了。他们向东溃退，企图在向城一带与其从青岛增援的部队会合作卷土重来的尝试，可是又遭我军在兰陵半路截击，打得他们溃不成军。这一路由锣鼓喧天演变而成索然无生气，恐怕也是必然的命运。

以侵略为惟一使命的军队，竟到处变成生气索然，必招致重大的危机。受军阀麻醉的日本民众，所期待于「皇军」者，是今日克某城，明日占某邑，看着他们按兵待机，必然会众论哗然，不静必须动，可是有计划有目的的动，都已尝试失败了，则欲罢不能，欲静不可后的动，势必无计划无目的的乱动。

敌军深入，本是我们的危机，现在却已转变而成我们的良机。第二期抗战展开直到今天，使我们明白认识，我们的确有置暴寇于死地聚而歼之的力量了。愿前线后方大家共同鼓起再接再厉的勇气，完成扫荡残寇，光复华夏的光荣大业！

摘自《申报》（汉口）1938 年 4 月 4 日　第一版

10. 台儿庄决战的价值

最近全球的注意力，已全部集中在台儿庄，台儿庄的雄壮的名称，先后在世界驰名的报纸上出现。这是我国新军坚实韧强的确证，敌人武力开始削弱的说明。然而，在这轰轰烈烈的台儿庄决战未通盘解决前，由于前线紧张空气的激变，也最易因武断环境，陷于感情的盲目。在白热的光芒下，人们不会看到远处。

台儿庄血腥的决战，目前已陷于阵地战，流于局部据点的争夺。日本军阀为掩饰其临城战败之辱，新从关外调来大批援军，拼命向我反攻。枣庄峄县至台儿庄间的新旧敌军，集合在一起，用全力强袭台儿庄，企图突破一点后，打开困局，重新威胁徐海。我军对付这新变化的手段，也是积极的阳性的手段，这结果是双方都把密集部队，搅扭在台儿庄一点，依消耗的程度来解决。

这阵地消耗战的结果□□□可以断言敌人定必失败，敌人逐次增援上来的兵力，亦定必被我各个消耗或击破，这是我方最值得乐观的。

三月底的"临城歼灭战"，是我军自抗战以来所有"战略机动"的顶点，从二十四日到二十八日，敌军一个半师团几被我军歼灭于临城、枣庄、韩庄，敌人矶谷师团在此时期中的总损害，达到百分之五十以上。其后方兖州滕县间的交通，亦被我多数的游击支队破坏。当时我军的打击力量若再充实些，便可造成一个小规模的"坦能堡"，一个十足的"色当"。可惜敌人受了飞机的通信鼓励，在峄县台儿庄的残余部队顽强抵抗，不肯缴械西尾寿造又急调新锐军队前来增援，结果便使这一个小小的中国的"坦能堡"，终不得不告一段落。敌人精锐的战斗工具，算是救了敌人错误的战略。

敌人在精神、物质上都不能打败仗，"临城歼灭战"便是当头一棒，警告他们以最坏的事实将要来临。东京大坂这些现代都市，全是电气式的，一旦晓得矶谷师团死的差不多，金融股票立刻就要跑马。仅此西尾寿造中将，大些说是小叽国昭，石原莞尔等都不能让"临城歼灭战"的消息有丝毫泄露出去。原则上，是血肉仅可堆成山，徐州正面绝不能失败。

在这种情形之下，台儿庄变成双方意志斗争的焦点。从四月一日后的台儿庄决战，与其说是军事上的斗争，已毋宁认做是政治或心理的斗争。欧战中期德军进攻凡尔登，在军事上本无甚意义，但因德法人民都不肯示弱，都要争这一块地，所以就直打下去。

为了津浦前线的紧张，敌人不得不把最近从东北"大战军"抽出来的数个师团，一齐向这方面移动，倾注到济南泰安兖州的线上。因此，从大的方面着眼，台儿庄决战究还是一个前卫战。在敌人方面，是前冲失败后，正在由死守待援转为独断的攻击过程中。在我们方面，则是击破了敌人的前卫后，还要企图在他主力未上来之前将它根本扑灭。

审慎观察局势，我们不希望把台儿庄的价值估计得太高，尤其是切忌骄傲。

津浦战局已快到分水岭了，人民一方面固须把握住临城和台儿庄既成的胜利，一方面却要随时都准备好更大的精力来应付一切不测的事变。

摘自《申报》(汉口) 1938 年 4 月 5 日　　第一版

11. 台儿庄血战之意义

最近两周以来，我忠勇将士在各战场之血战状况，令人闻之肃然起敬。尤以津浦北段、韩庄、台儿庄一带之浴血作殊死战，洵为神圣自卫战史上最光荣之一页。台儿庄为徐州前卫要点，其得失关系津浦陇海两线之全部战局，敌以全力肉搏，意在打通南北通路，可使南北两伪组织，打成一片，完成其鲸吞华北，控制华中之阴谋，更可截断平汉南段及陇海西段，使我失却联络。我早已窥破其阴谋，故对敌战略，处处击破，节节切断，台儿庄之血战，予敌以严重教训，此所以有重大意义也。

台儿庄为弹丸小地，在地势上并无特殊险要，可以据守，敌所以必争此地者，盖因其为徐州门户，欲攻徐州，必先攻台儿庄。当初敌对于打通津浦线之战略，曾采取南攻北守计划。俟因彼虽攻下蚌埠，而我反攻甚猛，不能越蚌埠一步。而韩复榘守鲁，复节节后退，致鲁地要地，多被占据，乃又变其计划，改为南守北攻。彼不料在临城临沂枣庄一带遭遇极大之迎击。南北两段，我皆有重兵固守，彼既集大军于北段，则只得从北进攻。惟我军于迎击之后，能固守者，则死守不放，其不能固守者，则让开正面，分守两侧，迂回敌人后方，出其不意，截断后路。一月以来，敌人被我从后方截击，其损失之重，几不可以数字计。而在台儿庄方面，则我军抱绝不放弃方针，两周间两方肉搏；出入不下数十次，战斗之壮烈，可谓超越沪战之上。吾人身居后方者，对前线将士之忠贞卫国，壮烈抗战，唯有感谢而已。

在敌以为，以彼之优越武器，可一举而冲破徐州，孰知，自彼实行北攻南守战略以来，为时已历两个月，不独受创甚重，且攻取徐州之事，已足使其感觉遭遇莫大困难，据某外人方面可靠消息，则最近两周之血战，敌人所受损失，至少在二万人左右。日来敌虽从青岛天津各处调集大军，企图赴援，但我军在其后方者，时出截击，不但运输甚难，即使侥幸通过，而接济军火粮食，更多顾虑。现时台儿庄之北部尚有若干残敌，惟我大军已将其重重包围，粮断援绝，何能久撑？台儿庄残敌，宛如瓮中鳖，其歼灭殆为一二日中事。该地残敌，若能全部肃清，则徐州威胁，立可解除，我军自可北上扫荡，进而收复临城济宁，当非难事。昨得外人电讯，我在烟台附近之军队已攻至烟台市内，正与敌人激战，烟台若能完全克复，则青岛敌军必感危险，是津浦北段之战事，敌所赖为后方接济之源泉者，将为我截断，其有利于我方进攻临城济宁兖州各地者，又岂可以数字估计！

吾人相信我在津浦北段作战，必能依照预定计划，着着实现，将敌诱至几个据点，予以痛击，尽数消灭。津浦战事收获全胜，则全部战局形势，必为一变。故台儿庄之大会战，为津浦全线战局之关键，而津浦全线之大会战，又为全部战局之关键。台儿庄血战之意义在此，而台儿庄胜利之效果，亦在此。自敌占我首都以后，极力宣传我军已丧失战斗力，今兹台儿庄一带之战斗，可谓我国已以事实予以解答。我举国抗战之决心，坚如金石，所谓"泰山可动，此志不可移"。举国上下，以恢复失地，争取国家独立，民族自由为公共之誓约。纵使敌人挟其优越武器，来相侵犯，而我之团结力与决死心，足使其破碎无遗。吾人于台儿庄之大战，可以加强吾人信念，只要全国上下有必死决心，各区将领有周密战略，则长期抗战，我必胜利，毫无疑义。精神的团结力自信力，比任何物质力量，更为伟大。我苟能永远保持及增强此团结力及自信力，即可尽量发挥我现有之物力，而扩大其效用，此我举国民众于获得台儿庄捷报之余，所宜深刻认识者也。

摘自《申报》（汉口）1938 年 4 月 7 日　　第一版

12. 鲁南歼灭战

前方拍来的战报，太紧张了，台儿庄的大捷已迫在眉睫。顽敌二万余人已全被包围，并已达弹尽援绝的状态。我军以必胜的决心，务于这两日内将顽敌聚歼。

台儿庄的敌军，是坂垣、矶谷两师团的精锐，现在已成瓮中之鳖。我们可以期待这一战的成功，那不仅徐海得安，并予日本军阀一个重大打击！

鲁南胜利之外因

只要抗战继续，我们已经便是在胜利的途上。因为持久抗战的结果，必然消耗敌人，增加敌人的困难，终至于获得最后的胜利；我们只要是在继续抗战，则在抗战的途中虽有一时的成败利钝的不同，而整个地是在向着最后的目标迈进。

胜利或失败，必有其在我者的内因与在敌者的外因存在。内因与外因相推相荡，而后形成为胜利或失败的综合的结果。这种因素的分析可以使往后的抗战得到指示，而促进最后胜利的到来。古人所谓"知己知彼，百战百胜"者，大约也就是这个意思了。

最近临沂、临城等地的连捷，使我全国军民均振奋了起来，真是可以庆贺的事体。我们之所以获得了目前的胜利，自有多数的内因，例如，团结加强，指挥统一，战略之配合得宜，将士均忠勇听命等；论者多已侧重于这一方面加以叙述。我现在却想从敌方求索其于我作战有利的外因而略略加以分析。

一、师老无名，敌兵厌战——敌人自发动侵略战以来已九阅月，所有调遣来华的军队，多系后备兵与预备兵，对于战争之目的不明，本无充分的敌忾。在第一期作战中复遭遇我坚强的抵抗，伤亡二十万左右。敌虽赖军械较优，获得了初期的胜利，而战争之结束遥遥无期。出征兵士欲归不得，日日受死的威胁，自必起心境之颓丧而驯至厌战。第二期作战以来，敌军上下均骄奢淫逸，军纪荡然，便是这厌战心理的表现。

二、战线延长，兵力分散——自我南京杭州及山西之太原临汾失陷以后，战线延长，敌军分裂成为多数单位，力量已稀薄化，而增援复不易。满洲敌军已被调遣入关者有十分之七，余数自难再行征调。由敌本国再调遣新兵来华时，则只好增进敌人财政上的困难，并加紧国际间压力比重之改变，这在敌军首脑部自然是要加以深长的考虑而不能不踌躇的。

三、牵制甚多，不易集中——同时因战线延长之故，我军于全线上均有重兵扼守，以牵制敌人。尤其江南一带，我与敌抗拒之兵力特别雄厚，敌人自不能不于南京苏州等地采取守势，不敢轻易将兵力调动以增援其作战不利之据点。又因敌已深入，后方增多，而我游击细胞复四处活跃，将主要交通线破坏，使敌进退两难，化成为海洋中的群岛的形势。

四、士兵哗变，不愿出征——近来敌国内部屡有出征军士哗变之举。发难是在东京附近的重工业地的川崎，继起则日本北部及大阪神户一带均有响应。这种情形对敌军首脑部自是重大的打击。敌军首脑部所最畏惧者，即是反战运动，凡有反战倾向或嫌疑的知识分子，自战争发动以来，遭逮捕者无虑已近万人，然而反战形势却愈由底层透露出来，将要像达到活动期的火山一样猛烈地爆发了。有此，于派兵增援上，尤不能不发生踌躇。

以上为敌人军事上的主要的弱点，而同时便是于我作战便利的外因。这些外因并不是一朝一夕所成，二时我九阅月间的艰苦抗战所必得的结果。这结果随着战期的愈见延长，战地的愈见加广，是只有愈见增大的。在敌人方面，不仅无法解除它目前的困难，而且只有日见增加它的困难。因此我们在获得了目前的胜利时，我们对于目前在前方浴血苦战的将士自当致敬而尽力慰劳，而对于前此九阅月间在各战区内伤亡的将士及曾经参加作战的一切武装同志，亦当同样的致敬，而对于其家属或本人尽力地慰劳。尤其在保障将来的胜利上，我们是应当加强我们的内因，以前仆后继之精神，踏着将士们的神圣的血迹而勇往直前的。

（四月五日夜）

摘自《大公报》1938年4月7日 第三版

13. 大胜之后

四月七日，在津浦北段的台儿庄附近，中华民族打了它有史以来最大的胜仗。

军队高度的政治觉悟，人民普遍广泛地揭竿而起捍卫祖国，到处都使孤立无援的敌军陷入敌对的人海中。加上一个最合理而无私的军事战略的精诚团结与合作，是这一次大胜利的基础。后方党政机构的改善，心理战线的日趋坚强与巩固，是大胜利的原动力。反过来说，大胜利最深刻的历史意义，就是反证凡无社会和民众基础的军事侵略，无论如何横暴终不可取。

台儿庄是一场"硬仗"，我们所占的优势是人数，敌人所占的优势是兵器。他们想仰仗工业帝国主义者的犀利的武器，来实现其"精兵主义"的迷梦。结果碰到历史无情的教训，台儿庄决战的"最后五分钟"不过六七小时，但台儿庄悲壮的流血的过程却不下两星期。中国"大众军"与日本"精兵"在台儿庄作一点抵消的结果，证明北一辉的"精兵主义"是全不可靠的。

台儿庄的胜利，不是中国军队的胜利，而是中华民族革命的胜利。因为，在台儿庄千百据点的勇烈争夺中，中华民族已把它一切的优点都发挥了出来。

在津浦北段的伟大胜利，还可以看到新中国军人的毅力，这种毅力几是连中国人自己都不信会有的。从三月二十四日起，到四月七日止，前后一共二星期，台儿庄正面顽强蚕食的阵地战，右翼方面猛冲硬撞的运动战，临沂正面死守不退的防御战，无不证明中国军人不但能够争取胜利，并且还能够坚决地不肯放松胜利！

然而，中国人民亦应不要忘记这只是胜利的开始，并不是胜利已达到了饱和点。在台儿庄大胜的光芒中，我们更应冷静自己，鼓励自己，要想想我们是用了几军人之力，用尽多大气力才消灭敌人一师左右。

胜利不是要庆祝而是要把握的，希望前线将士马上就扩张战果，到兖州去，泰安去，日照去，济南去，青岛去。完成我们这千里抗日战线中"一角突破"的伟大军事革命的使命。

摘自《申报》(汉口) 1938 年 4 月 8 日　第一版

14. 台儿庄胜利以后

台儿庄的光荣捷报，昨日午间就传遍了全国，欢腾振奋，亿兆同心。此次胜利，当然意义极大。敌人打通津浦的毒谋，这一战，受了彻底打击。而敌人坂垣矶谷两师团，都是敌军精锐，经此一战，证明我们军队，如运用好，决心坚，便充分可以战胜暴寇。这精神的收获，其价值更是伟大无量。

在本文撰稿时，我们还不知肃清台庄后追击军事的进展如何，对于俘获详情，也不知道。不过这都不关重要，因为这并不是最后决战。我们胜了，固然庆幸，但不容自满，更不可自骄。接着还要打，还要求胜，一直要胜到恢复一切失土，才算是最后之胜。全体国民要刻刻牢记：我们有广大的失土，我们军民双肩上的责任，实在异常之重。台庄之战，只算是在卫国歼敌的光荣大路上，走了一程。这一程，当达到目标之一刹那，固然深感幸慰，而回顾九个月的战绩，我们流多少血，失多少地，我们领袖及前方统率们，如何忧劳擘画，我们战士，如何英勇牺牲！这一段艰难悲壮的历史，我们今天于喜慰胜利之时，是不容片刻忘怀的。

此役的胜利，怎样来的？根本上说，是出于四万万同胞共同的决心，及真正的觉悟。其决心与觉悟为何？就是认定不胜利则亡国，不救国则灭种！历史上战争之事多矣，但绝对没有如日本军阀这样残，这样酷，大家今天祝捷之时，要记着：只南京市我们多少非战斗员同胞被暴敌残害！其确实数字虽不能得，但慈善界计算，至少不下十万。大家同时要想到在广大的被占领区域，多少女性同胞，被敌人杀辱！这个数字也不能统计了，但合南北各地而论，要有几十万遇害者。现时在沪在杭在苏在京在其他地方，不知有多少青年妇女，其中且不知有多少受教育的闺秀，被敌人监禁，视为营娼，正过着暗无天日求死不得的悲苦日月！穷凶的日本军阀，忘了二千余年来我们祖先怎样教导日本，脱野蛮而习文化，仗着半世纪工业的占先，竟忘恩负义，悍然欲灭亡我国家，奴隶我人民，这九个月，随时随地，充分发挥残虐的兽行。我们军队，我们人民，在此存亡主奴的关头，当然壮烈决心，绝对奋斗，今年以来各战线形势的进步，就是以这种至哀至壮的心理为背景。此次鲁南之役，业已激战月余，我们每一个部队，都尽了任务，每一个士兵，都受了辛苦，且不惜任何牺牲，争着尽忠卫国。如孙震、邓锡侯部守滕县，武装甚劣，牺牲甚大，因其苦支数日，所以保住徐州。张自忠、庞炳勋部坚守临沂，屡建战功，孙桐萱曹福林部，侧击左翼，断敌交通，都是此次胜利的因素，而都有光荣的牺牲。而汤恩伯、孙连仲等部，去年转战冀察晋绥，牺牲甚重，战绩甚优，此次又在台儿庄达到任务，其部队，虽名称如旧，但士兵已大半是去秋以来所补充，这些光荣部队，业已是两度牺牲了。全国同胞对于此次胜利之观感，应当一致遵奉蒋委员长通电之意旨，大家要悼念殉国官兵，关怀被难同胞，在既证明确能歼敌取胜之后，更要决心，要谨慎，要如蒋委员长所指示："务当兢兢业业，再接再厉，从战局之久远上着眼，坚毅沉着，竭尽责任，忍劳耐苦，奋斗到底，以完成抗战之使命，求得最后之胜利。"至于敌方情势，凶暴的日阀，虽然内心动摇，但还要竭力行凶。日阀没落，虽属必然，但需要我们军民更大的奋斗，方可使之实现。这一战，证明日本暴力之不可恃，然其暴力还在。日本是步步向黑暗的深渊猛进而不肯回头的。我全国军民，务须切实知彼知己，沉着奋斗。末了，我们敬慰问蒋委员长李程司令长官白总参谋长及各将领官兵之劳苦，祝我全军在津浦线及他线继续有重大之成功！

摘自《大公报》1938 年 4 月 8 日　　第二版

15. 如何安慰自己之良心

此次台儿庄大捷，在抗战过程中，固仅为初步之胜利，然其最大意义，乃答复日本，必须从新估计中国之力量，绝不能藐视中国，而以为不经一击也。故若从此出发点，以推断将来，则陈列于吾人之前者，一方面固足矣坚全国民众最后胜利之信心，挫暴敌征服中国之欲望，得世界人类之广大同情与佩仰，而在抗战之精神上力量，实不啻增加一支生力军，将使我抗战前途，愈趋于有利之阶段；但在另一方面，则敌人虽经挫折，决不即戢其野心，自今以后，更必不顾一切，益加残暴，鼓其再衰之气，倾其已竭之力，孤注一掷，期求一逞，是今后抗战事业，只有日益艰难，愈增困苦。此蒋委员长通电"来日方长，艰难未已……务当兢兢业业，再接再厉，从战局之久远上着眼，坚毅沉着，竭尽责任，忍劳耐苦，奋斗到底，以完成抗战之使命，求得最后之胜利"，所以为至理名言，百世不易，而每一国人所当服膺者也。

　　吾人回顾后方民众，近日犹克安居享乐，未遭暴敌之蹂躏摧残者，岂非以前方将士，掷头颅，捐血肉，所换来之代价，则当前线渐有光明之时，正后方益加振作之机，荒嬉颓废，固所不宜，骄矜怠傲，尤所不当，自今日以往，惟有各竭其力，各尽所能，本"有钱出钱，有力出力"之原则，聊尽其应尽之义务，以争取最后胜利。语其切要，有如下列。

　　第一，吾人以为今日后方之最基本问题，必须使广大民众，咸有国家民族之认识，使知人民与国家，实不可须臾分离，亡国离民，乃远较无母之孤儿为苦。由此再进一步，使知苟能团结一致，牺牲小我以卫护大群，则结果所居，小我未必牺牲，大群却已得所卫护，而国必不亡，种必不灭，乃成为铁的原则。凡此均为今日我后方民众之重大责任，从积极方面言，允宜扩大宣传，使此意识，深入于各阶层，从消极方面言，则应协助政府，严厉肃奸，使丧心病狂之辈，卖国附逆之徒，无能寄生于社会，幸存于人群，然后我抗战之阵营，必益充实，抗战之基础，必益巩固，最后胜利，左券可操。第二，今日社会上畸形状态，不胜其多，即就本市而言，一方面难民麇集于市内，乞丐叫化于街头，无食无衣，可悯可怜，而一方面，则特殊区内，依然灯红酒绿，喝雉呼卢，连日通宵，未尝或辍。有钱者不但未尝出钱，且尤凭借产业，视同奇货，以剥削穷苦阶级，至于奸商市侩之囤积居奇，犹其小者。吾人试一展望前方受伤之官兵，并医药担架而俱无，虽欲裹创杀敌亦有所未能，因此而作不必要之牺牲者不知凡几。夫伤兵如是其悲惨，难民如是其众多，而有钱者，或恃外力以挥霍，或利战争以暴发，此其有害于抗战之大业，宁非重而且大，故如何使有钱者出钱，实为当前之急务，抑亦后方，每一民众所当警惕而翻然觉悟者。

　　以上两端，仅举其荦荦者言耳。吾人以为最后胜利之力量，决不尽操于前线之将领与士兵，后方民众，毋宁握其枢纽。且前线将领之擘划焦劳，士兵之奋勇用命，无非以血肉作后方民众之长城，若后方民众当此千载一时之机，犹不知贡献其力其钱于国家，则抚衷循省，宁不愧怍，故于庆祝台儿庄大捷之余，敢大声疾呼以唤起后方民众之觉醒，绝非徒徒游行庆祝所能安慰自己之良心也。

摘自《申报》（汉口）1938 年 4 月 9 日　第一版

16. 军事在进展

台儿庄大捷之后，军事在进展中。枣庄已于前晚克复，我军正向峄县进攻。峄县敌人业已动摇，城内敌军四处纵火，意图退却。峄县克复大概就是日内的问题，临台支线的肃清也不在远。

台儿庄一役的结果，第一证明我军能攻能胜，第二对敌人可以"问鼎轻军"。我们本着自己的信心，勇敢的沉着的随时予敌人以打击。

在上海的敌人发言人昨竟否认台儿庄之事，这太无耻了。胜就是胜，败就是败，有什么可以隐讳？

摘自《大公报》1938 年 4 月 9 日　第三版

17. 台儿庄的大胜利

最近全球的注意力，已全部集中在台儿庄，台儿庄的雄壮的名称，先后在世界驰名的报纸上出现。这是我国新军坚实韧强的确证，敌人武力开始削弱的说明。然而，在这轰轰烈烈的台儿庄大胜利喜讯乍至，北窜残敌尚未通盘解决前，由于前线紧张空气的激荡，最也易因武断环境，陷于感情的盲目。在白热的光芒下，人们不会看到远处。

台儿庄初展开血腥决战时，日本军阀为掩饰其临城战败之辱，新从关外调来大批援军，拼命向我反攻。枣庄峄县至台儿庄间的新旧敌军，集合在一起，用全力强袭台儿庄，企图突破一点后，打开困局，重新威胁徐海。我军对付这新变化的手段，也是积极的阳性的手段，这结果是双方都把密集部队，搅扭在台儿庄一点，依消耗的程度来解决。

这阵地消耗战的结果，据昨日捷讯传来，我军已一举克复台儿庄，并向北穷追退敌中，此固不出吾人日前敌人定必失败之断言。今后敌人逐次增援上来的兵力，亦定必被我各个消耗或击破，这是我方最值得乐观的。

三月底的"临城歼灭战"，是我军自抗战以来所有"战略机动"的顶点，从二十四到二十八日，敌军一个半师团几被我军歼灭于临城枣庄韩庄间，敌人矶谷师团在此时期中的总损害，达到百分之五十以上。其后方兖州滕县间的交通，亦被我多数的游击支队破坏。当时我军的打击力量若再充实些，便可造成一个小规模的"坦能堡"，一个十足的"色当"。可惜敌人受了飞机的通信鼓励，在峄县台儿庄的残余部队顽强抵抗，不肯缴械，西尾寿造又急调新锐军队前来增援，结果便使这一个小小的中国的"坦能堡"，终不得不告一段落。敌人精锐的战斗工具，算是一度救了敌人错误的战略。

敌人在精神物质上都不能打败仗，"临城歼灭战"便是一当头棒，警告他们以最坏的事实将要来临。东京大坂这些现代都市，全是电气式的，一旦晓得矶谷师团死得差不多，金融股票立刻就要跑马。因此西尾寿造中将，大些说是小畿国昭，石原莞尔等，都不能让"临城歼灭战"的消息有丝毫泄露出去。原则上，是血肉仅可堆成山，徐州正面决不能失败。

在这种情形之下，台儿庄曾变成双方意志斗争的焦点。从四月一日后的台儿庄决战，与其说是军事上的斗争，毋宁认做是政治或心理上的斗争。欧战中期德军进攻凡尔登，在军事上本无甚意义，但因德法人民都不肯示弱，都要争这一块地，所以就直打下去，今我军既已大捷，此后局势，必日益见佳，殆无疑意。但我们并不以此次大捷的价值估计得太高，尤其是切忌骄傲。

为了津浦前线的紧张，敌人不得不把最近从东北"大战军"抽出来的数个师团，一齐向这方面移动，倾注到济南泰安兖州的线上。因此，从大的方面着眼台儿庄之战究还是前卫战。在敌人方面，是前卫失败后，正在由死守待援转为独断的攻击过程中。在我们方面，则是击破了敌人的前卫后，还要企图在他主力未上来前将它根本扑灭。

津浦战局已快到分水岭了，人民一方面固须把握住临城和台儿庄既成的胜利，一方面却要随时都准备好更大的精力来应付一切不测的事变。

摘自《申报》1938 年 4 月 9 日　第一版

18. 峄县与济南

沪敌军发言人，到昨天还不承认台儿庄之败。由此可证明两点：一点是此次给敌人精神上的打击，异常重大，日本军阀为保持其在国内及在国际之虚荣，只有厚颜讳败，否认事实。又一点，可知敌人决不甘休，还想增兵拼命挽回。

路透电，敌人正在极力增兵中，昨天战报，我军正夹攻峄县，形势甚好，峄县一带敌人之彻底扫荡，是巩固鲁南胜利的要图。

孙桐萱部一部分，已攻入济南，正巷战中。这是正式军队的游击战，未必便能占住济南，然而这种英勇神速的游击，当然使敌人丧胆。

津浦战依然是战局的重心，期待我军一两日内更有重大的胜利！

摘自《大公报》1938 年 4 月 10 日　第三版

19. 台儿庄大捷之意义

最近两周以来，我忠勇将士在各战场之血战状况、令人闻之肃然起敬。尤以津浦北段，韩庄，台儿庄一带之浴血作殊死战，洵为神圣自卫战史上最光荣之一页。台儿庄为徐州前卫要点，其得失关系津浦陇海两线之全部战局，敌以全力肉搏，意在打通南北通路，可使南北两伪组织，打成一片，完成其鲸吞华北，控制华中之阴谋，更可截断平汉南段及陇海西段，使我失却联络。我早已窥破其阴谋，故敌战略，处处击破，节节切断。台儿庄之血战，予敌以严重教训，此所以有重大意义也。

台儿庄为弹丸小地，在地势上并无特殊险要，可以据守，但敌准备必争此地者，盖因其为徐州门户，欲攻徐州，必先攻台儿庄。当初敌对于打通津浦线之战略，曾采取南攻北守计划。嗣因彼虽攻下蚌埠，而我反攻甚猛，不能越蚌埠一步。而韩复渠守鲁，复节节后退，致鲁南要地，多被占据，乃又变其计划，改为南守北攻。彼不料在临城临沂枣庄一带遭遇极大之迎击。南北两段，我皆有重兵固守，彼既集大军于北段，则只得从北进攻。惟我军于迎击之后，能固守者，则死守不放，其不能固守者则让开正面，分守两侧，迂回敌人后方，出其不意，截断后路。一月以来，敌人被我从后方截击，其损失之重，几不可以数字计。而在台儿庄方面，则我军抱决不放弃方针，两周间两方肉搏，出入不下数十次，战斗之壮烈，可谓超越沪战以上。吾人身居后方者，对前线将士之忠贞卫国，壮烈抗战，惟有感谢而已。

在敌以为，以彼之优越武器，可一举而冲破徐州，孰知，自彼实行北攻南守战略以来，为时已历两个月，不独受创甚重，且攻取徐州之事，已足使其感觉遭遇莫大困难。据某外人方面可靠消息，则最近两周之血战，敌人所受损失，至少在二万人左右。日来敌虽从青岛天津各处调集大军，企图赴援，但我军在其后方者，时出截击，不但运输甚难，即使侥幸通过，而接济军火粮食，更多顾虑。现时由台儿庄北窜之残敌，我军已将其重重包围，粮断援绝，宛如瓮中鳖，其歼灭殆为一二日中事。该地残敌，若能全部肃清，则徐州威胁，自可解除，我军自可北上扫荡，进而收复津浦北段各大城市。昨得徐州确电，我孙、曹两部，已克复济南。又据日前外人电信，我在烟台附近之军队已攻至烟台市内，正与敌人激战，烟台若能完全克复，与济南互为呼应，则青岛敌军又必感受危险。是津浦北段之战事，敌所赖为后方接济之源泉者，将为我截断，其有利于我方进攻临城济宁兖州各地者，又岂可以数字估计！

吾人相信我在津浦北段作战，必能依照预定计划，着着实现，将敌诱至几个据点，予以痛击，尽数消灭。津浦战事收获全胜，则全部战局形势，必为大变。故台儿庄之大会战，为津浦全线战局之关键，而津浦全线之大会战，又为全部战局之关键。台儿庄血战之意义在此，而台儿庄胜利之效果，亦在此。

自敌占我首都以后，极力宣传我军已丧失战斗力，今兹台儿庄一带之战斗，可谓我国已以事实予以解答。我举国抗战之决心，坚同金石，所谓"泰山可动，此志不可移"。举国上下，以恢复失土，争取国家独立，民族自由为公共之誓约。纵使敌人挟其优越武器，来相侵犯，而我之团结力与决死心，足使其破碎无遗。吾人于台儿庄之大战，可以加强吾人信念，只要全国上下有必死决心，各区将领有周密战略，则长期抗战，我必胜利，毫无疑义。精神的团结力自信力，比任何物质力量，更为伟大。我苟能永远保持及增强此团结力及自信力，即可尽量发挥我现有之物力，而扩大其效用，此我举国民众于获得台儿庄捷报之余，所宜深刻认识者也。

摘自《申报》1938 年 4 月 11 日　第一版

20. 各路胜利之教训

最近两周以来，我军在各方战场作战，莫不克奏肤功，予敌以重大损害。津浦北段台儿庄血战，尤为举世所重视。然东战场战事亦极激烈，可歌可泣之事实，不亚于津浦北段。即山西省内，我军奋战情况，即敌人亦不能不感觉奇异。捷报所传，国内固属举国腾欢，即国际间之与我为友者，亦咸为欣慰。盖暴敌征服我国之企图，得一严重教训，过去之以虚伪宣传污蔑我国者，今皆得一事实之反证，使彼自身不能不为深刻之反省。

今兹各路胜利，虽为今后长期抗战之初步胜利，但其意义却极重大。过去八个月之作战，我所获得之经验，悉于此一个月间，运用之无遗。从前淞沪战斗，我只知作阵地战，而不能配合各种战术，为适当之应用。此次能利用运动战、游击战及阵地战之精髓，随时随地，出其不意，使其前后左右咸受威胁，首尾不接，前后切断，陷于弹绝粮尽之苦境。敌虽挟有优秀武器，而武器终不能发挥其效用，故一败涂地，陷于不可收拾之地步。经验之可贵，有如是者。我依此战术作战，则在鲁境内之暴敌，其必为我歼灭也，可计期而待矣。吾人于是益信学问与经验，宛如车辆鸟翼，二者缺一不可。仅有学问而无经验，则不能活用之。有经验而无学问，则不能利用之。必二者兼而有之，始得尽量发挥二者之效用。军事如是，政治如是，外交如是，经济如是，宇宙间无一事不如是，此吾人所宜彻底认识者也。

此次战事之得以顺利进展，士兵用命，固属主要原因，而将领抱必死决心，亦为要素之一。当抗战初期，各地将领抗战颇多不力，自政府毅然惩办溺职高级将领以来，军心为之一振，昔之畏缩不前者，咸知警惕，在暴敌大军深入之时，唯有死战，方有出路。国家兴废，民族存亡，在此一举。军人责在卫国，有进无退，义无可逃。故前之作战不力者，今皆勇气百倍，迭创强敌。所谓建设心理长城，即是此意。现代战争，虽依赖于物质的装备者甚大，但最后胜负，仍决于精神之盛衰。我之物质条件，纵劣于敌，而我之精神条件果能优越于敌，则敌之利器，亦无所施其效力，证诸最近一个月来各战场之战事，益为可信。故今后吾人当彻底鼓励国民精神之振作，与将士自信力之增强，则长期抗战，最后胜利必属于我，定非虚言。

吾人相信第二期抗战开始以来，我对于全部战局，有整个计划，而全国各战场俱能本此计划，着着实现，故一路之胜利，实各路之协同动作，有以致之。敌原欲以少数兵力，各个击破我各战场。在战事初发四个月间，不幸我之全局布置，未臻完备，不免为敌所乘，言之殊可痛心。在最近三个月间，则全局动作，已趋一致，彼此互相策应，动则同时皆动，使敌有顾此失彼之虑，非增加更大兵力，不足以应付此种局面，已为彼所深切认识。但敌之兵力，亦殊有力，若竭其力而为之，则其国内之生产力即受极大打击，经济崩溃，势不可免。观其在津浦北段作战之状况，即可知其已陷于进退维谷之苦境。欲调他线兵力，增援该路，则他线立陷危险。若从国内调兵，则益增其人民厌战之心理，难保不激起意外事变。是以，我倘能永持全局共同动作之战略，则敌如堕入深泥中，其不能自拔，盖为理势所必至。以我国之大，彼占领几处通商口岸，即谓可以征服我国，其狂妄可于是而益明矣。

虽然，战期之长，殊非吾人所能逆观。初步胜利，从全部战局观之，不过占极小部分。今后进展，困难更多。吾人应本闻胜不骄，闻败勿馁之精神，坚强抗战到底，乃克完成全局之大胜，我举国上下尤当对今后战局，作缜密之计划，过去缺点，悉当亟谋补救。未来困难，尤当预为筹划，无论前方后方，咸宜一心一德，贯彻始终。勿懈勿怠，矢慎矢勤，无问昼夜，奋斗努力，则今兹胜利之教训，所裨于复兴民族，建设国家者，深且大矣！

摘自《申报》1938 年 4 月 12 日　　第一版

21. 战局

峄县战事，这一两日内，就要有结果，也不可不有结果。敌人增援部队不多，但有的来，所以临枣支路，务须从速肃清。

皖浙苏的游击战，效果甚大，沪敌已感到威胁，山西我军虽无大发展，但也有零碎消灭敌人之效。

广州昨天的空战，我空军又大显神威，这一战，也足使广东同胞吐气。

我全军将士之忠勇与坚决，在任何战场上，都充分表现着，一切做后方工作的人，需要加倍努力，毋负卫国健儿！

摘自《大公报》1938 年 4 月 14 日　　第三版

22. 支持获得更大的胜利

四月九、十两日，当我军在台儿庄胜利的确息已传遍世界的时候，敌陆军当局尚企图狡赖他们的失败。基于这无耻的抵赖，当然可以证明他们正在准备着刷耻的方法与手段。根据路透电所载，四月九、十两日上海日本发言人所发表关于否认我军事胜利的理由，可以归纳为下列数点：

一、日军目前正在整顿战线，因在徐州正面和日军对抗的华军二十万人，尚需长期始能"杀完"！

二、华军每次宣传胜利，结果都没有兑现，这可在历次战役中看出来。

三、华军的胜利，被幽默成为一种"可能的幻想"。因华军的攻击计划若果真成功，则日军也许是会失败的，但华军的攻击计划事实并未成功。

敌军发言人理论的正确与否，我们不久便可以拿大批"皇军"俘虏和战利品给全世界看，可以毋庸赘辩。我们目前所应注意的集中点，并不是敌军发言人的知耻与否问题，而是该发言人持论的用意及其阴谋企图。

（一）我们从敌军发言人所谓日军正在原线（台儿庄之线）集结整理的话来玩味，可知日军目前虽然败北，却有卷土重来，和我重在此线上拼一大战的决心。

（二）根据发言人所说的第二点，我们更进一步看到敌人不但要重来台儿庄，而且还把"胜利的台儿庄"宣传给世界看，借此根本否认日军在台儿庄曾经遭遇失败。

（三）第三点是敌人在军事战略上的辩护，他们不但不愿承认败退，还要根本否认我军有包围他们的能力，希望由此来恢复其"皇军"战斗力的荣誉。

怀了这些阴谋，我们可以断定日本军阀对于台儿庄的失败是一定不肯甘休，一定要不惜血本和我们拼下去的。当前的军事问题，已不是敌军究竟曾经失败到什么程度，而是敌军在失败之后，将还给我一个怎样面目的报复的手段。

根据常识看来，敌军要反攻临台之线，先决的条件，便是要增兵，敌军增兵"临台死地"，主要有三条路可走：一条是自济南经泰安沿铁路南下，另一条是自青岛沿公路西进。另一条则是由日照登陆。目前在济南方面的敌军，受我挺进部队的奇袭，正陷于不能与大批援军衔接的困境，只有青岛和日照两方面的公路输送，勉强还算"畅通"。所以临台的敌军如能困斗一星期以上，则敌军也许可以另投入两三个师团来担任二次会战。

由多方面来看，目前山东战事可说已到了最严重的阶段。我们要应用无量的精神物质的声援，来响应前方将士在山东最大的内线作战中，各个击破分进的敌人！

临台的外线包围，应该是泰山之麓光辉胜利的前奏！

摘自《申报》1938 年 4 月 15 日　　第一版

23. 救济台儿庄难民

台儿庄的大捷，展开抗战的光荣史页，我们第一要感佩忠勇的战士，同时也要关怀困苦的难民。台儿庄现在有四万多难民嗷嗷待哺，孙连仲总司令特电请中央拨款赈济。这事政府自然要想办法，同时后方同胞也应该出力救济这些受难的同胞。台儿庄大捷时，全国燃炮仗庆祝，举行祝捷游行，我们觉得这类金钱以后便可以省下来做救济难民之用。

摘自《大公报》1938 年 4 月 16 日　　第三版

24. 战况

近几天的战事，像似沉闷，却一般的好，各地都有胜利的消息，这些小胜，集合起来，便是大胜。

鲁南的大战，重点在峄县。峄县的形势，实际上业已合围，敌人之势已穷，只待其力一蹙，便如瓮中之鳖了！

摘自《大公报》1938 年 4 月 17 日　　第三版

25. 鲁南大战

鲁南战事已演成相当规模的大战，这个大战，现在刚开始。

临沂是无险之城，我军坚守勇战，已有两个月，我们对将士的劳苦与牺牲，愿特别表示敬意。

用兵之策，决于将帅，关于我军现时的战略，不容批评。但可断言者，全体将士定能一致尽最善之努力，作坚韧活泼的战斗，我们并有理由相信现在我们前线的实力，优可战胜此次增援之敌军。

26. 台儿庄战绩不朽

世界名导演亲往摄片 暴敌溃败遗尸遍野狼狈情形 我军民之奋勇合作尽入镜头

本报特写：

曾获得一九三七年世界十大名片第二位之《新土》（系叙述荷兰慎海工程）导演人伊万肆，助理导演万农及摄影师柯柏，受美国今史影片公司委托来华，摄制表扬我国英勇抗战情况之影片，前曾略之志本报，伊氏等旋由军委会战地服务团黄仁霖政治部代表曹如璧等于本月一日陪同往津浦北段摄取前线实况，三日到徐，当由李总司令招待，李氏并请彼等即往台儿庄附近，因彼对该处已操必胜把握也。六日晨，我军果在台儿庄大捷，伊氏等即于七日晨首先进入该庄，将日军溃退之狼狈及其所遗弃之死尸，坦克车，及其他军需，我军之奋勇追击，该庄居民纷纷灌救正在焚烧之房屋，以及我军民之亲密合作，共同杀敌之种种真实情况，尽行摄入镜头，共摄得六千三百余尺，中国此一伟大之战绩，将来得映现于全世界人士之前，伊氏等之功，不可泯灭焉。兹伊氏等为补充材料，及冲洗已摄之影片，业于日昨由徐返汉，记者往晤，伊氏等对于台儿庄战役，极表钦佩，对前线作战之军士及人民，尤赞美不置。记者当询问对此片之计划，伊氏答称：此片必然以中国之英勇抗战为中心，以开末拉将中国种种真实之优美面目向全世界报导，然此片将异于一般新闻片与一般故事片，在此片中将不仅表现中国抗战之胜利情形，且将充分解释中国所以能胜利之原因，并尽量启示中国必胜之伟大前途。余等摄片时系根据下列数点：㊀表现中国军队壮烈之士气与勇猛之精神；㊁人民因日本帝国主义侵略所引起之愤恨与反抗；㊂中国军队与中国人民在前后方密切之合作；㊃日本帝国主义所加于中国之一切暴行。为避免枯燥沉闷，并当插入一简单之故事。伊氏等在前方与吾军民同甘苦，日啖大饼馒头，晚则席地而睡，其耐劳与勇敢之精神尤足多者。闻伊氏等于数日后仍将继续出发前线云。

摘自《大公报》1938 年 4 月 21 日　第三版

27. 胜后心理的检讨

连日国军乘胜围攻峄县，国人引颈企待捷报之来，正不啻台儿庄会战时那样的焦灼，因为期待之殷，反生怀疑之感，因此又听见了那些失望怯敌之言，这种认识不清，亟应再加辩正。

我们要知道，中国的抗战是决心把比较落后的武备来制胜顽敌的战略。武备落后，理不能胜，然后中国却有必胜的把握；这把握在哪里？曰：我们人口广大，我们生产充足，我们民气激昂，我们能忍苦耐劳，总之一句话，我们生命力比敌人强。目前敌人虽比我们厉害，可是到大家精疲力尽的时候，他们奄奄待毙，我们却还有余力支持，所谓最后的胜利，就是这先死后死之争。先死者，死去无法挽救。后死者，在胜利的烬余中立刻建树起光荣灿烂的新生。这就是我们大家应认定的目标，也就是死里求生焦土抗战的意义。所以，最后胜利地获得，是不尽牺牲，不断忍耐的积累，绝不可以一时幸得。更不可以抹杀时间空间不可免的距离，就希望其实现于今日。

台儿庄的胜利，不仅启示我们抗战进展已得到了准确的途径，更启示我们若遵照这途径而迈进，敌人弱点很多，益发加强了我们最后胜利的信心。可是加强胜利地信心，绝不是说，胜利就在目前；我们只证实了途径的准确，至于如何走完这条途径而达到我们期望的终点，仍需要不尽的牺牲，不断的忍耐。

因为台儿庄的胜利，就希望国军乘胜长驱，一举而摧顽敌，凡是中国人，谁不怀抱这样的热望。然而这热望仔细分析，却暴露我们心理上的弱点，暴露我们对严酷的事实，认识不足，因此生了减少牺牲，松懈忍耐而侥幸制胜之心。残酷的事实需要我们不尽牺牲，不断忍耐，而我们心理生了减少牺牲，松懈忍耐的隙缝，这是何等重大的危机！这种危机在久挫初伸的转机时，最易发生，而台儿庄胜利后国人一般的心理，就犯了这个大病。

我们采取的战术是运动战，是消耗战，目的不在一城一地的得失，而在于消耗敌人战斗力量的多少。倘在某一次会战中，我们虽失掉了某城某邑，若能以极小的牺牲换得敌人重大的消耗，我们还是胜利的；若反过来说，我们为固守某城某邑，作巨大的牺牲，未能换得敌方若干的消耗，即此城此邑仍在我手，我们还是失败的。这次战争的胜败只能决定在最后清算之时，绝对不可侥幸，求侥幸胜利于目前，愿大家切记此言。"来日方长，艰难未已"，蒋委员长已这样告诫我们，愿大家清醒一些，准备做长期的奋斗！

摘自《申报》1938年4月18日　第一版

28. 鲁南二次会战的认识

台儿庄的胜利，全国同胞都空前的兴奋，空前的鼓舞。这一星期来敌人对鲁南再度增加援兵，这几天已经开始初步接触，大概几天内，就要大决战。这次决战，比上次规模要大，而决战的结果，其影响，比上次要深。

国人近来都沉重地关切鲁南战局，大家都希望能看出点战争的端倪。大家忧虑，忧虑台儿庄的光荣，不要受了挫折，同时大家盼望，盼望这一次能造成比台儿庄更大的胜利。

这里我们希望大家暂把胜败的心理撇开，我们要进一步分析第二期抗战的意义，和鲁南第二次决战在第二期抗战中的关系。

"八一三"至"一二·一三"南京陷落是第一期抗战，我们的政略战略和战术，可以说都是试验时期。"一二·一三"以后，我们对于敌人的政略战略和战术才算有了比较正确的了解，研究出了正确的对付方法。我们从大量的牺牲中，知道了敌人并不可怕，我们已经有了方法，终可以战胜敌人。但是我们又知道，强大的敌人，必须经过长期疲困，长期的消耗，到它的力量，在我们对比一下时，然后给它以决定的打击，在胜利中结束战斗。

所谓第二期抗战，任务在疲困和消耗敌人，并不在处处歼灭敌人，更不是要在这一时期中，求得战争最后的胜利。所以我们这时所争的，不在每一战争的胜败，不在一城一地之得失，而在疲困敌人到什么程度，消耗敌人到什么程度。比如一个县城的争夺，我们不应当重视县城的得失，而当问敌人攻这个县城，消耗了多少弹药，伤亡了多少人马。假如敌人牺牲了一千人，攻下的一个普通县城，就算是我们的胜利。

我们第二期抗战的根本战术是运动战，阵地战和游击战是以次要地位和运动战配合。运动战的目的，是以机动的军队，在运动中打击敌人，消耗敌人。自然我们有些据点要死守，如台儿庄，如徐州，断不可轻易放弃，但是我们坚守的手段，还是以运动战始终牵制敌人主力，进行野战。

第一次鲁南会战，我们胜利了。但是，我们当知第一次会战胜利，其意义不仅在我们守住了台儿庄，而在我们配备一个强大的汤军团，始终在敌人侧背，执行了正确的运动战，用运动战困顿了敌人，改变了敌人，而且部分地歼灭了敌人，挫折了敌人国际和国内的声威，相当地动摇了敌人战争的信念。

但是这里或多或少却产生了一种错觉。在军人方面就有想乘势大举攻坚，一鼓而扫荡敌人。而民众方面，即以为胜利已经开始，即想从此节节胜利，不再耐心第二期抗战平凡坚忍的消耗过程，所以鲁南第二次决战尚未揭晓之时，国人之关切，其程度远过台儿庄胜利之前夕。

二次决战，就目前说，我们仍占较多优势，如无偶然原因，胜利仍属于我。然而正确观点，还是应该看重我们在鲁南山地这一战区中，我们是否有强大的部队，正确地执行运动战的任务？是否我们能控制这鲁南山地？是否能有强大兵团，东西纵横于津浦路与台潍公路之间？是否能以迅速坚决灵敏的行动，吸引着从铁路和公路南下的敌军的主力？是否能调动敌人南攻的剑锋？是否能局部地打击敌人？是否能迟缓甚至于顿挫敌人攻击徐州的企图？

至于敌军也许可能暂时占几个比较重要的城市，甚至徐州附近也许冲过来一部分敌人，但是如果上述问题我们都能得到正面的答案，日本增兵就算徒劳，鲁南二次会战我们就算胜利。

照第一会战经过看来，前方统帅之镇定坚决公平，将校之机谋果毅，士兵之忠诚勇敢，与乎前方全体军民然忍苦耐劳，公忠和协之气象，实表示中华民族已开始步入辉煌灿烂之伟大途程。与骄横暴戾，残狠淫乱之敌人相较，断无不胜之理。敌陆相杉山最近由中国视察返日，对路透社记者说中国军队已丧失了战斗精神，而且向敌军投降者日众。这种欺骗日本国民的宣传，当不能发生任何效力。然而我们后方各界，也不应只一味打听前方消息，过分期望在战场上已万分辛苦，壮烈牺牲的前方将士，而应当加紧我们内部的团结，积极开展后方支撑抗战的工作，要和前线一样公忠和协，一样忍苦耐劳。这才是支持二期抗战的根本方法，这才能保障前线已有的胜利，和争取不断胜利的到来。

摘自《大公报》1938 年 4 月 23 日　第二版

29. 对抗战前途之一般考察

关于鲁南战局，我们前天已论过，现在要讨论全局的问题。

（一）最近的报告，证明敌军决心变本加厉，再猛烈进攻。观于昨报所载，杉山回国后敌阁会议情形，可知敌人战略，又想采猛攻速决主义。大概敌人过去对中国估计过低，现在因在鲁南遇挫，及江南山西我游击战之猛烈，已不得不承认中国战斗力之甚强，及征服中国之毫无把握，然而日阀拒绝悔悟，仍图最后之一逞，加以对国际形势的悲观，更认为有猛烈进攻求一出路之必要。

（二）鉴于敌人最近的战略，及敌人精神上，与事实上之动摇与困难，眼前的战局，已带有准决战的成分。换句话说，现时的战局，就是抗战前途的重要关头。我们在这一战胜利了，其有形无形的影响，就可以得到准决胜的功效。反之，假若这一战使敌人得志了，则敌阀在其内政上及外交上均将得到便利，接着他要承认北平伪组织，及使北平南京两伪组织合并，以着手实施其局部征服中国的企图。

（三）当然，日阀毒谋，是永不会成功的。退几步说，纵使中国再受挫折，但战斗精神及实力，依然愈打愈强，而敌人的困难，将要反比例的增加，其结果，敌人必有最后失败之日。不过，战争原则，为知彼知己。现在既已知道敌人并非有最大的后劲，则中国战略，在眼前就要与敌人之猛攻速决相应，给他一个重大打击。这是事实上所可能，而与中国最有利益的。中国过去的抗战理论，多倾向于延长战局，避缓决战，在我的看法，这样战略，应当是不得已而为之。现在既已看破有战胜敌军的可能，就应当充分给敌人打击，使其猛攻速决主义，得一现实的失败教训。

（四）鲁南战事规模，实际上已相当的大，我们领袖与诸将帅，当然尽最善的努力，有优良的战策，姑不详论。我有一点希望，就是鉴于敌人，在平汉在平绥之万分空虚，及在山西之相当疲弱，我们为转移全部战局计，为对日加紧国际斗争计，为更鼓舞民心及沮丧汉奸之计，应当在津浦线以外，同时择地发动大规模有效的反攻。当然，大势在北方，所以应特重北方，近来听说，已有得力的游击部队反攻绥远，我盼望这就是我们收复察绥失土的起点。

（五）眼前要特别注意的，是要觉悟敌人现在正用全力进攻。在敌人已认定此为决定大势的关头，所以我们必须与之相应，使敌人在大势上失败。从实质的意义上说，现实的战局比过去的上海战，山西战，都重要，而过去在上海，在山西，我们都缺乏胜利的信心，现在是有信心，有方法。全军将士注意！现在就是准决战，至少也是有重大影响的一战。国际形势，近来甚利于我，而不利于敌人，所以敌人甚恐慌，也甚焦躁。这一战，我们无论如何，必须给他打击，敌人此次失败了，就离崩溃不远。全国各界注意！当这重大会战进行之时，各界同胞，必须更紧张工作，有资财者，更需要做军事后援。现在政府发行公债，特别全国有存款的同胞，救国保家，此正其时。敌人以实力企图亡中国，我们只有以实力抵抗求胜利。现在是赤裸裸的以战斗决运命，凡不愿做亡国奴隶者，必须从事实上各尽爱国责任。我们既以此祝勉军人，更不得不唤起各界同胞之共同自勉！

摘自《大公报》1938 年 4 月 25 日　第二版

30. 这一战

　　这一战，当然不是最后决战，但不失为准决战。因为，在日本军阀，这一战，就是他们最后的挣扎，所以这一战的结果，于日本，于中国，都有重大的关系。

　　然则形势如何？曰，至少可以说一点。就是：从任何意义上，都能证明中国的力量，比八一三好，把握比八一三多。当八一三之时，中国全军，是生力军，今天却都是补充的，或新练的，那么，何以说今天的力量大于八一三呢？第一：八一三，军队无经验，现在有经验。八一三，虽然勇敢牺牲，却不免夹杂悲观心理，而且过萦心国际变化，今天却一致是乐观，是信仰胜利，是自力更生，不问国际。所以精神状态，今昔大有不同。第二：敌方在八一三，是信仰能屈服中国，且以为占上海就能屈中国。现在却觉悟中国之不可屈，悲观战事之无止境。第三：从战术上说，八一三，敌方在最狭小的区域，以海陆空联合作战，一切便利属于敌；现在则为广大区域之运动战，兼阵地战，与游击战，一切地利人和上便利属于我。第四：最重要者，当八一三，中国民族尚不能普遍认识日本真要灭中国，现在则确确实实知道日本真要灭中国。而灭国后的现象，是一切生命任敌杀，一切财产任敌抢，一切实业任敌占领，最不堪者，一切男男女女任敌蹂躏，做奴隶，做妓娼。所以八一三之时，中国战士，只是卫国家，现在则除卫国之外，都觉悟是卫自己，卫家、卫乡、卫一般男女同胞，八一三是为救国大义所激发，现在则并且是为人道，为雪耻复仇。

　　或人要问：彼我之实力如何？曰，凡关军机之事，概无评论自由。不过可以说：就纯以物质的威力论，中国今天，至少也不弱于八一三，更不用说是远超过于一二·三。总之一句话，中国对这一战丝毫无悲观理由，并且事实上，从最高领袖起，以致前线每一士兵，都充满必胜的信念，而正作殊死的斗争。为什么信仰必胜？是因为看破敌军之可败，及我军之不可不胜。全国军民记着！全世界多少文明人类，盼中国胜！就是日本国内，多少有良心有文化的人，也盼中国胜！日本军阀的运命本来是早已注定的。他越胜，日本危险越大，日本人民越剥夺自由。我们只是对日的一战，日阀则战中国不过是战的开场，他们除过对中国一战以外，还必然要遭遇国际的大战。总之，结果是毁灭，是崩溃。所以其在华愈胜，其国家运命之危险愈深，这个常识，日本人民理解而信仰之者太多了，然而敢怨而不敢言。日本国内，是蕴蓄待发的火山喷口，军阀辈深知其故，所以急欲再为暴力的一逞以挽回威望。今天津浦战的意义，就在此。我们全军战士，今天不但肩担着祖国的命运，并且确实负着东亚和平世界和平的责任。我们今天必须从战斗结果上赤裸裸的打击日阀，教训日阀！叫他们在世界公论及日本人民良知裁判之前，证明征服中国，灭亡中国，奴隶中国之绝对不可能！这一战我们胜了，就可以充分得到这样证明，从此以后，日阀就在精神上失了立场，只有静候着末日审判了。所以这一战，从纯军事眼光看说，当然不是最后决战，而从精神的或政治的意义论，则可以说是准决战。因为我们胜了，就算是证明日阀之失败，特别在国际上的影响，非常重大。我们据上所述，谨祝全军将士之自重与健斗，莫要让残暴敌阀野心毒计之获逞！

摘自《大公报》1938 年 4 月 26 日　第二版

31. 鲁南二次大会战

　　敌人对徐州实施的第二次攻势，已于十九日开始。这是我们早料到的必然趋势。

敌人的矶谷师团，已在韩庄台儿庄峄县枣庄半圆形的弧线上死守了两个星期。这两个星期的死守，一方面固由于我们本身打击力量的不够坚实，一方面也因这方面敌人的兵器威力虽然不敷进攻之用，但拿来防御也还强韧，所以我们始终不能够彻底消灭他们，坐视它挣扎到现在。

敌人的死守精神，不但发挥于峄枣之线，而且连兰陵向城一带小股敌军的孤立部队，亦无不发挥了极大的粘性。过去人家都说敌军只能攻，不能守，在这次战役中可得一反证和新的认识。战场上一般情况，都证明敌人相当顽强。

在西尾寿造第二军战败部队的死守掩护之下，大批增援的敌军开始集中而投入战线，从青岛方面来的是加藤师团（一〇二师团），从济南方面来得是土肥原师团（十四师团），十五日后，这第二线兵团开始推进，逐次增加到峄枣临沂第一线兵团苦战的正面上。十九日，先从左翼方面开始进攻，以一个新锐的旅团，充实了另一个疲惫的旅团，四十八小时后，我为战略关系，临沂据点终于放弃。

敌人对徐州战略要点的第二次总攻击已经开始了，这告诉我们什么？历史告诉我们的，是敌军已被逼而被放弃其过去优秀的机动战略，徒然从事于意气的蛮争。德国在一九一六年曾打过一个倒霉的凡尔登，那是战史上"吐血"的教训。如今敌兵力远逊于德，却于二十二年后，还要打它的"吐血"的徐州，这才是敌军阀的模仿性。

高级战略设计陷入错误的影响，使敌军的作战计划又陷于轻率和冒险。加藤与土肥原马不停蹄，从千里之外调来，喘息甫定，便要去增援一个混乱的战场。这逐次增援的结果，兵势既然是依次消耗，最后亦必归于惨败。而且敌军第二线兵团的兵力终属有限，最大的推力，充其量也只能更新爬到台儿庄在那里再拉锯。

同时在徐州南方，淮河流域的敌人亦增加了兵力（高桥师团），不久许会重新来发动一个以高桥（第十八）师团为基干的北上攻击运动。就通盘看，表面上看，敌军对于徐州，固已声势汹汹，构成三面合击的形势；但仔细看，深刻些看，却不过发现在徐州的东南各方向，都各有一支孤立弱小的敌军纵队，战战兢兢，在作辛苦的向心的爬进。我们根据目前紧急的情况，谨以人民的立场，热烈希望我前线各军不要放过机会，千万不要让过去光荣的战绩和努力的结晶，变成昙花一现的军事幻景。从三月

十五日起到四月十五日为止的鲁南大运动战，证明我方只要精诚团结，和
衷共济，免除私见，舍弃人事的摩擦，同心戮力，大家都希望把一件工作
做好，一个任务达成。中国军队虽然装备落后，不是不能打大胜仗的。从
临沂临城台儿庄三次猛烈的攻势中，简直可以发现一个新的原理："天时
地利人和"中的"人和"为第一，战法次之，装备又次之。

装备落后，不过所受的损害大些。人数多，依然可以打胜仗。战法运
用得经济，合理，爽捷，分进的疲敌必无法应付。鲁南二次决战的火幕已
经揭开了。谨请政府人民注意数点：（一）希望前线军队立刻毫不迟疑，
立刻实行英勇的内线作战，万众一心，以排山倒海的团结之力，各个击破
粉碎分进的敌人，造成鲁南光荣的二次胜利。（二）壮丁扩大入伍，踏着
前线将士的血迹前进，英勇地填补了前线的空隙。（三）全国民众以最大
的劳力热情，支持鲁南的决死战。（四）广播给同情我的全世界知道，中
华民族在为自由解放而奋斗，精神上已战胜顽固的敌人。

摘自《申报》1938 年 4 月 26 日　　第一版

32. 敌恢复歼灭战乎？

在台儿庄歼灭战决定的影响之下，中华民族开始英勇的昂起头来，给
全世界，全弱小民族，全帝国主义们者以一崭新尖锐的启示与告诫，干脆
的警告了骄狂的敌人说：中华民族不是没有能力和他决胜的，一俟时空条
件成熟，就要毫无疑义的击破他的侵略。临沂、临城、台儿庄这一连串光
辉的运动歼灭战，把整个日本帝国主义者都惊呆了！中华民族的坚强无比
的抗力与击力，使日本军阀着忙，财阀慌乱，为克服应付这崭新的中国动
态，为贯彻其势在必行的侵略计，迷顽的敌人在势必须重新估定其"支
那应征"的胜算，而倾注其最大限度的武力来恢复其日渐渺茫的希望。

这一个新的转变和疯狂的估定，便是日本阁议（基于军部要求）最
近所非正式宣布的对华恢复"速战"——歼灭战。

过去日本军阀对华作战之最高战略方式的过程，一般说来，是歼灭
战——消耗战。这一个最高战略方式的形成，我们可依下列的条析来认识
清楚。

（一）日本对华的基本战略，素来是一元的歼灭战。基于这个原则，

日本军阀曾在第一期战争中疯狂的抛掷其最大限度的攻击兵力，企图很快的便消灭我军，威压我政府人民的战争意志，而促我抗日政策的夭亡或屈服。但第一期会战的结果，日本几乎完全不能达到预期的目的，这是敌人歼灭的失败，即第一个战略方式运用的失败。

（二）歼灭战失败后，日本一部分人（主要是财阀）的意见，便得到新的支配地位。就是没有再增加大兵力继续作歼灭的价值的必要。而认为与其扩大动员而求战略的迅速获得，毋庸以现有兵力从事于"限制目标的攻击"来吸引我军主力，消耗我军主力，最后方对我实施攻击而解决战争为得法。这一个战略方式，当然已属于消耗战的范畴，已经是"精兵主义"的消耗战与我"大众军主义"的消耗战的对抗。但由于战略方式更进一步的改善，全国抗战组织的日趋坚确，敌人这一个新的战策，亦先在淮上碰壁，继在山西流产，终则在鲁南通盘瓦解！

日本运用消耗战的唯一结果，是促成我方在鲁南获得一个歼灭战的机会。这在日本是不能容忍的大失败。财阀们所支持的"打算盘"的消耗战主义，在此"国格"将濒破产的威胁下，只有被否定，被扬弃。于是乎继财阀的消耗战呼声而起的，便又是军阀的歼灭战，即所谓："速战速决"。

打仗总是一篇账，目前敌军在华的兵力，已达二十五个师团以上，同时敌军阀长期控制在东北的兵力，亦必须具备同等的力量，才够应付。依一般精密统计，日本最高的"精兵动员数量"，不过一百二十万人。这数目除去在华作战所蒙受的"永久损失"约十五万人外（阵亡及残废，轻伤不计）。实际剩余兵力已不到一百万人。再减去长期维持在华的兵力二十五师团即五十万人外，实际已仅余五十万人散在东北，属地，及本国。这五十万人的大预备队，便是敌军阀用来重新作歼灭战的力量了。

然而，事实还要刻薄，五十万人的大预备队中，至少还有三十万人是长期的都要和"加伦的三十万人"对一个"沉默的正面"的。集中在东北的兵力，决不能随便抽进关来，那是日本与苏俄"精神作战"的战场。日本要威胁斯丹林，使苏俄长期都在估计"假定参战后的代价"，就要在东北作大规模的张牙舞爪的攻击姿态，来吓住苏俄。故五十万人的大预备队中，至少还有三十万人不能随便抽调。

结论是：剩下的二十万人，才是日本真正可以用来进攻中国的力量。日本在目前似正在盘算着如何方可以把这二十万人（约十个师团，七百门炮，三百辆战车。）用得恰当，经济，而且"精彩"！

反之，我们如把这二十万人再消耗光了，前途也就是光明，胜利！

摘自《申报》1938 年 4 月 29 日　第一版

33. "壮"与"哀"

当全国抗战展开之初，我最高领袖及贤明当局，与社会上多数人士，虽俱相信最后胜利必属于我；但九个月以来，军事上每有一度顿挫，则少数人对此信念，必一度发生怀疑，甚至于完全摇动。迨台儿庄大捷之讯传来，于是"中国并不能战胜日本"之心理打破，最后胜利必属于我之信念，乃深深印入每一个中国人之脑筋，几之怀疑派与动摇派，亦不得不自承其认识之错误。此种转变，在抗战史中，自有其重大之意义与价值。惟是一般人之见解，对于何以最后胜利必属于我之真意义，尚多未能明了，亦即所谓知其然而不知其所以然者，于是其心理上乃发生一种错误之观念。咸以为敌于台儿庄大败之后，业已无能为力，胜利之券，我已稳操。盖征于敌之增调援军，均由各战场抽调七拼八凑而来，即此一点，已足见其捉襟露肘，狼狈不堪之状。苟能再予重创，则敌必将崩溃，而最后胜利，亦即降临。此种心理，实有妨于抗战大业，吾人认为亟应矫正。盖自一方面言，因看得最后胜利过于容易，足以长傲慢之心，增矜夸之气，从而将敌人估计太低，而陷于绝大之错误。更自另一方面言，又因对于最后胜利，期望过切，翘待过殷，以致小有顿挫，便即灰心，甚至依然回复其怀疑动摇之态度。是其为害，宁堪卒言。

吾人认为在现阶段上，敌之对我，实有侵夺徐州打通津浦之坚强欲望，因此两种企图，苟能实现，不独奠定其第三期作战之根据，且因南北打通，伪组织立可合流，其政治的侵略之计划，亦以完成，雪耻复仇，犹其次者。然在我方，则徐州果能保卫，津浦线不被打通，固足以保卫中原，保卫武汉，进而促敌之崩溃，设果不幸而徐州不守，武汉受胁，然决非即此可以使我屈服，迫我投降。故今日鲁南之战，最高限度，仅有准备决战之意义，最后胜利，距此犹远，即以敌苟再败，必更疯狂，我纵受挫，必不降服，此所望国人之不必翘待过殷期望过切者也。至于说者若以敌之增援部队系七拼八凑而来，遂遽断定其已无能为力，则尤为错误之见。须知敌至今日，犹蹈对我估计过低至覆辙，其所以未从国内增兵者，非真无兵可调，特欲保留力量，以为对付他国之用，而认定对我只此七拼八凑之力量足矣。倘我误认为黔驴之技，仅止于此，则结果所屈，必将自己估计过高，恰犯与敌同样之错误而蹈其覆辙，且安知敌之所以七拼八凑增调援军，非故施狡猾以弛懈我军心乎？是又所望国人不可将最后胜利太看得容易也。

吾人所敢自信最后胜利必属于我者，并非精良之武器，高深之技术，与夫士卒之残暴及凶猛，其所凭藉者特"壮"与"哀"也。夫"师直为壮"，古训昭垂；"哀兵必胜"，昔贤所示。惟其壮，故能得天下之多助，而精神为之振奋；惟其哀，故能博人类之同情，而士气为之悲愤。以"壮"与"哀"之兵，与"曲"而"骄"之兵战，不待交绥而知其胜负，又何况敌之更"残"与"暴"乎。此即"最后胜利必属于我"真理之所在，而应配合以持久与消耗的战略者也。诚如是也，吾人以为今日一般人"自满"与"自馁"之心理，必当予以适切之纠正，而此纠正之方法，则在于负有宣传责任者，应以"壮"与"哀"为出发点以求之，若徒以"敌恐慌万状""敌不堪一击"诸种形容词，胜载于报章之上，是南辕而北辙，适以引入"自满"、"自馁"两极端而已矣。

摘自《申报》1938 年 5 月 2 日　　第一版

34. 鲁南会战胜败剖视

敌人这次，集中土肥原、矶谷、坂垣精锐部队八九万的兵力，企图最后完成它打通津浦线的迷梦。现在双方正在争夺据点，准备着最后的决胜。一般观察者的注意，都集中在当前的战果，仿佛这一场决战，我方若能胜利，敌人就愈不能兴，若是失败的话，我们的前途也很悲观了。当然，台儿庄的会战，已加增了我们对自己力量的信念，因此有许多人一改平日长期战，消耗战的主张，而期望我们也能采用歼灭的战术，一举而扫荡寇氛。这种观察，实病肤泛只藉幻想的预期造成一时的兴奋，倘它日现实。不能如预期的发展，兴奋的反动，变成幻灭，最初忍苦忍痛长期奋斗的决心，也就跟着松弛起来了。因此，我们愿在鲁西会战，尚未分晓之前，大声疾呼，纠正国人心理上或许要发生的错误。

　　我们当然确信这第二期的会战，已非昔比，鲁南会战确实掌握着胜利的把握。然而，我们也不必忽略了敌方的实力，夸张着自己的能耐，十分加重鲁南会战的分量，以为全局胜负，尽在此举。我们要认清，鲁南会战只是我们长期抗战中的一阶段：若说胜了，我们抗战的进展，得到了预期的顺利；若说败了，只须获得大量消耗敌军的效果，也未失为最后胜利多加上一重保障。

　　要评判这一次的会战，应该先把握住这一个原则。

　　把握住这个原则来研讨这一次会战的战果，我们可以断然地说：敌人若胜，胜利的影响甚微，敌人若败，败北的影响甚大；我方则反之，胜果大而败国微，愿一一中论之。

　　敌人这次规定的战果是打通津浦线，打通津浦线，这个口号已唱了三四个月，三四个月过去了，未见实现，早已引起它国人的愤懑，万邦的嘲笑，大将松井因此去职，则这次即使给它打通了，其效果只止于补过，决不能认为意外惊人的功绩。因此在一般心理上影响甚微。打通津浦线，原只是敌人占领南京后，找不到作战目标硬定出来的一个目标。可是，这目标完成之后，又该怎样呢？进攻武汉吗？打通津浦尚如此困难，如此牺牲，进攻武汉又将加上多少倍的困难，多少倍的牺牲，我敢说日军人，根本没有必能到达武汉的把握。即令到达了武汉，战线拉的这样长，战士搅得这样疲惫，又该怎样呢？所以，日军作战，根本丧失了目标，即使局部得到了胜利，前途还是一样的茫然，只如黑夜迷路在深林里，东奔西突，迟早有走不动倒下来的时候。因此，在整个战略上来说，敌军虽胜影响甚微。

　　现在我们再推论敌军战败的影响。台儿庄的败北，竟至动摇了它的国策，改"长期应征"而为集中力量求速战速决的效果，现在假定它尽可能地集中了力量向我进攻，其结果，竟泄尾而走，这影响足以引起巨大的震撼，不言而喻。日军人能像今日这样的骄横，就靠出征之常胜：他们是以胜利来诱惑天皇，牵制政党，压榨财阀，麻醉民众的，假使他们的支票不兑现，皇军的威名一旦断送在他们的手里，反动之来，可真不是容易应付的事情，然而，细按这一次鲁南会战，他们动员的现状看来，敌军想从国内增调生力，实感困难。我们当然不能过分乐观地说，敌军实力尽在于此，可是，我们却能断然地说，敌军鲁南战败之后，它整个国防计划必根本动摇，必将抽调其整备应付他国的储力，以作对我孤注之再掷，这就是它内部虚耗的开始。虚耗之象一开始，眈眈逐逐以伺者，谁不会发生乘机而蹈的野心，在这里就埋伏着覆灭的危险。

所以，我们的结论是，敌军能胜不能败，胜只维持战局，败则招致重大的危机。

就我们方面说，倘然能继台儿庄的序幕再来一次整个鲁南全局的大胜，就此扫尽败北主义者心头的阴影，明白显露了最后胜利灿烂的凯旋门，当然有巨大的影响，不必详述。即使不幸而我军败退了，其影响又将怎样呢？我们作战的实力不如人是家喻户晓的了，我们的胜利，不是决定在一两次的会战，而是决定在最后敌人的消耗也已成了不可动摇的战略的了。敌军进攻，尽量消耗其实力，于不能抵抗时，退而搅扰其后方，这种运动战的效果，已在江南，山西收获了惊人的成绩，则鲁南战败之后，最多也不过加多了一个运动战的战场，并没有多大的损失。

所以，我们的结论是，我军能胜亦能败，胜固可欣，败亦无损。

在这一种对比的批判上，就奠定了我们最后胜利的基础。

摘自《申报》（汉口）1938 年 5 月 2 日　第一版

35. 必须奋斗到底之目标

日来颇传敌人国内时有结束战争之论，而其内部之困难，亦日见增加，且因台儿庄之败，其自信力渐形动摇，所谓外强中干之窘状，盖已毕现矣。虽然，敌人国内所传结束战争之论，似有两种意义，其一为一部稳健分子自始反对对华作战，当战争开始之初，即已婉曲表示其意见，不幸为时势所迫，未能畅所欲言，且不能坚决明显发表其主张，隐忍至今，始以"结束战争"四字，迂回陈说，冀可动其当局。故此派所谓结束战争，即停战议和之意。易辞言之，即希望其当局于适当时机，毅然停止战事，于适当条件之下，与华媾和。其二则为强硬分子之意见，彼辈所谓结束战争，即反对现时近卫内阁所采用之以某限度之兵力，对华作长期之消耗战，应增加最大限度之兵力，一举而完成其征服中国之企图。易辞言之，此辈仍主张速战速决，不惜倾其国力，为孤注之一掷，不许其政府对华稍存妥协之心，即必置我于死地而后已。故同为结束战争一词，而其意义之相差有如是之远者，此所以不可不察也。

　　吾人既明了彼辈所谓结束战争，有两种相反之意义，则凡外电所传敌方唱结束战争之论者，必须慎重考察其含义如何，始可加以判断。在现时敌方军事势力重压之下，断无人敢唱停战议和之说，以自取罪戾者，但运用描写技术，于结束战争一语，烘托其主张，是为最高限度。吾人相信敌人自开战迄今，所遭遇之困难，逐渐增大，凡闻识者，必深刻感觉其前途之暗淡，思有以挽救此危殆之局，但为右派所胁迫，面从心远，比比皆是。故有力实业家虽不以其军部行动为然，而终不能不追随其后，附和硬论。故非我更予以重创，使其军人陷于进退两难之苦境，既不足以促其军人之反省，亦不足以道其识者之反对，此我今日谈敌方情势者，所当彻底认识也。

　　杉山返日，近卫销假，彼之对华政策，是否已趋一致，尚难明确断言，至少在现阶段，似以打通津浦为一段落，以后行动，再行讨论。此征诸最近敌方各种措置，颇觉可信。敌若欲实现速战速决方针，则非大举增兵不可。但就敌国内情势而言，则于现时限度以上，续行征兵，所影响于其生产力，其为深大。现于农村已告劳力缺之，即各工业生产部门，亦有劳力不足之忧。且在平和商品制造部门，因其熟练工人为军需工业所吸收，颇有不能支持之势。敌虽欲以女工代替男工，但兹事非旦夕所得而成就。在过去十年间，敌于或种工作，即已尽量采用女士，而女工之劳动持续力与生产力，究不如男工。故敌欲增征四五十万兵力，其影响之巨，无待烦言而后明，其不易实现者在此。

　　吾人相信今日敌人计划，首在打通津浦，若我能在此线上，予以重大打击，则彼必须重行考虑其态度。前此台儿庄之大胜，与此次郯城克复，所以有重大意义者，盖即在此。敌宣传我无战斗能力者，久矣。今我不但能表现其有战斗能力，且更进而击破其所自夸拥有优秀武器之部队，则其国内之反战心理，必由思想而变为行动，促其各方咸痛切感觉不得不从速收束战事，以求时局之安定。吾人必须依吾人之血肉，以迫成敌人举国赞成第一种意义之"结束战争"之举动，而后东亚方有真正和平，此乃吾人所必须奋斗到底者也。

摘自《申报》1938 年 5 月 3 日　第二版

36. 论目前抗战形势

敌人第二期作战计划，在我们英勇的顽强抵抗中，遭受了部分的挫折与失败，这表现在：

第一，敌人在占领南京以后，企图沿津浦线南段，进攻徐州，以打通津浦敌军联络，结果受着强烈的抵抗而败北。

第二，敌人由太原直逼黄河北岸，企图一举而逼我华北抗战部队退过黄河以南，以完全统治华北。可是在山西抗战部队，大部仍坚持华北抗战，敌人计划并未实现。相反的，遭受若干打击。

第三，复集中其兵力，由津浦线北段南进，企图再次打通津浦线。由于台儿庄一役，摧毁了敌人两个主力师团，又复遭受惨败。

敌人三步计划，虽然受到了打击而失败，然而我们绝不能说敌人没有力量再行进攻，将放弃其原定作战计划。今天这样估计是过早的。必然的，敌人将老羞成怒，动员其全部力量，以作新的更残酷的进攻。

这一次战斗，虽然不是最后决定胜负的决战，但我们可以预见，敌人的兵力，比以前更集中了，战斗比以前会更来得激烈。这一次战争对于以后战局的发展，以至完全打破敌人第二期作战计划是有着非常重要意义与影响的。

敌人在新的进攻中，根据过去台儿庄一役失败的教训，改变了轻视我军的观念，集团的使用他的兵力，从我军侧翼，采用包围迂回的运动战。目前鲁南战争，敌人集中将近十万大军，主力则迂回我军右翼郯城、邳县之间，以图截断陇海东段，威胁徐州，使正面我军不攻自破。不管敌人是如何疯狂的进攻，在我们的持久战斗中，暴露了他不可克服的弱点，是敌人的致命伤。第一，敌人战斗情绪的萎靡，厌战心理在士兵中日益增长着；第二，长期战争的结果敌人纪律更加败坏形成了开始瓦解状态；第三，敌人愈深入，战线愈延长，兵力不敷分配，处处空虚，经常有被我军游击队袭击的危险，如最近山西我军连克十余县城，即是明证；第四，国内财政困难增加，内部矛盾更加激烈，这主要表现在日本人民反战运动的高涨。这些弱点，如战争继续延长下去，必然更加来得激烈与普遍。

我们抗战是长期的持久的，在第二期抗战的过程中，已取得了部分的胜利。我们更须以最大的努力来争取更大的胜利，以至完全粉碎敌人的进攻计划，因此必须更加巩固全国的团结，在各个战线的军事行动更能取得一致，互相配合，开展前线的继续胜利。并热烈号召全国军民，一致努力实行国民党临时大会所通过的抗战建国纲领，保证纲领上所规定的各项逐一实现。唯有这样，才能达到"抗战必胜，建国必成"的目的。

摘自《新中华报》1938 年 5 月 5 日　　第一版

37. 我们必胜！

据最近情势推断，津浦线上的战事逐渐进至重大阶段。这情势，是由于敌人在台儿庄惨败之后，二次会战经过三个多星期，又遭到顿挫，再倾全力，以求实现其打通津浦的梦想。敌人一方在津浦南段取攻势，另由鲁西迂回，与鲁南呼应，冀图三面向徐州会战。这是敌人的大力挣扎，也就是我们将获更大胜利的预告。前方将帅正沉着应付，努力再予敌人以打击，我们后方军民尤应本必胜的信念，坚决沈毅，各尽职责，以加强抗战的力量。我们谨本此观点，就目前军事情势，向国人说明几点。

第一，我们要认识日本军阀是我们的强敌，它绝不轻易服输。台儿庄失败之后，它进行二次会战，就敌情判断，二次会战再告失败之后，它必再设法加兵，继续困斗。我们必须长期抗战，才能获得最后胜利。这是一个最基本的认识，没有这种认识，便很容易陷入胜骄败馁的脆弱心理之中。

第二，敌人这次在津浦线上的困斗，差不多是倾全部在华军队的力量，作孤注之掷。台儿庄战役之后，一般揣测，日阀必从国内及"北满"增调生力军，前来会战，而目前的事实并非如此。这显然是敌人从国内调兵已感困难，在"北满"方面也不敢疏忽对苏联的防备。于是，它只得穷在华所有的力量，抽调到津浦线上，这可见敌人已有竭蹶之象。试看全局：山西方面，敌人异常空虚，抽调兵力的结果，除少数据点之外，大部自动放弃。河北方面，连日我游击部队的展开，平汉线上由涿州到卢沟桥及北平近郊，天津附近也有活动。这情势可看出敌人是如何的空虚。敌人在津浦线上的困斗，其结果必然是攻坚碰壁，而在其他战场上将遭受更大的失败。

第三，我们要认识，敌人这次在津浦线上是倾全力，而我们却不是全力。我们不仅在其他战场上有配备，在后方还有优越的军力。军事的机密，我们没有宣布的自由，但可说明一点，就是我们在全局上有长期的准备，纵使敌人再加兵，我们也还有力量补充。以我们的长期准备，对付敌人的竭蹶困斗，最后的胜利一定是我们的。大家要知道：九个月抗战的结果，我们的军力，无论在量或质方面，非但未曾减少，且较开战之初加强了。旧有的军队打出了经验，增强了信心，新练的军队更是无穷的抗战力量。这事实绝对出于敌人的预料，我们也是在抗战中才逐渐证实的。就凭这一点，便可决定胜负谁属了。

第四，我们的战术战略已非从前。现在我们的战略活了，军队也活了，譬如下棋，在全局上我们没有一个死子。这较诸抗战初期大大不同了。试检自台儿庄以来的战绩，无论在那一线上都是我们胜利。津浦二次会战，敌人穷攻三个星期，消耗极大力量，而遭顿挫，现在仍继续这种形势。江南的游击，都是有计划的行动，陆续消灭各地敌人的力量近万。绥远的反攻，已近归绥。山西的进展，已使大势改观。河北的游击，更到了心脏区域。我们的活泼战术，已把敌人的阵容打碎。敌人现在只有守据点，攻窄线，而不能成面了。敌人现倾全力来打通津浦，恐怕这一点还未做到，其他方面便起了变化。且看敌人用全力来碰津浦的铁壁吧，在津浦会战期中，我们若运用得宜，晋绥冀各省重要城市的收复实有很大的可能。

以上所举四点，都是我敌双方的实情。当然我们不能轻视敌人，但绝无理由可以动摇我们必胜的信心。日本军阀是我们的强敌，但不是不可胜之敌。日阀在我们九个月的抗战中，已失掉必胜的信心，精神堕落，实力锐减，一步步走近坟墓了。昨天本报所载徐州专电，俘虏兵藤田义所供，鲁南会战，敌军伤亡意外之众，对我军的英勇甚敬畏，因精神颓废，化为奸淫掳掠的兽行。这样的敌人，在精神上先根本失败了，当然没有取胜的前途。敌人已变强为脆，现在津浦线上的困斗，是它的大力挣扎，我们全国军民都要加强信念，努力尽职，毫无疑问，我们必胜！

摘自《大公报》1938 年 5 月 10 日　　第二版

38. 目前抗战的新形势

一、最近的战况

自蒋委员长告全国民众书和中国共产党中央十二月对时局宣言发表后，中华民族即坚决走上了持久抗战的前程！

　　持久抗战本身，就是中华民族一种伟大的胜利！他不但粉碎了敌寇"不战"或"聊战而亡中国"的战略和幻想，而且粉碎了敌寇速战速决的企图！使敌人不得不逐渐由主动地位沦陷于被动地位，由优势逐渐转向劣势！最近四个月的战争，已开始给了我们初步的证明！敌寇付了很大的代价，遭受了极大的牺牲（据法报载，日寇对华作战以来，伤亡已达五十万，平均每天有二千一百人伤亡）。结果，不但没有获到任何决定的进展，而且遭受了局部的挫败（如台儿庄）或胜而复败（如敌寇对晋东南区域之九路进攻，和对晋西北区域之进攻，都被我军先后粉碎，并给了敌人极大打击，敌遭受极大伤亡。仅晋东南敌即伤亡五千余），或者完全陷于相峙状态。即以晋察冀边区来说，不但敌寇一次次的进攻，都被粉碎，而且继续不断地遭受我们的袭击，敌寇在边区周围的力量，不断的削弱或被消灭，晋察冀边区和晋中平原上的抗日根据地，不但没有被敌人摧毁，而且日渐巩固扩大起来，我们军区的挺进队已直扑到北平的近郊，对于边区最有重要战略意义的涞源经过半月多浴血战斗后，已被我们克复。此外晋东南晋西北冀南……敌后方各抗日根据地，也和晋察冀边区一样飞速地巩固扩大起来。加以各线伪军纷纷反正，汉奸开始动摇，因此不但前线敌寇感受极大困难，连敌寇根据地的平津，它已开始感受威胁！大起恐慌！

　　总观最近各线情况，我们由暂时的部分失利开始向优势转变！敌寇的困难和危机已日渐严重，中华民族这只伟大的雄狮，已被日寇的炮火惊醒开始怒吼了！她的"伟大的抵抗力量"连大英帝国的报纸都公认了！但这还只是中华民族取得最后胜利的信号或征象！大的决斗还在我们的面前！

二、日寇正在进行更残酷的进攻

　　日寇是一个强大的帝国主义国家，他具有近代的优越的武装，他对于中国的进攻，不但有长期的准备和计划！并且下了最大的决心！中日战争，最后谁胜谁负，不但关乎中华民族之生死存亡，在今天已同时成了日本帝国主义法西斯军阀生死存亡的关键！如果日本法西斯军阀对华的作战失败了！不但日寇在华一切特权，将完全丧失，日寇独霸太平洋的迷梦，立被粉碎。英美势必取太平洋日寇一切地位而代之，台湾、朝鲜和日本国内广大劳苦群众，还有发生民族或社会革命的危险！那样，这只一面榨压弱小民族一面榨压本国劳苦大众的日本强盗便要"呜呼哀哉"！日本法西斯财阀军阀这伙血腥的强盗，是"不到黄河心不死"的，除过我们把它摧毁，不然，它非灭亡全中国不止的！五月六日，日本政府已下令实行全国战争总动员，集中力量对华进行更残酷的进攻和最后的挣扎！一切认为日寇在军事上遭受部分失利，就会一蹶不振甚至自动退出中国的观点，是错误的，有害的，这样会使我们对于战争的持久性和残酷性发生估量不足的危险，会懈怠了政府将士和民众坚持持久抗战的决心！甚至给日寇造成挑拨离间的便利条件，此外别无好处。

三、整个抗战形势发展的趋势

日寇在台儿庄等战役遭受挫折后，已增派了十万援军，继续以争取徐州为中心作"困兽斗"！所有在各战线上敌寇可以抽调的力量，已大部调去或继续增调！另外，中国也集中了相当强大的兵力，布置了新的阵容！积极反攻津浦段第二次大的会战已开始！这是决定未来抗战形势的主力战斗之一，谁胜谁负，关乎全局甚大，不但中日双方，即全世界关心中日战争的人士，也都在注视着这一会战！如果这一次大的会战，日本挫败，日寇内部矛盾和困难将愈形严重化，我们有由劣势确定转成优势之可能，日寇对华战争的持久力将大大的减弱，我们可以较容易的取得最后胜利，如果这次会战我们遭受挫折，甚或徐州失守，敌寇将津浦线打通，那么，无论敌人继续原来计划夺取武汉，或集中力量肃清后方，坚固其已占区域之统治，都将获得转移兵力"统一指挥"各线互相呼应之便利，如此，战争在相当期间，有陷于相持状态之可能，但在整个趋势上，我们在最近必然逐渐由劣势向优势转变！绝不会走向相反的方向！首先我们根据敌人方面的情况来加以说明。

（一）敌寇本来企图，"不战而胜"或"速战速决"但因遇到中华民族的顽强抵抗，已陷入日寇最怕的持久战争中，九个月的血战，敌军伤亡已达五十万，敌寇战斗力最强的部队，损失最大，征兵已至第六期，三十九岁的壮丁已被征入伍，加以军官越级提拔，官兵质量和军事素质，日趋恶劣，即以此次新增的十万援军来说，多半系满蒙伪军，朝鲜士兵列预备队，战斗力极差，同时军队数量增加，亦有极大限制。

（二）日寇在速战速决的企图失败后，在持久抗战中，又遭受了挫折，毫无收获，士气大形低落，甚或动摇，官兵自杀及反战运动，到处发现，连天津海光寺日军司令部都发现了日民反战传单！伪军纷纷反正，汉奸亦开始恐慌动摇。

（三）日国内开始发生民众暴动，东京反战示威运动中，仅被捕者即达千人以上，"五一"在大阪、长崎等大城市又发生大大的反战示威运动，军队已开始发生拒绝开赴前线的现象。

（四）日寇财政日感困难，公债早已发至一七五万万，日币已开始□价，物价飞涨，日货输出锐减，本年三、四两月份，日货对美输出，较去年同期减少了百分之四十四，军事原料大感缺乏，每月向美国所购原料，即达三千万至三千五百万美金，日寇对华作战主要靠"火力"，同时日寇过去的物力准备，在几个月战争中已消耗殆尽，财政困难和原料缺乏，对日寇是最大的打击和危机。

反之，我们从中国一方面来看，却可与初期抗战时（一月份以前）情形大不相同了！

（一）我们已从单纯防御和阵地战，进步到开始采取攻势防御和大规模的运动战游击战，我们已由被动地位，开始转向了主动地位——起码是部分的取得了主动地位，即在正面被敌人突破的不利情况下，我们的军队已经一般的转入敌人的侧翼和后方，对敌人进行顽强的抵抗和袭击！使敌人中央突破的惯伎，大失其效力！

（二）初期抗战中我们最感威胁的是敌寇的空军和机械化部队，但最近由于我们自身的努力和爱好和平的国家，特别是苏联的帮助，我们的空军已开始占了优势，机械化的部队已开始部分发生威力，而敌寇机械化部队，却因我们采取了大规模运动游击战，威力大减。

（三）我们在敌人的后方，广泛开展了游击战，并建立了巩固根据地，给了敌人以极大牵制和威胁。

（四）军队指挥的统一，军队的政治的工作，军民的关系，政府本身，特别是国共合作和整个抗日统一战线及群众的战争动员，虽然还未能赶上抗战的需要，但已有了很大的进步。

（五）台儿庄和各线上我们获得的胜利及伪军反正等，一方面提高了全国人民和将士抗战胜利的信心，提高了士气，同时又更进一步的粉碎了"中国无力抗日"、"战必败"……荒谬绝伦的言论及恐日病。

（六）世界民主和爱好和平国家和民族，特别是苏联对于我们的积极帮助和同情，及其给予日寇的牵制打击和威胁。

上面这些事实，证明我们确已取得了抗战胜利的优越条件。在抗日民族统一战线继续巩固扩大和坚持继续抗战的前提下，它是可以保障在最近期内我们将会比较顺利的由劣势向优势转变的。

摘自《抗敌报》1938 年 5 月 10 日第一、第四版

39. 消耗敌力之大会战

津浦全线大会战，已在进展之中。打通津浦线之计划，敌于昨年冬间即开始行动，迄今半载，尚无实现可能性。敌屡受重挫，仍图挣扎，近乃调集大兵及机械化部队，欲谋一逞，唯我大军云集，或作阵地之应战，或作迂回之袭击，敌虽恃其优越武器，而未能如其计划进展，此津浦大会战之意义，益觉重大也。

我国自昨年抗战以来，积九阅月之经验，而对敌作战，愈有把握。我已由保卫城市之作战，而变为消耗敌人战斗力之作战。易词言之，即城市可弃，而敌人之战斗力，必须予以严重打击，而后乃能逐渐达到我抗战之最后目的。我抗战之最后目的，乃在消灭敌人武力，以求我领土之完整，与国家之独立。敌欲摧毁我国家，窒死我民族，我非将其所恃为后盾之武力，根本消灭，决不能使其反省。故消灭敌人之武力，为当前抗战之第一义。明乎此理，则今日之津浦大会战之最终目的，仍在消灭敌人武力。我能依据广泛之战场，逐渐消灭其武力，则我在津浦作战之目的，即算贯彻。

津浦战事，较沪战尤为激烈。最初敌拟由南进攻，故应先夺取蚌埠。唯既得蚌埠之后，我军猛烈抵抗，运用大规模之运动战，使敌处处受制，于是又改变其战略，由北进攻。台儿庄惨败后，敌又调集援军，采取南北夹攻战略。最近数日所进行者，即南北两段皆已开始攻击。敌所以不得不采用南北夹攻战略者，盖由于我军在南北两段皆置有重兵，敌以为非如此不足以牵制我兵力，其实我之兵力，早有充分准备，无论南攻北守，北攻南守，或南北夹攻，而我皆有应付自如之余裕。

徐州为军事重要据点，自不待言。唯徐州一战，无论胜负谁属，仍不能解决中日间之战局。盖我抱长期抗战决心，而敌亦有长期军事行动之准备。徐州一地之争夺，在战争上虽有若干重要意义，唯其重要性，决不如一般观察家所推测者之甚。敌得徐州，诚可打通津浦，但敌仅打通津浦，尚属无济。我广泛之运动战，仍可随时随地予敌以重大打击，永续不断可以消灭敌之实力。试现在过去九阅月中，敌所占领之区域，现为我克复

者，不知凡几。敌所予以维持其军事联络者，仅几个交通据点而已。即假定敌可取徐州，而取徐州之后，又将如何？彼消耗其实力之机会更多，区域更广，其不能达其速战速决之目的，则一也。

中日战事既已开始长期作战，则吾人事事应有长期准备，而一切观察判断亦当从长期着眼。每一军事据点，俱能支撑数阅月，消耗敌力至数万人以上，即为我之莫大成功。敌所出兵力，本有限度，逾此限度，其国内即可发生问题。自昨夏以来，敌出兵数目，似已达其最高限度，今复若欲再行增兵，不独其国内生产力感受极大影响，即其社会一切问题，亦将因而发生重大变化。敌人厌战心理，确甚普遍，但现时在军人重压之下无法表示其真意。故战期愈长，牺牲愈大，则其由厌战而变为反战，似非不可能事。故由长期作战言之，敌不独有消耗其大量实力，且必引起政治上社会上重大变动，其危险在此。

津浦大会战之后，尚有无数之大会战，此为任何人所预见。故吾人对于大会战之观察，不可偏重于城市之得失，而当重视我实力之是否加强，与敌人实力之是否大量消耗。每一会战，皆能使敌人消耗其不易恢复之实力，则因期间之延长与战区之扩大，最后敌必崩溃，毫无疑义也。

摘自《申报》（汉口）1938 年 5 月 12 日　第一版

40. 敌之空前难关

日前海通社电传，最近敌国内发生向其政府改变对我侵略的要求；而敌外相广田于五月六日在国际协会上演说，更谓今日其国运已遭遇到有史以来最严重的阶段。

在这对我政策改变的消息传来及敌外相广田的演说中，显然的流露其国内的深深苦痛，不啻自认在短期内企图征服我国的计划已经失败了。是则其初加诸我身上之不利，今而后逐渐的反诸其身上。

从表面上来看，敌之在津浦线上加紧夹击，企图动摇我黄河南岸的防地，并且计划会师中原，直扑武汉，实则其究否有此把握突破徐州之铁圈，实成问题。须知今日我方虽时间上未操到最后的胜利，可是已经粉碎了敌战无不胜的信念，无复存在其过去的夸大，而且敌越深入内地，无异脚踏万丈的污泥中，越不能自拔，遭遇第二次以及无数次的台儿庄的严重打击，自在意中。

所以说，敌不但没有进取的力量，进而能维持过去的现状也就成问题。以言我们所失去的华北各地，虽数千百里面积，实则敌除占领了我们交通线及大城市外，一无所得。则以这几条交通线及几座大城市而论，也不过镜花水月。是以我军游击平津，便使敌人恐慌失措。尤以同蒲路两侧的我军，使敌人尽葬太行山中，不过时间问题。日昨报载，敌拟将平汉及同蒲路放弃，集中力量在津浦线上，要不过敌睹对我侵略战争的最后命运，是知我方第二期抗战正发挥其最大效果，而敌却适得其反，渐现疲惫状态。

再就国际上言之，自张伯伦在下院声称："吾人苟欲求和平，岂可加重在欧洲国际上纷争，并根本拒绝谈判？本人以为欧洲之和平，端赖英法与德意之合作。"是以先后成立英意，英法协定；更促成法意重归旧好的谈判，企图以此力量昭示德国，勿苛求太甚，宜适可而止。更希望能由莫索里尼促成四强公约之签订，是不但西方可以苟安一时，甚且得以掉过身来，过问远东问题。

是张伯伦乃以实现主义的有效手段，力求集体安全奠定基础，以制止暴力，以防御侵略。吾人不否认英国保守党总打着自利的算盘，但是在这次算盘上，未始非为远东的打算，在过问远东问题的准备。

过去敌之所以横行霸道，由于各列强之未能合作，于今即已拨开云雾，在消极上言之，使敌从此稍事敛迹，在积极上言之，可以予东方强盗的严重制裁。

诚然的，敌今日已遭遇有史以来的最严重阶段，不为我英勇的将士歼灭于中国"色当"，亦将受到全人类无可或恕的制裁，留下了历史最罪恶，最耻辱的一页。

摘自《申报》1938 年 5 月 13 日　第一版

41. 敌人的色厉内荏

津浦线战事正在开展，我们的军力也正在增长优势。这几天的情势，大家都很关心，但我们要彻底认识，这一线的战事只是全战局的一部，这一战的结果无论如何，也只是中日战争的一段，虽与全局有关，而不是全局的决定。我们要用全力来促成敌人在津浦线上的崩溃，同时在其他各战场上也不要对敌人放松。

战争是力量的赌赛，狂妄与欺骗是不能丝毫增加战争力量的。据东京路透电报告，敌内相末次对报界谈话，态度异常狂妄，那是不值一驳的。不过，也有值得注意之点，即狂妄的敌人也知道战事非短期可了，对国内作努力改革内政的呼吁。他虽夸大目前军事情势的期待，同时却明白承认中日战事绝非短时所能终了。他说："中国事件之解决，为日本当前的最大问题。特向全国呼吁，尽最大的努力改革内政，以达到对华政策的目的，并使日本获得东亚安定势力的地位。"这种色厉内荏的话虽极狂妄，但已深感问题的重大，其忧虑之情，意在言外。最狂诞的末次尚且如此估量中日大局，可以证明在长期抗战之下，我们当然能取得最后胜利。

最无耻的是广田的话。广田对外国记者说："日本毫无领土的野心，若中日实行经济提携，实无领土的需要。"这话真是无耻透顶。尽量侵略，尽量淫掠，凡能抢的已一切抢到手里，还说没有领土的野心，将谁欺？欺天乎！广田的话极无耻，他有一套欺人的解释。他期待打通津浦线，把南北两群傀儡合流。说那是中国的政府，同傀儡提携，然后欺骗世界，说日本并未曾侵占中国的领土。这仍是玩弄"满洲伪国"的那一套，还能骗得了谁？

看敌人的狂妄与无耻，我们绝对的要有以下几点认识：

（一）敌人已放弃了短期征服的迷梦，而要走长期困斗的路，我们当然更要长期抗战，绝不屈服，一直到打倒日本军阀为止。

（二）敌人还在做无耻的欺饰，这个由于敌人的无聊，同时也因为有不肖的汉奸供它利用。我们应以抗战的威力，揭穿敌人的欺骗，同时更要燃起民族的火焰，毁灭一切汉奸。

（三）我们要认清敌人是日本军阀和依附日本军阀的无耻官僚，而受军阀压迫被官僚欺骗的日本民众，原则上将来都可做我们的朋友。我们要认明这个分际，借着与日阀的奋斗，唤起日本民众的觉悟。我们要认清，这一战是东亚民族的神圣战争，这一战的结果，一定要确定中华民族的独立自由，并使日本民众得到解放。这个神圣战争，实际上才刚刚开头，我们要艰苦卓绝的打下去。伦敦泰晤士报把中日战事比作英法的百年战争，我们真应该有这种觉悟！

摘自《大公报》1938 年 5 月 14 日　第二版

42. 国际形势发展对于中国抗战形成的新的有利条件

近来国际消息——自台儿庄战斗胜利以后，无论是从那一个国家来的，都是指出了中国抗战在国际上的新的有利的条件，是一天一天增长着的。

是的，日本帝国主义，对华的侵略战争，本来是准备不战而胜的，可是，不但是难能实现"不战而胜"，而且达到事极凄惨的失败，损失了六七百架飞机，伤亡了三四十万人，武器弹药消耗了一半上下，而又所得到的只是几个空城，几条干路，而且这些已得的城市路线，仍然是遭到中国军队的打击破坏。

中国人民看到了这一点，国际同情中国的人士，也更看得清楚，无论法，德、英各国的舆论，都众口同声地指出了日本帝国主义在华侵略战争的惨败，替日本帝国主义在华侵略战争抱悲观的，尤其是这几天国际的会议上欢呼我国代表揭穿日本帝国主义的残暴野兽行动（轰炸我无辜人民，施用毒瓦斯），以后更加愤恨，决定得赶快采取有效办法，制止日本侵略者的犯罪行为（苏联五月二十二日息）。并且，国联各委员国帮助中国抗战力量，已有数国在积极的助中国军火的运输而使不感到一点困难（同上电）；不仅是只口头上这样决定，而且还保证这一决议的执行。

除了和平阵线国家和其他国家，对于中国抗战是积极同情和援助外，我们还看到法西斯的阵线内，日本帝国主义的侵略伙伴，德国的态度也因中国抗战胜利而有些重要的变动，如八日柏林合众电的披露：关于德国重要人物，对于反苏联的德日协定将由于日本在华的失败而有失了其作用的可能，所以宣布"如果中日战争仍将继续若干时一旦战事又爆发，不应赖日方之援助"，甚至于德国政府已经正式电告其驻华大使，令其公开宣布德国的中立态度。

这是什么？还不明白吗？法西斯的阵线内已经因中国抗战胜利而动摇，分化了。当然我们不一定希望侵略者怎样帮助我们，假如他们也能真心的帮助我们，不再帮助日本帝国主义。已经是帮助我们打击日本不少了。

一般地，从我们的朋友又从我们的敌人的这两个营垒中的形势都看得出了：中国抗战在今天的国际上是有极多极端有利的条件的，当然，主要的还是靠我们的力量和努力。并且还要等到国联会如同其他方面一样的将来的具体行动；但是我们不能忽视国际条件和中国抗战彻底胜利的重要保证之一的。

　　同胞们！努力！奋斗！坚决抗战到底！敌人动摇了！敌人的同伴也动摇了！我们的朋友多了！坚决了！

摘自《抗敌报》1938 年 5 月 13 日第三、四版

43. 敌将自速其崩溃

　　敌自台儿庄挫败之后，吾人即断定其必大举报复，甚至于冒更大之危险，以速其崩溃。果也，现在津浦南北，敌已倾其在华兵力，分路进犯，期必欲夺徐州。同时更发动其海军，向我厦门进扰。依日来之敌情判断，其所采取之战略与策略，不独早在我军事当局意料之中，抑亦我全国人民所早已见到，此在国际间尤其是敌人之友，或惊讶于敌人之疯狂，故不惜扩大战区，以消耗其国力，而在我人视之，则初未尝有所骇惧者也。

　　此次敌之进扰厦门，其对外借口，仍不外乎所惯用之诡词，吾人在此，自无代其宣传之必要。而其企图所在，则关系于军事机密，尤非吾人所愿言。吾人今所欲言者，乃推求敌之所以出此疯狂举动之原因，进而观察其所能获得之后果。按在两周之前，吾人即曾闻及，敌海军方面，以陆军在华迭建殊勋功，海军则毫无建树，故亦不甘雌伏，跃跃欲试，则此次敌之进犯厦门，显然系在其陆海军争功之姿态下，获得妥协而向外发展。从此一点，吾人可以看到敌之进犯华南，系为消弭其陆海军之纷争而冒一新的危险。其次，敌之攻占厦门，故然素一冒险行动，然以华南海岸各据点而言，则厦门之国际背景，比较简单，其利害关系亦比较微细，自不易引起他国纠纷。从此一点，吾人更可以看到，敌虽更欲在华冒新的危险，但同时务欲避免引起国际之纠纷，换言之，即在此时期以内，敌除在中国疯狂而外，尚不敢冒更大之危险，其外强中干之情况，即此可见一端，斯即其所以出其疯狂举动之原因也。

　　今再进而观察其所能获得之后果，究何如乎？此其关键，实在我而不在敌。申言之，即我之抗战最高原则，业已早有决定，时至今日，吾人相信，无论任何地方，凡敌所欲侵据者，必须付出重大之代价，绝不能唾手而得我一城一镇，此观于日来我军在厦门之奋勇抵抗，即可证明。按厦门

本为一岛，在军事上无险可扼，在实际上，则并饮料用水，亦须恃九龙江之水源，其他更属可知。然而数日以来，我军之英勇战绩，已难隐瞒，即敌人亦不否认，此即吾人必能获得最后胜利之有力条件，土地之得失存亡，不足以杀吾人之念也。其次，吾人即退百步而言，厦门不幸，终于不守，然而吾人必须反问，厦门之得失，是否为中日战争之决战条件，此在任何人均不能作肯定之答复。是则厦门一点，在敌则须用若干兵力以侵据，侵据以后，又须用若干兵力以保守，保守以后，更必须用若干兵力以图再进，而在我方，则转处于以逸待劳之势。斯又其所能获得之后果也。

最后，吾人敢言，中国今日，在团结之政府，有凝固之人心，有众而勇之兵力，有哀而壮之士气，决不畏战区之扩大，且毋宁欢迎敌之更冒新的危险，殆非如此，不能达到长期抵抗与广大消耗之目的，敌之进犯华南，直将自速其崩溃之期而已矣。

摘自《申报》(汉口) 1938 年 5 月 14 日　第一版

44. 吾人绝不悲观

在英意协定成立，英法谈话结束之后，继而有希特勒聘问罗马，与国联行政院常会开幕之报道，此皆国际间之重大事件，世界既成一环，即无一不足以影响远东时局，故成为国人所密切注视。返观国内，则敌人正倾其在华兵力，分路进犯，期欲必夺徐州，第二次大会战，正入严重阶段，尤为国人所关切。吾人今请就此种种事件，一加分析，以判断抗战之前途焉。

本届国联行政院常会，吾人已早料到，在会议中，决不能获得任何成绩或有力之决议，同时廿三人咨询委会，虽有开会可能，但亦不至有何特殊行动，最大限度，不过再通过一个微温而脆弱的建议案，以供行政院之采择参考而已。虽然，吾人对于此种预见，切勿悲观。因吾人为国联主义之忠实信徒，毫无保留地相信和平为不可分之一体，惟集体安全制度成立，始能谋取永久之和平。现实主义的外交，只能弥缝缺乏于一时，决非根本办法。现时英法各国，所以舍集体安全制度而采取现实主义的外交，自有其立场与理由，决不能视为其国之外交基本政策。国联之脆弱无力，不能予吾人以满意之援助，乃为其应日之结果。苟吾人欲使国联握有强大之力量，真能担当和平机构之使命，则惟有吾人自己之努力，换言之，即吾人今日，惟有抗战，使公理正义，得以伸张，强暴侵略，终于覆亡，然后真正而永久的和平预以实现，而国联机构，乃亦奠定其强固之基础矣。反之，如英意协定，英法谈话，以及德意谈判等，其纵横捭阖，钩心斗角，不外循其各自之利害与暂时之澄清之途径以进，既有背于和平不可分割之原则，即不能获得永久之和平，此观于德意政治轴心，虽未必因英意协定英法谈话而疏离，则希特勒聘问罗马之结果，收获已不能如其所期，与夫日德意反共集团之成立未久，德国对于与日军事上协作，即表示怀疑，即可知其过半，故国际间情势无论如何变动，终不能摇吾人之信念，而国联之脆弱无力，尤不必消极悲观也。

至于敌人倾其在华兵力，分路进犯，期欲必夺徐州，此在吾人，尤属意中之事，不独不必悲观，抑且毋须畏惧；须知吾人所抱最后胜利必属于我之信念，其前提条件，与其谓为物质的，毋宁谓为精神的。以吾人之最后的器械，与高度机械化之部队作战，其为必败，殆无可疑，然而敌断言最后胜利必属于我，其唯一凭恃，即此精神的条件，在我则愈抗战愈奋发，在敌则愈作战愈颓败，以至于崩溃而已。若再具体言之，我领土虽然日蹙，而有统一之步骤，团结之意志，振奋之士气，凝固之人心。反观敌国，则占地虽广，而兵士之心理日益厌战，军人之道德日益堕落，同情益日益少，援助者日益难，两者相较，其胜败之徵业已注定，二次大会战之幕不待揭开，吾人早料其必无幸获；即或不然，亦不过垂死之人，回光返照，其终亦必亡而已矣。苟有不惧者，请拭目以待之可也。

摘自《申报》1938 年 5 月 15 日　　第二版

45. 鲁南战场

张其昀

此次鲁南战役，我军在临沂、台儿庄先后大捷，日军遭遇惨败，其光荣之战绩，已为国民所共知。余前在本报撰西战场之形势一文，谓东战场之名称，当为山东半岛保留，盖泰山山地实有其地理上之个性，其于军事之影响，今已有明效大验。本篇试依面线点三项，对鲁南战场略加说明，面指地形，线指交通路线，点即地理重心。并就鲁南与胶东岱北湖西诸区域之关系，推测抗战之前途。山东省为中国之圣地，今于神圣之土地，作神圣之抗战，而获空前之胜利。循此进行，再接再厉，则最后胜利已可逆睹。

泰山一名岱宗，古称五岳之长，因其特起于黄河下流大平原之上，博厚崇隆，参差起伏，支峰别阜，直达海滨，为自古用武之地。凡名山大川最受国民之尊敬者，亦在其形势优越，足以确保民族之生命。山东地形半为平原，半为丘陵，山东丘陵又因胶莱平原之间隔，而分为胶东与鲁南二部（元时曾开胶莱运河长三百里，沟通黄渤二海，为北洋海运一大捷径）。试从青岛济南徐州三地，连以直线，即成为一倒置之等边三角形，每边之长约三百公里，期间即为鲁南丘陵，亦称岱南丘陵，或称泰山山地。其山脉方向以西北至东南为最多，论其构造盖断层山也。高峰皆沿底边，自西而东，曰泰山（在泰安县北境），曰鲁山（在博山蒙阴间），曰沂山（一名东泰山在临朐沂水间），又东南走为琅琅山（在诸城县海岸）。丘陵地之高度自二百公尺至四百公尺不等，高峰间有超出千公尺以上，泰山顶点达千五百公尺。

古称泰山之阴曰齐，泰山之阳曰鲁，有古代长城遗址，西起泰山，东连琅琊，绵亘数百里，盖战国时所筑，世人称为长城岭，又因水道分流南北，亦称为分流岭。如汶水出于鲁山之阳，沂水出于沂山之阳。因河流之侵蚀，支脉随地异名，诗称"奄有追蒙"，蒙山在汶泗之间，可视为第二重山地，诗又称"保有凫峄"，峄山在泗水之南，可视为第三重山地（孔子登东山而小鲁，相传在今邹县之峄山），至峄县枣庄北面之抱犊崮，可视为山地之南端。鲁南原为森林地带，土壤深受母岩之影响，呈红棕色，古书所谓赤埴，现代土壤学者称为山东棕壤（Brown Terst Soll），若水分充足，其生产力通常极强。农民于谷地耕种小麦、高粱之类，果园亦负盛誉。在受保护之山坡上，树木浓密，清泉远近，风物之佳，不让武陵天台。如临沂等地，襟山带水，日人曾以临沂风景比之于西京云。

鲁南水道左右分流，西下之水以汶泗为大，东下之水以沂沭为大。古时汶水北流入济，泗水南流入淮，自运河纵贯，汶泗交通，转潜江淮，通渠两京，而川脉遂乱。沂沭同出沂山，上流均在苏境，并行而前，盛涨时亦相互犯，沭由临洪口入海，沂由灌河口入海，自运河告成，沂河大部水量皆由江苏宿迁注入漕渠，故鲁南水道可综括于运河系统。从地形与水道观察之，古人称泰山山地为"南北权衡"，洵非虚语。自春秋秦汉下逮两晋两宋，中国有事未尝不决胜于山东。血战之遗迹，义军之堡寨，史册所详，不暇备述。

鲁南之交通路线，言铁路有津浦胶济二线包围于外，矿产亦为运输大宗，故二线皆依傍山麓，移路就矿。言公路则有台潍泰沂滋临诸线交错于内，而以临沂为中心。台潍路自运河畔之台儿庄，经临沂等地而至胶济路上之潍县，长四百六十公里，为京鲁国道之一部分。泰沂路自泰安溯汶水谷地经新泰蒙阴至临沂，长二百二十公里，滋临路自滋阳（即兖州）溯泗水谷地经曲阜费县至临沂，长一百六十公里。泰沂一路本为清代驿道所经，自苏省陆路入京者率取道于此。自淮阴宿迁郯城至临沂，一路大抵坦途，过此入山，层峦叠嶂，四面环绕，路虽崎岖，如入山阴道中。

主要路线之交点，即为地理上之重心，鲁南重镇可举曲阜与台儿庄为例，一为谷城之模式，一为河港之代表。曲阜北东南三面皆山，其西则廓然平畴，所谓凫绎峨峨，洙泗洋洋。自远古以来即为文化中心，一名空桑，事汤伐夏之伊尹，即空桑之人物。曲阜孔庙其历史之悠久，规模之宏远，为人类史上唯一之建筑物，历代递加修茸，保护惟谨，此中国之圣地也。台儿庄属于峄县，扼运河之咽喉，前代江淮四百万石之漕米由此而进，今为一极重要之煤港。枣庄煤田现由中兴公司开采，资本一千万元，工人多至六七千人，年产额一百五十万吨，为全国第三煤矿（抚顺、开滦之次），亦津浦路第一大矿。枣庄位于巨谷中，西有临枣支线（长三十公里）与津浦路之临城站相接，南有台枣支线（长四十五公里）经峄县至台儿庄，又有台赵支线（长三十公里）自台儿庄南接陇海路之赵墩站，直达连云港海口，水陆运输均甚便利。由台儿庄至铜山（即徐州），经津浦线长一百四十公里，若经陇海线长一百公里。鲁南山麓线诚为徐州之外郭，有临沂与台儿庄之大捷，徐州可屹然无恙。

以上三项说明，已略示鲁南战场之轮廓，敌人利在速战，欲打通津浦线，会师徐州，我军则利用鲁南山地，乘间抵隙，出奇制胜，绝其粮道，断其援兵，抚敌之项背，控敌之咽喉，乘其势分力弱，诱敌深入，一举而歼灭之。迨敌人精锐消耗，进退维谷，穷于应付，我则利用鲁南优势地位为反攻之根据地，分道发展，节节进取，收复失土。故谓鲁南战役为承前启后之大关键。兹分为三路略述如左。

我军出台潍路至潍县，则胶济路为我截断，由此分为二支，一沿胶济路至青岛与崂山湾，一沿京鲁国道经龙口蓬莱烟台威海卫直达荣成，（潍县至荣成公路长五百公里）则胶东诸港复为我有。山东与辽东朝鲜合称东亚三大半岛。汉唐平定朝鲜，明初抚定辽东，皆由登莱浮海。前人谓倭海上来则海上御之，今日可藉空军之力以补海军所不逮。若于胶东建设空军根据地，与陆军合作，内足以保卫海岸，外对于北洋海权亦能转取攻势。

泰山与渤海间之平原，古所谓海岱之间，兹称为岱北区域。昔齐桓南征北伐，用霸诸侯，即在其地。由岱南赴岱北，重要山径有二，即沂山之穆陵关与鲁山之青石关，前者为沂河与弭河之分水岭，后者为汶河与温河之分水岭。由临沂沂水经穆陵关，至临朐益都（即青州）直至渤海要港之羊角沟，公路已完成，（全长三百五十公里）与胶济路成直交。由泰安经青石关之淄博煤田，道路险隘，即古之夹谷，由博山支线经淄川至胶济路之张店站，引兵而西，则济南已在肘腋间。胶济路为山东省经济上之大动脉（据山东银行界统计，全省每年汇兑总额约一万六千余万元，按地域分配，济南占百分之四十二，青岛占百分之二十九，烟台占百分之六，潍县占百分之三，博山占百分之五，其他各地合占百分之五）。敌人失去鲁南山地，则胶东岱北精华荟萃之区亦无法立足。

本省黄河以南运河沿线，巨浸汪洋，有蜀山、南阳、独山、微山等湖，为鲁南诸水之所归宿，其拦洪防潦蓄水防旱之效，犹洪泽之于淮水。诸湖以西各县，兹称为湖西区域。由鲁南趋湖西，有要道二，其一由津浦路兖济支线（长三十公里）赴济宁，地居运河要港，为湖西重镇，由此沿公路至菏泽（即曹州，济菏路长一百四十公里）。菏泽临黄河大堤，当济南开封间之中心。其二由泰安赴平阴（公路长一百公里）渡黄河至聊城（即东昌），即济聊铁路预定之终点（济南至聊城长一百二十公里）。自此更拟向西展筑，经大名至河南安阳（即彰德），与平汉线相接（济南至安阳全长二百九十公里）。由聊城又拟设支线通临清。济聊一线为河北诸省军事之枢轴，极为重要。明初北伐，大将军徐达先有临沂之捷，然后渡河而北，经东昌临清，与常遇春会师德州，遂长驱而北，克复燕京。举此为例，以明鲁南山地与北战场有密切关系。

或谓我能利用地形以制敌，敌亦可利用地形以制我，是则不然。欧战以后有"国防第四线"之说，谓海陆空军之外，资源给养亦极重要。现代战争既为全民族战争，土地系我之土地，人民系我之人民，惟兵力与民力相合，斯为得道者多助。故同一地形，自卫者为主动，侵略者为被动，民族自由之战争，必得最后之胜利。山东省中国经济上之地位，据最近统计，粗举要端，列表如下。

面积：十五万公里，占全国面积百分之一点四

人口：三千七百万人，占全国人口百分之八

人口密度：每方公里二四四人，居全国第三位（江苏、河北之次）

耕地面积：占全国百分之八点八，第二位（河南之次）

大麦产量：十四，第二位（河南之次）

小米产量：十七，第一位

高粱产量：十五，第二位（辽宁之次）

大豆产量：十五，第二位（吉林之次）

花生产量：二十六，第一位

棉花产量：十五点七，第四位（江苏湖北河北之次）

煤产量：十点七，第三位（辽宁河北之次）

盐产量：二十，第二位（江苏之次）

纱厂锭数：八，第二位（江苏之次）

公路长度：六千七百公里，第三位（广东江西之次）

以上统计，以具体事实说明山东人民经济活动之成绩，优在其面积人口所占比例之上。鲁人习操作，耐劳苦，性情豪爽，勇于为义，有圣人之遗教，实中国最诚恳之人民也。观东北富源之开发，大都山东农民之努力。近三十年来，日本觊觎东北，积极经营，以武力为后盾，而我山东农民优足以战胜之。自日俄战争迄今，东北之日本侨民合计不过五十万人，而我山东移民之赴东北者，在九一八以前，年达八十万之众，每年由邮局汇入关内之款在二千万元以上，为山东农村经济极重要之补助。山东农民有积极进取之心，虽在头沛穷途，具有征服环境开拓运命之能力。今关内外已为敌人强迫分离，山东省所受创痛特为深刻，此辈动劳之民众，必能与国军协力，其势无异于增加数百万之精兵悍卒。故曰鲁南之崎岖丘陵，国军之忠勇奋斗，与山东人民爱国爱乡之热诚，三者合而为一，实为抗战空前胜利之原因。

中国历代建国成功之日，报功告成之盛典，常于岱宗行之。诗云："泰山岩岩，民具两瞻"，今日国民之视线集中于泰山山地。异日光复中华，国威重振，悼祭忠魂之大典，亦当于岱宗行之。气象岩岩之泰山，诚为全国人民所仰止者。我中华优美之山川，必经吾民族碧血洒染之后，方

成为我祖国真正之领土。泰山如砺，黄河如带，吾遥祝数百万健儿之猛进，为新中国肇造之前驱。

摘自《大公报》1938 年 5 月 15 日　　第二版

46. 敌愈深入我愈有利

近半周来，因津浦战局之日趋严重，于是各方视线，咸集矢于徐州一隅，尤其是一般国人，惴然以徐州之得失为念，一若此次津浦会战，乃中日最后之决战也者，实则此种心理，非常错误，不容不加以纠正也。

当台儿庄大捷之日，我最高领袖既曾通电全国，谓"来日方长，艰难未已，务当兢兢业业，再接再厉，从战局之久远上着眼，坚毅沉着，竭尽责任，忍劳耐苦，奋斗到底，以完成抗战之使命，求得最后之胜利"。更叮咛嘱咐"闻胜勿骄，闻败勿馁"。诚以凡一个国家或一民族，苟欲解除束缚，挣断枷锁，从被压迫下解放出来，以达到自由独立之域，必须经过许久之时期，若干之困难，始得奠定坚固之基石，绝非可以侥幸而得，坐享其成者。吾人今日之对日抗战，既为由被压迫民族国家走向复兴之路，则欲完成此种任务，其所当受之危难与损失，乃为必经之阶段，应有之结果，丝毫无所变异。抑更率直言之，吾人所敢自信"最后胜利，必属于我"者，自初即未尝凭借物质的条件，盖以落后之武器，交通，以及其他种种之工具，与已经准备三四十年之高度机械化部队作战，其无幸胜之理，尽人皆知，然而犹抱"最后胜利即属于我"之信念者，其唯一凭借，乃精神的条件，亦即人心之愈益凝固，士气之愈益悲愤，配合以长久之支持，与广大之消耗，足以促使敌人总崩溃而已。是故徐州一隅之得失，不但未足以使吾人有所惶惑不安，甚至从另一个角度视察，吾人惟恐战区之不扩大，战线之不延长，尽不如此，不能诱敌深入，以达我长期战与消耗战之目的也。

其次，吾人更欲举一事实以为国人告者，即当本年二三月间敌人三路攻晋之时，不匝月间，我山西全省，几被敌骑所蹂躏。彼时国人亦皆惶恐万分，以为敌且渡河而西，将席卷陕甘而趋青宁，或南渡以窥豫鄂。然而事实所示，乃与一般人之想象相反，不独敌骑未敢渡河西窥，初则局促于铁路公路两侧，有左支右绌疲于奔命之苦，继而节节败退，至于今，山西省各县之被我收复者，且在一半以上，是则土地之丧失，决于我抗战全局无所影响，且毋宁以愈败愈为有利，盖敌愈深入，我愈有利，敌愈猛进，我愈易于为力，此惨痛之经验，皆得诸战场之教训者也。

以是，吾人相信，徐州之局面，至于今，尚未至于十分绝望之地步，此在军事上应付，因关系于军事之机密，为吾人所不愿言。兹即退步言之，纵使徐州局面，日趋不利，甚且至于不守，然而吾人试一念及长期战与消耗战之意义，则徐州之得失，实不足以萦吾人之念。吾人今日所当研究者，乃中国之力如何，而中国之力，物质者居其三，精神者居其七，苟其精神未尝丧失，则最后胜利终属于我。更反观中国抗战之精神的条件，则今日者，惟有人心之更加凝固，与士气之更加悲愤，以此与骄与怠之敌军角，诚未见其败，徐州之得失，更何足以荣吾人之念哉？

摘自《申报》（汉口）1938 年 5 月 18 日　第一版

47. 徐州一带的会战

徐州一带的大会战，正在积极进行，现在试说明形势，以慰全国之望。

无可讳言的，战事距徐州甚近，陇海路上，有两三处曾被敌冲到，皆被击退。单自地理形势上看，显然在紧急状态。但是我们有充分信仰，断定这一战结局之乐观。

第一要知道，问题不在守徐州，而在求胜利。敌军此次，实调集侵华军力之全部而来，敌人目的，也是为决胜，不只争徐州。所以我们对于战局的希望，是我们大军，善于运用，以求胜利，徐州如何，反成较小的问题。这一两日来的战斗经过，不易详知，亦不必详知。因为这样大会战，凡关用兵之事，皆属军机范围，一切战略战术上的问题，都不在评论记载之列，不过有一要点可知者，我们大军，正在集中化与攻势化，这两天比五六天以前的形势，已大不同。我们的信念，是即日起，我军已转优势，今后可期待步步入胜利之途。

敌人兵力，相当的厚，其攻势亦十分猛，机械化部队与飞机，都有相当的暴威，但自纯军事观点论，我军亦优有胜利之可能。何以言之？（一）我军士气，非常英勇，任何部队，都是抱着绝对牺牲的精神，菏泽李师长的壮烈殉职，就是榜样。我们兵力，比敌人厚得多，而士气之坚韧，更优于敌人，请试看再过几天，敌人士气，一定要衰退，而我军却是勇斗到底。（二）敌人所仗者，只是器械，我军将士，当然有牺牲，不过最近的事实，证明敌人所谓机械化部队，并不如预想之精良。昨天战报，还俘获一个唐克车大队长。我们军队，只要勇拼善战，敌之机械化，并无很大的威力。（三）敌人此次是速攻猛攻，多途并进，这种战术危险性甚大，我军运用得宜，优有击破之之可能。

我们自近日大会战开始以来，对于我最高领袖，前线统帅及全军将士之辛劳，非常感佩。现在愿请我全军注意：这一战在敌人认为就是决战，因为这就是日本军阀最后的支撑。这一战，在我们是局部战，在敌人却就是死活关头。因为他的兵力，此次已用尽，这不单是已经侵入中国的军力之全部，实际上就是日本可能侵华的现阶段的兵力之全部。敌人对于中国，彻底摧残，力求速决，所以来华的兵力，当然是其可能动员的全力，而现在都集中到这一个战场。所以这一战，我们纵受挫，不算败，敌人败了，就是其最后之败。惟其如此，敌人这几天，拼命宣传，任情狂吠，而在其粉饰宣传之中，却证明其内心之焦躁。简言之，敌人此次，是胜得败不得，日帝国主义对内对外的声威，就在这一战决之。我们因此寄语我们全体将士：要勇战，同时要稳战！战略战术上，要精细，要沉着，要步步求胜，不可冒险陷危！敌人焦躁要速决，我们就应采顽强斗争的态度。只要我们大军的任何部分，都不受意外的损害，而全军密切联系起来，以主动的姿势与敌人打下去，就算我们的初步胜利了。这一战，在我不是全局，但运用军队之多既如此，首先要保持巩固灵活的阵形，稳扎稳打，以顿挫敌人的攻势，在这样进行会战之中，就准可时时发现局部歼灭敌人的机会了。

再就全局言，敌人集中津浦，而我军却已恢复了山西半部。绥远方面，也有大进展。浙苏的游击，也大有前途，特别，河北省中部及平津附近，我们游击部队出没的范围，一天天扩大，而各地伪军同胞的反正，一天天增多。从任何方面看，我军都在胜利的初期。敌军内部，则最近枪杀宣传共产主义军官之事，已不止一起。什么叫宣传共产，实在是反侵略的正义的志士，而敌阀加之以赤化头衔。又各战区常常发现敌兵自杀之事实。全国同胞们，勿小看这些情形！这充分证明敌军内不少反侵略的志士，观其宁自杀而不肯助军阀为恶，这里面实在有人类的伟大精神在！我们一方钦佩这些东方志士，断定中日前途，另有光明，一方则可判断敌阀基础之外强中干。全国军民，沉着奋斗吧！敌阀的黔驴技穷，不久就可能暴露了。

摘自《大公报》1938 年 5 月 19 日　　第二版

48. 必胜之关键

近日举国对于徐州大战，最为关心，此为期望胜利心理所使然，无足深异。唯打通津浦线本为敌方预定之战略，半载来所孜孜准备，皆为希图贯彻此目的。在南段受挫后，复自北段进攻，冀可一举而冲破我徐州坚固之阵地，临沂台儿庄两度重创之后，又变其战略，调集大兵，分鲁南、鲁西、淮北三路围攻，以徐州为目标。现时各路战局正在激烈进展之中，局势虽甚紧张，而徐州之安全，尚未受严重威胁。徐州人心比较不甚安定者，盖敌机狂炸，有以致之也。

我长期抗战，在消耗敌人实力，当为国人所彻底认识。消耗敌人实力方法甚多，若举其重要言之，则为时间与空间：时间愈久，则其消耗亦愈多；空间愈广，则其消耗亦愈多。昨年淞沪之战，皆为阵地战。阵地战利于火力强大者，故仅为阵地战，我较不利。第二期抗战开始以还，我于阵地战以外，配以运动战。所谓运动战者，不固守一个阵地，有时因战略关系，可以转移阵地，采取游击战术。或因为扩大空间，使敌难以应付，即为城市亦不必固守。倘应当时之环境，阵地战与运动战为合理适当之配合，而后乃能操必胜之算。阵地战与运动战本有连带关系，在今日战局大势之下：仅有阵地战，固不足以消耗敌人大量之实力，仅有运动战亦不足以制敌人之死命。故必须二者随战局之推移，而为适当之配合，始可完成我抗战到底之使命。

明乎此理，乃能用于现时战局为正确之判断。我此次对付敌人，既可采取阵地战与运动战之配合战略，时间既希望其长，空间又不厌其广，故城市得失，不在意中。只求敌人实力能多消耗一分，即我距离胜利接近一步。敌所能征集之兵力，为数有限。第一因出兵过多，其国内生产力即受莫大影响；第二因出兵愈多，战费愈巨，国内必起反响；第三因出兵过多，消耗过巨，则难保第三者不因其弱，乘机而起。吾人明了敌人弱点，放在抗战第二期中，不妨任其扩大空间，空间愈大，则消耗之机会亦愈多。于抗战第三期中，我即可一举而争取最后之胜利。盖第二期抗战，为种下胜利种子，第三期抗战为收获胜利成果。尽量使敌人疲于奔命，难以为继，此为我抗战最重要之策略。

现时为求贯彻我之目的，大规模之运动战，必须深入敌人占据区域之内，最低限度，亦当使其不能安宁，而一切榨取军国无从实现。最好能处处使敌人均须重兵应付，而后其有限兵力，即不敢冒险冲撞。今我在一方面固当防其侵犯，一方面亦当使其不能高枕。据传敌人拟用军事与政治并用方法，企图征服我国。一面进攻未被占领区域，一面力谋榨取已被占领区域。故我亦应针对其战略与政略，一面尽最大力量保卫未被占领之区域；一面为最大努力，进攻及破坏已被占领之区域。预期达到敌得之而不能榨取，且更进一步，使彼时时感受我运动战之威胁。第二期抗战果能达到此种程度，即为我最大之成功，则第三期抗战之必顺利进展，无疑问也。唯我欲求享受此战果，则举国民众必须人人明了理解抗战之意义与责任，各尽其实，各竭其能，而后乃能以全民族之力，以与敌作殊死周旋，把握必胜之秘密也。

摘自《申报》(汉口) 1938 年 5 月 21 日　第二版

49. 抗战必胜之过程

我放弃徐州以后，在不明战局大势者，或以为敌将乘机前进，希图一举而攻略武汉，此实错误之视察，不可不闻也。敌占徐州，据其报告，城内守军仅有千余人，敌方得此报告，甚为失望，而其各报评论，咸谓占据徐州并非最后胜利，而今后血战，或较现在更为困难，希望其国民勿持乐观态度。吾人细察彼方评论，便知我虽退出徐州，而于今后战局尚无重大影响，可以思过半矣。

敌人此次攻取徐州，采取大包围方法，企图将我主力困在徐州一隅，及其到达徐州，则我留守徐城者，不过极少数部队，主力军已安全退往某某方面。由此事实观之，则在敌未取徐州以前，我为内线作战，敌为外线作战。于敌既取徐州以后，形势一变，我为外线作战，敌为内线作战。故徐州得失之轻重，不在城市，而在主力。今我主力既安全退出，且在各方面正继续今后更大规模之作战，则敌虽得徐州，又安能高枕无忧？此次敌围攻徐州，达四阅月之久，今虽幸而占据徐州，而徐州已成废墟，敌亦无法利用。且徐州周围，尚有我主力军队正在积极活动，则敌得徐州其不坠入我歼灭战陷阱之中，几希哉！

敌攻取徐州之目的，在包围我主力，今我主力既已退出，则第一目的未得贯彻，已极显然。而其第二目的，在打通津浦线，唯我徐州虽失，而北段各据点，尚多在我手中，且沿线两旁俱有我有力部队随时出击。南段方面，自固镇以北，仍由我军坚守，则不特距其打通目的尚远，而今后战局或有极大转变，不但敌所占据之徐州不可保，即徐州以北所占据之各点，立被我切断之可能性极大。故其国内对于占据徐州并不乐观，殆有所见于此。吾人对于丧失每个城市，当然痛惜，但从长期战局观察，则有时因战略关系，不能不忍受此种牺牲。战争本来以牺牲为前提，不有牺牲，安能收获胜果？唯吾人之牺牲，当尽力之所及，限于最小限度而已，此国人所当彻底认识者也。

吾人前曾屡告读者，我之抗战目的，在消耗敌人实力。敌人实力多消耗一分，即我与最后胜利之距离，接近一步。吾人曾谓时期愈长，战区愈广，则敌人消耗实力之机会亦愈多。而在其占领区域之内，又不能安然榨取，则其经济实力之不足以久持，当为世人所公认。是以今日要图，首在不使敌人高枕无忧，必须使其疲于奔命，而后我之消耗战略，始得完全贯彻目的。吾人对于艰巨抗战工作，不可悲观，亦不必乐观。吾人必须脚踏实地，步步切实做去。人人尽力，处处慎重。思虑不厌周详，观察务宜透切。肤浅之论不可听，怯懦之心不可有。此正我最高领袖所谓闻胜勿骄，闻败勿馁之真谛也。

吾人既有最大决心，任何艰难，皆不足以改变吾人之意志。唯吾人有最大之决心，故同时吾人有最大自信心。吾人坚信以吾人最大之努力，必可达到"建国必成，抗战必胜"之使命。任何敌人威力，绝不能使吾人意志屈服。以吾全民族坚同金石之意志，断无不能克复一切困难之理。人人抱定为国奋斗，为国牺牲之精神，则区区徐州之得失，何足动吾人抗战到底之决心哉？吾人敢正告敌人曰：吾民族具有必胜之信念，在必胜过程中，任何挫折，吾人皆认为必经之阶段，决不足以动摇吾人之信念于毫末也。

摘自《申报》(汉口) 1938 年 5 月 22 日　第一版

50. 厦门与徐州

敌自台儿庄挫败之后，吾人即断定其必大举报复，甚至于冒更大之危险，以速其崩溃。果也，敌海军方面，以陆军在华迭建殊勋功，海军则毫无建树，故亦不甘雌伏，进犯厦门。厦门沦陷未几，津浦南北之敌又倾其在华兵力，分路进犯，夺得徐州。依来本之敌情判断，虽若气焰甚张，惟其所采取之战略与策略，不独早在我军事当局意料之中，抑亦我全国人民所能逆睹。此在国际间尤其是敌人之友，或惊讶于敌人之疯狂，故不惜扩大战区，以消耗其国力，而在我人视之，初未尝有所骇惧也。

吾人今所欲言者，乃推求敌之所以出此疯狂举动之原因。进而观察其所能获得之后果。按厦门本为蕞尔一岛，在军事上无险可扼，在实际上，则并饮料用水，亦须恃九龙汪之水源，其他更属可知。而敌人必欲侵占，显然图在其陆海军争功之姿态下，获得妥协而向外发展耳。其次，以华南海岸各据点而论，厦门之国际背景，比较简单，其利害关系，亦比较微细，自不易引起他种纠纷。可见敌虽欲在华冒新的危险，同时仍欲避免引起国际之纠纷，换言之，敌除在中国疯狂而外，尚不敢失列强之欢心，其外强中干之情况，可见。

至于津浦线之战事，已有四月之久，敌人因急于打通南北，不惜以巨大代价力争徐州片隅之地，我既持久抗战在战略上既达到消耗战之目的，自无死守一地之必要。现我军为避免无谓之牺牲计，奉令退出徐州，战略上实为必趋之途径。而况事先对于新阵地早已配备就绪，除蓝封至徐州沿线一带集中生力军维护铁路交通外，并在徐州附近山地，布置重兵，徐州东部海州一代，亦大军云集。敌军虽得侥幸入徐，暂圆打通津浦线之好梦，一俟我东西声援夹攻，各线继续坚决抵抗时，敌军势必又将处处碰壁，而陷于如现时在晋之窘状。

最后，吾人敢言，中国今日，有团结之政府，有凝固之人心，有众而勇之兵力，有哀而壮之士气，绝不畏战区之扩大，且无宁欢迎敌之更冒新的危险，盖非如此，不能达到长期抵抗与扩大消耗之目的。故口：敌之继续进犯，直将自速其崩溃之期而已矣。

摘自《申报》（汉口）1938 年 5 月 22 日　第二版

51. 敬告后方民众

徐州得失，很引起了许多国人的注意，事实上，我们放弃徐州影响若何，几句话可以判定。这次鲁南会战所争的，并不是徐州城的占领，而是津浦线的打通，现在要问，敌军想完成打通津浦线的企图，还需要多大的努力？这次敌军作大包围形势所争的，也不是徐州城的占领，而是驱我主力于一处聚而歼之的大歼灭，然而，敌方自己承认，他们进到徐州，所看见的中国人，只有一千多，显见这歼灭又根本失败了。打通津浦之未成，歼灭我军之未遂，一鼓作气，抢进徐州，只剩了一座空城，谁敢决定这空城之非计，谁敢预言窜进徐州不就做了瓮中之鳖。这些话，我们不是军事家，固然未敢随便胡说，可是怀着鬼胎的"皇军"，这时候安见不惶惶然摸不清一个头脑。

军事贵秘，更何况这种大规模的大会战，区域之广，人员之众，超过有史以来的任何战争，这中间的运用调度，更不是一般普通人所能随便想象得到的。那么，看着徐州弹丸之地患得患失固然是无为的顾虑，就是我们在这里凭着常识的观察，妄作判断，也是多余。我们民众今日应取的态度，只需无条件地信任我们的领袖，信任我们以骨肉做我们长城的前线弟兄，更重要的，要信任我们自己，我们有一分力量，有一枚金钱永远要参加抗战工作中去，永远继续下去，决不停止。倘能每个人这样做，最后胜利绝对是我们的。

这一次大会战的结果如何，我们不是军事家，当然未敢预测。就我第二期作战的经过看来，战略武器以及士兵战斗能力各方面进步的神速，我们的确有再来一次台儿庄胜利的可能。然而，即使果真胜利了，这还不是真的胜利，敌人必更调新兵，更增武器，再来一次更大规模的会战。敌方增兵增武器，是我们的目的，是我们逐步把敌人消耗，骗他上死亡线是战略的成功。所以，战而胜固佳，战而败，能达到大规模消耗敌军的任务，我们也在这一个阶段中得到了预期的收获。

现在，敌军打到徐州，自鸣得意，可是徐州南北津浦线各据点，徐州东西陇海线各据点，以及徐州四周的各据点，还密布着我大军数十万，这是绝不退走的，这是像钢铁般坚硬，像水银般流滑的一重重的威胁，这也可以说是我们可以致他死命的一个阵形。凭借着这样的阵形，我们可以把最低的代价挣取敌军最大的消耗。山西作战，江南作战，已明显地得到了成效。

然而，我们说到最后，却要大声疾呼，唤起后方民众的注意。敌军入徐州，徐州城里只剩千把人，或者这千把人还全是留作掩护的军队，那么徐州的民众到了哪里去了呢？我可以断然决然地说，都跟了我们的军队去了。同胞们，大家注意着，这总是做中华大国民的好榜样。凡是中国人，都能像徐州人一样，敌人就把全中国占领了，也只好瘪着肚子等死，哪里会有这许多伪组织，和这许多维持会来舔痔捧屁！抗战到今日本不应该再有捧着个人利益，患得患失的人，然而，一听国军退出徐州，忙着要打听广州怎样武汉怎样的人，现在又何常没有呢！你们要预测这次会战的胜败，只需数一数跟你们同样惊慌的人多不多。要是少，中国必胜，要是多，中国就根本绝望，前线弟兄死得太冤了！

摘自《申报》（汉口）1938 年 5 月 23 日　　第一版

52. 徐州的失守

我军为了避免不必要的牺牲，准备与敌人作持久战，暂时放弃了徐州，有些人不明白我们的抗日战争的主要方针是持久抗战的深刻内容，会得出一个错误的结论，认为徐州的失守，是中国抗战的最后失败，这是一种极端有害的错误，我们必须竭力克复之。（附注）

徐州的失守，的确是会增加我们抗战的一些困难，因为失去了一些城市和交通线，但是我们对日本帝国主义的抗战，在今天还不是同它拼技术，拼消耗，而是持久的抗战，并且主要的作战方式，又是运动战，游击战，所以胜败不是决定在一个或几个支点的支持，而是发动、组织、武装全体人民，依靠国土的广大，依靠强国的主力作战的。

徐州的失守，只是失去一些城市和主要地点，广大的人民更加愤怒了，国土的广大地域还保存在我们游击战争支持之下，同时主力由自动放弃徐州并未丧失或损失战斗力，我们反攻敌人到最后胜利仍然是有绝对保证的，失徐州又何以能使我们悲观失望呢？

另一方面徐州的失守，还是给了敌人绝大的困难和危险的。

（一）敌人占领徐州后，继续前进必然扩大了战线，兵力的部署和使用必须大大的增加，敌人已在此次津浦线上的战争使用了他的绝大部分的军队了，再增加兵力是极端困难了。（二）尤其是我们在敌人占领去的支点周围都开展了游击战争，使敌人占领了的交通线不能利用，使敌人疲于奔命而减弱其战斗力，使敌人经常遭到袭击而丧失其物质供给的保证。敌人到处将处于被围困的状态遭受我打击的被动形势。（三）日本帝国主义占徐州后在他的前进路上，将遇到英国的抵抗，因长江华中是英国的势力范围，也遇到美国的抵抗。他们在太平洋的势力，将给美国以极大的打击和威胁……造成日本帝国主义在国际上更加孤立。（当然国联一〇一次会议上已经清楚地看出了日本的孤立和被唾弃）（四）这许多的困难又引起日本军阀法西斯蒂更尖锐的分歧，尤其是更引起日本工农由战争的扩大所受到的失业饥饿死伤……而反战反法西斯蒂的斗争更加开展直接从侵略者的心腹中打击他，这是日本持久对华侵略战争的致命伤。

我们从徐州的失守得到这样的认识以后，我们还需要更进一步了解晋察冀军区域内今后的地位和任务的重要，因为我们今天就处在敌人更深远的后方了，如果能大大的开展游击战争，更有力的打击敌人，那么我们对于主力军同敌人作战的配合和给前进的敌人的威胁更大了。然而我们要有比以前更战斗的战斗精神去开展各方面的工作，无论工作紧张性，工作迅速性，工作的独立性，都要依靠着绝对忠诚于国家民族自卫事业去建立和开展起来！

全晋察冀和华北的同胞们，我们不因为徐州失守而垂头丧气，相反的我们要特别坚定勇敢努力去巩固发展晋察冀华北抗日根据地，在敌人后方大大的活动起来。

（附注）

我们放弃徐州是经过四个多月的坚持的战斗后，为保存主力的行动，并不是因为敌人把我们打败而溃退让徐州失守，四个多月的战斗，是明显地表示了敌人是无能为力来击溃我们英勇抗战之部队。

摘自《抗敌报》1938 年 5 月 23 日　第二版

53. 徐州撤退之经验

敌军于本月十九日入据徐州。因前方交通阻塞，数十位新闻记者被隔留战地，正确消息一时中断，遂致传说纷纭，然而依前线归来者之观察，徐州此次之撤兵，不但不表示中国抗战之失败，而于撤兵过程中，反表现中国抗战力量之加强。

请先述撤兵原因，中国军队撤出徐州，当然为中国军队之"退却"，然而我们却不得不郑重指明者，即中国军队虽暂时退却，却非因我方主力已被敌人击破而失败。鲁南二次会战，我方主力集于鲁南，敌人主力猛攻邳县，仅邳北连防山村一线，自四月二十一日至三十日敌坂垣率新增大兵团猛攻十日，毫无所得，鲁南二次会战几转败势，敌乃急调其在华大部兵力，会战徐州，以更大之冒险迂回，自鲁西淮北，以出徐州之西。不幸淮北蒙城一路，防务稍疏，鲁西菏泽河防，未能妥当，敌得侥幸，先以少数兵力，扰乱陇海线，破坏交通，继则大部续进，使徐州之西，暂时不易肃清，因此使得我鲁南大军，不能不暂转移阵地，不能不暂时弃徐州。然而我雄踞鲁南之主力兵团，固仍健在也。从战略言之，中国对日抗战，只在求最后之总胜利，徐州之得失，并非最后胜败之决定。自战斗言之，敌二次攻鲁南未克，而我反斩获甚多，并未曾败。惜战术顾虑欠周，不得不作"不败之退"，虽属不幸，而战斗力量仍然保持。

其次撤兵经过，尤觉可慰。敌人本月十二日已截断陇海路，我军于十七日始开始突围，近数十万大军及机械化重炮，皆在敌之迂回线中，然而突围之日，各路大军以严整雄壮之战斗姿势，向敌突进，我中路汤军团并挟笨重之重炮队，横穿浍河肥河涡河而过，毫无损失，敌军除对我零星小部，及落伍行李略有所得外，对我浩荡西行出围之大兵团，则不敢正犯，此可见我之军力无大损，而敌甚怯也。

根据徐州撤兵的经过，我们实无悲观理由。我们只有更加兴奋来支持抗战，更加坚决来信仰抗战必胜的前途。

不过，一城一地之得失，虽不值过分重视，但为了更切实的保证我们最后的胜利，我们要一点不放松地检讨我们抗战过程中进退得失的经验，作为争取局部胜利到最后胜利的参考。

这次徐州会战，我们主力未曾充分有效发挥，不得已而撤退，这个事实的造成，由于以下两个原因。

第一，二月淮河战争，三月临沂战争，四月台儿庄胜利，皆以我方有强大兵团在敌人侧背活动，构成胜利的基本条件。独于台儿庄胜利之后，鲁南二次会战中，我方用兵，从实际力量言之，即转入单纯正面苦撑之被动的姿势。战线延长数百里，处处防守，敌任意择地来攻，当之者，辄受牺牲。日日忙于局部弥补，而战局无由好转。尽管我方计划甚多，事实上，几乎重演第一期抗战之覆辙。盖台庄胜利之后，因社会热烈宣传而影响到前方心理，使人不敢轻易放弃一村一寨。往往一村不必要之死拼，而受相当牺牲。本来战争目的在求结局的胜利，不在时刻博得舆论的喝彩。

第二，谍报组织不够。敌人在四月末旬，鲁南二次会战顿挫之后，其主力即转注鲁西淮北，而我前方仍过多注意于平静之鲁南。待五月八日蒙城已失，永城危急，鲁西吃紧，仍难完全判知敌情，十日获得敌作战命令，始知敌军主力之详细部署，而应付已嫌稍迟。此则一方面军事谍报作业，平日欠缺完善组织，而民众动员尚不踏实，未能收民间谍报之预期效果。

抗战是持续性的，目前一切进退，都是过程，把握着血肉换来的经验，应用在今后的战争。这无上的代价，就是争取最后胜利的担保！

摘自《大公报》1938 年 5 月 27 日　　第二版

54. 从放弃徐州说到争取抗战胜利的条件

洪泽

最近四个月来，敌人从津浦南北两方夹攻徐州，我军在四个月艰苦抗战中，曾经取得了许多胜利，尤其是台儿庄的胜利，为我国抗战以来，空前未有的坚持的表示。我军政治上军事上的伟大进步，大大提高了我国的国际地位与抗战胜利的信心，给了日寇的侵略凶焰以有力的打击，给了日寇以重大的挫伤，使敌人对华速战速决的计划，完全失败，更加深陷于持久战争的深渊中。这对于我国争取抗战的彻底胜利，起了不小的作用。

但是，我国要战胜日本帝国主义，必须采取持久抗战的战略。不在一城一地的得失，而要在长期的战争中，逐渐改变敌我的力量，以求得最后决战的胜利。

徐州虽为陇海津浦两路的枢纽，在华中为军事要地，但此次我军之退出徐州，在基本上仍不能改变我们保卫武汉的中心任务。

此次我军主力自动的见机的安全的由徐州撤退，并将大量军队移到敌人的侧后，继续坚持抗战，使敌人占领徐州，完全失去意义。而且困难反益增加，兵力愈形分散，这在战略上是正确的。

同时我空军于二十日飞到日本散发大量的传单,这一行动震撼了全世界!晋南方面我军亦开始了部分的反攻,这说明了抗战的形势,并不因徐州我军之退出而停止,反而再接再厉积极抗战。

我军在徐州的四月苦战,及其已得的各次胜利,已经表示了我国的进步,但徐州之终于退出,这又说明了我们要争取抗战的彻底胜利,不是打一两个胜仗就够的,而必须更抓紧争取抗战胜利的条件。

这里,首先必须更加努力去巩固抗日民族统一战线,发动最广大的群众,有力出力,有钱出钱,坚决抗战,在政治及军事上更求进步,争取连续的胜利。

同时,我们必须继续坚持华北的战争,敌人愈深入,困难也愈多,我们应积极的行动,把陇海、津浦线的敌军兵力调动到华北来,牵制敌人大量的兵力,使它不能集中力量于华中的战争,这样来保卫我们的武汉,吸引敌人到华北来,是争取我国战略上的重要胜利之一。

因此,我们更必须努力,但我千百万的华北民众,组成游击队、自卫队和各种救亡团体,动员群众,破坏铁路公路等交通道路,加紧的袭扰敌人,疲劳敌人,消灭敌人,瓦解敌人,争取伪军来保卫武汉,保卫中国,以至最后的将日本强盗赶出去。

我们要坚决反对因我军退出徐州而悲观失望的错误观念,我们要毫不犹豫地坚决地抓紧争取抗战胜利的条件,加紧战争的动员,以最后战胜日本帝国主义强盗!

摘自《抗敌报》1938 年 5 月 29 日　第一版

55. 战　局

徐州战是敌人集中全力攻一点,现在是分几路扩大进攻,对皖对浙,都要蠢动,而豫战也是分几路,由东而西,其目的在截断平汉路,以包围汴郑威胁鄂豫之间。

因此我们相应的有战略上的展开,在这一个阶段中,汴郑两地,反不重要,而注重在击破敌人的整个战略上之企图。

据闻,也相信,我们统帅部已有完善计划,而且业已实施。这一战,其范围与规模之大,远过于徐州,而我们军队,根据徐州经验,在作战上更有新的进步。旬月之后，当能有所表现了。

摘自《大公报》1938 年 6 月 5 日　第三版

56. 我们的把握

　　徐州退兵之后，中日战事又转入一个新阶段。在绵长的中日战事中，这一个形势，在阵地上是我们退，在战略上则是我们进，进到与最后胜利更近的距离。徐州之退，我们有军事的理由，一般心理或难免因此受到一些影响，那是最要不得的现象。我们不说空话，愿从事实上说明我们抗战的把握。

　　第一，我们的力量。这一点，我们可以和敌人对照观察。当去年七月战事爆发时，一般估量，我们能和敌人打半年，现在我们已与敌人打了十一个月，我们非但未失败，军力且更增加。反之，敌人方面，最初以为三个月便可征服中国，现在已延长四倍的时间，消耗了极大的力量，前途仍是茫然。这是事实，我们有无穷的人力，兵员越打越多。去年开仗时，我们在各战场上动员的军队不过五六十万，现在各战场上的兵员，至少估计，已在百万以上，同时在后方待命及受训的，绝对无穷尽。敌人方面如何？它已用了最大的力量，为津浦会战它已动员了最多的兵力，在绵长的时间众多的死伤中，敌方深感壮丁的缺乏及兵员补充的困难。从人力上讲，敌人绝对不是我们的对手。从军队的装备说，一般以为敌人的火力强，我们的器械较差，这也不是绝对的。在十一个月的战斗中，我们的兵员已增多，同时器械也加强。武汉天空我们可以看见百余架飞机交战，鲁南会战敌人曾吃到我们机械化部队的亏。这是事实。临沂之战，台儿庄之役，证明我们的军队在适当的装备及适当的指挥之下，的确能够打胜仗。徐州放弃之后，我们的军事将如何？事涉军略范围，不便深论，最直接地说，我们不能失算，在豫东平原上决战与我们不利，我们须另找适当的地点。敌人的宣传，以为占领徐州之后，便可进而威胁武汉，而决定最后的胜负。其实，那只是一种幻想。我们还有的是力量，还有得是时间，我们现在是要在适当的地点，向敌人求战，根本还谈不到决战。我敢正告国人，我们并用不着为武汉担心，现在还不是保卫武汉的问题，而是如何在适当的战略下打击敌人。古希腊抵抗波斯的侵略，战争十三年之久，希腊军节节败退，藩属尽失，本土也大部沦陷，直到最后两年萨拉米海湾一战，希腊击破了波斯的海军，布拉底一战，希腊又粉碎了波斯的陆军，最后更在爱奥里亚境内将波斯的海陆军大部歼灭。结果波斯对欧洲大陆的梦想完全粉碎，希腊民族彻底解放，并产生了文艺复兴的欧洲文化。近代的土耳其，在一九二〇年至一九二二的几年间，连打败仗，全国三分之一的土地都被希腊军占了，但是基玛尔选定了决战的地点，萨拉利亚河一战，收复了所有的失土，奠定了土耳其复兴基础。现在我们本身的条件，比当年希腊及土耳其均不弱，扫清一切失败心理，多方加强抗战力量，在适当的时间及适当的地点，我们一定能粉碎敌人。

　　第二，国际的环境。国际环境是一天一天的于我们有利，即以目前说，也比抗战初期进步了许多。回忆京沪沦陷时，国际上多少对我们悲观的论调；现在徐州退却，国际上对我们的估价绝未降低。这是事实，也使国际朋友渐渐认识了中国。国际的同情及公论，皆在我们这方面。这同情及公论业已逐渐形成力量而应用到我们的抗战上了。我可以这样说：外交大势是跟着我们走的，只要我们坚决到底，抗战到底，我们的朋友将一天一天的加多，同情的力量将一天一天的加厚。看现在世界的分野，毕竟是反侵略的力量大，连德、意、日国内的人民也蕴藏着反侵略的力量。我们的同情圈愈扩愈大，日本的同情圈愈缩愈小。日本内阁的改组，便是敌人想在国际上减少阻力，但结果仍是在矛盾中翻跟斗。看宇垣发表的外交方针：（一）调整日本与英苏之关系；（二）增强日德意反共协定；（三）调整东亚之政治机构。他首先看到与英苏关系的重要，但英苏有英苏的立场及利益，日本一面要调整英苏的关系，一面还要加强日德意防共协定，这是矛盾，不可能。至于所谓调整东亚之政治机构，那是抹杀了独立的中国，只是由它玩弄几个傀儡，更是做梦。英国在东方有百年的利益，绝不放弃；苏联与中国有唇齿的关系，绝不坐视到底。看暴日做法：它是在大量的攫夺英国的利益，甚至要整个驱逐英国出远东。这是英国能忍受的吗？它自始至终，拿苏联当敌国。它在侵华战中时刻未曾忘记苏联，它认为日苏之战不可免，且不战胜苏联根本不能独霸东亚。在中日战争中，暴日始终屯重兵于北满，它的参谋部始终视对苏重于对华，即在目前的形势下，日阀随时有抽兵向苏联挑衅的可能。苏联能忽略这形势吗？外交大势是跟着我们走的，只要我们坚决抗战下去，世界反侵略运动一定抬头，英法苏美的结合一定促成。英法一挺身，便减削捷克被侵略的危机；世界反侵略阵线，若在中国抗战之下结合起来，日本法西斯一定灭亡！

　　以上两点，都是已然的事实及将成的趋势。我们不夸大，不空谈，只要大家鼓勇努力，我们必胜！

　　　　　　　　　　　　摘自《大公报》1938 年 6 月 6 日　　第二版

五 国际舆论

1. 德臣西报论文
华军英勇抗战 日将自取败亡 敌军全线总崩溃 敌军阀意见纷歧 敌民众心理厌战

昨日德臣西报发表论文一篇,题为日人败绩。申述日军现全线总崩溃、日军阀意见纷歧、平民厌战之种种心理、其势必至败亡云云,立论至为警辟,照译如下:

日军在陇海线全力进攻,以为数日间直抵徐州,讵反遭惨败,全线总迫退。变动如此滑稽,消息传来,多数外人未肯尽信也明矣。华军抗战能力,迭有是证,英勇御侮,已属见诸过去事实,惟以反退为进,反守为攻,予敌重创,自中日战争开始以来,未有如此次之成绩显著者,由是而新开重要纪录,日军部队于是役之败,噤若寒蝉,一面在上海施行暴力压低中国金融,设法减少中国出口货品,意图毁灭中国抗战能力,凡此数举,足以试验日人惨败消息之真确否也。陇海线之华军胜利,足以使东京寝食不安,日军再举侵犯华南,亦非可惊骇之事。东京消息,今人大惑不解,甚至自相矛盾,据东京政府布告,一方面则言战事剧烈,一方面又言和平希望,最近御前会议,亦无结果。一般关心中日战争,而欲记载真确详细者,均皆不知何事可记,一个闷葫芦,无从打破。然而揭破烟幕,则可知日本当局政见不一,不能和衷共济,一般平民,皆人心厌战,小资本商人及一般市民,皆受重税之苦,均现破产明证,无不欲重见和平,高呼结束战事。民众心理如此,当局亦意见不一,日本军阀派、海军少壮派、与平和民众意见,素不相投,虽处战争时期,亦未能融合,平和民众,无力阻止战事爆发,又不愿延长战祸,及惹起与列强之纠纷,会由汤浅内府及松平宫内两大臣,呈奏日皇,希冀从速结束战事,日本少壮派与平和民众,皆欲从速结束战争,但由何而达目的，又各走一途。日文报章中，其属诸海陆军人者，俱以为从速结束战事，莫如倾全力攻侵中国，不愿第三者利益，大举侵犯华南，不愿与某国惹起纠纷，或向中国宣战。但和平派不以为然，欲利日非甚显著之傀儡组织，获取利于日本之和平条件。去岁国联会开会时，某物理报登载一匿名日外交家言论，谓美国或卒出任调节，此说亦有诚见在内。海陆两派，亦意见不一，陆军派素视亚洲大陆为日本展拓地，但海军派注视南方，以某□为有□其行动，军阀派意见纷歧，夜郎自大，至有轻敌之患，必将自取败亡云。

摘自《申报》1938 年 3 月 27 日　第四版

2. 苏联对战况报道

【苏联三日广播】津浦北段进行着完全的战争，中国军实行总攻击。机械化部队已开到前方，因此战斗力加强。结果近几日，日兵已取守势，中国军在枣庄台儿庄打死了一百日兵得了十七辆坦克车，在济宁城外打死了二百日兵，中国军已占领了吴城村，泰安至兖州间铁路交通，被中国军切断，此路总指挥李宗仁向报界代表声明，日军已遭失败，不能进攻，现正向前线调新援军，我游击队在日后方作战，使日兵战斗精神低落，山东省有许多日兵不愿作战。

摘自《抗敌报》1938 年 4 月 6 日　第二版

3. 德报评论　谓我抵抗力加强

【中央社柏林六日电】哥龙新闻今日评中国之新发展，谓徐州方面中国抵抗力之强，殊出人意外，其中重要因素之一，乃中国近曾充实军备，添置各种新式武器，日本现已疲于战事，或有易于接受调停之势云。

摘自《大公报》1938 年 4 月 8 日　第二版

4. 鲁南我军捷讯　英报均大字刊载　日本似已入水深火热中

【中央社伦敦八日路透电】今日各报对华军在台儿庄附近大败日军之捷报皆大书特书，新闻纪事报之社论曰，日本似已入水深火热中矣，华军之胜利，非在恢复失地，而在使日军丧失若干星期之光阴，盖日军最强韧之敌，厥为"延迟"及在日军须多派师团与军需至华，而减弱其国内与"满洲边界"之防务，要知日本在"满洲边界"有一可畏之强国，眈眈虎视，即苏联是也，就此种现实的标准评断，华军今正每日为其自己与和平主义及世界之秩序获得胜利云。

摘自《大公报》1938 年 4 月 9 日　第二版

5. 鲁南捷报轰动海外　欧美舆论一致好评

【中央社伦敦九日路透电】英军事当局对于中国津浦线之战局极端注意，最初中国军队获胜之消息传来，各方尚不十分相信，但现已证明日军败溃之讯确为事实，中国游击队在沪杭一带之活动，亦极令人注意，日方对于此线之战况，久无战报发表，足证华方胜利之消息并非虚构云。柏明汉报称，历史上中国曾屡次战胜强敌，现中国业已全国统一，又有新兴之军事人材，日本即令欲征服中国三分之一土地，其消耗之多，牺牲之大，亦非日本之力所能及云。

【中央社伦敦八日电】英伦各报对蒋委员长被选为国民党总裁及两旬来津浦路方面华军抗战胜利，多著好评，认为中国内部团结日坚，抵抗力量与精神日见增强，表示佩慰云。又英人心理渐形转变，众认最后胜利当属中国云。

【中央社华盛顿九日电】数日来，各报均在重要地位详载中国国民党临时全国代表大会之宣言及决议案，并有好评，其要点如下：①中国集中力量，保卫国土，继续抗战，正在发挥极大效果，而日本已渐现疲乏，将来结果可想而知。②蒋委员长被举为国民党总裁，乃受全党党员热诚之拥戴，即举国国民亦一致推崇，足见其声望之隆，与独裁者洞不相同，在政治上则设置国民参议机关，重申言论出版等之自由，可见中国虽在战时，仍向民主政治途上迈进。③观大会宣言及纲领等，中国政府并未受共产党影响，而中国共产党发言人亦认大会结果甚为满意，可见中国国内之统一愈益巩固云云。

【中央社柏林九日海通电】德意志亚爵曼报今日著文，评论中国军队作战胜利事称，十九世纪末期，外国军事考察团至华时，即曾有中国兵士不亚于德国士兵之报告，今日华军作战之成功，殆知此言之不虚，此次作战已充分证明华军与精良机械争斗之力量达至若何程度。

【中央社柏林八日电】德意志通报八日著评，论华军在津浦路之胜利消息，略谓：中国方面利用大量军力，已获局部胜利，由日陆相杉山对师团长之训话中，可见局势之严重。又日首相近卫在议会演说，亦谓在事实上战事甫开始，政府愿与国民合作，以达到"神圣"战争之目的等语，足证日方渐了解前途之困难云。

摘自《大公报》1938 年 4 月 10 日　第二版

6. 我台庄大捷消息传遍英伦　博得各报绝好批评　盛赞我国军事才能　咸认日军已感棘手

【伦敦八日电】英伦军事人员对于津浦线战事严密注意，彼等对于华方之胜利报告，初则疑信参半，今乃确信台儿庄日军受创甚重。又指出台儿庄之地势，突出于津浦路与运河间，颇为险要。杭州与上海区内之华军游击队极为活动，英方亦颇注意，盖日军行动须受牵制，众信日军对于战争消息始终讳莫如深，足为华方胜利之最好证据。白明罕邮报称，"中国一方面借其伟大之堕性，屡次摧毁向之侵略之敌人，一方面又开始发见其军事才能与团结力量，今似已明白警告日人，日本最多仅能占有中国土地三分之一，但其代价与牺牲已非日人所能忍受矣"。（路透社）

【伦敦八日电】今晨伦敦各报皆以极显著之地位登载华军在徐州周围获胜之消息，自由党机关报《新闻记事报》社论称，依今日情形观之，日本似堕入沸汤中矣，中国之胜利，不当以其克复之失地估计之，而当以日本所损失之时间为尺度，盖日本最大之敌人颇为"时间持久"兵力分散与给养困难，日本如派遣援军赴华，即不啻削弱其国内及满洲边境之力量，而满洲边境固尚有一劲敌苏俄在，今凭现实的标准而批判全局，则华

军抗日之胜利，不但为其本身而亦有利于世界之和平与安全也。（路透社）

摘自《申报》1938 年 4 月 10 日 第二版

7. 英报评论一语中的 "中国无日不在胜利中"

自我军在鲁南大胜的消息，传到英国以后。伦敦各报都用在大标题在显著地发表，其中自由党纪事报载称："中国胜利之真实价值，不能以收复之地面积之大小来表示，而应以日本所消耗之时日与弹药来估量。因为这种消耗，对日本是非常不利的，日本一方面要派遣大批军队，大批军用品到中国去。另一方面，其国内之力量，一定要大大地削弱，我们依据这种现实的标准，来评论中日两国的战事，那末中国是无日不在胜利中。当然中国之胜利，也就是世界和平之胜利云。"

摘自《新中华报》1938 年 4 月 10 日 第一版

8. 世界论坛对我国抗战前途的估计

英据某军事家谈："最近一月来日军已显然陷于失败的境遇。因日军轻视中国军队，致无精密的作战计划，无预定的军事行动。因此，遇到中国军队的坚决抵抗，就立刻感到兵力不够，随时抽调，缓不济急，且中国军队采取持久抗战，以大规模之运动战，游击战深入日军后方，予以极大之威胁，于是日军无法再得到进展，兵士战斗精神又已大感低落，目前日军虽未根本失败，但中国能持久抗战，可使日本由此而终至失败。如果中国军队照目前情势维持至本年夏季末，日本将必然的觅取停战之途径。"

法 巴黎共和报十一日社论谓："中日战争形势已有转变，而不利于日本。日本只在战争初期获胜，今后所当进行之工作甚为困难，中国军队在各个战线所采取的游击战争，使日军穷于应付。最近日军因军事上失利，不得不再抽调援军，但日本财政已不堪其负担。"

美 美国军事当局现信中国的实力日益增加，足能对日长期抗战。加以中国军队最近在鲁南的胜利，此论更有可信。十一日美国波尔秘摩太日报评论中国军队的胜利说："中国战局的变迁，已予日本在大陆上野心一大打击。日本最初以为中国政府于开战之六个月后，就会屈服，但中国现已抗战九月，而且力量还正在一天天地加强起来"。

苏 莫斯科真理报在十日《国际评论》一文中说："在山东长久的战争之后，中国军队，不但已打败进攻的敌军。并且消灭大部，缴获这部分战线的全部战具，惊人数量的步枪，许多机关枪、大炮、坦克车、军火、摩托车、行李车等，八路军在山西，也取得与山东军队同样的胜利。中国共产党与第八路军将领不断地工作，号召一切爱国志士加入统一战线，和国民党非常会议所采取的决议案，均使前线形势进展，中国在台儿庄附近给日军的打击，与其他战线上的胜利，表示中国人民已团结一致，将能保卫其国家独立与解放"。

德还有，法西斯国家的报纸对于我国抗战的新局面，也并不加以隐蔽，如《德国日耳曼报》曾于十二日发表长文论我国的游击战极表畏惧，略称："游击队伍，并在北平，杭州附近袭击日军，中国军事当局既能采用此种战略，足证该国抗战力量极为坚强。"

摘自《新中华报》1938 年 4 月 15 日　　第一版

9. 中国抗战胜利就是世界和平之胜利
英报对台儿庄胜利之批评

伦敦八日哈瓦斯电：关于中国军队在台儿庄胜利消息：泰晤士报驻沪访员已有电报到此谓：此为中国军第一次所获之大胜利，其他各报，均在显著地位登载，其中自由党新闻报称：中国军胜利，真实价值如何，未可以归复失土大小面积而言，当以日本所消耗之时日多少加以估量，现时日之消耗对日最无益。日近派若干批军队，并大批军械至中国增援，其国内之力已为之削弱，即在强邻逼处（指苏联）之伪满边界，亦何莫不然，吾人若以现时之标准评论中日两国战事，则中国军队无时不在胜利中，中国之胜利，即世界和平之胜利。

摘自《抗敌报》1938 年 4 月 15 日　　第一版

10. 事实胜于雄辩 敌承认我胜利

【上海十五日中央社合众电】今晨日军部发言人称：峄县附近战事异常激烈，台儿庄已为华军夺回，日军现在向城附近与华军作战。又称：距峄县四英里之獐山附近，亦有激战云云。日方承认台儿庄被华军夺回，此尚为第一次。

【北平十五日中央社合众电】日方发言人昨称：台儿庄或已为华军克复，惟日方前线详情，渠不能有所说明，因恐为华方知悉云。日军计划，原欲在运河以北地带，进攻华军，且曾一度成功，后华方以大批生力军增援前线，致情势变化。峄县战事，现并不激烈。至台儿庄峄县一带之华军，共有十三师，在临沂之华军有三师，华军现正进攻韩庄，唯来势不甚猛。济宁附近及临城以北，均已发现华军。关于晋豫军情，日方发言人称：日军在本月十日至十二日三日间，在焦作临汾各处，开始进攻工作，华军前袭击临汾以西及禹门口河津各处之日军，唯已后退。

摘自《申报》（汉口）1938 年 4 月 16 日 第一版

11. 外籍军官观战归来 纵谈当时目睹情形

【汉口十六日电】有一外籍军官，曾在台儿庄战争时，亲临战地视察，并于本月七日与得胜华军，同入台儿庄城内，今日将战事经过，告知往访之路透社记者谓，"此数个战役、系按照事前妥善策划、忠实履行之而辛苦得胜者"并出示"台儿庄战后"、"被俘获之日军坦克车"、"日兵之已埋尸体"、"中国红十字会埋葬战地日兵"等照片。按：该外籍军官，系偕亲临台儿庄前线指挥军事之李、白二将军，同乘铁甲火车，前往观战者。据彼估计，"此役日军约伤亡五千至七千人，大部分系因华军四围进逼，在发生肉搏战时，而伤亡者，运河沿岸华军，皆掘有地穴，其在城内者，亦在每家每户掘有五英尺左右深之地穴，与日军巷战之华军，日军大炮及炸弹轰炸时，即避入地穴之内，以免多受损伤，华军施用重炮及机械化枪炮，与日军炮队互相酬答，每弹必报。中国炮队在瞄准与实效方面，均较日军为优，中国空军，亦甚出力，有一日曾目击有华机二十二架，猛

炸日军"云。（路透社）

摘自《申报》1938 年 4 月 17 日　第二版

12. 美报评论台儿庄之战

【华盛顿十四日哈瓦斯电】美报谓华军在台儿庄作战胜利，较日军在华作战之意义更大，一般人认为日军因失败已有动摇，此为世界有史以来有意义之大战。

【汉口十四日电】日在华作战，法西斯报郭里尔谓：日人想不到战争延长如此之久，尚早有见于此。或不至对华作战。

摘自《抗敌报》1938 年 4 月 18 日　第二版

13. 德报论我战局：甚赞蒋委员长韬略　中日战事难望速决

【柏林二十二日中央社电】佛兰克孚新闻，今日评山东战事，略谓：日方近积极增援，图取徐州，鲁南现已展开血战，中国军队勇敢抵抗，寸土必战，中国反攻之成败，不在俘虏，获占地之多寡，乃有更高的战略之意义，日本自去岁攻津浦线，初以为不久即可完成目的，但过去四月间，中国军队，虽以较弱之配备，却能延长时间，利用土地之广大，向日军单薄之处，进行反攻，阻遏敌焰，蒋委员长不但抱最大决心，并当军事眼光，且能冷静应付，展开韬略，在历史上战役中，日本可谓第一次遇一特殊之人物，与之抗衡，此次中日之战，难望速决。

【香港二十三日中央社电】某外籍军官由沪抵港，曾评中日战事，谓日军武器虽精，但不能充分利用。华军步兵，虽未得到优良之火力掩护作战，唯最近三个月中曾将日军击溃多次，实可证明华军官兵作战力之强大，及其勇敢，殊足令人敬佩，现华军长官之动作，较昔更为果敢，敏捷，各线均能切实协同动作，其爱国热心较战争开始时尤为盛旺，此种情形，足以证明华军已深信其战略之必能成功，中国必能得到最后胜利，并已坚决的支持长期战争政策。

摘自《申报》（汉口）1938 年 4 月 24 日　第一版

【苏联十七日广播】中国北部战事，在峄县附近进行，中国军已包围此城，使日军援军及粮食都断绝，故日军弹药缺乏，徒飞机运些有限的弹药，也无济于事。中国军将峄县周围的一切村庄占领，已迫近南关西关，北方之中国军，向滕县进攻，现已到距城六里处。

摘自《抗敌报》1938 年 4 月 25 日　第二版

14. 德记者视察前线印象

【中央社讯】海通社记者艾格劳昨由徐州前线视察归来称，渠在前线两周，其所得主要印象，即中国各界人士，对抗战前途均抱乐观，并对华军之抗战能力，具有充分信心，渠在各处所见华军，其纪律精神均为良好，其技术配备亦佳，故给养与军械之运输，毫无阻碍，陇海路上以迄徐州，虽逼近战场，但人民各执其桑，秩序井然，俨如平时，不显战区景象，此种镇静功夫，相信系对战事前途具有绝对信任所致，此实为中国抗战必胜之征兆，中日两军集中于津浦前线之军队，确数甚难估计，但相信华军人数较多，而日军装备则较优越，盖此为日军唯一凭借，舍此则不能与华军对抗也，华军似在进行新的围攻计划，华北日军现有实力，似不能强迫决战。

摘自《大公报》1938 年 5 月 2 日　第二版

15. 前线观战之外国记者　盛赞我鲁南战绩
战区军民密切合作　中国将愈打愈坚强

【徐州三日下午九时本报特派员发专电】中外一部记者三日晚，在徐州民众草堂举行座谈，澳洲海瑞德通讯社记者华伦申述三点：（一）徐州现距前线仅三十里，而市面安定如常。（二）前线若干战线，在敌人激烈炮轰之后，不到两个小时，在战场上已发现士兵们的歌声，（三）在战区民众多包围军队而工作，担任救护运输等，从这三点看去，证明中国已因抗战而重大转变，新中国之产生已现端倪，次由法国哈瓦斯社马菊思发言，伊谓：外国人习知中国为不统一国家，但此次抗战，集合各种不同地域的军队，在统一命令之下作战，各军言语习惯皆不相同，与山东民众本难亲密合作，但此次作战经过，一点不合作不统一的情势都没有，这是表现中国已开始统一，将从实际中产生新的民族，最后纽约《泰晤士报》窦奠安谓，中国在此艰苦战争中，一切已表现渐有轨道，将愈打愈坚强，愈打愈接近胜利，不久将可以建立和平自由的国家，希望中国朋友不要错过已经好转的机会，加紧抗战工作，为中国为世界和平秩序之建立而努力。

在徐州之外国记者达十余人之多

【中央社徐州三日电】外国记者在前线观战，极为勇敢，往来于敌机轰炸之下，驰驱于炮烟弹雨之中，毫无畏惧惫倦之荣，唯饮食起居，自感不适，计现时在前线者有纽约《泰晤士报》窦奠安，伦敦《泰晤士报》记者佛兰明、合众社记者柏雨登、哈瓦斯社记者马菊思、钮西兰《今日妇女报》及《观察报》记者韦尔根生女士、英国《梅尔邦日报》记者华伦、德国新闻社记者江毕德、纽约《泰晤士报》摄影记者宋诺曼，美国米高梅公司摄影师王小亭等十余人，此外各国人士来往视察者不绝于途，世界视线集中于津浦北段之大会战，已可窥见。

合众社记者前线历险记

摘自《大公报》1938 年 5 月 4 日　第二版

16. 鲁南某军背水列阵　苦战八日歼敌四千　合众社 记者视察前线　对我忠勇将士表示钦敬

【徐州四日电】合众社战地记者，昨由前线来电称，余现与某军士兵同起居，该军已苦战四十七日，惟仍背运河作战。八日来日军进攻均经该军击退，日军伤亡达四千余人，昨日华军后援部队到达，该军始得休息。日军已向北退却，故此间已不闻枪声，上次日机空袭时，余伏于麦田中，身旁尚有士兵数人，均佩带步枪，并以之射击日机，日机用机枪扫射即飞去，日机投下炸弹，未击中运输火车之列车，故余等咸深庆幸。余曾冒险赴陇海路东段视察，车抵新安镇后，即下车在该镇作一星期之勾留，于今日乘车重返前线，陇海路职员均抱必死决心，并称非待日军抵达后，决不撤退。余于食物方面，颇感困难，每日仅有菜二碟，附近居民亦均武装，伤兵均面带笑容，走上火车开赴后方医治。昨日余正欲赴郯城内，几为日机轰炸毙命（按：该城现在日军手中），余由新安镇乘车赴郯城以南地带，前后被日机轰炸十六次，其中一次，余等毫无准备，炸弹在车旁爆炸，碎片纷纷由头上飞过，余新购之自行车亦被炸断，余念由货车跳上，有日机六架滑歪低飞投弹，爆炸之声极烈，碎片飞过，索索作响，诚人生不易遭遇之情景也。（中央社）

摘自《申报》1938 年 5 月 5 日　第二版

17. 外记者目睹　鲁南战事惨烈　深佩我军作战英勇　与敌畏死截然不同

【运河站四日电】外讯：华军与日军板垣部队，现正在鲁南前线作拉锯式之战争，昨晚华军由屋内爬出，在墙上挖若干小孔，然后由孔内用火棒掷入日军占领之房屋，激战至今晨，华军卒将日军击退，遗下血迹遍身之尸首甚多，记者目睹华军奋勇向日军阵地进攻，并用燃烧之高粱，掷入日军居所，日军亦以燃烧弹反攻，华军房屋亦着火燃烧，华军因此受伤多人，至于日军之伤兵，大都皆由步田中用绳拖至后方，余又目睹华军进攻郯城与邳县间之捷庄，日军虽以猛烈之机枪扫射守护，然今晨华军卒冲入庄内，与日军激战，最近五日来之战事，已较台儿庄之战争为猛烈，日军伤亡者，已在三千人以上，日军之尸身，每发现观音符及其爱人之束发云。（中央社）

18. 现有实力不足应付大战　日本势将惨败　战事前途　决难超越徐州一线　被俘敌兵告外国记者团

【汉口六日电】敌方俘虏阿部重夫等九人，业经军令部于上月廿九日派员审问诸事。汉埠各外国记者廿余人，为明了俘虏等生活情形，及对于中日战所抱之态度起见，特于五日上午联袂至武昌往访，记者亦随往参观，阿部重夫九人收容于某处，该处虽为暂时寄居之地，但待遇颇优，房间宽大，设备简洁，室内光线充足，而空气亦甚为流通，当记者一行步抵俘虏窗外，见该俘虏等，皆着灰色制服，静坐床间，秩序井然，彼初见记者，面色突然赤热，颇有羞涩之态，各记者虽从逊周旋，惟该俘虏等精神仍极颓丧，旋请负责人令各俘虏齐集操场摄影，摄影毕，各外记者入，纷纷与俘虏等接谈，经交换数语后，空气略较和缓，而彼等亦渐行活泼，自由问答，颇少拘束，俨然为一国际问题讨论会。其中一俘虏曾充小学教师者，名上尾一马，态度严肃，举止文雅，当时颇为各记者所注意，一英籍记者乃向彼询对于中日战事前途之观察，上尾沉思良久，始从容答曰，无论如何，中日战事前途，决难超越徐州一线，不久或即可以告一段落，该记者不明其意，复请解释，上尾续称，日本现有之力量，未足应付此大规模之战争，长此下去，势将惨败，斯一英籍记者，向岩井常雄探询，日军在台儿庄第一次会战，是否全部溃败，岩井称，此次日军在台儿庄遭受华军之猛烈围攻，创重异常，在一濛濛深夜，大量军队向北方溃退，彼时本人因奉令掩护退却，至被俘虏，华军进攻之英勇奇术，及今思之，乃不寒而栗，总之台儿庄一役，确予日方全部兵士一重大打击云。后各记者相继询问在此居住思乡与否，该俘虏等分别答谓，出征时父母妻子已哀痛异常今因战争，遭此不幸，实不胜令人悲悔怅恨，事已至此，惟有漂泊异国，以度残生，待诸异日耳，会谈至此，各记者与俘虏等言别返汉。（中央社）

摘自《申报》1938 年 5 月 7 日　第二版

19. 外国记者及军事家到鲁南前线观战

【台儿庄三日电】鲁南战事今晨愈见激烈，台儿庄东正面特别激烈，右翼郯城方面孙家窑之敌，已为我解决。

【徐州三日电】外国记者到前线观战，往来于枪炮轰炸之下，毫无畏惧之象，计现在前线者，有纽约、伦敦《泰晤士报》记者，合众社记者，哈瓦斯社记者等十余人，此外各国军事家，来往视察者不计其数。

摘自《抗敌报》1938 年 5 月 7 日　第二版

20. 外籍军事家观察战局

【十二日汉口电】外讯据□国军事专家观察，日军在鲁南迭遭打击，皇军威名扫地，乃改变方针，企图五路围攻徐州，而最注重者是鲁西皖北两线，战区越加扩大，日军兵力越加薄弱，作战更感困难，欲将鲁西皖北完成为一线，实非易事，查华军援军确已到达归德，有十五师精兵，及有大队最新式机械化部队，坦克车、炮车等云集，实力非常雄厚，足应付日军有余，且南段华军游击运动战，随处可将日军归路切断，更予日军莫大之威胁，日军欲攻下徐州之幻梦，实为自掘坟墓，寻死而已。

摘自《申报》1938 年 5 月 13 日　第二版

21. 外国军事专家观察　敌军唯有退守黄河以北

【汉口十三日电】据外国军事家观察，日本除开补充大量援军外，只有退守黄河北岸，整理其所占领之土地，惟日本援军，已在开进中，此种劝告，决不得日方所采用。（美联社）

【本报汉口十三日专电】外息，据中立国观察者谈，我国军队，不止于军械方面，飞速改进，且于精神上亦有巨大变更。此种变更，即上至长官，下至士兵，无不具有胜利之自信，官长中如守潼关之□甫将军，认为日本实已上干天怒，反之，我国则受天佑，让观察者复云。"中国士兵，均极勇敢镇定，且已获得丰富之作战经验，中国军官，认为日军无可补救之缺点，即为师出无名，士兵不知为何而战，但中国军官，并不过分自信，渠等认为日本即或可以占领徐州，亦必将付出重大代价。"又云"中国方面最可乐观，而为前此所□之现象，厥为各省军队，均能和谐合作，毫无畛域之见，卢沟桥事变后始行入伍之新兵，强半曾受优良教育，并具爱国精神，冲锋则所向无敌，守城则至死不退"云。

摘自《申报》1938 年 5 月 14 日　第二版

22. 国联行政院注重个别援军　将痛斥日本之毒气战
鼓励我英勇抗战

【日内瓦十三日中央社电】国联行政院今晨举行秘密会，讨论中国之申请书，结果一致决议组织决议案审查委员会，由英、法、中、苏、罗等七国代表组织之。审查委员会于今日下午开会，将决议案审查后，定今晚向行政院公开会议提出报告。议决案约分下列数点：（一）痛斥日本之毒气战，认为违反国际法及人道主义。（二）对中国人民因战事所受之痛苦，表示深刻的同情。（三）鼓励中国之英勇抗战。（四）重申国联大会去年十月六日之议决案，及行政院本年二月之决议案，并对于各国单独援助中国一点尤加注重。今日开会时，各代表对中国之抗战皆表同情，罗马尼亚代表，除代表本国政府对中国表同情外，更非正式代表小协商国向我表示善意。

摘自《申报》（汉口）1938 年 5 月 14 日　第一版

23. 上海英报　论津浦战局

【中央社香港十五日电】港讯上海《字林西报》十三日称，若日军之包围行动获得成功，华军仍企图在徐州奋力抗战，实无异于自杀，该报指出，即使徐州为日军所得，中国政府亦决不至倾覆，前此蒋委员长业已表示其抵抗侵略之决心，故徐州之失陷，当不至发生任何巨大影响李宗仁将军若自徐州撤退，多少亦能保持原有之兵力，且能在徐州汉口间占得坚固地位，亦属毫无疑义，甚至将来汉口不保，亦不定即为战事之终结，该报复称，"前此蒋委员长曾谓华军即使退至中国西部之山岭地带，彼亦能继续抗战，并使日军随时感受威胁，终至不胜巨大之消耗，而促成日本之经济崩溃，此实为中国战胜日本之一种方法，现日本正力持虎尾，实有不能放手之困难及危险"，该报结论谓，日本之唯一机会，现为如何攀断虎头，但以目前情形而论，又为不可能之事。

摘自《大公报》1938 年 5 月 16 日　第二版

24. 伦敦方面视察

【伦敦十九日电】此间一致认为虽则日本在徐州前线有相当进展，然所获决不若其夸张之甚，此间几家报纸之评论，同具此种意见，即徐州失守并非中国征服之意义，惟中国军队，如困守徐州，久而不退，寺内伯爵或能得一歼灭之胜利于未来，《伯征汉报》谓"英国之威维第三，据云每战必北，然战争最后之胜利，终属于彼，蒋委员长现在情形正类比相同"（路透社）

摘自《申报》（汉口）1938 年 5 月 20 日

25. 《泰晤士报》论徐州失陷 日军离胜利之路尚远

【伦敦二十一日电】今日《太晤士报》评论华军之退出徐州云："日本梦想获得一决胜的战役，而迄未如愿，中国之优秀军队已退出徐州，如日军不能予此群华军以重创，则在战略上亦终不能使其与胜利之路更近一步，日军屠杀被俘华军，不能借口为游击队而蒙世人之宽恕，更不能借口于通州事件而将中国无辜平民屠杀至百倍之多，无论如何屠杀平民，不能使胜利更进一步，中国有无尽量之人力，及举国一致之新意识，其最高领袖能不因初步失利而灰心，其军需供给亦初未告罄，中国飞机致能赴大阪及佐世保投掷传单，足见将来或更能使日人尝受不愉快之经验。该报又称，日本之出口已大为减少，面油五金及机械之进口，则有增加，华中伪组织毫无实际权力，华军及各省当局，亦毫无脱离中央之倾向。此次徐州失守，日本国内不准举行庆祝，足见该国之政治家及头脑冷静者已开始觉悟战事之结束尚遥遥无期，远较彼等在去秋所预测者为持久，唯彼等似仍深信其结果如何耳。（路透社）

摘自《申报》（汉口）1938 年 5 月 22 日

26. 英报论中日战事 徐州之役非日军决定的胜利 中国人力无穷抗战尚无止期

【中央社伦敦二十一日路透社电】伦敦《泰晤士报》今日社论，论徐州失陷一事，谓："日军所梦想之决定的胜利，似并未实现，且自徐州西撤之优秀华军，如日方未能予以重大打击，则纵以此次战术上之成功，其去战略上之胜利仍远。"该报继论及日军枪杀华军俘虏一事，谓日方借口其所获俘虏，原为华方游击队，故而横加戕害，其实并无正当理由，至日军前在通州屠杀平民，借以泄愤一事，尤属不当。日军当知彼等绝不能借屠杀华人而取得胜利也。中国具有无穷人力，且现已举国一致，精神团结，其领袖复能不为初步之挫折所撼动，中国之军火来源亦尚未衰竭。以中国空军日前夜袭日本一事而论，华机既能飞至日本上空，散发传单，则未尝不能予日人以若干不愉快之惊异也。该报又言及现日本入口货中，制造品原料大减，而煤油金属及各种机器则大增，据该报推测，日本在华所造成之傀儡政府，断不能真正行使政权。至中国军队及各省区，断不致有脱离中央政府之事实发生。日军攻陷徐州后，日本国内当局禁止各地举行庆祝，由此可见日人已开始明了此次战争终止之期，实远较彼等在去年夏季所预料者为迢远云。

【中央社柏林二十日哈瓦斯电】关于中日战事，德国政界人士顷宣称：中国军队在徐州前线抗战之久，已远非一般人始料所及，加之华军士气奋发，并未败退，因而日军占据徐州，亦不足为一种重大胜利。

摘自《大公报》1938 年 5 月 22 日　　第二版

总主编◎曹胜强　徐　玲

徐明忠　崔新明◎主编

台儿庄大战资料选辑

上卷

中国社会科学出版社

图书在版编目（CIP）数据

台儿庄大战资料选辑(上、下卷) / 曹胜强等主编. —北京：
中国社会科学出版社，2010.12
ISBN 978-7-5004-8955-9

Ⅰ.①台…　Ⅱ.①曹…　Ⅲ.①台儿庄会战(1938)–
史料　Ⅳ.①E296.93

中国版本图书馆 CIP 数据核字(2010)第 142738 号

策划编辑　冯春凤
责任编辑　孟一达
责任校对　韩天炜
封面设计　回归线视觉传达
技术编辑　王炳图

出版发行　中国社会科学出版社
社　　址　北京鼓楼西大街甲 158 号　　　　邮　编　100720
电　　话　010—84029450（邮购）
网　　址　http：// www. csspw. cn
经　　销　新华书店
印　　刷　北京君升印刷有限公司　　　　　装　订　广增装订厂
版　　次　2010 年 12 月第 1 版　　　　　　印　次　2010 年 12 月第 1 次印刷
开　　本　710×1000　1/16
印　　张　40　　　　　　　　　　　　　　插　页　4
字　　数　655 千字
定　　价　86.00 元（上下卷）

目　录

前　言

　　中国的抗日战争是世界反法西斯战争的重要组成部分，为反法西斯战争的最终胜利作出了巨大贡献和民族牺牲，1938 年的台儿庄大战在中国抗战以及世界反法西斯战争中都具有重要的地位。日军为了实现迅速灭亡中国的侵略计划，决定以南京、济南为基地，图谋打通津浦线，夺取徐州，直下武汉。中国第五战区所在的台儿庄成为中国军队阻断日军南北联络的壁垒和拱卫徐州的屏障，其战略地位尤为重要。为粉碎日军的战略企图，从 3 月 16 日至 4 月 8 日，中国军民在台儿庄地区与日军展开了浴血奋战，并取得了中国全面抗战以来正面战场的第一次重大胜利，也是鸦片战争以来抵抗外侮取得的第一场胜利。

　　台儿庄大战的胜利具有重要的军事、政治和国际意义。在军事上消灭日军一万余人，沉重打击了日本侵略者的嚣张气焰，粉碎了"大日本皇军不可战胜"的神话，打破了日军速战速决的战略；在政治上增强了全国军民抗战必胜的信心和决心，鼓舞了抗日军队的士气，"抗战前途露出一线曙光"，"几成民族复兴之象征"；在国际上提高了中国的威望，改变了国际社会对中日战争前途的悲观态度，台儿庄大战胜利的消息一经传出，世界为之震惊，1938 年 4 月 9 日路透社电讯说："英军事当局对于中国津浦线之战局极为注意，最初中国军队获胜之消息传来，各方面尚不十分相信，但现在证明日军溃败之讯确为事实。"

　　台儿庄大战是中国抗日战争史研究的重要内容之一。20 世纪 80 年代以来，各种论文、专著及资料书纷纷问世。"史学区别于其他学科的主要特色是时间性，而其研究的对象为已逝的往昔这一点决定了史料永远是基础"，历史研究必须详细占有资料，史料是史学的根基。报刊资料是史料的重要类型，"报纸为现代史记"，报纸刊登的新闻和评论文章具有很高的史料价值。为推动台儿庄大战研究工作的进一步深入，时值抗日战争胜利 65 周年之际，我们特辑录民国时期较有影响的《申报》、《大公报》、

《民国日报》、《新中华报》、《抗敌报》等报刊中的有关台儿庄大战方面的新闻、评论等资料编辑成册，以方便读者并为研究者提供便利，为台儿庄大战的研究奠定基石。

台儿庄经此一战名扬天下，成为"中华民族扬威不屈之地"，国民党数万爱国将士因此名垂史册。为纪念这场伟大的胜利，弘扬中华民族团结一致、抗敌御寇的爱国主义精神，在台儿庄不仅修建了大战纪念馆、李宗仁史料纪念馆等纪念设施，还保存了清真寺等众多的战争遗迹，而这座繁荣了数百年的秀美运河古城，也在这场战火中毁于一旦。2008 年，枣庄市委、市政府于台儿庄大捷 70 周年之际，正式启动古城重建工作，同时抓住两岸关系和平发展的有利时机，借助台儿庄大战的影响优势以及与台湾岛内的人脉资源，以重建台儿庄古城为契机，以国共合作、台儿庄大捷的光辉历史为纽带，在台儿庄搭建海峡两岸交流平台。2009 年 12 月 17 日，经国台办批准，全国首个海峡两岸交流基地在台儿庄成立，这座昔日缔结国共精诚合作结晶之地，再为海峡两岸交流书写新的篇章。

台儿庄大战不仅是抗日战争的转折点，也是中华民族复兴的一个转折点。作为海峡两岸交流基地标志性建筑——"泰和楼"于 2010 年 5 月 4 日举行了奠基仪式。"泰和楼"由海峡两岸知名专家联袂设计，规划建筑面积约 1000 平方米，共有 7 层，总高度为 45 米，主体高度为 38 米。其中"38 米"代表发生在 1938 年的台儿庄大捷。在台儿庄古城建设"泰和楼"意义非同寻常，它是一个符号，一种象征，它不仅属于枣庄，更属于海峡两岸。根据市政府下一步的工作计划，将继续加快台儿庄古城重建步伐、继续举办台儿庄大战战史研讨会、建设台儿庄古城抗日英雄纪念碑、和平广场和抗日英烈群雕园、创立台儿庄海峡两岸合作论坛，从经济、文化、青少年教育等层面推进两岸的交流与合作。鉴于此，我们编辑《台儿庄大战资料选辑》具有重要的学术和现实意义，不仅推动了台儿庄大战的研究，而且也丰富了两岸交流的内涵和形式，本书必将在海峡两岸交流中发挥重要作用。

《台儿庄大战资料选辑》编写组成员是多年在教学一线从事教学和科研工作的骨干教师，由曹胜强、徐玲任总主编。全书包括战况报道、记者眼中的台儿庄大战、将士谈话及采访、报纸社评、国际舆论等五部分内容，分上下两卷，上卷由徐明忠、崔新明主编，下卷由安涛、陶道强主编，编写组其他成员有贾文言、王卫婷、李长虹、王明远、汪涛、刘秀瑛等。由于时间仓促，编者水平有限，错误疏漏在所难免，敬请方家批评指正。

《台儿庄大战资料选辑》编写组

台儿庄大战纪事

在世界军事史上，作为战争转折点的小城有很多，滑铁卢、葛底斯堡、凡尔登……在我国也有这样一个地方，战争之前她是一个鲜为人知的鲁南小镇，战后她却响彻九州、名震寰宇。她是谁呢？她便是台儿庄，震惊中外的台儿庄大战就发生在这里。这场战争几乎将明清以来在运河边上兴起的古城夷为平地，作为中国抗战以来正面战场的首次胜利，后人以各种方式来纪念这场战役。目前在山东省枣庄市"江北水乡 运河古城"城市发展定位下，台儿庄运河古城正在进行恢复和重建，不久的将来，赋予众多文化意义的美丽的台儿庄古城将呈现在我们面前。

一 大战之前的台儿庄

台儿庄地处山水相依、农耕历史悠久的淮河流域。远在新石器时期，台儿庄地区即有人类繁衍生息。《台儿庄区志》记载："台儿庄夏商时属徐州，商时建偪阳国，春秋末年降为傅阳县，秦时属郯郡，西汉时南属彭城郡之傅阳县，北属增置之兰祺县。东晋时期撤县后，历为州、郡、县之边远地区，隶属多变。自明洪武 2 年（1369），久为峄县之辖区。"清初，台儿庄已相当繁华，居古峄县 40 个集镇之首，据《峄县志》载："台庄跨漕渠，当南北孔道，商旅所萃，居民饶给，村镇之大，甲于一邑，俗称'天下第一庄'"[①]，为峄（县）巨镇，商贾辐辏，富于县（峄）数倍。

台儿庄的兴起与京杭大运河改道、枣庄的煤矿开采有着密切的关系。鲁南民谚说："运河迢迢跨九州，转舵行船在峄州。"纵贯中国南北的京杭大运河，唯有鲁南枣庄段呈东西走向，"西起微山湖口，东至鲁苏交界处入中运河，全长 42.5 公里，流域面积 3.35 万平方公里"。这段弯道连接了中国南方和北方的运道，而且成就了运河古镇台儿庄，好像在美丽富饶

---

① 赵亚伟主编，《峄县志（点注本）》（上），线装书局 2007 年版，第 129 页。

台儿庄运河风光

的鲁南大地上打了一个漂亮的蝴蝶结，从而使运河古镇台儿庄与古老的京杭大运河连为一个不可分割的整体。因为运河改道，所以四方商人趋利于台儿庄，周边农村一部分人口也纷纷迁居到台儿庄，加上沿运河的码头搬运工、纤夫、水手、官员、僧侣、游客和驻军，几年内台儿庄人口便由原来的几千人迅猛增加到 2 万人，明末达到 2.5 万人，清代"康乾盛世"时期增至 5 万人，遂有"徐兖间一都会"之称。

　　枣庄地区采煤历史悠久。据记载，最迟在元朝至元年间（14 世纪初）已有人采煤，到 14 世纪中叶已发展成为小煤窑群。最初在枣庄采煤的多是当地农民，采业兴盛后，地主便以各种手段掠夺矿权。到 19 世纪初，枣庄煤窑大都被当地"体面绅耆"霸占。此时，汇集在枣庄一带的矿工当在数千人以上，"漕运数千艘，连樯北上，载煤动数十万石，由是矿业大兴"。1878 年（清光绪四年），直隶总督兼北洋大臣李鸿章，奏准清廷，委派米协麟、戴华藻筹资 2 万两，开办峄县中兴矿局。1896 年（光绪二十二年）春，因山东巡抚李秉衡禁采，中兴矿停办。1899 年（光绪二十五年）春，兖沂曹济兵备道张莲芬与内阁侍读学士直隶全省矿务督办张翼议定，自津至峄并招集德股，成立"商办山东峄县华德中兴煤矿股份有限公司"。因未集成德股，1908 年（光绪三十四年）注销"华德"字样，完全为华资经营，更名为"商办山东峄县中兴煤矿股份有限公司"（简称中兴公司），隶属清政府路矿大臣和山东矿政调查局管辖。在中兴公司成立之后，为便于煤外运，于 1912 年成功修建了全长 42 公里的台枣铁路。在 1911 年津浦铁路通车后，中兴公司于 1914 年又自修一条与津浦路的临城站接通铁路支线——临枣支线。1932 年底和 1934 年 1 月，中兴公司将台枣路与陇海路的赵墩站接通，于是 1935 年 3 月，台赵支线通车。这样，台儿庄北接津浦线，南连陇海线，且北面的泥沟车站又紧扼大运河的咽喉。

　　正因运河和铁路北上南下、东连西接之故，使台儿庄地处要津，逐渐形成"南北通衢，徐淮门户"。明末以来，台儿庄成为鲁南重镇，历来为商家、政治家所重视，亦是兵家必争之地。

　　台儿庄运河古镇具有重要的战略地位。一是京杭大运河枣庄段的东西走向，形成了天然的军事防御体系，这是其他运河段所不具备的；二是台儿庄地区的地理条件。台儿庄的地形，近似于丘陵盆地，东有沂蒙山区，北有抱犊崮山区，西南有黄丘山区，东南散落着禹王山等一些矮小的山丘，而台儿庄驻地及运河一线则为比较开阔的平原。这一地理条件，形成了"军事纵深"的特点，有利于四面埋伏、陈兵百万和"围点打援"。对于台儿庄的这种特殊的交通地位，有资料明确指出："津浦、陇海两铁路于徐州交会；临赵支路，由津浦路之临城东经煤矿区之枣庄，南向台儿庄越运河，至陇海路上之赵墩，构成四边形铁路网。台维公路经峄县、临沂，直达胶济路上之潍县。故台儿庄为水路交通辐辏点。"① 战前，中国共产党的张爱萍将军在与李宗仁晤谈时也说："济南以南、徐州以北的地形很好，台儿庄、张庄一带都是山区，地形对我有利。"② 于是当日军企图经台儿庄而攻略徐州时，第五战区司令长官李宗仁巧妙地利用了这一地理特点。

二　大战前的中日军事态势

　　1937 年底，日军占领浦口和济南后，开始由津浦路南北两个方向合攻徐州，企图打通津浦路，连接南北两个战场，然后沿陇海路西进，利用中原平坦地势，发挥其机械化部队优势，直扑平汉路，消灭郑州、武汉间中国军队主力，一举攻占武汉。

　　徐州是津浦铁路和陇海铁路的枢纽，地处山东、江苏、河南、安徽四省要冲，自古以来便是兵家必争之地。就当时情势而言，中国军队控制着徐州，不仅北上威胁济南，南下进逼南京，而且控制陇海路，并确保平汉路南段侧背的安全。因此，徐州得失，关系重大。为此，1937 年 10 月，国民党设立第 5 战区，辖山东全省及苏北地区，由李宗仁任司令长官，驻节徐州，指挥津浦线的防御作战。南京失守后，根据日军的战略意图，国民党最高军事当局把徐州会战与武汉会战联系起来考虑，以徐州会战作为组织武汉会战的一个重要条件。根据这一战略构想，1938 年 2 月 3 日，第 5 战区制定了徐州会战的具体实施方案，其要点为集中兵力于徐州南北

---

　　① 国防部史政编译局编印《徐州会战抗日战史》(3)，台北 1966 年版，第 131 页。

　　② 参见全冲及主编《周恩来传》(1898—1949)，人民出版社、中央文献出版社 1989 年版，第 411 页。

地区，拒津浦路南段之敌于淮河以南，同时于鲁南山区对津浦路北段及陇海东段之敌予以侧击，牵制敌之南下或西上，以保卫徐、蚌。根据这一战略计划，第5战区在津浦路南段采取积极防御战略，将日军阻击在淮河以南，使日军南攻北守战略不能实现。

日军在津浦路南段受挫后，遂改变计划，调转头来，采取南守北进战略，增兵津浦北段，猛烈南犯。由于韩复榘丢弃黄河天险，不战而退，使南犯日军矶谷第10师团得以迅速推进到鲁南。与此同时，日军海军陆战队也于1938年1月12日在青岛登陆，接着，坂垣第5师团主力从上海调到青岛，随后，沿胶济路西进，至潍县转南，经高密、诸城、莒县一线，逼近临沂，与津浦路北段的矶谷师团相呼应，以台儿庄为会师目标，齐头并进。这时，津浦路北段的日军左翼也进击济宁，造成日军从左中右三路突击陇海，并策应津浦路南段的攻势，图谋合攻徐州，形势极为险恶。

津浦路左翼的日军第10师团濑谷旅团于2月25日以其主力渡过黄河，向嘉祥等地进攻。第3集团军孙桐萱、曹福林两个军与日军苦战多日，嘉祥失而复得，鲁西第5战区左翼转危为安。津浦路右翼，2月27日，中国军队张自忠部第59军奉命由津浦线南段开往山东临沂，进行临沂防御作战。日军第5师团由青岛登陆后，经潍坊转南猛攻临沂，张自忠亲率第59军与庞炳勋第40军协同作战，血战5昼夜，毙伤日军4000余人。临沂之战告捷，津浦路北段之日军左臂被砍断，粉碎了日军第10、第5师团会师台儿庄的计划，造成矶谷师团在台儿庄地区孤军深入之势，为台儿庄大战创造了歼敌契机。

日军在津浦线北路左右两翼受到重大打击，第10师团由津浦路正面孤军深入。从3月14日起，濑谷旅团自两下店（邹县南）猛攻滕县，同开赴前线抗日的川军第22集团军第122师恶战3昼夜，17日攻陷滕县。师长王铭章壮烈殉国，但为部署台儿庄大战赢得了时间。20日，濑谷旅团占领峄县，沿台枣支线向台儿庄突进，企图一举而下徐州，夺取打通津浦线的头功。

第5战区侦知日军的战略意图后，积极在台儿庄运河南岸部署防御工事，并在李宗仁的指挥下制订了台儿庄歼敌作战计划：利用日军急于打通津浦线的骄狂心理，采取"固守台儿庄及运河一线，诱敌来犯，断敌后路，乘机实施反包围，聚歼日军"的作战方针。先令孙连仲的第2集团军的第27师、第30师，布防于运河一线及台儿庄以西；以第31师主力固守台儿庄，以一部于台儿庄东西两侧支援核心阵地作战；将汤恩伯的第20军团部署于向城、洪山镇一线，阻击北面之敌，并相机让开津浦路北面，诱敌深入，待敌主力进到台儿庄时，即南下袭敌侧背，协同孙连仲集团军将日军包围并歼灭之。

三 大战的序幕战之一——池淮阻击战

日军在 1937 年占领南京以后，华中日军在 1938 年将进攻的重点从杭州、皖南、苏北等地转向淮河流域。根据敌情变化，第 5 战区决定组织池淮阻击战（又称津浦南段防御战），在安徽滁县、明光等处逐次抵抗，最后将日军阻于淮河南岸。

1938 年 1 月 15 日，日军突然向明光发起进攻，池淮阻击战从此开始。战斗开始以后，虽然敌我力量悬殊，但我 31 军利用有利地形英勇抵抗，一度将日军阻住，双方形成对峙。日军随调来援军及坦克、野炮，我军主动西撤，敌军于 1 月 17 日占领明光。第 31 军退守后，与铁路西侧的日军相对峙。1 月下旬，日军增援部队陆续抵达，乃实行渡河攻击。从 1 月底到 2 月初，中日两军在池河两岸展开激烈交战，最终由于 31 军寡不敌众和装备上的劣势而于 31 日被迫放弃池河镇，退守池河西岸。至此，池河阻击战结束。池河一战，我军迟滞日军达一个星期之久，歼敌 2000 余人，这是日军在淮河流域遭到的第一次挫折。

日军在占领池河镇以后，由池河镇沿公路分两支进犯，沿途攻城略地，逐渐将战线推进至淮河南岸地区。中国军队在蚌埠失守以后，全部撤至淮河北岸，并将淮河铁桥炸毁，以阻止日军渡河。至此，池淮阻击战进入了第二阶段——淮河阻击战。

1938 年 2 月 2 日，李宗仁急调于学忠部第 51 军南下增援。2 月 4 日，该部到达指定地点，并完成了布防。由于兵力不足、处境不利，我军虽作战勇猛，但也屡屡撤退。后在张自忠部第 59 军和桂军第 31 军的联合攻击下，日军正面和侧面两面受敌，处境不利，敌人或被歼或逃至淮河南岸。至此，淮河战局乃告稳定，中日两军遂在淮河一线隔河相峙。

华中日军北上打通津浦路的企图遭到失败，日军南北夹击徐州的计划至此已经破产一半。

池淮阻击战虽然规模不大，但意义却十分明显。首先在于它是"七七事变"以来少有的一次完全成功的阻击战役。其次在于它将日军阻止在淮河以南的地区挫败了华中日军北上南北夹击以打通津浦铁路的战略企图，从而造成了华北日军孤军南下之势，为中国军队集中力量分割围歼津浦北段孤军冒进之敌，夺取台儿庄大战的胜利奠定了基础。李宗仁将军曾说："南北两路都是敌军的精锐……以虎狼扑羊之势，向徐州夹攻。孰知竟一阻于明光，再挫于临沂，三阻于滕县，最后至台儿庄决战，竟一败涂地，宁非怪事？"① 在这里，李宗仁将明光、临沂、滕县三者相提并论，可知池淮阻击战的重要地位。

四　大战的序幕战之二——滕县保卫战

1938 年 1 月 4 日、5 日，日军沿津浦铁路占领兖州、邹县。同期，我第 22 集团军第 45 军进抵滕县地域布防。3 月初，第 41 军抵滕增援。3 月 8 日，第二集团军司令官西尾寿造命令其所属的第十师团沿津浦线南下，首先向滕县外围阵地发起攻击。

当得知日军矶谷师团将大举南侵的情报后，孙震乃于 3 月 10 日令担任集团军总预备队的 41 军 122 师（师长王铭章）和所辖的 364 旅（旅长王志远）旅部进驻滕县；41 军之 124 师（代师长税梯青）由利国驿开驻滕县；45 军的 127 师（师长陈离）师部也进驻腾县城内。命陈离为第一线指挥官，负责指挥防守藤县以北香城、界河一线的 45 军部队；命王铭章为第二线指挥官，负责藤县守备，同时任命王铭章为 41 军前方总指挥，统一指挥第 122、124 师作战。

王铭章率部进入滕县后，立即进行了战斗部署。他命 364 旅（旅长王志远）第 727 团进驻滕县以北十五里的北沙河；令 366 旅（旅长童澄）731 团（团长刘文振）进驻藤县东北的平邑、城前，以掩护 45 军一线阵地的右侧背，并防备临沂方面第五师团日军的侧击。

3 月 12 日，日军以主力攻香城，激战 3 小时后我军被迫转移到普阳山防御。

3 月 14 日拂晓，日军第十师团步骑兵数千人，配备大炮 20 余门，坦克 20 余辆，在 30 多架飞机的掩护之下向我滕县外围第 125、第 127 师第一阵线黄山、界河等处展开全线进攻。我军凭借既设阵地，奋勇迎敌，激

① 李宗仁：《李宗仁回忆录》（下册），广西政协文史资料研究委员会，1980 年，第 735 页。

战竟日，击败日军多次冲锋，除下看埠、白山、黄山等前线阵地被敌占领外，我界河东西一线的正面主阵地屹然未动。

在临城的孙震总司令，得到敌人大举进攻的消息后，立即乘火车到滕县了解情况，旋即亲临前线视察。随后，他传达了李宗仁转来的蒋介石的命令：41军固守滕县三日，迟滞日军，以便后方陇海铁路转运增援兵力，巩固徐州。并指示王铭章师长及各级部队长，要抱有敌无我、有我无敌的决心，与日军血战到底！

3月15日，敌鉴于从界河正面阵地进攻未能得手，除以主力继续猛攻外，以一部分兵力佯攻，另以3000余人向我第一线阵地的右后方龙山、普阳山迂回，向滕县方向前进。没过多久，我军同普阳山的电话线被敌切断，联络中止。日军到龙山脚下，击溃我军的预备队，我守军被迫向滕县撤退。与此同时，界河一线的左翼石墙、深井等阵地，也受到来至济宁方向日军的攻击。在敌众我寡的形势下，我军放弃石墙，集中兵力防守深井；普阳山的守军转移至黄山据守，并派372旅743团驰援深井。

下午5时许，敌军的先头部队已经进至滕县东北的冯河、龙阳店一带，距城仅10余里，从而切断了滕县外围第一线阵地同滕县县城之间的联系。124师和127师师部被迫退至滕县县城。这样，滕县外围阵地已经失去了屏障滕县县城的作用，滕县县城直接处于日军火力之下。

鉴于此时滕县城内兵力薄弱难以抵御万余日军进攻的情况，王铭章遂电令366旅火速回援县城，并向临城集团军总司令部求援。但由于一时不可能有大部队来援，王铭章便任命727团团长张宣武为城防司令，统一部署守城，决定固守滕县城。城防指挥部设在东门里路北一家山货店内，122师师部驻西门外电灯厂内，124、127师部同驻城内张镜湖宅内。截至15日深夜，滕县城内的战斗部队，连同滕县县长周同领导的警察和保安队四五百人在内，总兵力不过3000人，而真正的战斗部队则不满2000人。

3月16日黎明，日军万余向界河主阵地全线发起进攻。上午7时50分，冯河、龙阳店方向的日军开始向守备城东关的警戒部队进犯。8时许，日军集中10余门山炮向东关、城内和西关火车站猛烈轰击。与此同时，12架敌机飞临县城上空，疯狂地轰炸、扫射。10时半，日军突然集中炮火猛烈轰击东关南半部寨墙，寨墙被炸开了一二十米宽的缺口。然后，日军在数十挺轻、重机枪的掩护下，窜入缺口外的壕沟内，伏伺缺口两侧。严阵以待的守军集中六七十人将二三百枚手榴弹投入敌群，日军纷纷倒毙，逃还者不足 10 人。

后敌又以相同方式进行第二、第三次进攻，均以失败告终。于是，日军暂时停止进攻。守备东关的 731 团第 1 营伤亡近百人，城防司令张宣武立即将预备队第 727 团第 12 连由城内调赴东关归严翊营长指挥。下午 2 时许，日军向东关土寨的东北角发起猛烈攻击。守军在严翊营长的指挥下，连续 5 次打退敌人的进攻，日军每次进攻都遗下三五十具尸体。下午 5 时许，日军发动了第 6 次攻势，各种火炮增加到 30 余门，集中轰击东寨门，并以部分炮火向东关、城内和火车站施以纵深遮断射击，企图阻止守军增援，另有 10 余架飞机轮番在上空助战。日军步兵在其强大火力掩护下，一次 3 个小队，每小队相距约百米，前后重叠形成梯形向东寨门冲锋，最前的一小队日军被守军的手榴弹消灭得所剩无几，守兵亦伤亡惨重。随后，日军的第二梯队又冲上来，双方展开肉搏战。日军一小队全部被歼，而我预备队也阵亡 100 余人，仅剩 20 余人。正在何经纬连由城内奔赴东关增援之际，日军第三梯队蜂拥而上，虽经东寨墙南、北两头的部队堵击，但仍突入寨内 40 余人。时已入暮，日军不惯夜战，双方相距数十步，形成对峙局面。6 时后，严营长组织何经纬和张进如连两次发起反击，终将突入的日军全部消灭，夺回东关门。守军亦伤亡惨重。苦战竟日的严营长在最后一击的督战中，身负重伤。晚 8 时后，枪炮声渐趋沉寂。

16 日上午，在日军进攻东关的同时，界河一线的正面日军，愈益加强攻势。45 军经过 3 天浴血奋战，伤亡过半；同时与滕县的交通、通信全被截断，指挥失灵。因此，中午以后，45 军的正面阵地逐次破日军突破。守卫在深井、池头集的吕、曾两旅，在与日军拼搏一天后，退守大坞、小坞一带。傍晚，41 军所属 2 个多团的兵力，放弃滕县外围阵地，撤到城内布防。各部队分区、分段防守，彻夜抢修工事，集全力防守滕县县城。

沿津浦路南下的日军第十师团，一路顺风，不期在滕县碰上了硬钉子，猛攻数日，伤亡数百人而不能下，于是日军师团长矶谷廉介恼羞成怒，趁夜间调集第 10 师团和 106 师团的一个旅团，共 3 万余人的兵力，对滕县城东、南、北三面实施包围。

17 日 6 时许，日军以五六十门山炮、野炮向滕县县城轰击，开始了更大规模的进攻；20 余架飞机临空投弹、扫射。城内外一时硝烟弥漫，墙倒房塌，一片火海，遍地焦土。两个多小时的轰击后，10余辆日军坦克掩护步兵进攻东关，同时以炮火施行遮断射击，日军飞机也疯狂地进行低空扫射。防守东关的第124师740团顽强抵抗，冒着猛烈的炮火，同日军展开了殊死的搏斗，双方均伤亡惨重。

在进攻东关的同时，另一部分日军在七八辆坦克的掩护下，向城垣东南角轰塌处冲锋。守军727团第2连用集束手榴弹炸毁敌坦克2辆，炸毙日军五六十人。但由于该连伤亡殆尽，日军四五十人冲上城墙。第一营营长王承裕命令营预备队第一连向突入日军反击。该连一阵手榴弹投出之后，举起大刀，跃入敌群猛砍，终将突入日军全部消灭，东南城角失而复得。连长张荃馨以下138人为国捐躯，全连仅剩下14名士兵。日军因攻势受挫，遂中止进攻。

下午2时，日军突以榴弹炮12门猛轰南城墙，二三十架飞机集中轰炸南关743团的两个连防守的阵地，官兵伤亡过半，余皆被迫转移至西关火车站附近。南城墙被日军轰炸约1小时，几乎被夷为平地。五六百日兵在10余辆坦克的掩护下猛扑南城，守兵全部战死。下午3时半，日军占领南城墙。

与此同时，日军对东关守军再次发起更猛烈地攻击，寨墙被炮弹炸得塌陷破残，工事全被摧毁。日军五六百人，以10余辆坦克作掩护突入东关。守军死伤惨重。

在这次保卫战中，师长王铭章（右图）亲临城中心的十字路口指挥督战。日军占领南城墙后，以机枪火力掩护步兵从西南城角向西城墙上的守兵压迫。同时，炮兵又集中火力猛轰西城门楼。下午5时，西门及西门以南的城垣落入日军之手。日军占据城墙，从南、西两面集中火力向城中心十字街口射击。王铭章师长无法存身，乃从西北角登上城墙，继续督战，并命令身边仅有的一个排从西北城角向西城门楼猛扑，以便夺回我军后方唯一的出口。但是敌军的火力实在太猛烈，该排尚未接近西城门楼，即被日军机枪火力全部消灭。王师长不得已缒城，准备指挥守卫在火车站的372旅继续与日军搏斗。出城后，被

王铭章

守备西门城楼的日军发现，一阵密集的机枪火力，师长王铭章连同幕僚、随从十余人同时为国捐躯。

日军占领南城墙之后，东半部日军抢占东南城墙。守军大部战死，余皆退守东城门楼。同时，突入东关的日军用大炮猛轰东城门楼，城楼中弹起火，城门被摧毁。在密集的机枪火力掩护下，日军步兵三四十人突进东门。守军 727 团吴忠敏营立即组织兵力将突入日军全部歼灭。黄昏时，终因守军弹尽援绝，东门落入日军之手，残部逐次退守东北城角和北面城墙。战斗中，城防司令张宣武团长身负重伤，城内守军陷入无人指挥，人自为战的状态。

至此，日军已占领了东、南、西三面城墙。是夜，北城墙上的守军二三百人扒开北城门突围出城。城内零散官兵三四百人仍不停地袭击日军，枪声彻夜未停，直至 18 日午前仍在逐街逐屋地与日军战斗，直至全员战死。是役，共毙日军 2000 余人，守军自师长王铭章以下伤亡近万人，迟滞日军第十师团达 100 多小时。

滕县保卫战在战略上起到了钳制日军的作用，为我军主力在台儿庄布防赢得了充分的准备时间。这场血战，受到李宗仁将军的高度赞扬："没有滕县的死守，就没有台儿庄的大捷"，"滕县战役，是台儿庄大捷前最光辉的序幕战。""若无滕县之苦战，焉有台儿庄之大捷？台儿庄之战果，实滕县先烈所创成也！"[①] 日本随军记者佳滕芳子当时也曾报道："1938 年 3 月初，我军攻占济南后……继续南进，在泰安、兖州等处均未遇到抵抗，但到滕县后，遇到 41 军之 122 师顽强抵抗 3 天，我军遭受很大损伤。"[②] 日军的报道也证明王铭章代军长及守城将士忠勇卫国，拼死抵抗，确实使得日军遭受重挫。

五　大战的序幕战之三——临沂会战

在滕县失陷的同时，右翼的中国军队却传来临沂大捷的喜讯。

1938 年 2 月中旬，号称"铁军"的坂垣第五师团由青岛沿胶济铁路西侵，至潍县转南，进迫临沂，妄图夺取临沂后，与津浦线上矶谷师团在

---

① 李宗仁：《李宗仁回忆录》（下册），广西政协文史资料研究委员会，1980 年，第 728 页。

② 张洪涛：《国殇：国民党正面战场抗战纪实》，团结出版社 2005 年版，第 352 页。

台儿庄会师，尔后从左翼迁回徐州。情况危急，李宗仁急调驻守海州（今连云港）的第三军团庞炳勋部驰往临沂，固守县城，阻敌西进。庞部到达临沂后，利用沂河这一天然屏障，集中火力与敌血战数日，渐感不支。这时李宗仁电令张自忠部前往增援。

第59军接到命令后，军长张自忠亲自率部出征，一昼夜强行军180公里，主动出击，以攻为守，以解临沂之围。14日凌晨，张自忠指挥全军暗渡沂水，向日军第5师团右侧背发起攻击，在停子头、大太平、申家太平、徐家太平、沙岭子等处突破敌防线。敌始料不及，损失惨重，一夜之间，死者逾千，日本第5师团被迫放弃正面攻城，转对59军作战，双方展开混战，59军与日军短兵相接，在沂河两岸反复冲杀，战线犬牙交错，形成逐村、逐屋争夺的拉锯战。双方冲杀不下数十次，几度形成白刃战，59军两师连、排长几乎全部易人，营长也伤亡近半。战至16日，战区认为59军伤亡过重，建议撤退。但张自忠坚持再打一天一夜，他说："我军伤亡很大，敌人伤亡也大。敌我双方都在苦撑，战争的胜利，决定于谁能坚持最后5分钟。既然同敌人干上了，我们就要用精神和血肉拼命干一场，争取一个像样的结局！"[1] 16日夜10时，59军向敌发起空前猛烈的攻击，拼杀至17日凌晨4时，59军胜利攻克日军全部主阵地。同日，庞炳勋抓住有利战机，率部猛袭日军侧背，有力地配合了59军的正面攻击。18日，张、庞两军从东南西三面夹击日军，经过三昼夜血战，日军"铁军"第五师团终被击溃，残敌大部窜逃。在此战役中，张、庞两军共歼敌4000余人，其中59军歼敌3000余人，第三军团歼敌1000余人。临沂战役成为抗战史上著名的"临沂大捷"。

21日下午，59军余部奉令冒雨向费县集结，欲进攻敌矶谷第10师团左侧背。22日，庞部迅速扫除汤头附近之敌后，以一部向莒县方向追击，主力则集结于汤头附近，并对沂水、蒙阴方面实行警戒。不料被打得一筹莫展的坂垣征四郎，突闻张自忠部他调，忙纠集残部，调派援军，向临沂发起猖狂反攻。庞炳勋以疲惫之师孤军应战，只有招架之力，被迫退到城东桃园、黄山一带防守，并频发求援急电。蒋介石获悉临沂战局紧急，即于23日致电张自忠，命59军速返临沂。当晚10时，59军以强行军回返

---

① 林治波、赵国章：《大捷——台儿庄战役实录》，广西师范大学出版社1996年版，第96页。

临沂。全军官兵浴血奋战，誓死坚守阵地，给日寇以极大杀伤。29日，中国援军20军团骑兵团和57军333旅先后到达临沂，使得临沂守军的实力大增。30日，张自忠下令全线出击，日军抵挡不住，师团长坂垣征四郎再次落荒逃命，第二次临沂战役胜利结束。

两次临沂战役，成功地阻止了日军第5师的西进、南下，为台儿庄方面集中兵力合围日军第10师团创造了条件。李宗仁指出，临沂战役"最大收获，是将坂垣、矶谷两师团拟在台儿庄会师计划彻底粉碎。造成尔后台儿庄血战时，矶谷师团孤军深入、为我围歼的契机"。①

六　血战台儿庄

日军在占领滕县后，矶谷师团未待在蚌埠的增援军北上支援，即直扑台儿庄，企图一举攻下徐州，打通津浦路。

3月23日上午九时，日军骑兵300余人在战车的掩护之下，向台儿庄方向冲来，与守卫台儿庄的孙连仲将军的我军第二集团军在康庄发生遭遇战，台儿庄正面战场战事正式爆发。此时，孙连仲的第二集团军背靠大运河，已在台儿庄布下口袋阵，只待日军进入。在这里，李宗仁用第二集团军守卫台儿庄，正是因为其善打防御战。第二集团军总司令孙连仲军长属于原西北军冯玉祥旧部，以善打"防守战"而著称。北洋军阀混战时期，南田之战、西安守城之战都是他的杰作；抗战爆发后，孙连仲在太原会战中扼守娘子关正面阵地，任凭日军飞机大炮狂轰滥炸，竟不能越雷池半步。

3月24日，日军开始猛烈炮轰我军防卫工事，战斗激烈。其间，我第二集团军阵地每日落炮弹六七千发。炮轰之后，日军又以坦克车为前导，向我军阵地猛攻。台儿庄外围阵地工事被悉数摧毁，日军步兵随后越过战壕，步步向前推进。当时日军一个团的火力配备，超过了中国军队一个普通师的水平。孙连仲部武器装备极差、枪支混杂，它脱胎于冯玉祥的旧西北军，在中央眼中是杂牌部队，人员、弹药长期得不到补充。临阵前，才由李宗仁将军急调入一批重武器。这支部队名义上称为集团军，实际上只有3个师。在台儿庄有两万余人；而日军有一万多人，以当时两军

---

① 李宗仁：《李宗仁回忆录》（下册），广西政协文史资料研究委员会，1980年，第735页。

火力水平，中国军人的人数须在日军 7 倍，两方才能战平。为了弥补人数与火力上的劣势，参战士兵付出了极大的努力和牺牲，美国战地记者卡帕用照片记录了中国军人的战斗方式，一位中国士兵在同伴的帮助下，将十二颗集束手榴弹往身上绑，他要以自己的血肉身躯钻到敌人的坦克下，引爆炸弹。中国人当时正是以这样的方式弥补火力的不足。

　　台儿庄大战打响以后，引起了中国军事当局的关注。就在同一天，蒋介石亲赴徐州，听取第 5 战区司令长官李宗仁将军的汇报。在听取汇报后，蒋介石指示：第 1、第 5 战区应更大地消耗敌人，争取更多的时间，以利全局。并令随行的副参谋长白崇禧、军令部次长林蔚等组成临时参谋团，留驻徐州，协助李宗仁指挥作战。命令炮 7 团 1 部、战车防御炮 1 营及装甲车队立即参战。当晚，白崇禧、孙连仲到达台儿庄南站第 31 师池峰城师部视察军情，了解战况。

　　池峰城（1903 或 1904—1955）（右图），又名凤臣（凤臣），别字镇峨，河北景县人。1920 年起入北洋军冯玉祥部陆军第 16 混成旅当兵，历任排长、连长、营长、旅长、副师长。抗日战争爆发后，曾任第 2 集团军第 31 师师长，先后参加台儿庄会战，徐州会战，武汉保卫战，枣宜会战。此次参加台儿庄大战，他抱着为中华民族奋战到底的决心，战斗打响后，他亲临前线，沉着指挥，屡屡击溃进犯日军。

　　3 月 25 日早 6 时，池峰城命铁甲车第三中队突然开到南洛北，即指挥向驻北洛、刘家湖的日军猛射狂轰，给日军很大的杀伤。上午 10 时，千余名日军在 30 多门重炮、20 余辆坦克的掩护下向南洛、刘家湖、邵庄等阵地发起全线进攻，守军第 31 师官兵奋起抵抗，激战甚烈。战斗至 11 时，由于日军攻势益猛，我伤亡惨重，邵庄、刘家湖阵地失守，中国守军退至榆林、三里庄。后组反击，毙敌甚众。下午 4 时，日军集中炮火猛攻台儿庄，北门、小北门两侧城墙被轰塌数丈。邵庄、园上 700 多名日军猛扑过来，守军奋起反击。下午 5 时，约 200 名日军由小北门突入庄内，被困于大庙内，王冠五督励官兵奋力歼灭庄内日军。对城外日军采取防御态势，激战至傍晚，终将庄内日军歼灭。此役中国官兵亦伤亡 400 余人。

3 月 26 日黎明，第 31 师官兵听到台儿庄东北方向枪炮声甚为激烈，判定可能是友军与敌军发生战斗，随即令第 166 团于五时半向孟庄、园上日军发起攻击，将敌击溃。随后，日军展开反攻，第 186 团官兵被迫退回庄内据守。早 7 时，日军 6 架飞机对台儿庄及南北车站进行狂轰滥炸，接着园上的六七百名日军在其炮火的掩护下继续对台儿庄发起攻势，中国守城官兵沉着应战，多次将进攻日军击退。中午 1 时，日军 7 架飞机向台儿庄实施轰炸，投弹 40 余枚，均落在西关和城内，民房毁坏甚多，我守军亦有伤亡。轰炸过后，日军炮兵也向台儿庄北城垣进行轰炸，工事多处被毁。下午，池峰城师长命第 182 团 2 营向刘桥日军炮兵阵地袭击，但未得手，于黄昏撤向北站。

日军猛攻 3 昼夜，最终得以冲入台儿庄城内，与我军发生激烈巷战。第 2 集团军至此已伤亡过半，渐有不支之势，孙连仲总司令死守待援。自 27 日起，双方军队在台儿庄寨内作拉锯战，情况异常惨烈。日军第 10 师团第 33 旅团的士兵涩谷在他的日记中描述了 3 月 27 日攻城战斗的惨烈："天亮六时半，各炮队开始发炮，其音响震动天地，第 5、第 6 两中队结成敢死队由城墙之破裂口冲入。墙边有河，手榴弹如雨飞来，数人中弹倒毙，其惨状实为人间地狱。"①

3 月 29 日，当孙连仲总司令死守待援之时，中国的援军始终未到，日本人的援军却到了，日军见台儿庄久攻不下，随令第 5 师团坂本支队、第 10 师团濑谷支队主力增援台儿庄。城垣于 29 日终于被敌突破。中国军队退入城中，凭借掩体，与敌巷战。这时台儿庄有一半被敌攻占，原先第一批冲据庄内庙宇顽抗之敌已被我军歼灭，第二批突入庄内之敌又盘踞该庙宇实行巷战。双方逐房逐屋争夺，各自在墙上开挖枪眼，互投手榴弹，为了争夺一间小屋往往牺牲几十人，由于第 31 师官兵斗志昂扬，始终顶住了敌人的猛烈攻击。

两军在台儿庄城内展开肉搏，西北军的传统武器大刀在近战时发挥了威力。残垣瓦砾间，两军逐房争夺，景象异常惨烈。在这次肉搏战中，有一位名叫仵德厚（下页图）的军人，时任 176 团 3 营营长，属于守城部队 31 师师长池峰城指挥，城垣失守时，仵德厚受命组成 40 人的敢死队冲

---

① 曹聚仁：《中国抗战画史》，中国书店出版社 1988 年版，第 157—158 页。

进城内。最终，仵德厚的 40 人敢死队最后只有 3 个人幸存下来。

30 日，台儿庄正面之敌连续猛攻，与我 30 师巷间血战剧烈。孙连仲给武昌军令部电文曰："战斗异常激烈，幸我官兵誓死不退。"日本兵涩谷在他的日记中写道："29 日，夜间第九中队由后方开来助战。我方战车被敌方破坏殆尽，子弹亦告罄，不得已伤兵之子弹拿来应用。""30 日，天亮展开巷战，敌方抵抗顽固，不得进展……激战一天，无占尺地，敌迫击炮、手榴弹愈演愈猛。"[1]

31 日，台儿庄城内之敌又冲破我城内阵地一段，战斗愈打愈烈，几乎每个巷子、每座房屋都要几番争夺。战局最危急时，日军攻占了台儿庄城内的 4/5。

4 月 1 日，日军占领了城西北角。池峰城当机立断，临时组织敢死队，出其不意袭击了日军。池峰城选出 57 人，他们人人手持长枪，斜挎大刀，以毛巾为标志，腰上别满了手榴弹，一副慷慨悲歌的英雄气概。当宣布参加夜战敢死队员每人赏 30 块大洋时，士兵的态度是："我们以必死的决心去战斗的目的，是要确保我们以及我们的子孙不做日本帝国主义的奴隶，争取民族的生存。比起死去的弟兄，我们是幸运的。如果收下了钱，我们将对不起死难的弟兄们！"[2] 池峰城为之动容，当即表彰官兵誓死杀敌的英雄行为。入夜敢死队员们跑步进入阵地，同日军展开血战。台儿庄西北角杀声震天，经过惨烈的厮杀，全歼了插进西北角的日军，挽救了战局，奠定了台儿庄会战胜利的基础。而我敢死队勇士生还者只有 13 人。

至 4 月 3 日，全庄 2/3 已为日军占据，日军电台宣称已将台儿庄全部占领。但我军仍据守南关一隅，死拼不退。

4 月 4 日，日军用燃烧弹攻击台儿庄，试图将台儿庄夷为平地，孙连仲第二集团军此时处境已极其危险，连预备队都已经用完。孙连仲对请求准予撤退的师长池峰城说："士兵打完了你就自己上前填进去。你填过了，

① 曹聚仁：《中国抗战画史》，中国书店出版社 1988 年版，第 157—158 页。

② 林治波、赵国章：《大捷——台儿庄战役实录》，广西师范大学出版社 1996 年版，第 165 页。

我就来填进去。有谁敢退过运河者，杀无赦！"① 池峰城知道军令不可违，又返身冲入敌阵，乃命令城内各守备队利用地形和断墙残壁，筑起第三道防卫工事，勉强与日军周旋，我军士兵逐屋抵抗，任凭日军如何拼死冲锋，也坚守不退。战至黄昏，日军停止进攻。

日军第 10 联队在战报中说："中国军队全部顽强抵抗直至最后。战斗中曾使翻译劝其投降，但无一人应者。他们在狭窄的散兵壕内，重叠相枕，力战而死之状，虽为敌人，观其壮烈之态，亦为之感叹。"

4 日深夜，此时守卫台儿庄的孙连仲部 2 万余人已伤亡 14000 人，全庄 3/4 地盘为日军占据，但孙部仍背靠运河在城南一隅顽强死守。

此时孙连仲意识到，再孤军死守，将全军覆亡，于是他给李宗仁打去了电话，他说："第 2 集团军已伤亡 7/10。敌人火力太强，攻势过猛，但是我们把敌人也消耗得差不多了。可否请长官答应暂时撤退到运河南岸，好让第 2 集团军留点种子，也是长官的大恩大德。"② 孙连仲语调凄凉、悲壮，李宗仁深知其处境艰难，但他说："敌我在台儿庄已血战一周，胜负之数决定于最后 5 分钟。援军明日中午可到，我本人也将于明晨来台儿庄督战。你务必守至明天拂晓，并要组织夜袭。坚持就是胜利，待明天援军到后，我们就可对敌人内外夹攻！这是我的命令，如违背命令，当军法从事！"③

孙连仲知李宗仁态度坚决，于是便说："好吧，长官，我绝对服从命令，整个集团军打完为止。"当夜孙连仲亲自在台儿庄督战，组成数百人的敢死队，分组向敌逆袭，冲进敌阵。仇敌在前，孙部各自为战，手持大刀，向日军砍杀，奋勇异常。日军血战经旬，已精疲力竭，不料战至最后 5 分钟，我军还能乘夜出击。日军仓皇应战，乱作一团，血战数日为日军所占领之台儿庄市街，竟在一夜巷战中，被我一举夺回 3/4，日军死伤无数，退守台儿庄北门，与我军通宵激战。

在台儿庄中央防线北面的汤恩伯军团，曾在枣庄、峄县一带与日军作战，后转移到抱犊崮山区。原计划待日军矶谷师团主力进入台儿庄一线后，再潜行南下，拊敌背后，合围歼敌。但在台儿庄危在旦夕之际，他拒

---

① 李宗仁：《李宗仁回忆录》（下册），广西政协文史资料研究委员会，1980 年，第 730 页。

② 同上书，第 731 页。

③ 同上。

不出兵。司令长官李宗仁曾以电话严厉警告汤恩伯："我三令五申叫你出兵，你却按兵不动。若再不出兵，韩复榘就是你的先例！"同时，汤部官兵也不满现状，纷纷请缨参战。在双重压力之下，汤恩伯最终出击。

当日半夜，李宗仁长官部接到汤恩伯军团的来电，知汤恩伯军团已向台儿庄以北迫近，天明可到。后半夜，李宗仁率随员若干人前往台儿庄前线，亲自指挥各参战部队对矶谷军团的歼灭战。黎明之后，台儿庄北面炮声渐密，汤恩伯军团已在日军背后出现，矶谷师团撤退不及，陷入我军重围。尔后我军内外夹击，在汤军团强大炮火支援下，台儿庄内我军以敢死队冲入日军阵地，与日军拼命厮杀。

4月6日，李宗仁亲自赶赴台儿庄指挥全线总攻。台儿庄火车站钟楼上的大钟12点20分，这一刻，光荣的中国军队对日军发起了总攻，从1938年4月6日起，这个时间永远定格在了12点20分。日军第10师团、第5师团这两支号称精锐的部队在中国军队的包围攻击下仓皇退逃，连大批重型武器、军需物资和士兵尸体都不得不遗弃战场。矶谷师团已全面崩溃，台儿庄一线我军全线出击，杀声震天，池峰城率部乘胜自台儿庄西北角进攻园上，随后占领，后又占西北门、东门，庄内日军全部肃清。日军第10

师团士兵涩谷在日记中写道："牺牲数百人生命占领的场所又被敌方夺去，我队含着泪随大队部后撤，退却时向战死者暂时告别。"晚10时，将刘家湖、三里庄日军歼灭。最后，矶谷师团长率残部万余人突围进入峄县县城，开始闭门死守，战斗信心尽失，对我军已无丝毫威胁。来不及逃窜的数百名日军伤残官兵，在他们的飞机炸成的各大土坑内，号叫着剖腹自杀，并引火自焚。在李宗仁的亲自指挥之下，我军乘胜追击，扩大战果。台儿庄之战，至此我军大获全胜。

4月7日，台儿庄会战宣告胜利结束。李宗仁将军在台儿庄火车站的站牌之下，留下了一张著名的照片（见右图）。这张标志着中国胜利的照片立刻传遍了全世界。

七　台儿庄大战胜利的历史意义

台儿庄大捷是抗战爆发后中国正面战场取得的首次重大胜利。在历时半个多月的激战中，中国军队取得了重大战果，歼灭日军1万余人，沉重打击了日本侵略者的气焰，极大地鼓舞了全国军民坚持抗战的必胜信心，为抗日战争作出了巨大贡献。时任国民政府军事委员会政治部副主任的周恩来，代表中共中央，对中外记者说："台儿庄战役的胜利，虽然在一个地方，但它的意义却在影响战斗全部，影响全国，影响敌人，影响世界。"①

台儿庄大战，是抗战开始后中国军队在正面战场上取得的第一次大胜利，而且对手是日本的第5、第10王牌师团，是日军自新式陆军组建以来的第一次惨败，美国作家塔奇曼说台儿庄战斗"是日本建立现代化军队以来遭受的第一场引人注目的大惨败"，开了正面战场胜利之先河。在此次战斗中众多为国牺牲的将士，用自己的鲜血洗刷了旧日的民族耻辱，维护了中华民族的尊严，坚定了中国军民抗战必胜的信念，极大地振奋了中华民族精神，对形成强大的、一致抗日的高潮和生气蓬勃的新气象产生了积极的影响，成功地扭转了国民党军屡战屡败的不利态势，遏止了失败主义思潮的蔓延，使中国人民从中看到了抗战的光明前途。而对于日军来说，这不仅是在兵力数量上的损失，更重要的是精神上的挫折。"大日本皇军不可战胜"的神话破灭了。日军《步兵第十联队战斗详报》载"不识他人，徒自安于自我陶醉，为国军计，更应以此为慎戒"。②

台儿庄大战，使国民政府及统帅部坚定了持久抗战的信心和决心。1938年6月9日，蒋介石发表声明，宣称当前战局的重点不在于一个城市、一个地区的防御成功与否，今后的战争将在山岳地带进行等，并于同日下令在武汉的政府各机关、中央党部、各大学及由沪迁来的工厂等向重庆、昆明转移，最后完成以西南为大后方的战略部署，贯彻执行"以空间换取时间"的战略方针，表示"始终保持我军之战斗力，而尽量消耗

---

① 转引自周恩来《争取更大的断胜利》，《解放》第38期，1988年5月。
② ［日］防卫厅防卫研究所战史室：《中国事变陆军作战史》，译稿第2卷第1分册，第37页。

敌人的力量，使我军达到持久抗战之目的"。台儿庄大战在军事上歼灭日军2万余人，达到了消耗日军兵力的目的，这些都是有利于抗战持久战的总方针实现的。

台儿庄大战的胜利，也扩大了中国抗战的国际影响。战争的胜利极大地提高了中国人民和军队的威望，提高了中国在国际上的地位；赢得了苏联和英美等国和政府的敬佩，为争取外援创造了条件。当大战胜利的消息传到国联时，法国外长庞莱在国联行政院发表演说，呼吁各国援助中国抗战，他说："中国是值得各国帮助的，接受外国帮助而毫无愧色。"①

八　历史的回响

台儿庄大战的硝烟早已消散，战场的枪炮声也早已成为历史的绝响。为了纪念这段辉煌的历史，也为了让悲惨的历史不再重演，枣庄市政府和人民在相关部门的配合下，不仅修建了台儿庄大战纪念馆、李宗仁史料纪念馆、王铭章烈士纪念碑亭等纪念设施，保存了清真寺等历史遗迹，而且还在进行台儿庄古城恢复建设的基础上，创建了全国首个海峡两岸交流基地。

1. 台儿庄大战纪念馆

该馆于1992年10月12日奠基，投资2000万元兴建。它坐落在山东省枣庄市风景如画的古运河畔的台儿庄城西南郊，与大战时的火车站隔河相望。占地34000平方米，总建筑面积6000平方米。馆前38级台阶意味着1938年发生了震惊中外的台儿庄大战；
24根立柱支撑着白色天棚，象征着中华民族顶天立地，永远屹立于世界民族之林。整个纪念馆融展览馆、书画馆、影视馆、全景画馆为一体，气势雄伟，庄严肃穆。

---

① 《陈诚部长阐述徐州会战清算与我空军征日意义》，《新华日报》1938年5月25日第2版。

2. 李宗仁史料纪念馆

李宗仁史料馆全称为"李宗仁第五战区司令长官官邸旧址纪念馆"。它坐落在运河北岸、月河西岸的原火车站遗址上，与台儿庄大战纪念馆隔河相望，为造型独特的哥特式建筑。三面环水，碧波荡漾，绿树成荫，环境优雅。李宗仁史料馆共分5个展厅和1个影视厅，以李宗仁先生一生"青春戎马，晚节黄花"和他指挥的台儿庄大战这一重大历史事件为主线，以大量翔实、珍贵的历史资料、百余件极其宝贵的李宗仁先生的遗物、原始影视录像，全面展示了李宗仁先生曲折的爱国人生，特别是挥师抗战御倭和回归祖国前后的爱国壮举。

3. 台儿庄清真古寺

现存的台儿庄清真寺是保存最完好的大战遗址。它既是一处台儿庄大战遗址旅游景点，又是一处穆斯林宗教活动场所。台儿庄大战爆发时，该寺是中日双方争夺的焦点，拉锯战在此打了7天7夜，是战斗最惨烈的地点之一。经过战火洗礼的清真寺，残垣断壁，疮痍满目，尸体枕藉，血迹斑斑。寺内四株柏树，仅存2株，其中1株现已枯死；另1株虽枝繁叶茂，但树干弹孔遍布，弹头弹片依稀可见，见证着日军侵华的历史罪证。特别是西小讲堂弹痕密集，其0.81平方厘米的弹孔砖墙于1988年10月被中国革命历史博物馆移走陈列，作为国家一级文物向世人展示。

4. 王铭章烈士纪念碑亭

抗日民族英雄王铭章牺牲之地——纪念碑亭，位于滕州市荆河之畔，龙泉塔之东，落成于1989年4月。纪念亭是木质结构，民族建筑样式，高阁飞檐，琉璃黄瓦，金碧辉煌，十分壮观。

5. 台儿庄战史陈列馆

台儿庄战史陈列馆位于城区中心，占地100亩，由英雄广场、战史陈列厅、国防教育园和壮国园组成。陈列馆大门为牌坊式仿古大门，宽19.8米，高12米。英雄广场中央耸立着一座高31.8米的纪念碑，整体造型巍峨雄伟，白色花岗岩砌面，毛泽东主席手书体"革命烈士永垂不朽"八个字刻在纪念碑正面，背面刻有中央军委原副主席张震撰写的碑文，碑座四周是汉白玉浮雕，其中包含鲁南军攻克峄县和台儿庄人民支前的场景。战史陈列厅设有抗日战争展厅，用珍贵的史料和逼真的雕塑，通过现代艺术手段展示了台儿庄大战。

6. "忠仁"系列浓香型酒

质朴的枣庄人民为了深切惦怀抗日英雄和怀念辉煌历史，枣庄市台儿庄忠仁酒业有限公司开发了"忠仁"系列浓香型酒，花色品种多达50多个，其中38°忠仁酒被定为"枣庄市市酒"。

7. 台儿庄运河古城

像诺曼底、葛底斯堡、凡尔登一样，台儿庄大战不仅是抗日战争的转折点，也是我们民族复兴的一个转折点，但繁荣了数百年的台儿庄秀美古城，也在这场战火中遭到破坏，因此，台儿庄古城将按照"大战故地、运河古城、江北水乡、时尚生活"的定位，着力打造二战纪念城、运河文化代表城、东方古水城。在重建过程中，台儿庄运河古城的恢复紧密结合台儿庄大战的历史进行。目前，已经建成了台儿庄大战纪念馆、李宗仁史料馆，修复了火车站遗址、清真寺等大战纪念建筑。在运河古城建设中，还将对"古城门残垣断壁"、"炸浮桥背水一战"、"街巷战寸土必争"以及"弹洞前村壁"、"战役指挥部"等战争场景进行还原恢复，使整个古城成为战役的"纪念城"。

8. 海峡两岸交流基地

台儿庄大捷是国共两党合作后的重要成果。台儿庄在海内外，特别是广大台湾同胞、海外侨胞中有着广泛影响。枣庄市以重建台儿庄古城为契机，以国共合作、台儿庄大捷的光辉历史为纽带，在台儿庄搭建海峡两岸交流平台，台儿庄成为经国台办批准的全国首个海峡两岸交流基地。该基地的详细规划为：（1）建设台儿庄抗日英雄纪念碑与和平广场。（2）建设国共合作纪念馆。（3）提升台湾工业园建设水平。（4）建设具有相应规模和特色的台湾一条街。（5）建设台儿庄海峡两岸交流中心。台儿庄海峡两岸交流基地的建立将为两岸民众交流、合作提供了平台，有助于凝聚两岸爱国力量，实现中华民族的伟大复兴。

参考文献：

1. 李宗仁：《李宗仁回忆录》（下册），广西政协文史资料研究委员会 1980 印行。

2. 《台儿庄战役资料选编》编辑组、中国第二历史档案馆史料编辑部合编《中华民国史资料选编》，中华书局 1989 年版。

3. 林治波、赵国章：《大捷——台儿庄战役实录》，广西师范大学出版社 1996 年版。

4. 中国第二历史档案馆编：《抗日战争正面战场》（上册），江苏古籍出版社 1987 年版。

5. 枣庄市台儿庄区政协文史委员会编：《台儿庄文史资料》（第一辑），1990 年 12 月。

6. 刘国铭编：《中华民国国民政府军政职官人物志》，春秋出版社 1989 年版。

7. 日本防卫厅防卫研究所战史室：《中国事变陆军作战史》，第 2 卷第 1 分册。

8. 王东溟、郭明泉：《台儿庄战役史》，山东人民出版社 1995 年版。

9. 文闻编：《台儿庄会战——原国民党将领口述抗战回忆录》，中国文史出版社 2005 年版。

10. 万高潮、王建康、魏明康编：《血战台儿庄——国民党高级将校抗日战争亲历记》，中国文史出版社 2005 年版。

11. 山东省政协文史资料研究委员会、山东省政协文史资料研究委员会编：《台儿庄大战亲历记》，山东人民出版社 1988 年版。

上　卷

一 战况报道（1938 年 2—6 月）

1.《大公报》

津浦线沉寂　敌图偷渡南阳湖

【徐州二十八日下午十一时电】嘉祥城南战事已趋和缓。

【中央社徐州二十八日电】敌由滋阳通（兖州）往济宁汽船数十只，意图偷渡南阳湖，同时敌火车一列计十三节，亦由滋阳开往济宁，满载敌军及坦克车十余辆，装甲汽车二十余辆。

【中央社徐州二十八日电】我迂回部队二十六日晚进至茶棚（莒县南关外），将公路大加破坏，适遇敌输送部队汽车十七辆驶至，当被我击毁五辆，毙敌数十，其余弃车逃窜，同时我进至河阳镇（沂水属）之某部，与敌发生激战，敌以汽车二十辆，载援兵三百余驰至，我仍撤回原阵地，二十七日下午四时，敌约五百余，由莒县南进，似有增援再扰企图。

【徐州二十八日下午十时电】军息，津浦南段我敌仍在淮河对峙中，二十八日晨二时，敌由来安开往东北方面之汽车一辆，载敌兵二十余人，被我伏兵用手榴弹猛炸，毙敌六人，旋又来汽车四辆，载兵一百六十名，与我军激战，经我军奋勇冲杀，毙敌十八人，俘虏十人，内有牧垫文田少佐一名，未几，敌又由三路向我围攻，我固腹背受敌，仍撤回原阵地，是役我伤兵士六名，中尉队长一名。

【徐州二十八日下午十时电】□□□军军长张□□，在津浦南段作战，现复奉命率师赴某地，攻击敌之后方，张于二十七日过徐州往前方督师，记者访之于旅次，张氏畅谈抗战问题，并恳切表示，决拼死杀敌，以求国人之谅解，而报祖国于万一。

【中央社寿县二十八日电】淮河以南敌部队，有零星四散者，有集中数点者，如怀远、凤阳、定远等县城内多为其零星部队，如蚌埠、临淮关、池河等处，则为其主力部队。现敌以蚌埠、上窑、永康镇等三处，为西线据点，同时又以蚌埠、临淮关、明光等三处为北线据点，敌此次本拟向北直上，旋经我西南二面部队之压迫，遂又撤退淮南，现敌一时似无北进能力，惟对我西南二面部队警戒极严，故在西时由上察方面以炮火向我遥击，在南时由沿江一带以兵舰向我威胁。

曹琨不当傀儡　吴佩孚态度尚犹豫　靳云鹏派殷同奔走

【中央社徐州二十八日电】津讯，北平伪组织仍为群丑乱舞之局面，曹锟坚决不出，吴佩孚本人态度尚在犹豫不决。而其左右互以全力为之活动，靳逆云鹏派殷同等四出奔走，希望一试傀儡之滋味，但另一方面喜多有续留北平之可能，是则王逆克敏不致发生问题，则靳自无若何希望云。

蒋委员嘉勉孙曹

【曹县二十八日下午十时电】蒋委员长因我孙曹两军在嘉祥奋勇抗敌，鲁西转危为安，特电保致嘉勉。

摘自《大公报》1938年3月1日 第二版

敌犯巨野迎击中

【中央社寿县一日电】鲁豫交界楚河北岸之敌，因被我南岸部队监视，无法偷渡。

【曹县二十八日下午十一时电】津浦北段西犯之敌，绕道向巨野进犯，我军正迎击中；偷渡南阳湖敌三百余人，一日下午被我炮兵击退；正面邹县以南，张庄、卞庄之敌，步骑三四百人，有南犯模样。

【中央社徐州一日电】敌七八百，附战车七八辆，炮四门，一日由嘉祥向巨野进犯，我正截击中，同时汶上属之开河镇南岸三官集、高店等处一日亦发现小股敌军出没，又邹县大沟、张庄、卞庄一带二十七日发现敌步炮联合兵力四百余，有向我进犯模样。

【中央社徐州一日电】伪军廖弼臣师现已开到青岛，正用汽车向日照方面运输中，刘匪桂堂部主力已被我击溃，现亦纷向日照逃窜，我军某部二十八日晚向石家屯（莒县西南）之敌袭击，彻夜激战，敌以汽车四十余辆运输伤亡及增援部队，并增加大炮十余门，一日敌又继续增有力部队及骑兵、炮兵、坦克车等，以空军协助，向我猛攻，现仍在激战中。

皖北将展开激战

【中央社阜阳二十八日电】据蚌埠、临淮关之敌渡淮河西犯，此间业有官电证实，敌后方部队并向前增进，另据探报，蚌埠方面敌我发生激战，蚌市有敌二千余人，坦克车二三十辆，据怀远之敌，有少数窜至涡河岸之河溜集地方（在怀远西北），我精锐部队顷向涡河某据点挺进中，大战即将展开。

【中央社寿县一日电】近来淮河南岸战事虽呈胶着状态，但我军仍随时活动，不使敌有安憩之一日。全椒方面小马厂之敌，二十八日被我攻击后，已退大马厂；凤阳方面之淮滁公路附近，我军民配合运动，敌已视为畏途，不敢交绥；定远方面桑家渭之敌二百余人，二十八日向定远进发时，经刘家庵，被我截击，当毙敌十余名，残敌向县城逃去，同时敌骑五十余人由定远运粮二百余石至池河西坎宣铺时，亦被我堵击，战二小时，夺获二十余驮，余向池河逃去；又池河东岱山镇原有敌四十余名，因受当地民众不时偷袭，无法应付，亦向池河撤退。各处逃集池河之敌，仍恐我袭击，二十八日在周围六七里放火示威，并划定警戒线，误入者即加枪杀。

微山湖发现股匪

【中央社徐州一日电】徐北微山湖最近发现股匪百余名，闻内有少数系刘匪桂堂之残部，在铜山、沛县境有骚扰模样，徐保安司令李明扬一日午偕铜山县长曹寅甫亲到微山湖视察，并指挥两县部队会剿，预料不难于短期内肃清。

【中央社徐州二十八日电】某军事专家顷向记者发表其对于津浦战局之观感，渠认为目前敌企图打通津浦之可能性既已少，且已陷于进退两难。其见解精确之处，特摘录如次，㈠自南京被陷，敌驱其疲敝之师，渡江北犯，虽幸获伸展至淮河流域，惟因战区之展长，其兵力已单愈形薄，铁路公路十里外，敌即不敢活动，津浦北段之敌，亦感同样困难，兼之敌之后方交通，时遭破坏，运输维艰，前方之敌每易陷于接济断绝之困境，故目前敌成为强弩之末，似无足为患；㈡我过去淞沪战役，系将重兵集中一隅，以血肉作长城，与敌作据点据线之战争，现改为有机动性的战略，展开辽阔战场，发动整个力量，以造成据面式之战争，使敌随处荆棘，随时被制，不得不由活跃的袭击而变为呆板的防守，其占据淮河南岸而陷于进退两难，即为受我此种新战略威胁之后果；㊂我津浦战区各军的最高军事当局及某司令长官之熏沐陶冶，纪律严整，士气振作，官兵尤有抗战到底之决心，两月来迭经池河、淮河、两下店、济宁、莒县诸役，将士莫不用命，迄无畏缩不前及临阵退却现象，我人以此种精神制敌，何敌不摧！基于以上三种原因，敌之打通津浦企图，实已遭遇挫折，乃毫无疑义之事实。专家并告记者，除欧战时德国系以整个国家而有东西两战场之分外，一战区内而分南北两战场者，在过去战史中实罕有其先例，当以今日之津浦战区为嚆矢，徐州军民在此南北夹攻中，尤能雍容应付，益足以坚强我人对最后胜利之信念云。

敌增援入关　大部经塘沽他往

【中央社徐州二十八日电】交通界息，敌军近因伤亡甚众，陆续调兵增援，一旬来由关外开来之列车总数约在数十辆之多，包括步骑兵各六七千人，此项军队并不直到平汉，一部由塘沽下车，换乘轮船他往，据闻敌最近训练之新兵约十师团，近期内仍将开华北，分拨华中云。

摘自《大公报》1938 年 3 月 2 日　　第二版

敌军陆续入关　津东站路轨被炸　冀游击队声势浩大　伪县长多不敢赴任

【中央社徐州一日电】交通界息，敌增派之军队现已陆续入关，一日到津三列车，一部分赴平，二十八日晚东站洋旗外铁轨一段被炸，但当时即由敌伪修复。

【中央社徐州一日电】津讯，冀全省大部分仍在游击队势力之内，伪治安部及省公署对之毫无办法，前者所派去各县之伪县长，未抵县城，即多纷纷返回，河间伪县长已被枪决云。

津浦全线沉寂

【中央社徐州二日电】津浦北段两翼战况现均稳定，犯我右翼之敌，

西北一路，仍被我拒阻于蒙阴、泗水；东北一路，则在沂水、莒县、日照
迤南与我对峙，沂水经我一度收复后，又陷敌手，莒县则始终为敌盘踞，
前传收复说不确，闻东北一路之敌，原以刘桂堂匪部二千余人为基干，另
佐以日浪人刘佩忱所率之流氓地痞千余人，实力极弱，自刘桂堂部被我击
溃，刘佩忱部多数投诚，敌已调板垣师团之一联队，开赴胶东，似即敌之
援军，现我生力军亦已开该翼增防，敌若企图突破该翼，窥伺临沂或海
州，必受重创；犯我左翼之敌，自攻陷嘉祥，即将主力撤回济宁，在济宁
四周布置坚固防御工事，有久守意，我现扼守巨野以东、金乡以北之某某
两河，观察家认敌之西犯嘉祥，目的似在压迫该翼我军远离运河西岸，以
免济宁之时受我反攻，至北段正面日来仍沉寂无战事。

【徐州二日下午十时电】津浦北段左翼嘉祥之敌向我嘉祥西南纸坊
集、独山集等处前进，侵袭我阵地，另有少部向马村、孟沾一带进袭，均
被我军击退，我张□□部已开往□□东南两成镇击敌侧面。

【中央社徐州二日电】津浦南段临淮关、蚌埠、怀远之敌，现在四周
埋设地雷，防我袭击，敌虽在淮河搭设浮桥，日来仅有少数敌兵偷渡小蚌
埠一带，行威力侦察，暂时并无再度北犯模样，至淮河南岸铁路两侧，几
无时无我游击队之活动，惟此项战事，均为小接触，致表面上该地带似已
呈胶着状态。

【中央社寿县二日电】凤阳西六十里之刘府，有敌步骑百余人，坦克
车三辆，炮两门，汽车五六辆，载子弹甚多，向考城进犯，经刘家巷，枪
杀民众二人。

摘自《大公报》1938 年 3 月 3 日　第二版

【中央社徐州三日电】博爱红枪会激于义愤，联合多数同志，予敌以
不意之猛击，毙敌甚众，该县城遂为我收复，残敌纷向青城方面逃窜中。

津浦无大接触　鲁东一度紧张

【中央社徐州四日电】时雨连绵，四日津浦南北段无大接触，我敌仍
在原阵地对峙，惟北段右翼临沂方面，二三两日曾一度告急，经我沉着应
战后，现局势已趋稳定。

【中央社寿县四日电】盘踞济宁之敌，近日大部向兖州增援，安居
镇、嘉祥等处仅留少数防守，我便衣队乘机向济宁活动，敌甚感恐慌。

【中央社徐州四日电】盘踞嘉祥城内之敌三千，附炮三十余门，坦克车三十余辆，昨口敌一部约五百余，附坦克车数辆，炮四门，给养车百余辆，由嘉祥开济宁、马屿口、嘉山庄、孟姑集一带时，有敌小部队，附坦克车数辆，向我警戒部队袭击，均被我击退，又安居镇之敌八百余，炮二门，战车两辆，三日亦向济宁方面撤退，又据确息，济宁方面之敌，前被我围攻，损失极大，敌指挥官已羞愤自杀。

【中央社寿县四日电】敌三日在临沂方面增坦克车四辆，平射炮二门，并转移兵力，突攻我右翼全线，于是激战遂又展开，敌伤亡极众，迄四日仍在对峙中。

【中央社徐州四日电】敌步骑炮联合兵力约二千余，炮十余门，二日沿通莒县公路迫近至前后转轴、郑家庄、泉沂庄，与我发生激战，我据寨抵抗，并已集结大部兵力，乘机逆袭，且出奇兵牵制，拟一举而歼灭之。

【中央社徐州四日电】日照方向之敌，现在汀水镇一带，尚有南犯模样，二日我某部在洪家镇与刘匪桂堂部发生激战，毙匪甚多。

【中央社寿县四日电】皖中一带，敌以全椒、和县、无为三处为进攻路线，现大、小马厂等处之敌，经我数度包围攻击，均已退回全椒，无法续进；无为沿江敌舰虽时来侵扰，但经我一再拒击，敌亦知难而退；至和县方面交通路，经被我破坏，现敌仅蛰居于西梁山、白渡桥、裕溪镇一隅，更不克进展，又敌四百余人，附炮十余门，由西梁山至白渡桥时，被我壮丁队发现，加以射袭，敌亦还击，现仍在隔河对峙中。

【中央社徐州四日电】我某部及民团二日在永康镇北与凤阳交界之山地与敌发生遭遇战，获马十余匹，步枪六枝，毙敌三十余。又据报，池河现有敌千余，中并有机械化部队。

敌攫夺华北资源　将设会社垄断一切　伪准备银行开业难

【中央社徐州四日电】津讯：平伪组织自将关税减低后，日本浪人公然走私，但此项花样较前不同，例如，不论进口货抑或当地出产，凡用军用名义即可通行无阻，不纳分文税款，故伪组织各税收机关所入殊无几，财政上毫无办法可言云。

摘自《大公报》1938 年 3 月 5 日　第二版

【徐州五日下午十时电】天津电：敌增援部队，顷由关外向平汉线增加二千人，马千匹，钢炮十八门，坦克车十二辆，子弹车、载重车四十辆，向津浦线增援二千人，马一千二百匹，铁甲车七辆。

津浦昨仍沉寂

【曹县五日下午十一时电】津浦左翼西犯之敌，经我孙曹两军奋勇抗战，现纷纷向济宁、兖州撤退，连日大雨，敌我在万福河对峙，战况沉寂，据探报，安居镇有敌千余名，于三日撤往济宁，重兵器甚多，旋转兖州、嘉祥之敌，附大炮十门，战车十辆，装甲汽车数十辆，四日午后过济宁赴兖州，济宁之敌仅四五百人，巨野以东有敌六七百人，正构筑桥梁，大山头有敌三四百人，西郑桥、八里庙均无敌踪。

【中央社徐州五日电】盘踞沂水、莒县之敌，连日向我汤头镇进犯，战事极烈，经我某部浴血苦战，已将敌逐渐击退。

【徐州五日下午十时电】津浦北段右翼沂水、莒县之敌，二日向我汤头镇进犯，激战甚烈；四日敌以主力由草地坡向我全线猛攻，我毙敌甚众，又电，刘桂堂匪部，被我军各路击散。

【徐州五日下午十时电】津浦南段战事连日沉寂，今日据报，㈠新城口有敌百余名，被我军包围，毙敌甚多；㈡刘府有敌步兵百余名，坦克车数辆，山炮多门，汽车数辆，向考城方面移动；㈢敌由临淮关抽调大炮四门，坦克车十辆，向我司家巷部队进犯，并有飞机两架助战，我略退；㈣我军逐日破坏张八岭、沙河集一带之铁路，今日在该处与敌发生遭遇战，毙敌数十人。

【中央社寿县五日电】三日晨敌混合部队约四百余人，以敌机一架掩护，进犯五河，我即奋勇抵抗，迄晚将敌击退。

【中央社寿县五日电】四日我派队赴小蚌埠，适值山阳寺以北之敌步兵数十名向东进行，当向该敌追击，毙敌五名，残敌向小蚌埠退去。

【中央社寿县五日电】我游击队在凤阳西南曹家店曾与敌激战，当将敌击退，我遂乘胜分头四出游击，毙敌甚众。

【中央社寿县五日电】敌步兵三十余名，马二匹，四日由新城口北进至黄潼窑朱村一带时，被我别动队截击，毙敌二名，获马一匹，我伤士兵四名，敌仍退回新城口，又该处之敌，因粮食被我游击队截获一空，四日由蚌埠运到粮食七十余车。

北平傀儡之苦闷

【中央社徐州四日电】津讯：伪政府对鲁省政治仍无办法，前者虽发表赵逆琪、张逆化升分任青岛、烟台两伪市长，但赵、张始终不受命，对外仍称所谓维持会委任。盖自敌人方面言，鲁省处在海军陆战队势力之下，华北驻军不能过问，以是喜多曾与王逆克敏等商洽，以殷逆同等任伪省长，自难实现，目前折衷办法，系照现有之所谓维持会人员分别由伪府加委，大致由马良、劳之常、朱桂山等逆分任伪省市长等，又晋省伪组织亦拟插足，但按河北省而论，过去伪治安部之计划，如收买地方民国及游击队确用款甚多，实际毫无效果可言，目前游击队活跃，反较前更甚，使各逆甚为懊丧，晋省将来如何，可想而知，伪府内部悲观空气甚厚，表面上更感沉闷云。

摘自《大公报》1938 年 3 月 6 日　　第二版

苏鲁交界发现敌踪　赣榆迤北正防堵中　临沂日照连日激战　敌机昨狂炸临沂城

【中央社徐州七日电】津浦北段战争现仍以右翼较紧张，该翼战事重心在临沂及日照，犯临沂之敌田野部队，七日仍与我在临沂北之桃园、蒋家庄一带相持，敌机多架七日更番飞临沂轰炸，城内稍受损失，我生力军已开往临沂增援，士气甚旺，犯日照之敌，现悉为伪山东自治联军司令张宗援（及张宗昌之弟）所属之伪二师刘佩忱部，其内部极为复杂，安东卫（在日照南，鲁苏交界处）虽已发现伪步骑二百余名，然我在赣榆迤北地方已布有重兵防堵，东海防务可告无虞，至北段正面敌虽增，尚无进犯模样，似为防我出击，左翼我仍坚守巨野以东、金乡以北之线。

【中央社徐州六日电】以济宁为中心之敌，其南路于四日夜曾攻至距金乡十八里之天义集，复被我反攻，将敌击退至四十里外，其西路除在巨野东筑工事修桥梁外，并有敌约数百人，分在嘉祥西北之孝姑集、马村集及迤西之大山头一带侦查警戒，原在嘉祥之敌炮十余门，战车十余辆，甲车数十辆，连同在安居之敌八百，及炮六门，坦克车二辆，四日午经济宁撤回兖州，北段嘉祥城内尚有敌六百，并设有旅团指挥部，济宁仅有敌步骑七百余，无重大火器。

淮南之敌进退维谷

【中央社徐州七日电】津浦南段之淮河北岸，除小蚌埠时有少数敌步兵出没威力侦查，怀远尚有小股敌盘踞外，其余各地均无敌踪，淮河南岸铁路西侧，我军仍坚守洛河高塘铁桥之线。

鲁东方面　敌多伪军

【中央社讯】据探悉，鲁东方面伪满军前敌总指挥张逆宗援、参谋长田本太郎驻日照，所部第一师高逆克昌，辖一、二两旅，前在诸城方面被我军击退，现兵力未详，第二师刘逆佩忱，指挥官斋藤小彬，辖第二旅杨逆紫辰，第五团赵逆福堂，第六团崔逆玉堂，第四旅吴逆得胜，辖步兵两团及骑兵一连，在虎山铺涛洛关，独立第二旅刘逆桂堂率步骑兵共四百余名，在巨岛集，伪满军第五旅李逆守山部一团，位置不明，另两团由青岛向日照输送中，以上兵力，共计五千余名云。

【中央社讯】军息，敌军在津浦线失利，急图挽救颓势，其驻津代理司令岗崎上月二十二日上午十时飞往济南指挥，前方敌军集中泰安，其目的将以泰安为重要战线，所屯沧县、德州、唐官屯等站军用品子弹等，自二十二日起均运回天津，并于上月二十二日由榆开津兵车两列，载官兵一千二百余名，马二百余匹，重炮四门，二十三日又运到一列，计载官兵四百余名，马百五十余匹，重炮四门，二十四日由晋来津兵车两列，计载官兵一千三百余名，马三百余匹，军需品十二辆，均运丰台，海路方面，二十三日第五同丸、第三寿丸、套虾丸、历山丸四轮先后抵津，载大批草垫、大麦、医药、油、木料及皮袋等，均卸于第三公园码头。又敌军代理司令岗崎因后方空虚，对我游击队防范难周，调野田村上两联队，分驻于津浦沿线，共计兵力约一万余人云。

摘自《大公报》1938 年 3 月 8 日　第二版

津浦敌军 南段改窥合肥 北段企图犯徐

【中央社讯】津浦南段之敌军，因被我军侧击，改向南犯，企图以攻合肥为中心，其对徐州方面之攻略，仍未因屡挫死心，改以侵略北方之部队负责，由西尾中将指挥，其第五师团，及第十师团之全部，第二师团及

第七师团之一部等约十万人之兵力，由鲁省东南部及津浦路北段，分为东西两方面进犯，企图会合南下，以临沂为重要据点，威胁徐州海州间，重采先犯徐州之计划，然后策动济宁南犯之敌军第十师团，同时开始攻击商丘，企图作津浦路南北段之军事声援。

【徐州八日下午十时电】津浦北段正面及右翼战事由沉寂转趋紧张，敌企图由右翼及正面犯徐州，与晋南遥相呼应，我各方均布有重兵，战局无虞，左翼之敌，连日向正面积极增援，两下店七日下午二时敌向我阵地猛犯，□部与敌激战，至晚八时止，仍相持中，沂水附近有敌六十余名，八日晨犯我临沂北李官庄阵地，被我沈部保安队击退，又莒县沂水谋犯临沂之敌，除时以小部队向我侦察外，并以大炮攻我阵地，我张□□部顷自□县□县绕抄莒县沂水之侧面，左翼仍在万福河相持中。

【曹县八日下午十时电】济宁之敌约二三百人，于六日向张家桥（济宁东南四十里）及附近朱家集进犯，我游击队刘耀庭部与敌发生激战，是役计获敌大炮二门，轻机枪十挺，我一度占张家桥，旋因敌继续增援，我不得已稍退，我生力军正增援中。

吴桥收复

【中央社徐州七日电】津讯：我冀鲁边区游击副司令阴耀武部张国基部，于二月二十五日拂晓，克复鲁边吴桥县城，该县伪县长王科生及敌军三十余人，于我攻城前，由西门逃走，遗弃枪械颇多云。

摘自《大公报》1938年3月9日　第二版

敌图打通津浦线　野心尚未放弃　北段右翼局势稳定　南段敌军大为狼狈

【中央社寿县十日电】敌在津浦一带失败后，战事重心遂移至平汉线，是以近旬以来，津浦南北已无激战，惟敌对于打通津浦之野心，仍未放弃，最近敌在上海方面积极增兵，似在浙杭及长江一带另有企图，观于沿江一带敌舰之活动，或将向我皖中部队压迫，惟就整个局势观察，敌欲在各线同时活动，绝不可能，一般观察，敌于平汉线告一段落时，津浦一带又将发生激战，盖尚有再作一试之幻想也。

【中央社徐州十日电】津浦北段正面及左翼十日竟日沉寂，右翼我仍守原阵地，局势已趋稳定，十日晨六时敌一度向我相公庄阵地进犯，当被我击退，计毙敌二名，我无损伤，顷据临沂电话，右翼之敌及乌合之匪伪军实力虚弱，我各路已有严密戒备，敌绝难有所作为，至临沂防务极为巩固，地方安谧如恒，我军民抗敌行为，已取得一致之步调，现我某长官特派大员，前往宣慰，士气益振。

【中央社徐州十日电】津浦南段我敌十日仍无大接触，敌因遭遇我游击队袭击，不胜烦扰，今日曾大举向我集结地点猛犯，但我军神出鬼没，敌不能奈何，九日晨敌数十，坦克车二辆，向我张家庄（定远属）进犯，我奋勇应战，将敌击退，我阵亡排长一员，士兵伤七，死四，敌伤亡十七八名，同时池河镇之敌步骑兵百余，向上谷家方面移动，被我伏兵袭击，混战半小时，毙敌二四十，敌援军赶到，我即退回阵地。

【中央社寿县十日电】怀远以南，十日自午至暮，炮声隆隆，盖我武装民众，与敌接触，发生激战，至晚得报，顺河街自海津一带之敌已被击退，又凤阳之敌，每次移动，必多带牛马车辆，故常为我武装民众堵击夺获。

【中央社寿县十日电】㊀十日午前，我在定远东双庙大户曹附近与敌二百发生激烈遭遇战，在一小时中，毙敌二十余名。㊁企图搜索我凤定山之敌，被我击退后，获战车十余辆，佛像三件，及日记多种。

亚圣奉祀官　正气凛然

【中央社徐州十日电】据报，邹县沦陷后，亚圣奉祀官孟庆堂未及先期逃出，迨敌司令官到达，曾亲往致敬，孟闭门不纳，表示宁殉节，而决不与敌周旋或作傀儡，敌司令官畏其正气，亦不敢冒犯，因是邹县城内之敌对孟态度莫不凛然。

汉奸之下场　程国瑞死于敌手　张膺方被我游击队击毙　天津潘何两逆暗斗甚烈

【中央社徐州十日电】津讯：曾为日方编制伪自治军担任进攻鲁省向导之程国瑞，近在前方被敌枪决，张膺方亦在冀境被某县游击队击毙。

【中央社徐州十日电】津息：潘逆毓桂任伪津市长后，敌对之殊为冷淡，最近渠之私人特务石某被日军拘捕，潘曾派其长子前往要求释放，已遭碰壁，伪津市总务厅长何逆廷流，极得敌之欢心，得揽津市长大权，潘何暗斗甚烈，伪府对津市组织异于北平者，即另设一总务厅，教育、工务、卫生、社会均隶于厅之管辖，此完全因何逆个人关系，以此之故，何逆每以未来伪新市长自居，潘逆自感不快，彼此间遇事即相牵制，何逆现已称病，据云，须休养一个月，此不过表面文章，实乃以退为进之意云。

摘自《大公报》1938 年 3 月 11 日　第二版

鲁南正面敌增加　右翼我收复蒙阴　临淮关亦盛传克复说

【盐城十日下午十时发专电】此间风雪颇厉，民众抗日情绪甚浓厚，据前方消息，靖江敌新到坦克大炮，有扰泰兴企图。

【中央社徐州十一日电】临沂十时电，据费县县长报称，我某营十日下午收复蒙阴，残敌向新泰逃窜，按：蒙阴之为我收复，此为第二次。

【中央社徐州十一日电】进犯临沂之敌，将公路修复后，连日汽车运输颇繁，津浦北段正面之敌，续有增加，刘家寨、胸家屯、傅家庄一带，已增至两千余，附野炮一连，山炮多门，似有攻击企图，我已严阵以待，又敌主力三千（内伪军千余）向傅家庄、尤家庄移动，另一部二千余人向白塔、汤头镇一带移动。

【徐州十一日下午十时电】津浦南段，我游击队非常活跃，定远一带敌连日向各庄搜查，十日我游击队三百余人在定远双庙附近与敌发生遭遇战，毙敌七十余人，又十日我军克复临淮关，已有官电证实，敌向明光溃退。

嘉祥之敌　进袭未逞

【中央社寿县十一日电】盘踞嘉祥城内之敌步兵约二百余，附坦克车两辆，不时向我阵地偷袭，均未得逞。

【中央社徐州十一日电】嘉祥以南地区现我游击队甚为活跃，敌极感棘手。

定远附近　游击胜利

【中央社徐州十一日电】定远附近公路，多被我破坏，敌行军极困难，且连日被我袭击后，异常恐慌，时派步骑搜索，九日上午九时，我游击队在双庙附近，与敌三百余遭遇，激战一小时，毙敌七十余名，伤十名，并毙通信狗一，我仅伤士兵一名，为连日我游击队之空前胜利，又我某部九日在小溪河与敌遭遇，毙敌四十余，并有夺获。

【中央社徐州十一日电】临淮关日前经我游击队克复，盘踞该处之敌七百余，向明光溃退，淮河各渡口均有敌人把守，见人即开枪，又怀远顺河街一带之敌三十余，九日被我民团击退，怀远以南，九日由午至暮，炮声隆隆，为我民团与敌激战。

【中央社寿县十一日电】盘踞定远城内之敌，畏我潜入，将城外桥设障碍物，并将城西南隅木桥破坏，不敢出城。

【中央社寿县十一日电】盘踞全椒之敌，颇恐我攻击，在城西斩龙岗、城南南屏山等地赶筑工事。

滕县美教会　竟被敌机轰炸

【中央社上海十一日路透社电】美国驻沪总领馆顷接山东滕县美国长老会报告，谓最近有日本飞机一架，在滕县低飞，并在长老会屋上掷下炸弹两枚，电中并未提及损失情形，仅谓当日机掷弹时，并无华军在该处驻扎云。

摘自《大公报》1938 年 3 月 12 日　第二版

津浦敌亦增加

【徐州十二日十时电】津浦北段正面邹县敌又增一旅团，团长仲诚千秋，敌便衣队每晨六时在城外三十里内放哨，并有犯我香城形势，两下店敌增援千余名，我正与敌激战中，右翼临沂东北之敌，因我军反攻，现敌已开始构筑工事，左翼战局无大变化。

【临城十二日下午十时电】敌机连日在我阵地投弹，十一日上午二时在滕县投弹多枚，民众伤亡数十人。

【徐州十二日下午十一时电】津浦南段明光敌又增加千余人，蚌埠敌增约一师团，坦克车五十辆，有再行北犯企图。

【中央社讯】军息，津浦北段两下店攻我黄山之敌，已经击退，现在下看铺蜀白乐一带对峙，我军乘机驱逐，又攻我左翼金顶山阵地之敌，激战至十一日，被我击溃，向大故县北退去。

【中央社徐州十二日电】蚌埠之敌，近增加一师团，坦克车五十余辆，但敌军多老弱残兵不堪作战者，淮河南岸，我游击队极活跃，每日恒与敌遭遇战十数起，平均毙敌二三百名不等，敌因屡遭袭击，近恒不敢外出，且我将铁道公路桥梁等破坏甚多，敌运输极感困难，我空军近日复不断在敌阵轰炸，敌损失甚大；明光方面，敌近增加千余人；定远之敌，经我数度夜袭，极感恐慌，现在附近增设防御工事；曹家店附近之敌，日前被我击毙百余，敌愤将该地民众千余残杀；凤阳属之上窑新城口一带，连日我敌炮战甚烈，并闻上窑已为我军于日前克复，残敌被我分段包围歼灭，惟尚无官电证实。

鲁东伪军　又一部反正

【中央社徐州十二日电】临沂东北之敌，因防我反攻，已开始构筑工事，又受张逆宗援委为旅长之吴军三，自骗得伪敌大批枪弹军饷后，即率全部官兵一千五百余人反正。

【中央社徐州十二日电】十日下午一时，伪步兵七百余向我马站东西林子场（日照南）一带活动，我即严阵以待，并喊"中国人不打中国人"口号，伪军极感动，当即退去。

摘自《大公报》1938年3月13日　第二版

鲁南又展开激战

【临城十四日下午十时电】津浦北段沉寂多日，战事现又展开，正面之敌，约七千余人，坦克车百余辆，并飞机大炮甚多，于十四日分三路大举猛犯。㈠正面向我黄界河白山阵地进犯，㈡左翼敌向我军石墙地寨一带进犯，㈢右翼敌以纵队分两股向我香山、普阳山、龙山一带进犯。自上午七时迄晚仍激战中，我军奋勇抗战，阵地无变化，我伤亡千余人，敌倍之，正面我军有一连在黄山间惨遭壮烈牺牲，又敌飞机在下探铺被我击落一架。

【中央社徐州十四日电】临沂方面，我军某部十四日拂晓向敌猛攻，发生激战，我颇有进展，敌机竟日在临沂盘旋轰炸，电话线稍有损坏，详情容续报。

【临城十四日下午十时电】津浦北段右翼，临沂方面无变化，左翼南阳湖以北敌三百余人，大炮四门，坦克车五辆，于十三日上午十时向我张家桥周湾进犯，我扼守该地刘□□部之□营，当即予敌痛击，十三日下午十时敌又猛犯，我军又继续迎战，张家桥周湾一带全成焦土，我移守马坡以北阵地，现仍在激战中。

【中央社徐州十四日电】济宁之敌，约五百人，并附骑炮，十四日向微山湖东之张家桥移动，与我某游击队发生遭遇战。

【中央社寿县十四日电】敌舰三艘十日侵入和县芝麻河，向对岸发炮数响，并派兵一队上岸，抢劫民盐，旋经我迎击，敌退回舰上，向下游驶去；又在该县白渡桥、雍家镇之敌，连日与我激战后，现仍在对峙中。

【中央社徐州十四日电】津浦南段怀远之敌，约三百余，遭我夜袭，状甚惊慌，我民军曾一度攻入该城，淮河北岸壮丁，均加入民军，嘉山张八岭我游击队活跃，曾破坏铁路数处。

【中央社阜阳十三日电】沿涡河进犯之寇，经武装民众到处截击，已越趄不安，前龙亢集（在怀远西北七十里）仍在我军手中，十三日下午三时敌机两架飞蒙城上空，盘旋窥察，旋向西南逸去，又敌牵制我迂回作战部队，亟图夺取田家菴、洛河镇，以进窥合肥，据蒙城电话，洛河方面现发生战事。

摘自《大公报》1938 年 3 月 15 日　第二版

鲁南正面稍紧　右翼告捷临沂转安　我向莒县泗水推进

【徐州十五日下午十时电】津浦北段正面界河附近，于十四日起至十五日早，激战一昼夜，我因战略关系，转入白沙河新阵地，右翼仍在龙山一带相持，左翼石桥我军转移大小坞庄，十五日滕县以北十余里发现敌人，我正截击中，滕县方面我有重兵扼守，我援军已开到，战局无虞。

【临沂十五日下午十一时电】敌板垣师团五千余人，自占据汤头镇、相公庄后，复继续前进，迫近临沂附近之芝麻墩、兰墩、石埠一带，我□部奉令诱敌深入，佯向后退，敌军于十三日晚八时进至距临沂四里沂河东南岸，我□军迂回敌后袭击外，并令□部十四日拂晓暗渡沂河，向莒县临沂公路徐家太平、大小太平、白塔、亭子头猛攻，迂回之□部亦同时攻击，已将顽敌大半歼灭，肉搏两夜一昼，往复冲击，毁敌装甲车二辆，坦克车一辆，毙敌指挥官一名，并收复徐家太平、大小太平等地，敌司令官名片野，又敌三次向后方求援，顷由潍县调来载重汽车三十余辆，满载敌军，用敌机六架掩护，下车后即展开空前白刃战，我军□部奋勇异常，前仆后继，伤亡官兵一千三百名，敌阵亡数倍之，截至十四日下午九时，我军收复相公庄，敌军狼狈退去，我除派骑兵由相公庄之南追击外，并由徐家太平渡河之□军十五日进抵汤头镇，肃清东南之残敌，又□军一部向莒县前进中，□部由蒙阴向泗水推进中。

【徐州十五日下午十时电】津浦北段右翼我军连日改守为攻，十四日拂晓我张部由临沂城北钓鱼台诸葛屯猛渡沂河，九时许收复岑子以南各地，午后一时敌又向我郭太平阵地猛犯，并再犯沙岑子，激战甚烈，现仍激战中，又我某部已占领黄山一带阵地，我左翼占石家屯（滕县附近）山头等高地，正面进占东西官庄。

【中央社徐州十五日电】津浦北段之敌，十三日由铁路正面及东侧向我进攻，被我击退，十四日午改由铁路西侧南犯石墙，并以飞机大炮掩护，向我吉木山阵地猛攻，我康营沉着应战，肉搏数次，毙敌三百余名，我康营亦牺牲大半，同时，铁路正面之敌由两下店绕至我黄山阵地附近，触我地雷，炸死百余名，十五日我生力兵开到后，即开始反攻，我敌激战竟日，入晚炮火益烈。

临沂观战纪

【中央社临沂十四日电】自我军于四日改守临沂城北十五华里桃园、蒋家庄之线，另以一部置于沂河西岸，形成侧面阵地后，至十二日止，鲁南战况即成对峙状态。敌机则每日三数架不等必飞临沂窥察轰炸，至十三日下午二时，临沂县东南沂河东岸余村之敌，附炮四门，向我阵地右侧猛攻，均被击退，旋敌又增炮至八门向我小黄山一带集中射击，我仍毫无损失，当时记者随□参谋长□□登城巡视，见敌炮多落离城四里之荒地，漫无目标，我城垣外圈之英勇将士沉着应战，毫无所动，继偕赴城内巡视，市民熙攘于途，儿童嬉戏道旁，电灯仍如往日之发光，警察亦照常值岗，一切均无危城景象，记者经某商肆前，见两老翁正在钩心斗角，以变其最后之棋局，态度自若，几不知身在此危城中，此种镇定精神，即围攻中之马德里人民亦或有逊色，记者谓临沂为忠臣孝子产生之邦，禀赋有自，非偶然也，至十四日拂晓，我以敌势已疲，乃于沂河两岸实施总攻，由沂河东岸出击之某部，除于十四日晨五时将由余村进犯之敌击退外，并由桃园、蒋家庄之线向前推进三十里，占领相公庄之线，由沂河西岸侧面寿地出击之某部，亦已分途强渡沂河，获得成功，并在东岸占领数村为根据地，刻正在郭家庄研佛崖接触，战事激烈，敌伤亡惨重，□部亦有壮烈牺牲，我□□各部高级将领十四日晨均到前线督战，士气振奋，两部即可在东岸会师，而将葛沟以南盘踞台潍公路之敌驱退，敌机七架十四日晨往返飞我阵地轰炸，临沂自晨至午均在空袭中，唯枪炮声已由近而远，后竟无所闻，足征战事确北移，临沂情势更趋稳定。

敌续增兵　连日过津南开

【中央社徐州十五日电】津讯，敌在华北，除伪满蒙军外，前后增加军队至七师团半，现仍感兵力不足，复向东京请准增援四师团，闻已陆续开到，计津浦二师团，平汉、正太各一师团，近数日由榆到津兵车，每日八列，旋开往津浦、平汉，一半载兵，一半载给养。

摘自《大公报》1938 年 3 月 16 日　　第二版

敌伪军陆续过津南下

【中央社徐州十六日电】津讯，近数日来关内外敌军陆续往来不绝，十四日晚敌军六百余人，由津南下，另有伪满军约千人，分两列车南下，闻此项敌伪军系开往胶济路沿线，又平津所驻敌军日来人数较前略增云。

李世军返徐

【中央社徐州十六日电】江苏区监察使李世军十六日视察各县归来，据语记者，江北各县民众抗敌情绪极高，纷纷组织民团，协助国军杀敌，李氏拟日内分赴南北段前线视察后，即将返汉一行。

鲁南昨日战况

【徐州十六日下午十一时电】敌犯山西，已陷入我军包围中，现敌企图再由津浦南北两段进犯，以挽颓势，我各处布有重兵，游击队及民团均极活跃，步步为营，敌决难得逞。又津浦北段战事，自十四日以来，极为激烈，正面敌与我仍在两下店、界河激战中，左翼无变化，右翼临沂方面，我□□两部与敌血战两昼夜，残敌向北溃窜，敌机连日飞往津浦南北两段侦察我军阵地，津浦南段战事亦渐趋活动。

【中央社徐州十六日电】津浦北段正面敌分三路南犯，右翼我□部在龙山、青阳与包围之敌激战中，正面我□部在界河正面与敌对峙，敌人一部窜入界河以南之柳泉，我正抽调部队肃清中，左翼我□部在簸箕掌、金顶山及季塞左方高地，与敌激战中，现我当面之敌络绎增加，计香城方面约二千余人，界河正面约二千人，季塞方面将近三千人，炮共二三十门，又闻青岛开来敌两师团，定十九日由齐南到邹县增援。

【徐州十六日下午十时电】滕县以北东郭、龙马店一带敌增加四五千人，并附坦克车多辆，大炮多门，向我猛犯，我正迎头痛击中。

【徐州十六日下午十一时电】白沙河北岸之敌增援二千人，战车二十辆，我军正严阵以待，又敌千余人出龙山右面向我沙河进犯，并以坦克车十辆掩护，我军正沉着应战中，普阳山一带十六日晨敌向我一度包围，我军四面受敌，结果英勇之我军血战冲围而出，现仍苦战中。

【中央社徐州十六日电】临沂电话，临沂方面我军某部进展极速，十六日已进占相公庄东北十五里之红埠岭、平墩湖及北侧之东西沙庄等地带，黄家屯被我猛攻，敌有撤退模样，同时我某部向柳行头之敌猛攻，敌尚顽抗，预料不难歼灭，亭子头之残敌三百余，被我包围后，十六日已全部解决，敌因被我各处击溃，以一部攻我汤佛涯，拟牵制我全线行动，被我迎头痛击，毙敌无算。

摘自《大公报》1938 年 3 月 17 日　　第二版

津浦北段　滕县附近相持中　临沂血战死伤均重　鲁西我军反攻牵制

【徐州十七日下午十一时发专电】津浦北段战事又趋紧张，敌大举犯滕县，战况激烈，我某有力部队已赶到加入作战，士气旺盛。

【中央社韩庄十七日电】津浦北段战况异常激烈，敌军以全部力量围攻滕县，自东北方侵扰之敌约四五千，我军一面迎战，一面另派部队进击，在城东与敌人遭遇激战，向西面进攻之敌约千余人，附战车十余辆，我援军已到，严阵固守，敌难得逞。

【中央社郑州十七日电】津浦北段战事，十七日更趋激烈，滕县曾一度被敌侵入，嗣我援军赶到，复将敌军逐出，另有敌军一股，携坦克车数辆，窜至滕县临城间某处，我已派精兵截击。

【徐州十七日下午十时电】津浦北段正面战事以十六、十七两日为最激烈，滕县东三十里之东郭庄敌军又增千余人，附大炮多门，我□□两部浴血抗战，杀声震天，激战之烈，牺牲之重，堪与津浦线淮河、济宁两役相埒，现敌我仍在滕县东部附近混战中。

【中央社徐州十七日电】津浦北段战事，仍在激烈战争中，我军奋勇抵抗，战况已趋优势。

【曹县十七日下午十一时电】津浦北段左翼我军为策应津浦正面战局，昨日开始反攻，在唐家口据河（万福河）顽抗之敌，经我军□部由孔庄渡河绕击，敌不支，纷纷向王家坡、薛家屯溃逃，同时盘踞杜家屯之敌势孤，亦不敢恋战，向马房屯方面逋窜，我军随于今晨九时将唐家口、杜家屯两据点克复。

【中央社徐州十七日电】临沂方面，十七日战事仍在激烈进行中，我军仍坚守原阵地，据报，北面之敌约三四千人，炮一二十门，十六日夜我某部分三路向敌进攻，战事非常激烈，我首先挑选敢死队占据要点，敌大举反攻，大炮机枪齐向我阵地密集射击，我军士气反趋高涨，振臂一呼，齐跃出与敌肉搏，当展开大规模之争夺战，我士兵摩拳擦掌，奋勇直前，双方短兵相接，机枪榴弹已无法施用，我军横冲直撞，如入无人之境，竟有一人而刺敌八人者，我忠勇将士牺牲之精神诚可感天地泣鬼神，肉搏结果，双方死伤枕藉，沂水尽赤，其惨痛之状态，楮墨难罄，是役亦当增我抗战中之光荣一页，十七日我仍坚守原阵地。

【中央社徐州十七日电】官方公布消息，我军于九日克复安丘县城，残敌北窜。

【中央社正阳关十七日电】津浦北段战事又呈紧张后，津浦南段之敌，亦蠢蠢思动，最近敌在上窑至新城口与全椒至大马厂一带积极布置，预料在一周内敌又将发动新企图也。

津敌搜索电话局员司　局员表示决不为所屈

【中央社徐州十七日电】交通界息，敌伪在津继续搜索电话局员司，十五日、十六日又有三人被架，电话局各员工仍在局长张子奇领导之下，继续奋斗，更因此而团结益固，目前局员均移居租界，十六日开会表示决坚守立场，不为所屈云。

摘自《大公报》1938 年 3 月 18 日　第二版

鲁南右翼我军大捷　歼敌甚众且毙其联队长一　空军助战归途击落三敌机

【徐州十八日下午十一时电】津浦北段右翼，自我某大员前往指挥后，战事进展极速，十八日我军□部已自临河以东推进三十余里，右翼之敌大部被歼灭，我正向前推进中，此为北段两月以来之大胜利。

【中央社徐州十八日电】李司令长官顷通电全国告捷，电云，特急，中央社转各省主席各总司令，（一）鲁南临□方面之敌，约万余人，连日被我军围攻，歼灭甚众，本日残部突围，分向莒县、□水窜逃，狼狈不堪，我军正猛力进击中，（二）是役毙敌极重，俘虏亦多，在途中敌之尸骸内检出有联队长长野中佐一名，又大队长数名。据俘虏称，尚有其他重要之敌军军官阵亡甚多，现正饬当地人民帮同检查中，特闻，李宗仁巧亥印。

【中央社徐州十八日电】临沂方面，数日来我大举反攻，与敌血战数日，节节胜利，东庄屯、东西北河崖、尤家庄、柳河一带之敌十七日被我奇兵猛袭，已全部肃清，大太平、郭家、亭子头一带亦激战数日，共计毙敌五六千，夺获极多，十八日我某部复在临沂东岸乘胜向敌猛攻，血战竟日，敌约三联队伤亡过半，敌联队长长野在刘家湖被我击毙，我在庙家庄复毙敌中佐牟田及大队长各一名，残敌向莒县溃退，另一小部则向北逃窜，我正追击中，现仅汤头镇尚有少数之敌顽抗，不难于短期内全部解决，总之，是役我大获胜利，敌已溃不成军，此后我北段右翼当有新进展。

【中央社徐州十八日电】我机一队十八日下午四时飞津浦北段助战，向敌阵地大肆轰炸，投弹六七十枚，毙敌约千余人，炸毁坦克车、装甲车十数辆，敌军狼狈四窜，我前线将士睹我飞将军助战，军心大振，兴奋若狂，咸举手高呼我空军万岁，我机以任务完成，五时安然飞回，行至沛县境，适遇由徐投弹后向北飞返之敌轰炸机两架，当将敌机包围，三分钟内即将敌机击落一架，落于微山湖东岸夏镇北之大王庙，机身已毁，敌驾驶员两名跌毙，另一架则落于滕县城内，旋我机与另一敌机遭遇，复将其包围击落，地点在调查中，我机以任务完成，安全返防。

【徐州十八日下午十时电】今日徐州竟日在警报中，上午八时敌机一架飞徐盘旋，侦察甚久，始向北飞去，九时二十分敌机三架飞徐，在铜山东站投弹十二枚，死十二人，伤四人，内有一四岁小孩，下午四时又有敌重轰炸机三架飞铜山北站投弹十枚，八枚未炸，爆炸之二枚均为五百公斤重者，并飞东关投燃烧弹，扶轮小学及同祥粮栈全被毁，同祥粮栈人均未及逃出，同时我飞机□架由某处出动应战，在鲁南将敌机击落一架，落于沛县西南乡村中。

滕县城南　发现敌踪

【韩庄十八日下午十时电】津浦北段正面，自十六日来，战事极为激烈，十七日下午一时许，滕县东北及铁路两侧敌二千余人以大炮、飞机、机枪向我阵地猛犯，我军奋勇应战，在南沙河一带肉搏数次，我□军军长身先士卒，前仆后继，身受重伤，仍在前方督战，士气更转旺盛，卒因敌炮火猛烈，乃忍痛改守官桥临城之线，现我生力军已源源开到目的地，十八日我与敌在官桥激战竟日，双方现仍在激战中。

【中央社徐州十八日电】津浦北段正面，连日敌以全力进犯，血战数日，双方伤亡均重，滕县以东，敌约三千，十七日混战竟日，我生力军开到后，即向敌夹击，肉搏数次，毙敌极多，我亦有壮烈牺牲，滕县之敌，被我包围堵击后，已乱不成军，不难歼灭，十八日敌四五百名向我滕县以东某部侧击，适我援军开到，当向敌夹击，激战二小时，敌弃尸二百余具，向东逃窜，我正追击中，另敌一小部曾迂回至城南某处，已被我包围歼灭，现我军前线兵力雄厚，士气旺盛，敌如进犯，当遭遇更重大之打击。

摘自《大公报》1938 年 3 月 19 日　第二版

津浦北段乘胜进攻　两翼同时推进正面敌受威胁　临城激战韩庄发现敌骑歼灭　南段我亦出击围定远克考城

【中央社临沂十九日电】数日来我军在沂河南岸已获大胜，敌伤亡惨重，刘家湖、苗家庄、大太平寇屯一带敌积尸如山，据俘虏供称，敌联队长一员在刘家湖阵亡，坂垣师团已溃不成军，又我张部在刘家湖夺获之敌炮三门，已留前线应用，庞部亦在东岸夺获敌重迫炮一门，装甲车一辆及辎重无算，现西岸已无敌踪，我张庞两部即可在东岸汤头会师，而将汤头、白塔一带沿公路之敌扫荡，此间获此捷讯，莫不欢欣鼓舞。

【临沂十九日下午一时电】沂水东岸残敌被我肃清后，我张部连日挺进，西岸之敌亦被我歼灭殆尽，我获敌旗甚多，我□师已到达沂河东岸之唐富埕以北十华里，前锋已到达汤头镇东岸，又唐富埕、亭子头间之敌已被我张、庞两部包围，敌盘踞白塔，顽强抵抗，又我庞张会师汤头镇后，葛沟之敌闻风畏惧而退。

【临城十九日下午十时电】闻葛沟已克复，安丘自我游击队克复后，现该队向青州推进，据报，青州城内敌人数甚少，预料今夜我军即可到达青州城。

【中央社徐州十九日电】我张部十九日晨续占领白塔，十九日下午四时正围攻汤头之敌，一面派队截击葛沟、汤头间敌之联络，沂河方面战事即可告一结束，临沂在一周前几有兵临城下之势，现战事已离城北六十里，人心大定。

【中央社徐州十九日电】津浦北段正面连日成混战状态，敌主力随后分由香城、红山、宝峰窜入滕县迤南沙河、官桥、临城各地，自十六日起分别围困，我生力军增援前方，亦由东侧反将滕县、官桥各处之敌包围，同时我右翼亦配有雄厚兵力，协同侧击，此三日来，敌我阵线，互为切断，敌使其机械化武器，不愿联络，仍锐意南窜，我英勇将士誓死抵抗，连日展开争夺血战，虽阵形紊乱，但我阵地稳固，屹未动摇，十九日午敌骑百余，由铁路东侧周家营等处窜抵韩庄附近，当被我正面生力军三面包围，激战三小时，将敌骑全部歼灭，刻我各高级将领均亲在前线督战，士气激昂，有进无退。

【中央社宿县十八日电】十八日晨，敌约步兵二千余人，炮十余门，坦克车多辆，猛攻我官桥阵地，激战至午，将该敌击退，午后一时敌复增加二千余人，强烈反攻，我军增援，正激战中，并有一部迂回至临城附近，我已派部迎击中，我□师十八日晨由虎山向滕县东北东沙河、桑村之线攻击前进，敌不支，增援三千，向我右侧背迂回，战斗甚为激烈。

【中央社郑州十九日电】枣庄车站曾发现敌坦克车数辆，已被我击退，我已将台儿庄至枣庄一段支线路轨拆毁，某处铁桥亦自动破坏，阻敌进犯。

【徐州十九日下午十时电】津浦北段我军现正由左右两翼突进，以期截断正面南侵之敌，左翼我军孙曹各部已向济宁方面推进，并有精锐部队到达□□附近，右翼我张庞各军已向泗水推进，正面我军亦向北推进中，战局稳定，此次正面战事，川军奋勇抗战，牺牲壮烈。缘敌军在两下店、界河有万余人，另有敌由铁道右面香城向南进犯，十四日全线猛攻，十五日敌迫近滕县，我敌血战两昼夜，十七日滕县城墙被敌飞机大炮完全炸毁，城内我军前有十余连，后加十余连，共为三十余连，我□集团军□□师师长王明章（字之中）率部到城边迎战，当场阵亡，参谋长赵向贤亦殉国，□□军□□□师师长陈离由城内亲到南沙河指挥作战，腿臀受伤，□□□师之旅长吕立南头部受伤，师部参谋长周慕陶阵亡，其他官兵牺牲甚多，滕县城内现仍有我军固守，敌军只小部冲入四关，现正血战中，故我飞机昨飞滕县，未能投弹轰炸，龙山、晋阳山我军与敌亦在血战中，正面我与敌隔运河相持，韩庄附近敌人数甚少，已被我包围，不难歼灭，我新增之生力军一面固守，一面由右面之运河北岸临城枣庄线向前推进中。

【曹县十九日下午十时电】津浦北段左翼我军策应津浦正面，各线均向前推进，㊀我孙军长今日亲赴前线某地指挥，㊁我军以□师向济宁正面之敌攻击，以□师分向嘉祥附近及运河以东攻击，现已向唐家口、河长口、纸房集、开河镇等线猛烈进攻，与敌激战中，㊂我军以一部过□□□向界河方面袭敌之侧背。

敌军重创　板垣师团大溃　敌尸运青二千

【中央社宿县十九日电】津浦北段临沂方面之敌原为第一〇五师团，后加入第五师团，共计二万人，一周来我军奋力进攻，将其后路截断，形成四面包围，十八日我某某两部肉搏前进，先将沂河以东之敌纷纷予以击溃，迄至傍晚将敌全部包围，敌死伤三四千人，弃尸一千余具，夺获军器甚多，其突围之残部分向莒县、沂水溃退，我某部继续跟追，已经赶过阳头镇，我某部已转向□□方面前进，津浦北段正面之敌因右面发生危险，有动摇之势。

【中央社临沂十八日电】㊀我占领东西水湖涯之庞部，十七日续向白塔、沙岭子间迂回，前进甚锐，该部在西水湖涯南之尤家头击毁敌装甲车一辆，并夺获敌马匹及其他战利品甚多。又：敌退出密山时（亦在西水湖涯南），将该村房屋焚毁，并屠杀全村男女，惨绝人寰，惟该村敌尸亦遗留百余具，又从夺获敌日记中证实当面之敌，为坂垣师团之二十一联队，士兵年龄均逾三十二，足征敌已成弩之末。㊁四日来我在沂河东西两岸激战结果，敌死伤奇重，我亦有壮烈牺牲，计张部伤亡达三千人，庞部亦伤亡数百。

【中央社徐州十八日电】青讯，津浦北段激战数日，敌伤亡极重，青岛已运到敌尸二千余具，行将焚化。

【中央社徐州十九日电】津浦南段日来我有新进展，自我军江南反攻得手，南段之敌抽调大部增援，我游击队愈形活跃，我扫荡淮涡两河残敌之部队连日颇为得手，神出鬼没，杀敌极多，十八日，蚌埠之敌，步兵百余，窜至双墩，又一部敌骑百余，附坦克车二十余辆，窜至高家井，均被我包围，已大部歼灭，十八日晚，我民团向怀远、荆山之敌袭击，敌仓皇向淮河北岸上洪下洪逃遁，怀远、蚌埠一带俱闻炮声，我某部十八日向靠山集、武店、洋店、考城、上窑、怀远一带之敌大举游击，行踪飘忽，所向披靡，现已将武店、洋店及考城等地次第克复，又我某部十八日突出奇兵，将定远县城包围，发生激战，该处之敌约三百，坦克车四辆，企图突围，现被我击退城内，现定远已布满我部队，不难一鼓而下，综上所述，诚为淮河大战后，我南段游击战之最大胜利。

摘自《大公报》1938 年 3 月 20 日　　第二版

鲁南三路激战中　　右翼克沂水左翼亦有进展　　正面深入之敌被击已略退

【郑州十九日下午十时发专电】敌近在津浦北段增加约一师团兵力，向我采取攻势，滕县大战后，我生力军赶到，形势好转，现我为歼灭南段之敌，十八日夜举行反攻，务使敌人打通津浦线企图再受严重打击。

【中央社徐州二十日电】津浦北段战局现已逐渐好转，越滕县临城南侵之敌，经我生力军迎头痛击，已北退数公里，我正由韩庄、峄县之线向北猛攻，此外我鲁西各军之出击，敌侧背已受威胁，且有归路被断之虞，徐州虽距前线稍近，一切安谧如恒。

【中央社徐州二十日电】临沂方面，敌已退至汤头镇东北，赶筑工事，我□部协同□部正向该方面残敌积极攻击，肃清后，即向北推进，现沂河南岸已无敌踪，东海方面，我□部已将碑郭镇占领，以牵制日照方面之敌伪军，津浦北段正面，我□部在滕县以南与敌激战，约三千之敌向我右侧背急进，我军一部在韩庄以北正极力堵截中，又由临城南犯之敌，向沙沟附近猛犯未退，敌我伤亡均重，鲁西方面，我□部出动后，刻向运河东岸强渡，另以一部向嘉祥之敌攻击，颇有进展。

【中央社徐州二十日电】鲁南我军二十日已进驻汤头，汤头以南沿台潍公路一带已无敌踪，残敌正沿台潍公路北退，我已分兵向莒县、沂水跟踪追击。

【中央社徐州二十日电】我张部游击队长尹承恩、尹祉礼探明沂水县内敌人无多，星夜进袭，十六日拂晓由北门攻入，敌由东门向莒县溃退，遂将沂水县城克复。

【中央社徐州二十日电】我某部大军二十日晨向滕县东南之敌侧袭，双方均欲占领阵地附近三高地，争夺甚烈，我军现已占领其二，是役敌伤亡七八百，我伤亡亦重，又二十日窜至津浦北段西侧之敌，进至某要隘时，我伏兵两面夹击，共毙敌三四百，我亦伤亡八十余。

【金乡二十日下午十一时电】津浦北段左翼我军连日各线积极猛攻，自我□军克复唐家口据点后，敌纷纷向薛家屯溃逃，同时盘踞杜家屯之敌亦不敢恋战，向马房屯方向遁窜，又我□师之□旅以奇兵猛追，由两翼抄袭敌侧，十七日占领纸房集（在嘉祥南二十公里）进城下坡等重要据点，与顽敌激战一昼夜，敌不支，现扼守嘉祥村（距嘉祥城十六里）一带高地，现正激战中，又敌联合兵种约三千余人在南阳湖、东张桥一带活动，似有犯南阳湖之企图，我早有备，敌决难逞。

摘自《大公报》1938 年 3 月 21 日　　第二版

鲁南敌深入被夹击

【徐州二十一日下午十一时电】津浦北段正面战事，因我由两翼挺进及生力军开到，形势转稳，徐州人心安定，我生力军某部开到津浦正面后，已全部渡过运河，向北推进，□□□及□□一带，阵地巩固，我□长官二十一日晨亲赴津浦前线视察，下午返某地镇守，我军配备完妥，即开始反攻。

【徐州二十一日下午十一时电】津浦北段正面，我守运河，然运河以北滕县、临城之右我与敌仍在血战中，二十一日午后，韩庄残敌附炮兵二百余续窜向我利国驿以南阵地炮击，我亦还击，下午五时，敌不支，北窜，又由滕县南窜之敌，约二千，亦被我截击，运河韩庄附近我分三路包抄，已将敌击退，截获敌之坦克车十三辆，敌军驾驶员已全被击毙，内有二车系木制，殊属可笑，此项战利品已运后方某地。

【中央社徐州二十一日电】津浦北段正面局势确已逐渐好转，越临城南侵之敌，仍被我阻于韩庄、台儿庄之线迤北，敌我现在韩庄、台儿庄间隔运河南北相持，我越临枣支线向滕县临城迂回部队，已将敌后路截成数段，二十一日仍在激战中，我极为得手，鲁西我军大部强渡运河后，正向铁路侧袭，前锋甚锐，敌已受重大威胁，沂河方面之敌，虽又越汤头，沿台潍公路向白塔、沙岭子反攻，经我某游击队又由沂水袭其后，敌受重创，仍有北窜势。

【中央社郑州二十一日电】交通界息，津浦北段我军二十一日晨在韩庄与敌激战甚烈，旋即开始肉搏战，我军奋勇厮杀，卒将韩庄克复，刻正向临城积极挺进中。

【中央社韩庄二十一日电】津浦正面，十九日敌兵步骑四千余，附坦克车四十余辆，炮二十余门，向韩庄北二十一公里之峄县进犯，我军猛击，二十日晨仍在峄县东北一带山地激战，我军伤亡虽不少，敌军伤亡更重。

【中央社徐州二十一日电】犯我津浦北段正面之敌，共约步兵四联队，重炮骑兵一联队，坦克车百余辆，自敌一部进至滕县以南后，我敌逐日激战，我士气极盛，屡次将敌围歼，予以重大打击，二十一日晨，敌约二千余，附坦克车十余辆，又转至东面，我某部猛烈截击，当发生激战，敌军冲锋，多被我手榴弹炸毙，血战一小时，敌被我击退，是役双方伤亡均重，同时滕县东南高山之我某部亦大举反攻，我忠勇将士虽在密集炮火及敌机助战之下，仍奋勇前冲，敌势大蹩，现敌被击退二里许，我伤亡仅百余，敌伤亡六七百，我正乘胜追击中。

【中央社徐州二十一日电】济宁、嘉祥正面我连日反攻得手，敌虽凭城顽抗，我仍继续猛攻，前仆后继，不难一鼓而下，唐家口据河顽抗之敌，经我强渡痛击后，纷向蒋家山一带溃退，同时盘踞杜家庄之敌亦不敢恋战，向马房山逃窜，我乘胜进击中，至开河镇附近我军强行渡河以来，与敌发生激战，敌现以守汶上之步骑炮千余调来增援，我敌正激战中，据报，敌联合各种兵力约三千余，集中湖东张桥一带。

【中央社正阳关二十一日电】敌近来每日由浦口开车一两列，向津浦南段增援。

【徐州二十一日下午十一时电】津浦南段自将定远包围后，二十一日晨敌数百人由定远东门窜出，当与我发生激战，我以敢死队截击，毙敌数十人，敌另一部向我右侧肉搏，我将敌完全击退，现仍包围中。

滕县之役 守军死事壮烈 王铭章师长负伤后自戕 三百重伤兵互以弹炸死

【中央社徐州二十一日电】自津浦北段正面之敌于十四日开始向我界河、黄山及香城之线猛攻，我军奋勇抵抗，十五日敌以步炮空联合力量，集中攻我右翼香城一点，我以火力不足，卒被其突破，敌即乘势由香城向我滕县、临城迂回，当时我重兵均配备前线，滕县、临城甚空虚，致十七日晚相继沦陷，某部多作壮烈牺牲，尤以滕县一役战事最惨，其详情如次：敌之迂回部队系十六日晨八时逼近滕县，先将我东关包围，并以大炮向东城射击，我东关守军初守土城，即与围攻之敌浴血苦战，肉搏达八小时，所部牺牲殆尽，黄昏始奉令退入城内，是役我在界河部队闻警，为坚固后方，急自前线撤回，增援滕县，滕县城内守军，至是共有军警约三千人，我王铭章师长，即以此三千人为基干，决在滕县与敌拼一死活，滕县县长周同，亦协同固守，敌既占我东关，乃于十六日夜向城内开炮，城垣被击塌两处，我以堆存之食盐千包将决口填堵，其他各门，亦以沙包填塞，十七日晨敌大部已包围四城，由飞机大炮掩护，开始抢登，我城垣守军，以手榴弹机枪制敌，毙敌无算。——唯此时城内炮弹如雨，敌机轰炸不绝，烟云迷漫火焰烛天，我三千将士，生还寥寥，王铭章师长，以局势危急，率参谋长赵渭演，团长王麟，县长周同等，登城督战，我生存健儿，经王激励，乃奋勇杀敌，有死无退，无如敌众我寡，卒于十七日下午三时被其由东南城两缺口，登城窜至西城，我赵参谋长渭演，王麟团长阵亡，王铭章师长亦腹部中弹，旋以大势已去，危城难守，即以手枪自戕，临死仍高呼中华民国万岁，抗战到底！其为国殇杀身成仁之壮烈情绪，神鬼均泣，周县长同越城逃出，当亦跌死，我城内尚有重伤兵三百余名，未及退出，不愿受敌残杀，互以手榴弹爆炸而死，其死事壮烈，诚惊天动地，敌既入城，我城内零星部队尚有五六百余，仍集合与敌巷战，晚七时，一鼓而突出重围，且战且退，途中又伤亡逾半，至是，滕县乃沦陷，计自十六日至十七日，我军固守滕县亘三十六小时之久，我军将士牺牲两千余，敌之伤亡倍我，滕县郊外敌尸满原野，血流成渠，滕县经此浩劫，城内建筑悉付焦土，烟焰蔽空，入夜火光，烛照百里。

临沂战役 敌死亡三千 俘虏之供语

【中央社讯】临沂大胜，我俘虏敌军甚众，其中敌一等兵玉利六夫供称：（一）在此间作战之部队，为板垣第五师团长野、片野、粟饭原三联队，约九千余人，骑兵四五百人，战车二十余辆，装甲车五六十辆，飞机十余架，炮二十余门，在沂河两岸作战，敌伤亡确有三千余人，官兵伤亡甚多，刘家湖之役，第三大队队长牟田，第九中队长中村均阵亡，第三大队全军覆没。（二）敌作战时均喜白昼，因地形不熟，极患夜战时冲锋。（三）国内厌战，士兵来华后，自缢而死者甚多，因退后必被杀，前进必阵亡，被俘虏，不如自缢，全尸而死等语。

摘自《大公报》1938 年 3 月 22 日　第二版

津浦北段全线反攻　韩庄一带相持　滕县附近激战

【郑州二十一日下午十一时发专电】北敌最近军事计划为固守平汉与道清，作战侧重于津浦，现道清西段之敌日来均向东移，据报，郑汴对岸二十一日晨开到敌人不少，驻阳武、原武二地，判断其企图，似策应津浦，牵制我兵力，山西方面我军收复长子、阳城，现乘胜向豫北挺进。

【香港二十二日下午十时发专电】沪讯，太古公司武穴轮载客四百余，到南通，不得登岸，经西人与日方再三交涉无效，留一日半，于今午返沪，据报告，敌在南通登陆者五万，必由此以侵徐海，天生港码头全供军用，江面泊运轮舰不少，港口有货船二百余艘，悉被扣，不许移动。

【徐州二十二日下午十时电】津浦北段二十二日拂晓我开始猛攻，同时我援军仍源源增开，将于日内全线总攻，截至二十二日晚，铁路正面我军与敌仍在韩庄以北隔运河相持，双方激战于韩庄、沙沟，正面敌约二三千人，附有大炮及坦克车及一部骑兵，我军兵力雄厚，敌南犯企图难逞，同时我有力部队由铁路右面向北追击，故临城、官桥、滕县之右面均有激战，右翼我□部已开始向铁路正面邹县、兖州进击，左翼我军已达济兖间孙氏店，正面向兖州推进中。

【中央社徐州二十二日电】津浦正面发现敌步兵三四连，装甲车十余辆，在韩庄东南河岸活动，我军已堵击，沿临枣支路之敌图向台儿庄进犯，我军自今日拂晓开始全线反攻，日前战况至为激烈，我军已有相当进展。

【中央社徐州二十二日电】滕县东南之敌，被我逐日围歼，伤亡极多，现敌已失反攻能力，零乱据守各村镇，我生力军源源开到，二十二日晨大举反攻，分由三路同时出击，敌据守墙垣顽抗，我不断猛攻，已发生巷战，现我各方均占优势，传枣庄有已被我收复说，至滕县以南之敌，二十二日晨又向东出动，我军奋勇应战，同时我某部向敌侧击，该处附近高地争夺尤烈，我得而复失者凡三次，现仍继续猛攻中。

【中央社徐州二十二日电】临沂方面，在白塔、解家庄、李家庄及五湖一带向我反攻之敌，与我某部发生激战，两日来互相争夺地势，冲锋肉搏，无限壮烈，我某部二十二日出击敌侧，敌亦向我阵地迂回猛击，血战两昼夜，双方伤亡均重，我军前仆后继，现已将敌击退至水湖崖，又前后细腰等处之敌，经我某部予以痛击，敌气大挫，已溃不成军，我获机枪两挺，步枪百余枝。

【中央社徐州二十二日电】济宁、嘉祥之敌，被我军猛攻后，仅据城顽抗，其气已馁。

津浦南段之游击　克复沙河张八岭

【徐州二十二日下午十时电】津浦南段，我□部二十日收复沙河车站，已有官电证实，张八岭车站亦被我收复。

【中央社正阳关二十一日电】近月以来，敌在津浦南段始终居被动地位，盖我联合民团随时随地予敌以严重之威胁，凡敌所利用之公路，如定远至合肥，滁县至定远，蚌埠至定远，怀远至田家庵，无不被我破坏，因此定远城、靠山集、考城、池河镇等处时被我包围痛击，最近敌恐在津浦南段被我完全肃清，故积极增援，以维持其占领区域，但敌之兵力有限，我能逐渐使其消灭，敌必有崩溃之一日也。

【蒙城二十二日上午十时电】第□战区□□□团第三团陈文彬部奉命袭攻怀远，各队分路猛进，二十日午该团之第三十大队在怀远之瓦磁岗与敌作战，毙敌数十名，又该团之第二十四大队进攻怀远右翼，当夜占领西山，并毙敌五十余，复乘胜进克老西门，该队中队长王祖九亦受重伤，兵士亦稍有伤亡，翌晨九时奉命退返原防云。

【中央社徐州二十一日电】二十一日上午十时，敌数百由定远东门冲出，与我某部发生激战，我军埋伏敢死队，同时出击，将敌击毙数十人，敌又冲出一部，向我右翼侧击，我军实行肉搏，已将其完全击退。

滕县殉国县长周同

【本报特讯】昨日报载滕县县长周同，于敌陷滕县时，坠城殉国。记者日前在山东，闻路人皆盛称周君之忠勇，到滕与周君会晤，见其布衣光头，谦谨朴实，而谈论坚毅，热情奔放，绝不似官场中人。韩复榘违命撤兵时，滕县空虚达四日之久，全赖周县长镇定支持，□军始能赶到，否则徐州早已危险。周当时谓："全国失陷县城已数百计，尚未闻有慷慨殉职者，我颇愿在滕县尽我之职守也。"当时记者未加注意，今在此大难关头，周县长果始终与军队一致奋战，至敌军已入城，乃不得已坠城而死，其气节诚堪敬悼也。

摘自《大公报》1938 年 3 月 23 日　　第二版

鲁南正面敌激战未已

【中央社韩庄二十三日电】鲁南战事形势好转，沿临枣支路我军在台儿庄运河一带集结完毕，阵地巩固，我某部二十、二十一两日在峄县东南一带向敌攻袭，击毁其坦克车数辆，敌见形势不佳，重炮有向后撤退模样，二十二日我军抽选一旅之众，向峄县附近之敌猛烈反攻，节节进击，敌军开始遭遇顿挫，在城郭歼灭敌过半，余敌已退入县城，据城顽抗，我军一面准备解决峄县之敌，一面另派部队由黄山阴平侧面威胁韩庄附近之敌，左翼方面，金乡、巨野我军现全部渡过运河，正向济宁推进。

【中央社徐州二十三日电】军息，滕县西南之敌，被我某部猛攻后，歼敌过半，二十三日已退后顽守，又我军某某等部在滕县东南已占领某某数阵地，自二十二日起向敌奇袭，敌因久战疲劳，且实力比我薄弱，均不敢恋战，我正向敌压迫中，至此次滕县之役，敌死伤尚难统计，惟据土民言，敌每日运走之死尸及伤兵络绎不绝，所见敌兵，皆面色憔悴。

【徐州二十三日下午十一时电】津浦北段正面之敌，自被我反攻后，受创甚重，临城滕县以东，敌只凭村庄垣墙顽抗，似已改取守势，二十三日午刻滕县东南我军突进，在香山附近与敌发生肉搏战，又某高地亦为我占领，敌由三面进犯，我军奋勇抵抗，敌终为我军击退。

【中央社徐州二十三日电】临沂方面敌新增之部队，已非板垣师团，连日在白塔、岭子一带发生激战，我军由滕县、官庄侧击，敌亦迂回增援，战事激烈，我敌两方伤亡均重，但我占优势。

【中央社韩庄二十三日电】我军在汤头镇东北及正南奋勇抗战，汤头镇附近残敌数千被包围，发生激战，莒县之敌机械化部队纷纷向沂水撤退，汤头镇附近残敌系牵制我军行动，惧我向后进击，或向西进援，故津浦正面敌军即可解决。

【曹县二十三日下午十时电】我孙军□□两旅绕道急进，现一部已逼近兖州城郊。

【中央社徐州二十三日电】日照方面，我军二十二日已进占保安山、圣宫山之线，刘匪桂堂部队退集涛洛，其在巨峰及白虎山一带者约五百余，内有日指挥官十数人。

【中央社徐州二十三日电】我军某部连日占领津浦南段之张八岭、沙河集等车站后，随即尽量破坏路基路轨，二十二日下午三时敌分由滁县、珠龙桥、三界、管店各地来援，共九百余人，并配有重兵器，同时敌机三架在我上空轰炸，投弹达四十余枚，我军奋勇应战，当毙敌约二百四五十名，我军避免与敌胶着起见，激战数小时后，即退向原防。

津浦战局观察

【中央社正阳关二十三日电】津浦沿线战事，自前月以来，显明以为两时期：一即敌南攻北守时期，一即北攻南守时期。上次淮河两岸一役，敌之南攻战略即告粉碎，最近临沂方面一战，敌之北攻政策亦呈动摇。据一般观察，敌在津浦南北两段，无论采取任何攻守策略，均将立于失败地位，盖我军均在铁路两侧随时可得出击，且此种侧击，在军事上操有必胜之权，故敌欲以上述之战略打通津浦线，在事实上终成泡影，至敌欲两面同时进攻，或采取大包围战略，以完成其迷梦，则尤非现时敌之兵力所能允许，总之，津浦南段敌之失败，已彰彰明甚，津浦北段敌之溃崩，亦为期不远耳。

【中央社上海二十三日海通电】中国军队在鲁南之大举反攻，已成为中日战争爆发以来最重要之一幕，自某大员担任津浦北段之指挥后，中国军队已由铁路两翼向日军开始正面攻击，故日军至沙沟后即无法前进，同时中国正规军及游击队在滕县附近之活跃，日军后方交通颇受威胁，左翼方面，华军正由济宁向兖州猛进中，军事观察家咸认为津浦北段之日军已渐动摇，因后方铁路既完全在华军掌握，日军或不得不早日退却，在东战场方面，华军在南京、杭州间活跃异常，闻在浙皖边境之安吉县附近之战事，有日军数大队几全被歼灭，至于陇海线方面并尢新发展，该地之日军似已移至津浦北段作战云。另讯，日军在封邱渡河之企图，已告失败云。

【中央社上海二十三日路透电】据中国方面消息，前由津浦路南抵运河之日军一万人，因华军大迂回战略之成功，已被全部歼灭，现南下之日军，已全部被击退至六日前之原阵地，徐州之威胁现已消灭云，最近上海日发言人，连日皆未有日军进展消息发表，皆以未接前方报告相推诿，以此引证华方之捷报，甚可注意云。

摘自《大公报》1938 年 3 月 24 日　第二版

板垣残部　自鲁南北撤

【中央社临沂二十三日电】临沂方面，我军于拂晓前各部均移至克复后之新阵地，敌尾追猛攻我桃园、于埠庄，当被击退，二十三日计毙敌四五百，我亦伤亡数百，又据探报，前板垣残部现已撤回，现敌新到部队约四千余，十七日有敌汽车一百四十辆，满载尸体，并有步兵五百余，骑兵八十余，沿台潍向东退去。

津浦北段全面反攻　峄县、枣庄激战　台儿庄转危为安

【中央社郑州二十四日电】记者二十四日下午在某地，谒程司令长官，叩以津浦、平汉、晋南最近战况，及敌军目前阴谋，承发表谈话如下：某长官首谓，津浦北段我军二十四日开始全面反攻，峄县、枣庄战事尤为激烈，津浦南北段敌军，共有八个师团，企图急占徐州，打通津浦，八十余日以来，经我军浴血抗战，使敌终难得逞，最近北段战事转剧后，敌虽有增加，但仍遭我打击，临沂一役，我军以一当十，毙敌四五千名，并阵亡敌将数人，大批敌军，狼狈溃窜，实为我抗战史上增无限之光荣。继谓，豫北、晋南战事，我军已采取猎兽式，亦即所谓游击战术，敌军盘踞之处，仍为铁路公路沿线各据点，其他地方均在我手，两周来我军发动广大之游击战争，呼应夹击，使敌疲于奔命，遭受重大损失，平均每日敌军伤亡多至二千，少则一千，敌鉴于津浦北段战事紧张，企图东移增援，因受我豫北、晋南两地大军之掣肘，故连日以来，仅抽调万余向东开动，我沿河防务巩固，敌军绝无渡河能力，平汉敌军原有四万余，晋省在八万

以上，企图恃其锐利之武器，先将豫北肃清，然后包围晋南，拟效法欧战时德军对帝俄在但能堡一役获得迅速之胜利，并声明于二月底或三月初将我豫北、晋南二十万大军各个击破，迫我退过黄河，完成其占领华北五省之野心，迄今非但未将我军压迫渡河，且豫北、晋南敌军反受重创，敌虽有精锐之武器，因地势关系，亦难伸展，最近敌军后方，我各部游击队异常活跃，同时我生力军复相继渡河夹击，故豫北晋南敌军，似陷入乱泥中，进退颇不易也。最后谓，敌军此次伸入我国内地，所恃者仅为飞机大炮，其陆军能力远不及我，训练虽高于我，但作战精神则望尘莫及，我全面战已逐渐好转，将来之胜利，属我无疑云。

【徐州二十四日下午十二时电】津浦北段右翼我军由铁路右面向北增援之精锐部队，现已到达枣庄、峄县东面及北面，向前推进，二十四日下午峄县以南敌二千余人，南犯甚急，经我军迎头痛击，敌向东北方面溃逃，我军于二十四日夜十一点向峄县、枣庄猛攻，现已血战中，又二十四日午后敌军二千余人向我台儿庄东北方面进犯，并有大炮二十余门，飞机三架协助作战，有敌百余人窜抵台儿庄附近，经我军完全解决，该地已转危为安，至由临沂以北南犯之敌，共三四千人，自二十三日夜起，在沂河东西两岸再度展开血战，敌续由唐富崖渡河，猛攻刘家湖，我为战路关系，放弃该地，移转茶叶山、崖头之线，继续血战，至二十四日晨六小时内我冲锋共六七次，我张部某师出击之部队已集结临沂方面，用全力向敌攻击，浴血抗战，前仆后继，至二十四日夜敌有不支之势，临沂情况尤为安定，沂河东岸白塔之敌，经我军迭次猛攻，敌顽抗不退，迄二十四日敌仍在白塔以南炮台（地名）附近激战中，铁路正面二十四日我敌仍在韩庄附近隔运河相持，间有炮战，我炮兵某部据险扼守，阵容巩固，可保无虞。

【中央社徐州二十四日电】自滕县、临城相继被陷，敌即分三路进犯，一路沿津浦正面攻略沙沟、韩庄，一路循临枣台线侵我枣庄、峄县，一路向微山湖东岸之夏镇压迫，惟此三路进犯之敌，日来经我生力军扼微山湖及运河堵截，始终未得寸进，仅在韩庄、台儿庄间与我隔运河相互炮战，二十三日午我某处炮兵发展神威，对准微山湖东岸官庄之敌炮兵阵地施以破坏射击，收效甚大，并射中敌弹药车一辆，当即起火，闻我对敌已形成大包围，即展开大战，我前线士气甚旺，战事前途将转优势。

【徐州二十四日下午十一时电】津浦线敌连日向我南北两段增兵，尤以北段增加最多，双方大决战即在目前，敌增加之人数虽尚无确报，但其主力似仍在铁路之东侧，预料蒙阴、沂水一带山地将为主要战场，我除□有力部队由铁路两侧进击外，徐州、韩庄间后方据点我亦有极雄厚兵力，我□最高领袖一度赴前方指挥后，士气大振，赴前增援部队沿途高唱军歌，气壮山河。

【中央社徐州二十四日电】峄县附近之敌，经我某部连日痛击，已阵形散乱，二十四日晨敌又向我阵地进犯，我待敌迫近先投手榴弹，旋即跃出战壕，与敌肉搏，敌前头部队被我悉数歼灭，残敌狼狈溃退，我正乘胜追击中，至枣庄附近之敌二十四日被我某部迂回迎击，敌仓皇应战，半小时内我即占据二三要点，继续冲锋，敌第一道防线被我突破，二次毙敌极多，我亦有相当牺牲，现仍在对峙中。

【徐州二十四日下午十时发专电】鲁西我军为策应津浦线正面作战，分数路渡过运河，一趋兖州，一趋邹县界河，袭击敌之侧背，现甚得手。

摘自《大公报》1938 年 3 月 25 日　第二版

鲁南右侧大战方酣

【中央社讯】昨日上午我机□□架分三路出动，飞往津浦、平汉方面敌军重要据点，施行轰炸，其飞临城之一路，于到达目的地后，即在敌阵地上空猛烈投弹轰炸，将敌阵地摧毁，并在归德上空与敌机二十架遭遇，即发生激烈之空战，我空军奋勇将敌机包围，集中火力攻击，当有敌机一架在空中起火焚毁，并有五架命中坠地。其飞往焦作之一路，当飞至车站时，发现敌指挥车一列，见车上悬有敌旗甚多，并有敌高级军官多员，在站台行动，正欲升火待发，立即投弹轰炸，将其炸毁。其飞往封邱之一路，当我机到达封邱附近时，发现敌汽车纵列，正在进行中，除投弹轰炸外，并用机枪扫射，毙敌甚多，敌军受创后，狼狈逃窜，我机于达成任务后，均安全返防。

【徐州二十五日下午十一时电】津浦北段战事自二十四日夜十一时起开始总攻，我有力部队由峄县枣庄之东北两面向盘踞峄县、枣庄附近之敌进攻，同时我□□部亦分向铁路线附近袭击，共有十余处激战，情况凶猛，空前未有，我将士奋勇进攻，牺牲壮烈，敌亦增援抵抗，我□□□□□亲到前线督战，二十五日早在枣庄、台儿庄附近一带一度误入敌军之阵地，但援军及时开到，午后卒将敌击退，形势转安。临沂以北，敌机械化部队四五千人二十五日起向我临沂附近之三官庙、胡家庄一带猛攻，并以大炮向我阵地轰击，我亦还击，临沂城内南关一带落有炮弹，一日之间，我与敌冲锋肉搏十余次，敌终未得逞，二十五日我张部已自临沂出击，津浦正面，我与敌仍在韩庄以北隔运河相持，二十五竟日炮声未绝，左翼方面我孙曹各部以展师、唐旅、吴旅分向兖州进击，二十三日确到达兖州附近十余里之某地，将兖州、济宁间铁路破坏三四十节，复向大汶口方面活动，二十五日晚已到达大汶口附近。

【台儿庄二十五日下午十时电】窜抵台儿庄附近之敌约五百余人，二十五日早我某部由台儿庄出击，三面向敌包围，激战三小时，将敌击退，毙敌甚众，残敌向东北沿铁路两旁撤退，午刻敌增援部队赶到，又与我军激战，迄晚仍在血战中，又枣庄以北之敌一部约数百人，二十五日晨在郝家湖与我某部接触，我已将敌包围，即可解决。

【中央社徐州二十五日电】二十三日下午六时，我某部在台儿庄以北之洛欢堆与敌千余发生激战，毙敌甚多，二十四日突窜来敌人数百，我当将敌包围，歼敌百余，二十五日晨我由台儿庄出击，乘敌不备，三面猛攻，激战三小时，毙敌甚多，歼敌不支，向东北沿铁路两旁溃退，我乘胜追击，正午敌后援部队赶到，又与我顽抗，现仍在对峙中。

【中央社韩庄二十四日电】进犯韩庄之敌，连日以来，经我□军迎头痛击，受创颇巨，迄未得逞，我□军由台儿庄进击，出运河北岸，向峄县附近之敌攻击。

【中央社韩庄二十五日电】敌军对临沂方面反攻似甚积极，二十四日敌机九架，向我阵地大施轰炸，重炮九门，竟日射击未停，尤以傍晚时更烈，全线对我攻击，侧重左右两翼，其攻我右翼下前店者，约三四百，当被击退，我获战利品甚多，其攻我左翼三官庙者，约五六百，下午五时通过阵地前一二百公尺，被我猛烈扫射，毙敌甚众，敌反攻企图显已失败。

【徐州二十五日下午十时电】我孙曹各部二十五日夜袭兖州，将兖附近铁路破坏，截断敌军归路，二十五日晓我军一部推进至兖州西北两门，并传我军一部冲入城内，发生巷战，但尚无官电证实，惟悉兖州之敌纵火，焚毁民房甚多。

【中央社曹县二十五日电】盘踞济宁、嘉祥附近之敌，不下三千余，兖州不足千人，我□师及□旅二十四日夜袭击兖州，济兖支路均经破坏，我□师□旅已向大汶口方面挺进，又我□□□支队二十四日晚一部占领石墙附近山地，以主力向界河、滕县挺进中，嘉祥及赵王河正面正在激战。

临沂之战　为空前胜利　中央通令勉励各部队

【徐州二十二日下午四时发专电】（迟到）中央通令，津浦北段临沂之役，为开战以来不可多得之胜利，正面之敌受我主力军团反击，敌已顿挫，即可歼灭，望各励所部努力。

摘自《大公报》1938 年 3 月 26 日　第二版

刘匪毙命说

【徐州二十六日下午九时电】巨峰（日照）来人称，刘匪桂堂受伤，二十二日已退至涛洛，有因伤致命说。

大军围攻鲁南之敌　韩庄克复枣庄即下

【中央社徐州二十六日电】敌自在淮河遭遇打击，即变更其打通津浦战略，改在北段主攻，南段助守，我洞烛其奸，早已调队迎击，为先发制人，并于二十四日晚向北段之敌开始总攻，三日来我各路均有进展，铁路正面，我已收复韩庄，铁路东侧，我强渡运河之某部，已将沿临枣枣台支线侵入枣庄、峄县之敌围困，进犯台儿庄之敌亦经击溃，临城之敌，虽全部开往枣庄、峄县增援，更被我截击于途，该路我军为守南口之某部，骁勇善战，举世闻名，预计二十六日晚当可将支线沿途敌人悉数歼灭，铁路西侧，进逼微山湖东岸之敌，我正派队袭其侧背，亦不难解决，左翼我强渡运河某部，亦已向滕县、大汶口间侧袭，敌后路确已动摇，右翼我某部正回师，与越汤头沿台潍公路反攻之敌久井部队血战，极占优势，总之，津浦北段，现已展开大会战，某长官并已亲临前线指挥，将士无不奋勇应命，敌之在北段主攻计划，又将遭我严重打击，即可获得显著之证明，至目前南段之敌，系由松井兵团所辖之现役兵十三师团及预备役兵一〇一师团，分防蚌埠以南各□，时受我广大游击队袭击，正忙于应战，其欲策应北段助攻，恐无甚能力，目前有敌着重于进攻无军事重要性之南通、如皋、东台一带，无非企图牵制我兵力，减轻其他在南段东侧所受威胁，于整个津浦战局，不致发生任何重大效果。

【徐州二十七日上午二时电】津浦北段，我军自二十四夜起向敌总攻，大战已三日夜，敌万余人，除一小部在韩庄方面外，其大部在临城、枣庄、峄县一带，我军系采取大包围战略，一面在韩庄正面坚守，相继推进，一面由左右两翼向敌包抄，右翼方面我某有力部队在枣庄东面及北面向西南攻击，另抽调一部，由费县向临城、滕县推进，同时我并另以有力部队，由台儿庄向西北攻击峄县、韩庄间之敌，三日夜以来，战事激烈，敌伤亡甚众，我亦有相当牺牲，峄县以北之潭河、郭里集、徐楼有敌五六百人，顷被我军包围，即可解决，临城、枣庄我军亦有进展，枣庄附近之高地亦被我军占领，我居高临下，甚为得力，枣庄有即日可下之势。

【中央社徐州二十六日电】盘踞枣庄之敌原只千余人，经二十五日晚激战，伤亡过半，残敌二十六日退至枣庄东部中兴公司之中学内顽抗，急向临城乞援，我军当即一面派队包围该校，一面出师还击东来增援之敌，增援敌军约有步兵千余，与我在枣庄两端齐村展开激战，双方多用刺刀冲锋，敌尸满布我阵地前，战事之烈，为近三日来所仅见，二十六日晚我军已将敌截成数段，压倒敌人绝对优势。

【徐州二十七日上午二时电】津浦北段正面韩庄二十七日晨一时经我军克复，车站尚有少数顽敌，在我包围中，左翼方面我孙曹各部与嘉祥之敌血战中，我军颇有进展，抄袭大汶口之我军，亦与敌血战中。

【徐州二十六日下午九时电】我□部向□县挺进，先头部队已与敌接触，又我□部迂回枣庄以南，与敌遭遇，我军左右驰击，毙敌甚众，敌之一部被我解除武装，俘虏甚众，又临城正面敌步兵千余人，坦克车二十余辆，被我某部断为三段，现正激战中，临沂方面我军夜袭大太平之敌，与敌在双庄、古城村一带发生激战，我即将该处占领。

临沂又闻炮声

【中央社临沂二十六日电】敌自在沂河两岸惨败，即乘我西岸部队增援津浦正面之际，新增久井兵团，配以匪伪军，共约五千余人，用坦克车前导，越一头循台潍公路反攻，经我庞部奋勇抵抗，终以伤亡过巨，致白塔、沙岭子、尤家头、桃源等处先后陷于敌手，二十六日薄暮，桃源之敌复向临沂迤东之九曲店一带炮轰，临沂城内又闻炮声甚密，现我西岸部队，已陆续回师进击，某司令长官亦再派大员前往部署，预料战局即可好转。

【中央社临沂二十六日电】临沂方面，昨日我某军一部在停子头与敌激战，当将古城村、明皇坡一带占据，敌增加部队，猛烈反攻，激战终日，仍被我军击退至桃园、三官庙一带，我军右翼阵地敌炮继续轰击约二千余发，往返肉搏数次，我另调部队向敌侧击，刻下各方面正在激战中。

【徐州二十六日下午九时发专电】津浦左翼我孙部□团由张□□率领，渡南阳湖侧击津浦线之敌，以策应临城一带我军作战，二十五日上午二时袭界河车站及以南丁家庄、南沙河车站，与敌激战，炸毁敌兵车及机车，毙敌甚多，并将铁桥破坏，已破坏之敌军用电杆电线均携回，我排长邹心刚及士兵五名受伤。

江北敌侵东台

【中央社徐州二十六日电】交通界息，南通之敌已越如皋侵入东台，现与我在台城北之某河相持，我已调队，开盐城增援。

【中央社正阳关二十六日电】敌步骑炮兵五百余人，战车数辆，二十四日由定远向我大十户进攻，另一部则向我包围，被我某团派队向十里樊方面袭击敌之侧背，敌不支，退回定远，此役毙敌百余人，我伤亡十余人，二十五日拂晓，敌步骑炮联合部队二三百人，战车数辆，又向我严洞桥攻击，经我两翼迂回袭击，于上午十时又退回定远，敌经此两役失败，受挫极大。

【中央社正阳关二十六日电】我皖北一带红枪会，此次协同军队实行抗战，甚著功绩。敌军对我红枪会极为畏惧，常以铁人喻之，足见其奋勇杀敌之精神也，二十四日晚我红枪会队长顾长海，曾率领队员多人，将定远西能仁寺之敌三十余人包围痛击之际，突破敌大队援军在外包围，当时顾队长极为镇定，当将其所包围之敌一一斩尽，然后对众曰，我不能为敌所辱，望汝等亦好自为之，言竟，乃以刀刺胸自尽，所有队员见队长视死如归，杀身成仁，极为感奋，遂即奋勇向敌冲杀，结果，敌又被毙五十余人，我红枪会亦伤亡二十余人。

徐郑汴昨空袭

【徐州二十六日下午十时电】敌驱逐机七架、重轰炸机四架二十六日午后一时自临城飞徐州，在东车站及徐州郊外投弹三十四枚，津浦第二、三两月台共落五枚，票房落一枚，电报房及车站检查所房屋九间均被炸毁，津浦第四、七、八三股道各被炸毁一节，并伤士兵二人，及车站附近房屋玻璃均被炸碎，扶轮小校一带落九枚，教室震倒九间，天桥以南空地落九枚，电线震断，当晚即修复，丰台镇落燃烧弹及一百公斤炸弹各一枚，草房瓦屋九间被炸起火，南马路亨裕油房落一枚，毁房四间，梁庄落二枚毁房一间，梁庄以南落四枚，有一地下室被震塌，压死小孩六人，老妇一人，伤六人。

摘自《大公报》1938年3月27日　第二版

鲁南激战续克枣庄　峄县形成突出我军正猛攻中　敌矶谷师团重创仍增援顽抗

【徐州二十七日下午十时电】津浦北段，我军用包围形势，向枣庄、峄县、韩庄之敌及台儿庄以北之敌总攻，我某高级参谋长亲赴前线指挥，□□数高级长官亦亲在火线督战，士气益振，二十五日将包围我军之敌全数击退，二十六日我军继续向前推进，由台儿庄运河向北推进之部队到达韩庄，由临沂、费县我军向西南攻击之部队与敌之主力混战于峄县、枣庄之东北，数日来战事猛烈，夜以继日，峄县以北枣庄东南之潭河、徐楼店敌数百人，二十六日午后全部歼灭，我军继续前进，进攻枣庄，在枣庄附近之郭里集有敌主力部队矶谷师团之一部，共三千余人，血战肉搏，冲锋十二三次，我军奋勇追击，至二十七日拂晓，我军大获胜利，将敌三千余人大部歼灭，只有少数残敌溃窜，我俘虏官佐三四十人，获敌机枪三四十挺，轻机枪二挺，毁敌坦克车五辆，我牺牲亦极壮烈，据军息，我军于二十七日拂晓克复枣庄，又有敌千余人由临城方面向枣庄附近增援，猛烈反攻，我军展开阵线，在枣庄东南与敌再度血战，迄至二十七日午后，仍在枣庄东南一带激战中，又据晚间消息，我军二十七日下午二时，将枣庄完全克复，中兴公司职工子弟学校内有敌百余人，未及退出，全被我用手榴弹击毙。又据交通界息，韩庄车站尚在敌手，枣庄车站亦有敌少数顽抗，敌在韩庄车站又增加机枪数架，并赶筑工事。总观全局，我军抵枣庄、韩庄一带，峄县城内被我包围之敌形成突出，我军正继续猛攻，日内即可将敌解决，二十七日晚台儿庄以北及枣庄、峄县附近仍有残敌与我激战中，据探报，敌已增援顽抗，大战尚难即告段落。

【中央社徐州二十七日电】整个津浦北段战局，现均在顺利进展中，战事重心，敌目前集中于临枣台支线，企图将该线我主力击破再迁回威胁徐州，该路敌人遭我汤部之奋勇抵抗，已无能为力，并发生动摇，兼之大汶口、滕县间敌之后路已被我截成十数节，我并继之以追击动作，此项在临枣台支线孤军深入之敌，恐已后退无路，依情势判断，数日内津浦北段将展开伟大之歼灭战。

【中央社韩庄二十七日电】峄县之敌为矶谷师团之一部约三千人，二十六日经我某军某师猛烈攻击，歼敌约千数百名，残敌向峄县之郭里集一带溃退。我军在追击中，又台儿庄附近之敌，经我猛攻后，分向东及东北溃窜，残留台儿庄以北碉楼之敌百余人，正包围解决中。

【中央社徐州二十七日电】汤部另一队二十七日晨又攻占峄县郊外之潭山，刻正围击郭里集及峄县城内敌人，又电，犯津浦北段正面韩庄附近之敌，连夜被我军痛击，甚为恐怖，在车站西北一带赶筑工事，增设重机枪数挺，又韩庄东新闸子发现便衣队及战车数辆，我运河南岸守军已严密防范。

鲁南两翼战况　临沂城围已解

【郑州二十七日下午二时发专电】临沂当前之敌尚图死灰复燃，我庞、张两部现又联合反攻，昨今大获胜利，城围已解。

【临沂二十七日下午十时电】沂水东岸二十六二十七两日战事仍激烈，临沂闻炮声甚为清晰，敌之步兵约四千余人，其先头部队在三官庙以南，有大炮二十余门，我军于二十六日晚分三路反攻三官庙，将敌击退，获马数十匹，炮弹步枪甚多。

【中央社临沂二十七日电】沂河东岸我庞部廿六日晚向由三官庙进逼临沂之敌逆袭，激战通宵，毙敌甚众，并获机枪八挺，步枪数十支，战马数匹，重要文件无算，廿七日晨残敌已向相公庄一带溃退，沂河西岸我张部廿六日在交山一带与敌激战，我占优势，临沂二十七日仅闻炮声，而无枪声，足征战事确北移，情势又趋稳定。

【曹县二十七日下午十时电】津浦左翼我军挺进，颇有进展，㊀我□旅刘营二十六日午将池头集附近之敌击退，即进占该处，二十七日拂晓并用一团向界河、柳泉方面之敌攻击，㊁第七游击队朱副司令所率之部队，今晨进至邹县西南二十里之双庄一带，在尹家桥、张桥之我部队已将泗河太平桥、纪沟桥、商桥、吉利桥完全破坏，㊂今午敌六七百人，用战车二十余辆掩护，分三路由河宁向我阵地进犯，一路敌步兵三百余人，战车七辆犯井村，一路由安居镇向马房屯推进，有犯我蕴屯企图，一路敌二百余人，战车十余辆，向西正桥进犯。

【中央社正阳关二十七日电】盘踞津浦南段之敌，计在全椒者步骑兵二百余人，在滁县者步兵八九百人，骑兵百余人，在定远者步骑炮约六百余人，在凤阳府城者步骑炮三四百人，在蚌埠者有步骑炮二千余人，在怀远者步骑炮约三四百人，其他散住在临淮关、池河镇、上窑、考城等处者约有三千余人，总计约有六七千人，最近敌在津浦南段不仅失去攻击能力，抑无法维持其交通，所有在敌占领区域之道路，旋修旋毁，即为明证，我在津浦南段，日夜出击敌军，所谓积小胜而成大胜之战略，已取得相当之成功矣。

【中央社韩庄二十七日电】我某部两团二十六日先后击破嘉祥附近之敌，克复西正桥、薛家屯，刻与敌在安居镇附近对峙中，敌由济宁大部增援，又我□师越南阳湖，向界河、柳泉庄、沙河一带袭击敌之侧背，毙敌百余人，破坏铁路桥梁路轨数处，并昨毁敌火车机车、汽车各十余辆。

摘自《大公报》1938 年 3 月 28 日　第二版

津浦北段三路告捷　敌阵溃乱势将聚歼

【郑州二十八日下午九时发专电】津浦北段之战事，现已入于主力大会战阶段，我军在中左右三路已占绝对优势，预计在二十四小时后当有惊人之发展，依现状判断，兖州、滕县以南之敌寇已万难漏网而逃，盖已被我围困于台儿庄以北，我孙□□部并收复界河，敌之后路被切为数段，虽欲后退，已不可能，敌之队部为第十四师团及一〇五师团，其歼灭只旦夕间耳。

【郑州二十八日下午三时发专电】津浦北段近一二日来展开前之大战，在台儿庄在临沂皆有激烈战事，敌似已不顾后方之空虚，做孤注一掷之打算，将主力队部调上三旅团，约三万人，猛犯台儿庄一线，我军认此为歼灭敌人之好机会，关系北段整个战局，亦以全力应付，据李司令长官传来捷报，我孙□□部在台儿庄杀敌无数，敌焰已挫，我汤军越枣庄，收复临城，现夹攻残敌，拟一鼓而消灭之。

【中央社韩庄二十八日上午九时电】津浦北段正面我军大捷，临城于二十七晚十二时克复，峄县正在包围中，台儿庄附近之敌，已由□□□部包围，可全部歼灭，我汤军现由东南两面，向西包围，孙曹两军由南阳桥渡过运河，将临城至兖州之铁道破坏四十余处，并占领界河，向东南迂回，将津浦正面敌矶谷师团之后方完全切断，同时我汤军占领临城、枣庄两据点，向西压迫，敌约二万人，因完全被我包围，即行溃乱，现向抱犊崮山地乱窜，即可聚歼。

临城前夜克复

【中央社徐州二十八日电】㈠鲁南正面我军，自二十六日夜将枣庄完全克复后，即乘胜强行军北进，敌因临城以北铁道全被孙曹两军破坏，并已占领大汶口，无法后退，我当于二十七日下午将敌已占据多日之临城克复，敌现正向东溃窜，俘获无算，正清查中。㈡至左翼我军，自鲁西南济宁军事据点被敌占领后，迭攻未克，二十六日午敌且分三路由济宁向我阵地进犯，我守军当即让开正面，用扇式包抄，层层将敌迂回围困，切断敌后路，经血战结果，于二十七日夜攻入济宁城，刻正扫荡残敌。㈢在临沂方面之我军，右翼部队，自汤头镇与敌激战后，原取守势，兹闻中左两路大捷讯后，当即配合日照方面增援部队，于二十七日下午合力向敌采取攻势，激战至二十八日晨，敌势不支，向莒县方面溃退。总计此一战役，我军三路运动应战，将敌主力各个击破，实为抗战以来之空前胜利。

【徐州二十八日下午二时发专电】津浦北段正面战事二十八日下午益趋激烈，敌军增援，向临城反攻。

台儿庄血战中

【徐州二十八日下午十时电】津浦北段全线之敌共二三万人，其番号为一〇五、一一〇两师团，大部在滕县以南峄县、枣庄、韩庄附近一带，内有两联队在临沂方面作战，我军实力较敌雄厚，我自克复枣庄后，峄县之敌，在我三面包围中，连日激战甚烈，敌为牵制我兵力，故近日由峄县向台儿庄增援，二十七日夜，敌机械化部队一部分将我台儿庄以北之防线冲破一小点，有敌三四百人由台儿庄北门外挖地洞偷入，当被我军发觉，奋勇猛击，与敌血战竟夜，双方伤亡均众，迄二十八日午，将窜入台儿庄之敌全数歼灭，无一得逃，并续将台儿庄以北附近之敌击退，现仍与敌血战中，峄县之敌连日增援颇多，二十八日晨迄晚，我与敌猛烈血战，附近之庄村多数轰平，死尸满地，战事之烈，可以想见。

【中央社徐州二十八日电】津浦北段之敌，现仍不顾归路被断危机，集中主力，向临枣台支线进犯，对台儿庄尤拼死力争，敌之战略，满以台儿庄能下，即可迂回威胁徐州，我军洞烛其奸，早已在临枣台支线有周密布置，敌之猛袭台儿庄，无异自投陷阱，现经二十七日二十八日两日血战结果，敌伤亡惨重，已成强弩之末。

我军攻入济宁

【中央社曹县二十八日电】二十五日晨我孙曹两军向济宁挺进，与在西正桥之敌步兵约二百余名，炮四门，激战两小时，敌势不支，向济宁溃退，我军并乘胜进至八里庙附近，继向济宁围攻，二十夜攻入城内，少数之敌占据市房与我军巷战，现正扫荡中。

【中央社曹县二十八日电】据报，滕县、城冈附近有敌千余，我□旅及□旅二十六日将池头集附近敌人驱逐后，即进占该处，二十七日晨以一团向界河、柳泉方面之敌攻击，以□营向北河之敌攻击，我□□□所率之游击队二十七日晨进至县西南二十里双庄一带，并已将泗水太平桥、纪沟侨、商桥、吉利桥完全破坏，截断津浦，以阻敌之归路，又我□□等旅二十三日夜进袭兖州，乘敌不备，分将兖州西关占领，并破坏济兖间铁路十余段，桥数处，铁轨三段，涵洞桥三处，我□□等即向大汶口转进，二十七日进驻大石桥（肥城南）一带，续向大汶口袭击，二十七日夜大汶口即为我军占领，敌退路已断，现正东向莒县方面溃窜，被我俘虏甚众，现正清查中。

【本市消息】某机关接第□□师代师长张□电告袭击津浦北段官桥、南沙河两站经过云：弟于二十六日亲率乔侯两团，绕过滕县，夜袭官桥及南沙河两车站，经过如下，㊀令乔团于夜一时冲入南沙河车站，在站东发现敌警兵五名，悉予射杀，敌警觉，仓促应战，相持半小时，毙敌甚多，残敌不支，出站后门逃去，我即将沙河桥爆破，嗣敌驶来钢甲一列，以炮火机枪向我猛击，我预借地形隐蔽，未受损失，㊁同时令侯团第一营袭入官桥村，先射杀敌岗兵二名，该处有粮站一座，伏敌二百余，利用屋内枪眼抵抗，我即绕至屋后纵火，敌多烧死屋内，并焚其辎重甚多，侯团之第二营潜入官桥车站，敌军官数人正在车站仓库聚赌，被我马连附率兵数人冲入屋内，悉予击毙，另有敌兵六十余人不及应战而逃，被我尾追射杀过半，该站停敌材料车一列及北洋旗外新成之木桥均被我焚烧，并破坏其电线电杆甚多，是役侯团掳敌昭和十四年式手枪两枝，子弹、钢盔多件，日钞两张，我轻伤兵一名，乔团排长赵广文及兵二名受轻伤。

徐州城内被炸

【曹县二十八日下午十时电】自津浦线大战开始以来，敌飞机不断到徐投弹轰炸，多落车战前一带，从未向城内投弹，自我大举反攻，敌军进犯，感受困难，二十八日午十二时十分，敌重轰炸机十二架先后抵徐上空，向城内乱投炸弹，此为敌机轰炸徐州城内第一次，敌机投弹后，向北飞去，据事后调查，城内区公所落一弹，毁民房一间，公安局门前落一弹，内落二弹，毁房四间，伤三人，死一人，丁子巷落二弹，毁房二间，中山纪念堂门前落一弹，炸死民众男女各一，血肉模糊，情状极惨，公安局左巷杨姓房内落一弹，毁房一间，死兵站监部队员一人，伤二人，南关通达利皮行内落一弹，伤男女各一，毁房一间，铁佛寺后门落一弹，三十号龚姓家落一弹，毁房一间，后院落二弹，伤一男孩一女孩，北车站落五十一弹，毁客车三辆，敌军四辆，路轨三股，共十余段，民房十二间，伤三人，红十字会落二弹，毁房二间，下午二时解除警报。

【中央社徐州二十七日电】由南通侵入江北之敌，二十七日仍与我在盐城、东台间相持，闻该敌仅有千余人，附有坦克车及飞机助战，东台被陷时，我曾予敌以重创，并闻该敌有向兴化转进威胁高邮之企图，又邵伯之敌近有蠢动模样，我游击队二十五日夜向邵伯奇袭，敌仓促应战，被我毙九人，伤十六人，我亦伤亡三人。

毁敌机五架　夜袭大汶口之收获

【曹县二十八日下午十时电】我挺进队部廿七夜袭大汶口敌机场，在场西北端与敌警戒兵数十名发生激战，两小时许，将敌飞机五架炸毁，并获飞行用皮袄两件，皮靴一双，照相机一架，白面毒品一筒。

摘自《大公报》1938 年 3 月 29 日　　第二版

敌兵厌战　不知侵占之目的　希望苟全性命释放回国　俘虏玉利陆夫坦率供词

【中央社临沂二十八日电】津浦北段临沂之役，我军大获全胜，敌军被俘虏多名，由前方解回，兹据俘虏玉利陆夫供词，可见敌军内部情形之一斑，敌军均厌战，亦不愿战，亦不知为何而战，为谁而战，兹摘录其供词如下：玉利陆夫，年三十岁，广岛县人，家中有妻及女各一，曾在小学毕业，现充裁缝。自昭和四年一月十日入伍，昭和五年七月退伍，昭和八年参加演习二十天，昭和十二年（一九三七）十一月十九日奉召集令，同年十一月二十五日入营，昭和十三年（一九三八）一月五日自广岛出发，十一日到达大连，十五日由大连出发，一月下旬到济南，其部队长官计师团长为坂垣，联队长长野，大队长牟田，连长第一次中村大尉，战死后，由一后备役□（年五十岁）大尉接，后又负伤，目下住院疗治中，代理其职务者为大坪，闻已被击毙，排长永田少尉，年约二十七八岁。

　　敌军之编制与装备

　　㈠班人数为十一名，每排六班，每连三排，连以上不知。㈡排内之第五班为轻机枪两挺，射手一至二人，弹药手四至五名，余一、二、三、四、六各班皆为步枪，掷弹筒每排二三尊，每尊兵三四名。㈢每兵有枪一支，弹药携行，数约一二○发，手榴弹二个，防毒面具一。

　　敌军之补充及给养

　　㈠弹药补充，概用马车，每连二三辆随行。㈡给养除可能由马车输送之情况，概有携带食粮，如麦饭、硬饼干等。（俘虏参加之战役）㈠第一次在二月二十五六日，地点不易记，在济南东南，无铁路地带，出发者百余名，结果伤三十余，死三名。㈡此次临沂附近之役，自己与列兵一名，担任营部与连部之联络，因营部被围全灭，连部亦已被占领，故一人阵亡，己则被俘。

　　敌军之教育

　　㈠自去年入营后因系后备役，主要教育项目为卫兵、弹药补充及其他后方输送等，到华后，无特别演习。㈡对中国军作战，无特别注意者，惟常闻排长教以利用地形地物等。

　　敌军对伤亡士兵之处置

　　㈠伤兵一经发现，即由担架队后送。㈡战死者如有亲友另为收尸，则可单独运回，但为数不多，否则将全战死者尸骸合焚运回，然后师部随便分送至其家属，故其尸灰，皆非其原来者，家中父母对此非常痛心，并厌恶战争。

出发时之心理状态

家计全赖自己维持，故离家后，妻子生活颇为悬念，目下如何，因禁止通信，故未能悉，至自己出发时之心理，则早知此生必死，惟亦无可奈何。

军队生活

㈠月饷日金八元八角八仙。㈡被服，呢军衣裤，大衣、皮鞋等各一，昭和七年造，连之番号，以黑线记于左上袋，团之番号，则记于右上袋，行装内有军毯，并有护身符、钱袋。㈢战官，本连之战官年岁，多在四十左右之补充兵，其家庭皆甚贫苦，故多怀思乡之念。

被俘后之感想

㈠对于作战目的若何，全然不知，一旦突接召集命令，即仓忙入营，目的地、出发时期，均不知道，故一般士兵多无旺盛精神。㈡在未与华军作战时，仅知国内片面之宣传，至今始知中国军之真相，决不敢再作轻视。㈢被俘时因左腿被刺伤后，即被解往，曾经因此审问，本日到此，数次车载往来，以为必将被斩杀。

今后之愿望

希望能早日结束战事，俾能解放归国，抚养儿女，从事生意，此后决计绝不再与军事发生关系，亦不作侵略中国梦想。出发前，敌军官曾说"如被俘虏，应即自杀"，彼实无自杀勇气，但求能苟全性命云。

摘自《大公报》1938 年 3 月 29 日　第三版

犯台儿庄敌已败退　鲁西出击包围泰安　大汶口至兖州敌交通切断

【徐州二十九日下午九时发专电】台儿庄之敌，已成瓮中之鳖，现作最后挣扎，正在激战中；临沂方面，我军阵地转稳，今更出击反攻，扫荡当面之敌，兖州与大汶口方面敌已被我包围。

【徐州二十九日下午八时发专电】台儿庄当面之敌，被我孙、汤两部南北两端夹攻，解决不少，残余即可消灭，临沂方面，我又加上生力军。

【中央社徐州二十九日电】二十九日下午一时前方电话，我某有力部队，配合四团强劲之游击队某某等部，于二十七日猛力向大汶口之敌施行攻击，该处残敌据守寨垣等处顽抗，然我军斗志甚盛，有进无退，围袭肉搏，相继并施，敌卒不支，退守附近机场，我亦挑选敢死队百名，携带大刀及手榴弹，乘夜向该场进袭，敌被我炸死遍地，该场停有敌机八架，悉被我炸毁，其弹药库、油库亦焚烧净尽，火焰冲天，爆炸之声达数里之外，现我另一有力部队及该处游击队，已将大汶口以南、兖州以北敌之交通路线尽数破坏，敌已感首尾不能相顾，窘状毕露，我军乘胜向泰安猛进，泰安已被我包围，又兖州之敌，因后路被截断，进退维谷，即可全数聚歼。

【徐州二十九日下午十时电】台儿庄方面，我与敌连日血战，敌伤亡甚众，又有敌向台儿庄增援，自二十七日起敌增援兵四千余人，战车三十余辆，我在台儿庄以北刘家湖方面据险迎击，并利用夜袭，毙敌甚众，二十八日下午七时，敌以步炮兵二千余人联合，向我刘家湖以东猛进，经我军迎头痛击，二十八日夜敌进据台儿庄以北，并有一部冲入庄内，我乘夜冲锋，并选敢死队三百人，士兵争先报名者八百余人，各携手榴弹五六枚，宣誓"不击退敌人，决不生还"，迄二十九日早，卒将台儿庄之敌完全击退，并向前继续推进二十余里，台儿庄形势转危为安，二十九日晚台儿庄以北我与敌仍继续血战中，我生力军一部向峄县以东增援，已与临沂我军取得联络，正向峄县进攻，据探报，右翼之敌由莒县、沂水向临沂增援，二十九日拂晓敌在临沂方面三官庙与我发生激战，我兵力雄厚，十里堡、前后岗等地战事均极激烈，各处之敌约三千余人，迄二十九日夜仍在血战中。

【中央社徐州二十九日电】二十九日午，敌机十七架飞至台儿庄及宿羊山以东各村大肆轰炸，图阻我军前进，投弹二百余枚，仅炸毁民房一部，毙无辜农民数十人。

【中央社徐州二十九日电】台儿庄电话，我孙部二十九日上午全力由台儿庄出圩反攻后，二十九日下午敌已向东北溃退，我夺获坦克车四辆，二十九日晚，我军并已向前穷追，闻有千余之敌被我困于某地，其余溃退之敌，亦被我截断归路，日内即可悉数歼灭。

【中央社徐州二十九日电】韩庄经我收复后，我以该处无关重要，仍退回运河南岸，该处二十八日有敌五六百，炮数门，于晨十一时至下午四时，与我隔河相互炮战，我无损失，二十九日韩庄附近又增加穿杂色军衣之敌七八百，其企图不明。

临城枣庄我军暂退

【徐州二十九日下午十一时电】津浦北段之敌向台儿庄、峄县、枣庄一带进犯以来，我与敌大混战，战况剧烈，敌连日积极增援，向我反攻，其由滕县、官桥南来之敌军二十八日早一时起猛烈向枣庄攻击，我进驻枣庄之部队奋勇抵抗，与敌血战，同时峄县之敌亦增援反攻，血战一昼夜，我进驻枣庄之部队因过于突出，并因战略关系，向后移动，放弃该地，现仍在枣庄东南一带与敌血战中。

【中央社徐州二十九日电】津浦线正面战事，临城经我军于二十七日晚收复后，二十八日下午敌从齐村方面增援，集中全力，大举反攻，我以兵力较薄，为避免包围，暂退出城外，现已增调部队，准备绕攻，以击破敌之主力，在台儿庄以北一带敌又增援三四千人，顽强抵抗，我军于二十九日拂晓三时开始总攻击，敌亦向我攻击，往返冲锋，血刃肉搏，战况之烈，空前未有，刻尚在激战中，我军再接再厉，务期将敌悉数聚歼，至济宁方面，我军于二十七日奋勇攻破敌阵地，杀敌无算，敌狼狈溃逃，我军遂乘胜进入济宁西关，而敌方大部增援，以炮火掩护，拼命争夺县城，我军暂退出城外，仍取包围形势。

【中央社徐州二十九日电】临城敌我巷战数小时，城内之敌大半为我解决，一小部退回敌之司令部，闭门顽抗，我军乃一面围攻，一面纵火焚烧敌之辎重，所有弹药粮秣均着火，至二十八日上午六时，敌增援部队已到，发生激战，我军始率部出城外，是役毁敌辎重甚多，火光于二十八日晚仍可望见。

【中央社徐州二十九日电】津浦北段战事，壮烈空前，敌以全力进攻，我亦以全力抵抗，处处包围，节节切断，故每一村一镇一城之争夺，恒经几十次之肉搏，而战事形势，亦因此瞬息万变，不独今日与明日固多差异，即午前与午后亦未必相同，敌自被我在临沂、临城、济宁各地击溃后，复分途增援，希图恢复颓势，但我军亦正迂回包围，正攻侧击，双管齐下，现尚未达决胜时期，故小进退自不可免，但就大势观察，敌被我包围歼灭为期甚近。

临沂激战形势尚稳

【中央社临沂二十九日电】临沂方面，敌自二十四日至二十六日连日猛攻，并以飞机十余架重野炮十余门竟日助战，猛烈轰击，我官兵奋勇抗战，迭次肉搏，伤亡甚重，敌终未得逞，但我阵地完全被击毁，守兵牺牲殆尽，临沂城垣殊属危急，乃奋勇全力反攻，战斗至为激烈，毙敌甚众，于二十九日晨克复三官庙、小钟庄、胡家庄等处，获轻机枪八挺，步枪六十余支，我亦伤亡甚重，敌退却时，各村民众均被惨杀，深堪痛恨，现各部仍在激战中。

【中央社临沂二十九日电】沂河东西两岸二十九日晨均发生激战，东岸战区已回至三官庙一带，我军屡向敌冲锋，毙敌甚多，二十九日下午犹在相持，西岸我某部在十里铺、石岗头、前岗头等地与敌肉搏，该方面之敌约三千余，骑兵一大队，炮八九门，二十九日下午战事尚未停止。

【中央社临沂二十九日电】临沂方面，我□□军右翼稍后退，□□军增援部队二十九日晨亦已加入战斗，我自增援后，猛烈反攻，敌不支溃退，即可将残敌完全歼灭，敌因正面未得逞，复以步炮联合之敌约千人，犯沂河西面之古城，南埠小岭道之敌，昼夜猛攻，炮火剧烈，我军于烟焰中，浴血奋战，敌伏尸累累，仅小岭敌尸即已有四五百具，我亦颇有伤亡，现仍相持中。

敌调来两师团增援

【中央社徐州二十九日电】敌鉴于津浦战事节节失利，近三日内由青岛登岸两师团增援津浦线，图挽回颓势。

【中央社徐州二十九日电】峄县以北之郭里集一带敌矶谷联队被我歼灭殆尽，我军此次胜利原因有二：㊀敌凭村落碉楼固守，我则用火焚攻烧毙敌人极多，㊁敌坦克车冲来时，我第一线步兵，即向其随行之步兵猛击，两相肉搏，敌所有坦克车均失效用。

【中央社徐州二十八日电】津讯，近数日来右路敌军均遭惨败，伤亡甚众，二十八日运到平津之伤兵达三千人，前由关外开来之敌军人数虽众，率多新入伍者，经平津临时训练陆续南运，二十八日有二千余人赴津浦线增援。

【中央社徐州二十九日电】敌自进犯东台后，现在斌堰镇以南与我某部对峙，二十八日敌千余，在盐城南之刘庄与我某某两部发生激战，我极占优势。

【郑州二十九日下午九时发专电】敌近由关外调来中岛师团，约两万人，加入平汉线，现已陆续开至顺德、安阳。

摘自《大公报》1938年3月30日　第二版

临台支线战事最烈　台儿庄敌陷重围犹作困兽斗　临沂敌又重创据报全线北退

【郑州三十日下午六时发专电】津浦北段今日各阵线情形：㊀台儿庄有敌三千，㊁峄县有敌三千，㊂临城至枣庄有敌六千，㊃临沂有敌五千，㊄犯赣榆者约千余，大半系伪军，已被我击退，向安东卫、日照追击中，台儿庄之敌陷于重围，现已弹尽粮绝，仅靠飞机输送接济，避匿碉楼，不敢外出，临城、枣庄我军均一度入城，敌以远射程重炮轰击，我军弃城，与敌作短距离战，白刃肉搏，杀敌无算，正压迫其残余缴械，现据确报，济南一带并无敌之增援部队，在大汶口、兖州、滕县之敌均已被围，难以活动，我刘部骑兵一团今抄至平原、恩县，人们纷起响应，当克复该两地，正向德州以南游击。

【中央社徐州三十日电】我军三十日晨再度击溃反攻台儿庄之敌后，已占领圩外之三里庄、板桥、南洛等地，敌向全里庄之铁道东退却，我两侧部队即乘机驰出协击，又发生喋血大混战，我扼险堵击，敌屡次突围，争夺圩外各要点，达七八次，现仍在围击中。

【中央社徐州三十日电】津浦北段，我军以崭新之战术，展开空前大战，敌经我连日痛击，已逐渐疲惫，总观五日来战况，敌在临枣台一带已坠陷阱，惟仍极力挣扎，向我台儿庄猛犯，以图断我归路，讵遭我骁勇善战曾在南口建立奇勋之□□军血战五日，已将敌两联队歼灭三四千名，敌尸枕藉遍野，沙场易色，自廿四日台儿庄形势危急，我军孙部开往增援，廿五日开始攻击，剧战于台儿庄之北，我鼓勇前进，一日间连克五六村，二十六日敌增机械兵种两联队，向我总攻，我因未及赶筑工事，血战竟日，各村据点多被轰毁，乃退回原阵地，旋我平射炮运到，将敌坦克车击毁三辆，当夜战事稍息，我军赶筑工事，并派迂回部队绕至敌背，二十七日晨敌向我台儿庄圩内猛冲，我池师率部在台儿庄东北方面猛扑敌背，另一部在台儿庄圩内奋勇堵击，我各级军官分率英勇将士一律赤膊，手执大刀，腰中满插炸弹，与敌浴血肉搏，自晨至夕，窜入台儿庄北圩之敌五六百名，悉被歼灭，凭碉楼顽抗之五十余名，亦被我以手榴弹完全炸毙，台儿庄北圩外敌亦被我池师击退，是日我平射炮尤发挥威力，将坦克车敌击毁十一辆，敌至为寒胆，二十八日拂晓，我敌又开始冲锋，我军士气益奋，仍怀大刀手榴弹，向敌阵猛冲，一声喊杀，震撼山岳，我军每一呼

"杀"，敌则同声喊"坏"，敌飞机虽来助战，因双方肉搏，亦无法展其所长，而大炮亦失其威力，坦克车更难活动，机械化已无价值，是日我又击坏其装甲炮车三辆，战至黄昏，方稍缓，迄二十九日，敌因后路被我截断，运输困难，乃以飞机六架运送弹药给养，三十日晨，残余之敌在台儿庄以北十数里之三四村内，被我大军重叠围困，敌图退却，以飞机六架掩护助战，我军再施猛攻，战至午刻，益形激烈，敌屡图突围，均难得逞，我大举歼灭之计划，已逐一实现，残敌仅余六七百名，计至三十日晚止，我共获敌坦克车十五辆，装甲车三辆，大炮六门，机枪二十余挺，步枪数百枝，军用品无算，此次胜利，殆与临沂无分轩轾，该股残敌，不难于二三日内一鼓而歼之，我部乜子彬及团长韩世俊、王冠五、王彬均受伤，但仍在前线负创指挥，轻伤士兵均不愿到后方疗养，士气之激昂愤慨，可以想见。

【徐州三十日下午十时电】现闻敌向鲁南段增援两师团，准备由青岛登岸，我新增援之部队已开到台儿庄附近，各路推进，希于敌军增援未到以前将台儿庄、沂水、枣庄及临沂北之敌全部解决。

【中央社临沂三十日电】临沂以北之敌，自二十七日晨开始向古城一带我军阵地攻击，复于二十八日增加约千余人，炮十余门，连原来军队共四千余人，炮二十余门，附有飞机，往复轰炸进击，村中房屋多起火焚烧，血战两昼夜，我军仍据守原阵地，迄今日拂晓，敌再度进攻，三次争夺阵地，毙敌数百，敌势不支，总计数日激战结果，敌伤亡约三千人，有撤退模样，我已准备追击。

【中央社讯】军息，我军事机关昨日下午四时半接前方电话称，临沂敌军向北全线溃退，我某部正向前追击中。

空军飞峄县轰炸

【中央社讯】昨日上午八时，飞机□□架飞往津浦线峄县，轰炸盘踞该处之敌，当我机飞到时，见城内之敌军甚形紊乱，辎重品甚多，当即投弹轰炸，均命中爆发，且见数处着火，我机于投弹后，均安然飞返。

【徐州三十日下午十时电】三十日晚交通界息，我孙曹所部有克复兖州说，但无官电证实。

【中央社徐州三十日电】济宁方面，敌军自增援后，我军向济宁侧击之部队正采取积极行动，已达牵制之目的，我袭击池头集之部队，准备向界河、两下店进攻。

【中央社徐州三十日电】盘踞邵伯之敌，自被我袭击后，戒备极严，连日在周围高地及公路附近埋设地雷，建筑防御工事，并逐日增加敌二三百名，现有迫击炮三门，小钢炮两门，扬州方面之敌，近亦陆续增加二千人，并派一部，约四百名，附重炮四门，马十余匹，开抵甘泉山，连日扬（州）靖（州）公路运输颇繁，敌大量军实由扬向东运送。

【曹县二十九日电】现此间我展师唐旅独立□□□旅于二十三日猛袭兖州，分占西关、北关，与敌激战数小时，乘机破坏兖济支路十余段，涵洞三四处，兖州以北白家楼间铁路三段，涵洞二处，并将兖州附近敌之防御及飞机场尽行捣焚，我伤亡官兵二十余名，敌伤亡约四五十名，旋转向大汶口、泰安间铁路以西夏张、马庄、红庙一带挺进，二十七日夜主力进袭大汶口敌机场，与步炮联合六七百之敌激战两小时，击毁敌机三架，获照相机及航空衣多件，并以两部乘机破坏百子坡、朱家堡、彭宿店、尚庄、白峪、常庄等处铁轨二十余段，铁桥三孔，电线约八百公尺，谷师时旅二十七日午在土山桥与步兵四五百、炮四门、战车六辆之敌激战数小时，被我奋勇击退，现在下花村与我对战中，谷师炮兵营长阵亡，官兵伤亡二百余名，敌伤亡三百余名，又张所率之五团破坏临城、滕县间铁路桥梁及敌之军用电线后，即分向南沙河、官桥一带对该处铁路、桥梁、敌之粮秣及运输器材正施行破坏中。

【中央社正阳关三十日电】津浦南段之敌，因被我四面牵制，无法活动，颇以为苦，近敌欲冲破此种困厄之现状起见，连日在和县、含山、合肥等处大肆轰炸，并另派部队在和县方面积极侵犯，冀直入含山、巢县，迫我合肥部队后撤。

摘自《大公报》1938 年 3 月 31 日　第二版

临沂我军再度大捷　台儿庄激烈争夺战　昨晨敌退窜当午又增援进犯

【徐州三十一日下午七时发专电】台儿庄之敌，今晨有一部突围向北退窜，残余即可肃清，台儿庄我已克复大半，临沂之敌北退四五十里，枣庄、峄县仍在激战中。

【徐州三十一日下午五时发专电】张□□军再度加入临沂作战后，二十九日起开始向敌人反攻，激战两昼夜，士兵冒炮火冲锋，张氏亲临前线督战，卒歼灭当面之敌，使残敌向北溃退，此役既稳定原阵地，并遮断敌向台枣线增援，各军事长官已电蒋委员长，请从优叙奖。

【中央社徐州三十一日电】台儿庄电话，我军三十日击退再度反攻台儿庄之敌后，当晚即施以紧急追击动作，一面并预伏大军，据险堵截，三十一日晨一部被我追击及堵击部队围困于台儿庄迤北大庄之敌，约一大队，凡一千人，经我前后夹攻，悉数歼灭，几无一免脱，是役为近一星期来鲁南我军最痛快之一战。

【中央社徐州三十一日电】我敌对台儿庄之争夺战，经三十日晚三十一日晨最后肉搏，似已告一段落，庄西北大庄之敌，既被我悉数歼灭，窜扰庄东南之敌，亦经我肃清，其他潜伏庄外之少数残敌，我已派队扫荡，不足为患，台儿庄车站及近郊，已无枪声，是役除毙敌千余人外，又夺获坦克车十七辆，并俘获甚多。

【中央社徐州三十一日电】台儿庄三十一日下午八时电话，三十一日午，敌以重炮掩护，续由铁道正面向我台儿庄附近进犯，致喘息甫定之台儿庄争夺战又告复发，薄暮我军全线出击，战事极为激烈。

【中央社徐州三十一日电】孤军深入临枣台支线约一个半师团之敌，自被我占领枣庄后因中腰被截，即感首尾不能相应，复因运河阻其前，微山湖扼其西，山地峙其东，半筹莫展，乃不得不集中全力，与我作台儿庄之猛烈争夺战，一周来，敌由铁道正面及两侧，三路犯台儿庄，与我在台儿庄圩内外白刃肉搏，不知已有若干回，附近各村庄得而复失者亦不知若干次，三十一日午敌虽鼓其余勇，再度反攻，但已无能为力，并逐渐坠入我大规模歼灭战之圈套中，大庄一大队敌军之整个被歼灭，仅为此伟大歼灭战之序幕，短期内将有更较多数之敌步其后尘，全部继续坠入圈套，军事家认敌之屡攻台儿庄，盖以台儿庄为鲁南重要据点，亦即徐州东北屏障，得台儿庄，即可收战略上之某种效果，而使坠入圈套中之敌复活，殊不知圈套束缚本严，愈挣扎愈危险，结果非全军覆没不可，目前敌似已发觉其险象，急自华北调队来援，惟泰安以南之路轨桥梁，被我节节破坏，输送需时，阻碍亦多，事实上确已缓不济急，即令就近调渡过沂河西岸部队增援，因有临沂我军蹑其后，山地我军拒其前，亦决非易事，总之，鲁南伟大之歼灭战场面既已揭开序幕，精彩节目，自当陆续继其后也。

【中央社徐州三十一日电】枣庄东北黄山、马岗村一带之敌，二十八日与我□师□旅激战一昼夜，双方伤亡均大，二十九日晨敌大部向郭里集方面撤退，我□□等部二十九日晚由女峰山经尚岩、兰陵镇向南转进，至泥沟、北洛问遮断峄县与台儿庄之联络，并协助□军围攻台儿庄之敌，□□等部二十九日晚占领平山、傅山、石城岗、青山、女峰山一带高地，向峄县会攻，该敌后方联络线已被截断，增援亦不及，故难脱逃。

【中央社徐州三十一日电】敌步兵七八百，以炮火战车掩护，三十日由北向我杨家庙、张楼、常沟一带村落活动，我孙庄、枣庄主力即迎头痛击，由早至晚七时，继续猛烈肉搏，我军沉着应战，三十一日仍激战中。

【中央社徐州三十一日电】临沂西北之敌，确已后退，我正追击中，又临沂东南之卞庄三十日晚发现敌人经过，向城前进，其先头骑兵百名，与我某部发生遭遇战。

【中央社徐州三十一日电】济宁方面，我某部三十日攻克河长口。

【中央社徐州三十一日电】我袭击大汶口部队，二十九日晚越汶河活动，破坏泰安东北堡一带铁桥二孔，路轨七段，电线三百公尺，并击毁适由泰安南驶之探照车一部，另有敌战车四辆，被其逃逸。

【中央社徐州三十一日电】我进攻日照之某部，已收复巨峰，毙敌一百余，残敌向高兴庙一带溃退，涛洛海面停敌舰三艘，二十八日下午运大宗弹药上陆。

鲁南敌重创　两日内五千战死

【中央社上海三十一日海通电】昨晚津浦北段剧战，临台支线尤为激烈，华军已集大军于韩庄与台儿庄一处，日军则犹作困兽斗，双方伤亡均重，据讯，过去二日内日军战死者达五千人云。

【中央社徐州三十一日电】津浦北段，我军连日猛烈反攻，敌腹背受创，已开始溃退，自三月二十一日起开往前线军用车，无一辆开回，以备退却时之用，敌并在津浦线各据点构筑防空及防御工事，连日关外又无援军到达，故敌后方空虚，极感恐慌。

【中央社徐州三十一日电】我军汤部本月二十五日在枣庄东南郭里集、牛角纪、官庄、潭山一带作战，俘获如次：俘敌排长上尾一马一员，获步枪四十一支，步枪弹九百余发，并击毁坦克车五辆。敌与我作战部队为矶谷廉介师团之赤柴联队，全部因用火攻，确已歼灭殆尽，其联队长闻在郭里集战死。

【中央社徐州三十一日电】敌关东军增援关内之部队，已开到十分之七，如再抽调，关外治安将不能维持，因东北我义勇军现又乘机而起，关东军现正设法严加防范，并训练新兵，以备补充。

【中央社曹县三十日电】我军二十八日深夜袭击平原，敌仓皇应战，我军奋勇冲杀，激战至晓，敌不支溃退，乃于二十九日晨七时正式克复平原，计毙敌四十余名，俘十三名，获旗帜两方，步枪十一枝，焚毁辎重无算，并将铁路线破坏五处，恩县、平原一带民众，经我军宣抚后，愿相随杀敌者，达二千名，首领为王化山、王子范等。

【中央社徐州三十一日电】南通、如皋一带之敌，约一千五百，炮十四五门，近日敌有在扬州增兵三千之说，敌某师团长曾到邵伯，视察后方，弹药运输频繁。

【中央社郑州三十一日电】濮阳敌军三十一日晨向鲁西濮县进犯，当与我某部发生激战，至下午仍在相持中。

中外记者云集徐州

【徐州三十一日电】津浦北段大战，为第二期抗战最后胜负关键，亦为双方主力胜负之决斗，故战事演进情形，极为世界人士所注目，连日英美法俄德各国记者均来徐州观战，我国各大报之记者，亦云集于此。

徐州祝捷

【中央社徐州三十一日电】第某战区民众动员委员会以鲁南伟大歼灭战已揭开序幕，并一次歼灭敌人达一大队之多，特于三十一日晚在徐中山纪念堂开游艺会庆祝，到民众数千，会中以由战地服务团青年男女四十人合唱之保卫大徐州节目，最为精彩，全场掌声雷动，欢呼若狂。

摘自《大公报》1938 年 4 月 1 日　第二版

鲁南我军二次总攻　台儿庄残敌清剿中　我空军飞峄县台庄间轰击 两下店界河克复断敌后路

【中央社徐州一日电】津浦北段我军，三十一日夜全线开始向敌第二次总攻，尤以临枣台支线因已进入最后决战阶段，厮杀最烈，收获亦大，孤军深入支线之敌，原只一个半师团，自二十四日晚我第一次总攻以来，已被歼灭达五千人，所剩者仅约万人，其机械化部队亦经我用平射炮击毁逾半，三十一日、一日两日，敌虽集合剩余部队，与我在台儿庄附近作拉锯战，复被我用火攻，歼灭甚众，敌尸正在清查，现残敌已被我汤、孙两部利用优越地形前后夹击，我机械化部队又猛冲助战，敌决难生还，我国贤明之军事家久已判断台儿庄无异欧战时之"但能堡"，近年我国陆大员生亦常以台儿庄为野外演习地点，足征我对台儿庄之重视，已非一日，敌之在台儿庄均遭覆没，乃我人意中事，至临沂我总攻部队，一日已将残敌驱逐至临沂迤北四十华里以外，敌遭第二次惨败，又溃不成军，其乘隙窜至卞庄往向城前进企图策应台儿庄方面之敌，亦经我歼灭大半，确不足为念，鲁西及津浦正面我军，一日亦有相当进展，其他我侧袭泰安、临城间之部队，亦极为活跃。

【郑州一日下午九时发专电】由峄县以南至台儿庄一带之敌为矶谷师团，有炮三四十门，坦克车四五十辆，我以□师守台儿庄，现在台儿庄敌已无战斗力，我大部并在台儿庄东北□□及其以北地区，向西侧击铁路沿线之敌，临沂北退之敌改向西北活动，图解峄县之围。

【中央社讯】昨日晨我忠勇空军一队，飞赴鲁南各线助战，并向峄县、台儿庄间之负隅残敌投下大批炸弹，均命中爆发，浓烟四起，毙敌甚众，我机任务完毕，安然飞返防地云。

【徐州一日下午十时电】台儿庄附近之敌大半被我击退，少数残敌仍据高地顽抗，今日仍与我血战，我孙军□部乘胜推进之某劲旅，昨今两日在马黄与敌激战，我将马黄庄、大庄、小集、三佛楼、獐山等地收复，残敌千余均被我歼灭，又敌步兵千余人，经我德卡庄，转往台潍公路，在兰陵镇南与我某部激战，我毙敌甚众，台儿庄、马庄被我击退之敌一部，扑进我岔路口阵地，双方肉搏，敌被我歼灭大半，纷纷溃窜，又枣庄及峄县附近战事亦甚激烈。

【中央社徐州一日电】三十一日午，敌由铁道及两侧三路向我台儿庄反攻，先以大炮十余门向台儿庄园上北站一带集中射击，继以坦克车多辆向我岔路口阵地猛冲，我军沉着应战，敌无法进展，三十一日晚我军以敌势已疲，分向刘家湖、张楼、三里庄各地出击，敌被歼灭甚众，一日晨至午，敌为报复，敌以野炮重炮三四十门向我不断射击，战车四五十辆同时向我猛冲，仍被击败，午后，敌全线又转趋活动，发炮达数千发，并有战车二十余辆，掩护步骑兵，与我部大战于园上、孟村、岔路口等地，我高级长官亲临前线指挥，士气甚旺，薄暮仍在激战中。

【中央社徐州一日电】由峄县南下之敌，至多不过三千余人，其主力仍在峄县西北、西南一带地区，抱犊崮二十八日晚即为我占领，歼敌颇众，峄县东十五公里之夏庄，三十晚到敌数百，被□□师一团击退，嗣敌增加约三千人，向我□□两军阵地空隙乱窜，经我截击退回，峄县之敌并向东攻击，与我对战中。

【中央社徐州一日电】津浦正面，我□军于二十九夜袭击三里庄，三十晨为我占领，施敌步炮战车联合反攻，肉搏甚烈，双方伤亡均重，我□□师已攻占南洛，截断后路，现敌由北洛向西南移动，台儿庄及北站之敌三十晨向我□□师猛攻，我□部与敌肉搏数小时，将盘踞城西北角之敌，歼灭大半。惟东南角仍有敌残部，据要点顽抗，三十一日下午我□军反攻，进展极速，已占领马庄、卞庄、兰成店等处，向西续进，其一部三十晚在大庄附近将敌一大队歼灭，并克复台儿庄北四里之某庄，现敌后退无路，被我四面包围，正剿灭中。

【中央社徐州一日电】据报，连日敌在台儿庄附近战死官兵尸身已有四千余具。

【徐州一日下午十一时电】津浦北段正面，我敌仍隔运河相持，临沂西北之敌三十日确已向来路后退，我某部骑兵连日追击，毙敌甚众，三官庙敌千余人，炮四门，迭次向我进犯，经我痛击，毙敌甚众，现敌除炮兵射击外，其步兵不敢进犯，临沂以北之敌，分两部经我角河庄、南曲坊向汤头镇并经义堂集向来路方面退去，临沂正南三十里傅家庄三十日晚发现的骑兵五六十人，步兵百余人，经我截击，即可解决，窜向城（峄县临沂间）之敌，其先头部队骑兵百余人，与我军激战中，又敌一部三十一日窜爱曲，威胁在右翼，我一面向爱曲之敌袭击，一面向临沂东方及北方袭击，共毙敌千余，敌大部向东北溃退，我正追击中，沙岺子一带今日已无敌踪，据报，费县发现敌之增援部队，有向临沂增援之情形。

【金乡一日下午十一时电】我孙军□团三十一日夜袭两下店，敌恐慌万分，未敢恋战，离站而去，我军当将两下店收复，分往南北附近，将铁路及桥梁完全破坏，顽敌凭坚抵抗，现正在我包围歼灭中，又我□团同时收复前坑及界河车站，正与残敌激战中，我并分兵将车站南北十里内之铁路桥梁炸毁数处，敌后援已断绝。

【中央社徐州一日电】路息，传韩庄经我渡河部队之奇袭，一日又第二度被我收复，敌向台儿庄方面窜退。

张自忠告捷电

【郑州一日下午八时发专电】张自忠通电告捷称，临沂当面之敌，自二十七日开始向我古城、南沙埠、小岭北道攻击，后复于二十八日增加千余人，炮十二三门，共约四千余，并以飞机往复轰炸，密集炮火射击，村中房屋多着火焚烧，烟火弥漫，我军喋血抗战，前仆后继，毙敌极众，伏尸遍野，战事激烈，为前所未有，我守军血战两昼夜，占领各阵地，一息尚存，决与敌奋战到底等语。

【中央社徐州一日电】此次由胶东增援反攻临沂之敌，为长坂师团，酒井兵团即该师团之一旅团，该师团之兵，以预备兵役及后备兵役为多，年龄均逾三十，且多系工商阶级，莫不一致厌战，自调至临沂附近，鉴于坂垣师团之惨败，又于厌战之外，充满惧战情绪，此次某司令长官，复派参谋长徐求谋前往，代表部署反攻，徐之把握敌之厌战惧战心理，秉承最高当局及某司令长官意旨，运用其巧妙战略，复得张庞缪各部将士之协同动作，奋勇应命，卒将长坂师团继坂垣师团之后击灭，遂造成临沂之二次大胜。

敌拟在津筹设华北盐业公司

【中央社徐州一日电】津息，敌因工业盐及食盐甚缺乏，过去即有赖于华北之输出，最近特在津筹设华北盐业公司，资本规定二千万元，拟以目前之长芦盐及久大精盐为主体，作将来进行之基本。

摘自《大公报》11938 年 4 月 2 日　第二版

台儿庄激战中　临沂西窜之敌被阻向城

【郑州二日下午七时发专电】台儿庄至峄县一带，今日更入于混战状态，敌毫无粮弹之接济，又缺乏部队之增援，仅能占据村庄抵抗，我乃施火攻，敌一股北退，一股东窜，我对北退者已派队追击，东窜者在台儿庄右翼岔河镇与我军遭遇，人数不多，已被包围歼灭，其由临沂西窜峄县之敌，本图攻我军之背，解台儿庄之围，但进至向城，已被我军所阻，未能得逞。

【徐州二日下午十一时电】津浦北段，我敌在台儿庄一带大混战，已逾十二日，敌之兵力最初共四联队，坦克车八十辆，重炮八门，野炮山炮三十二门，连日血战，敌之兵力已被我歼灭达一联队，现敌将滕县、临城大部向台儿庄增援，同时临沂之敌北撤后，以二三千向台儿庄以北向城方面移动，台儿庄西北、东北两角原被敌占领，两处敌约千人，一日晚我分路进攻，我□部攻东北角彭家楼、插花庙之敌阵地，将该地之敌歼灭大半，我将该两地克复，并继续猛攻三里庄，板桥旋亦克复，同时我□部由侯新进攻，克复台儿庄西北角巩庄、范口之敌阵地，当时我官兵奋勇异常，与敌肉搏十余次，将敌千余人歼灭约六七百人，台儿庄北门仍有少数之敌据碉楼顽抗，二日晨敌由峄县用汽车二十余辆，运增援军，向台儿庄反攻，经过极剧烈血战后，三里庄、板桥两地复陷敌手，我亦开到援军，继续向三里庄、板桥进攻，现台儿庄北门内之敌仍在我包围中，枣庄方面，敌以后路被我截断，敌接济断绝，亦同四出抢掠粮草，我对枣庄暂取守势，连日无激战，峄县之敌仍坚守顽抗，临沂方面，敌分别向汤头镇、义堂集撤退，临沂以东已无敌踪，敌另有二三千人，转向枣庄、临沂间向城集结，我已派兵迎击，发生激战，我□部于一日夜向台儿庄东北之兰陵镇、洪山镇一带猛攻，毙敌甚众，残敌不支，向西南溃退，台儿庄北五圣堂、陶沟集、上村一日夜亦有战事，迄二日仍甚剧烈，至发电时止，台儿庄大战仍烈，我军新布置已完成，敌将兵力全集中于右翼，但人数约六联队，我军于最短期间即可将敌完全歼灭。

【中央社徐州二日电】一日、二日两日我敌在台儿庄圩内及附近均有激战，敌被我歼灭又逾千人，我孙部亦有壮烈牺牲，现窜入圩内之敌已告肃清，圩外附近之敌亦向东北溃退。

【徐州二日下午十一时电】津浦正面，我□□□总指挥亲在最前线督战，自二十三日起，我与敌苦战，迄今已十余日，一村落一堡垒之争夺，宁冒重大牺牲，决不放弃寸土，尤以台儿庄围墙之坚守，我虽有相当伤亡，而敌每日以汽车满载尸骨运回峄县焚化者共约数千以上，前日，我孙总指挥向官兵宣誓，与台儿庄共存亡，即剩一兵一卒必以最后一滴血洒于锦绣河山之上云。

我克界河等地后　鲁南之敌大恐慌

【徐州二日下午十时电】津浦北段，敌连日迭次增援，据探报，敌兵均系由平绥线调来，据临沂我□军事长官接天津情报，山海关无人关之兵车，实因关东军已无援军可调，故津浦线敌极恐慌，现兖州以北敌军甚少，我□部已向□地出动，战事即将有大进展，右翼日照、涛洛开到敌伪军李寿山部二千余人，刘佩忱部团长张汝凯于三十一日率部二百余人反正。

【中央社徐州二日电】临沂方面战事，二日稍沉寂，据报，敌二次惨败后，又自胶东增援，并已到达汤头附近，我军已部署新计划迎击。

【临沂二日下午十时电】我军于二十九日夜全线猛烈出击以来，连日与敌激战，敌损失颇巨，疲战已极，敌已向北溃退。我除追击外并向艾山义堂集一带追击中。

【中央社临沂二日电】我军确于一日下午将界河、两下店收复，刻我某部主力由临沂向向城进攻，与增加向城之敌约二千余人在洪山镇附近激战，同时我军在台儿庄对敌施行猛攻，据军事专家观察，咸认我军在鲁南获胜至有把握，我对于临沂溃退之敌正进击中，汤头镇以北之交通已被我完全破坏。

【中央社徐州二日电】我军于克复界河、两下店后，滕县与临城敌军之联络已皆为我截断。

【金乡二日下午十时电】盘踞于济宁、嘉祥之敌，近因津浦正面敌后路被我切断，故极恐慌，我孙军展师以□□□、□□□、□□□等线为攻击准备阵地，连日向敌分路猛攻，另一部向新挑河、周村铺一带游击，并将河长口通嘉祥之公路破坏，迭与敌在于家桥、安居镇发生遭遇战，三十一日在固山附近阵地与敌激战，敌炮火异常猛烈，以土山桥、固山为目标，我军誓死抵抗，毙敌三四百人，我亦有壮烈牺牲，三十一日我□团绕至蚂蚁山东北侧，向敌侧袭，敌不支，向嘉祥城内溃退，是役我伤亡营长二员，营附以下十余员，士兵二百余名。

【曹县二日下午九时电】我军赴泰安一带游击，断敌归路，已达到目的，现我军再度分发前进，破坏敌之交通，三十日晚十时，我队将泰安北十六里大佛寺之铁桥炸坏一孔，并转至常家庄，破坏铁轨四段，电线五百余米，我另一队于一日早一时已猛进至大小万德间，当即将该处涵洞铁桥炸坏一孔，并毁铁轨数段，拂晓复乘隙将张夏（距济南一百一十华里）南土门之铁道完全炸毁，现已越过张夏，向崮山（距济南六十五华里）铁道两侧游击。

【徐州二日下午十时电】敌舰一艘三十一日晨在连云港环东西两岛附

近窥探，发炮二十余发，一日晨又增一艘，放下小汽艇六支，至接近东西两岛处巡弋，至十二时半向北驶去。

摘自《大公报》1938年4月3日　第二版

台儿庄我四路获胜　昨夜再度全线出击　津浦北段之敌显然遭受顿挫

【郑州三日下午七时发专电】津浦北段敌人攻势已显然遭受顿挫，我则已收攻击之效，现时敌不独难越过运河，对现有阵地，亦不易坚守，今日前线传来消息，敌在韩庄、枣庄、临城因伤亡过半，每处只有一两千人，韩庄七八百，我为集中兵力，现由台儿庄至峄县至临沂布成阵地，取严密联络，峄县台儿庄间之敌欲图突围，实甚困难。

【中央社徐州三日电】津浦北段战事，仍以台儿庄一带为中心战事地点，现集中于下列四路：一路在台儿庄西北约四五公里，即临枣台支线迤西之插花庙、彭家楼、范口、龙家园等村落，犯该路之敌，二三日经我反复肉搏，终被击败，敌伤亡惨重，已向板桥溃退；一路在台儿庄正北约六公里，即临枣台支线正面，二三两日我向该路敌之主要据点南洛、三里庄不断猛攻，敌全部被我歼灭，我并已进占敌之指挥部，获电话机三及地图文件甚多；一路在台儿庄正东约八公里，即临枣台支线迤东之后堡、辛庄、五窑路、五圣堂、陶沟集、周沟桥、彭村一带，三日我向该路之敌猛烈出击，士兵在有进无退之指挥下，奋勇冲锋，毙敌甚众，尤以自常沟、平滩向五圣堂、陶沟集前进之敌步骑二千余，战车十余辆，三日与我军遭遇，我军自正侧两面协击，敌受创更重；另一路在台儿庄东北约二十公里之洪山镇、兰陵镇、秋胡附近，该路之敌，系由沂河西岸窜来，三日晨我向洪山镇出击，我□□营长身先士卒，与敌血战二小时，敌被我消灭大半，敌联队司令部当经我占领，敌联队长千岛亦于是役战死，我并夺获无线电机一架，步机枪及弹药文件甚多，据俘获供称，该部为坂垣师团之千岛联队，系由太原调来者，我另一部三日亦向兰陵镇之敌几度奇袭，敌已呈慌乱状态，惟尚在顽抗中，至秋胡之敌，经我部六日晚将其包围后，即施行猛攻，敌骑三百悉被歼灭，三日晨敌步兵五百增援，亦为我歼灭逾半，综合四路之敌，在二三两日被我歼灭者至少在二千以上，我汤、孙两部亦有壮烈牺牲，现我军为彻底歼灭台儿庄一带之残敌计，三日晚全线复向敌猛攻，□长官并亲临前线督战，预料日内当更有进展。

【中央社徐州三日电】临枣台支线，现已成为津浦北段之中央战场，三日晚我为解决台儿庄附近各村落被困之敌，又猛烈出击，战事极为激烈，鲁西我军三日晚已在济宁、嘉祥一带与敌激战。

【徐州三日下午十一时电】津浦北段，我敌主力现皆转移台儿庄会战，该地之敌，经我大军包围痛击，由上月二十四日迄今，伤亡不下四五千人，故敌今日抽调枣庄、峄县、临城、临沂等城军队到台参战，不下七八千人，我军在枣庄、峄县等地，除留相当兵力与敌周旋外，其余亦向台儿庄移动，协助我孙军，解决台儿庄之敌，同时我新增生力军□□两师参加，以现状观察，台儿庄已成双方争夺焦点，日内将见大胜负。

【中央社徐州三日上午十时急电】两周以来，我军在台儿庄、韩庄、峄县一带，浴血肉搏，前仆后继，洵为我战史上未有之壮烈，目击我忠勇将士在火线上之奋战情况，莫不肃然起尊敬与感谢之念。最近两三日，台儿庄、韩庄之争夺战，出入凡数十次，巷战尤为悲壮，幸天佑我军，二日夜大举进攻，于激战数小时后，敌死伤狼藉，丧失抗拒能力，卒将台儿庄韩庄完全克复，我军乘胜进击峄县，不使敌有喘息余裕，在该处将敌包围，经我炮兵猛烈炮击，敌不支，纷纷溃退，遗弃尸体无算，但有一小部分希图在附近抵抗，我军正在扫荡中，有一部分则退至兰陵镇。（在峄县东，台儿庄北）我军又乘胜前进，包围该镇，集中炮火，猛施轰击，敌一联队（等于我一团）死伤殆尽，其联队长亦阵亡，我军正在肃清该镇残敌，今夜当有捷报。

【徐州三日下午十时电】我军孙□□部自上月二十三日与敌在台儿庄一带浴血苦战，已经旬余，毙敌约在五六千以上，敌伤亡合计一万四五千人，我军伤亡亦达数千名，自康副师长以下负重伤之官亦有二三十人。

【中央社上海三日路透电】日方发言人昨称，近日津浦线战事激烈，运河河水尽赤，而双方仍在相持，据华方报纸消息，临沂、台儿庄、峄县现已成为焦土，日机昨日飞往日军阵线散发传单，勖其极力维持战线，并称大队援军即将抵达云。

鲁南两翼战况

【徐州三日下午十时电】津浦北段左翼我军向敌后方铁路沿线活动，到处破坏交通，敌极感恐慌，故在铁路沿线增兵，向界河、两下店等地猛犯。

【中央社徐州三日电】临沂方面三日无接触，沂河东岸汤头、沙岑有敌警戒部队，二日并有汽车四十余辆，满载敌士兵辎重，在汤头下车，汤头设有敌兵站，沂河西岸，敌在义堂集、艾山、红沟崖一带略有活动，并有敌一部由义堂集向卞庄前进，另一部之敌约五六百人，自蒙阴、费县向义堂集前进，以近日临沂方面敌之行动判断，显欲以主力自卞庄经兰陵向台儿庄附近增援。

　　【中央社正阳关三日电】津浦南段之敌颇为恐慌，其原因有四：㊀津浦北段之敌已呈崩溃，致打通津浦线之幻想已告粉碎。㊁大江以南我军，节节猛攻，敌后路有被切断之可能。㊂敌在津浦南段兵力单薄，应付我军之进攻，极为困难。㊃皖省民众奋起抗战，致敌随时随地受意外之打击。

　　【中央社徐州三日电】东台敌约千余，近日积极准备船舶，图犯我泰县、兴化。

　　【中央社正阳关三日电】敌四五百人，附炮三门，一日晚侵入我和县之雍家镇，次日晨三时，敌舰两艘，在和县江面炮击县城甚烈，现我军已严堵。

　　【中央社徐州三日电】我追击部队庞部，顷在沂河东岸之后河涧发现被我击落之敌一架，及敌遗弃之汽车多部，惟均已焚毁。

　　　　　　　　　　摘自《大公报》1938 年 4 月 4 日　第二版

台儿庄战况愈烈　敌迭次迂回进犯皆未得逞　濮阳敌窜据濮县炮击南岸

　　【郑州四日下午七时发专电】津浦北段连日仍在激战中，中央传令前方将士，务各尽最大之努力，以求此次会战之胜利。

　　【郑州四日下午十一时发专电】台儿庄之敌，已极为疲乏，无反攻之力，残敌除由临沂方面转来兵力外，今并调枣庄、临城、峄县之全数加入台儿庄一线，故一二日内将续有激烈之战事，临沂之敌现窜至费县、向城一带。

　　【徐州四日下午十一时电】台儿庄附近我与敌主力大混战中，台儿庄实际情形，据调查，我敌各据一半，敌在北部，我在南部，庄内房屋多被击毁，尤以北部为甚，截至三日深夜，徐州曾接前方电话，台儿庄北部之敌确已被我驱逐，台儿庄全部均被我克复，惟四日消息，台儿庄北关仍有少数敌人，据碉楼顽抗，与我血战中，台儿庄以北邵庄、裴庄、沧浪庙一带，我孙部队□团三营死守不退，敌用大炮轰击，将三庄完全轰平，我三营官兵全部殉难，悲壮事迹，可泣可歌。敌因迭犯台儿庄未逞，三日晨突以其主力由台儿庄西迁回台儿庄东南赵村、丁家桥、徐家坡，企图截断我台儿庄后路，我扼守赵村之□□□师黄□□全部勇士以死相拼，敌利用炮火飞机向我猛烈射击，我军前仆后继，卒将犯赵村之敌击退，残敌向东北溃退，同时我汤□□部亦由北面向敌压迫，战局转危为安，四日晚消息，台儿庄东南数里之敌窜来敌数百人，已被我包围，全数歼灭。兰陵镇、洪山镇以南双方已入大混战状态，因大战地点南移，故枣庄、峄县战事沉寂。

【中央社徐州四日电】台儿庄方面，我军昨晚再度猛攻，迄今晨战况愈烈，现我军向北面推进，残敌已成强弩之末，不难肃清，峄县残敌无多，刻在我包围攻击扫荡歼灭中，敌后方公路被我破坏，向台儿庄增援之企图，现已完全失败，临沂正面，敌不敢轻入侵犯，据军事观察家称，我军此次在鲁南作战，出神入化，始终在主动地位，敌处处遭遇牵制，穷于应付，铁路线既被截断，敌不得不做种种尝试，企图打通另一路线，增援南犯，不料在兰陵镇、洪山镇被我袭击，竟大部覆没。据探悉，在台儿庄侵战之敌，为素称精锐之坂垣师团，该师团之另一部不久以前在临沂覆没。

【徐州四日下午十时电】我孙军张师之吴团，在台儿庄以北地区，与敌激战，三日昼夜猛攻，肉搏四次，四日晨三时卒将千余之敌击溃，是役毙敌百余名，获步枪九十八支，三八式轻机枪一架，掷弹筒一具，手提机枪一支，及文件多种，又我□师李团在运河北岸占领彭家楼，将盘踞该处千余之步骑敌兵击退，此次在台儿庄与我激战之敌为矶谷六个联队，自与我孙军接触以来，伤亡极重，二十八日敌又增一师团。

【中央社徐州四日电】敌生力军千余，向台儿庄北猛攻，经我军奋勇击退，毙敌三百，敌势顿挫。

【曹县三日电】㊀展师吴旅一日晚进驻魏家庄，分将泰安以北大佛寺等处桥梁铁路破坏四段，㊁大汶口敌人已增至七百余人，机场大桥附近均筑有坚固工事，戒备极严，㊂三十日济南开到伪蒙军约四千人，分赴胶济路者约二千人，㊃□□□师进占圣佛站北之焦家庄、白石崖、张宵、花花峪等处，正积极分向界首以北之各要点破坏中。

空军出动鲁南　炸峄台间之敌

【中央社讯】台儿庄附近之敌，受我各方重重包围，已陷绝境，其主力现集结于峄台支路两侧，企图做最后之挣扎，我空军于昨晨分数路出动，轰炸峄台间之残敌，当我空军抵南洛之上空时，发现泥沟以北铁道两侧有大部敌军南窜，当即向泥沟、吴寺、乱沟附近投下重量炸弹，均命中爆发，我机任务完成后，安返防地，又我机□□架昨日下午二时许再度飞往台儿庄东北一带，轰炸顽抗之残敌，当我机到达台儿庄东北约十公里上空时，即于峄台支路两侧发现大批身着黄色军服之残敌，并马匹甚多，正在狼狈溃退中，我机遂投重量炸弹，猛烈轰炸，并以机枪扫射，于敌重创，同时敌地面部队亦向我机射击，我机于任务完毕后，均安然飞返。

【徐州四日下午十时电】徐州四日竟日警报，中午十二时许，砀山发现敌重轰炸机九架，向马牧集西飞，十二时四十七分沛县发现敌侦察机一架，轰炸机二架，经铜山向西飞去，一时三十二分丰县发现敌机二架，经铜山到利国驿侦察。

【中央社徐州四日合众电】李司令长官昨对合众社记者称，日军战略，在取得徐州，威胁陇海线，然后进占武汉，但日方屡图突破华方阵线，未获结果，台儿庄附近，有日军一师团被围，已成瓮中之鳖，现日军后方，时为我军所阻挠，故援军及军需俱未能源源运至日军前线，故不足虑，如日军继续深入，意图切断陇海线，渡过黄河，则其前锋部队，随时有遭歼灭之虞，故日方此种企图，并不足虑云。

鲁南之敌　竟使用毒弹

【中央社徐州四日电】连日敌在台儿庄附近惨败，乃不顾国际公法，用含有毒气之手榴弹，与我肉搏，我已严防。

【中央社徐州四日电】坚守台儿庄之某师长电告战况云，四日午后五时，敌戴防毒面具，以催泪性瓦斯弹进攻，残酷行为，无所不用其极，我官兵愤慨非常，誓以殉职之决心，与敌作殊死战。

摘自《大公报》1938 年 4 月 5 日　第二版

台儿庄东北敌被围　我军克费县向城形成封锁　敌接济仅恃飞机绝难持久　向台儿庄南迂回之敌击退

【郑州五日下午七时发专电】台儿庄战情无大变化，五日上午敌有前进模样，至晚已向北撤退，五日敌由临城向台儿庄运弹药给养，被我汤军发觉，派队截击，获汽车百余辆，俘敌三百余人。

【郑州五日下午十时发专电】鲁南张自忠部克费县，汤军占向城，对台儿庄附近之敌又形成封锁，我南北两端炮兵阵地同时向敌射击，台儿庄敌今已完全靠飞机运送粮弹敌绝难持久，临沂至费县我布有重兵防敌增援。

【徐州五日下午十时电】台儿庄当前之敌，连日经我军迎头痛击，伤亡甚重，不敢再由正面进犯，四日夜起即向后退，迄至五日午刻，台儿庄附近战事稳定，消息沉寂，至敌之大部均向右移，至台儿庄东北獐山，与我汤□□部猛烈激战，据报，獐山于五日午为我军克复。

【徐州五日下午十一时电】由台儿庄右面南犯之敌，现仍在台儿庄东南岔山河一带与我激战中，敌之阴谋意由赵墩附近强渡运河，威胁徐州。两日以来，经我军痛击，敌伤亡极众，又无援军，情形狼狈，我援军陆续开到，正勇猛进击中。

【中央社徐州五日电】四日拂晓起，敌我在台儿庄外争夺甚烈，敌欲死守台儿庄之东北隅，集中火力向我猛烈攻击，我全军官兵奋勇进击，敌未得逞，双方伤亡均重，庄外敌人千余，二日已为我歼灭大部，所余少数残敌，在庄北负隅顽抗。至台儿庄西南之敌，已为我全数击退，敌之主力现移向台儿庄以东，该方面我军均系生力军，确有歼敌制胜之把握，且台儿庄东北沿公路之兰陵镇及其西面之洪山镇等处出东北面向台儿庄策应之敌二千余，经我军猛烈袭击，已大部就歼。五日晨以向我朱庄、大头庄之□□师阵地攻击未逞，我军并乘机攻敌之侧背，我在台儿庄形势已稳固，现战事实际上在台儿庄之东北部。至西南之敌，已在我军控制之下，惟敌军发言人昨竟捏造占领台儿庄向南挺进之说，乃完全为欺骗其国人与全世界之一种作用也。

【中央社徐州五日下午九时电话】我军围攻台儿庄东北之敌，已四面合围，五日晨敌炮火极为猛烈，惟自下午以后，炮声渐息，想已弹药用尽。被围之敌，计有谷川、福井、中村、西村、木下、天原、能久、森平、铃木、长野、川村、加藤、赤柴等十余联队，悉将成为瓮中之鳖。

【中央社徐州五日电】我军四日由台儿庄向北推进后，五日颇有进展，当面之敌，除留一部在台儿庄正北及东北各村与我顽抗外，一部已向峄县后撤，似为对付我外线某军之侧袭，敌在峄县辎重，据报已开始北运，预料三日内战事将有惊人发展。

【中央社徐州五日电】津浦正面我军，除一部扼守运河南岸外，一部五日又渡河出击，现正向某地迂击。

【中央社徐州五日电】坚守台儿庄之某师长五日晨一时电台儿庄报告战况云：本师保卫台儿庄要点，自上月二十三日开始血战以来，当面之敌，发现系矶谷支队，计步兵一零三、一零六、一零九三联队，野炮第十、重炮第二两联队，又一大队，装甲车一中队，自动车三中队，战车二中队，骑兵一大队，二十八日后续增一师团，台儿庄北圩自二十四日被敌突破，旋经歼灭，二十六日复被突入，系福荣第六十三联队千余名，台儿庄遂为我敌所共有，旬日来，敌日以重炮三十余门、飞机十二架，猛攻台儿庄，弹丸之区，已成焦土，内外夹攻，斩敌甚重，我自副师长以下，伤亡官兵四千余人，苦战十二日夜，浴血苦撑，士气振奋，复仇歼寇，均抱殉国殉城决心，刻正在激战中。另闻，台儿庄北圩，截至五日晚，尚有敌二百余人，我已重重包围，不足为虑。

【中央社徐州五日电】自津浦北段泰安以南路轨桥梁被我破坏，在临枣台支线作战之敌即感运输困难，利用公路输送，又遭我军伏击，在台儿庄接触之初，敌大炮每发辄达数千以上，今则炮转稀落，当为补充不易之明证，现敌虽已用飞机输送接济，无奈台儿庄附近，已陷于混战状态，敌飞行员又技术平凡，致投掷欠确，五日有敌机三架，误将子弹给养投入我军阵地，某部拾之，视为无上光荣之胜利品，特解送后方陈列。

台儿庄固守中　军部斥敌造谣

【中央社讯】军部发言人五日晚宣称，台儿庄城垣始终在我军手中，前（二）日我军曾将侵入台儿庄北部之敌歼灭，四日上午敌主力窜向台儿庄东方，其一部进至台儿庄南门外，今（五）晨我军由台儿庄及黄林庄反攻，已将该敌击退，敌称已于三日占领台儿庄，纯属造谣狂吠，希图欺蒙世界耳目，实则铁般事实，岂系虚宣传所可奏效，敌方此等卑行，徒见其心劳日拙而已。

【中央社曹县五日电】津浦北段战局，自我上月二十四日实行全线总攻后，即展开空前未有之大会战，此会战迄今已持续十三昼夜，在此期间，我军英勇杀敌，有进无退，业将暴敌打通津浦线之迷梦彻底击破，现临城、峄县、韩庄、台儿庄之敌，经我连续猛攻，歼灭过半，少数残敌虽尚死守待援，图作最后挣扎，但以铁路及公路交通均被我破坏，退路断绝，增援无望，瓮中之鳖，死期已近。临沂方面，敌于苦战之余，竟退出阵地，分兵向台儿庄转进。淮南之敌，不顾侧背袭击，纷向蚌淮集结。晋南之敌，不惜放弃其以绝大代价所得之地区，抽兵东移。凡此种种，无非策应津浦，图解台韩残寇之围，足证敌人对鲁南会战之重视及其危殆焦灼之程度，惟凡所举措，都未出我最高军事当局之预料，故各路均早有充分准备，敌之最后一计，并告失败，二期大战之胜券谁操，至是已不问可知矣。

【中央社讯】第□师郑师长三日自前方电汉称，敌一部困守枣庄、峄县，主力直犯台儿庄，本师现以一部监视枣峄之敌，全力向进犯台儿庄之敌侧面攻击，不难一鼓歼灭之，我军士气旺盛，纪律技术均甚优良，十余日苦战，仅以番薯充饥，而精神益奋，最后胜利，愈觉可靠云。

峄县近郊激战　我机炸敌援军

【徐州五日下午十时电】我□部四日夜袭，进至南壖子（台儿庄附近），将该处之敌数百人歼灭大半，余溃逃，我军乘胜追击，将枣庄（非临峄间之枣庄）、季庄之敌包围，敌多据庄内房屋顽抗，我选敢死队冲入，与敌肉搏，敌全部被我歼灭。闻我于五日晨将枣庄、季庄克复。

【徐州五日下午十一时电】我张部由台儿庄北向峄县挺进，五日晨到达峄县附近，将峄县以东之山头占领，现正向峄县之敌猛攻，闻峄县之敌并不甚多，我正努力进击，拟于五日晚克复峄县。

【曹县五日下午十时电】我孙曹各部□团之众，由曹统带，由津浦北段□地横越铁路至铁路东侧，现正向峄县枣庄推进中。

【中央社讯】昨日上午八时许，我机□□架飞往津浦线东侧，轰炸敌由莒城方面增援之部队，当我机到达莒临公路上空，在莒县西南公路上发现大批敌军，正在进行中，遂即投弹猛烈轰炸，毙敌甚多，我机于任务完毕后，安返防地。

【中央社临沂五日电】由沙埠庄南犯之敌，经我击退后，我军乘机攻克文帝屯，敌调大部分由化沂庄、乾沂庄向我猛扑，我亦以有力部队向姜庄出击，激战三小时，敌不支西退，窜走时并将各庄集中炮火数次焚烧，我□部并将水馥桥马站及穆陵关克复。

【中央社徐州五日电】我沂河东岸部队，五日由相公庄、独树头向前威力搜索，当将沙岑以南之敌肃清，西岸部队一部向船流之敌约三四百猛攻，刻正激战中，一部向临沂西北文蚌庄之敌逆袭，当将该庄占领，嗣后敌由潜沂屯调炮增援，文蚌庄房屋竟为炮毁无遗，我复向潜沂屯攻击，敌有后退势。

【曹县四日电】㊀孙军吴旅便衣队自二日占领大万德以南郭家河、赵家庄一带以来，大万德之敌派兵四百名，附炮四门，向我蝎子山阵地猛攻，我沉着应战，激战竟日，我于团二营渐向西撤，诱敌深入，以两连抄敌两侧，乘敌进入王庄之际，即行放火，并行猛烈射击，敌势不支，向万德溃退，我伤亡官兵四十余名，敌人约百余名；㊁我便衣队仍潜伏铁路两侧，监视除灵关炸毁之桥梁及公路，阻敌修复；㊂长清南下之敌依次增援，已达三四百名，炮数门，我吴旅□进部队猛攻石芯村铺，刻正在激战中；㊃界首之敌向我凤凰台一带之唐旅炮击，似有进袭之企图，我孙军令李修身率游击队以主力进占泗水公路两侧要点，一部在大汶口以南，一部对泰安、莱芜间公路予以破坏。

最近一周各方面游击队之战绩

（自三月二十四日至三十一日）

（一）津浦方面，近一星期来，津浦北段我军之游击队多直接协同作战，其作战成绩，举其重要者如下：

㊀大汶口铁道桥梁被破坏六处；㊁百子坡、朱家堡一带，炸毁路轨十八段；㊂济宁安居镇公路桥梁之破坏；㊃兖州以南破坏铁道三十余处；㊄临城、两下店之袭击；㊅津浦南段我军，攻占张八岭、沙河集车站。

摘自《大公报》1938 年 4 月 6 日 第二版

鲁南顽敌成瓮中鳖 两万之众势将聚歼 前夜我一度猛袭又毙其三千
昨晚三次总攻当续有大捷报

【台儿庄六日下午二时三十分发专电】本报特派员五日晚到达台儿庄附近，代表本报，向孙总司令及该路官兵表示慰问，该军遇空前之劲敌，合坂垣与矶谷之精华，而由矶谷自任指挥，血战十六昼夜，终使顽敌伤亡四五千人之众，六日在台儿庄以北三角地带之敌二万余人确实被我各军紧密包围，敌之大炮已缺乏弹药，坦克车似因缺汽油，五日起已未曾活动，敌气大馁，六日午我各军皆已达到预定攻击位置，各军已决心于六日夜一鼓将敌歼灭，汤、关各部已自认军令状，孙部近亦奋勇挺进中，六日夜定有大捷报。

【徐州五日下午四时发专电】本报特派员四日到徐，代表本报，慰问前方统帅及诸将士，现时我军民已转入绝对胜利的自信和安定中，徐州晨夕已可闻重炮声，而市面比两月前更为繁荣，川军争先恐后上前线，使前方统帅大为感动。四日晚止，战事重心在台儿庄，此为争夺鲁南山地与迂回突击徐海的要点，敌在鲁南作战为矶谷之第十师团、坂垣之第五师团，共合四旅团八联队，其七个联队皆由矶谷率领，自枣庄、峄县以至台儿庄敌兵力在两三万人之间，其余一联队在临沂附近，与我相持，我军除在正面有大军支持外，台儿庄以北临沂以西峄县、费县之间有庞大军团，在敌后方活动，使敌后方交通完全断绝。四日我在台临公路间之向城尽夺敌之弹药给养车数百辆。而我自西而东之强力军团四日已占领敌左背侧要地之獐山，敌全陷于四面楚歌之苦境，四日晚正面之敌已开始动摇。一二日内即可有大捷报，至南通登陆之敌，不过一联队，且分往江北各县活动，故无甚军事意义。

【郑州六日下午三时发专电】台儿庄之战，关系全战局，此役成功，不仅粉碎敌人在津浦北段之主力部队，将使整个北战场安定两三月，现我各高级长官均亲临前方督战，严令各将士有进无退，努力杀敌，违者法办，胜者重赏。

【郑州五日下午七时发专电】津浦北段大战兼旬，现敌又使用中央突破之惯计，调其侵枣庄、临城、峄县之敌，集于台儿庄附近，企图突破一点，一战而胜，估计现下台儿庄附近敌有三个师团兵力，我当局对敌情既完全判清，连日加强各阵地配备，以期整个消灭之，白崇禧参谋总长今日对人坚决表示，我已操绝对把握，不出二日，必有大进展，程司令长官为激励士气，今特电汤恩伯、关麟征、黄光华、李必藩各军师长，望一致努力，克奏膚功，并赏法币十万，我孙、曹两部现在兖州、邹县、临城、枣庄一带极为活跃，一路向北，趋滕县泰安，破坏交通，阻敌增援；一路向南扫荡残余之敌。

【徐州六日下午三时发专电】我军事当局判断敌现增兵困难，关外已无可调之兵，据平津传来报告，近两周敌运至关内者多伪军，现因军事紧急，不得已将津日租界守备队二千五百人派出，向济南输送。其他在青岛及龙口上岸者，因交通破坏，运动不便，短期内亦难赶到，我军决乘此时机，将台儿庄敌人解决。

【中央社徐州六日电】我汤孙两部及关、王、周各军，六日晨一时起，续由外线向退集台儿庄正东、东北及正北各村落之敌猛攻，经十余次之反覆肉搏，激战至六日黄昏，毙敌达三千余，并俘虏甚多，夺获战利品无算，刻正清查中，敌受此重创，被迫退集台儿庄东北一带小村落，已成釜底游魂。六日午夜，残敌虽以猛烈火力欲向外线突破一点，觅一退却出路，但经我军重重包围，决难有一生还。

【中央社徐州七日零时三十分电】军息，峄县、台儿庄间，敌我激战前后十数日，因敌续有援军开到，故未能一鼓肃清，五日晚我军突出奇兵袭击，将敌四面包围，同时谭庄、堡子、张楼、刘庄等处我军亦协力出击，发生大规模喋血混战，我第一次挑选敢死队五百人冲入敌阵，黑夜混战，手榴声密如连珠，敌阵大乱，后头部队亦跟踪而上，气势旺盛，敌人联络全被切断，我军遂加紧猛攻，再四挑选敢死队，不断冲击，直至六日晚五时，敌卒不支，全线摇动，我军将当面敌人全部歼灭，获空前未有之胜利，计此役毙敌三千余，俘获堆积如山。

【中央社徐州七日上午二时电】我军为彻底歼灭台儿庄东北各村落残敌，于六日晚八时起开始第三次总攻，预料七日晨当有更好捷音，困守一隅之残敌即将全告肃清。

台儿庄圩内残敌将肃清

【中央社徐州七日上午二时四十分电】审据台儿庄圩内东之残敌，尚有七百余人，连日在东角构筑长亘五里之坚固阵地，并于各要点装设机枪，以图固守。六日晨二时，我池部穿越小巷，奋勇出击，当与敌激战三小时，毙敌大队长一员，敌兵百三十余名，俘虏十余名，残敌向圩外东北面溃退，我猛烈追击，复在圩外毙敌百二十余人，圩内尚有残敌百余，分据小圩顽抗。七日晨我正派队扫荡，现台儿庄圩内整个阵地已由我控制。

【中央社徐州七日晨一时电】某军事专家谈称，此次我军在台儿庄一带血战两周，杀敌逾万，诚为抗战以来空前胜利，其战斗经过，亦将占战史中重要一页，在我军第一次总攻时，原可将敌一鼓聚歼，惟当时因敌主力尚逗留于临城、峄县间，未肯轻易前进，致我军仅毙敌六千，心殊不足，我为达到歼灭战之预定期望，布置第二次总攻，事先令内线占领南洛、北洛、园上、刘家湖各军，以运河为底线，向南撤退，俾落敌深入，然后再令在山地之外线各军出击敌背，里外呼应，自可完成聚歼大计，敌未细察，竟误入我圈套，惟台儿庄我第二次总攻正顺利进展间，而向城、兰陵一带，又由沂河西岸窜来敌援军数千，有牵制我外线各军后路之势，至是我外线各军不得不改变预定计划，忍痛掉头，先向向城、兰陵进发，以解决后路威胁，在此数日间，我因内外各线呼应中断，致使猛扑台儿庄之敌猖獗一时，台儿庄形势岌岌可危，而造成混战局面，迨后向城、兰陵之敌肃清，我外线各军后顾无忧，遂全力回师南下，复得内线各军之策应，始获得此伟大歼灭战之胜利，现残敌气势已馁，且已弹尽援绝，仍盼我忠勇将士，再接再厉，一竟全功。

【郑州五日下午九时发专电】我军现在台儿庄右翼增加生力部队，采取攻势，据黄师长光华来电报告，该师三日晨向贺庄、高家楼、耿庄一带之敌开始攻击，敌顽抗固守，我集中炮火射击，毙敌甚多。

【徐州六日下午十时电】我曹□□军长亲率□团今晨赶达□□□，于下午猛攻枣庄附近之敌，现仍激战中。

【中央社徐州六日电】六日下午二时，我空军一队再飞台儿庄、兰陵镇一带助战，向敌阵地及其炮兵阵地投弹多枚，我各军作战部队，因连日空军加入，杀敌情绪益高。

【中央社临沂六日电】临沂正面，敌军约一联队，昨日自晨至暮，向我军阵地猛烈进犯，竟日以大炮猛轰，我军阵地屹然未动，敌一大队复绕道进援，又被我击退，现我张、庞两军正向北推进中。

摘自《大公报》1938 年 4 月 7 日　第二版

鲁南我军确定胜利　台儿庄顽敌大溃退　圩内亦告肃清敌死伤逾万
蒋委员长通电勖勉全国军民闻胜勿骄应沉毅奋斗到底

【中央社讯】昨日武汉各界闻台儿庄大捷，群情欢跃，各商店一律悬旗誌庆，并有燃放鞭炮者，各民众团体均列队游行，情况异常热烈，蒋委员长以此次不过初步之胜利，不足以言庆祝，且来日方长，我民众正宜加倍警惕，不应过事铺张，当即通电全国将士同胞，勖以闻胜勿骄，应坚毅沉着，奋斗到底，原电如下：

各战区司令长官、各省市党部、各省市政府、各报馆并转全体将士全国同胞公鉴：军兴以来，失地数省，国府播迁，将士牺牲之烈，同胞受祸之重，创巨痛深，至惨至酷，溯往思来，祇有恫惕，此次台儿庄之捷，幸赖前方将士之不惜牺牲，后方同胞之共同奋斗，乃获此初步之胜利，不过聊慰八月来全国之期望，稍弥我民族所受之忧患与痛苦，不足以言庆祝，来日方长，艰难未已，凡我全体同胞与全体袍泽，处此时机，更应力戒矜夸，时加警惕，唯能闻胜而不骄，时能遇挫而不馁，务当兢兢业业，再接再厉，从战局之久远上着眼，坚毅沉着，竭尽责任，忍劳耐苦，奋斗到底，以完成抗战之使命，求得最后之胜利，幸体此旨，共相勖勉为盼。蒋中正阳。

【台儿庄南棠棣埠七日上午八时本报特派员发专电】六日晚八时，我军各路以决定的歼灭战之优势，向敌总攻，七日晨二时我正面孙部池师对盘踞台儿庄寨内之敌五百余人全部包围歼灭，计得敌钢盔五百顶，坦克车四辆，其余机枪器材等正清查中，晨四时我池师得胜部队跟踪北追，当向敌司令部所在之刘家湖进攻，立即克复，右翼黄堃亦占领邵庄、裴庄，左翼张师占领南洛，刻台儿庄以北十余里内各要点均为我军占领，敌狼狈溃散，我正整顿战线，向溃散之敌猛追中。

【郑州七日下午六时发专电】台儿庄今晨四时经我完全克复，敌人崩溃，向滕县北逃窜，遗弃辎重枪支无算，炮百余门，坦克车四五十辆，我军全线追击中。

【台儿庄六日下午十时本报特派员发专电】本报特派员六日酉刻到台庄前方晤池师长，为本报致慰问之意，该师昨晚选拔奋勇队，将盘踞台庄西北与东南两面之敌肃清，只余东北一面，不过一二百人，并相机向北出击，六日晚被围之敌，其西北与东南两面，皆被我生力军猛烈袭击，入于决战阶段，晚九时，敌在台庄以北之炮兵阵地，被我击中起火，其大批炮弹无敌自行炸裂，晚十时止，我前方高级司令部静候歼敌结果之到来。

【郑州七日下午十一时发专电】此次鲁南我军战胜之主因有三，①全体将士抱必胜之决心，②军纪好，与人民打成一片，③高级将领指挥敏捷，动作协调，现我为扩大战果，保持接触，不使敌人从容远遁。

【中央社徐州七日下午五时急电】我台儿庄大胜情形如下，六日晚我军向敌开始第三次总攻后，激战彻夜，又歼敌二千余，获坦克车八辆，其他军用品无算，残敌约三千余人，七日沿临枣台支线两侧溃退，有向西北突围势，我已猛烈追击，台儿庄圩内窜据东角碉堡顽抗之残敌百余，经我七日晨派队扫荡，已悉数肃清，台儿庄圩内已无敌踪。

【中央社徐州七日电】台儿庄正面之敌，自六日夜被我大部歼灭后，困守台儿庄城内东北角之残敌六七百遂陷入进退维谷危境，我台儿庄圩内守军即猛烈出击，东西两面亦协力猛攻，敌图最后挣扎，顽据碉楼抵抗，我方士兵，均争先恐后以能亲手斩杀此瓮中之鳖为快，报名参加奋勇队者竟达七百二十三人，每名携带手榴弹七八枚，步枪一支，大刀一把，迫至碉楼门户，首先投掷手榴弹，将守门户之敌击毙后，即蜂拥而入，唤令缴械，敌竟欲作困兽之斗，我健儿横冲直撞，大刀效力最大，敌人接二连三应声而倒，激战至天明，该处敌人全部歼灭，并俘虏十余，所获战利品堆满十余屋。

我军乘胜进攻峄县

【中央社徐州七日下午九时电】我军此次在台儿庄作战，经过约略如下：㈠五日下午，我右翼军迫至柿树园、陶墩、常沟、朱庄高地之线，我正面进至贺庄、萧汪东庄之线；我左翼军在赵庄、插花庙、小屋子、南壩子、张庄之线。我某师主力攻占獐山。㈡该敌一度向谭庄、台庄激烈反攻，经我击退。㈢我右翼军经由张楼向台儿庄北猛攻，左翼军攻占南洛北洛之线，某师向兰城店进攻，占敌之侧背，按此情势，敌在我重重包围中，惟西北方面略有空隙，故敌向该方向突围逃窜。

【中央社徐州七日上午十二时电】台儿庄北方之敌，已于六日夜崩溃，在战场中敌大部分已为我歼灭，一部分则沿临枣支线铁路两侧向北溃退，狼狈紊乱，已不成军，我军续向北进击中，现正扫荡战场上之残敌云。

【中央社徐州七日下午九时电】台儿庄一带之敌，自六日晚至七日晨全线总崩溃后，残部向峄县狼狈北窜，我军分兵数路追击，峄县已在我军四面包围中，残部即可歼灭，盘踞峄县、临城之敌，仅数百名，遭我军截击，归路已断。

【中央社徐州七日下午六时急电】台儿庄残敌向西退却，其未能逃出我包围者，可全部歼灭，我军正面追击部队已至南洛、北洛，刻向峄县西北前进，南洛、北洛在峄县南二十公里，峄县西之卧虎寨亦为我正面部队于前日收复，故峄县在我军夹攻中。

坂垣矶谷主力歼灭

【郑州七日下午七时发专电】台儿庄大胜之消息，今午后已遍传汴、郑、洛各地，家家庆祝，户户欢腾，爆竹之声，响彻云霄，□□以南，沿铁路两侧，皆有我埋伏之部队，现一致起而追逐，敌弃械奔窜，不敢应战，台儿庄敌伤亡在万人以上，此役为开战以来敌人空前未有之奇败，我无上光荣之胜利也。

【徐州七日下午十一时发专电】台儿庄敌左翼先退，而右翼掩护退却之敌到达峄县时，其桥梁已断，正欲设法渡河，我孙军赶至，敌落水死者甚多，右翼之敌，已被我汤军包围歼灭，敌有一旅增援部队，仅到界首，已不及开上，敌之第十、第五两师团主力现已完全摧毁矣。

【中央社徐州七日下午二时电】㊀敌坂垣、矶谷两师团主力已被我歼灭，其一部分向峄县逃走，我军正在战场追击中，㊁我军在战场上俘获战利品极多，刻在清查中。

【徐州七日电】此次台儿庄之役，敌为矶谷、坂垣两师团及一〇五师团之一旅团，附大炮数十门，坦克车八十余辆。

【徐州七日电】我孙军六日夜俘获敌军官佐中搜出一日记，内称，"出发时（按此符号系敌长官之隐名）训话云，四小时能占天津，六小时占济南，此次徐州当不成问题，不料台儿庄弹丸之地，竟遭中国军之劲旅，我军（按指敌军本身）受此重大打击，倘一日撤退。□□及□□能不自杀乎，军阀……"（按：□□及□□想系指坂垣、矶谷两师团长。）

程司令长官到徐协同指挥

【中央社徐州七日下午六时电】程司令长官潜此次到徐，协同指挥，下车之时，即会同李司令长官下令，自六日起，限于三日内将台儿庄附近之敌全部歼灭，我英勇将士受此策励，在限期之第一日内即歼敌逾四千，足征我军令之森严，将士之用命，又程司令长官在徐下车时，白副参谋总长迎之于站，首语程司令长官曰，人言马到成功，今则车到功成云云，证以今日之胜利，吾人益信白总长言之灵验也。

中执会第四次全会　电李司令长官慰勉　蒋委员长犒赏出力将士

【郑州七日下午十时发专电】自津县北段展开血战以来，将近两旬，继川军邓孙两队部扼守台儿庄者为我忠勇之孙总司令连仲部□师□旅，各将士无日不在浴血奋斗中，一村一隅之争夺，常肉搏十数次，在此紧张局面之下，我汤军团长率其关、于等军，由右翼迂回而上，进至枣庄、峰县一带，攻敌人之背，于是乃陷敌于核心，胶济线之敌，图解此围，向临沂东北增援，遭我庞炳勋、张自忠两部迎头痛击，受此重大之创伤，至我全线遂处优势地位，孙等实为此役之首功，为国军生色不少也。蒋委员长、李司令长官、程司令长官共颁发三十万元，分别奖赏。

【中执会第四次全会电】（中央社讯）中央执行委员会第四次全体会议顷以我军在台儿庄大捷，特致电李司令长官慰勉，原文如下：第□战区李司令长官暨各将士勋鉴，党国威荣，奋为大捷，鲁南之敌，百战驱除，当膺勋入告之时，适全会方开之际，青齐在望，劳绩懋昭，敬电致忱，全功竚策，中央执行委员会第四次全体会议。

【何部长电】（中央社讯）何部长应钦，电李司令长官及孙汤军团长，孙副总司令等祝捷。兹将原电分誌如下：①急，□□李司令长官德邻兄，顷传捷电，知我军在台庄大胜，追奔逐北，敌胆已寒，此为抗战以来第一胜利，然非我兄老谋深算，诸将士忠勇用命，何可建此殊勋，敬电驰祝，并祈续示捷音为盼，应钦。②急，□□电局转孙军团长仿鲁兄，□□孙副总司令荫亭兄，□□□汤军团长恩伯兄，顷转捷电，知我军在台庄大胜，追奔逐北，敌胆已寒，此为抗战以来第一胜利，然非兄等指挥有方，袍泽忠勇用命，何可收此协同一致聚歼顽敌之奇效，尚望激励部属，再接再厉，奋迈前进，速奏膚功，特电驰慰，并祝百胜，何应钦。

最后消息

【中央社徐州七日电】沿临枣台支线两侧溃退之敌，经我猛烈追击，现已分为二路，一路约千余，向台儿庄东北逃窜，经我追击部队与堵截部队合围夹击，闻已悉数歼灭。另一路为敌之主力，向西北峄县逃窜，我已派主力穷追，现正追过刘家湖鱼鳞邵庄一带，峄县以南獐山以北之桥梁，早被我彻底破坏，残敌决难漏网，尤其敌之重兵器及辎重决无法通过，现台儿庄附近二十里内各村庄已无敌踪。

【中央社徐州七日电】沂河西岸之敌，现又思蠢动，期为台儿庄败退之敌增援，其窜扰临沂西南朱陈之先头部队三百余人，已被我某部在北沂庄堵击，刻仍激战中，可望歼灭，又沂河东岸汤头一带敌增加一大队，六日与我某部在红埠寺接触，战事激烈。

摘自《大公报》1938 年 4 月 8 日　第二版

三镇民众腾欢祝捷　昨晚火炬游行万人空巷　致电蒋委员长暨将士致敬

【本报特写】中华民国二十七年四月七日下午二时三十分，当台儿庄我军获得空前胜利的消息传来的时候，武汉三镇的全体市民就像疯狂了一样，全都浸沉在热烈的欢跃和兴奋中。

——每个街头，卖报的儿童在急促地叫着——要看东洋人大吃败仗的号外新闻，在每个人的手里，都拿着一张各报馆临时出的号外，在每个人的嘴边，挂着无限的欢笑，逢着人就说："台儿庄我们大获胜利，消灭敌人精锐部队一万多，你知道了没有？"

——家家户户都悬起了国旗，在各个冲要的街口，悬挂着红布黑字的横条："台儿庄大捷，奠定了第二期抗战胜利的基础"、"庆祝我军在鲁南大捷"。

——震人的鞭炮声自始至终不断地响着，这里停了，那里又响了起来，那蒙蒙的烟雾和腥辣的火药味，像带着骄傲和光荣，永远漂浮在空间。

——本报和各报用汽车装着号外，在各条街上散发，各种各样的救亡团体，以大兵车、篷车、马车，甚至自行车在各条街上游行，把台儿庄胜利的消息转播到每个市民的耳边。

——渐渐，夜色笼罩了下来，可是，四月七日的武汉是没有了夜，街灯发着特别亮的光辉，在武昌汉口举行了五万余人的盛大的火炬游行。那火炬，反映在天空上是一片红色。下午七时，在武昌，一万余人集合在公共体育场；在汉口，二万余人集合在特三区江边，运动场，一万余人集合中山公园，又复在府西一路会合，每个人手里执着一个火炬，熊熊的火焰照见了每个人脸上浮着异样的光彩，每个人的心里蕴藏着一团就像火炬样热烈的情绪，"呵，今天，四月七，兴奋了我们，刺激了我们，鼓励了我们，又给予了我们一个信念，长期抗战下去，我们一定会获得最后的胜利。"

——那是多么壮烈的行列呵，那三万余由工农兵学商和男女老幼所组织的长长的一条铁的队伍，经过了双洞门、中山路、民权路、民生路、江汉路、吉庆街……救亡的歌声和音乐，"打倒日本帝国主义"和"拥护蒋委员长抗战到底"的口号，混合着各家各户的鞭炮和百万观众的掌声，凝成了一种不可抗的、惊天动地的力量！

商店里的店员、理发店里的理发师、没有理完发的顾客、洗澡堂里的擦背、茶房，刚洗了一半浴的客人、酒楼菜馆里的食客、伙计，维多利舞台的演员和观众，铁匠店里的师徒，成衣店里的裁缝，公馆里已经就寝了的夫妇、娘姨、当差，法租界里的英、美、法、苏、德各国的侨民，全被这伟大的壮烈的行列所吸引，肩并踵接地跑了出来，那充溢万分欢乐的笑脸，喜开了的嘴巴，出现在每一个门前，每一个窗边，每一个柜台旁，每一个弄堂口，武汉三镇的每一个角落里。

伟大的行列的前导是一辆装着播音机的卡车，车顶上陈列着蒋委员长的像，当他所经过的地方，没有一个穿制服的不敬礼，没有一个戴帽的不脱帽，没有一个行人不肃立，记者还看到三个外侨向委员长的像行了个深深鞠躬礼。

但是当儿童宣传队队员所化装的两个日兵经过时，虽然有人在旁保护，虽然观众也明知是扮饰的，可是总制不住心头的愤怒，他们诅咒、唾骂，甚至用铜币和拳头，加在这两个扮演者身上。

四月七日，整个武汉在疯狂的欢庆中，纵然这伟大的火炬游行到十时三十分在江汉关散队，可是，在每一个市民的嘴边和耳畔，一直萦绕着台儿庄胜利的消息和最快乐的欢笑。

是的，台儿庄的胜利是奠定了第二期抗战胜利的基础，我们是值得而且应该庆祝的，然而，我们希望每一个国民在欢喜庆幸的时候，同时我们更应该想到在前线牺牲流血的我忠勇的战士！

（又讯）武汉各界为台儿庄胜利，特电呈蒋委员长及诸将士致敬，兹分誌各电于此：

电蒋委员长：倭寇无厌，凭陵不已，钧座统率军民，捍卫邦国，帷幄任肩宵旰之劳，疆场极运用之妙，数月以来，各线连捷，台儿庄之役，造斩获之记录，奠胜利之始基，捷电所至，举国腾欢，敬望益奋雄威，尽歼暴寇，复九世之深仇，建百年之大业，光辉吾族，袵席斯民，临电欢跃，枕戈待命，谨贺。武汉各界第二期抗战扩大宣传周庆祝台儿庄胜利大会上。

电慰诸将士：敌寇企图打通津浦，囊括中原，诸将士在委员长及各司令长官统率之下，浴血奋战，歼灭顽敌，开胜利之新纪元，捷电所至，举国腾欢，敬望再接再厉，竟杀敌之大功，一德一心，成建国之鸿业，胜利在望，后顾无忧，谨此电贺。

电呈李长官：台儿庄空前大捷，举国欢腾，最后胜利，基础已奠，尚望再接再厉，乘胜急追，歼彼丑虏，还我山河，遥听声威，誓为后盾，谨电驰贺。

摘自《大公报》1938 年 4 月 8 日　　第三版

鲁南我军追击中　残敌为掩护退却反攻被痛击　峄县敌陷重围我并逆袭枣庄　台儿庄内外敌遗尸三千之多

【台儿庄七日下午四时本报特派员发专电】本报特派员七日下午一时进入新克六小时后之台儿庄，慰问前方将士，台儿庄原有四千余户，人口达两万，现已成焦土，颓垣败瓦，壁洞棚翻，已一无居民在内，然而，台儿庄官兵无不快愉兴奋，绝无丝毫疲倦现象，使人大为发奋，城内外敌焚尸近千具，骨灰犹存，邵庄附近敌自埋五大塚，约二千具，北门外麦地中有敌坦克车四辆，三辆已被焚，一辆亦受创甚重，尚有敌轰炸机一架，落刘家湖之南，敌战马二三百匹及汽车二三十辆皆被我重炮击毁，敌遗留催泪性瓦斯筒甚多，尚有一高约四尺之完好窒息瓦斯放射器，机枪步枪已收集百数十支，台儿庄北城城墙及附近野地皆弹痕累累，未炸之炮弹随地可见，我士兵白日在运河边洗脚者甚多，入夜歌声四起，守台儿庄名将王冠五旅长，态度从容，胜利之后，官兵毫无懈怠。

【郑州八日下午六时发专电】台儿庄之敌死亡六七千以上，退却时遗尸遍野，我军于清理战场时，发现五大塚，打开后内全系敌骸约二三千具，敌并将机枪步枪千余挺埋藏地下，亦经我发掘而出，俘虏已查明者千余人，台儿庄右翼敌七日夜亦向峄县撤退，此役敌兵，已完全失却战斗能力，峄县城内原住有敌兵二千，现我汤军追击部队已赶到攻城。

【中央社台儿庄八日上午十时急电】敌自台儿庄大败后，纷向峄县逃窜，尚有一部希图退往临沂，我军正分途追击中，我军在台儿庄附近各战场陆续发现敌军死尸六千具，其受伤未能逃亡者亦有数百人，因敌狼狈溃退，伤者均未治疗，我军本人道主义，现正派遣医师，携带药品，前往救护，此外尚有数日粒粟未曾下肚之敌军，不能走动，我军亦施给饭食，再俘送后方，敌兵莫不感谢国军之宽仁。

【郑州九日下午十时电】台儿庄大捷后，各外报记者除纷向其本国报告我国战胜消息外，并亲赴最前线台儿庄视察。

【中央社徐州八日电】由台儿庄沿支线向峄县溃退之敌，经我追击，状极狼狈，我追击部队八日已由刘家湖、邵庄进至泥沟、北洛一带，残敌因峄县以南獐山以北之桥梁被我破坏，后退无路，迫而作最后挣扎，八日敌向我追兵数度反攻，求掩护退却，惟我追兵首先已将獐山一带高地占领，敌虽欲作困兽之斗，卒无法突围，是役战事激烈，仍不亚六、七两日之歼灭战，现我已占极端优势，九日拂晓必有新发展。我另一路追击部队之先头，八日已迫近峄县迤东之甘露寺，绕扰敌侧。又我某部前占领齐村、枣庄后，为战略关系，曾自动放弃，现以齐村枣庄为峄县后方，八日复向齐村枣庄逆袭，断敌之归路，当将两处之敌千余包围，敌据民房顽抗，我军挟战胜余威，气势极旺，尤以包围齐村之□部，曾屡次冲入敌之据守点，实行喋血混战，敌行动狡猾，多改换我军便衣，似有顽抗待援模样，至枣庄我敌对车站地势之争夺战亦相当壮烈，我□□两连已一度冲入车站，将该处敌人百余大部击毙，不幸手榴弹用尽，故又退守，现仍在相持中。

【中央社徐州八日上午十时四十分急电】界河、两下方面我军，因得台儿庄捷报，即于七日下午从铁道东侧强行军向敌军猛烈进击，敌极恐慌，无心抵抗，我军于七日夜一举而克复枣庄，滕县敌军已形动摇。

【中央社台儿庄八日下午二时电】我军在台儿庄以北歼灭敌第十师团，扫荡战场，及至目前，我孙部一部，已截获坦克车、装甲车及自动车一百五十余辆，俘获敌士兵五百余人，其中有饥饿四五日不能行动者，已由我给以饮食，俘虏甚为感激，我军其他部队俘获亦多，尚无详细报告，敌军残部主要退路为峄县方面，但峄县南门外桥梁已被我军切断，敌坦克车、大卡车、自动车等不下数百辆填塞道路，我军正追击中。今晨盘踞峄县城内敌军在四处纵火，民房悉被焚毁，烟火漫天，测其用意，敌军似在掩护退却，我追击部队已将泥沟（在峄县南）附近残敌肃清，即向峄县猛击。

【中央社临沂八日电】临沂方面我张军一部于昨日克复朱陈（在临沂南约二十公里），现正续向西南堵截中。

【中央社台儿庄八日上午十时半急电】临沂方面敌军因图收容台儿庄

败兵，七日上午曾向我军反攻，但被我军击退，枣台方面敌军昨夜进击我军，经我军奋勇迎头痛击，敌不支，立即后退。

【中央社徐州八日电】临沂方面，与我军在白道红埠寺激战之敌刻又增加，东北一带敌炮亦向红埠寺集中轰击，八日战事仍未中止，至西南朱陈（距临沂三十五里）之敌，已被我包围，正歼灭中，另传汤头又到敌军千余，有渡河增援峄县之势。

【中央社临沂八日电】临沂方面，我游击队将乔家湖敌辎重百余辆击毁，并将乔家湖至大墩交通切断，枯麻庄、竹子园桥梁亦被我破坏，敌经我游击队猛袭，向义堂逃窜，另一部窜半程，中村以南之道路亦为我破坏多处。

【中央社台儿庄八日下午三时电】我游击队昨向泰安以北及济南方面挺进，我便衣队同时分袭济南万德间沿铁路之敌，曾破坏小固山及张夏间铁路十余处，敌恐慌异常。

【中央社香港七日电】津讯，津浦北段德州一带我游击队仍不时出没，予敌重创，津济间火车四日起不通云。

摘自《大公报》1938 年 4 月 9 日　第二版

峄县一带敌图顽抗　我军北攻昨入济垣

【郑州九日下午五时发专电】由台儿庄北退之敌，现盘踞于峄县、枣庄及郭里集（枣庄之东）一带，我追击部队已占领峄县东西南三方面高山地区，敌已完全被我控制，其窜入向城者约四五百人，已由我黄□□师长派部包围歼灭，铁路正面，我曹□□军破坏陈枣公路后，现向南攻枣庄敌之背，孙□□部则向□□挺进，济南之敌甚恐慌，有大批给养连日运过黄河，现孙军已克复白马山（距济南一站）。

【中央社台儿庄九日电】鲁南战事，因我军之追击与堵截，已形成以峄县为重心，现激战地点集中下列三路：一路在峄县、台儿庄间，我追击部队八九两日越泥沟迭次猛攻，与敌反复肉搏，激战甚烈，结果峄县正南之獐山、东南之马山九山、东北之双山悉为我占领，檀山即可夺获。现我已将峄县包围，且夕可下。一路在峄县、枣庄、齐村间，该路之敌，系自临城开往峄县增援者，我攻该路之曹福林部，九日晨攻进西齐村，另一队九日又迫近枣庄车站及枣庄中学，敌受重创，退守枣庄中学，依据工事顽抗，九日竟日我仍在猛攻中，齐村枣庄即可完全收复；另一路则在峄县、临沂间，该路之敌，系由汤头渡河，亦欲开往峄县增援者，九日被我分困于临沂西南之朱陈及向城一带，激战甚烈，我炮兵亦加入作战，敌受重创，一部尚负隅顽抗，不难歼灭。综观鲁南战况，我已处绝对优势，敌被我个别隔断围困，呼应既不灵，且陷于弹尽援绝不可挽救之地步，迟早间必为我悉数扑灭，乃无疑义，现□长官及□总长为加紧我追击堵截计划之迅速完成皆亲临前线督战。

【中央社徐州九日下午一时电】我鲁西某部九日晨再向嘉祥、济宁围攻，极为得手，我另一部队已由鲁西越津浦铁路分布于泰沂山脉山地，并将泰安、莱芜、博山间及兖州、曲阜、泗水间公路桥梁破坏，断敌归路，阻敌援军。由沂河西岸窜抵向城、朱陈，企图增援峄县之敌，正被我围歼，其炮兵且已北遁。被困峄县以南之敌，刻由我南北夹攻，决难漏网。敌之重兵器如坦克车、大炮及大宗辎重，因獐山以北桥梁被断，塞满于峄县、台儿庄间之大道中，无法运动，将悉为我所有。又我韩庄渡河部队现正猛袭临城及临枣间公路。

空军猛击峄县敌

【中央社讯】九日下午一时许，我机□□架飞赴峄县以北，侦炸溃退残敌，当我机到达峄县上空时，见城内多处起火，城外并有我军符号，正向该城猛攻中，城内残敌见我机到达，即四散奔窜，我机投弹百余枚，均命中爆发，并低飞以机枪向敌军扫射，我机于任务完毕，安全返防。

【中央社徐州九日电】军息，我空军九日飞鲁南侦察轰炸时，曾将拥塞于峄县、台儿庄大道中敌之坦克车、大炮及辎重炸毁甚多。

【中央社徐州九日电】我空军一队八日午分飞临沂、诸城、济南、泰安、兖州一带侦查投弹，颇有收获，发现由胶东增援之敌不多，其已渡沂河西岸者，正被我军围歼。

【曹县九日下午十时电】九日上午十时，曹县发现敌机若干架，向徐飞行，我空军闻讯后，即由某地起飞，向敌迎击，飞至列堤圈，遍寻良久，未见敌机踪影，当即飞返防地。

【中央社上海九日路透电】据路透社访员自各方面所得消息，凡日军一兵一卒可自他处调开者，现多已运往津浦线，于台儿庄以北一线，尤为注意，援军中有自日本本部及"满洲国"挑选运至华北者，在天津青岛之日本驻军为数原已大减，现亦以台儿庄为目标，向南开拔，日军前曾两次宣称，两度占领台儿庄，并大事宣传，惟众觉华军在该处大胜后，日本之威信现已岌岌可危，故日军似已决心夺回该据点，并不惜任何牺牲，不欲迂回绕过台儿庄，而径由该处向前推进，此间军事家现多以台儿庄一役比之于欧洲大战时英德皆出全力争夺之比利时爱发尔大战，日方现虽在中国其他各处搜罗所有士兵驰往台儿庄一线，但华军坚守该处之可能性日益增大云。

摘自《大公报》1938年4月10日　第二版

我军围攻峄县之敌　一部袭枣庄郭里集断其退路　空军昨亦出动峄县予敌重创

【郑州十日下午三时发专电】退集峄县之敌，图固守待援，作死灰复燃之计，故日来尚顽强抵抗，现我鲁南各军正加紧压迫，曹福林部亦大有进展，据来电报告，正围攻郭里集，敌今感觉恐慌，由峄县调部往该地救援。

【中央社台儿庄十日电】以峄县为重心之三路战事，经我军之追击与堵击，已缩为二路，因朱陈、向城之敌，或逃窜，或被困，故峄县临沂间一路已无足为虑也，军事家判断，敌在峄县东南顽抗，系迟滞我之追击，在峄县正北之枣庄齐村困守，则在吸引我堵截部队之兵力，然后从容乘隙大部由峄县向东北之郭里集方面撤退，证以峄县之敌已有千余开始向郭里集输送，其为急于实现此种企图，益为明显，我洞烛其奸，除令追击部队加紧追击外，并令堵截部队之一部，由枣庄向郭里集截击，期将该敌一网打尽，至目前敌虽尽各种方法，以谋增援之迅速，但因鲁境黄河以南，遍地烽火，凡铁路公路之可为敌利用者，桥梁路轨多被我节节破坏，决非短期内所能修复，敌之运输已发生重大困难，恐其援军未渡河，而鲁南待援之师，已不在人间，故鲁南战事前途之继续获得胜利，仅时期问题耳。

【中央社徐州十日电】峄县东南残敌，刻仍在潭山、曹庄、七里店、田楼、杨楼、王庄、吴家、林乾沟、獐山一带布置阵地顽抗，并用无法运走之重炮七门、野炮十余门、坦克车四五十辆集中，向我图作孤注之一掷，我在泥沟以北之追击部队沉着应战，屹然未动，并渐次对该敌包围，成一弧形，俟敌炮稀疏，全线向敌进攻，当毙敌百余，

摘自《大公报》1938年4月11日　第二版

我军三面围攻峄县 东西南郊高地悉入我掌握 郭里集克复敌退路一威胁

【郑州十一日下午五时发专电】敌因在台儿庄之失利，现正筹划增兵，据可靠方面讯，北宁路局之空货车连日向塘沽集中，敌似抽调部队，将由海运而来，我军事家观察，如峄县残余能于日内解决，则台枣线敌必放弃，一路退津浦，一路退胶济，以泰安作前线战场，固守济南。峄县为一凹字形地区，其四面高山，现既为我占领，敌之歼灭，指顾间事耳。

【郑州十一日下午八时发专电】峄县战况无变化，向城昨经我黄光华师克复，敌向东北溃退。

【徐州十一日下午十时电】台儿庄敌军溃退后，我军连日乘胜进击，势如破竹，所有台儿庄峄县间大小村庄十之八九均被我军占领，各处敌军被我继续歼灭者又达一千五六百人。峄县方面，敌之主力受我压迫，已渐向北撤退，十一日下午我军北进，已将峄县克复，但无官电证实。又我军为肃清残敌，现继续开始第二次大包剿，正面由我孙□□部进击，东北方面由汤军□□部分路进袭，西北方面有我孙曹各部截击，同时我鲁省民众武力已分别发动，到处予敌以打击，我援军大队亦继续增加，以形势观测，再度大战最近当可展开，又我刘汝明部亦在北岸一带，时时袭击敌人，均甚得手，据探报，敌笨重物品均向黄河北岸移动，有退守北岸模样。

【中央社泥沟十一日晨电】我军十日将峄县东南之敌包围成一弧形后，当夜全线向敌猛烈进攻，并调重炮加入助战，敌因预得地势，依峄县东南西三面之双山、潭山、獐山、一五零高地及卧虎寨等地势，布置其坚固前进阵地，顽强抵抗，颇使我军火力不易抬头，惟扒山运动，为近年我国军队训练之基本课目，我官兵均饱富山地战经验，兼之又得优势炮火掩护，故经彻夜激战结果，卒将顽敌摧毁，至十一日晨一时止，我追击部队之中锋已将峄县正南之獐山及一五零高地完全占领，右翼已迫近铁道，并将峄县正东之双山、泽山夺得一半，左翼亦迫近峄县正西之卧虎寨，残敌正退守峄县本阵地，我追击部队既尽得峄县东南西三面高地，峄县在我掌握之中。

【中央社泥沟十一日下午二时电】我追击部队十一日晨二时全线又向敌夜袭，皓月当空，益增将士歼敌勇气，我军奋不顾身，均宣誓不成功，必成仁，每人用竹篮装手榴弹，且间且进，迫迫近敌阵，即沉着投掷，声如联珠，手榴弹掷完，则挥动大刀，横冲直撞，肉搏血战，至为壮烈。十一日晨以还，战况更烈，冲锋肉搏不下十余次，至午，敌阵渐形混乱，我中锋当由獐山及一五零高地推进至乱沟及天柱山，左翼已越白山西进卧虎沟及老虎山，右翼则仍在与敌争夺双山潭山剩余山头，午后我全线复向敌猛攻，敌枪炮声渐趋稀落，已开始向西北溃退，峄县十一日晚或十二日晨可收复。

【中央社泥沟十一日电】我堵截部队十日已完全占领峄县北部之郭里集，并将枣庄之敌围歼过半，当夜又南下，迳袭峄县之背，期与追击部队合围。被困峄县之敌，原企图能从容乘隙向郭里集退却，现经我将郭里集封锁，并受我追击堵截部队之双重压迫，又不得不另求出路，据报，峄县敌之辎重及坦克车大炮十日夜已开始向西北方面输送，敌似有向西北溃退模样。

【徐州十一日下午十时电】津浦北段，我军展开追击战，甚为得手，敌大部退向峄县枣庄一带，经我军分途追击，敌伤亡甚众，十一日战况如下：①峄县、枣庄已被我包围，敌在十一日退守峄县及东北郊外双山一带之高地及西北郊外卧虎寨、老虎口一带，峄县城东南一带敌自十日晨加筑工事，顽抗不退，与我九山关部血战肉搏十余次，并有猛烈炮战，敌之目的，拟坚守峄县城，再掩护退却，十日晚我军分部占领峄县以南獐山、白山、马山等处，南城十一日早二时我各部出击，敢死队数百人提手榴弹大刀，冲入敌阵，杀敌甚多，相持至拂晓，战事更趋激烈，肉搏十余次，上午敌之阵地动摇，有向北总撤退之模样。枣庄之敌在我包围中，滕县之敌千余人开往枣庄，途中被我截击，现仍激战中。②韩庄仍有敌五六百人据守车站一带。

【中央社徐州十一日电】峄县之敌，仍有顽抗模样，左翼我军已占领峄县西南之八里屯，峄县东南沿临枣支线之朱庄獐山高地亦已为我军占领，右翼我军自占领峄县西北之九山后，其南面双山在我围攻中，韩庄尚有少数残敌，亦被我包围，敌已处于四面楚歌中。

【中央社曹州十一日电】由峄县仙人桥北窜之敌，约四五百名，在郭里集附近被我截击，发生激战，其后续部队千余人已抵相庄附近，同时枣庄附近之敌一部向郭里集东窜，被我在牛角袭击，毙敌甚多。

摘自《大公报》1938年4月12日　第二版

我军已迫近峄县城 昨晚全线再度总攻

【中央社徐州十二日电】台儿庄战事结束后，以峄县为重心之大战，十日已全线展开，我军抱胜利信念争先迈进，我某某某三长官均亲临前线督师，各将士经奖励及训示后，益增振奋，现我各部大军已完全到达指定地点，将峄县东南北三面形成大包围势，十一、十二两日，附近各要点既已被我次第占领，峄县之收复，仅为时间问题，据守峄县城垣顽敌万人，现虽作困兽之斗，期待来援，恐时间及运输均难许可，十二日晚我全线再施总攻，预料十三日晨必有更大捷音传来。

【中央社泥沟十二日电】我军围攻峄县，刻已迫近峄县县城，敌自十一日晚起已将炮兵及笨重器械陆续向西北撤退，但尚有一部分炮兵向我猛烈射击，以掩护退却。

【中央社泥沟十二日电】我军合围进攻峄县之各部，由峄县东南西推进者已进占乱沟及天柱山等据点，由峄县东北推进者亦于昨日进占双山，刻已迫近峄县县城，敌后方空虚，有向西北撤退模样，郭里集附近之敌千余人，经我痛击，向东溃退。

【中央社泥沟十二日下午十时电】峄县以东南安城方面，敌各种混合兵约二千余人，十一日夜起，即被我逐渐包围，十二日晨我开始猛攻，敌因工事简单，被我大规模之冲锋，战事激烈异常，双方炮声密如联珠，我敢死队继续出动，敌尸遍地，十二日夜当有大捷报到来。

【徐州十二日下午十时电】津浦北段战事现完全移转峄县枣庄一带，敌军大部十一日沿沂枣公路向西撤退，①郭里集附近有敌二千余人，与我□部在辛庄一带激战甚烈。②獐山、天柱山附近，敌我主力战于十一日开始，我军分数路应战，一日之间，我夺获山岭高地十余处，毙敌千余人。十二日早我猛攻距獐山三公里之高地，该处敌约五百余人，我由两面侧击，肉搏数次，将敌击退，毙敌三百余人，获敌机枪四挺，及其他军用品甚多，我军当将该高地占领。天柱山亦被我军占领。③双山附近，敌十二日增援反攻，激战甚烈，獐山西北一带各高地被我军占领，峄县东北桃园、陈岭一带窜来敌军六百余人，十一日夜被我包围，十二日早我攻入陈岭东南一带，与敌巷战后，当将桃园、陈岭占领。④南安城方面，敌联合部队二千余人十一日被包围，我军十二日开始猛攻，敌之工事迭次被我冲破，我增援部队已到前线，拟于今晚将该处敌歼灭。

【台儿庄十二日下午十时电】敌之主力集结于枣庄以东峄县以北一带，敌在峄县以东二十余里税郭附近者约二千余人，十二日我与敌激战极烈，迄晚仍在相持中，税郭在我手中，其余各地消息较为沉寂。

【金乡十二日下午十时电】枣庄经我连日猛攻，峄县敌一千五百余人继续增援，与我某团在枣庄东之郭里集一带激战，并派飞机二架来我阵地侦查轰炸，敌将坂垣师团支队长报本少将及杉木长吉联队、附武田炮兵之一部，据俘虏供自兖州来峄后，联两队经迭次伤亡，现不过只余七百余人，此役敌死伤中少佐各一员并山口少尉一名。

【中央社徐州十二日电】鲁北禹城六日晚被某部收复，断敌北退路线，济南在我军威胁中。

摘自《大公报》1938 年 4 月 13 日　第二版

我攻峄县续有进展　敌仍向该线增援顽抗中　韩庄一带亦有激烈战事

【郑州十二日下午一时发专电】德州到伪军一部约数千人，现经我□部胡团与第□路军某部，会同向德州堵击。峄县之敌已有北退模样，昨今将辎重给养后运。韩庄一带我与敌仍在激战中。

【徐州十三日下午十时电】我军连日以大包围形势向峄县枣庄之敌进击，极为得手，我□□两高级长官现仍在前线指挥一切，并明定作战赏罚办法，严厉执行，故三军效命，士气更振，不仅在火线之军队奋勇抗战，即在后方之预备军亦连续纷纷请缨，愿作前驱。我最高长官对此次在台作战出力部队已明令升奖，而对作战未能达到任务之□□部队之长官，已分别令其戴罪立功，以观后效。

【中央社台儿庄十三日电】我军围攻峄县，数日来之惊人进展，已达合围之势，顷据前线电话称，我近迫峄县县城之各方部队，由峄县东方向西推进者，已占据双山一半，由东南向西方取半面包围者，自獐山前进后，过黄山等要地，现已达永安庄一带，由西北南下进击部队，业已到达齐村卓山，并已积极与各部队取得合围联络，现敌军甚慌乱。峄县之敌于昨夜有一部向东方之南安城溃窜，余部尚顽强据守峄城。据军事家判断，该敌四面皆为我军截断，不难即日歼灭云。

【徐州十三日下午十时电】津浦北段敌连日向枣庄峄县增援顽抗，敌在此线者仍有万余人，今日激战状况如下：㈠峄县北枣庄东南郭里集东窜之敌，两日经我击毙五百余人，敌续由峄县增援达三千余人，十二日起向我反攻，在桃园、陈岑、三家屯、石灰窑埠之线激战甚烈，两日以来肉搏十余次，迄十三日晚仍相持中；㈡枣庄东二十里税郭一带敌二千余人，我由两侧迂回猛击，毙敌甚众，南安城仍在我手中，敌三次进攻均失败；㈢峄县正面草山敌七八百人，据险顽抗，我某司令长官因该地甚为重要，曾严令限即日收复，我军于十三日晨开始猛攻，肉搏十余次，有相当牺牲，于午刻占草山，午后敌又增援反攻，我亦增援夹击；㈣峄县附近土楼河敌数百被我击溃，窜往城东七里店、王庄，我追击中；㈤我□部连日向峄县西北枣庄西南之敌猛攻，十二日晚我占领湖山、禹厂、霸王庄、贺泉、倪汤、永安庄、夏庄、聂家庄、佛山庄一带；㈥枣庄中兴公司有敌三千人，十一日敌又由临城增援千人，我军十日晚进击枣庄，在侯究与敌三百人激战，终被我解决，我占领侯究，残敌退代子顽抗，我用手榴弹大刀毙敌甚众。十三日晨敌四五百出由双山向我上义侧袭，激战甚烈，我曹部侯益振团在枣庄附近胡庄与敌激战甚烈，侯氏身先士卒，肉搏六七次，中弹殉国；㈦獐山天柱山附近敌增援千余人，我□团奋勇抗战，毙敌甚众，现向前推进中；㈧我□部十二日夜十二点向国镇、贾庄、濠城之敌进击，毙敌甚众，十三日晨先后将以上各地占领。

峄县城南高地争夺战

【中央社泥沟十三日电】敌对峄南天柱山、獐山阵地死守顽抗，十二日晚敌在草山又增援七八百名，我士兵在高级长官督率下，莫不奋勇争先，喋血剧战，旋于十三日晨再度猛攻，悉被我将草山克复，敌又企图反攻，我已另派部队由两翼夹击，拟一举而歼灭之。刻天柱山及獐山为我敌争夺之中心战场，两日均敌我互相攻击，展开混战局面，十三日晨在我阵前发现敌尸纵横满山，足证该处战事之剧烈。

【中央社徐州十三日电】困守峄县一带之敌，经我各路大军重叠包围后，十二日又全线向敌猛烈进攻，我重炮亦发扬威力，激战竟日，迄至十三日晨，已有大进展，峄县东南西之三面双山、潭山、天柱山等九山要隘被我次第占据其八，正西之卧虎寨亦于昨晚被我占领，我军现已薄近城郊。困守峄县城内之敌现依碉楼城墙死守，弹尽援绝，由飞机输掷粮食。十二日晚敌一股由峄县向东企图逃窜，经我汤军截击，已消灭大半，我军为贯彻歼灭计划，决使顽敌无一漏网。

【中央社泥沟十三日电】峄县东南安城之敌被我围困后，恐慌万状，我三路协击，我军某部十二日夜首由东侧猛击，往返肉搏，当将正面之敌歼灭二百余名，我某某两部同时迂回敌军两翼后力，一鼓夹击，敌卒溃退，南安城当被我军十三日晨正式克复。

【中央社临沂十三日电】朱陈之敌仍固守顽抗，十二日下午四时至八时，我某部炮兵曾向敌据守之炮楼轰击，当击毁二座，随起火焚烧，敌因而葬身火窟者甚多。

【金乡十三日下午十时电】㊀我军夹击鲁南敌侧背之部队，一部已到达□□□一带，另一部达□□以西，阻敌增援，并将交通逐渐破坏；㊁我军到达滕县南王开后仓沟、吕家坡、张家楼、后阎村一带各据点，敌于十一日夜得悉，由城内开出三百余，附炮四门，与我王开后仓沟之□部激战，迄十二日夜未停，双方伤亡均重，我军阵地虽系新布置，但迄未动摇，现城内之敌约五百余名，我军即将进攻。

矶谷被击毙说

【中央社香港十三日电】据上海敌军军事机关透出消息说，敌军第十师团团长矶谷中将，在台儿庄会战时，有被我军击毙说。

摘自《大公报》1938 年 4 月 14 日　第二版

峄县郊外激战中　敌仍固守待援传国内动员　我生力军已调上即将总攻　本报特派员报告鲁南形势

【台儿庄十四日上午十二时本报特派员发专电】台儿庄战役，自七日晨正面敌军被我击溃后，东面之敌于八日夜亦纷纷后退，集结于峄县附近十里左右之山地，仍保有数千人之残余势力，观三四日来，敌在峄县附近作战方法，山地固守，小村亦抗，似有固守待援之企图，但据报告，飞机侦察敌在峄县、枣庄之一部重兵器已向临城方面移动，而十二日夜峄县敌二千余人已退至城东北四十里之税郭，被我军包围，敌正顽抗，似又为掩护退却，要之，台儿庄战以后，敌对我准备再决战，当视其援军进展速度，及我军推进情形以为断，十三日晨我军已迫近峄县西南两面□□里之山地及村落，正寻求敌主力，进行歼灭，就全局观察，敌对鲁南山地绝不轻易放弃，失去鲁南山地，则山东全省敌殆将无法立足，故我当乘台儿庄胜利之机会，确实控制优势兵力，不遗留的扫荡敌人，必须□□□□尽入我手，敌始难于翻身。山东境我占绝对优势，则徐州自无问题，而战局始能在各方同时开展主动的有利的阵容也。

【郑州十三日下午十一时发专电】自台儿庄大会战后，敌为挽回颓势，连日其华北派遣军诸首领在天津集议，向国内求援，闻有四个师团在动员，但多系预备役，为从事工商之正当商人，故国内反战空气愈浓厚，敌感于北战场太长，近有放弃晋东晋南计划，转移兵力于津浦，最近数日来北平与南京两伪组织已商定合并，故判断敌必仍企图打通津浦线也，峄县一带战况无变化，我生力军已调上，将总攻，韩庄有敌七八百人，我军正扫荡中，向城有二百余盘踞，敌机运械弹接济，昨多掷于我某师阵地。

【郑州十四日下午五时发专电】敌由东战场抽调一师团，增援津浦线，已自沪乘轮运青岛登岸，昨临沂西北之莒县发现敌兵约二三千人，我军已严密注视其活动方向，峄县西城外高山昨夜经我军占领，我以炮火向城内轰击，向城残敌今日完全肃清。

【徐州十四日下午十时电】连日我生力军源源北上，期于最短期间解决峄县枣庄之敌，我□□两高级长官仍留前方指挥，□预备步队已相继开到，兵力雄厚，战局将有大进展。

【中央社临沂十四日上午十二时电】据探悉，莒县现开到敌军约二三千，汤头镇方面之敌送此增援，概由青岛用汽车运输，我军在沂河东南阵地戒备严密，如来进犯，必予以重创。

【中央社北平十三日合众电】据通州居民报告，今日有日兵车数列，由热河开抵河北，谅系转往鲁省增援之部队云。

【徐州十四日下午十时电】连日我军以大包围之形势，向峄县枣庄之敌进攻，我军采取新战术，使敌不知我军主力之所在及人数之多寡，我军自由运用，或进攻，或侧击，均甚得手，敌军虽用全力屡次冲入我阵地，但均被我击退，十三日一度占领天柱山后，因子弹不继，仍退守原阵地，十四日晨我反攻天柱，迄晚仍激战中，峄县城南一余里之北山，十三日我与敌血战十三小时，我卒将北山、长山、黄山占领，毙敌四五百人，十四日敌增援六七百人，向我反攻，敌军一部冲入东北角阵地，我增援反攻，毙敌三四百人，仍恢复原阵地，又十三日夜我军克复峄县城西之红庄、王庄、萧庄、马厂等地，毙敌四百余名，获机枪二挺，步枪百余支，马十余匹，我亦伤亡三百余人。

【中央社徐州十四日电】峄县四周，经我连日围攻以来，十四日晨迫近峄县西关南关。

【中央社徐州十四日电】峄县之敌现犹作困兽之斗，十四日我已将城郊各高地完全占领，我军孙部并已迫近南关，现仍积极猛攻中。

【中央社泥沟十四日电】据守峄县南郊各高地之敌，被我连日猛攻，伤亡极重，十三日午后又由他处增援汽车及坦克车数十辆，载来步兵千余名，向我反攻，双方激战于卧虎寨附近之锅底山，敌锋颇锐，屡次冲进我阵地，我官兵跃出战壕，与敌肉搏，血战达数小时，敌不支溃退，我俟敌气稍挫，即大举反攻，当冲至敌阵，反复肉搏，锅底山得而复失者三次，混战终宵，截至十四日晨，我敌仍在该处混战中。

【中央社台儿庄十四日下午一时电】今日我军由正面南洛一带向峄县进攻，集中炮火毁敌阵地，我昨日进占峄县附近各高地后，形势已在我完全控制之下，敌负隅困斗，终必为我悉数歼灭，同时我军某部主力进攻枣庄残敌，战况亦甚猛烈。

【台儿庄十四日下午十一时电】我孙部黄□□师向峄县推进，已到峄县西南及西南关附近之□地，敌反攻卧虎寨，均被击退，迄十四日夜该地仍在我固守中。

【曹县十四日下午十时电】郭里集之我军于十一日将枣庄周围村落之敌大半击退，十二日敌千五百名，附大炮六门，坦克车十二辆，飞机四架，向我反攻，战况猛烈，迄十三日深夜，敌卒不支，向枣庄退去，另以坦克车三辆掩护搬运尸体，是役计毙敌五百余名，我伤亡营长以下二百余名，又我王旅占领纪官庄，毙敌三百余，俘虏三名，获九二炮一门，步枪十余支，阵中日记一本，并军用品文件甚多，据俘虏供，该队系坂垣兵团长野联队，于六日由兖州以南徒步开来，为日军出师以来步行最远之行军，尚未布妥，即遭俘获等谓。

【本市消息】第□集团军办事处接前方十二日电云，㊀□□师自占峄南天柱山、獐山后，敌仍顽抗，并不分日夜，连续向我反攻，肉搏达十余次，敌未得逞，㊁□□师昨占望仙山，今晨先后攻占钢叉楼、壕沟、大桥附近，张轸师已占八里庄、卧虎寨，对峄敌已在包围猛攻中，㊂敌向峄县已增千余，枣庄三千余，另一部由兖南运中，㊃敌一部由永安村胡山南犯威胁，已派队迎击中。

【徐州十四日下午十时电】十四日夜前方电话，铁路线以东税郭之敌约二千余人，被我汤部四面包围，我军正奋勇进攻，期于最短期间将敌歼灭。

【中央社郑州十四日电】我军某部六日克复□城，敌向南乐溃退。

摘自《大公报》1938 年 4 月 15 日　　第二版

徐州庆祝台庄胜利

【中央社徐州十三日电】徐埠各界为庆祝此次台儿庄胜利，特举行祝捷大会三日，十三日晚并举行提灯会，万人空巷，情况热烈，午夜始散，十四日继举行胜利品展览。

鲁南各界慰劳前方

【中央社曹县十四日电】鲁党政军民各界以前方将士浴血抗战，迭挫寇焰，特组慰劳团，携大批物品，赴前方慰劳。

摘自《大公报》1938 年 4 月 15 日　　第三版

鲁南日内将有大战　峄县东南争高地枣庄成焦土　生力军北开堵截敌援军进路

【郑州十五日下午十一时发专电】津浦北段一周内将再有大激战，敌增援到青之一师团，现正陆续登岸，向莒县、日照、蒙阴展开，我军事当局现对我前线亦加紧布置，构筑阵地，决再予敌以重大打击。

【徐州十五日下午十时电】我□部向北增援后，一路开赴□□截击敌军，一路由津浦右翼侧击，正面之敌现正向沙沟撤退，我推进中，韩庄方面仍有少数敌军顽抗，包围峄县之我军于十五日进攻向城，毙敌甚众，又十四日夜冲入峄县南关之我敢死队二百余人，以手榴弹抄袭西门，将敌军毙五十余名，我方将附近高地占领，因未携带攻城器具，在城外相继再攻，十五日晚我由西南关猛烈攻城，现仍激战中，枣庄方面之敌约千余人，被我孙曹两部包围已七八日之久，十五日早二时我□部进攻枣庄，在张庄、王家庄与敌血战，我□团攻入枣庄之东南，巷战甚烈，敌军进攻我左侧，我仍退出，在张庄与敌作拉锯式战数次，房屋多半成为焦土，十五日晚仍在激战中，峄县以南北山被我占领后，敌增援反攻，血战甚烈，我军一部由右面向敌迂回包抄，敌军顽抗，曾以百余名攻入我阵地，被我全数歼灭，我军获敌战车两辆，装甲汽车三辆。

【中央社泥沟十五日电】敌我争夺大混战仍在峄县东南卧虎寨、天柱山一带，八里屯当面之敌，被我击退后，十五日午又以步骑分路向我进犯，当被我迎面痛击，我柏营复全部迂击敌军侧背，激战三小时，敌因两面夹击，伤亡极重，我当夺获轻机枪一挺，步枪十七支，同时我张营亦由张村协击，剧战四小时，残敌以三面受围，当向东溃窜，下午敌又增援反攻，我赵营长奋勇出击，断敌联络，因是分别激战，反复肉搏，毙敌达数百名，迄发电时，双方仍在混战中，同时北山方面十五日敌我亦在竟日剧战，我火力猛烈，掩护冲锋。该处阵地失而又得者五六次，敌以坦克车四辆助战，被我击毁二辆，铁甲车三辆，亦被击退。

【中央社泥沟十五日电】我左翼挺进部队十四日占领峄县西南关后，即开始攻城，我军当挑选敢死队二百名，首先攻至西门外十三里敌最后阵地，我军以手榴弹及步枪与敌肉搏，毙敌五十余名，我亦伤亡排长一员，士兵三十余人，午将西门外各险要地带完全占领，我军连夜部署阵地，并准备种种攻城器具，城内之敌虽决心死守，但不难被我歼灭。

【中央社台儿庄十五日电】枣庄之敌约四千余，郭里集东窜敌约二千，枣庄西南倪汤、永安庄、聂家庄一带已被我收复，并将峄西之老虎山、卧虎寨、青潭寺及八里屯之张孙刘于四庄占领，枣庄北卓山枣庄东南安城亦在我手，枣庄郭里集间之敌即可就歼。

【中央社泥沟十五日电】窜至乱沟与丁坝之敌，被我一度三面包围，敌由天柱山又增来一部，向我侧击，我军当时处境颇危，幸赖将士用命，卒得突出重围，计是役我来往肉搏，不下十余次，大刀队亦发威力，敌人死于我大刀下者达七八十人，又我连长三员负伤指挥作战，卒将顽敌击退，现我军士气益奋。

【中央社台儿庄十五日下午二时电】我军围攻峄县阵线今日无何变化，枣庄峄县方面敌军并无增加，其战斗力渐渐减弱，而其待援反攻企图迄难实现，反之，我方□□有力部队亦已加入围攻之大举，实力更为雄厚，峄县以西约四五公里之老虎山附近，敌今晨二度猛烈反攻，但均以兵力薄弱，当我精粹之师，如卵击石，故稍有交绥，即被我击败，我军刻下加紧进攻税郭，并已占领峄东北附近各地，以断敌之后路。

【中央社徐州十五日上午十时电】顷据敌方俘虏称，临沂南面朱陈之敌为铃木师团之一部千余人，粮弹尚足，正死守待援。

【中央社台儿庄十五日下午四时电】我军迂回部队刻已到达滕县南面约五六公里之王开村一带，城内仅有敌数百，临城有敌二三千人，似有顽守模样。

敌昨始承认台儿庄之败

【徐州十五日下午十时电】津浦北段前面之敌总数共一万五六千人，其主力五六千人，在枣庄以东二十余里之税郭一带，其余分散于峄县、枣庄、临城、韩庄及临沂西南之朱陈等地，每地二三千或千数百人不等，现铁道正面济南以南交通被我孙、曹部截断，故敌企图由青岛日照向临沂增援西来，但众信敌无大量军队可调，我某有力部队已向□□北推进，以堵截敌之援军进路，刻敌全部均在我大包围控制之下，我一面以重兵包围税郭，对敌严密监视，一面向峄县之敌猛攻，期短期间解决之，迄十五日午，峄县四周高地仍由我占领，正激战中，正面我与敌隔运河相持，津浦南段战事沉寂，正面我敌隔淮河相持，西面我游击队，时与敌接触，毙敌甚众。

【中央社上海十五日合众电】今晨日军部发言人称，峄县附近战事异常激烈，台儿庄已为华军夺回，日军现在向城附近与华军作战，又称，距峄县四英里之獐山附近亦有激战云云，日方承认台儿庄被华军夺回，此尚为第一次云。

【中央社北平十五日合众电】日方发言人昨称，台儿庄或已为华军克复，惟日方前线详情渠不能有所说明，因恐为华方知悉云，日军计划，原欲在运河以北地带进攻华军，且曾一度成功，后华方以大批生力军增援前线，致情势变化，峄县战事，现并不激烈，至台儿庄峄县一线之华军共有十三师，在临沂之华军有三师，华军现正进攻韩庄，惟来势不甚猛，济宁附近及临城以北均已发现华军，关于晋豫军情，日方发言人称，日军在本月十日至十二日三日间，在焦作临汾各处开始进攻工作，华军前袭击临汾以西及禹门口河津各处之日军，惟已后退云。

【中央社香港十五日电】津息，津浦线敌军增援部分，多系自平汉路过津前往，十二日有两列车南下，并有大批军械运往，驻津四郊之零星部队亦多分别随车南下，可证明敌军人数已有不敷分配之情势，另有坦克四十余辆由平到津，停于河北铁道外，据闻，敌军战略，对平汉线有暂保黄河北岸不再进攻之传说，沿黄河北岸各地敌近来筑大批碉堡，置防御工事云。

【中央社香港十五日电】津息，津浦敌军陆续增援，十四日上午共有两列车，载士兵一千余人，由平汉线转津南下，另有军用品一列车及坦克四辆随车运往，津济间火车十四日晨虽售票，但临时又退票，现仍通于德州云。

【中央社曹县十五日电】盘踞肥城之敌一部二百余名，装甲汽车十余辆，十三日午后，向城西南运动，抵新镇为我某师孙营所阻，入夜我分路向敌猛袭，激战一小时，敌不支，仍向肥城窜去，是役毙敌军官一，士兵三十余，获敌旗一，慰劳袋二，我仅伤亡士兵十余人。

台儿庄难民待赈　孙总司令电中央请款　盼全国同胞输财救济

【徐州十五日下午十时电】此次台儿庄战役，我军与敌肉搏半月之久，敌倾其飞机大炮，滥施轰炸，致全镇房屋俱成焦土，商民财物悉化灰烬，被敌惨杀之男女达五百五十余名，损失甚巨，现难民四万余，嗷嗷待哺，亟待施救，闻我孙总司令连仲已电请中央拨款施赈，深愿全国同胞输财救济，使台儿庄难民得为生计，裨益抗战前途，实非浅鲜也。

摘自《大公报》1938 年 4 月 16 日　　第二版

峄县一带战况沉寂　我运用新战策准备大举歼敌　敌军增援多由平汉晋南调来

【徐州十六日下午十时电】津浦北段，我军为解决顽敌，现正运用新战策，变更部署，增加生力军，并向某某等地推进游击，故自十六日起我对峄县之敌暂行停止攻击，战讯转趋沉寂，惟峄县东北之向城及铁道正面之韩庄仍有小接触，我均占优势，综观全局，峄县、枣庄及税郭、郭里集等地之敌均在我大包围形势控制下，大战日内再度展开，不难将敌解决，刘□□两长官仍在前方某地指挥，我士气极壮。

【郑州十六日下午九时发专电】峄县、枣庄、张庄、郭里集、税郭、朱陈、向城现共有敌万余人，敌对重伤士兵不予治疗，悉皆焚烧，哭声遍野。敌为防范我游击队活动，在冀鲁豫晋各省占领地区内严禁我人民于铁道及公路一里附近种高秆植物，如高粱等，当兹春耕时期，人民愤恨已极，又敌新编所谓皇协军，企图收买我游队。敌由山西调兵向津浦增援，出石家庄至沧州，改徒步行，避开与我德州、禹城间游击队接触。

【中央社台儿庄十六日下午一时电】今日峄县各方消息沉寂，无大规模反攻模样，津方盛传敌军从关外抽调军队南下增援之说，实际不过在平汉、晋南方面抽调若干军队，向津浦线增援，我军采稳健作战之力策，逐步进迫，敌据险死守，我每克一村，必有一次恶战，故连日敌军伤亡甚大。

【中央社红店十五日电】中央社记者顷由台儿庄经兰陵转鲁南山地视察，沿途迭晤汤、关、李诸将领，得悉半月来我忠勇将士为牵制峄台间敌之侧背，并断其归路，几无日不在迂回线上浴血奋斗，收获甚多，自敌在台儿庄总崩溃，我汤部为策应正面，我孙部进奸残敌，时而迎击，时而堵截，立功尤伟，现残敌企图由峄县穿山地窜胶东，决难得逞。

【徐州十六日电】我军□部于十五日上午三小时内克复乱沟以南之三村庄，毙敌三四百人，午我军向崔家庄挺进，该处有敌二百余人，仓皇应战。我军奋勇齐上，将敌扑灭百余名，敌不支溃窜，我随将该地占领，并乘胜追击，向柳家庄方面推进。该处之敌三百余人，亦被我包围，我敢死队二百余人，与敌战十二小时，一部冲入庄内，敌死力支持，我军奋不顾身，将敌奸灭大半，残敌四窜，我军占柳家庄，跟踪向老头追击，敌筋疲力尽，接触一小时后，敌分头向七里集溃退，我军正大举进攻中，又汤庄乱沟之敌，经我夜袭，我敢死队三百余人，携大批手榴弹冲入敌阵，将敌击毙皆余，敌不支溃退。我随将汤庄乱沟占领，当再向吴庄徐家庄追击中。

【徐州十六日电】在我包围中之税郭敌军五六千人，因弹药已缺，拟突围逃出，十五日猛冲六七次，均被我军击退，敌伤亡甚重，十六日拂晓敌已力疲，只用步枪稀疏射击虚张声势。

【中央社红店十四日电】连日企图由郭里集东窜突围之敌，为板垣矶谷两师团残敌部队三千余人，被我汤部堵截，有回窜势，我汤部十四日晚已向西猛攻，前锋逼近郭里集，其他各路亦已协同夹击，残敌陷于四面楚歌中。

【中央社红店十四日电】由郭里集东窜税郭及兴隆山之敌，系其先头部队，有步兵约五百，炮二门，坦克车三辆，企图在试探郭里集、向城间虚实，俾作退路，被困向城之敌，犹负隅顽抗，似即对郭里集方面有所期待，我汤部对此有充分把握即可将其击破。

向城克复

【中央社红店十五日电】向城之敌前用飞机运送接济，共掷七包，我拾其三，一为药品，一为马蹄铁，一为机枪弹，藉知该敌人病马疲，十三日晚加紧围击，当毙敌二百余，残敌四十余，据寨内守护赵宅顽抗，又被我用火攻，仅逃出三人，余尽焚毙，向城遂为我完全收复。

【金乡十六日电】我曹军□团于十六日早六时攻击泰崖之敌，与敌激战三小时，肉搏数次，我军突运用急击，由泰崖两翼夹攻，毙敌二百余，该敌不支，纷纷逃窜，午后一时，敌又增加大炮四门，步兵四百余，向泰崖集中射击，密集部队向我猛冲，我守兵沉着应战，□团长亲率所部，向敌侧背猛击，毙敌三百余，我伤亡只数十名，敌尸骸狼藉，我已达歼灭战之目的，现仍在激战中。

【中央社香港十五日电】津息，伪满军队现纷被调遣进关，参加作战，据由东北来人谈，近有多数部队由旅大乘船开往青岛，一部调往沪杭云。

【中央社临沂十六日上午十一时电】据探悉，莒县方面陆续到有敌军三四千，系用汽车三百余辆装载，并有大批辎重械弹，该敌多持晋钞，谅系由晋省抽调而来。

【中央社上海十六日路透电】昨日下午日军发言人称，津浦路之战局仅有"小冲突"，记者询以日军是否仍占有台儿庄及江苏北部，彼称，总之，津浦路之全部战局与日军有利，其余无可奉告，当时另一记者问，据可靠外人消息，日军在津浦路之死伤达四万人，此说若确，则实系日军之惨败，日方对此若不加以否认，则系承认日军之溃败云云，日发言人答称，彼对于此事既不便否认，亦不能承认，因恐外间知悉日军在津浦线之兵力也，该记者又问，然则四万人之说果确乎，日发言人称，此事君等自行决定可也云云。

政院救济台庄难民

【中央社讯】此次台儿庄战役，因敌军残暴顽抗，全镇及其附近已成灰烬，当地难民麇集，闻行政院已电饬山东省政府及难民救济会加紧赈济，并由院派员携带振款，前往抚辑云。

摘自《大公报》1938 年 4 月 17 日　第二版

峄县城郊时有激战 津浦正面我攻韩庄 晋敌向鲁南增援连日调出甚多

【郑州十七日下午六时发专电】此间得报，山西之敌连日调出甚多，获鹿现集有四五千人，在石庄之坦克车亦开动，其运输车上贴有顺从民意放弃山西标语，据我军事家观察，晋敌一部向平汉右翼鲁西转移，一部北调，加入津浦正面，已证明，敌人目的确注重解决山东战局，但整个退出山西，尚非其时，日来虽有外蒙与内蒙发生冲突之说，未能证实。

【曹县十七日电】探报，敌之木田部约四百余，八日分乘汽车开赴胶东，十日至十二日由晋省转移至济南之敌约万人，号称两师团，分驻于张庄、辛庄营房，及商埠一带，其高级司令部在大陆银行。

【中央社临沂十七日电】敌自台儿庄惨败后，积极设法增援，本月十日至十二日自晋省转移济南之敌约万余，一部开往胶东，十四日敌步马二千，汽车百辆由胶东开莒县汤头镇等处，现临沂正面敌增援约三千已到达，即开始向我阵地攻击，其后续部队尚有三千，我亦有生力军前往堵截。

【中央社台儿庄十七日电】峄县南黄山之敌向我反攻甚烈，已被击退，我军一度冲入峄县南关，峄县西南乱沟、丁家坝之敌在我围攻中。

【徐州十七日下午十时电】我□□两部于十七日起一度攻击峄县县城，先以大炮猛烈射击，守城之敌，多被我击毙，我敢死队在大炮掩护下，携带爬城梯，蜂拥爬上城墙，城内之敌据民房顽抗，我城上敢死队一面向敌射击，一面投击手榴弹，至下午二时，我爬上城墙者已一二百人，城内之敌亦继续增援，以密集炮火，向我射击，我为避免无谓牺牲，于三时退出城外。

【徐州十七日电】我军某部于十六日夜向獐山、吴家庄之敌猛击，敌顽抗，激战终夜，敌退入碉楼，我选敢死队一连冲入碉楼，掷手榴弹，将敌大半解决，残敌缴械投降，乱沟附近吴村之敌被我层层包围，敌屡次拟突出，我为歼敌计，将敌诱出，敌每冲出一部分，即被我包围歼灭，后敌不敢冲出，据守民房，我遂选敢死队占领敌之据守点，至夜十一时，敌被我歼灭大半，残敌皆向西被溃退，我获机枪一挺，步枪三十余支，朱、陈之敌死守待援，义堂集之敌窜来千余，被我□部截击，我军行动神速，激战三小时，敌先头部队百余人大部被我歼灭，余向我西撤退，其一部仍在义堂集附近与我激战中，又汤头镇之敌步骑炮千余人，被我□部迎头痛击，敌纷纷溃窜，我正追击中。

【中央社台儿庄十七日电】枣庄以北敌我激战，郭里集、税郭、向城（昨日外间盛传克复不确）朱陈之敌在我分别围歼中。

【徐州十七日下午十时电】十七日我□部开始向韩庄之敌猛攻，极得手，日内将有新进展，又我□部于十六日奋勇占领韩庄以北之多艺沟，敌六七十人企图夺回该地，我奋勇应战，敌又增加大批步骑炮联合之军队，向我猛攻，同时我某部亦出击敌背，激战八小时，我生力军开到，大举反攻，现已迫近□□□□一带，我某部十七日晨向沙沟东南之杨庄挺进，将敌百余击毙，我随即占领该地。

【中央社徐州十七日电】我军某部十四日拂晓向韩庄攻击，我军已进占韩庄车站。

鲁南前线争夺重要据点

【徐州十七日电】记者十七日晨到台儿庄前线视察，得知敌连日增加连旧有者共有万余人，分布于枣庄峄县、税郭与临城、韩庄一带，峄县附近之战场为一大圆形，敌据峄县以南天柱山、獐山附近南面之草山、白山、西南之黄山、东面之九山、双山及西面卧虎寨以东等高地，共约六七千人，皆凭高山与坚固工事及石寨碉楼顽抗，我孙军各部已由东、西、南三面包围，向敌进击，枣庄亦在我军严密控制下，我军连日分路夺取各山头，利用炮击，毙敌甚众，敌死守不退，因山势险要，我军迭次猛攻，均有相当牺牲，但敌已陷于被动地位，除顽抗外，间有少数之敌出外活动，均被我击退，十六日夜我全线总攻，十七日晨占领天柱山以北汤庄、吴庄两要点，敌增援反攻，现正激战中，午刻敌由北山、黄山向我阵地活动，被我击退，敌自十七日起，其活动方面，企图攻我峄县以南之望仙山及城东之卧虎寨，我已严防，当可无虞，税郭之敌现有三四千人，被我汤部由东北南三面包围，枣庄方面我曹部已占领枣庄以北之山地，控制敌军。

摘自《大公报》1938 年 4 月 18 日　　第二版

我克韩庄威胁峄县　临沂方面激战又起　我分路邀击使敌从容布置难 第二次大会战周内或将展开

【徐州十八日上午十二时本报特派员发专电】本报特派员十三日赴鲁

南前方，代本报慰问汤关各军将士，十八日返徐，曾在峄县、临沂之间周览各作战部队，此次战区统帅之镇定、公平、坚决与辛劳，博得战区全体官兵之爱戴与信赖，将校之中，从实战经验上，锻炼成众多又新奇战术思想与特殊战斗能力人物，用兵之忠诚与勇猛，攻击精神之旺盛，在敌方文件中，亦发现对我敬佩之词，汉奸活动已大为减少，敌方则无论飞机、大炮、坦克数量与效能皆远不如南口与上海战役时，其步兵战斗精神亦日渐减退，使我官兵战斗胜利之信心得对比的增长，敌探兵传令常为我民众扑杀，故整个战争形势，已全非昔比。

【徐州十八日下午九时本报特派员发专电】鲁南战场之敌，刻正进行与我第二次决战，其增援部队约两个半师团，其一师团闻自上海调来，由青岛登陆，循公路向临沂方面前进，其余一师团半闻系由平绥、平汉调来，向津浦路增援，敌之目的，在挽回台儿庄败退后之颓势，其求对我主力决战之心甚切，观其用兵方法，第一步似在谋东西两路之会合，集主力于泰沂山岳地带以南之平原，然后齐头并进，压迫我军于微山湖与运河之间，我军刻已分头邀击，不使敌有从容布置之余裕，十八日下午五时克复津浦路之韩庄，并即向北跟进，即在打破敌循津浦顺利南下之计划，大致不出一周内，大战即将展开。

【郑州十八日下午七时发专电】综合各方之情报，判断敌人对北战场新企图大致如下：㊀死守台枣线各据点，增加部队反攻，由青岛到莒县之敌并未奔临沂，西至费县，分两路，一趋峄县，一趋向城，人数三四千，现我孙、曹两部正赶往迎击；㊁津浦正面韩庄残敌仅有二三百，且夕即可消灭，济南到敌约五千，系山西调来，有千余人已开汶上，加入鲁西，图犯巨野、金乡，扰商邱，故鲁南、鲁西不久即将展开血战，我已严密戒备。

【徐州十八日下午十二时本报特派员发专电】本报特派员十八日下午五时赴韩庄附近视察，当晤孙震总司令，韩庄街市确于十八日晨五时克复，但尚有二三村未肃清，韩庄车站亦仍在敌手，敌由沙沟两路增援韩庄，一路十八日午已被击溃，一路正在截击中，我军十八日夜总攻，期将残敌彻底肃清。

【郑州十八日下午八时发专电】顷接前方电，我军今午确实占领韩庄，残敌遁入北门外一村中，系因日间怕我追击，不敢走脱，又莒县之敌一部加入临沂，今向我猛烈反攻，现正激战中。

【中央社曹州十八日电】临城之敌约八百，向南沙河及沙河集两处增兵二百，散布铁道两侧，与我对峙中。

【徐州十八日电】我孙、汤各部夹击峄县以南之獐山、天柱山及峄县以东之向城，我川军及于□□部于十七日晚八时向韩庄之敌总攻，敌顽强抵抗，我敢死队奋勇而上，卒将敌南面阵地突破，敌退守韩庄内，我军奋不顾身，各携手榴弹多枚向庄内投掷，激战甚烈，十八日晨三时，敌犹作最后挣扎，又被我敢死队击退，敌阵地动摇，我军冲锋，先后肉搏达三小时之久，敌不支，退守韩庄车站附近，我□部迂回敌侧，将沙沟包围，敌恐后路截断，纷纷逃窜，十八日早五时我将韩庄收复，该处之敌约千余人，已死伤大半，残敌退往沙沟以东山地内，现我正向峄县、临城推进中，临城之敌日内即可肃清。

【中央社徐州十七日电】我围攻峄县，今仍与敌激战于峄县附郊三十里内各山地，敌先期占据优越地势，将各村民房悉付一炬，在房内掘成交通壕沟，蜷伏死守，故我军连日进攻，颇感困难，并悉枣庄之敌潜藏于中兴煤井各窟口，置有哨兵机枪防守，附近居民先期在煤井避难者，均遭残杀，妇女悉被蹂躏，我军已将枣庄东北方面严密包围。

【中央社徐州十八日电】峄县方面，我军已将吴村（乱沟西北）占领，敌完全被歼，徐家庄亦已攻下，残敌据碉堡顽抗，我正围歼。

【中央社徐州十七日电】西邹坞为临枣路交通咽喉，有敌七百余，炮二门，筑有工事防守，我某部奉命克期歼敌，官兵奋不顾身，不断向敌猛烈冲击，刻仍在激战中，又我某部向孙庄过山沟、钱村、曾家店兜抄，与六七百顽敌激战，我取连环夹击，敌穷于应付，又我某部已包抄枣庄，刻在田庄、王家庄一带与敌猛烈激战中。

【中央社临沂十七日电】被困向城之敌约有六百余人，现依据碉寨，企图作困兽之斗，似对峄县方面有所期待，我军十六日下午起已开始向敌围攻，炮兵亦参加助战，战况甚烈。

【中央社临沂十八日电】沂河两岸之敌，因由青岛开来援军六千，又呈猖獗之势，侵入西岸之敌，十八日与我在城北十余里之某处相持，南岸之敌亦越相公庙南犯临沂，又成三度兵临城下之势，我生力军已开往增援。

【中央社临沂十七日电】临沂方面之敌近由胶东增援步骑炮两千余名，向我进犯，一股窜至葛沟、汤头、义堂集之线，十六日晚被我两路伏兵突出截击，我军行动迅速，以少抗众，激战三小时，敌先头队百余被我完全歼灭，一股向西逃窜渚保等处，一股仍与我对峙，惟我军极占优势，予敌以重大牵制，同时被我包围于朱陈之敌，困守待援，已无突围能力，其据守之寨墙被我炮击，轰塌多处，我正拼命猛攻击中，又我某部在葛宣、王平、小官路大举与敌激战，我反复冲杀，敌势大挫，十六日敌又增援千余，炮十六门，向我反攻，我军奋勇扑击，十七日仍在鏖战，阵线迄无变化。

【中央社上海十八日合众电】日陆战队原定上星期六在吴淞江湾引翔港一带举行野战演习，现因故改明日举行，上海大批日军日来均乘船他往，地点不明，众信系开往津浦路增援云。

【徐州十八日电】津浦北段敌连日大举增援，近由上海开往青岛者为加藤三郎之一〇二师团，由关外及平汉调来之敌约一个半师团以上，由日本抽调开往青岛约一个半师团，总计有四师团。

摘自《大公报》1938 年 4 月 19 日　第二版

临沂方面战况紧张　敌图赴援峄县我军正分路堵击　峄县东北各据点亦激烈争夺中

【徐州十九日下午五时发专电】敌在津浦线上增援之部队，已判明系由苏浙晋豫各战场七拼八凑而来，可知敌人自国内派兵已不可能，其军事上捉襟见肘之状业已显露。

【中央社徐州十八日电】鲁南方面，旬日来敌之企图，表面虽以峄县为死守据点，实则在吸引我主力迟滞于峄县四周，再乘隙分由台潍公路及津浦铁路以运送其援队，而解峄县之围。一面并在朱陈、向城、税郭、郭里集一带分布爪牙，胜则充其援军之向导，败则亦可为峄县被围之敌预布一突围路线。我军已窥破敌计，除调生力军分途迎击敌之援队外，并已开始斩断敌之爪牙，连日朱陈、向城、税郭、郭里集、沙沟一带均发生猛烈战事，峄县争夺战反趋沉寂，即为我实施斩断敌爪牙计划所致。现韩庄即已收复，其他各处之敌亦在围歼中，敌之爪牙，将悉被斩断，而失其作用，增援之敌与困在峄县之敌已无所适从。

【徐州十九日下午十时电】津浦北段之敌，仍在我三面包围中，敌图作最后挣扎，在峄县、枣庄、税郭等地死守待援。我孙□□部在峄县方面与敌作战已十余日，虽迭次向敌猛攻，均因敌所据獐山、草山、白山、天柱山、黄山、九山、双山一带高地工事顽抗，抢夺甚难，故我高级长官改用新战略，以期解决该处之敌。我连日增援，分别配备，是以前方连日剧战，只有局部接触，右翼临沂方面，因双方增兵，战事激烈，敌向津浦增援，有增加四师团及两师团两说，似以后说为可靠，我生力军已相继开到，我敌再度大决战当在峄县、枣庄及临沂以北一带。记者今晨由前方返徐，据悉台儿庄战役，敌纠以机械化部队向我攻击，我士兵以血肉相拼，卒将顽敌击退，士气大振，人人相信敌之机械化部队毫不足畏，十九日前方战况如下，（一）十九日晨敌二千余向我峄县东北襄下屯出头林方面移动，被我□、□两部迎头痛击，午后我将附近高地完全占领，敌增援反攻，迄未得逞，敌并佯败诱我出击，我为保持高地，置之不理，敌现又企图由两翼夹击，我已严防。（二）枣庄退出之敌，其步兵千余人，大炮六门，与我白山、谷山、狼套、联汪等地我军相持中。

临沂激战我正增援

【临沂十九日下午十时电】津浦北段，我生力军向右翼推进后，声势极壮，敌恐我袭其后路，即增援反抗。十九日晨起临沂北面战事益趋激烈，我分两路向敌猛攻，一路向临沂西北玉堂集之敌进击，分三方推进，敌死力抵抗，我军当抽调一部侧进，切断敌之联络，双方肉搏六七次，伤亡均众。一路我军抵临沂西北大岑小岑，向敌之侧背推进，十九日早开始猛攻，敌腹背受我夹击，应付困难。我□团长身先士卒，率全团向敌侧击，当展开肉搏战，我以手榴弹冲入敌之阵地，短兵相接，三五成击，相抱扭打，凶猛异常，我□部在碉楼坚守，敌进犯十六七次，均被我击退，敌阵线紊乱，经过一日苦战，终未脱出我三面包围，敌又集中兵力，向我猛冲，企图突围，现仍激战中。

【中央社徐州十九日电】我某部开抵沂河西岸大岑小岑后，绕至攻城之敌侧背，十九日晨开始向敌猛攻。临沂城内我军亦出城逆袭，敌深恐为我分段歼灭，亦以凶猛姿势向我压迫，现临沂情势甚为紧张，我正增援中。

【中央社临沂十九日下午二时电】昨日我军由临沂西北六七公里之北道奋勇向敌反攻，战况激烈，歼敌甚众，曾毙敌尉官二名。敌后方部队又继续增加，敌军炮火向我猛攻，刻仍在激战中。

【中央社临沂十八日电】敌炮骑联合部队十七日晨分三路向我临沂西岸进犯，一路由二十里铺进攻，一路由沟上攻葛家王平，一路由向河屯攻南北道，敌后续部队陆续增加，其大炮已增至二十余门，复以装甲车多辆，掩护猛扑，飞机六架来往轰炸。我军浴血抗战，咸抱与阵地共存亡之决心，拼命迎头痛击，我反复反攻，极为壮烈。激战至十八日晨，敌仍不断向我冲锋，我坚守阵地，每以肉搏克敌，十八日午，我得力步队开到，大举反攻，将敌联络切成三段。我突击部队猛勇异常，各佩大刀一把，手榴弹六七枚，每将敌阵冲破一角，即蜂拥前进，横冲直撞，斩敌无算，敌尸狼藉直至十八日晚仍在激战中。

【中央社临沂十八日电】我军自十六日晚起，以坚决意志，猛攻朱陈，迭次接近敌阵，发生浴血混战，某将领限期克该地，士兵有进无退，高级长官均在前线督战，战事猛烈，迄后敌增援部队开到，我军功亏一篑，被迫退回原阵地，现仍在相持中。

【曹县十九日电】西邹坞与齐村之敌连日增加，连前共约千余名，现仍激战中。

韩庄我军转移阵地

【中央社徐州十九日电】利国驿电话，我攻占韩庄及车站部队十九日午已转移阵地。

【中央社徐州十九日电】某医官检验连日由韩庄运徐伤兵，其中多半为达姆弹创痕，且有中催泪性瓦斯者，我已筹对付办法。

【徐州十九日下午九时电】津浦北段正面我军克复韩庄后，敌在韩庄以北之杨庄与我激战，十九日自晨至午激战甚烈，我毙敌甚众。敌一部由西辛庄向朱家庙移动，经我痛击，敌伤亡甚众，刘官桥碉楼内之敌仍顽抗，我已将其包围，即可解决。

【中央社徐州十九日下午三时电】济宁城内，敌续有增加，连原有敌军共约三四千人，炮三十余门，战车二十余辆，据闻敌将派某有名师团团长赴津浦线正面指挥。

【曹县十九日电】滕县城内及南沙河之敌约三四百人，十九日晨向我安家庄张家楼阵地进犯，我于上午十时将敌包围在吕家坡，敌不支，向铁路以东溃窜，十九日午后敌由枣庄向官桥增兵二百余。

【曹县十九日电】南阳湖以东有刘部阵地移至□□□□以后，十八日派□、□两团，分向左右包抄敌军。我卞团□部担任正面，向济宁城东南三十五里之程楼、黄庄挺进，我官兵与敌激战二三小时之久，敌不支，向南贯集溃退。晚六点半我克复张家桥以北之王庄，毙敌百余，我□团□营长阵亡，连排长受伤四员，士兵伤亡八十余人。

【徐州十九日电】济南现有敌步兵六千余人，伪满军六百余，伪总指挥为姚文章（山东巨野人，曾在东北充马占山营长）。我便衣队数十名十七日到固山（距济南六十五里）张夏附近，将大铁桥破坏，又我刘部骑兵胡团一部于十七日夜率同民众，袭德州敌机场，焚敌机一架，并烧毁敌之仓库。

摘自《大公报》1938年4月20日 第二版

峄县韩庄敌渐蠢动 我新增部队到达即大举进攻 右翼为灵活作战放弃临沂城

【郑州二十日下午十时发专电】津浦北段，峄县、向城、临沂连日战况颇为激烈。峄县之敌十八日、十九日、二十日逐渐增兵，攻击我筐山、平山、傅山阵地，未能得逞。敌一队千余人沿青山石城崮以东地区东进，我新增部队已到达，准备大举进攻，鲁西方面汶上之敌千余人已增于济宁之线，尚无活动模样。

【中央社徐州二十日电】峄县敌今拂晓向我猛烈反攻，旋经击退，铁道正面敌增援部队约一千左右，与南沙河我军对峙，韩庄残敌刻又增援反攻，我军现正于韩庄之东北加以截击。

【徐州二十日电】连日敌援军增加枣庄、峄县一带者，系由平汉路调来土肥原贤二之十四师团全部并刘桂堂匪伪军千余人，增加于临沂附近者，系由上海调来之一〇二师团，共三联队。自十八日夜起，临沂方面，敌以全力由西面进攻，其部队如板垣第五师团之三浦敏治第二十一旅团所属大场田郎四十二联队及铃木联队、炮兵联队、工兵联队。敌师团部驻玉堂集。十九拂晓展开大战，迄午刻，我为战略关系，移至新阵地，敌军由西门入城，我军仍在东南城外附近与敌继续血战，我□部生力军已兼程开到前方，二十日开始反攻。在沂河西岸与敌隔河对战甚烈，迄晚仍在相持中。峄县、枣庄方面之敌十九、二十两日由峄县左面向我反攻甚急，我□部奋勇应战，双方伤亡均重。敌连日在峄县、枣庄以南赶筑工事，似以峄枣为根据地，有企图再犯台儿庄模样，现我生力军源源开到前方，当可无虞。总观全局，敌在临沂方面虽稍有进展，整个大局，我仍占优势，且我军配备已齐，峄县、枣庄、临沂等地再度大会战即将展开，日内当有好音传来也。

【中央社徐州二十日上午十一时电】昨日下午敌军炮火猛轰临沂西关北关，打破一缺口，冲入若干部队，后经我堵塞，将冲入之敌一百余人包围歼灭，现我敌在西关北关激战中。我主力在临沂以南策应反攻，临沂侧面，我军迂回部队昨日可是总攻，并占领大岑小岑。

【台儿庄二十日电】（一）敌近由青岛向临沂附近增援约一师团，峄县附近之敌亦增五六千人，预料一二日内此两处将有激战，我生力军亦已开到，但敌决难得逞。（二）十九日敌六百余人由临城经沙沟向韩庄增援。（三）峄县及其东西南三面之敌，连日经我孙军各部进击，敌据工事死守，不敢活动。（四）敌有打通临沂、峄县间公路之企图，我军已在□□附近增兵，随时邀击。

【徐州二十日电】二十日拂晓，向城之敌分路突围，我当让开道路，敌出围即行被我包抄，将敌击溃。敌一部窜带村，被我伏兵截击，毙敌百余，迄午后仍激战中。

【徐州二十日电】韩庄自十九日再度陷入敌手后，我在西辛庄、周家庙等地与敌血战。西辛庄敌迭次向我包围，均被我击退，周家庙方面之敌增援反攻，二十日午后被我击退，敌向东南山地溃窜，我迂回阻截，毙敌甚众。

【中央社徐州二十日电】由向城北窜之敌，与我□旅之一部在芦家湖一带遭遇，当予猛击，毙敌约百人，焚毁其给养共十余卡车。

【台儿庄二十日电】二十日晨，敌机六架飞台儿庄车站，投弹二十余枚，均落道旁麦田内，我无损失。

我放弃临沂经过及意义

【中央社讯】中央社记者顷走访我某高级军事机关负责人，叩以临沂方面战况，承告以我军自动放弃临沂城经过及意义如次。敌人自台儿庄惨败后，即退守峄县待援，因我各部队及民众对敌后方交通随时予以破坏，致敌增援部队到达非常迟缓。最近敌以重兵增加其右侧，而于临沂方面故作攻击，以图牵制我军，我为不受其牵制，并使该方面之作战灵活起见，故于今（二十日）晨令我临沂守城之某部队自动将临沂城放弃。盖战事重心已转移他处，临沂在战略上已乏价值，实无坚守之必要也，但我在临沂方面之部队仍在附近机动使用，并在其四周对敌监视，及对敌后方采取更积极更大之破坏扰乱行动，以疲困敌人，消耗敌人，是临沂城之放弃，反而对我重要方面之作战有益也。

【中央社香港二十日电】津息，津浦线敌现继续增援，连日运输不断，十八日计有八列车过津南下，十九日计有十三列车步骑兵续往，两日来人数计在五千以上，此项敌军大部自平绥线开来。另有敌军一列车十九日由东北抵津，均新入伍者，着新制服，未携武器，另有伪军由承大线转往平绥平汉线填防，十八日敌运汽油五千箱自津赴大同云。

【本市消息】第□路军办事处接前方电云，我陈支队十三日袭占津浦线德州南之黄河涯车站，毙敌数十人，获步枪二十余支，将黄河涯铁桥及高家庄铁桥全部破坏。

【中央社曹县二十日电】济宁之敌，不时调动，现其最高司令为耕宫，十四日沼田率部千余，赴兖州转临城增援，目前，济宁尚有敌六七百，各街口均设电网，防我进击。嘉祥敌一部三百余名，炮五六门，十八日早四时，向我商村阵地进犯，经我炮兵瞄准，对敌炮阵地及其预备队猛烈轰击，均命中。十时敌不支，退向城内，是役敌伤亡炮兵十余，步兵三十余，其百二十联队三大队第八中队长亦中弹毙命，并击毁其大炮一门，弹药车一辆，我无损失，济南敌增万余，系由河北开来，一部已赴前方，盘踞城内者约五千之多。

【中央社正阳关二十日电】（一）十五日十六日两日，有敌兵二千余，炮九门，炮弹二十余车，开抵蚌埠，分布各处，蚌埠之敌，现已达万，且多系新来者。（二）我蚌埠民众询问新到敌兵开向何处时，敌兵不会说话，每写一“北”字，综观近日敌军调动甚忙，恐有北犯企图，以牵制我津浦北段之进攻。

摘自《大公报》1938 年 4 月 21 日　第二版

峄县以南战事转剧　敌增援反攻后我阵地无大变动　临沂城外激战我有力部队开到

【郑州二十一日下午六时发专电】鲁南敌增兵后，其主力仍位置于临沂及峄县一带，企图再犯台儿庄，恢复未战败前形势，我军事家观察，敌人仍将重蹈覆辙。我正在临峄之间以南各地区，利用山川，布置新阵地，以期第二次歼灭战早日成功。

【郑州二十一日下午三时发专电】津浦北段敌方阵地配备情况，敌之主力为一〇五、一〇二两师团，在税郭、南安、郭里集一部，峄县、临沂原有三联队，连新增加兵力约有一师团半，朱陈有五六百，日照为伪军刘逆佩忱部，莒县并有刘逆桂堂部，济南为张逆济乐部，泗水为敌第二师团第三旅团，兖州为敌第十师团一部，滕县临城为该师主力，沙沟至韩庄为一〇五师团一部。由平汉、平绥调济南者已达到二千六百人，尚有后续部队在运输中。

【徐州二十一日电】鲁南敌反攻，我阵地无大变动，截至二十一日晚止，峄县正面，我孙军在獐山东南之泥沟及以东以西与敌相持，血战甚烈，右面我汤部在泥沟正东台儿庄东北之小良壁，四户镇一带与敌激战中。临沂方面，县城虽为敌据，但县城之东西南均有我军与敌血战，现我军正开始反攻中。

【中央社台儿庄二十一日上午十一时电】峄县枣庄方面敌向我反攻甚烈，阵地未有变化。韩庄敌续有增加，系由兖州济宁转来者，兖州至泰安之铁路线已经敌派队掩护修复。

【中央社徐州二十日电】据难民谈称，峄县有敌五千，内伪军占十之九，马千余匹，城内除西门外均用沙包堵塞。十八日晨敌炮二门，用烧夷弹向杨楼、小李庄、和顺等处射击，民房半数被焚毁。

【中央社徐州二十日电】我军转进韩庄东北之周家营一带后，二十日晨敌向我反攻，我军奋勇出击，反复肉搏，激战至午。我另一部由侧翼突击，顽敌不支，向东方山地溃退，我正迂回追击中。又西辛庄之敌，亦于二十日晨向我阵线进攻，我以逸待劳，沉着应战，终将敌击退，阵线已趋稳定。

【中央社徐州二十一日电】向城之敌一部沿台潍公路东犯，有企图夹击临沂我军之势，我已派队堵击。

【中央社曹县二十一日电】转战枣庄齐村一带之我□支队已到达□□□以东一带高地，与我监视滕县之□旅取得密切联络，各分别占领具有重要军事价值之各个主要地区。二十日夜十时开始动作，一部袭击滕县车站，一部破坏滕县北铁路公路，另一部同时大规模破坏时家台苏台铁路公路，均极得手。

【中央社徐州二十日电】二十日晨向城之敌分两路突围，我包抄部队让开道路，待敌出城时，即包抄袭击。战至九时，敌一股窜至向城东之代村，又被我伏兵袭击，现仍在该处堵击，是役毙敌百余名，该处之敌刻急谋与临沂西犯之敌取得联络。

【中央社徐州二十一日下午一时电】临沂方面，我军阵地刻在城南及城西约五六公里，有力之增援部队均已到达各重要据点，对敌成一弧形之包围线，我方渐转优势。

【郯城二十一日电】我军放弃临沂后，在临沂南关与敌血战两昼夜，我张部黄师奋勇作战，我□师增援反攻，曾一度冲入南关，敌旋增援反攻，我仍退回原阵地。

【中央社徐州二十日电】敌十四师团土肥原部队约四千人，已自平汉调至津浦增援，在滕县下车，改由公路至临城枣庄一带，参加鲁南战事。又滕县城内及南沙河、官桥等处合并之敌五百余名，利用铁甲车掩护，从十八日拂晓向我围攻，枣庄部队后侧之安家庄、张家楼等地攻击。我军避开正面，将敌包围于吕家坡东段，激战数小时，敌不支，于午后四时仍向铁道逃窜。现我加紧彻底破坏滕枣间敌之交通，至临城南北一段，铁路桥梁，敌虽屡加修复，我仍屡加破坏。

【徐州二十一日电】二十日敌军二百余，坦克车汽车二十余辆，以飞机六架掩护，由朱袭桥向大柳前进，被我击毙四十余人。下午四时敌军开至磨盘山，中我地雷，我伏兵同时出击，毙敌三十余人，获敌汽车一辆。

【中央社曹县二十一日电】我军十九日晚将泰安南官庄东北前经破坏现用枕木所架之桥梁一座以煤油焚毁，并将洪沟店南之五孔铁桥炸毁，铁路西侧公路亦经破坏十余处，同时泰安北之董家庄铁轨亦炸断多处，敌军后方联络交通悉被切断。

【中央社徐州二十一日上午十一时电】津浦南段定远一带，我游击队活跃，甚占优势。靠山集收复后，闻淮南方面，敌军陆续增加，迄至目前止，已约近万人左右，大部敌军，在蚌埠临淮附近，究属换防，抑系增兵，刻尚不能判断，敌似有向淮河南岸蠢动模样。

摘自《大公报》1938 年 4 月 22 日　第二版

临沂西南战事最烈　我大军分别进击中居有利地位　峄县东南亦激战
敌图会合南犯 韩庄已无战事微山湖发现敌军

【徐州二十二日下午三时发专电】最高当局通令前方将士，略谓，敌人现已陷于山穷水尽之绝境，在冀晋江淮调疲惫之兵投入迭遭失败之鲁南，以图死灰复燃，我忠勇将士务当奋发，粉碎当面敌人，有厚望焉。

【郑州二十二日下午七时发专电】峄县、临沂敌不多，敌大部主力集结于台儿庄之东北大良壁、小良壁、四户镇、傅家庄一带，与我军激战中。据我军事家谈，敌陷临沂后西进，图犯台儿庄右翼，与我汤孙两军团遭遇，被迎头痛击于朱陈附近，我张庞两军现回师猛扑四户镇，攻敌人之背，故形势上我占有利地位，其他各线仅有小接触。

【中央社台儿庄二十二日电】鲁南战事，现侧重于临沂西南与峄县东南，该两处之敌显欲会合南犯，二十二日经我以机动性战略分途迎击，激战竟日，敌受重创，二十二日晚仍分在南桥、大店崖及河湾、陶墩一带相持中。现我生力军大部开抵前线，并配备就绪，气势甚旺，某某亦驰赴前线督师，预料鲁南二次大会战，即将在临沂峄县展开，一般对此次战事前途绝对乐观。

【徐州二十二日电】津浦北段，连日我敌均积极增援，加紧布置，已临再度大战之前夕，我生力军□□等部队开前方后，分路向□□目的地推进，配备大致完成，将于日内总攻，前方士气极振。二十二日各路无大接触，峄县正面，我敌仍在泥沟一带相持，陶墩附近有敌三四千人，二十一日起与我□部展开血战，我刘团长身先士卒，与敌肉搏十余次，毙敌五六百人，不幸刘氏中弹殉职，故随放弃陶墩，现仍在陶墩附近一带与敌血战，据闻二十二日下午陶墩又为我军克复。又河湾方面，我军出击，遇敌五六百人，发生激战，敌以战车六七辆向我冲锋，被我击坏三辆，毙敌百余，现仍血战中。

【中央社徐州二十二日电】峄县突围南犯之敌约三千余，附坦克车八辆，二十一日下午与我某部遭遇于洪山西南之陶墩，我□部□团长奋不顾身，率部与敌展开喋血混战，肉搏十余次，歼敌六百余人，□团长不幸亦中弹殉职。二十一日晚我生力军增援，向敌反攻，至二十二日上午，激战犹未已，河湾我军闻陶墩有警，奋力向红瓦屋屯北部之敌进攻，期为陶墩我军声援。该屯之敌约五百余，因受逆袭，仓卒应战，我斩获无算，并击毁敌战车三辆，敌增援反攻，我亦有生力军赶到，战事复趋猛烈，仍在相持中。

　　【中央社徐州二十二日下午二时电】临沂方面，敌虽占领城垣，但全局在我包围控制之下，敌已失去动作之能力，故战局转趋沉寂，于是敌又企图从峄县方面进攻，以期牵制，故昨今两日峄县方面战事异常激烈。敌军主力用飞机坦克车及大炮掩护，向我红瓦屋、兴隆桥（峄县东南十余里）阵地猛扑，我早有准备，固守阵地，刻尚在激战中。

　　【中央社徐州二十二日电】临沂之敌二十二日向西南突围，企图会合朱陈向城之敌，以与峄县东南方面取得呼应，经我军在南桥、大店崖之线堵击，竟日均在激战中。据俘虏供称，临沂附近之敌，除一〇二师团加藤之一部外，第五师团之大场、铃木、伏口、汤川及骑炮兵各联队残部均混合在内云。此外前方并发现第五师团之下河边联队及寺内兵团之森永联队两番号，其人数恐不足额。

　　【郯城二十二日电】临沂当前之敌为坂垣第五师团之大场、铃木、圆口、汤川步骑炮兵等数联队及坂垣师团下河卡、寺内师团森永两联队，二十二日止，我敌仍在峄县东西南三面激战中。

　　【中央社徐州二十二日电】我由韩庄转移部队，在韩庄东北狼尾港前后、刘家桥、西辛庄之线，与敌血战三昼夜，毙敌极多，我亦有相当损失。当我某营与敌混战于西辛庄时，因进展甚速，失去联络，以致一时陷入敌围，敌曾以数倍兵力向我猛攻，幸赖我将士用命，坚决支持，卒于二十一日晚打出血路，所向披靡，安全退往泥沟迄东某地。二十二日韩庄方面已无战事，该处之敌闻为第十三师团千柴联队之高岛队。

　　【徐州二十二日电】微山湖发现敌军活动，乘民船二十余只，我□部派队前往堵截中，利国驿、韩庄附近及西辛庄我军于二十一日一度冲入敌阵地。

　　【徐州二十二日电】济南增加之敌陆续南下，滕县界河间铁桥，敌修复后，现又为我破坏。

鲁南之役

敌受伤者约二万五千

　　【中央社徐州二十一日电】据津市某方面统计，敌此次在鲁南作战死伤数目，实比外间所知者为多。其死亡者刻虽未深悉，然受伤由津浦前线运津者，自三月一日起至四月八日止，计有二万五千人左右。

　　　　　　　　　　摘自《大公报》1938 年 4 月 23 日　第二版

《台儿庄》话剧　今晚八时广播

【中央社讯】中央广播事业管理处汉口短波广播电台，定今晚八时起，邀请中国旅行剧团，播送《台儿庄》抗战话剧，剧词激昂慷慨，由该团演播，尤足振奋人心。闻短波广播电台，并联合汉市广播电台，同时播放云。

台儿庄战利品抵汉　坦克飞机枪炮应有尽有　将于东战场者合并展览

【本市消息】我军此次在台儿庄大捷，据获战利品极多，昨日下午六时半，有专车一列共五辆，载一部战利品，由军政部武昌军械库副库长傅济民押运抵汉。计有坦克车一辆，敌机残骸（爱国十九号）一具，坦克车炮五门，轻重机枪二十余挺，三八式步炮一百余支，各种山野炮弹数百箱，辎重车一辆，"武运长久"、"皇军万岁"旗各一面，以及药包、药筒、军服等，不计其数。台庄此次所获战利品，数量极巨。因交通运输困难，未能全部运往后方，至已抵汉之战利品，闻将于短期内，公开展览，至我军近在东战场所获战利品之一部，业已运至武昌，陈列于某处。其所陈列者，包括敌方各种军用品，如大炮、炸弹、炮弹、掷弹筒及各种轻重机枪、军服、宣传品等，应有尽有，将并与台儿庄战利品公开展览云。

摘自《大公报》1938 年 4 月 23 日　　第三版

鲁南大战渐次展开　临沂峄县间我出击阻敌前进　峄南小胜恢复官庄一带阵地

【郑州二十三日下午十时发专电】今日前方我军获有局部胜利，敌所增之兵约四个联队，实不足虑，最低限度亦可成相持之局。

【郑州二十三日下午十一时发专电】顷接前方电话，敌分三路进犯，一趋郯城，一趋邳县，一趋台儿庄，我分别迎击中。

【郑州二十三日下午十时发专电】据某军事大员谈，鲁南战局稳定，□□□、□□□我生力军已开上反攻，某部并于临沂峄县中间地区□□阻敌前进，峄县西南之天柱山、獐山、卧虎寨已由我某军克复。韩庄敌增加不多，我主力部队现配备于□□□□岸，一部在□□，将相机出击。

【中央社台儿庄二十三日下午二时电】峄县东南之四户镇、大良壁、小良壁及向东延伸之各村庄均在我军手中，由临沂南犯之敌已被我军堵截于四户镇之北，敌军分由临沂峄县进攻，测其用意，似企图在台儿庄东北地区取得联络，然后向台儿庄长驱进迫。由峄县进犯之敌数千人，昨晚在峄县东南红瓦屋、陶墩、河湾一带与我激战，该方一度紧张，现我□部生力军开到，立即加入作战。迨至今日拂晓，将敌完全击溃，予敌以甚大之损害，我军乘胜向峄县方面进击，此为敌方调集援军开始进攻后第一次所遭重大之挫折。

【徐州二十三日电】津浦北段，我军于二十三日起分路出击，开始反攻，极为顺利。台儿庄以北我与敌仍在泥沟相持，敌迭次由附近各村南犯，均被我孙部击退。四户镇附近，我□□各部开到后，会同□部，向敌夹击，毙敌甚众。临沂以南郯城以北米庄附近之敌人数不多，被我□部赶到截击，情况好转。

峄临间激战　朱陈昨晨收复

【中央社台儿庄二十三日下午十二时电】自十八日以来，被困峄县枣庄之敌，因得两师团援军之助，即向我开始反攻，峄县至临沂间，几无村无地不有激战，尤以二十二日最烈。我临枣台支线右翼曾被由大小良壁文河迂回之敌将柿树园突破，并攻入大小官庄，二十三日经我反攻，已恢复原阵地，并毙敌两百余人，获战利品无算。该地我军即守台儿庄名将之王冠武旅长，现又获捷，某长官已在传令嘉奖。二十三日下午敌又向我续攻，刻仍在激战中。临枣台支线正面我敌二十三日在泥沟乱沟间对峙，左翼我仍坚守卧虎寨，二十三日仅发生炮战，至连日敌在我阵前遗尸遍野，正清查中，我亦有相当牺牲。

【徐州二十三日电】津浦北段我与敌再度大会战虽尚未整个展开，但两日来峄县以南，台儿庄东北西北一带均有激战，（甲）台儿庄方面，（一）台儿庄东北米庄大顾珊一带敌五百余，大炮四五门，二十二日向我迂回攻击，被我□部截击，肉搏十余次，毙敌百余，我团长张儒彬中弹受伤，二十三日仍激战中。（二）台儿庄西北泥沟附近兴隆桥葛庄敌炮步兵五百余，二十二日午后起，与我血战，现仍相持中，（三）敌二千余人在台儿庄东北谭庄官庄东墩附近，二十二日起与我激战甚烈，我毙敌甚众，当夜我□部迂回侧击，与犯我连防山之敌肉搏多次，（乙）（一）峄县方面，獐山以北之米庄一带，两日来激战甚烈，敌增援千余，大炮五六门，与我□、□两部血战，敌屡拟破我联络，迄未得逞，（二）前城后城二十二日晚起我敌开炮激战，敌进犯多次，均被我军击退，毙敌五六百人，峰县城西卧虎寨敌曾一度冲破我据点，但我卒将敌击退，（三）大小官庄之敌四百余人，集中炮火，于二十二日向我猛犯，被我击退，敌又增援二三百人，仍被我击退。韩庄方面，西辛庄、朱家庙、金马驹一带连日均有激战，我□营长率队冲锋，将西辛庄之敌击溃，获战利品甚多，毙敌尤众，韩庄现有敌三百余人，二十三日午后向我铁道东岳庄及八里沟一带活动，西辛庄金马驹敌装甲车战车大部撤内沟，沙沟敌大部集临城，又附近之尧山有敌百余，我□部二十二日夜袭滕县以北，将少数之敌包围。二十日我军抵滕县车站附近鲁家寨及滕县以北之七里沟，二十里堡铁道均被我军破坏。

【台儿庄二十三日电】二十一日我红瓦屋阵地过于突出，现转移于以南山里之□□□。二十一、二十二两日，敌七八百人，炮二十余门，向我轰击约五六百发，并放烟幕弹燃烧弹，我军浴血抗战，极为激烈，大官庄村东北附近房屋数间我失而复得者数次，终被我夺回，敌死伤四五百人，我亦有相当牺牲。二十二竟日激战，台儿庄可闻隆隆炮声。

【中央社徐州二十三日电】向临沂西南进犯之敌约千余人，炮六门，二十三日晨在大店迤南之米庄与我堵击部队遭遇，战事极为猛烈，又临沂西南朱陈之敌约七八百人自二十一日被我击溃后，即逃回临沂附近，我部二十三日晨收复朱陈。

敌增援部队连日过津南开

【中央社香港二十二日电】津讯，敌军集中华北军力于华南前线，将做猛烈之进犯，据估计，由平绥平汉线过津南调之敌军，其总数在三万人上下，所携各种军器亦多，敌曾污我军一度使用瓦斯，此点殊可注意。盖以过去敌之行动测之，可视为敌又将使用之先声，平汉线敌军连日购去大批钢板水泥等物，做防御工事。

【中央社徐州二十三日电】敌增援部队实不足五万人，前传增援四师团，系敌方虚张声势，惟增援部之番号实已超过个师团以上，足证系由东抽西调勉强凑成而来。

【中央社上海二十三日路透电】据可靠方面消息，河北平汉津浦线各地所有日军俱已调往山东，临行时，并将华人房屋尽付一炬。

　　【中央社香港二十三日电】津讯，敌军在华北各路者大部开往津浦线集中，准备大举进犯，以是平汉、平绥各线敌军防务异常空虚，敌军亦感觉此点，拟向关外及国内分别调敌伪军增防，闻此项请求已邀敌中央部之许可，现有空车皮数列已陆续出关，日内将载大批敌伪军西来。查自台儿庄敌军惨遭我军重创后，敌军首脑部会议之战略，惟在企图打通津浦线，以期挽回军心，目前在津浦线层层布置，每日开往前线之军队，迄今从未间断。二十一日有六列车过津南下，二十二日续有九列开行，总计人数在五千以上，而由东开来之军用品亦源源不绝，又在津浦线空中作战被我击毁之敌机，其中轻伤之两架，二十二日已运津，在法商学院修理云。

　　【中央社徐州二十三日电】据报，敌汽车百二十辆，十九日晨二时载敌尸由临沂附近经诸城开往青岛，此项敌尸均为攻临沂之阵死者，其数当在一千左右。

摘自《大公报》1938 年 4 月 24 日　第二版

台庄东南战况剧烈　我军今晨全线出击　淮南敌渐动偷渡北岸被击退

　　【郑州二十四日下午六时发专电】敌人既在冀、晋、江淮抽调兵力援鲁，正予我军在各战场以反攻之机，我军事当局现为使津浦线鲁南一带之第二次决战胜利，已准备各战区一致发动，歼灭当面之敌。

　　【徐州二十四日电】记者二十四日赴前线视察，当夜返徐，得悉津浦北段敌增援后，以主力向我右翼猛犯，一部由台儿庄东面南犯，一部由临沂南犯，企图扰我□□镇（陇海东段）及□县，再会同西犯徐州，以实现打通津浦线之迷梦。连日经我军分头痛击，敌受创颇巨，且我援军大部开到，战局日内当大好转，兹将战况分述如下：（一）台儿庄东北以迄峄县东南□□□一带防线，仍由我□军□部坚守，敌迭次进犯，均被击退。二十三日午后，我王旅在大官庄袭击敌后共毙敌三百余人，在麦田中获敌尸八十余具，并俘伪军多人，皆东北人，拒供，"日人均以连坐法强迫到前线，实不得已而为之，我们意思亦不愿中国人打中国人，且作战时日人对日兵死伤者一律运回，对伪军死者重伤者一律焚烧，甚至轻伤者亦用火烧"。（二）敌由台儿庄东面南犯者约七八千人，二十三日午后，在五圣堂与萧任一带，我□军□□师与敌血战甚烈。（三）由台儿庄东北关官、车墩、牛庄、盆路口等地南犯之敌，经我部痛击，毙敌甚众，经我□部袭击敌后，两面夹击，化险为夷。（四）由四户镇南犯之敌现在潭河镇以北，与我□部激战，我□部已由右面绕至长城，进击敌侧，敌甚恐慌。（五）由临沂南犯之敌二十三日午后进犯郯城甚急。

【中央社台儿庄二十五日上午一时电】峄县之敌二十四日晨一度沿临枣台支线进犯，经我以猛烈火力镇压，敌未敢有所动作，支线西侧二十四日竟日沉寂，支线东侧，我取得密切联络，该线虽发生断续接触，阵线无变化，二十五日晨我全线乘夜出击，此为我军放弃围攻峄县后之惊人创举。

【中央社徐州二十四日电】由临沂向西南方面进犯之敌，图与峄县之敌相呼应，现被我军截击于□□□东北地区，其另一部被我截击于临沂西南之□□一带，敌受创甚巨。

峄县正面我军进展

【中央社台儿庄二十四日电】二十三日晨，峄县正南之敌约千数百人，屡由獐山麓之乱沟用大炮掩护，向我猛扑，我军迎头痛击，卒将顽敌击溃，并乘胜猛追，直迫至獐山麓，我某团营长梅兆坤不幸中弹阵亡。又二十三日被我在大、小官庄柿树园击溃之敌，系北向颜庄溃退，因血迹查知敌伤亡约在三百以上，二十二日在红瓦屋屯之役，现查明共击毁敌坦克车四辆。

【中央社徐州二十四日电】由峄县向东南进犯步炮联合之敌，约三千人，经红瓦屋、河湾之线活动，我军据报，即迎头痛击，二十三日下午与敌遭遇于半步店，激战至黄昏，敌气大馁，我即加紧反攻，二十四日该敌已回窜。又一敌部不下千余人，炮数门，坦克车三辆，自二十三日晨起连续向我猛犯，我军沉着应战，卒将顽敌击退，黄昏后敌再度来犯，二十四日仍在激战中。

【郑州二十四日下午九时发专电】我前方俱已开上生力军，分向临沂、峄县进攻，敌皆疲困之兵，攻势已又遭顿挫，现在沟山集淘墩支线与我对峙。

【本市消息】某机关昨接□□军卢军长二十三日电云，鲁南残敌增援反攻后，仍图迂回深入，窥我台儿庄，二十二日我卢军高师在台庄以北之陈家坊、耿庄与敌矶谷坂垣等师团之混合部队遭遇，发生激烈战斗，敌以坦克车四十余辆及猛烈炮火图包围我军，高师奋勇冲锋，肉搏十余次，至二十三日晨卒将深入弧线之敌全部击退，现黄庄、崔家圩、张庄沿线之残敌亦已完全肃清，敌军伤亡在一千九百余人以上，我伤亡不及其半。当二十二日剧烈战斗时，敌军发炮三千余发，至二十三日为我击退后，炮声已稀疏寥落，是役我高师团长潘朔瑞身先士卒，中弹负伤，仍裹创指挥，营长尹国华率部冲入敌阵，竟以身殉职，全营壮烈牺牲，完成任务，计我击毁敌坦克车二辆，轻重机枪十余挺，我获机步枪甚多。

滕县敌南犯堵截中

【中央社曹县二十四日电】敌约二千余，炮八门，由滕县、临城分途向我某支队阵地迂回攻击，二十三日自午迄晚激战甚烈，我某旅奋勇抵抗，反复肉搏，毙敌甚众，刻仍对峙中，又我某师一部二十二日夜十一时在万德以北破坏铁桥多处，并将铁路两侧公路掘断多处，砍倒电话杆多根。

【中央社徐州二十四日电】滕县方面，敌增一二千，炮八门，分两路南下，我军已在□、□两地堵截中。

【中央社徐州二十四日电】沉寂多日之津浦南段战局，我军除不时运用游击战侧袭外，敌军迄未积极活动，最近蚌埠怀远之敌，突乘津浦北段紧张之际，二十一日开始偷渡淮河、涡河，向我河北阵地进犯，企图牵制我津浦北段作战，二十二日偷渡之敌达千余名。我军前线部队协同地方武力数千人，分途埋伏，当夜大举袭击，我挑选敢死队三百余名，冲入敌阵，黑夜漫漫，星月无光，我军横冲直撞，杀声震天，顽敌仓促无备，被我刺伤炸毙者无算，二十三日拂晓战事稍寂。上午十时敌再增援军，以猛烈炮火掩护，向我反攻，我军坚守阵地，沉着未动，待敌迫近，当跳出壕堑，与敌肉搏，血战半日，敌卒未得逞，当晚我高级官下令，限期将敌击退。于是再挑选敢死队三百名猛冲，经三小时肉搏血拼，敌阵大乱，我军继如潮涌而上，勇敢百倍，激战半夜，至二十四日晨二时，敌势披靡，乃向淮河南岸退却，我乘胜猛进，残敌且战且退，并将敌尸抢回南岸，激战至二十四日晨十时，淮河北岸之敌被我扫荡尽净，是役敌伤亡惨重，遗尸百余具，子弹二十七担，食物十五担，文件十余束，旗三面，生擒之敌相率自杀，仅二人愿投降□，我军亦有相当伤亡。

摘自《大公报》1938年4月25日 第二版

鲁南我反攻郯城　邳县以北大激战

【中央社徐州二十五日电】鲁南我军二十五日晨全线出击后，局势转佳，郯城方面，敌虽于二十三日晚幸获攻入，经我有力部队于二十四、二十五两日与敌激战于郯城西北关庄附近，敌后路已受威胁，故不能越郯城一步。邳县北部方面敌主力由四户镇侵入连防山，我正在邳县北某地迎击，该敌约有一师团之众，系由峄县转兰陵而来，二十五日下午仍与我激战中。临枣支线方面西侧及正面无变化，东侧我二十五日由贾家埠、马庄之线推进数公里，并将河湾收复。

【中央社东海二十五日电】我军于二十三日晚放弃郯城后，即在城南堵敌南窜，以游击战术，消耗敌力，疲困敌师，同时我由临沂西南来援之某部二十五日由郯城西北之南乔、鲁坊向郯城西北关庄压迫，敌受两面夹击，有回窜临沂势。

【中央社东海二十五日电】我由某地回师增援郯城之某有力部队继续向南推进，二十四日下午五时敌由四户镇增援步兵七八百炮四门，向我反攻，我军在南乔西南勇猛出击，敌卒未得逞。旋我又向南乔迤南之鲁坊挺进，将鲁坊之敌大部歼灭，随即占领鲁坊，残敌乘马八十余匹向西南逃窜，按南乔鲁坊位于四户镇之北及郯城西北。

【中央社徐州二十五日电】邳县北部我敌相持于四户镇西南之□□□□□□□□□一带，二十五日晚我军三面向四户镇之敌进攻，战事极为激烈。

【中央社台儿庄二十五日下午三时电】鲁南我军阵线始终保持联络，予敌以猛烈夹击，自昨日下午迄今日中午，战况综报如下，郯城我军曾一度向南撤退，俟增援部队开到，今晨已向敌开始猛烈反攻，台儿庄东北之陶墩、河湾一带，我某某两军取得联络，并有生力军加入作战，已大有进展。敌军昨晚由四户镇方面向邳县以北之连防山我军阵地猛烈进攻，企图由此线进迫邳县，当与我军发生激战。邳县附近，我已有小部增援，可告无虞，我某部由鲁南山地向西袭击，四户镇以北一带之敌当不及后顾，其小部队被我击溃后，乃由四户镇增援，与我在四户镇附近激战，峄县正面，敌进犯郝家湖（在临枣支路之西）天柱山、獐山仍在我军手中，卧虎寨一度失守，已于昨日克复。

郯城之敌西侵甚急

【徐州二十五日电】津浦北段敌增援后，改向我右翼进犯，我军亦积极增援，分路进击，三四日来，在台儿庄东面及东北、东南两面与郯城西南，邳县东北一带，展开血战，尤以台儿庄东面萧汪、后堡，马甸及邳县北面连防山，东面小黄家等地战事激烈。总观战局情况，北自峄县以南，南达邳县，东到沂河西岸，成一长形战场，二十三、二十四两日激战后，我军阵地虽有转移，但我士气激昂，我军源源推进，二十五日战局已呈稳定，二十五日台儿庄西北以迄峄县西关卧虎寨之线敌军虽时常来扰，均经我击退，现以台儿庄以东及邳县东北一带，战况最烈，情况如下：（一）台儿庄东南之敌二十四日窜抵萧汪、后堡、藕堡一带，顽抗不退。当夜我军夜袭，敌在后堡据碉楼顽抗，血战二小时，我由东面进攻，旋改由西面进攻，我军百余人攻入庄内，肉搏一小时，将敌击退，二十五日拂晓起，敌增援反攻，我死力监守，敌终未得逞。（二）二十四日台庄以北之敌攻我冯家湖、大庄子甚急，我迂回侧击，向河湾、欧场、盐庄猛攻，将敌击溃，占领以上三地，俘敌二人，获敌电线二千二百二十四尺。（三）潭河镇北，我□军正面与由马店南犯之敌激战甚烈，我军颇有进展，敌由四户镇增援七八百人，炮四门，向我反攻，我奋勇出击，敌迄未得逞，又二十四日我将官桥北桥之敌大部解决，并占领以上两地，同时我□部占领朱庄、马庄、土桥，将敌击溃。（四）峄县以南红家庄之敌五百余人二十四日向我王家庄猛犯，被我击退，下午四时，敌五百余人犯前城、后城，我即将敌三面包围，血战三小时，毙敌数十人，残敌逃散。（五）台庄北罗店正面，二十四日夜有敌三百余人向小集进犯，我军截击，血战二小时，我将敌击退，毙敌五十余。（六）郯城之敌陆续增加，达一师团以上，连日向西南进犯，攻我邳县，二十四日拂晓先以重炮机枪向我碾庄□□□阵地进犯，另以步炮兵千余人向铁佛寺以北□□我阵地猛犯，并以飞机六架助战，我军奋勇迎击，周团长高鹏率部与敌肉搏，二十四日午后中弹殉职。迄二十五日敌仍猛犯邳县，先后共发炮五六千发，并将炮增至数十门，敌飞机三架掩护步兵，向邳县北面二十余里连防山、半步店子、老虎山猛冲，我军浴血抗战中，又敌数千人，炮七八门，坦克车数辆，向我邳县以东十余里之黄家进犯，我□师与敌激战中。

【中央社讯】中央社记者以郯城方面战事日趋紧张，特叩访某高级军事机关负责人，承告群情如次，峄县残敌，将国内及各战场之增援部队后，连日除向峄县东南方反攻未遑外，并以一部兵力由临沂直趋郯城，以致郯城我军于二十四日退出，我军自鉴于最近敌军以重兵增援鲁南，已重行策定作战方略，郯城于战略上固无关重要，敌占郯城后，亦未南下，现该方我援军已到，于本晨已开始反攻该城矣。

南段敌军仍图北犯

【中央社阜阳二十五日电】怀远敌又有沿涡河北犯模样，□师已派队向怀远推进，拟迎头痛击，二十五日晨八时两敌机飞蒙城，散放荒谬传单，下午一时许一敌机飞龙亢集窥察。

【中央社正阳关二十五日电】二十五日晨八时半，敌机一架飞正阳关上空窥察，绕城盘旋两匝，散发红纸条荒谬传单甚多，均随风飘向郊外，未落镇内。

【中央社徐州二十五日电】蚌埠、怀远方面之敌偷渡被我击溃后，其少数淮河北岸之残余二十四日复被我完全肃清，二十五日竟日转趋沉寂。

【中央社徐州二十五日电】东台方面之敌又思蠢动，现分三路向盐城进犯，每路兵力约三百人，我兴化民团二十五日晨在□□□□与敌接触，激战半日，毙敌数十名，官佐二名，并获地图等物多件，我民团亦有相当伤亡。

【中央社正阳关二十五日电】今晨有敌四五百名，携山炮三门，经西梁山白渡桥，向和县进犯。

【中央社正阳关二十五日电】今晨有敌兵舰十二艘小汽艇三十余艘在金河口靠岸，有敌数百于晨四时迫近和县城边。

【中央社香港二十四日电】津讯，由东北开来之敌增援部队二十四日已有一列车到津，约五六百人，尚有陆续开来者，另由北平开来之兵车七列，铁甲车一列，二十四日过津南下，人数约三千余人，载重汽车五十余辆随行云。

【中央社徐州二十五日电】二十四日由临城开到韩庄之敌约七八百名，韩庄之敌则北开约三百余名，谅系换防性质，韩庄东北金马驹之敌，被我进迫后，已撤至杨庄、西辛庄、朱家庙一带。

【中央社徐州二十五日电】据报，敌第十四师团长土肥原十三日率部抵枣庄增援，十四日在枣庄休息一日，十五日向峄县出发，枣庄现有敌伤兵数千，均散居于中兴医院及美教堂医院。

【中央社徐州二十五日电】路息，二十五日晚韩庄北岸之敌又向我阵地发炮射击，我亦报以重炮，双方炮战数小时始息。

【徐州二十五日电】台儿庄东南岔河镇以北马店之敌二十五日上午猛犯我阵地，我分三路出击，激战三小时，将敌击退，我推进到达□□附近，双方伤亡均众。

台庄急赈　即将散放

【中央社徐州二十五日电】政院特派战区赈灾专员曹仲植二十五日由汉桥赈款十五万元抵徐，将赴台儿庄散放急赈，并收容灾童。

摘自《大公报》1938 年 4 月 26 日　第二版

鲁南敌攻势受顿挫　我大军分路进击中　台庄东南邳县以北无大变化

【郑州二十六日下午十二时发专电】今晚十时前方电话，敌攻势确已顿挫，其主力在岔河镇、四户镇一带，距台儿庄尚有十公里，我生力军正向前挺进攻击，趋向邳县之敌仅千余人，郯城敌向西南活动，我在□□□驻有重兵，不足虑，从全局看，已见好转。

【郑州二十六日下午十时发专电】此次鲁南战事，较前尤为激烈，我当局以此为第二期抗战中第二次大会战，故决设法歼灭来犯之敌，截至现在，敌增到之兵力已有两师团，速同以前之残敌约五六万人，战斗兵较前多，战线较前长，由郯城至台儿庄沿线皆有接触，敌虽占郯城，于我整个军事并无十分重要关系，综合各方情况，连日我军前后夹击，即将困敌于核心，现我张部集结□□□一带，攻敌之背。

【徐州二十六日电】我军为扫荡津浦北段顽敌，连日运用新策略，集中大军，向前增援进攻，各高级将领均赴最前线指挥，敌增援不过两三师团，我军容甚盛，解决敌军不难也。

【徐州二十六日电】我□□等部向某地挺进，到达相当据点，日内将有大进展。

【中央社徐州二十六日电】鲁南第二次大会战即可运动成熟。被困峄县、临沂间之敌，自台潍公路及津浦铁路运来援军后，约有数万人，乃以主力分由峄县东南及临沂西南在兰陵集结，经洪山南趋四户，威胁邳县，另一股由峄县沿临枣支线再犯台儿庄，一股沿临郯公路，攻略郯城，此外在韩庄及济宁则取守势。窥敌用意，无论在进犯之任何一路获得成功，均可切断陇海东段，而予徐州以重大威胁，我生力军配备就绪，并已开始攻击，敌之企图必再被粉碎。

【徐州二十六日电】津浦北段我军仍在台儿庄东南及邳县以北与敌血战，援军开上，已分路推进，截至二十六日晚止，前方战况如下，（一）台儿庄东面战事，自二十六日起在萧汪、后堡之西黄石山、戴庄、胡山、锅山之线激战，戴庄由我坚守，胡山、锅山敌我各据其半，西黄石山在敌手，我正分别反攻，二十六日早我曾一度克复后堡，后堡、萧汪附近我敌血战甚烈，此处之敌约七八千人。（二）台儿庄以北我敌在柿树园、河湾、贾家埠堡子及小集之线相持，二十六日贾家埠东南地方敌三百余被我包围，毙敌甚众，柿树园敌千余向我兰城店行犯，被我击退，我由左翼迂回侧击，毙敌三百余，小集敌三四百人犯我阵地，亦被我击退，河湾颜庄亦有接触，我占优势。（三）邳县以北，战况较紧张，二十六日起我转移于连防山以南，与敌相持，前后毙敌在一旅团以上。故二十六日战事稍缓，敌正积极由郯城马头镇向邳县附近增援，二十六日早敌二千余经马头镇西南二十余里之徐园分两股进犯，一向珩头蒋庄，一向冷雨菴，我分头迎击，迄晚仍相持中，郯城敌千余人，一由郯城西南孙家寨、薛家寨、关爷庙向邳县移动。（四）郯城西面，我敌大混战，已三日之久，敌迭次向我左翼包围，企图冲破我据点，进攻两次均被我击退，迄二十六日晚仍血战中。（五）泥沟北面晒米场二十五日午刻，敌集中火力，向我猛攻，发炮八百余发，继以坦克车步兵进犯，我死力坚守，毙敌五百余。

【中央社徐州二十六日电】朱陈经我收复后，因大军南移，二十四日又陷敌手。

峄南战况　陈旅长等殉国

【中央社台儿庄二十六日电】峄县之敌二十六日晨又向我临枣支线及两侧进犯，东侧红瓦屋屯南之□□□二十六日晨首被敌炮轰射数百发，继有步兵约五六百人冲锋，当经我守军奋勇击退。西侧獐山附近之□□□自二十五日晚至二十六日晨，我敌混战一夜，该地邻近各村均被敌炮轰毁，我军死守，屹然未动，敌终无进展。正面之敌二十六日晨亦有四五百人，由大炮及烟幕掩护，再度来犯，我军沉着应战，敌受重创，狼狈北窜。

【中央社徐州二十六日上午十一时电】我军向郯城之敌积极反攻，昨晚在城边激战，尤以郯城以西马头镇为烈。峄县东南与我对峙之敌一部窥入萧汪迂回，我遂转移阵地，自兰城店至张楼、丁家桥、戴庄等处成一斜直线，阻止该敌前进。另一部在南乔以北王庄、河湾之敌企图迂回，攻我南乔阵地，我军当予以逆袭。

【本市消息】台儿庄东北各村战事迄今仍甚激烈，敌整日炮轰我军阵地，正面我军卢部奋勇杀敌，牺牲壮烈。二十四日敌攻邢家楼，该部高师旅长陈钟书力击暴敌，卒致殉国，临终仍高呼令所部前进杀敌不止，安师团长龙云阶亦同时殉职，全军悲愤，奋勇冲杀，经此惊天地动鬼神之激战，敌亦伤亡甚重，不能越雷池一步。台儿庄胜利后，鲁南二次血战已展开五日，敌迂回偷越运河之企图，至此已为我军粉碎，最高当局以此次战役意义重大，特对该部传令嘉奖。按陈故旅长为云南安宁县第五区人，云南讲武堂毕业，作战勇决，曾任云南麻栗坡边防督办，对滇越边防策划周详，即法人亦深致敬佩，龙故团长为云南昭通人，云南讲武堂毕业。

【中央社徐州二十六日电】二十一日起敌猛犯连防山，高团坚支四日，伤亡殆尽，高团长犹自裹伤击众，力予巷战，反复肉搏，敌之伤亡，更数倍于我，终以敌源源增加，到处攻击，高团自团长高鹏、营长楼浩卿、曹云剑、姜玉振以下全体官兵多作壮烈牺牲，仅余数十人，尚与敌争持，至死不退，终至全团殉职，其光荣报国，可与南口战役之罗团先后互相辉映。

蚌敌渡淮　怀远敌图北犯

【中央社徐州二十六日下午二时电】蚌埠之敌约有一千余人，渡过淮河，怀远敌兵七百，有积极北犯模样。

【中央社东海二十六日下午一时电】东台之敌分三路进犯盐城，每路三百余人，邵伯方面敌军增加，有向高邮进犯企图。

【中央社曹县二十五日电】据某方面情报，自十七日迄二十四日，由沪晋冀等处转赴济南之敌已达五万余，炮百余门，其一部约万余，炮三十门，二十三日由济徒步经博山莱芜开往临沂增援，一部步炮联合约五千余，二十三日由济徒步循铁道线南来，当夜在崮山宿营，二十四日清早向泰安行进，其他各部分向鲁东一带开去。济南现尚有敌四五千，最近敌由鲁南运回济南之伤兵及尸体约两万余，已由洛口渡河，向北运去，中有一部伤兵，闻系其施放毒瓦斯时为逆风倒吹，自受其毒所致。

【中央社香港二十六日电】津浦线敌军仍继续增援，自二十四日夜至二十五日晚共有十一列车由平过津南下，此项敌军并不只由平汉线开来，一部分自关外经承通线抵平者，两项合计五六千人，内中掺杂大部伪满军，津浦线敌被我击毁之飞机，又有轻伤者多架，二十五日运津修理云。

摘自《大公报》1938 年 4 月 27 日　　第二版

鲁南战事激烈进行　我军各路全占优势　敌将重蹈前次台庄之覆辙

【郑州二十八日上午一时发加急专电】顷据前方电话，今日鲁南各线战事仍极激烈，我军完全占优势，敌人将重蹈前次台儿庄之覆辙，三五日内可见分晓，全国同胞可拭目以待，准备祝捷。

【徐州二十七日电】津浦北段台儿庄附近及邳县以北等地战事激烈进行中，当之前共敌二万余，现敌之主力分布于台庄东面及邳县北面郯城西面一带，向我猛犯，作孤注一掷，我军增援反攻，截至二十七日，战局转安。二十七日各路战事无大变化，台儿庄东面我敌仍在西黄石山、岔河镇、佛山、锅山一带血战中，我集中兵力，分路抄攻，故战况极为剧烈，附近村庄多成焦土，迄晚仍在相持中。台儿庄北面贾家埠、小集、王庄、刘庄、张楼、兰城店、姚家庄、大官庄一带亦有激战，台儿庄西北以迄峄县西关卧虎寨之敌迭以小部队犯我据点，均经我□部击退。峄县方面我敌仍在连防山以南艾山、半步店、子青、石桥一带血战中。郯城以西战事亦极激烈，我□部反攻甚为得力，已占领郯城以北狼子湖，刻正继续挺进中，我□部及新增援之□部均由右面向郯城推进，郯城之敌共二千余人，谅不难解决。

【徐州二十七日电】我于部□团于二十七日晨一时向平滩之敌夜袭，激战数小时，敌不支，向东北溃退，我遂将平滩收复，同时□团向大庄夜袭，经数度肉搏，敌伤亡甚众，该庄亦即被我克复，嗣敌增援约一大队反攻，我士气极旺，奋勇杀敌，现仍激战中。

【中央社徐州二十七日下午一时电】昨夜我□部攻击台儿庄以北贾家埠之敌，经数度猛烈争夺，该村被我占领三分之二，敌大部占据碉楼，并利用民房，挖成枪眼顽抗，伺以我军奋勇冲杀，遂将该村全部包围，我并毁该村东端房屋，以炮火封锁敌之退路，刻扼守碉楼之少数残敌仍顽强抵抗，我正积极扫荡中。

【中央社台儿庄二十七日电】津浦北段右翼战事二十七日仍以峄县东南及邳县北部较烈，峄县东南之敌二十六日晚、二十七日晨以三千步兵，配以炮兵四中队、坦克车多辆，向我□□□至□□□□之线进犯，我亦全线反攻，当展开血战，其中□□曾一度失陷，二十七日拂晓仍被我夺回，该线二十七日已趋稳定。四户镇之敌二十六晚二十七日晨向我邳县北部之□□□一带进犯，仍被击退，至郯城方面，我已向敌夹攻，总观全般战况，我自二十七日晨后已转优势。

【徐州二十七日电】敌在台儿庄右面及邳县北面之主力分若干股向我进犯，每股一二千人不等。台庄东北之敌约三千人，有坦克车二十余辆，炮兵四连，二十六日夜在黄庄、刘庄、张楼与我血战竟日，至二十七日拂晓，我收复以上三庄，毙敌二百余，残敌北溃。台庄北面我由□□□□□□向北反攻，以□□□战况最剧烈，我军迂回向敌侧击，敌败退，双方伤亡均众。台庄西南戴庄方面二十七日晚起激战甚烈，庄之西北角曾被敌一度冲入，我增援反攻，将敌击退，毙敌三百余，获机枪一挺，重机枪二挺，步枪二十余支，现仍混战中。

【本市消息】某机关昨接台儿庄电讯：（一）台儿庄沿线由我生力军□部及劲旅□□等部组成坚固阵线，连日窜犯之敌均遭我猛烈打击，大为顿挫，台儿庄胜利，可保无虑。（二）□□军□军长自二十二日迄今，亲在最前线指挥，记者二十六日午冒炮火赴前线致敬，承告记者，虽一兵一卒，亦必完成任务。（三）临峄战况，昨今甚烈，我各部忠勇将士，精神百倍，均誓与阵地共存亡。（四）由临沂峄枣犯我正面卢部之敌，约二万余，迭经我军痛击，昨据前线捕获间谍供，敌已伤亡过半。

郯城在夹攻中 四户一带激战

【中央社台儿庄二十七日下午二时电】鲁南我军各部队均已到达指定地点，某部昨由连防山东北向连防山之敌开始进攻，同时我某某两部主力夹攻四户镇侧背，颇为得手，该处已为战事重心，兰城店争夺甚烈，我有新增部队，敌进攻已受顿挫，右翼泥沟之线，无何变化，该方面敌似无积极企图。

【中央社东海二十七日上午十一时电】郯城敌约三千，昨晨迂回至郯城西南方面之南涝沟、北涝沟、冯家窑一带，企图使我军腹背受敌，我军分头迎击，至下午五时，将该进犯之敌击退，刻郯城敌分为二路，一路在马头镇附近，一路在马头镇东南关爷庙附近，与我激战中。

【中央社东海二十七日电】郯城之敌大部向西南移动，我生力军已由□□□推进，并向敌进攻，郯城西北我某有力部队亦已南下，向郯城侧击，据报郯城之敌不多，经我夹攻，不难收复。

【中央社徐州二十七日电】邳县以北之敌二十六日晚分三路向我攻击，我守军奋勇应战，往返肉搏，激战终夜，敌仍未得逞，二十七日晨三时左右，我伺敌疲乏，全线反击，冲锋队争先恐后，混战至天明，敌受重创败退，是役共毙敌三百余，获轻机枪五挺，步枪三十余支，及其他战利品甚多。

【徐州二十七日电】二十七日十一时许，蚌埠敌轰炸机九架沿津浦路北飞，经徐州上空，沿陇海西飞，十一时二十七分在郝寨上空投下大批烧夷弹，将车站东西道炸毁，并将该庄烧毁，伤平民三十余名，旋飞马牧集、刘堤园投弹轰炸，我无损失，又二十七日晨七时十五分峄县附近发现敌轰炸机二架，投弹轰炸，下午四时十九分敌轰炸机三架飞邳县，投弹数枚后东飞。

【中央社淮阴二十七日电】犯我盐城之敌分三路，共约二千余人，昨日起向我大团、安丰镇、入灶等地猛攻，未得逞。

【中央社安庆二十七日电】敌军五百余人二十五日晚袭占和县城后，二十六日进窥含山，为我军击退，二十七日晨复向含山进攻，与我军在含山东张六桥遭遇，发生激战，现我军已由某地急进，克复白渡桥，截断敌军后路，和含前线，亦由某副师长亲临指挥，士气极旺，敌扰乱淮南线企图，即可打破。

摘自《大公报》1938 年 4 月 28 日　　第二版

战事侧重邳县以北　我克复连防山断敌联络线　徐州大空袭城内竟遭狂炸

【郑州二十八日下午十一时发专电】今晚前方电话，我军对敌人将完成封锁，敌最前线虽到台儿庄东禹王山附近，但右翼我□军团仍在□□一带，左翼占据峄县□□□等高地，故敌已陷于不利地位，至敌人运输，现因在山地中，已不能利用铁道一切给养械弹及部队之增援，皆靠公路，运至费县转送，我将派有力部队，前往袭击，断敌联络，使无法接济。

【中央社徐州二十七日电】鲁南第二次大会战仍将临沂峄县间展开。

【中央社徐州二十八日下午三时电】综合今日上午前方战报，双方阵线无甚变动，我军阵势甚佳，昨晚敌二次进犯至台儿庄以北之泥沟及黄庄，均被我军击溃，敌伤亡约八九百人，刻已停止进攻，与我对峙中。台儿庄东北敌进攻企图仍着重邳县方面，其主力向连防山进攻甚猛，迄未得逞。郯城方面，关爷庙有敌约一千，马头镇约三千，我军已分路前进袭击。

【中央社徐州二十八日电】峄县东南情况二十八日无变化，邳县北部我已将连防山收复，敌之联络线已被我切断，郯城方面，我正在顺利进行中。

【中央社徐州二十八日电】我某部在台儿庄西北之泥沟一带与敌激战，敌三度猛犯，均被我击退，毙敌约八九百人，临城之敌向我夏镇一带猛攻，我军奋勇还击，敌未得逞。

【中央社台儿庄二十八日电】被我围困贾家埠之敌，昨夜增援四五百人，向我反攻，我军与敌反复肉搏，战况极烈，刻我军转移贾家埠南里许之邵庄阵地，与敌对抗中。

【徐州二十八日电】某某军成□□师二十七日在邳县西北夺回胡山、锅山，毙敌二百余，某长官以该师有功，特电嘉慰，并给奖金，以资鼓励。

【中央社台儿庄二十八日电】二十七日拂晓，敌步兵千余，炮十余门，向我兰城店小集一带猛攻，发炮千余发，十时小集被敌侵入一部，我军猛力反攻，午时将敌击退，犯兰城店之敌，借炮火烟幕掩护，亦侵入一部，经我军与敌肉搏二小时，敌不支溃退。王圣堂之敌向我禹王山一带炮击终日，路铁正面，敌重炮三四门，野炮六七门，亦不断向我晒牛场阵地轰击，步兵数度冲锋，均经我沉着击退，迄晚未敢再犯。

【中央社徐州二十七日电】据报，峄县城内有敌仅五十余名，县西北高地约二百余人，峄县东南嘉鱼寺附近约万余人，刘匪桂堂约三四千人，附轻重机枪甚多，坦克车四十余辆，汽车二十余辆，炮百余门，骑兵甚多，战斗时以刘匪为前驱。二十五日午，敌汽车十九辆，载伤兵数百名，运入枣庄中兴医院，该处并有敌二百余名，西门外有被我击坏之坦克车汽车各三辆，山炮二门，正在修理中，敌伤亡无法补充，现调中兴矿警四百余，开临沂作战，临城沙沟一带敌番号为第二方面军团，队长名小田。临城南铁桥被我破坏，齐村有敌飞机场，每日有敌机数架起落。

【中央社曹县二十八日电】济宁敌一部三四百，炮数门，二十八日突进至南洋湖东岸之鲁桥，拟切断我渡湖部队后方联络，我驻两城（距鲁桥五公里）之某部当予迎击，敌以大炮轰射，势极凶猛，我已派队驰援。汶上敌一部在草桥周村李村一带，遭我便衣队袭击，伤亡甚众，敌迁怒居民，纵火焚房多栋，并杀民众四十余，又宁阳境内已无敌踪，长清平阴间及长清肥城间之公路均被我破坏，我便衣队反复游击，敌恐慌异常。又我军某支队现已进驻大名附近，二十三日并将大名之东沙堤五里屯收复。

【中央社徐州二十八日电】敌机十八架二十八日晨八时半袭徐，在东北两站投弹数十枚，城内县府前亦落一弹，损失待查。

【中央社徐州二十八日电】二十八日敌机三十二架袭徐，六时半先来一架侦察，八时敌机沿铁路线分三路来袭，同时发现于宿萧铜三县，徐埠遂发出紧急警报，移时，三路敌机相继侵入市空，我防空部队立即戒备，敌机漫无目标，滥施轰炸，盘旋达半小时，乃向南窜去。在徐共投弹百余枚，多系烧夷弹，计东站及二马路、南子桥、北闸门投六十余枚，死伤平民四十余人，烧毁房屋五十余间，北关外西高堤车站一带投弹五十余枚，死伤平民四十余人，烧毁民房六十五间，地下室塌陷一座，窒死多人，并死伤难民多人，少华街落一弹，死伤四人，各处被炸后，房屋倒塌，烟火蔓延，被炸平民，断肢残胫，横卧血泊，数岁小儿尸体裂于麦田者多具，残酷状况，不堪目睹。

鲁北九县　相继收复

【中央社曹县二十七日电】我某军□部，月来在鲁北惠民一带挥兵杀敌，屡建奇功，去年底该军以短枪十三枝冲入河北庆云县城，收缴敌伪枪支二百六十余支，一时声威大震，各县武装民众纷纷携械相从，旋又率部将乐陵、阳信敌军驱逐，集有兵力六千余众。时敌正向黄河南岸进犯，以后方受到威胁，一切接济均感困难，乃回兵反攻，该军奋勇抵抗，死守乐阳两城五十三昼夜之久，共计大小三十余战，终以弹尽援绝，牺牲过重，乃突围而出，六千大军生存者数仅七十而已，沿途复遭截击，最后仅余九人，此九员壮丁当奔赴利津之台子庄潜伏，徐图再起，远近各县民众遂纷纷派人秘与联络，不及匝月，又集有两千之众。二月二十八日，首向利津之伪军进攻，数小时内，收复县城，伪团长王凤五伏法，各县伪军，慑于声威纷纷反正，滨县、蒲台又相继收复，惟盘踞惠民之伪华北自治联军总司令张宗援（张系一日本浪人现冒充张宗昌之弟）部尚图顽抗，复经猛攻，始不支，向潍县窜去，惠民县城亦于三月七日正式克复，伪道尹张逆以朴（前鲁督张树元之侄），伪税务监督刘逆宝龙、伪参谋长尹逆芝庭均被捕正法，此后阳信、无棣、沾化及河北之庆云、盐山等县伪逆部队亦先后派员接洽反正，均经分别点验收编，现利津、沾化、无棣、阳信、滨县、蒲台、惠民、商河、青城等九县政治均已恢复常态，县长均在城内，照常办公，德县、平陵、临邑、乐陵等四县亦无敌踪，惟社会秩序尚未完全恢复。综上所述，以惠民为中心之山东第五行政区，除济阳城内有敌三十余人，县政由伪维持会会长郭逆百祥窃据外，其他各县之主权行政均尚保持其完整状态，又前惠民伪县长兼武定警备司令石逆耀东苛罚勒索，两月期间搜夺民财三十余万元，因故触怒张宗援，被张腰斩，弃之暗室，所夺民财，亦被没收，妻女解往伪军部，任人奸淫，又伪自治联军第一军军长陈逆国瑞，及其他大小汉奸十七人亦遭张宗援暗杀，该军收复惠民时，曾在专署暗室内搜出尸体十九具，中有女尸二具云。

【中央社香港二十八日电】津讯，津浦线黄河临时桥，自被游击队破坏后，迄今尚未修复，连日此间满铁虽售津济票，但须在黄河下车步行过河，二十七日由南开来之津济车误点，据闻沧县德州附近我游击队时出袭击，敌军因人数寡少，不敢应战，只在铁路线布防云。

【中央社香港二十八日电】津讯，敌军向津浦线继续增援，二十六、二十七两日共有十四列车由平过津南下，人数共五六千人，在平汉线之川岛师团似已大部被调津浦线，敌之给养每日均有三列车由东开来，二十六日并运津高射炮四尊。

【中央社阜阳二十七日电】二十七日记者在某地晤某集团军总司令，据谈，淮河南岸及津浦南段敌人为数约两万，最近之向北进犯，意在牵制我鲁南战场兵力，我顷以正规军配合武装民众，发动游击战，战事零碎，淮南路已全部破坏，现平静无事等语。

【中央社安庆二十八日电】向含山进犯之敌，已增加千余人，并配有骑炮兵，二十七日午重行窥我含山，刻仍在东门外□□□一带激战，巢含交界之清溪镇昨遭敌机轰炸后，时有敌骑扰乱，二十八日晨九许，敌机一架飞巢县盘旋甚久，并投弹十余枚，损失未详。

摘自《大公报》1938 年 4 月 29 日　第二版

邳县附近一度激战　我奋勇却敌并推进十余里　郯城一带敌图南侵亦未逞　本报特派员报告战局近势

【徐州三十日上午二时发专电】本报特派员二十九日晨再度到徐，二十八日午徐州东北两站被敌机大肆轰炸，死数百人，郑汴间对徐极顾念，东来旅客沿途闻警报，尤忐忑不安，但二十九日一日所见，徐州比第一次会战时更繁华安静，新筹开之旅馆甚多，似社会中未曾有万一败退之预想。第二次会战，自十五日敌援反攻后，现尚在决战前之推演时期，彼此皆正布置大着，争决战优势，敌在鲁南实际参战军队约四五万人，和以后方可能增上之敌军，据李司令长官之估计，不下八万，其分布似在津浦本道与临台铁路之间为土肥原部，台儿庄前方与邳县之间主要者为矶谷部，郯城方面主要者为坂垣部，并发现多门部，主力仍为矶谷部队。敌之目的，似拟以矶谷部自台儿庄东南至陇海路与运河交叉处一段中渡过运河，图袭徐州，但经汤军团与谢军之强烈抗战，我方固牺牲不小，而敌攻势亦已顿挫，郯城南之敌本有进图截断陇海线上新安镇站之企图，后被我军包围袭击，二十九日已开始向郯城撤退。总之，鲁南半月苦战，敌锋已顿挫，仪征以北，东台与扬州两路敌军为数无多，扬言北犯，而力实有限，淮南津浦线之敌亦向淮南之临淮关、蚌埠、怀远等处集结，且有一部作强行渡河状，但据确息，其兵力不过一万余人，实际难过淮，鲁西济宁一路敌取守势，无甚活动，闻第二次会战尚未至分野之时期，对我危机尚不能谓已经渡过，前方目前急需于后方文化界者，为书报之供给，特别是通俗读物之需要，至为急迫，战局前途不悲观，亦不宜轻率乐观，当以重大之心情视之，而切实自各方面生产力量，以支持战事。

【郑州三十日上午一时发专电】我军连日奋战结果，已使敌受严重打击，我阵地愈巩固，敌攻势愈疲，其后续援兵，现有一部向泰安南进，鲁西方面，汶上之敌昨派二三百人到郓城，今已退去。

【徐州三十日电】三十日午后，我军各路反攻，均有进展，（一）郯城方面，我自将县城克复后，马头镇有敌盘踞，我猛烈向敌进攻，迄晚仍激战中。（二）台儿庄东南谷山、胡山、锅山、戴庄、兰王山一带战事仍极烈，我敌肉搏，互有进退，我占优势。（三）台儿庄以北，我敌仍在碾庄南岗之线激战甚烈，我军于二十九日克复碾庄时，毙敌一百五十余名，南岗之敌二百余人被我击溃，兰城店铺子亦激战，我克复大王庄，毙敌数

百名，又敌有千余向洪山口活动，有南犯企图，我正截击中。（四）邳县
以北连防山以南及邳县东北战事均极剧烈，连日敌伤亡达四五千人，获敌
步枪百余枝，钢盔五六百顶，军马十余匹，及其他军用品甚多，现仍在连
防山以南老虎山艾山一带激战中，三十日敌向我猛攻三次，均被我击退。
（五）□机关得邳县电称，台儿庄北面我向北推进廿余里，与峄县枣庄附
近之部队取得联络。（六）自二十九日夜起，敌军由邳县右面攻我邵山头
加水口，我军奋勇将敌击退，并向北推进十余里，前哨到达□□北
□□□□一带，我□部生力军开到，士气大振，战局极为乐观。

峄南争夺山地

【中央社台儿庄三十日下午二时电】我军收复台儿庄东之三甸镇两要
点，敌阵地被我突破，因此大见好转，刻敌反攻甚烈。

【台儿庄三十日电】邵庄之敌约步兵三四百名，附野炮平射炮各数
门，昨晚向我□□阵地秘密移动，我军俟敌迫近时，伏兵突起猛击，敌不
支，退邵庄村内死守，刻我已将该庄包围，顽敌不难解决，又柿树园，腰
裹徐间有敌炮兵阵地，似有所企图，我军早有充分准备，定可无虑。

【中央社台儿庄三十日电】峄县东南之敌，在丁家桥、戴庄间之胡
山、锅山获得三角突出线后，即将兵力西移，向我台儿庄东南迂回，连日
向我□□□□□□阵地猛攻，均被击退，二十九日夜我为截断该敌归路，
向胡山、锅山之火石埠及其西南高地侧袭，极为得手，三十日晨敌增援三
四百，又向我反攻，致火石埠敌我各占一半，正对峙中，胡山、锅山方面
之敌，因恐归路被断，大部北撤，我正入山搜索，传已将敌肃清，惟无官
电证实。

【徐州三十日电】我军□部连日增援，向连防山敌阵地猛攻，敌虽以
猛烈炮火集中向我射击，终被我击退，我军推进连防山山麓，与敌混战，
敌之阵地已呈紊乱状态，胡山、锅山我与敌亦有激烈争夺战，今晚仍相持
中。

【中央社徐州三十日电】峄县方面，我军由郯城店至戴庄之线，搜索
前进后，当面之敌三十日晨已呈动摇，并向后退，其突入胡山、锅山三角
形地带之敌亦被我肃清，邳县北部连防山附近之敌多向西北溃退，郯城方
面我仍在进击，马头镇方面亦正激战中。

我军退出郯城

【中央社东海三十日下午三时电】顷据前方电话称，昨日下午我某某两部协同向郯城西南关爷庙进攻，敌即向郯城溃退，我军遂乘胜克复郯城，敌旋调援军，拼命反攻，我为避免牺牲计，暂仍退出郯城，刻我已增援，开始第二次进攻。

【中央社徐州三十日电】我向郯城西南挺进部队，收复捷庄前，与敌在捷庄迤西之南港上亦曾有猛烈激战，南港上之敌，经我数度攻击后，伤亡颇多，二十九日午，敌又增援二百余人，向我反攻，我阵势一度险恶，幸赖士兵有进无退，终将附近高地夺回，但敌仍以死力反攻，得为复失者三次，争夺至黄昏，战况更烈，迄夜，我大举袭击，又展庄之敌二十九日晨以密集炮火向我阵地夹击，我军屹然未动，十时敌炮火沉寂，我实行反攻，激战至三十日晨七时，展庄之敌，完全被我击退，计此役毙敌百五十余名。

【徐州三十日电】南阳镇敌约五六百人，有进犯丰沛企图。我军增援，进抵□□，敌南犯决难得逞。

【曹县三十日电】据探报：（一）由济南向鲁南增援之敌均，截至二十五日止，共一万余人，均系徒步南下，沿途骚扰民众极甚，故大路附近各村逃避一空。（二）我游击队□部于二十五日将沦陷敌手三月之临朐县城收复，刻姚县长及警察局长张和清均入城视事。

【中央社曹县三十日电】敌四百余，装甲车十辆，坦克车二辆，大小炮多门，机枪多挺，时在禹城晏城门铁路附近清乡，并于二十一日至二十五日连向牌子庄袭击烧杀，二十五日夜，又犯茌平属伦镇，我民军奋起抵抗，敌大败，向晏城逃窜，刻正追击中。敌空汽车五十辆二十一日由威县开临清，翌早满载敌兵及棉花返威，现临清只余残敌三百余人，又南乐、清丰、濮阳一带残敌，连日退集大名，有转邯郸登车北退模样，二十四日下午三时，大名残敌由东北两门向我突击，激战两小时，仍退返城内，与大名接壤之馆陶县，为奸匪王汽甲部所盘踞，二十二日经我民军痛剿，当将该县克复。

【中央社香港二十九日电】津讯：敌陆军次官梅津美治郎日昨到平，二十九日晚来津，定明后日赴津浦前线，并闻敌将调集化学部队，积极配备企图总攻。

【中央社徐州二十九日电】郯城西南之敌，由捷庄苏曹庄方面，以全力约三四千，向我正面猛攻，我即与敌肉搏，前后进退十余次，午后我生力军加入，以全力冲锋，进展至捷庄苏曹庄附近，将敌包围，正猛烈攻击中。

摘自《大公报》1938 年 5 月 1 日　第二版

邳北之敌已处于不利地位 我再度围攻郯城颇有进展

【郑州三十日下午六时发专电】鲁南今日情况，战事重心在台儿庄东南二十余华里迄邳县以北高山地区，敌连日集中主力，攻我连防山庄、岔河镇、西禹王山、锅山，我关军在大袁庄与敌激战十余次，毙敌甚众，获轻机枪十余挺，步枪百数十支，已使敌受大打击，各高山亦经某某部收复，敌北边入平原之地，无险可守，郯城方面，敌由码头镇向南进犯，我军在林子蒋庄之线迎击，敌已溃退，现我生力军源源开上，即全线出击。

【中央社台儿庄一日电】邳县东北西北拐南哨，十字沟之敌已被我军击溃，毙敌甚众，各该地已为我完全占领。犯我南港（邳县东北）之敌，昨自晨至午，数度向我猛扑，经我官兵奋勇出击，敌不支，向半庄溃窜。我军跟踪追击，当将残敌肃清，并占领半庄。

【徐州一日电】台儿庄以北及峄县西关之敌，一日分向我各据点进犯，均被我□部击退。一日拂晓，峄庄公路东南熊堡我军分两路向敌截击，敌由两翼向我迂回，我集中兵力，先将敌左翼击退，争夺各高地，敌右翼集中炮火向我射击。我增援反攻，毙敌百余，迄晚仍相持中。柿树园敌三百余三十日下午四时向我猛犯，被我击退。

【徐州一日电】邳县以北敌我仍在连防山南艾山河一带血战中，当面之敌为四十一联队及多门兵团，北面及东面共五六千人，经我连日猛攻，损失大半，敌窜往北谢、大王庄、苏操庄、冯家窑一带顽抗，敌因伤亡过重，已无反攻能力。我乘胜追击，期于日内解决。

【徐州一日电】台儿庄东南我敌仍在胡山、锅山、禹王山一带相持。一日拂晓，我军全线反攻，将禹王山之敌击退，毙敌五十余，台儿庄以东之东庄敌五六百人，亦被我击退，伤亡甚众，我乘胜推进中。丁家桥之敌，亦被我击退，敌退马家窑、李庄附近，敌增援反攻，我坚守阵地，誓死不退，下午我增援赶到，向敌反攻，迄晚仍血战中。

【中央社台儿庄一日电】我军现开始第二度包围郯城，颇有推展，该敌似有准备突围逃窜模样，兰城店之敌被我军歼灭大半，我已进占兰城店。

【徐州一日电】郯城经我军一度克复，因码头镇之敌尚未肃清，故我仍退至城南，一日起，我军又将郯城及码头镇三面包围，并分路反攻，与敌血战中，郯城面南之敌为多门兵团，共三千余人，三十日夜九时向我总攻，被我击退，当夜十二时我乘胜出击，血战甚烈，尤以西南为最凶猛，截至一日早三时，西北面我军已转优势，三面夹攻，曾两次占领敌之第一线高地，旋我仍退原阵地，一日晨我两面侧击正面之敌，被迫后退，我推进四五里，毙敌三四百人，获机枪二挺，步枪八十余支。

【中央社台儿庄一日电】我□军昨下午歼灭郯城西南沟涯之敌千余人，并占领该地，获辎重无算，敌又集中兵力，向我南港猛攻，现正激战中。

摘自《大公报》1938年5月2日　第二版

鲁南之敌攻势渐疲　我军两翼进展郯城围击中　敌似对徐州西面有所企图

【郑州一日下午二时发专电】鲁南方面展开大战后，连日敌增援之兵伤亡甚众，在其后续部队未到前，似已无再攻之力。故今日邳县正面连防山一带战事转趋沉寂，左右翼我皆有进展，左翼形势，岔河镇附近之敌已被我前后包围，该镇以南我军某军收复禹王山，某某两师与敌激战于东西黄石山镇以北，右翼情况某军正攻郯城西之马头镇，生力军某某等师已自某地向北推进，加入作战。

【郑州一日下午九时发专电】郯城之敌为第五师团一联队及多门旅团一部，共约五千余人，已被我樊军击溃于马头镇，临枣铁路以东泥沟、黄庄、赵庄一带之敌为第十师团主力，正与我于军激战中，峄县卧虎寨系伪军，与我张师相持。

【徐州二日下午三时本报特派员发专电】本报特派员一日赴微山湖西岸视察，二日返徐，李□□司令统率之游击队，在微山湖东之滕县、临城曾一度予敌军交通上相当阻碍，敌自上月二十二日起，即开始扫荡湖东游击队计划，欲压迫我至湖西，以减轻后方顾虑，刻敌已修通临城至微山湖东岸夏镇之公路，敌似对徐州西面有相当企图。

【中央社徐州二日电】我攻郯城关爷庙林子之部队，已将该敌击溃，敌退郯城南约二三公里之王庄、黄楼，我当即追击，将该两地之包围，我军口部已绕至郯城北方一带，另一部渡河侧击，大包围形势已成，即可肃清，又敌一部约三千人，在大王庄、冯家窑附近我军正围攻中，其主力仍在四户镇以南地区，我军正扫荡前进。

【徐州二日电】（一）郯城方面，连日我军将郯城及马头镇以南之敌包围，分路猛攻，二日敌退入马头镇村内顽抗。（二）台儿庄郯城间共有敌千余人，台儿庄北碾庄附近一带有敌四百人，均被我包围，料日内即可解决，兰城店方面我敌激战甚烈，毙敌甚重，敌退碉楼内死守待援，现仍血战中。（三）台儿庄东南刘庄、火石埠一带之敌，连日增援，并有坦克车数量，我敌在附近高地作争夺战，极为剧烈，现该两高地仍在我手中。（四）邳县以北连防山一带，我敌连日激战，敌顽抗不退，死守待援，阵地无变化，艾山一带现仍激战中。（五）峄县以南望仙山、铁角山一带之敌，屡次向我猛犯，激战甚烈，一日早敌又增援三千余，用猛烈炮火，掩护步、骑兵，向我阵地冲锋数次，我军沉着应战，与敌肉搏，我甚占优势，迄晚仍激战中。

【中央社徐州二日电】峄县西北红山口有敌一联队，一部两百余南侵，盘踞大明山（韩庄北约十一公里），我已派军渡河迎击。

【中央社台儿庄二日电】临枣支线泥沟迤北之敌，一日晚、二日晨以猛烈炮火向我集中射击，我亦报以巨炮，隆隆之声，历一昼夜，我待敌炮稀疏之时，即向敌攻击，激战终日，二日晚仍在对峙中。

【徐州二日电】敌一部二千余人在台儿庄以北冯家窑、捷庄、大王庄一带，二日晚我猛烈进攻，又一日上午十一点杨庄附近一带之敌向戴庄移动，敌另一部窜大墩庄附近，我正包围歼灭中。

鲁西战事酝酿中

【中央社曹县一日电】二十九日早敌分三路向肥城一带集中，一路约三千余，野炮二十余门，由长清东陈家饭馆循公路开肥城，一路约七百余，炮十余门，由长清开往孝里铺，一部分乘汽车三十七辆，由泰安经鱼池开肥城，兵数不详。汶上敌一部二百余，于二十九日下午二时乘汽车二十辆开济宁，又邹县曲阜之敌，二十八日二十九日两日有千四五百人，炮二十余门，开往南阳镇，似有向南运动企图，我湖东部队，已在两城以东高地与敌发生激战，敌汽车两辆被我击毁，湖西沿岸及济宁嘉祥当面我均置有重兵，鲁西大战在酝酿中，周内当可成熟。

【曹县二日电】敌现由长清、肥城向鲁西一带窥探，二日敌约千余，炮七八门，由肥城向南活动，敌先头部队约三四百人于二日午后一点到达肥城以南王晋以西一带，当与我□团徐营发生激战，其后续部队仍有向南移动模样。

【徐州二日电】津浦南段之敌亦渐北犯，图牵制我兵力，我各路防务巩固，敌难得逞。

【中央社徐州二日电】我某部一日向盐城反攻，激战数小时，将上岗以南之敌击溃，我军现乘胜挺进中，至敌此次由东台北犯，于二十六日陷我盐城，曾付出重大代价，连日由东台南运之敌尸及伤病先后达九十民船。

摘自《大公报》1938 年 5 月 3 日　第二版

鲁南全线我军总攻　邳北进展最速克复大小良璧　郯城附近争夺高地歼敌甚众　峄县西南战况紧张我正增援

【郑州三日下午三时发专电】鲁南之敌第一次增援后之反攻，顷确已完全失败，据统计，敌伤亡在一万五千左右，故攻击精神锐减，我军现更加强配备，准备与再作一度冲截。

【郑州二日下午七时发专电】邳县北正面战事昨晚今晨仍沉寂，阵线无变化，传敌因各处所抽调之兵多极疲惫，反攻不能得手，将在国内调两师团前来。

【中央社徐州三日晨十时电】我鲁南前线各军三日晨拂晓开始向敌总攻，刻正在顺利进展中。

【中央社徐州三日电】我鲁南全线各军开始总攻后，各路均发生激战，邳县北部我进展较速，已将大小良璧收复，赣榆方面，我亦在拓汪获得胜利，郯城西南及临枣支线则更截敌甚重，现我全线各军均以此为重要开头，无不奋勇前进，各处之敌均呈残破不堪畏首畏尾之势，预料经过数日血战，形势即可明了，至淮南与盐城之敌，虽思蠢动，企图牵制，我已配备重兵防范，无足为虑。

【中央社台儿庄三日下午一时电】鲁南战事连日呈胶着状态，迄至今晨更见激烈，台儿庄以东正面战局稳定，我军就主动之地位予敌以重大攻击，右翼郯城方面，盘踞冯家窑之敌即可解决，左翼之敌陆续增援二千余名，猛烈进攻，我某部坚守与隆集、邱庄之线，现某部开到协攻，战况渐趋好转。

【郑州二日下午二时发专电】张□□部现加入攻击郯城，马头镇之敌，由□□□、□□□□、□□□一带进展至□□、□□□、□□□□之线，另一部在沂河西岸杨庄寺、曹庄附近，其□兵一师在□□□□□一带堵击由北来增援之敌，现我右翼某部，向□□方向对敌包围矣。

【徐州三日电】冯家窑、大王庙、北谢、苏操庄、小王庄一带之敌为板垣师团四十一、四十二两联队及山田联队，并多门兵团之一部，步兵二千余，骑兵二百余，大炮七八门，坦克车六辆，并筑有坚固工事，连日来我敌激战甚烈，尤以三日为剧。自拂晓起，敌先以大炮轰击，并以坦克车掩护步敌，向我猛攻，我军俟其迫近，乃以机枪步枪集中射击，敌阵大乱，伤亡甚重，下午一时，敌再度进犯，并以一部迂回至冯家窑左翼，与我争夺高地，我军奋勇抵抗，拉锯式之肉搏战共十余次，至午后四时，敌未得逞，我将冯家窑附近之各高地均占领，五时我军乘胜进击，将敌包围，敌死伤千余人，敌联队长千岛被我军击毙，迄夜仍相持中。

【徐州三日电】二日夜至三日早我军向大王庄捷庄敌阵地攻击，将敌工事突破，在庄内发生巷战，我军奋勇爬墙，与敌肉搏，并以手榴弹猛烈投击，每将敌围困屋中，呼令缴械，战至深夜，大部被我击退。

【中央社台儿庄三日电】峄县西南铁角山、望仙山一带我敌三日仍在激战中，战士猛烈。

【中央社徐州二日电】敌自上月中旬增援向我反攻后，即以片野坂平等部队向我军阵地猛犯，图迫我邳县西出运河，以威胁徐州，旬日来经我军在连防山艾山一带奋勇迎击，敌伤亡过半，狼狈不堪，连夜作工事，似已改取守势待援，我军所获战利品甚多，在清查中云。

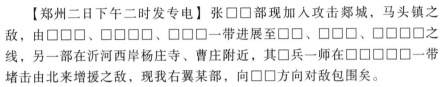

敌采延翼竞争运动

【中央社徐州二日电】敌自峄枣突围以后，所用战略，据专家判断，采延翼竞争运动，一日以前，因在我右外翼延翼失效，现又以新到增援之兵力四千，由临枣南犯，改在我左外延翼，前传该敌系在该翼佯攻，兹证明不确，我已派生力军驰往铁角山、望仙山一带增援，又可在该翼将其新增兵力消耗，按延翼竞争运动，为欧战时常用之战略，即一方以兵力可另一方之外翼包围，令外翼延伸，是谓之延翼竞争运动。

【中央社徐州二日电】外国记者数人二日谒某战区某高级军官，就战略立场，叩以鲁南最近局势，借作学术研讨，某氏曾与接见，并有所解答，某氏略谓敌自峄枣突围，感于台儿庄之役所用中央突破战略屡无效果，乃以其逐次开到援军，改用延翼竞争运动，企图包围我之外翼，两周来，敌屡由台儿庄东北渐次向西延翼，因我悉战先机，俱告失败，一日起乃改变方向，转移兵力三千，又在峄县西卧虎寨迤西山地延翼，二日仍在铁角山附近与我相持，我军现仍占先机，并已增派兵力应付。在此两周中，因系进行延翼竞争运动，战事均为局部紧张，此种局部冲突，偶尔影响阵线之变更，实无关大局，以目前情势判断，敌似期待后续援军到齐，拟作同一使用，我决在其援军未到齐前，将一举击破之，故鲁南第二次大会战序幕事实上即将揭开云，俟各记者以其在前线所得观感，向某氏有所陈述，某氏深佩各记者之贤劳，并代表某司令长官对各记者谨致慰问之忱，遂相与兴辞而别。

鲁西敌有南犯企图

【中央社台儿庄三日下午二时电】济宁敌方增加约一千余名，有南犯金乡以窥归德之企图，禹城至南阳镇间敌军往来频繁。

【中央社曹县二日电】由济南增往台枣之敌，自二十六日至二十九日陆续经兖州南下，闻该敌多系疲惫老弱之师，虽号称四师团，实则每中队最多不过四十名，足见敌凡可抽调之兵以罗致殆尽，盘踞肥城一带之敌，已有千余，炮七八门，继续越肥城南进，其先头部队三四百，一日午在王晋以西地区为我军所阻，当发生激烈战斗，我□师已派队星夜往援，闻敌后续部队有转向西移动模样，南阳镇之敌有向湖西进犯动向，我沿湖守军加紧戒备中。

徐州城内又遭空袭

【徐州三日电】三日下午二时零六分，灵璧发现敌轰炸机六架，萧县发现敌轰炸机十五架，二时二十分均到徐州上空，投弹轰炸，计马厂湖一带落二枚，死伤六人，朱庄空地落八枚，无损失，平山口南落两枚，西菓街北落八枚，内有燃烧弹二枚，毁房七八十间，徐州北站东街落四枚，内燃烧弹一枚，毁房二三十间，北关环城路落四枚，死伤三人，毁房二十余间，至三时零九分飞去。

【本市消息】军息，一、鲁南我全线胜利，残敌有溃退模样，在后堡、杨村、戴鑫一带敌遗尸二千具，我正面战绩卓著之某军正向前挺进中。二、郯城大捷后，我最高领袖念该军忠勇，迭摧寇焰，奠定二次台庄大会战胜利基础，顷又三次特电嘉慰，有"贵军自参战以来，首当敌军主力之冲击，激战经旬，阵地屹然未动，迭挫凶锋，寒倭寇之胆，增国家之光，苟非指挥有方，官兵忠勇，何可臻此"等语。三、该军某师曾在枣庄一带获敌文件一束，其日记内载，"连日攻击，战况不利，大队长川上佐重伤，中队长中川大尉、福宫中尉、神原大尉均战死，战二夜后，一中队仅余四五名，亦待死而已，我等只以战死者残弹射击"云云，查系敌矶谷师团佐田纵队所部。四、该军固守某地之孤军一营，屡将进攻之敌击退，杀敌七八百人，苦斗五昼夜，现已与左右翼取得确实联络。

【中央社安庆三日电】据报，①由巢县扰夏阁镇之敌约四百人，附炮数门，二日晨经西峰庵进犯，晚在该处附近遭我迎头痛击，不支溃去。②巢县敌军二日晚派兵二百余，渡清溪河进占新港。③我重兵已到达指定地点，预料扰乱淮南线之敌，不久即可歼灭。

摘自《大公报》1938 年 5 月 4 日　第二版

鲁南我军各路进展　台儿庄附近几消灭敌两联队　巢县之敌渐西移我军正严备

【徐州四日上午四时发专电】本报特派员顷视察台儿庄东北战线返徐，敌攻台儿庄失败后，十八日起以庞大兵力突破兰陵镇南下，企图绕攻台儿庄后路，当时危机一发，幸经某军卢□部赶到，于二十二日起与敌发生遭遇战，连续五日，将敌矶谷兵团所属之两联队消灭三分之二，敌遭此打击，不敢正视，始转移兵力，进袭郯城，刻台儿庄及其迤东地带数日来甚为沉寂，敌决一面进犯我军右翼，图向郯城、邳县进击外，一日起复向韩庄等地增援，同时并向利国驿炮击，有袭击左翼模样。

【开封四日上午一时发专电】三日晚十时前方电话，鲁南全线我军现占绝对有利地位，详细情况如下：（一）正面敌一部主力盘踞于四户镇，我已予以包围，敌一部主力二千余在萧汪，残余数百在胡山、锅山，因我占岔河镇，已断其联络。（二）右翼郯城仅有敌五六百人，马头镇有千余，我分别加以包围。其东南方面之冷雨庙、大王庄、马家村有敌二千余，与我对峙，现我军石部已进抄至郯城东北。（三）左翼韩庄现有敌主力一部，取得联络，防务巩固。

【郑州三日下午九时发专电】据军事观察家谈，鲁南战事，一时尚不能告一段落，敌为维持其国际地位，恢复失败颜面，势将继续增兵，演至精锐部队完全丧失战斗力而后已，故我方此次作战策略，志在歼灭敌人主力予以重大打击，现敌为求速战速决，在津浦南段及鲁西、豫东增兵，企图扰乱淮河南北岸南阳湖东岸东明、考城间黄河南北岸，以策应鲁南军事，我现已有严密戒备，敌决难得逞。

【中央社台儿庄四日上午十时电】鲁南我军总攻后，各路均有进展，迄至昨日上午九时止，其战况如下：（一）中路军已到达小良壁，该地以北敌军纷向北溃退。（二）左翼方面，我军已逼近四户镇，前线阵地益形稳固。（三）右翼方面，我军已占据郯城以北地带，并向临沂方面猛进，郯城敌军已为我切断后路。

【中央社台儿庄四日电】鲁南我军自开始总攻后，有顺利开展，右翼我军已占领邳县东北铁佛寺、韩家圩，并继续推进，正面锅山、胡山现有激战，我极占优势，左翼我猛攻峄县南金陵寺之敌，亦颇有推展。

【中央社台儿庄四日下午三时电】台儿庄东北战局，我军采取新攻势，俾肃清侧面敌军，以稳固我正面挺进部队之阵地，今晨由岔河镇西南侧击胡山、锅山与敌激战，两日来，敌经我进攻伤亡约五六千人，右翼方面，盘踞郯城马头镇之敌，始终被我军监视中，昨日下午，由临沂开向郯城之敌汽车百余辆，载械弹给养，中途被我袭击，毁汽车数十辆，敌损失极重。

【中央社台儿庄四日电】珈口圩北正面之敌，二日夜猛袭禹王山、枣庄营，被我军击退，三日午，敌炮击李家圩千余发，该村全毁，敌主力似有先占禹王山、台儿庄、车福山企图中央突破遮断峄台支线模样。

【徐州四日电】台儿庄东南二十里李家圩一带，我连日与敌激战，李家圩敌我各据一半，三日夜展开剧烈巷战，至四日拂晓，该村之炮楼被我夺获数处，毙敌甚众，李家圩之东南禹王山三日夜敌向我猛攻，我正面向敌迂回，将敌之先头部队包围，歼灭甚众，我左翼进展尤速，已将敌侵占之高地夺回，是役我毙敌四百余，获战利品甚多。

邳县岔河镇南　我孤军苦斗　赵营死守高地不退　最高领袖特电嘉奖

【徐州四日上午四时发专电】邳县岔河镇南之西黄石山，为军略上重要据点，□军董文英团长所部赵深营防守，四月二十六日敌向该处猛攻，董团长督部应战，受创殉国，即由团附谢济民继续指挥杀敌，虽牺牲过半，仍不放弃阵地，二十七日起，敌将该山包围，该营仍扼守山头与敌苦斗，迄今八日，敌虽万方设法，迄无进展，按当董团长殉国后，团附报告中有"团长殉国，甚为庆幸，盖死得其所也"等语。

【本市消息】军息，一、台儿庄东北我某军防线之敌，连日向我进犯，均遭惨败，本月一日竟老羞成怒，突向我某某阵地施放催泪瓦斯弹，我毫无损失，又敌近日放出无数军犬，破坏我电话，我已捕获数十头，又捕获白羊百数十头，恐系作探我地雷之用。二、该军固守某地之孤军一营，艰苦奋斗，屡摧暴敌，我最高领袖以该营忠勇壮烈，特电某总司令转电嘉奖。

【中央社台儿庄四日电】由临沂开赴郯城敌汽车百余辆，中途被我截击，毁敌汽车十数辆，郯城马头镇及大王庄附近之敌，亦被我包围，捷庄之敌七八百，二日被我军包围攻击，并将捷庄西南东南一带敌阵地占领，一度攻入西南门，与敌巷战，刻正围攻中。

【徐州四日电】固镇四日发现敌机九架，敌机旋至砀山车站投弹二十一枚，南宿县发现敌机十五架，至永城萧县及铜山二三区经西市坡南飞。

【中央社香港四日电】津讯，敌军用品连日络绎由关外运来，每日平均有数列车到津，三日并运来飞机六架，至南下增援之敌军，三四两日共有八列车，共二千余人，皆为骑兵及炮兵云。

【中央社六安四日电】巢县渡河之敌，已越施家巷，有沿湖岸进犯庐江之势，惟我军已有布置，决予迎头痛击。

【中央社六安四日电】盘踞来安之敌，上月二十九日向滁县撤退，我队丁跟踪进击，已将来安城收复。

摘自《大公报》1938年5月5日　第二版

战事重心移郯城线　敌正增援将有大战

【邳县五日下午十一时本报特派员发专电】鲁南战争重心移郯城一路，敌在邳县正面取守势，将四户镇兵力一千余人向东移转，敌西路对台儿庄。邳县间之禹王山仍维持一部工事，四日临沂方面有敌千余人增加郯城一带，五日敌海军飞机十余架在我阵地乱炸，连云港外似有敌航空母舰，敌对第二次会战刻在作第二次之增援，以鲁南战区而论，大致数日后有发生第二次大战之可能。

【邳县四日上午十时本报特派员发专电】鲁南第二次会战以一日二日三日三天全线情况判断，敌之攻击力已消耗至只能采取守的被动的姿势，敌之攻击高潮已衰，我方严重时机现已确实渡过，此点可为全国民众告慰。依敌半月来作战经过观察，敌第二次增援，系由临沂、峄县分出，欲合击我临峄间之汤军团，首尾夹击，欲将我击溃，以撼徐州，四月十七八两日敌之主力已自东西两面指向汤军团侧背，此时战场长官乃以明敏坚决之战术观点，自动撤退至邳县附近，依□□□□诸要地，于不受敌军侧击之情况下，作有力之抵抗。自四月二十日起，敌之主力纵队，为片野支队、板本支队、第六师团组成，人数约三万左右，由坂垣指挥，直指邳县北之连防山等村，关军身当正面，其次要纵队由矶谷指挥，直攻台儿庄与邳县之间，我滇军首当其冲，其东路支队则出郯城，欲扰我正面右侧及陇海交通，敌正面主力，自二十日起，以全力猛攻，除用密集炮火轰炸外，初时并用密集步兵冲锋，来势极猛，击攻十日夜，为鲁南战争中最凶恶之战役，关军张师高鹏全团二十四日在连防山殉国，我方形势亦甚紧急。连防山为一小村，此线为艾山等山地之屏蔽，为二次会战主力战场之战略要线，拒知敌军竟十日无所获，但三十日以后，敌军即无力再攻，我阵线始终未曾动摇。据俘虏蒙田供称，敌军伤亡至少在二分之一以上，至今战场上犹敌尸遍野，双方前线过近，无法收埋，天气炎热，已腐臭不堪，我前线士兵不得不戴口罩，今后战局，敌如不再加援军，二次会战我在战术上已得胜利，只待若干战斗，以解决挫败之敌军，不过预料敌人必勉强支持二次会战颓败之残局，再加援军，故我方当益加自各方努力，准备更大战争之到来。

【徐州五日电】津浦北段之敌，近三四日来仍时有活动，我军亦不时出击，五日战况如下，（一）我军□部，自四日起，向峄县南白山以西一带之敌攻击，首将袁庄之敌围包，激战三小时，敌不支退去，入夜，我又派敢死队绕攻袁庄敌之西北角，激战至五日拂晓，袁庄之敌完全肃清，五日午后，我乘胜力向袁庄北之朱庄、展庄之敌迂回侧击，至黄昏时，将敌击退，现敌仍有待援反攻模样，又四日上午，我□部向卜洛村之敌袭击，激战二小时，敌不支，向全良寺溃退，我遂占领卜洛村，敌增援四次，均被我击退，入夜，又增援反攻，激战竟夜，我毙敌五六百名，我夺获弹药甚多，我王旅长在前线中弹受伤。（二）我军□部五日早向台儿庄以北□□之敌出击，一部向侯家庄。小王庄攻击，激战二小时，现正追击肃清中，敌五日早一时进犯姚家庄，我将敌击退。（三）我□部四日向台儿庄东北大良壁、小良壁之敌猛攻，并派敢死队数百，血战五小时，敌溃退，我将大小良壁完全占领，并乘胜将□□□、□□之敌包围，刻仍激战中。（四）敌千余人连日向我邳县以北进犯，均未得逞，五日我军□部步骑向四户镇袭击，敌仓惶退入碉楼顽抗，我分数路协击，激战半日，有三村庄被我占领，现敌顽抗待援。（五）禹王山以北李家圩之敌，四日晚与我激战后，我再派敢死队争夺碉楼，将该地完全占领，五日拂晓敌再增援反攻，我仍退回原阵地。

【徐州五日电】三日至四日，我攻击禹王山，敌攻我枣庄营，炮战激烈，五日晨我以新式兵器向敌猛攻，敌不支，向西北溃退，我正追击中。

【中央社台儿庄五日下午一时电】今晨前线颇为沉寂，我中路部队进占大小良壁后，续有进展，胡山、锅山方面仍有激战，兰城店、贾家埠方面敌增加一二千，向我进攻，冯家窑、大王庄之敌，连日经我围攻，即可解决，马头镇敌增至二千余，郯城附近敌到千余，我军进攻稍有进展，济宁敌约增至五六千，炮三十余门，临城滕县敌亦略有增加。

【本市消息】军息：敌犯我台儿庄东南阵线之矶谷师团三九及四十联队，经我某军卢不送予膺惩，现已伤亡殆尽，二日忽自临城调来援军数千，彻夜向我某某两线袭击，我军已有戒备，沉着静候，将敌诱入阵地，突起猛击，肉搏达十余次，战至天明，计该部□□□师阵地内毙敌七八百名，敌全部歼灭，内有少佐大中尉等十余名，获轻重机枪二十余挺，步枪数百支，望远镜军用品无数，另□□□师阵地毙敌三百余人，内有大尉百川贤郎一名，获枪二百余支，重要文件甚多。

本报特派员　视察韩庄前线　我敌甚近謦欬可闻　微山湖内水波不兴

【徐州五日上午七时本报特派员发专电】本报特派员四日晨赴津浦铁路正面视察，于到达利国驿车站后，策马行八里许，抵南韩庄视察，记者老友程必春君适在该处，十年不通音讯，竟于战地聚首，不胜欣慰，即由程君领导记者视察我军阵地，在南韩庄与北岸敌军阵地相距不过五十公尺，对方谈话及步履声均历历可闻，北韩庄原有房屋五百余间，刻俱为敌军放火焚烧，即就败瓦残垣建筑防御工事，余等虽隔岸，亦历历可见，运河铁桥俗称洋桥，已于我军退过运河时破坏，桥身塌落河中，该处左翼即为烟波一片之微山湖，三五渔舟仍出没其间，毫无所惧，遥望韩庄车站，停有铁甲车一列，阒无一人，盖敌军一出，即有被我哨兵射杀之危险也。据前线指挥官语记者，周来敌军除偶一炮击利国驿车站外，别无其他动作，余线殊为沉寂，当记者等交谈时，对岸敌军不时用步枪射击，我哨兵置之不理，敌似亦不感觉兴趣，旋亦停止，记者留恋移时始返，临行一哨兵折战壕旁所植玫瑰二枝相赠，谓此为战地之花，亦即民族之血，记者笑受之，并祝其努力。

怀远敌前进　淮北已有接触　巢县敌大部撤含山　我军已向该处进展

【徐州五日上午七时本报特派员发专电】怀远之敌沿肥淮前进，四日晨起已发生激战，峄县南方之敌三日起总攻白山西金陵寺、辛庄一带，企图抄袭台儿庄左翼，被我守军所阻，三日、四日，歼敌千余，我伤亡亦重，刻仍相持于金陵寺南方。

【中央社六安五日电】临淮关河北有敌二百余，并配有坦克车大炮，似有进犯固镇趋势。

【中央社徐州五日电】我空军一队三日飞蚌埠轰炸，在敌所盘踞之机场及其他各处投弹多枚，毁敌机三架，并毁蚌面粉厂及弹药库。

【中央社六安五日电】盘踞巢县之敌，五日多已退据含山，河南萧家巷已架铁丝网，仅留少数敌军据守，我某团已向该处进展，至北岸之敌，已向柘皋续进。

【中央社合肥五日电】记者今日与某外人收听敌方英语广播时，敌竟将其所收买之上海泰晤士报登载之所谓合肥失守消息谎为传报，当时某外人捧腹大笑，并连呼滑稽不已。

【中央社合肥五日电】敌机一架于今日上午八时半在合肥投弹三枚，除西大街房屋被炸六间外，余无损失。

【中央社徐州五日电】自蚌埠开往怀远丁府之敌，约二千余人，被我军袭击，敌伤亡七八百人，夺获敌坦克车七辆，蚌埠现有难民约三千人，敌迫令筑怀蒙怀颍公路，难民有乘隙殴毙监视人员逃亡者。

摘自《大公报》1938 年 5 月 6 日　第二版

鲁南两翼战况激烈 敌军盲攻又遭挫败 津浦南段战事已逐渐展开

【中央社运河站六日电】郯城西南冯家窑、捷庄、展庄一带，我敌已争夺数日，战事惨烈，敌伤亡奇重，乃向郯城及四户乞援，五日敌增援部队赶到，计有步兵千余，骑兵二百余，附战车四辆，炮八门，于五日晚由冯家窑向我展庄大举进犯。我在敌未接近阵地前，即派出迂回部队，牵制敌之行动，敌误以为我主力所在，竟以全力向我迂回部队侧击，我数百勇士坚守三五高地，抵挡敌猛烈炮火，该敌卒未得逞，及转以主力攻我正面，我长官均临前线督战，士气奋发，敌虽不断猛冲，均为我击退，混战达旦，杀声沿扩至十余里，肉搏之壮烈，为近日来最伟大一幕，六日晨三时，中路之敌，首被击退，我即全线包攻，至拂晓敌开始总退却，并以密集火力掩护，我除还以猛烈炮火施行镇压射击外，并加紧追击，现仍在进展中，传冯家窑有已被我完全收复说，按冯家窑为郯城邳县间之要道，为军事上一据点。

【中央社徐州六日电】敌自改向我左翼铁角山望仙山施行延冀竞争运动以来，三十日一日我连失峄县西南十数村庄，局势颇呈危急，幸我已调□军□师加入该线，三日晨开始反攻，□师乘敌立脚未稳，昼攻夜袭，猛烈冲锋，剧战三昼夜，敌遭打击，乃呈动摇，四日敌再增援，一日间反攻四次，均被击退，截至五日晚，我先后克复阴平、张庄、卞洛等十数村庄，该线东西十五华里各高地均经收复，我突进约二十华里，敌狼狈败退，遗弃弹药文件给养无算，并将铜盔皮鞋弃满田野，其死尸尚有未及毁化或运走者，足见其退却时之仓皇。此次来援敌军，其战斗精神并不坚强，每遭我军冲锋，则望风披靡，是役共毙敌千余，我亦有壮烈牺牲，旅长王子良负伤，团营连长伤亡颇多，六日晨我军已到达距峄县城西南仅十八华里之□□□□□一带，敌于六日晨向该线增援，急图反攻，故六日该线战事颇烈，炮声尤为紧密，然我军新胜之余，再有援军增加，敌虽谋反攻，料难得逞。

【中央社台儿庄六日下午二时电】胡山、锅山之敌，盘踞山顶，被我军包围，该处敌四周均有工事，死守待援，我军一部攻占该处西北之冯家窑平墩堡之线，已成封锁形势，前昨两日，该处敌南攻禹王山甚烈，已被我军击退，毙敌数百，郯城、马头镇方面，敌由临沂增援，我军一部在郯城东赤峰镇构筑阵地。

【徐州五日电】台儿庄东平滩、马庄、车墩之敌，由胡山、锅山调来增援军，五日夜十一时我向禹王山、李家圩、房庄一带猛犯李家圩侧背，发生激烈巷战，东南角之碉楼被我敢死队夺回，六日拂晓我将敌击退禹王山一带，五日夜有激烈之肉搏战，六日上午二时，当面之敌全被我击退，毙敌五六百人。

【徐州五日电】红瓦屋屯以南之敌，经我连日出击，分别包抄，敌损失重大，敌军自昨日起向红瓦屋撤退。

【徐州五日电】獐山以西金陵寺之敌，五日晚十时，向我夜袭，被我诱至高坡一带，歼灭甚众，同时我□军迂回敌阵后激战一小时，敌向西撤退，经我另部截击，敌损失甚大。

【中央社徐州六日电】鲁南正面之敌，四日犯李家圩、禹王庄甚烈，已被我击退，胡山、锅山之敌周围均筑有工事，我军正围攻，马家窑、车墩、堡子、平滩、大硕珊等处均在我包围封锁，左翼我军进占韩庄东北石泉、阴平、全庄等处。

【中央社运河站四日合众电】华军与日军坂垣部队现正在鲁南前线作拉锯式之战争，昨晚华军由屋内爬出，在墙上挖若干小孔，然后由孔内用火棒掷入日军占领之房屋中，战至今晨，华军卒将日军击退，遗下血迹遍身之尸首甚多，余目睹华军奋勇向日军阵地进攻，并用燃烧高粱掷入日军居所，日军亦以燃烧弹反攻，华军房屋亦着火燃烧，华军因此受伤多人，至于日军之伤兵大都皆由麦田中用绳拖至后方，余又目睹华军进攻郯城与邳县间之捷庄，日军虽以猛烈之机枪扫射守御，然今晨华军卒冲入庄内，与日军激战。最近五日来之战争，已较台儿庄之战尤为猛烈，日军伤亡者已在三千人以上，日军之尸身每发现观音符及其爱人之束发云。

临城敌图西犯　我沿微湖监视

【中央社徐州五日电】济宁之敌又增千余，临城之敌近驱大批难民修临城至夏镇间公路，并以微湖水涸，宽仅五里，拟由夏镇附近之沙头推筑一横贯微湖之长堤，西通杨屯，期由该地进窥某地。我窥破敌计，已派大军在沿湖监视。

【中央社曹县五日电】二三两日，敌二百余，战车三辆，运输车两辆，炮数门，由济南向万德开去，三日夜又有敌战车三十余，运输车百余，由河北运到济南，又济宁之敌，原有千五六百人，刻又增一吴淞师团之第十三旅团，连前约六千余人，炮三十余门。

【中央社香港六日电】津讯，敌军继续由平绥线调炮骑兵赴津浦线，五日共有炮兵二列骑兵一列过津南下，另有军用品车三列由关外到津，两列南下，一列赴平。

【中央社固镇五日电】津浦南段，偷渡淮河北岸之敌，攻击受挫后，四日晨增援千余，以猛烈炮火，又向我警戒阵地进犯，我守兵沉着应战，不为所动，惟敌炮愈发愈密，前后可达二千余发，敌步兵亦每隔半小时向我冲锋，激战至晚八时，虽经我予敌以重创，但以阵地多被轰平，数百守兵牺牲极重，现我仍固守原阵地，并数度向敌反攻。

【中央社六安五日电】敌军二万，昨今两日以蚌埠、怀远为据点，向正北及西北大举进犯，我军已与敌在肥淮两河发生激战，昨日敌遇挫向后溃退，遗尸累累，五日我又与敌进入混战中，津浦南段血战序幕又重新展开。

【中央社六安六日下午四时电】盘踞怀远之敌，向我炮击甚烈，昨日复于炮火掩护下，向距怀远西北十余公里之双沟集我警戒线进犯，发生激战，现我军在沟东占领阵地，阻敌前进。

【中央社六安五日电】敌进据巢县后，分两路续犯巢合公路，五日敌二百余人已侵入巢县西北二十里之夏阁镇。

摘自《大公报》1938 年 5 月 7 日　第二版

津浦南段亦激战中　敌在北段重创后之侵战策略　郯城敌南窜未逞鲁西正戒备

【徐州七日上午一时本报特派员发专电】津浦战局刻已进入微妙关头，北段之敌既阻于韩庄，其向我右翼迂回之坂垣、矶谷等部，复受阻于鲁南，半月以来，敌企图前进，俱受顿挫，不但毫无寸进，且遭遇严重损失，于是变更策略，在津浦南段采取攻势。一日起蚌埠一带之敌陆续渡河者达六七千人，另一部则沿淮河西进，集结于洛河者亦达三四千人，三日起已开始进攻，敌步炮空协同，来势颇猛，迄至六日止，曹老集附近已发现敌踪，但我军仍扼守曹老集车站以南地带，由江北北上之敌，于占据盐城后，仍继续北进，六日在阜宁城郊发生激战（按：阜宁距淮阴百八十里）。津浦北段方面，敌仍在增援，连日临城、枣庄到敌兵车甚多，测其用意，似仍在图丰沛，综观全局，敌刻已改取较鲁南更大之迂回战略，此计划之实行，非有庞大兵力不可，照目前敌军力量估计，离此尚远，军事家咸认为敌已采取最危险之一着，我方当局仍极镇定，将静观其变化。

【郑州七日上午十一时发专电】郯城至马头镇间敌增援，又到约七千余人。

【郑州六日下午七时发专电】津浦北段战况：（一）郯城正面敌由临沂调来千余人，至马头镇，企图死守，我方除仍围击外，一部由□□□西进，某军并已越郯城东北，直攻□□，某军前日在冯家庄、大廊庄之役毙敌二千余，及其联队长千岛，现该处残敌已不多。（二）中路四户镇敌取守势，岔河镇有敌约有两联队，泥沟有两联队，现此线敌之主力逐渐向左翼峄县南金陵寺集结，到处找攻击点，判断敌因在右翼郯城攻击失败，中路又未得手，主力伤亡甚众，已感觉攻坚不易，故改在左翼试探，我生力军已自□□□前进□□□增援。

【郑州六日下午十二时发专电】鲁南之敌近日有积极活动模样，企图犯归德，断陇海，袭徐州之背，据探报，敌将矶谷日前到济宁，调动军队，济宁现有敌五六千，炮二十余门，汶上、嘉祥各有三二百，又肥城之敌三千余，现增至滋阳、曲阜，我已严密戒备。

【中央社徐州六日电】右翼郯城马头镇之敌企图南窜，经我军堵截未逞，捷庄被我包围，正向冯家窑之敌攻击，敌在北堰构筑工事中，正面敌攻禹王山甚猛烈，禹王山仍在我手，敌我伤亡均大，我军某部五日晨进占胡山、锅山山脚，邢家楼五窑路之敌，一部沿公路北撤，左翼鲁西方面无变动。又沂河东岸北劳沟北端之敌二百余，二日晚被我完全歼灭，三日续向捷庄、大王庄、冯家窑之敌攻击中，沂河西岸我军某部攻占秦家湖、农山圩后，续向杨家庄前进，一部占领小南庄、韩家圩，进展甚速，已占领四户镇东南各村落，另一部攻占小孟楼、小冯墩，续向辛家埠、卞家湖及韩家场，蔡家场等处攻击前进，陈家场一带有敌工事，据俘虏供称，敌旬日来连日进犯我虎皮山、渭下沟、大袁庄、艾山后等处，死伤甚大，弹药消耗过多，已无再犯能力，连防山以北及以东至大、小冯墩一带之敌，连日抢筑工事，固守待援。

【徐州七日电】郯城以南捷庄方面之敌，六日被我包围后，当夜我东路先占领碉楼及附近二三街道，南路肉搏多次，至今晨零时三十分，敌以全部向我猛犯，白刃相接，我军出敌不意，由侧猛冲，将敌包围，至七日早四时，敌被我击溃，残敌退碉楼顽抗，现仍在包围中，又梅家道口之敌二百余，炮二门，七日早向我猛犯，我以炮还击，半小时后，敌向我冲锋，被我击退，上午九时，我敢死队百余人两次前进。

【徐州七日电】台儿庄西北金陵寺方面之敌，七日早一时以猛烈炮火向我猛犯，我军分两路将敌夹击，左翼相持，右翼肉搏多次，迄午仍激战中，又七日拂晓我□部向杨庄之敌侧击，我以猛烈之炮火猛轰敌之阵地，敌仍死守，迄午仍激战中。

邳北敌死伤甚众

【中央社徐州七日电】邳北之役，敌死伤奇重，虎壁山、涧下沟一带敌弃尸遍野，臭气冲天，我军于六日晚予以掩埋，计在我阵地前五百米远以内掩埋敌尸达二千三百余具，并检获步枪二百余支，又我□军□师张戴两旅长此次参战有功，奉命晋升为副师长。

【中央社台儿庄六日电】我军虎皮山、艾山后等处阵地前，敌尸遍野，因日来天气炎热，尸体腐烂，臭气迫人，经我军于晚间派队前往掩埋，计已掩埋尸体达九百余具之多，同时并检获敌步枪五十余支及其他军用品甚多云。

【中央社台儿庄六日电】我军五日克复卜洛村时，获战利品极多，重迫击炮弹一项即达二千余颗。

【中央社阜阳七日电】盘踞淮河南岸之敌，连日由蚌埠、怀远、临淮分三路北犯，我军分头迎战，士气甚旺，大战展开后，我占优势，由怀远向西北进犯之寇，企沿涡河线迂回袭击，怀蒙间战事甚烈，五日蒙邑遭敌机空袭，投弹百余枚，民房百余栋被炸毁，死伤平民百余人。

【中央社徐州六日电】由盐城北犯阜宁之敌，经我某部截断其后路，已向南溃退，我正乘胜追击，阜宁情势可趋稳定。

【徐州七日电】津浦南段之敌并力向我进犯，临淮关、蚌埠一带之敌二千余人，大炮多门，坦克车三十余辆，向我猛攻，一部已窜至曹老集，现正激战中，蚌埠东北移村有敌二百余人，与我□部激战，我地方武力亦参加作战，已将敌逐段包围。

【中央社六安七日电】六日拂晓，敌以大炮机枪向巢湖南岸一带我军轰击，我与之激战颇烈，迄午，敌复向南岸进攻，我军即出而迎击，激战数小时，卒将该敌击退。

摘自《大公报》1938 年 5 月 8 日　第二版

津浦会战重大阶段　敌似倾大部在华兵力进犯　现战况侧重蒙城济宁两路

【徐州八日下午一时本报特派员发专电】蒙城八日午后二时后情况不明，上午十一时敌有绕至蒙城北门消息，苏北阜宁已失守，敌一部西过涟水，鲁西济宁、嘉祥敌增至一万余人，炮三十余门，微山湖北岸夏镇昨晚敌大举增兵，并运到橡皮船多艘，鲁南无大变化，敌目前注重点在蒙城、济宁两路，我已布置新办法。

【徐州八日上午一时本报特派员发专电】徐州大会战已渐进至重大阶段，据军息，鲁南二次会战，敌已初步顿挫，现敌决倾在华兵力之大部，欲冒险与我决战于徐州一带，以图挽回颓势，据闻江南方面拟只守杭州、上海、南京、芜湖四点，山西、平汉线拟大部放弃，现各路敌军正向徐州南北战场集结中，依敌最近行动观察，北部战场敌之布置，大致如下：（一）鲁南方面，侧重郯城、邳县，有敌一万余人，目的在截断陇海，西渡运河。（二）鲁西方面，敌在济宁集中已五六千人，目的在截断陇海线上之归德。（三）临城方面，敌在微山湖上准备数百船只，有渡湖袭取沛、丰两县策应鲁南鲁西之势。（四）开封方面，黄河对岸之封邱敌突增至三千人左右，似欲威胁徐郑联络，至于南部战场，敌之活动，比较积极：（一）津浦正面，自蚌埠等地渡淮之敌军，约三四千人，现被阻于固镇以南。（二）以怀远为据点之敌约一千人，似沿涡河向蒙城、亳州进犯。（三）苏北之敌约二千人，正与我在淮阴东面之阜宁对峙，目的或则北侵海州，或则西犯淮阴，以与鲁南呼应。（四）淮南方面，敌除自含山、巢县欲犯合肥外，并在淮河南岸之上窑、洛河一带集结三四千人，似有策应合肥及西图正阳关模样，总之，敌之决心冒险在徐州一带大拼一场，以赌其对我侵略战争之最后命运，已成为定势，此战如敌仍失败则敌在各线皆无法立足，故必当拼死挣扎，惟敌近在各路表现皆军心慌乱，夜间乱放枪炮，白天攻击，亦还不如过去之大胆。故其实在力量有限，我方正郑重对付中。

【郑州八日下午十时发专电】鲁西方面我军现加强配备，将对南犯之敌予以打击。

【郑州八日下午十一时发专电】今晚十时徐州电话：（一）鲁南方面，敌完全取守势，整理残余，并有一部调鲁西，我军现采要点攻击，在马头镇之大琅庄曾解决敌人两千。（二）淮北敌增两师团，一师团在津浦正面，一师团犯蒙城，我已派队往援，该处情况较鲁西为紧。

【郑州八日上午八时发专电】在平汉线之敌第十四师团土肥原部，现已大部开津浦北段增援，所有在新乡至博爱一带之敌，经查明系由晋东调来之第一〇八师团，可见敌方之空虚，又确报，鲁西之敌，系由山西调来者，近两日共集结万余人，现有向西南活动模样，图犯嘉祥、金乡及苏北沛县，以窥徐州，现敌正由微山湖西岸南进中。

【郑州八日上午十时发专电】敌自在鲁南增援反攻后，旬日来并无进展，且被痛击，故转取守势，而移其一部，由鲁西试攻，连日运到济宁之敌约有一万七千余人，炮二十四门，观察其动态，似图沛县，窥徐州，现濮阳长垣间之敌亦极活跃，沿黄河北岸往来，当为其与鲁西之敌遥相策应也。

【徐州八日电】津浦南段敌主力犯我蒙城，因我军坚守抵抗，敌迄未得逞，八日晚我援军赶到，开始反攻，战事激烈，皖北方面，我向上窑、洛河之线反攻，以牵制敌军，合肥方面，我亦向巢县反攻，现正激战中，铁路正面，我敌仍在曹老集附近激战，敌一部窜到新桥附近，我已派队截击，津浦北段八日无变化，仅有局部接触，似暂入停顿状态，我援军继续开到，即将予敌以严重之打击。

【中央社徐州八日电】渡淮之敌，刻仍被我军拒阻于浍河以南地区，由怀蒙公路进犯之敌主力，正在某地与我激战中，我生力军已开往增援，士气甚旺。

【中央社徐州八日电】敌由盐城方面连日向北积极进犯，我苏保安团前往堵击，某司令亦亲往指挥，最近又调生力军前往堵截，惟敌方兵力不多，意在予鲁南战事以牵制，造成声东击西之威胁空气，阜宁方面，因无重兵配备，六日已进入混战状态。

【中央社合肥八日电】我某团七日晓由高岭桥前进，向敌反攻，已推进至巢北。

【中央社徐州八日电】鲁南战事，八日各线仅有小接触，郯城西南之捷庄，业经我完全克复，犯临枣支线西侧禹王山之敌，经我击退后，邳县北部连防山一带仍在对峙中，观察家认为战事重心或将移至鲁西，因连日敌在济宁一带增兵甚多，似有积极西窥模样。

【徐州八日电】我军克复冯家窑以后，积极向北面捷庄挺进，七日夜在捷庄与敌发生遭遇战，我官长亲往指挥，激战三小时，毙敌大半，残敌无多，预料今晚即可肃清，又邳县以北之敌，已积极构筑工事，台儿庄东南房庄、枣庄营一带之敌有三四百人，八日早三时，以大炮掩护，向我猛犯，我奋勇应战，激战一小时，将敌击退。

【本市消息】军息，台儿庄东南禹王山，为鲁南重要据点，敌猛攻经旬，迄未得逞，六日晚敌又调土肥原部疲兵二千余，避实就虚，向李家圩侧攻，图威胁该山，先发炮轰击，该地已成一片焦土，我军卢部早已窥破敌方诡计，屹然静待，俟敌军进入夹道，即予猛攻，战至黎明，将敌全部击溃，检点阵地前敌尸，达八百余具，□师长自开战迄今，均亲在第一线指挥，将士用命，决可无虞。

【中央社六安八日电】（一）我破坏花旗营站铁道，六日敌车出轨，死伤十余人。（二）江浦城敌数极少，六日晚退向浦镇。

【徐州八日电】八日下午二时五十分，新安镇发现敌机十架，到炮车（陇海东段车站）瓦窑大肆投弹，又八日午十二时四十分，敌机三架飞运河站，投弹十六枚，又早七时五十八分新安镇发现敌机三架，经瓦窑到运河，投弹甚多，又津浦南段固镇上午十时十五分有敌机八架飞符离集，投弹甚多，下午一点二十分敌机六架飞永城，投大炸弹二枚，伤平民二十余人，桥浦八日午发现敌机三架，飞运河投弹十六枚，我无损失。

摘自《大公报》1938 年 5 月 9 日　第二版

鲁西方面将有大战　郓城戒备中嘉祥敌图南犯　鲁南沉寂仅两翼敌稍活动　皖北有激战我军固守蒙城

【郑州九日下午十一时发专电】鲁南敌人在左右翼稍活动，蒙城城内我防军今仍固守，□师已开上增援。

【郑州九日下午三时发专电】鲁西济宁之敌昨有七八百人开嘉祥，并由兖州运来汽船甚多。南阳湖中已有十余支，我军现占□□之线，大汶口、泗水之敌昨分头犯我□军阵地，均被击退。

【郑州九日下午二时发专电】濮阳濮县一带敌集结步炮兵四五千人，濮县敌八日晨犯范县，据报，土肥原已到濮阳，并调来坦克车十余辆，汽艇皮船不少，又昨晨敌机一架到考城侦察三次，下午一时来轰炸机三架，在城外东南小宋集投二十余弹，炸死平民数人，又敌汽车多辆连日往来濮阳、濮县、道口间，运输弹药给养及汽船百余支，声称将南犯。

【郑州九日下午十一时发专电】郓城东南黄堆集老增营一带共到敌步骑炮兵，一千六七百人，我郓城防军已严密戒备，某军事观察家谈，敌确已准备在鲁西扰乱，为掩护其活动，故先犯郓城，以便由嘉祥南进。

【郑州九日下午十一时发专电】敌机一架九日午炸巨野，郓城东南三十五里黄堆集村，九日午到敌坦克三辆，战车二十余辆，步骑兵六七百人，炮二十余门，尚有后续部队，系由嘉祥而来。

【中央社郑州八日电】濮阳小濮县清河头等处敌约二三千，八日晨向濮县方面出发，该敌系由晋东太行山调来，此为第三批，濮县敌一部三百余，六日向范县前进，经小屯时，被我军截击，敌颇有伤亡，仍向范县前进，另一部约四五百，二日由濮县南进至顺城口对岸，被我游击队袭击，毙敌四五十，敌仍退回濮县。

【中央社曹县九日电】济宁敌连日增加，总数已达万二三千人，并却有两个师团长驻该县指挥，城关及四乡满驻敌兵，沿魏庄西正桥之线筑有工事，八日晨以来，全线均有接触，以河长口正面最为激烈，敌炮无间向我发射，空中并有敌机五六架轮流窥察，不时用机枪向下扫射。

【中央社徐州九日电】鲁南正面无变化，惟左翼韩庄方面敌略有增加，临城敌增五六百，似有南下模样，鲁西方面，盘踞济宁南阳镇之敌增至数千，嘉祥东北大长沟发现敌五六百，均有进犯模样，右翼我军进攻沂河东岸捷庄之敌，达七日夜，敌我伤亡均重，尚有少数敌负隅顽抗，正积极歼灭中。

【徐州九日电】郯城之敌有三四百人，八日窜抵新安镇北十余里，我□部奋勇迎击，激战甚烈，迄晚敌有北撤模样。

【徐州九日电】九日起，临城及南阳镇之敌分由临夏公路及微山湖北岸推进，似有西犯之势，连日炮战甚烈。

【徐州九日电】津浦北段战事沉寂，九日竟日无大战，仅有局部接触，我正运用新计划，战局日内将有开展。

【中央社台儿庄八日电】中央我军某部，三日夜袭占李家圩北端村落，敌据寨顽抗，四日敌增援反攻，仍被夺回，五日拂晓，敌集中炮火，向我禹王山高地及李家圩南端攻击，李家圩房屋全成焦土，晚敌又分向我枣庄营、禹王山、李家圩进犯，连续猛攻五次，均未得逞，敌遗尸百余具，八日又以小部攻禹王山、枣庄营，旋即退去。

【徐州九日电】邳县以北，我与敌仍在连防山以南相持。

【徐州九日电】九日拂晓六时起，敌机三五架不等，在徐州及津浦陇海各线盘旋，徐州竟日警报中，东海方面八时半发现敌机六架，到运河站投弹，萧县八时五十分到敌机一架，投弹三枚，新安镇十时零二分到敌机二架，投弹五枚。

【中央社合肥九日电】巢县方面，自我某军赶到后，捷音频传，自收复柘皋后，九日又乘胜克复夏阁镇，该两地为巢合公路两支点，今在我手，敌已无法续进。

【徐州九日电】敌在津浦北段右翼与我血战，遭重大之打击后，转移目标，由南段进犯，在淮河以北之曹老集及西北蒙城一带与我血战，遂呈南紧北缓之势，同时鲁西济宁方面，敌增援不已，显然有向西南侵犯之阴谋。九日晚消息，敌在南段总数约一师团弱，其犯蒙城者约四五千人，附炮十余门，飞机十余架，连附近之敌，共约万余，自七日至九日晚，血战三昼夜，敌虽向我猛犯六七次，但迄未得逞，刻蒙城仍在我手中，敌每次进犯，均用飞机大炮掩护，凶猛异常，我将士皆抱与阵地共存亡之决心，每日敌我多以敢死队肉搏，八日晨敌向我全线总攻，战况激烈，迄晚，我援军赶到，迂回反攻，九日拂晓，正面之敌始不支后退，乃集中炮火于南面，向我猛击，每小时发三四百炮，达五千余发，另有敌机十余架狂投炸弹，我□高级长官亲到前线督战，一堡一垒，时有数次之争夺，九日晨八时我□部迂回敌背，向敌猛攻，同时我正面反攻，发生大混战，双方伤亡均重，迄晚仍激战中，我颇占优势，铁路正面，我与敌仍在曹老集以北激战，我援军已到，即开始反攻，战局已呈好转。

【中央社徐州八日电】阜宁我军于六日自动放弃。

【中央社六安九日电】昨日黄昏，敌向蒙城东□□□进攻，我遂与敌作血战，经数小时反复冲击，敌死伤数百人，不支而退，张集方面敌约六七百人，有二百人向□□，余尚在□□以西徘徊，□旅旅长谭何易身先士卒，指挥抗战，身负重伤，但谭仍勉力支撑，随军至□□□附近，继续指挥，迄今尚与敌在激战中。

【中央社六安九日电】八日上午十一时，我射中敌机一架，坠落蒙城东南二三十里处，机身已毁，零件由我用汽车装去。

【中央社香港九日电】津讯，敌军炮骑兵各两列车，八日晨由平过津南下，另有敌大批军用品，计军械汽油等，由关外到津，卸于河北崑纬路空场云。

【中央社六安九日电】八日上午蒙城东十里铺发现敌二百余人，经我痛击，一小时后，敌不支，退回龙坑。

敌机滥炸 教堂医院皆成目标 南宿州归德颇多死伤

【中央社徐州八日合众电】美红十字会医生马克葛鲁顷由南宿州乘自行车抵此，据谈，南宿州本月五日被日机九架轰炸，结果死伤至少达三百七十人，该地之意大利天主教堂亦被炸毁，当时逃入教堂避难者，达百余人，均遇难，日机抵南宿州上空后，即向该教堂掷下三弹，均落院内，其后该日机又飞回，向教堂掷下燃烧弹数枚，教堂当即起火，避入院内防空壕之人民，均被炸毙，该教堂各房屋，均已无一完好，又据马克葛鲁称，宿州因无防空设备，故日机能低飞任意轰炸，南宿州并非军事要地，该意教堂距车站达一英里许，日机故意往炸，殊属不解，现该地长老会外国传教士等正在努力救伤云，最近日机曾至归德轰炸，该地之陇海医院被炸毁，当时院内有病人四百人，被炸毙者甚多，厥状极惨云。

摘自《大公报》1938年5月10日 第二版

淮北鲁西俱有激战 我将大举扫荡顽敌 济宁敌两路进犯正截击中 淮南战反攻敌北侵受牵制

【徐州十日下午四时本报特派员发专电】徐州战局，目前虽淮北多事，而各战场仍在鲁南，但双方皆不易进展，敌在淮北之活跃目的，在扰乱徐州西侧之砀山等地，配合苏北鲁西之行动，梦想重演淞沪战场金山卫登陆故技，一举而粉碎我庞大之野战军，九日敌聚蒙城附近者约四五千人，内骑兵甚多，炮约四五十门，坦克车约二十余辆，八日午后蒙城对外消息混沌，但九日判断，仍在我周□部固守中，九日下午二时我援军一部已赶到蒙城附近，与敌接触，津浦正面，固镇以南敌主力无甚发展，九日鲁西之敌亦无重大动作，敌机九日竟日侦查徐州及附近区域，我方已看破敌人在淮北力量不过一万余人，野心虽大，力实无多，刻我方正进行某种有力布置，针对敌人侧背扰乱诡计，从事扫荡，三五日内当可渐露端倪。

【郑州十日上午十时发专电】沉寂已久之鲁西，现因敌在鲁南进犯失败，转移一部兵力来此，企图南犯，侧击徐州，敌之计划，主力由济宁南犯，一路趋郓城，敌今晨天明时已由黄堆集进至城东南八里屯，当与我李□□师接触，一路趋巨野，今晨在独山镇右，被我军阻击，我当局正作大规模布置，以歼灭敌人。

【郑州十日上午十时发专电】济宁之敌，派出步兵五六千，骑兵百余、炮十余门，九日晚沿公路南下，到达王贵屯一带，当夜我李师向前迎击，现正激战中，东明、考城一带我河防部队连日派游击队在濮阳长垣间活动，昨夜宋师赵营在长垣老岸镇袭击敌兵一联队，毙敌大尉塚岛、准尉铃木等二十余人，获马十数匹，军用品及文件甚多，查明敌系土肥原属板西一部。

【郑州十日下午五时发专电】犯郓城之敌，今午略有活动，侦查我阵地，准备攻击，当被击退，敌机三架今午分在鄄城、郓城、董口投弹，综合情况，判断敌之主力在济宁，图南犯鱼台，我军在济宁十五公里□□□、□□一带阻击中。

【郑州十日下午十一时发专电】济宁之敌南犯，自九日晚八时起与我李□□师在王贵屯、俞屯、丁家庄、苦水张胡官屯一带全线展开激战，至十日晚止，敌攻击并未得手，孙□□已亲赴前线指挥。

【郑州十日下午二时发专电】郓城正南郭官屯今早到敌坦克车五辆，又肥城仍有敌四五百，南驿（在大口南）居民被敌压迫，组红枪会，为敌护路，在上庄、安驾之敌仍与我吴旅对峙。

【郑州十日下午九时发专电】敌现配备鲁西之兵力约一师团，故不足虑，据孙□□报告，南阳湖中之敌汽船五十余支今亦载兵向南活动，郓城方面，今午后敌二三百乘装甲车三十余辆，到城西二三十里地方义合集，津浦南段正面无变化，我援军已到，即反攻。

敌机又飞徐狂炸

【中央社徐州十日电】徐州十日晨至午，已遭四次空袭，第一敌次仅机一架到上空窥察，其余三次，敌重轰炸机九架在东北两站及其他各处投弹，共达百余枚，内杂有燃烧弹，多处起火，房屋炸塌无算，平民死伤者甚众，详情在调查中。

【中央社东海十日上午十一时电】盘踞郯城之敌约千余，昨日向南进犯，在红花埠（郯城南十余公里）附近与我军激战，鲁南阵地无变动。

【中央社六安十日电】淮河南岸之我军，为牵制津浦南段敌军，以策应津浦北段战事起见，连日向前挺进，攻击敌军，九日拂晓，我某部到达指定地点后，乃一鼓收复为敌盘踞数月之新城口，毙敌百余，同时占领所有上窑外窑北部之高地，武店方面之我军，亦出敌不意，作猛烈之攻击，敌五千余人被我击溃，死伤约四百余人，内有官长上田大尉一名，夺获战马四十余匹，我军死伤百数十人，我军仍向推进，刻已抵达□□附近，并已与凤阳来援之敌激战中。

【中央社东海十日下午三时电】津浦南段敌军图向固镇进犯，昨日与我军在淮河北岸之苏家集激战，我毙敌百余名，敌不支溃退。

【中央社六安十日电】我某部于九日上午收复龙亢镇，并于确保优势后，仍向前推进。

【中央社六安十日电】盘踞淮河北岸之敌，今日借其空军掩护，猛攻我军，九日晨我军由其侧背之□□北上，途经丁家集，遇敌骑四百余人，当将敌包围，我士兵遂以日语高呼缴械，敌因身陷重围，无法挣脱，乃纷纷缴械，此役我俘敌二百余人，战马二十四匹，马枪二百余支，轻机枪数挺。

【中央社清江浦九日电】由盐城北犯之敌，刻已大部向海滨东退，测其原因，系受我军收复草堰口归路已断而公路两侧我正发动游击战所致，我正面部队，除向东袭击外，并分兵南进，俾与草堰口我军收夹击扫荡之效。

【中央社徐州十日电】我某部于十日子时开抵蒙城西南之□□□，即与敌接触，当发生激战，我军分两面向敌进击，右翼取监视态度，左翼主攻，激战两小时，毙敌极多，十日拂晓，敌猛烈向我反攻，敌机五架亦随之助战，我军沉着应战，阵地屹然未动，迄午战况转寂，旋敌又增加一千二百余名，我全线官兵又奋勇出击，最前锋之敢死队冒弹前进，战事之激烈，为近日所仅见，我已占领敌之四周高地，现仍在激战中。

鲁南之敌老羞成怒　拟大规模放毒气　我向国联提出照会

【中央社徐州九日电】据报，鲁南之敌，因在连防山、禹王山、金陵寺及冯家窑等处屡战屡挫，伤亡惨重，预期攻克徐州之计划亦不敢实现，东京敌大本营老羞成怒，竟不顾国际公法，准备再用毒瓦斯及毒菌弹，我军事当局对此，除已筹有抵制办法外，并将诉诸正义云。

照会国联

【中央社日内瓦九日哈瓦斯电】

国联中国代表团顷以照会一件送达国联秘书长爱文诺，谓日军曾在山东省前线用毒瓦斯作战，并准备大规模采用此项作战方法，内容略谓，日军在山东省前线施放毒瓦斯，已非一次，近据本国政府接获业已证实之消息称，日本军队为孤注一掷，挽回该处战事形势起见，正准备大规模施放毒瓦斯，此项作战方法，匪特与日本所签字加入现行各种国际条约相抵触，抑且违反一切人道观念云。

摘自《大公报》1938 年 5 月 11 日　第二版

皖北我反攻蒙城　鲁西两路激战中　济宁以南正相持敌炮攻郓城

【徐州十一日下午二时本报特派员发专电】徐州会战，按敌情可分鲁南、鲁西、苏北、淮北四路，十日情况，敌最活跃者为淮北一路，蒙城在敌之大兵力围攻下，九日夜我自动放弃，现我精锐部队开上，激烈反攻中，敌趋向尚无显明之行动，此路约两联队，骑兵约二大队，计约四五千人，鲁西敌兵力最厚，估计已近二万人，正由济宁、嘉祥向郓城、鄄城发展中，河西之范县、濮阳亦有敌发现，此路恐为敌新战局中之主力，十日尚无重大行动。鲁南方面，敌十日已将台儿庄方面调换伪军，邳县、郯城两路仍保留相当待机力量，苏北敌占阜宁后，十日无积极动作，鲁南鲁西交界之微山湖上，敌正争湖东岸之据点，尚未开始渡湖，观其战略步骤，现全视其淮北之活动，我军刻亦迅速进行新布置，所可为读者告者，则我新战略之最高原则为绝对的主动与机动，敌之冒险行动，将渐表现困难也。

【郑州十一日下午十一时发专电】鲁西之敌由济宁南犯者，为木松师团，四犯郓城者为土肥原之森旅团，合计不过三万，我军正严密布置，拟一鼓而将敌消灭，李师长□□电，犯我郓城之敌，猛攻□□□阵地，至十一日午仍相持于□□□，我城防巩固。

【郑州十一日下午十二时发专电】济宁方面，今日战事激烈，我坚守瑶庄一带，敌步骑炮联合进犯，并以飞机助战，未能得逞，濮县之敌今向河北岸活动，在与我城口白港对岸河中放下汽船，郓城当面之敌，今午后以重炮攻城，城内有数处起火。

【郑州十一日下午一时发专电】孙□□电告济宁战况，（一）敌九日夜起总攻，向顾儿河猛犯，尤以兴福集战斗激烈，敌以汽球指挥野重炮十余门集中轰击，掩护步兵进攻，至十日晨肉搏五六次，我敌伤亡均重，范家庄之敌向我柴家行、马家庄攻击，被我击毙千余，获重机枪一架，步枪千余支，现仍激战中，（二）敌人九日夜占范家庄以东阵地后，又增步兵二百，炮八门，向我马家庄防地猛攻，取包围之势，我守军□营之二连全部作壮烈牺牲，敌旋向我蔡家庄进犯，至十日仍激战中，又敌一部向杜家海西邵前进。

【郑州十日下午十一时发专电】濮县连日到敌部队二千余，骑兵千余，炮五六门，现散布城东南各村，似有企图渡河模样，与鲁西南犯之敌联络，按旧城与濮县隔河相对。

【中央社曹县十一日下午三时电】鲁西方面，昨日下午敌由济宁窜向金乡至鱼台公路，与我军某部激战，郓城南八公里之陈家庄敌我发生接触后，敌似图向巨野前进，被我堵截，临城西敌向夏镇前进，其一部分偷渡微山湖，已被我击退。

我机轰炸蒙城之敌

【中央社徐州十一日下午四时电】九日晨敌少数部队迂回至蒙城垣附近，经激战后，敌攻入蒙城，并有少数骑兵向西北窥察，当为我有力增援部队阻击，一部正由蒙城西北推进，一部已开至蒙城南十六公里地点，向蒙城附近小涧集西洋集之线猛烈进攻，敌已遭受顿挫。

【中央社正阳关十日电】敌军万余九日围攻蒙城，并以密集炮火向我城之东南方面轰击，东南城角遂被摧毁，我守军某团虽不顾敌军炮火，誓死抵抗，卒因众寡悬殊，至晚城遂沦于敌手，该团一部已于今日冲围出城。我□□两部，由□□方面前往增援，然时已不及，现已转某地与敌激战。

【开封十一日下午六时发专电】十一日上午八时，敌机一架在兰封投弹七枚，伤平民三人，又我大队空军十一日飞蒙城一带敌军阵地轰炸。

【中央社台儿庄十一日下午四时电】鲁南方面，郯城南红花埠附近有敌一千余，侧面西犯马头镇，并向冯家窑、四户镇、沟上集移动，其目的欲解冯家窑之围。

南段我军阵地转移

【徐州十一日电】津浦南段，向蒙城进犯之敌，有五千余人，自八日起血战二昼夜，我因战略关系，于十日上午一时，自动放弃蒙城，我生力军赶到后，向蒙城敌进击，蒙城之敌大恐慌，有向城外撤退之势，十一日上午四时，我□部绕至蒙城以南□□公里□□□一带，该地有敌骑兵千余，被我包围，我主力由□□进攻，另以一部由□□助攻，敌亦增援抵抗，并以坦克车十一辆飞机八架助战，七时我全线反攻，我□营将敌防线西北角突破，毙敌中尉一人（名高田中信），至九时，敌增援三百余向我反攻。我□长官在最前线指挥，至午刻十二时，复向西南之敌猛攻，毙敌三百余，击落敌机一架，获敌机枪二挺，我全线士气大振，现正乘胜追击中。又蒙城西南昌望集之敌，十日晚被我击溃后，又增援五百余，连前共一千八百余人，盘踞公路，与我对抗，十一日晨我生力军开到，以主力向敌后路猛攻，展开大会战，我某部率奋勇队□□□□余人，由西南向敌直冲，另一部由北面向敌进攻，激战四小时，我伤亡十九人，午刻敌后路被我截断，敌以死力反攻，拉锯式战争极为剧烈，毙敌五百余，毁敌坦克车二辆，又铁路正面我转移新阵地后，仍在固镇以北与敌血战，我援军开到后形势转好。

【徐州十一日电】十日敌机十九架三次轰炸徐州，投弹二百二十余枚，毁房三千余间，死伤平民百余人，十一日又到敌机二十八架，分六次狂炸，所投炸弹多在五百磅左右，内有燃烧弹多枚，幸市民预先避出，仅伤亡十余人。

摘自《大公报》1938 年 5 月 12 日　第二版

淮北一路战况较紧　我克蒙城断敌后路

【徐州十三日上午一时本报特派员发专电】徐州战事渐紧张，敌步、骑混合部队约二三千人，附少数坦克及装甲汽车，十二日窜抵蒙城北之永城附近，但蒙城十二日被我收复，淮北敌后路已断，微山湖有敌二百余人，十二日窜至西岸，其轻举躁进之迹甚显。

【徐州十二日下午二时本报特派员发专电】十一日战局仍以淮北为主，敌淮北主力约四五千人，有向蒙城西北迫犯情势，津浦正面固镇附近敌我激战，此路目的似欲牵制我应援蒙城，鲁西则金乡以北略有接触，津浦北段临城韩庄敌增至二三千人，目的似同时对我微山湖加以威胁，敌机对徐州外之宿县、桃园等交通要地轰炸亦猛，但前方军民仍与前方统帅表示一致镇定之精神，敌大致意在以全力求进展，在相当期间如无所获，又将顿挫矣。

【郑州十二日下午九时发专电】犯郓城之敌十一日傍晚以猛烈炮火攻城，向东西南三门包围，并以一部阻我增援部队，破坏电线，使我失去联络，至夜城内数处中弹起火，敌乘势攻入，我师某旅牺牲众大，不得已退出，十二日晨敌更向西推进，直至鄄城县属之黄河边旧城口，隔河对峙，濮县集结之敌二三千人，总计此两路会合之敌之兵力约六七千，皆系土肥原部，判断十三日晨敌即将开始向南动作，我为确保□□、□□，援军已星夜赶往前线，敌机多架今竟日往来于东明、考城、兰封、曹州轰炸。

【郑州十二日下午一时发专电】敌机连日在鲁西各地活动，曹县、巨野、东明、兰封皆被轰炸。

郓城我军转移阵地

【中央社曹县十二日下午三时电】昨日汶上方面之敌猛扑郓城，炮火异常剧烈，迄晚郓城我军转移阵地，刻正增援反攻。

【中央社曹县十一日电】鲁西大战现已渐次展开，十一日菏泽、定陶、巨野均遭敌机轰炸，曹县竟日在警报中，金乡当面为敌主力所在，连日以猛烈炮火，掩护其步兵冲锋，意在迅速将我金乡攻下后，再兼程南犯，我军在该方面于两昼夜血战结果，前后毙敌千余，强敌遭此挫折，前锋已不若来时之锐，现我仍固守蒋家庄、潭口集、路家庄之线。

【中央社曹县十日电】范庄敌十日早分两路进犯，一攻蔡家行，一攻马家庄，经我守军□团迎头痛击，毙敌三四十，获重机枪一架，步枪十余枝，战马二匹，残敌仍据险顽抗，刻正围剿中。

【中央社曹县十一日电】郓城八里河王营一带十日我敌竟日血战，该一带村庄全被敌炮轰平，我工事亦为击毁，我守军在断垣残壁中与敌肉搏，战况激烈，得未曾有，我敌伤亡均重，惟以敌后续部队频频增援，我官兵牺牲殆尽，不得不将阵地略向后移，现我某生力军已驰往增援。

金乡鱼台以北激战

【中央社徐州十二日电】由济宁嘉祥南犯之敌，刻仍在金乡鱼台以北与我某部激战，该敌大部为十四师团土肥原所部，连日经我某某部奋勇抵抗，已受顿挫，又濮县之敌增至五千余附骑炮颇多。

【中央社曹县十二日下午四时电】敌由济宁进犯鱼台北约二十公里相里集之我军警戒阵地，用野炮重炮集中轰击，该镇烟火四起，房舍俱成灰烬，我军昨晚放弃该地，转入潭口集新镇地，与敌激战，敌有向鱼台南进模样，我军在该地配置守军，准备迎击。

【中央社徐州十二日电】鲁南发现杂色伪军，正面仅有小接触，辛庄、金陵寺已为我收复，敌主力似移向两翼郯城及临城西北之夏镇转角模样，左翼顾儿河敌我激战三昼夜，肉搏十余次，双方伤亡均重，鱼台西北之潭口集、兴福集、相里集均被敌突破，刻在邵家庄、路家庄等处对峙，敌似有积极向鱼台进犯模样。

【中央社郑州十一日电】盘踞濮阳、濮县之敌，向范县南之董口集移动，我军已予防堵。

敌犯永城已被击退

【中央社运河站十二日上午十一时电】淮北敌军一部，由蒙城沿公路深入皖豫边之永城附近，其主力在石弓山（离蒙城四十余公里）我军今日已开始向敌进攻，深入敌军甚为危殆。

【徐州十二日电】由蒙城北犯之敌，十一日晚一部攻入永城县城，敌军约三四百人，坦克车二辆，十二日我反攻，当将永城之敌全数歼灭，并克复永城县城，又蒙城以南仍有我军与敌激战，甚为得手，我援军源源开到，即将反攻。

【徐州十二日电】津浦南段铁路正面我敌仍在固镇以南新马桥一带激战中，我军极为得手。

【中央社徐州十二日电】津浦东侧之敌，虽欲分由郯城阜宁会合于陇海东段，经我军南北堵截郯城南红花埠附近，已无敌踪，阜宁敌办亦未再深入，陇海东段，安谧如常，另接前方电话，传蒙城十二日为我军收复。

【中央社六安十二日电】含山于九日确被我克复后，十日敌由和县进犯含山，我敌遂在含山发生争夺战，我方卒以火力单薄，阵地未稳，十一日含山乃又落入敌手。

宿县击落三敌机　津陇两路职工忠勇　本报特派员慰问徐州被炸灾区

【徐州十二日下午一时本报特派员发专电】敌机约五十余架，十一日分批狂炸徐州，其目标在铁路交通，故东站与北站被投弹约百余枚，正午敌轰炸机二十四架窜入徐州上空时，其上尚有大批驱逐机，此外皆六架或九架一次，故徐州终日在警报中，但十一日敌机有三架被我机在宿县上空击落。徐州南北两站交通损失甚微，惟民房横遭摧毁，本报特派员于警报解除后，赴灾区慰问，被难民众无半点怨尤，认为此乃我人求生存必不可免之牺牲，津浦陇海两路员工皆以迅速之行动与热心，积极修复路轨及电信交通，其精神实可与粤汉路员工媲美。

徐州又被炸　美教会亦被投弹

【中央社徐州十二日电】徐州埠十二日晨九时许又遭敌机五架之狂炸，被炸区域，仍为车站附近之平民区及小商店，记者于警报解除后特往视察三日来敌机连续集中轰炸之东站情形，目击其所投二百余弹，几无一落站台者，而站之东南北三面二里以内民房商肆千余尽付一炬，死伤二百以上，十一日该处流离失所之平民，于警报前，往站西二里之铁场刹村躲避，讵料敌机又续往轰炸，致全村成为一片焦土，死伤又达二百余。站东里许中华基督教长老会，十年所建之马可福音堂，亦于十一日遭敌机三次轰炸，该堂面积七亩，所有石基礼堂教友住宅及围墙均全部震塌，堂中之陈设及图书亦已烧毁，幸未伤人，该堂瓦面漆有百八十方之美国旗两面，另漆一面白底蓝十字旗，此种有显明目标之第三国建筑，仍难逃日机之投弹，足征日防空员之不顾国际公法，该堂牧师安台德已电驻华美大使馆报告，并以徐州月来被炸平民及伤兵日众，已另电汉（函）美国红十字会及中外慈善团体，请求捐助药品，来徐救济。

摘自《大公报》1938年5月13日　第二版

鲁西我军将有进展　淮北之敌阻于永城

【徐州十三日下午六时本报特派员发专电】淮北方面，犯永城之敌先头约坦克车三辆，骑兵七八百人，十二日在敌机十余架掩护下，午后五时侵入永城城厢，当夜即赶筑工事，有暂停待后续部队到达模样，蒙城收复说系逼近蒙城之误传，鲁西方面，菏泽北之董口地方有敌约三千人，自西偷渡，济宁南下之敌行动甚缓，似有待于淮北之策应，鲁南苏北敌无大动作，我布置完成，当有新开展。

【郑州十三日下午七时发专电】鲁西大战现逐渐展开中，现时敌人活动之方面有四，（一）沿济（宁）鱼（台）公路南下，犯金乡、鱼台。（二）自微山湖、独山湖间之夏镇企图偷渡，侧击沛县。（三）由郓城南进之敌直趋龙固集。（四）在鄄城县及运河之敌，自董口犯临濮集，围攻最后目的地为归德一带，我当局有充分把握，数日内即可粉碎敌人之阴谋，踏上北征之途。

【中央社徐州十三日电】津浦两端战事，现仍以鲁西淮北为重心，鲁西之敌，系分三路南窥，其由嘉祥郓城进犯者约万余人，已被我重重堵截，其由济宁进犯者约六七千，亦被我某部分段截击，敌伤亡甚重，现在鱼台、金乡西北相持。另由夏镇拟偷渡微湖扰丰沛者，已与我西岸守军激战多次，迄未得逞，淮北之敌，系由怀远蚌埠渡河，倾巢来犯，人数已逾三万，怀远蒙城间敌之联络被我分段截击，时断时续，敌之接济及给养屡被我夺获，六日来敌被我在淮北击毙者至少在五千以上，十二晚十三日晨，敌一部与我在蒙城西郊激战，又伤亡千余，十二日进至永城，其战车七辆并于十三日晨再越永城向北试探，均被我击退。

空军助战鲁西

【郑州十三日上午十二时发专电】今晨天方黎明，我机多架自某地起飞，飞至郓城濮县沿河岸旧城口、董口等处敌兵集结地大举轰炸，敌仓皇不知所措，我机又低空扫射，毙敌无算，然后安然返防，经过开封上空时，并盘旋数周，郓城之敌一部数百人向南活动，尚在巨野西数十里外，济宁方面战况，昨竟日异常激烈，但我军已在金乡北四五十里相集一带将敌抵住，敌未能进展，敌机今午来汴三次，先两次各为一架，旋又来六架，盘旋一周即走。

【徐州十三日电】鲁西方面，敌万余由济宁向西南之金乡、鱼台进犯，另以五千由濮县向郓城、鄄城进犯，我□□两部连日在金乡东南及鱼台附近与敌接战，情况猛烈，空前未有，我□□各部亦在巨野、菏泽以北与敌血战中，截至十三日午，由济宁南犯之敌五六千人强渡万福河，在河南岸金乡东南之阎家庄一带，与我□部激战，鱼台附近有敌七八百人，附炮四五门，向我进犯甚猛，我□旅之□团在城内死守，敌迭次来犯，均被击退，现巨野、金乡、鱼台均在我固守中。我□代总司令已下令饬属死守，与城共存亡，并相机反攻，敌侵入郓城后，刻又侵鄄城，我□部奋勇抗战中，菏泽城北二十余里处发现敌约千余，我□部前往迎击，正血战中。

【中央社郑州十三日下午四时电】我军在金乡以北十余公里之罗家堂、嘉河滩之线与敌对峙，敌不断以炮轰金乡，盘踞郓城之敌约二千名，有继续向南进犯模样，又盘踞长垣、封邱之敌在黄河沿岸窥察，颇为蠢动。

我克复范县城

【中央社郑州十二日电】军息，濮县敌军，于十二日晨一时，在鄄城西北五十余公里之武集、董口，企图与鲁西之敌军联合，我军奋勇堵击，现正激战中。

【中央社郑州十二日电】鲁西战事紧张，郓城附近之敌约二千，为土肥原部之森田部队，十一日晨九时许，郓城西南二十余公里公路上，发现敌骑兵七十名，战车四五辆，企图破坏我方电线，当被我军奋勇击退，旋大批敌军向郓城□□及□□□一带我军阵地猛攻，炮火异常激烈，正在对峙中。

【中央社运河站十三日电】由郯城南犯之敌，被我击退后，又仍向西南之浪子湖方面进扰，该敌约四百余，附战车四辆，炮四门，十二日晚向我阵地猛攻，我军奋勇应战，当将敌击溃，并有夺获，浪子湖西南之大王庄冯家窑又被敌千余盘踞。

【中央社郑州十三日电】我军□部于十一日克复范县，敌向濮县溃退，是役毙敌甚多。

南段前线视察

【徐州十二日下午九时本报特派员发专电】本报特派员十一日视察津浦南段前线，于到达符离集后，转道入宿县城，敌机周来在宿横施暴虐，市区内亦掷炸弹及烧夷弹，东关一带民房十之八九被毁殆尽，平民死伤数百，仅义侨所设之教堂内即死伤二三百名，该处距车站甚远，与军事无关，而暴敌仍横施轰炸，其不顾人道，实昭然若揭，宿县经数日之狂炸后，城内居民俱迁避乡间，市面完全停顿，记者入城，触目者俱残垣断壁，充耳者仅野犬吠声而已，县长徐湘尚留居县署，大部职员均星散，实则亦无事可做也，宿县距前线不过□□里，十一日晨迄午，炮声不绝，综合各方情况，津浦南段形势如下，（一）渡淮之敌，占蒙城后，主力继续北犯，图永城，刻距永城四十里，（二）宿县与蒙城、蚌埠形成三角，我固守宿县，蒙城之敌感受威胁，故进逼宿县，我刻在宿县西南□□□、□□、□□□与敌激战中。

【中央社六安十三日下午五时电】安徽方面，敌军约四五百，附坦克车四五辆装甲车三十余辆，昨由石弓山方面向永城进袭，我军于昨日下午四时放弃永城，顷我援军已到达在永城之北，与敌激战中，敌纷纷向永城方面退却。

【中央社徐州十三日电】蒙城迤北与我某部对峙之敌八九百，十二日晚虽一度向我夜袭，当被击退，十三日黎明，我奋勇出击，敌机数架来往助战，当有一架被我击毁，坠落敌阵，混战至十时，敌增援骑兵二百余，向我后侧迂回，敌战车十余辆，掩护步兵向我猛冲，我官兵沉着应战，坚守阵地，卒将敌击退，战车亦未得逞，是役毙敌极众，我阵地前遗尸二百余具，我亦有相当伤亡，又蒙城南敌步兵千余，装甲车二十余辆，坦克车三十二辆，骑兵数百，十三日晨起与我某部发生接触，敌机六架，亦高空盘旋助战，激战至下午三时半，敌因受创过重，不敢前进，我正反攻中，是役毙敌四百余，生擒兹。

【徐州十三日电】永城前线急电，永城之敌连日北犯甚急，十三日午后经我刘□□部与敌激战数小时，将敌击退，遂再将县城克复，敌增援反攻中。

徐州续遭轰炸

【中央社徐州十三日电】连日敌机来徐轰炸，已成疯狂状态，无辜平民及第三国财产之受其荼毒者不知凡几，十三日晨敌机五十四架又分批到徐轰炸，在陇海北站投弹达百余枚，内中仍杂有烧夷弹，该站附近建筑及民房悉被炸毁，并有多处起火，黄昏始熄，平民死伤者又逾百余人，十三日晚八时余，敌机一架又到徐侦查，历五十分钟，始解除警报，按徐州自昨年中秋之夜曾被敌机夜袭后，此为第二次。

【徐州十三日下午十一时发专电】敌机约六十架十三日更番轰炸徐州，午前十一时许空中如满天青蜓，轰炸之猛烈，为徐州前此所未曾有，北站附近之陇海官舍，被炸一光，敌机似有所企图，殊不知其中竟一无所有也。

【中央社六安十二日电】巢湖南岸余沈寺敌有登陆企图，我已设法严堵。

【中央社徐州十三日电】军息：含山确已经我军收复，侵入巢县西南之敌已全被我肃清，残敌退入城内。

摘自《大公报》1938 年 5 月 14 日　　第二版

战局仍侧重淮北线　敌犯砀山以南被歼我克永城　鲁西菏泽金乡鱼台一带激战　淮南收复巢县切断含巢公路

【徐州十四日电】战事仍侧重淮北一路，敌侵入永城后，北犯迭被击退，现又分小股四处窜扰，我正迎击予以歼灭中。

【中央社讯】军息，砀山南四十里附近，敌先头部队配以坦克车及高度机械化部队，于十四日晨向我猛扑，我军当即沉着应战，候其迫近战壕时，始群出以手榴弹向敌坦克车抛掷，一面复自散兵壕中跃向敌步兵肉搏冲锋，激战两小时后，敌坦克车十二辆失其运动力量，一一于强烈之手榴弹下毁灭，敌官兵五百余名全部死亡，敌势至此，为之大挫。

【郑州十三日下午十一时发专电】菏泽西北十里埠北二三里地十三日午后发现小部队敌人，被我击退，临濮集我与敌亦有接触，巨野西龙固集、观音堂一带到少数敌步骑兵。

【郑州十四日下午三时发专电】今晨八时许敌机十架自黄河北岸飞至开封郊外，分为两队，五架东飞兰封车站轰炸，五架在开封南关盘旋，侦察少顷，即西飞中牟车站，投重量炸弹多枚，犯至濮阳之敌十四日已被我击退十余里，菏泽战况紧急，敌攻城，经我军奋勇击溃。

【中央社曹县十四日下午二时电】鲁西郓城北四五里发现敌骑兵，有北退模样，闻郓城有克复说，敌军昨日起猛攻鱼台，发生激战，金乡附近亦有接触，敌小部队窜扰单县至金乡公路，又敌五六百在沛县北马家渡口独山湖方面向南进犯。

【郑州十四日电】十四日敌二千余，附坦克车数辆，并以飞机助战，猛攻菏泽，我□部迎击，现激战中。

【曹县十四日电】鲁西董口、鄄城一带之敌千余人沿黄河南犯，我□部正予截击，现在濮县附近混战中。

【金乡十四日电】敌自十三日起猛攻鱼台，我军□部奋勇抵抗，敌始终未得逼近城垣，现仍激战中，又金乡东北两面经我□师□部分路迎击，十四日激战极烈，毙敌甚众，迄晚仍血战中，我援军已开到，敌难得逞。

【曹县十四日电】鄄城以北发现敌骑百余名，徘徊不进，今日有北撤模样，又鄄城有克复讯，然尚无官电证实。

【中央社徐州十四日电】我某部十三日将由蒙城窜扰永城之敌骑歼灭，并完全收复永城，敌已向南回窜。

淮南战事颇有进展

【中央社六安十四日上午十一时二十分急电】我淮南最高指挥长官昨日下令克复巢县后，将士用命，今晨巢县果被我克复，敌之归路已被截断。

【中央社六安十四日电】我军昨晨由巢湖南岸向盘踞巢县之敌进攻，激战至午，敌死伤奇重，向北溃退，城内卧牛山尚有残敌一部，经我扫荡，业已肃清，现巢县城上已重悬青天白日旗，我军欲完成更大之战果，乃实施猛烈果敢之进击，现含巢公路已被我切成数段，含巢交界之清溪已在我包围中，现淮南战事极有进展，残敌聚歼，即在眉睫。

徐州昨被狂炸之惨状

【中央社徐州十四日电】敌机五十四架，十四日晨六时起，更番来徐轰炸，直至下午六时，始解除警报，本日敌机投弹目标，完全集中于徐州城市，共掷大小烧夷弹二百八十余枚，是日适东南风大作，又以竟日警报，无法施救，轰炸之惨，延烧之广，为徐州遭空袭以来之第一次，死伤平民七八百人，被灾约计千户，焚毁房屋达三千间，投炸延烧区域，为大同街六安街卧佛寺等地。法籍教士之天主堂亦竟被投七弹，毁房十数间，圣堂炸毁一角，全部门窗玻璃尽毁，该堂收容之避难平民炸伤七人，毙一幼童，敌不顾国际信义，于此可见。敌又在徐州中学、铜山师范、徐女师、徐报社，省民教馆分别投弹多枚，毁灭我文化机关，同时并炸电灯公司、电话局、电报局及交通银行、天成公司、花园饭店、三阳医院各处，至为残酷，宏裕桥门前及卧佛寺一带之贫民窟五六百家尽罹浩劫，未及逃去者，不碎尸于炸弹，即葬身于火窟，入晚，警报解除，逃于附郊难民纷纷回城，莫不望火号啕，凄惨情况，充满全城，当晚均搬移四乡，以避狂炸。

徐州美教堂被敌轰炸　美向日方提出交涉

【中央社北平十三日合众电】徐州美长老会教会于五月十一日被日机轰炸，中弹二枚，其一击中该会教堂，损失约在一万八千元，屋顶上漆有美大国旗二面，美驻日大使馆已奉命向日方交涉云。

摘自《大公报》1938 年 5 月 15 日　第二版

津浦陇海大战方酣　永城敌又进犯砀山正堵截　曹县以北发现敌骑已驱退

【中央社徐州十五日电】淮河北岸之敌由石弓山集向北移动，永城敌约二千一部向砀山前进，我军正向敌围攻堵截中。

【归德十五日电】十四日由永城北窜之敌，经我军□部在砀山以南五十里□地迎击，血战数小时，当夜顽敌被我军完全歼灭，获军用品无算，并毙敌少将联队长一人，击坏敌坦克车十六辆，陇海线战局稳定。

【中央社郑州十五日电】进犯鲁西敌军大批集结金乡、鱼台一带，曹县以北大黄集十五日下午发现少数敌骑，我当派队搜索，已全部击退。

【中央社徐州十五日电】鲁南正面无变化，鲁西方面，由郓城向西南犯之敌二三千，与我军在菏泽附近发生激战，现我军已移至城外新阵地，巨野西南观音集龙固集敌约二千，临濮集敌后退四十里，定陶以北发现敌踪，又敌一部约四五千攻鱼台、金乡甚烈，独山集、羊山集等处正激战中。

【曹县十五日电】郓城西南临濮集之敌，被我痛击，激战数小时，毙敌甚众，现敌已无南犯能力，在该处构筑工事，又进犯菏泽以北小留集约二千余人，经我□部截击，现正激战中。

【曹县十五日电】盘踞南阳湖之敌十四日晨九时以汽车十余辆驶向万福河及鱼台县东北之河长口，我军俟敌行进，起而猛击，敌未得逞。

【中央社六安十五日电】巢县克复后，我积极肃清残敌，十五日东门外姚厅岗仅有残敌二百余人，山炮一门，西门外亦有残敌千余，现我军正在东西两门外扫荡中。

【徐州十五日电】盘踞日照之敌约二千余人，经我军连日痛击，同时我空军飞往助战，毙敌甚众，我军遂于十四日夜十二时克复日照县城。

蒙城光荣战绩　　蓝营长重伤仍死敌十余

【中央社徐州十五日电】顷据由蒙城脱险到徐之士兵谈，我在蒙城，以千余兵力，抗有飞机大炮骑兵战车齐全之敌六千余人，自六日起，血战三昼夜，我方虽死伤至二百余人，尚与敌巷战竟日，至夜战死殆尽，未战死者仅十余人，均于弹尽援绝之际，慷慨自尽，其最动天地而泣鬼神者，为蓝权之壮举，蓝营长于中弹伤骨倒卧地上时，尚持手枪，见敌一个打一个，接连毙敌达十余人之多，及后卒被敌兵群集，各以一刺刀戳死我誓死抵抗之蓝营长。又敌于冲入蒙城时，以伪军为先锋，敌兵在后押队，冲入城后，敌复以大炮向城内轰射如故，敌人迫我国人自相残杀之外，复由此种残杀手段使我国人同归于尽，其心肠之毒辣，直禽兽不如也。

摘自《大公报》1938 年 5 月 16 日　　第二版

砀山永城间大激战　　小股敌军续犯陇海东线

【中央社讯】中央社记者对于徐州及津浦线战事情形顷往访军事机关负责人，承其告知如下，敌欲打通津浦线，由各战场抽调兵力，集结于津浦路南北两段以及鲁西皖北一带约计十数师团，但自各战场抽调来者，均因久战伤亡，兵员不足，综计不过二十万人左右，敌欲试行大包围，则感兵力不足，乃分遣小部于各处施行扰乱，其中一小部竟窜入砀山东方之黄口集车站，经我派兵驱逐，鲁南战场，我军仍在台儿庄以北战斗，甚为有利，鲁西则在菏泽金乡之线，巨野仍为我有，淮北我军正在进攻永城、蒙城，敌方广播宣传，淆乱听闻不足置信。

【曹县十七日电】我□□师师长李必蕃死守菏泽，奋战殉职，按：李师长为湖南嘉禾人，毕业于保定军校，骁勇善战，久著战功，所部全为三湘子弟：又李遗体十六日夜运抵开封。

【中央社徐州十六日电】敌自占领菏泽后，一部约三四百向大黄集前进，考城西北三十公里之马头集发现敌千余，巨野我军连日与进犯之敌在城郊对战，迭挫敌锋，刻仍在我坚守中，由汶上集宝峰集窜来敌二千，在城武东南二十公里之句林集发生激战，毙敌甚众，单县西南王集到敌千余，十五日已退去，夏镇之敌三四百向沛县东北大闸攻击，大闸被敌占领。

【徐州十七日电】鲁西济宁、嘉祥之敌陷我金乡后，另以步兵千余，炮十门，重炮二门，坦克车四辆，并以飞机数架助战，猛犯我鱼台县城，自十四日起，我敌血战肉搏，前仆后继，因敌炮火猛烈，城垣被敌击坏，敌一部窜入城内，当发生剧烈巷战，双方伤亡均重，我因战略关系，十六日与敌在城郊血战中，又南阳镇南窜之敌数百人占我谷亭镇后，十七日沿公路南犯，现我敌在丰县北二十五里之王庄一带激战中，工敌由菏泽窜仪封者约百余人。当悉被我解决。

【中央社阜阳十七日电】涡阳电话，十五日下午我军在蒙城西北石弓山与敌发生激战，涡阳隐闻炮声，迄今仍在炮战中，曹市集有敌五六百盘踞，已被我包围。

【中央社六安十七日电】宿县方面，我仍向敌攻击前进，顷据报告，宿县西面我曾恢复南平集及西南各村庄，旋敌增援向我反攻，我官兵虽奋力抵抗，屡挫敌锋，但以敌集中炮火，牺牲过重，致复得之南平集及西南各村庄，遂被敌攻陷，现我在某某一线与敌相持中。

　　　　　　　摘自《大公报》1938 年 5 月 18 日　第二版

敌昨犯萧县被击退　陇海东线尚有小股即可聚歼

【中央社徐州十八日电】鲁西、豫东、苏北战事，连日虽有接触，但仅小股敌军企图以游击战术转移战局，表面形势似趋紧张，实则距决战期尚远。敌军千余，十八日晨窜抵萧县附近，拟威胁徐州，不料被我大军包围，予以痛击，敌数度猛冲，始脱围退至萧县西南瓦子口，我军跟踪追击，沿途格杀甚多，并获战车四辆，战马数十匹，该股敌军已无再犯能力，盘踞永城之敌，十八日上午被我军包围激战中，内黄车站，被敌骚扰后，已恢复原状，窜往仪封之敌，仍固守不敢再出，侵扰仪封以北二十里前白楼后白楼及土山寨之敌，十八日被我军包围，竟日激战，该敌疲惫不堪，如无援军，即可歼灭，虞城县柴庄以东十七日午发现混合之敌七八百名，我某部当驰往迎击，血战数小时，敌伤亡奇重，下午三时仍对峙中。鲁西城武西北邵菜园左侧一带，十七日午有敌步骑千余被我某部猛烈炮击，毙敌四五十名，晚八时许城武西北冉固集亦发现敌军千余，汽车百余辆，分三股向定陶进犯，又定陶、菏泽间之田房屯附近有敌千余，亦有窜扰定陶及曹县企图，我军正分路迎击中，曹县以南之山在集附近，窜来敌骑二百，当被我击溃，向旧城方面逃窜，我某部已过运河，正向金乡鱼台挺进，固守巨野之刘团，已血战六日，士气仍极振奋，据十八日午电话称，县城尚在我手，进犯考城之敌，屡攻未逞，十八日仍在激战中，我某部游击队进占临清、威县后，刻正向濮县范县挺进，该处多山，敌军渡河，颇感困难，此次在濮县渡河南犯之敌，据报为土肥原部中岛师团小金泽常井等部。

【中央社徐州十八日上午九时电】今晨前方消息，我军进攻部队将黄口集敌完全击退，确已进抵永城附近，该敌被击退后，溃不成军，现有续向南面溃窜之势，我击毁敌坦克车装甲车甚多，并俘获敌坦克车队大队长一名，坦克车两辆。

【中央社民权十八日上午十一时电】鲁西金乡南犯之敌，在单县西北二十余公里之部城集被我军击退，毙敌百余名，该敌已退至城武西北之邵菜园附近，我军正乘胜进击，鱼台之敌有向丰县进窥模样，巨野自九日起即被敌猛攻，但迄至今日我军仍严守该城，敌丝毫未获进展，此次进犯敌军有困惫之状，最近两日以来由鲁西皖北进犯之敌显已遭受顿挫。

考城附近激战

【中央社徐州十八日电】由考城东北马头镇（距考城五十五华里）南犯之敌千余，与考城北端新集之敌约千余，企图进犯考城，于十七日晨与我在考城附近激战。

【归德十八日电】考城之敌十七日被我击退后，十八日考城东北新兴集仍有少数敌兵活动，我正搜击中，即可肃清。

【归德十八日电】窜扰曹县西南旧城之敌骑兵百余人，十七日又窜至曹县以南之土山集附近，我军迎截，敌被击退，残敌仍向旧城方面窜逃。

摘自《大公报》1938 年 5 月 19 日　第二版

敌小股窜徐西山地正围歼　陇海东线我猛攻中　鲁西克金乡一部攻入菏泽

【中央社讯】军委会发言人称，据路透社消息，敌军部发言人称，日军已于十八日午后攻入徐州城内等语，查十九日上午五时尚接到徐州电话称徐州平静，唯有徐西窜来敌数百人，在徐西山地扰乱，已派队围歼云云，敌人凭空造谣，企图欺蒙世界，但经事实证明，其技俩至为拙劣耳。

【中央社徐州十九日上午九时电】黄口车站被我击溃之敌，一小部窜扰徐州西山之霸王山附近，已派队加以围歼，我军进抵永城北部，敌在城内架炮向我射击。

【归德十九日电】敌连日由鲁西分股扰我陇海线，多则二三千人，少则数百人，刻均被我截击包抄，短期内可望歼灭，（一）虞城以南杨庄有敌数百人盘踞，现被我包抄中。（二）考城在北新兴集敌少数不丢被我包围，即可解决。（三）内黄车站附近敌二千余人，仍在我包围中。（四）砀山以东杨寨一带十八日下午发现敌数百人，我正围攻中。（五）李庄车站附近有敌伪军千余人，附坦克车数辆，刻正构筑工事。

【中央社徐州十九日电】敌机连日不断来徐轰炸，城内人民多已迁居城外及附近乡村，今日敌机三四十架又更番来徐狂炸，毫无目标，车站一带被害最大，电线杆亦多被炸断，以是电信交通颇多阻碍。

【中央社徐州十九日下午五时电】窜抵内黄车站之敌二千余人，昨日下午已被我军完全击退，仅封尚有敌数百，退据林寨内顽抗，敌约四千昨日在曹县西考城以东之前后石楼与我激战，昨晚已被击退。

【中央社民权十九日电】我军十七日向临城进袭，当将附近之杨家店子敌军全部击溃，继续向临城推进中，是役毙敌数十名，获步枪二支，子弹三千发，军旗两面，及其他战利品甚多，检查敌尸，获日记本一，知该部敌军由南京经上海至青岛，曾参加临汾之役，林田中佐及岩颐队长均重伤，取平队长战死，山田部队阵亡共七百余人。

摘自《大公报》1938 年 5 月 20 日　第二版

我军奉令退出徐州　鲁境克复郓城莒县　空军飞往皖北助战

【中央社郑州二十日上午十一时电】我军在徐州一带与敌军激战以来，已历四阅月，其间我军奋勇阻断敌军南北交通，曾使其感受绝大困难，我既持久抗战，在战略上徐州并无死守之价值，顷我军为避免不必要之牺牲计，已奉命于十九日晚退出徐州，我军退至适当地点后，仍当继续坚决抵抗敌军，使敌军陷于如现时在晋之窘境云。

【中央社讯】十九日我精锐机□□架前往皖北蒙城、永城间，协同我陆军部队作战，当我机到达该处上空时，在蒙城北见有敌军一大队及车辆向北行进，当即投弹，敌军中弹，损伤颇重，我机于任务完成后，均已完全飞返，又二十日晨光熹微中，我机□□架，飞往蚌埠，粉碎盘踞蚌埠之敌机及敌机场，当我机到达蚌埠机场上空时，即向其棚厂及其附近油库投弹，毙敌战机甚多，我机于轰炸后，即安然归来。

【归德二十日电】盘踞郓城之敌，经我军连日围攻，十九日我军奋勇攻入城内，发生激烈巷战，激战数小时，毙敌甚众，残敌不支，向城外溃逃，我军遂克复郓城。

【中央社曹县十九日电】我军某部于十六日午克复莒县，我军已入城。

【中央社曹县二十日下午三时电】鲁南考城东北二十余公里大黄集似有敌增援约千余人，定陶、城武、曹县均仍由我军固守，与敌对峙。

摘自《大公报》1938 年 5 月 21 日　　第二版

徐州撤军安全到达指定地点

【中央社讯】军委会公布消息，因战略关系由徐州阵地线撤退之各部队，目下均安全到达指定之地点，准备日后之作战，其间有数队曾将敌之少数扰乱部队击破，获得不意之战果云。

敌军狂炸皖北

【中央社阜阳二十一日下午七时电】二十一日敌机多架飞皖北一带窥察两次，在涡阳大肆轰炸，全城大火，损失颇巨，又一敌机飞往正阳关西郊，投弹七八枚，无损伤。

【中央社六安二十二日电】在和县、含山、巢县，无为蠢动之敌，连日经我痛击，业已顿挫，（一）侵入三汊河运漕之敌，被我压迫，已向后撤退，残敌正肃清中。（二）盘踞巢县茶亭之敌，已被我击退，至乘木船增援茶亭之敌，经我威胁，亦悉数退回，现仅司家巷有少数敌便衣队。

【中央社六安二十二日电】敌机在蒙涡一带猖獗异常，前日蒙西蒋续集、母家集均遭敌机轰炸，昨日上午十时及下午三时敌机十余架，在涡阳轰炸，城内房屋被毁十分之八，损失重大。

【本市消息】刘汝明军长十九日电云，（一）今晨敌以轻重战车三十余辆向我孙圩阵地纵横突击，并有飞机六架助战，我阵地全毁，孙圩失而复得者数次，旋敌又以重战车掩护步兵前进，我军伤亡甚重，阵线又向后移，李师长亲率队复将原阵地夺回，刻仍在原地与敌激战中。（二）连日激烈战斗，我伤亡极惨，但敌更倍于我，寨墙周围及外城敌尸枕藉。（三）敌不惜任何重大牺牲攻取孙圩及瓦子口之要点，我官兵前仆后继，敌终未得逞，已毙敌千余，获战车数辆，连日虽在混战之中，但我方均占优势云。

摘自《大公报》1938年5月23日　第二版

鲁南安全撤军记　大兵团战斗姿态行进　敌人畏惧未敢响一枪　本报特派员随军目睹经过

【周家口二十四日下午五时本报特派员发专电】本报特派员二十一日偕汤军团平安突围，到达□□□□附近，敌对徐州大包围之外线作战，又被我突破一面，自此南北策应，我被围各部皆可安然脱险，李司令长官及白副总长皆甚安全，机械化之炮兵亦全师而还，使担任掩护责任之汤军团官兵，群感兴奋。徐州自十二日陇海线黄口车站被敌截断，战局已急转直下，鲁西淮北之敌乘虚南北并进，使我鲁南主力不得不变更作战姿态，敌机自二十日以后，即集中轰炸徐州，首重破坏铁路交通，以阻我转移兵力，十五日敌机多至百架左右，轰炸市区，徐州东关全部及大同街一带尽成焦土，对外有线电信自此不通，李司令长官本已数定转进计划，但战局有毫厘捷讯，即不惜坐待围城，以期万一之好转。十五日敌踪已至萧县杨楼一带，距徐州西关仅五十里左右，终日炮声隆隆，十六日敌已自西逼近徐州，敌炮已直轰徐州市区，十六日晚敌便衣队已在徐州西关活动，李、白两将军仍在徐州城外之段家花园办公，其镇定坚毅，实为难能，□□□□□十六日夜始离徐州，记者十六日黄昏前始遇机加入中央突围之汤军团，当晚经徐州□□，秘密行军，至徐州宿县间之津浦线上，当日□□西门外已发现敌踪，十七日晚我军过津浦路西进，夜间越过铁道，若干将士皆徘徊道上，向无尽之铁轨南北瞻望，群恋其最后之一瞬，十八日晨大军宿于□□□□公路北之□□□一带，因行军距离过长，道路困难，天明大军后队被敌机发现，我突围企图相当暴露，十九日晚本有意西北行，至此汤军团乃断然变计西南行，十九日晚大军浩浩荡荡，以战斗准备，直赴□□。据乡民报告，十九日午后敌有千余骑附坦克等顺沧河西北去，似即赴永城南迎击我军者，谁知我竟由□□□□，少数防守交通线之敌军皆畏怯不敢出，我大军遂安然出围。二十日晨，我军急行至□□附近，与我友军取得衔接，然后回师以向敌军，二十日午后敌始觉我已出围，已无可奈何矣，此次退兵，气象还不同于过去之各战役，我军战斗意志豪未消失，秩序仍大部良好，实表现我军队抗战力量之相当进步。

摘自《大公报》1938 年 5 月 26 日　第二版

【中央社淮阴九日电】徐州放弃后，鲁南、苏北仍有我相当兵力，向敌进袭，连日我某军在鲁南微山湖一带作战，颇为顺利，苏北岔河附近亦有激战，睢宁城内隐闻炮声，徐州以南敌运到伤兵甚多，足证前方敌军死伤之重。

摘自《大公报》1938 年 6 月 10 日　第二版

2. 《申报》（香港）

沂河两岸我军大胜　板垣师团溃不成军　敌死伤四千人遗尸千余具
津浦北段正面敌已受牵制

【上海十九日电】津浦路战事正在开展，将为此次中日战争中最大之决斗，据外国军事观察家估计，现在双方作战军队，至少已各有十五万人，关于双方援军开到之消息，兹于每小时皆有若干，观察家且认为整个战局，或将于此役决定之。日军之直接目标，厥为徐州，徐州如被占领，日军即可截断陇海路，津浦线，实际上亦将统归控制，日军得徐州后，又可集中兵力，进窥汉口，日军将其攻势，由黄河移至津浦路全，最初出于华军意料之外，今则华军已奋勇反攻，声势大振，兹悉华军现除步队作战外，尚有坦克车重炮飞机助战，过去二十四小时内，日军之前进，尚不及四英里，足见华军已将日军截止云。（路透社）

【汉口十九日电】关于津浦北段战事，华军大本营，昨晚发生公告称，[敌军约五六千人，拟包围山东南部津浦路之滕县，惟遇我军坚强反抗。我方援军由徐州开到，现正向敌反攻，迫使敌军后退。又在津浦路东作战之我军，已克服村镇数处，敌军以坦克车及铁甲车二十余辆为助，迭次欲将此数村镇夺回，但每次均被击退。该方面之敌军，拟借炮队为掩护，循汽车路进犯山东东南部，我军正在奋勇抵抗中。敌援二千余人，现循临沂莒县公路，援助该方敌军前进。据我方非正式消息，敌军一队，出现于滕县之南，显欲在滕县临城间截断津浦路，威胁滕县我军之后方。我方军事专家，认为津浦路北段方面我军，力能阻止敌军沿铁路南下〕云。（路透社）

【临沂十九日电】五日来我军在沂河两岸已获大胜，敌伤亡惨重。刘家湖苗家庄一带，敌积尸如山。据敌俘虏供称：敌队联长一员在刘家湖阵亡，板垣师团已溃不成军。此间获此捷讯，莫不欢欣鼓舞。（中央社）

【宿县十九日电】津浦北段临沂方面之敌，原为 108 师团，后加入第五师团共计二万人，我军近来奋力进攻，将敌后路切断，形成四面包围，十八日我某某两部肉搏前进，先将沂河以东之敌纷纷予以击溃，迄至傍晚，将敌全部包围，敌死伤三四千人，弃尸一千余具，夺获军器甚多。其突围之残部，分向莒县，沂水溃退，我某部继续跟追，已经赶过汤头镇，我某部已转向□□方面前进。津浦北段正面之敌，因左面发生危险，有动摇之势。（中央社）

摘自《申报》1938 年 3 月 20 日　　第二版

津浦线侧面突击敌腹　我军苦战克复滕县　正面我死守韩庄峄县一线 敌被截数段战事顿形好转

【汉口二十一日电】昨晚鲁南滕县，中日军发生激烈大战，双方争夺县城，得失数次，卒被华军克复。日军仍图反攻，惟华方主力军增援后，军威大振，将日军驱逐。闻日军遭调大批援军，赶上前线，将来该处必为中日战事最大流血之场。又双方战情如此剧烈，除日军当然受重创外，华军方面亦有一师长与两参谋殉难，另下级军官多名受伤。又据华方消息，中国军队不惜任何代价，决守滕县云。（海通社）

【上海二十一日本报专电】据最近山东前线传来之确息，自津浦路我军司令长官李宗仁氏，下令向敌军总攻击以来，我军士气百倍，奋勇前进，卒于昨日将滕县克服（复）。是役也，我军挟雷霆万钧之力，向滕县城内之敌压迫，敌军猝不及防，仓卒应战，乃为我完全歼灭。上海日军司令部亦承认近数日来日军损失之大，远非意料所及云。

【汉口二十一日电】津浦路前线，中日两军现在滕县东南韩庄附近之运河两岸对峙中。华军于本月十九晚，向滕县进攻，日军于次日清晨反攻。津浦路段方面场之华军，现仍坚守韩庄至峄县线。昨日华军左翼，在晨光熹微中，向济宁及嘉祥一带之日军总攻击。（路透社）

【上海二十一日电】兹悉华军为阻止日军进迫徐州起见，已将津浦路韩庄站跨越运河之铁桥炸毁。据华方报告，敌军已被阻于韩庄，不能再进。（路透社）

【上海二十一日电】今日上海日方宣传，谓津浦路东行支线临（城）枣（庄）路上之峄县，已被占领。又谓日军拟由峄县渡过运河，而进犯徐州，或向东推进斩断集中于海州方面之华军退路云。（路透社）

津浦北段两翼进展　右翼进至前湖与敌遭遇正激战中　左翼已渡运河进逼滋阳支取嘉祥

【徐州二十一日电】右翼临沂方面，敌刻正从事整顿，另有大部援军开到，据险顽抗。廿日晨我□师□旅一部进至前湖，与敌遭遇。激战多时，毙敌甚多，一部正与前后甘腰之敌激战中。左翼方面，我军一部渡过运河，进逼兖州（滋阳），一部进攻嘉祥。（中央社）

沂河一役　敌军伤亡盈万　我方亦达五千

【汉口电】徐州讯，据敌俘虏供称，此次犯沂河之敌，为第五师团板垣部队，共有第十一、第廿一及第四十二三个步兵联队。另配以炮兵一联队，骑兵一联队，骑兵一大队，敌联队长长野大佐、大队长牟田中佐，均在西岸阵亡。此外官兵阵亡七千伤三千，军械辎重遗弃无算云。至我参加沂河大战部队，亦伤亡达五千左右，尤以西岸部队某某部较重。检讨此次沂河大捷原因有三：（一）我官兵得最高当局，及某长官之精诚感召，均怀必死决心。（二）各高级将领亲临前线督战，誓死不退。（三）某长官派□参谋长亲临前线部署，使作战计划随时能适应战况，部队动作，亦能协同一致。基于上述三种原因，故我军能在沂河奏此大捷，而将甫经补充之敌板垣师团，继忻口惨败之后，又被痛击，溃不成军。

敌向豫北增援　阴谋渡河进犯　图与津浦线敌呼应切断陇海路　南岸防务巩固　敌来犯必遭打击

【郑州二十一日电】平汉沿线及新乡等区敌军屡有增加，现有大批弹药由北方陆续运来，根据最近敌军连日由津浦路南犯之举动，即可证明。而结果又遭我军打击，观敌近日在豫北之行动，似系改变战略。封邱敌军，近突增加，或有渡河切断陇海路，与津浦线敌军呼应以达其攻击徐州之阴谋。（中央社）

摘自《申报》1938 年 3 月 22 日　第二版

津浦右翼敌全力反攻　临沂血战我军大胜　肉搏两昼夜敌伤亡四千人正面胶着韩庄敌无法渡河

【汉口二十二日电】据华方报告，中日两军在津浦路前线大战，战况惨烈。日军凭飞机大炮机械化部队之掩护，沿铁路南下，以期夺取徐州。闻其前锋，取包围战略，已抵韩庄。华军分为二部，由张自忠庞炳勋二军长统率之，现方向山东东南部临沂附近之日军猛烈反攻，希望迫近日军左翼，保全徐州。昨晚华军发出一公报称，前二十九军在张自忠将军统率下，［在临沂之北大胜、日军死伤四千］华军现正向北推进，直取邹县沂水。（路透社）

【上海二十二日电】津浦路前线华军仍在猛烈抵抗，运河以北之日军，迄今未能越河南犯。日军拟打破此僵局，竭力增强其炮火威力，致三十英里外之徐州，亦可闻得炮声。汉口中国当局，对于此次战事，本颇忧虑，今则一变而为乐观。因前线华军，既能坚持不懈，即可由侧面向铁路进攻，使日军不得不再行撤退。（路透社）

【徐州二十二日电】临沂方面敌军于十九日反攻，与我某军在白塔解家庄及李家五湖一带激战，历两昼夜，各处浴血肉搏。毙敌甚多，一敌仍猛烈向我进攻，我军频予敌以重大打击，迄至廿日下午九时止，敌不支而退，战况立即沉寂。（中央社）

津浦南段战况剧烈

【徐州廿二日电】津浦南段怀远方面，我某部十九日猛力向卅里镇之敌攻击。敌旋增加至六七百，飞机大炮同时助战，极为激烈。我只能以少抗众，现正待援军开到，继续攻击。现敌联合各种兵力四五百，坦克车卅辆，由上窑驰救。迨经过我邵部伏处时，突起激战，我占地利，毙敌极多，敌旋增加百余，借坦克车之掩护，运尸败退。（中央社）

【正阳关廿二日电】近月以来，敌在津浦南段始终在被动之地位。盖我军联合民团，随时随地予敌以严重之威胁。凡敌所利用之公路，如定远至合肥、凤阳至定远、蚌埠至定远、怀远至田家庵，无不被我破坏。因此定远城、靠山集考城、池河镇等处，时被我包围袭击。最近敌恐在津浦南段被我完全肃清，故积极增援，以维持其占领区域。但敌之兵力有限，我能逐渐使其消灭，敌必有崩溃之一日也。（中央社）

摘自《申报》1938 年 3 月 23 日　第二版

犯徐计划已被粉碎　正面我军乘胜挺进　敌仓皇后撤我军已过临城　右翼正在临沂以北激战中

【上海二十四日电】日军沿津浦路南下，进取徐州之计划、已告失败。今为报复起见，已将左右兵力，组成一新三角形，向华军进攻。日军拟（一）继续向津浦路南压迫。（二）在开封渡河，然后沿陇海路向东推进。（三）由上海对方出发，向西北推进（按：指南通方面北犯之敌）。据一华方报告称，日军最后之残部五万人，已抵与蚌埠平行之某点。华军在各战场奋勇抵抗，外国军事观察家深为感动。有若干观察家，已预料日军终无占领徐州之日，其结果或使其本身分裂而已。（路透社）

【汉口二十八日电】蒋委员长行营一发言人称，［本月二十二日华军精锐一旅，向津浦路东之峄县日军反攻，日军不支退入城内。同时华军司令长官，又命另一路军队，由黄山阴平出发，取包抄战略，进袭韩庄之敌。沿铁路之华军左翼，已由金乡巨野渡过黄河，直取济宁。又沿运河一带，亦有华军集中。］又据华方报告，日军炮队，恐被俘虏，现正向后方撤退。临沂以北汤头镇方面，亦有激战，华军拟将其敌人包围，日军尚在顽抗。莒县之日军现向沂水撤退，临沂以北之日军，亟图保护其后路，并阻止华军向西进至津浦路，威胁韩庄附近之日军。（路透社）

【汉口廿四日电】津浦线北段之华军，继续前进，拟在铁路东西双方，取包抄战略，强迫日军后退。中段华军，仍沿运河坚守自韩庄迤东至台儿庄之线。华军左翼有孙桐萱将军统率之二旅，开抵兖州府，其右翼则

由庞炳勋张自忠二军长指挥，向临沂北汤头镇之日方新到援军进攻，现尚在激战中。（路透社）

【汉口廿四日电】中国军队，在津浦线现分三路大举反攻：一路将日军由鲁南驱逐向北撤退，中路克复临城，并获大批军械，又西路进攻部队，迫近兖州郊外，闻已夺回该城云。（海通社）

摘自《申报》1938 年 3 月 25 日　第二版

我军乘雾飞速挺进　攻克宁阳直趋泰安　我四十万大军乘胜总反攻汤恩伯率生力军增援前线

【汉口二十五日电】山东汶河区，今日大雾，五十码外不见一物。中国急行军一纵队，乘机渡过汶河，克服津浦路西兖州府北之宁阳。按宁阳在日军之后方，离津浦路与运河交叉处之日军约一百英里。现闻该急行军，又继续北进，直趋大汶口及泰安。又有急行军一纵队，已越过南阳湖，向邹县与两下店间之铁路前进。津浦路前线华军，在司令长官李宗仁统率下，向运河以北沿铁路之日军阵地，发动全线总攻击。汤恩伯孙连仲二军长所指挥之精兵数师，前曾在保定北之良乡作战，今亦参加此次之总攻击。山东东南部之日军，现向临沂方面猛烈反攻，该方华军，在张自忠庞炳勋指挥下，奋勇抵抗。日军现拟分三路进犯徐州，一路由峄县南下，一路向台儿庄进攻，一路向临沂进攻，新组织之华军重炮队，即可开抵津浦前线，协助该方守军作战。（路透社）

【汉口二十五日电】昨日蒋委员长大本营，收到津浦路线司令长官李宗仁氏来电报告称：日军现在徐州东北之峄县集中，我军现向峄县进攻。闻日军正在焚毁该县城内之房屋，以备巷战，因去年八月保卫南口而著名之汤恩伯军长，现已率中央军精锐数师，开抵前线，接替退去二星期来奋勇作战伤亡颇重之川军。据李司令长官前电报告，津浦路徐州北运河南岸及韩庄以北之华军防务，自汤军开到后，已臻巩固。（路透社）

【上海二十五日电】据外人方面之确实消息，日方为争夺徐州而派遣之军队，现有二十五万人，华军现有三十五万至四十万人，日人未能作战事进展之报告者，又是一日。反之，华军现方反攻，颇为顺利，闻现已在离最前线日军一百英里之后方活动。此次战事，外人颇为注意，彼等指出华军抵抗之结果，已使日军不得不移动至中国其他方面，如华军再能将日军截住至相当时间，则可开始节节前进，克服失地。此种事实，在山西方面已可见其端倪，该方华军，已在多处渡河，近日所失土地，正在迅速克服中。（路透社）

摘自《申报》1938 年 3 月 26 日　第二版

敌猛扑我临沂阵地　津浦两翼战况激烈　张自忠率部增援转危为安 我左翼围攻嘉祥济宁兖州

【汉口二十六日电】日军向山东东南部之临沂反攻，未有进展。昨日日轰炸机九架及炮队，向临沂华军阵地猛烈攻击，竟日不绝，至晚日步兵亦开始反攻，两翼战事，特为激烈，但悉被华军击退，惟该地仍有激战，华军左翼，乃向兖州日军进攻，华军另一队，向津浦路大汶口挺进，与日军接触。（路透社）

【汉口二十六日电】据此间收得之华方报告，津浦路前线之华军，确信［欲图防守、莫善于进攻］，故已发动全线总攻击。闻山东东南部台儿庄枣庄及临沂附近有战事，昨日日军开始向三光庙及胡家庄附近进攻，临沂城内有日军炮弹落下，华方报告称，日军猛加压迫，华军阵地险被动摇，正当危急之顷，适有张自忠军长指挥之援军开到，立即向右翼日军猛攻，华军始转危为安。（路透社）

【临沂二十六日电】敌自在沂河两岸惨败，即乘我西岸部队增援津浦正面之际，新增久井兵团配以匪伪军共约五千余人，用坦克车前导，越汤头，循台潍公路反攻，经我庞部奋勇抵抗，终以伤亡过巨，致白塔沟岭子尤家头桃源等处，先后又陷敌手。廿六日薄暮，桃源之敌复向临沂迤东之九曲店一带炮击，临沂城内又闻炮声甚密，复成兵临城下之势，现我西岸部队，已陆续回师进击，某司令长官亦再派员前往部署，预料战局即可好转。（中央社）

【徐州二十六日电】鲁西我军分途强渡运河后，现已向大汶口兖州邹县滕县之敌奇袭，极为得手，敌之后路被截成数段，廿六日仍在混战中，至嘉祥济宁之敌，廿六日仍由我围攻中。（中央社）

【徐州廿六日电】最近由关外陆续开来敌军，约有二万人，出关者达二三千，该项敌军，大部系增援津浦线，另一部调往平汉线，参加侵战。（中央社）

摘自《申报》1938 年 3 月 27 日　第二版

津浦北段反攻顺利 我军续进克复枣庄 正面敌沿铁路溃窜临城 敌窥归德我调大军增援

【徐州二十七日电】确息，我军二十七日晨完全收复枣庄。（中央社）

【汉口二十七日电】据最近接得之津浦路前线消息，华军第一次之总反攻，现正在顺利进行中，中央军之精锐，参加战争，新开到之炮队，机械化部队，坦克车及装甲车队，协助作战，各野战重炮，悉为世界之最新式者，华军中路，由孙连仲军长指挥，沿津浦路活动，闻已于今日渡过运河。本月十九日日军经激战而占领之韩庄，又被该路华军克服，日军正沿铁路向北溃退，窜往临城一带，华军东路由汤恩伯军长指挥，亦已在津浦路临台支线，跨越运河之处渡过运河，现正在峄县与枣庄附近，与日军激战，汤军之东，另有华军后援队急向临沂开动，因日军又抵临沂，城外城内华军被围，于炮声甚巨，同时又有大批华军，急向徐州西之归德增援，因事前接得报告，谓日生力军八师路团，已开往津浦线以西，拟在津浦线以西，于豫鲁二省间黄河北流处之东一区城内集中。现信日军因在津浦线失利，拟该区内打一出，占领归德，将徐州与郑州间之华军，切为两段，惟另一解释，则谓日军或分队进攻，或集中南犯，强渡黄河，占领开封，达到其分切华方兵力之同一目的。现得消息，日军似已开始发动此第二种战略，故又在开封对面黄河北岸进攻，开封东北之长垣，经四十八小时之血战，为其攻陷，日军由北门入城，华方守军一队，悉数殉国，但迄今尚未接日军拟在该方渡河之报告，故在表面观察，该方日军在企图于最渡河以前，其作战性质，仍偏重于［肃清后方］云。（路透社）

正面滕县以北 鲁西部队渡河侧击敌军 切成十数节现正混战中

【徐州二十七日电】津浦北段大汶口至滕县间铁道，已被我由鲁西强渡运河之侧袭于部队，切成十数节，每节中之路轨，均被拆毁数公里，大汶口滕县间敌之联络，确已中断，目前该地何处为我军占领，何处由敌盘踞，尚难作明显之分晰。所可知者，大汶口附近有我军队跡，兖州西北关为我军占领，邹县迤南之两下店亦有我军出入，廿七日竟日大汶口滕县间已有十数处发生激战，预计黄河以南沿铁道深入之敌，将被我聚歼，津浦北段战局前途，日内有惊人发展。（中央社）

正面滕县以南　汤恩伯率所部奋勇迎击　战事侧重临台支线一带

【徐州二十七日电】整个津浦北段，战局现均在顺利进展中，战事重心，敌目前集中临枣台支线，企图将该线我主力军击破，再迁回威胁徐州，该路敌人遭我汤部之奋勇抵抗，已无能为力，并发生动摇。汤部另一队，廿七日晨又攻占峄县郊外之深山，刻正包围郭里集及峄县城内敌人，台儿庄附近孟庄据守碉楼顽抗之敌，仍被我监视，廿六日晚敌已向台儿庄方面增援，约有二千人，我正迎击中，敌机多架，廿七日晨飞台儿庄肆虐，我损失轻微。（中央社）

【徐州二十七日电】津浦北段正面韩庄附近之敌，连夜被袭，甚为恐怖，在车站西北一带赶筑工事，增设重机枪数挺，又韩庄东新闸子，发现敌便衣队及战车数辆，我运河南岸守军，已严密防范。（中央社）

右翼临沂方面　庞炳勋部逆袭沂河东岸　沂河西岸张自忠部血战

【临沂廿七日电】沂河东岸我庞部廿六日晚向由三官庙进逼临沂之敌逆袭，激战通宵，毙敌甚众，廿七日晨残敌已向相公庄一带败退，沂河西岸我张部廿六日在艾山一带与敌激战，我占优势，临沂廿七日仅闻炮声，而无枪声，足证战事确北移，情势又趋稳定。（中央社）

【徐州廿七日电】军息，临沂当前之敌为酒井兵团，并发现伪军甚多，恐系由鲁东一带土匪所编成，敌总数约四千余，其先头部队在三官庙以南地区，距临沂城仅四里。我庞部廿六日于敌炮沉寂后，分三路向三官庙之敌袭击，当将敌击退，现沂水东岸，我军已与进攻日照之东部及西岸某部，取得密切联系，声势浩壮，战事可无忧虑。（中央社）

摘自《申报》1938 年 3 月 28 日　第二版

蒋委员长视察各战线后　下令实施全面反攻　亲自规划津浦线作战方略颁令嘉奖前线有功诸将领

【汉口二十八日电】蒋委员长今日自前线归来，在前线时曾亲自规划津浦路之总反攻计划，结果乃获全胜。现悉蒋委员长曾往其他各战线视察，听取各战地司令长官之报告后，即下令在晋豫鲁皖江浙各省，同时实施总反攻，蒋委员长亲临前线视察，大小三军，莫不欢忭云。（路透社）

【汉口二十八日电】蒋委员长颁发军令，以个人名义，向汤恩伯张自忠庞炳勋三军长道贺。又拨款二万元，抚恤近在津浦前线作战殉国之川军师长王铭章之遗族。另拨款五万元，抚恤其余殉国官兵之家属云。（路透社）

津浦北段我军大捷　正面乘胜追击攻克临城大汶口　左翼攻入济宁嘉祥亦在包围中

【徐州二十八日上午七时急电】（一）鲁南正面我军，自廿六日夜将枣庄完全克复后，即乘胜挥军北进，敌因临城以北铁道，全被孙曹两军破坏，并已占领大汶口，无法后退，当于二十七日下午将敌已占领多日之临城克复，敌现正向东溃窜，俘获甚多，正清查中。（二）至左翼我军，自鲁西南济宁军事据点被敌占领后，迭攻不克，廿六日午敌又分三路由济宁向我阵地进犯，我守军当即让开正面，用扇式包抄，层层将敌迁回围困，切断敌后路，经血战结果，于廿七日夜攻入济宁城，刻正扫荡残敌。（三）在临沂方面之我军右翼部队，自汤头镇与敌激战后，原取守势，兹闻中左两路大捷讯后，当即配合日照方面增援部队，于廿七日下午合力向敌采取攻势，激战至廿八日晨，敌势不支，向莒县方面溃退，总计此一战役，我军三路运动应战，将敌主力各个击破，实为抗战以来之空前胜利。（中央社）

临城战事惨烈　正面敌全被控制

【汉口二十八日电】中日两军在津浦线北段激战，已有数星期之久，昨日华军大胜，各方皆有进展。华军中路，于昨日下午二时占领津浦线与运河交叉处之韩庄，惟城外车站，仍由少数日军防守，双方为争夺该车站，正在战斗中。（海通社）

【汉口二十八日电】今日此间大本营，接得津浦路前线华军司令部电话，称［该方日军，已完全溃退，华军正向各方追击中］，第四军司令汤恩伯，亦由运河北岸台儿庄前线司令部，发来电话称，"我方急行军一纵队，昨日下午近黄昏时，又将临城克服，临城北之铁路，已被我军截断，集中于临城及韩庄间之日军二万人，恐被完全包围，已向东窜逃，"此次战事，以临城城外之血战最为惨烈，双方在二十四小时内，上刺刀肉搏者不下十二次之多。（路透社）

左翼进展神速　右翼我反守为攻

【汉口二十八日电】津浦线华军乘胜继续前进，经二小时之激烈炮战后，又将济宁克服，泰安之南津浦线上之大汶口，亦被华军占领。昨日经过界河之华军，现正包围滕县，该方日军，南北受敌，现正向东溃退。情形紊乱。（路透社）

【汉口二十八日电】连日进攻临沂之日军，开始向莒县总溃退，同时华军在津浦线之西，亦节节胜利。（路透社）

【徐州二十八日电】鲁西我围攻嘉祥部队，廿八日在纸房集与敌发生激战，我军战术诡秘，行动敏捷，毙敌极多，我亦伤亡六七十名。（中央社）

捷报传来　举国欢腾　沪敌发言人窘然若丧　承认我军克复诸城镇

【汉口二十八日电】昨日下午，日军在临城失败及津浦线全面战事好转之消息，传到此间后，全城腾欢。今日下午此间街市中又有发售［号外］之小童出现，报告最近华军胜利消息，此为近数日来之第一次。又今日午刻方过，此间又传有大队飞机来袭武汉，但迄今尚未有敌机发现。（路透社）

【上海二十八日电】汉口华方频传津浦路上之胜利消息，今日有人请日方发言人从详发表意见，该发言人拒绝照办。仅称［各地华军，皆在进攻，此外并无消息可告。］又向该发言人［闻华军克服若干地点，是否确实］又答称，［日军曾为战略关系，决定退出若干城镇。］又请该发言人爽快答复，［华方宣传日军已被击溃，是否可靠］，该发言人除称［否］外，即拒不作答。（路透社）

摘自《申报》1938 年 3 月 29 日　第二版

津浦线北段　我乘胜向泰安猛进　白崇禧亲自指挥左翼军事　临沂临城济宁展开争夺战

【徐州二十九日电】二十九日下午一时前方电话，我某有力部队，配合四团强劲之游击队，于二十七日猛力向大汶口之敌施行攻击，该处残敌，据守寨垣等处顽抗。然我军战志甚盛，有进无退，围袭肉搏，相继并施，敌卒不支，退守附近机场，我乃挑选敢死队百名，携带大刀及手榴弹，乘夜向该场进袭，残敌被我炸死遍地。该场停有敌机八架，悉被我炸毁，其弹药油库亦焚烧净尽，火焰冲天，爆炸之声，达数里之外。现我另一有力部队。及该处游击队，已乘胜向泰安猛进，泰安已成被我包围形势，又兖州之敌，因后路受截断，进退维谷。即可全数聚歼。（中央社）

【汉口二十九日电】津浦线中日两军，为争夺鲁南各重要城镇，屡进屡退，现向各前线赶速增援，以便决战。华军各方获胜，进占临城与济宁后，日方立派生力军反攻，华军乃又退出临城济宁。最近徐州发来消息称，华军于星期一日清晨开入临城，将城内负隅之日军包围，同时又将城内日军各种军需品，举火焚毁。昨日下午，日军由枣庄西北五公里地开到，临城华军始行退出。今晨徐州方面，收到临城城外之华军军用电话报告，该城现在华军包围中，又台儿庄方面之华军，于今晨三时开始进攻，现尚在运河北岸肉搏中，山东东部之日军，向临沂反攻，华军曾一度退出，自今日清晨起又向该城进攻，希望不久可以克复，中国大批援军，现方涌往津浦前线，已抵各据点，准备大举进攻。白崇禧将军，现在山东西部之华军左翼，亲自指挥，拟攻击济宁，冲破日军右翼，广西军之精锐，开往前线者，至少有十师之众。（路透社）

【徐州二十九日电】韩庄经我收复后，我以该处无关重要，现仍退回运河南岸。（中央社）

摘自《申报》1938 年 3 月 30 日　第二版

临台支线一带　残敌五千名被包围　我陆空协同进击即可消灭　鲁北我骑兵攻克恩县平原

【汉口三十日电】今晨蒋委员长大本营，接津浦线司令长官李宗仁氏来电称，［峄县与台儿庄间，有日军四五千人，现已全部为我军包围，随时有歼灭可能］，闻事前由峄县南下之汤恩伯军，与由台儿庄北进之孙连仲军，同时会合，该部日军，遂被包围，如瓮中之鳖。自昨晚至今晨，该部日军，屡拟突围而出，但悉被击退，今已绝无漏网希望。攻击临沂之日军，为图解围计，已放弃攻城计划，向西撤退，拟冲过华军右翼，援救被围日军，昨日临沂方面之华军，曾有一度处境危险，但自日军撤退，本国援军开到后，情势已大为缓和。韩庄方面，中日两军仍隔运河互相炮击，情势未有变化，华军左翼，继续向泰安及兖州推进中。（路透社）

　　【北平三十日电】山东前线之日军地位，显颇危殆，故日当局已急调援军前往，北平日军部，拒绝发表前线战事之详细消息，可见该方日军处境狼狈之一斑，华军现在津浦线一带，已颇有进占，使日军大受创伤。（路透社）

　　【徐州三十日电】我军刘部骑兵胡团，配合鲁北民团，廿八日晨向恩县平原奇袭，当将两县占领，事后率同两地武装民众五千余，分向德州禹城进击，济南之敌，大受摇动。（中央社）

　　【徐州三十日电】我□军自廿七日起，在邹县西南之郭里集一带，与敌矶谷师团一部约三千人激战竟日，除少数残部脱逃外，大部被我歼灭，并俘敌官兵三四十人。（中央社）

　　【徐州三十日电】犯台儿庄之敌，廿九日晨六时，与我军在寨前搏斗，是时敌分路攻我北站，经我某军奋勇击退。自昨晚迄今晨一时，敌向台儿庄正面猛攻，发生剧烈巷战，未尝稍停，刻仍在肉搏冲战中。（中央社）

　　【徐州三十日电】敌鉴于津浦战事节节失利，近三日内由青岛登岸两师团，增援津浦线，图挽回颓势。（中央社）

　　【汉口三十日电】三十日上午八时，我机□□架飞往津浦线峄县，轰炸盘踞该处之敌军。当我机飞到时，见城内之敌军甚形紊乱，辎重品甚多，当即投弹轰炸，均命中爆发，且有数处着火。我机于投弹后，均安然飞返。（中央社）

张自忠作战英勇　国府明令撤销处分　临沂役中树立奇功　撤销处分用昭激励

　　【重庆三十日电】国民政府三十日令，张自忠前经明令撤职查办，兹据军事委员会，呈称，此次临沂之役，该员奋勇杀敌，树立奇功，请撤销前令，以资鼓励等情。张自忠撤职查办处分，应准撤销，用昭激励。此令。（中央社）

摘自《申报》1938年3月31日　第二版

津浦北段战局好转　右翼临沂敌向北溃退　张自忠庞炳勋率所部奋勇追击中　李司令长官电大本营告捷

　　【汉口三十一日电】蒋委员长大本营，收到津浦线司令长官李宗仁氏电话报告，前线战事又好转，与华军有利。其最近之报告称，山东东南部临沂区日军，又开始向北总退却，庞炳勋张自忠二军长之部队，正在追击中。昨晚据前线紧急电话报告，华军骑兵一师，已抵德州济南间之平原，日军后方之铁路公路交通，悉被华军有计划地破坏，使日方援军及给养，运往前线，感觉莫大之困难。（路透社）

【汉口三十一日电】昨晚津浦北段，战事仍烈，双方伤亡均重。据讯，过去三日内，日军战死者，已达五千人云，我进攻日照之某部，已收复巨出，毙敌二百余，残敌向高兴庙一带溃退，涛雒海面停敌舰三艘，二十八日下午卸大宗弹药上陆。（中央社）

临台支线已成战事重心　残敌突围不逞被歼甚众

【汉口三十一日电】临（城）台（儿庄）支线日军五千人，被华军五百包围，星期四（二十九日）晚日军曾拟命冲出重围，但仍失败，被歼甚众。同时临沂方面之日军，于星期四（二十九日）及昨（三十日）晨，向华军猛攻，企图与台儿庄方面之被围日军，取得联络，但被华军击退。济宁日军，向南移动，拟赴临城方面增援，华军已用迂回战略。阻其前进。（路透社）

【汉口三十一日电】日军在台儿庄，又得一立足点，该地现已变为火焰地狱，华军仍坚守全城之三分之二，双方全日肉搏巷战，日军区内之屋宇，被华军泼以煤油，举火焚烧。（路透社）

【上海三十一日电】今日日方发言人除声称日军在台儿庄得一立足点外，对于其他津浦路战事消息，又云"无可奉告"。（路透社）

【徐州三十一日电】我敌对台儿庄之争夺战，经三十日晚三十一日晨最后肉搏，似已告一段落。庄西北大庄之敌，既被我悉数歼灭，窜抗庄东南之敌，亦经我肃清，其他潜伏庄外之少数残敌，我已派队趋袭，不足为患。台儿庄车站，及近郊已无枪声，是役除毙敌千余人外，又收获坦克车十七辆，并俘敌甚众。（中央社）

临城被俘敌兵　供述敌军情形

【汉口航讯】津浦线北段临沂之役，我军大获全胜，敌军被俘虏多名，由前方解回某地。兹据俘虏玉利陆夫供词，可见敌军内部情形之一斑，敌军均厌战，亦不顾战，亦不知为何而战，为谁而战，兹摘其供词如下：

玉利陆夫供称：年三十岁，广岛县人，家中有妻及女各一。曾在小学毕业，现充裁缝，自昭和四年一月十日入伍，昭和五年七月退伍，昭和十二年（1937 年）十一月十九日奉召集入营，于今年一月下旬到济南。其部队长官计师团长为板垣，连长第一次为中村大尉，战死后由一后备役某（年五十岁）大尉接，后又负伤，目下住院疗治中，代理其职务者，为大坪，闻已被击毙。

敌军之补充及给养：（一）弹药补充，概用马车，每连二三辆随行，（二）给养队可能由马车输送之情况外，概有携带食粮如麦饭、硬饼干等。

俘虏参加之战役：（一）第一次在二月二十五六日，在济南东南，无铁路地带，出发有百余名，结果伤三十余，死三名。（二）此次临沂附近之役，自己与列兵一名，担任营部与连部之联络，因营部被围全灭，连部亦已被占领，故一人阵亡，己则被俘。

敌军之教育：（一）自去年入营后，因系后备役，主要教育项目为卫兵，弹药补充，及其他后方输送等，到华后无特别演习。（二）对中国军作战，无特别注意者，惟常闻排长教以利用地形地物等。

敌军对伤亡士兵之处置：（一）伤兵一经发现，即由担架队后送。（二）战死者如有亲友另为收尸，则可单独运回，但为数不多。否则将全体战死者尸骸合焚运回，然后师部随便分送至其家属，故其尸灰，皆非其原来者，家中父母对此非常痛心，并厌恶战争。

出发时之心理状态，家计全赖自己维持，故离家后，妻子之生活，颇为悬念。目下如何，因禁止通信，故未能悉。至自己出发时之心理，则早知此生必死，惟亦无可奈何！

军队生活：（一）月饷日金八元八角八仙。（二）被服之外，并有护身符。（三）本连之［战官］年岁，多在四十左右之补充兵，其家属尤甚贫苦，故多怀思乡之念。

被俘后之感想：（一）对于作战目的若何？全然不知。一旦突接召集命令，即仓忙入营，目的地，出发时期，均不知道，故一般士兵多无旺盛精神。（二）在未与华军作战时，仅知国内片面之宣传，至今始知中国军之真像，决不敢再作轻视。（三）被俘时因左腿被战伤后，即被解往，曾经一次审问，本日到此，数次车载往来，以为必将被斩杀。

今后之愿望，希望能早日结束战争，俾能释放归国，扶养儿女，从事生意，此后决计绝不再与军事发生关系，亦不作侵略中国之梦想，出发前

敌军官曾说，[如被俘虏，应即自杀]，彼实无自杀勇气，但求能苟全性命云。（三月三十日）

摘自《申报》1938年4月1日 第二版

我机械化部队增援前线 台儿庄争夺战惨烈 临沂敌军主力续向费莒两县溃退中 敌骑兵一股偷入向城被我发觉堵截

【汉口一日电】台儿庄之争夺战，已继续八昼夜之久，迄今仍无和缓之象。昨晨城内之火已灭，日军在激烈巷战后，又于午刻用其铁路之炮队，猛烈轰击城内，其步兵以机械化部队为前导，继起进攻。华军司令，于昨晚下令反攻，结果未详，华军机械化部队，新由徐州开到，即加入台儿庄战事，迄今尚在火线中。台儿庄以东临沂方面之日军，大部分已向费县及莒县北退，现悉日骑兵一支队，偷过华军阵线，在临沂西南二十英里之向城出现，华方已急派援军至向城围阻。张自忠军长之部队，日前本在临城枣庄附近战斗，今亦回至临沂线，援助该地庞炳勋军长之部队作战。（路透社）

我空军飞鲁南助战

【汉口一日电】昨晨我忠勇空军一队，飞赴鲁南各线助战，并向峄县台儿庄间之负隅顽敌投下大批炸弹，均命中爆发，硝烟四起，毙敌甚众，我机任务完毕，安然飞返防地云。（中央社）

沂河西血战四昼夜

【临沂一日电】临沂东北之敌（即沂河西岸），与我张部激战于南沙城占城大小岭八道一带，自廿六日至廿九日血战四昼夜，战事激烈，为前所未有。敌炮密集大射击，并以飞机猛烈轰炸，烟硝弥漫，我张部浴血抗战，前仆后继，毙敌甚众，敌以损失甚重，阵线动摇，我军全线猛力出击，敌不支，廿九日晚分向东北及西北方溃退。敌尸运走不计外，遗留已达五百余具，我军获敌辎重车多辆，战马数匹，枪数十支，军需品及重要文件极多，现正分途猛烈追击中。（中央社）

我某部攻入两下店

【徐州一日电】军息，韩庄仍有敌八九百，炮二三门，其阵地在韩庄西北，并有坦克车四辆，我运河沿岸部队，三十日晚为策应临枣台支线我军反攻，曾渡河向韩庄奇袭，又我鲁西某部，一日拂晓攻入两下店。（中央社）

敌运输线被我破坏

【徐州一日电】我某游击队，二十九日破坏兖滕公路数处，邹县两下店间铁路一里许，并炸毁济兖间孙氏店迤西铁桥一座，路轨四节。（中央社）

摘自《申报》1938 年 4 月 2 日　第二版

血战八昼夜　我肉搏攻克台儿庄　南通登陆敌被阻东台境内　李宗仁下令反攻进展神速

【本报汉口二日专电】津浦敌自三十一日起，为援救被困临台支线冒险深入之敌军，不顾任何损失，向我猛烈反攻。北段方面：正面与我激战峄县以东十五公里之处；又为分散我兵力起见，在我左翼临沂，增调一师团之众，与我庞炳勋所部，血战沂河两岸；此外另以骑兵一联队，偷过我防线，轻骑南下，沿临峄路疾进，以策应台儿庄被困敌军突围。南段方面，正面敌军取守势，另自江南战区，调来大股敌军，自南通登陆，循公路北犯，越如皋，进薄东台，其势颇猛。我津浦战区司令长官李宗仁，指挥若定，除调转战枣庄之张自忠部，东开增援临沂外；另调汤恩伯所部中央精锐□师之众，堵截轻骑南袭之敌，卒于临沂台儿庄间之卞庄遭遇，接触甚烈。对于南段之敌，亦调重军往援，传李宗仁曾亲赴该线布置，敌势始蹇，现在东台境内大战。李宗仁于三十一日晚，下令全津浦战区各军，作第二次总攻，观乎三日来形势，可知敌原定反攻计划，未能丝毫实现。

【汉口二日电】中日两军经八昼夜继续不断之血战，损失皆异常惨重，运河水赤，市镇为墟，运河北岸台儿庄方面之华军，力能控制全局，据华军公报称，经昨日之猛烈反攻后，华军昨日终将盘踞台儿庄北部负隅顽抗之敌军逐出，在日军未溃退前，双方曾发生惨烈之肉搏战，华军方面，多持刺刀大刀及手榴弹为杀敌利器。按台儿庄为山东南部之一小镇，比较不甚著名，但中国陆军大学中之研究战略专家，多年以来，向对该地异常注意，每以之为演习地点、华军现已乘胜沿津浦线向枣庄北进，拟与枣庄以东之华军联络，华军急行纵队数队，现方包围津浦线滕县邹县间之界河及两下店。另一急行纵队，已过肥城，抵达津浦路西济南泰安间之沈府庄。（路透社）

摘自《申报》1938年4月3日　第二版

抗战史上空前壮烈一页　我军浴血收复韩庄　台儿庄附近残敌正肃清中　兰陵镇敌一联队死伤殆尽

【汉口三日电】津浦线战事，现已成为一复杂之图案，盖一方之大部分兵力，往往在对方阵线之后作战，如单位兵力，亦多少与其主力相隔离。华方宣称，过去二十四小时内，又略有进展，二村庄又被克复，此间华军司令部发表一公报称："邹县南滕县北九英里之两下店，昨日下午为我军克复。华军现以临沂为根据地，向其西南五十英里之向城进攻。向城新到日援军二千，龙襄城（译音）方面，现有激战。华军现向台儿庄进攻，华军急行纵队已将临沂北之日军交通线，有计划的破坏，使临沂一带之日军后方，感受威胁。两下店被克复后，滕县与临城之日军，皆陷于孤立，台儿庄与峄县兖州之日军，各被华军包围，孤独作战"。（路透社）

【徐州三日电】两周以来，我军在台儿庄韩庄峄县一带，浴血肉搏，前仆后继，洵为我战史上未有之壮烈一页，目击我忠勇将士在火线上之奋战情况，莫不肃然起敬，而兴感谢之念。最近两三日台儿庄韩庄之争夺战，出入凡数十次，巷战尤为悲壮，幸天佑我军，二日夜大举进攻，于激战数小时后，敌死伤狼藉，丧失抗拒能力，卒将台儿庄韩庄完全克复。我军乘胜进击峄县，不使敌有喘息余裕，在该处将敌包围，经我炮兵猛烈炮击，敌不支，纷纷溃退，遗弃尸体无算。但有一小部分尚希图在附近抵抗，我军正在扫荡中，有一小部分则退至兰陵镇（在峄县东，台儿庄北），我军又乘胜前进。包围该镇，集中炮火猛施轰击，敌一联队（等于我一团），死伤殆尽，其联队长亦阵亡，我军正在肃清该镇残敌，今夜当有捷报。（中央社）

【汉口三日电】台儿庄线东段，猝有日军出现，又在临沂西南约二十英里之向城附近地方，亦有日军二千人左右猝然出现，带有重炮十余尊。现信有日军一队，拟突击临沂台儿庄间之华军阵线而冲破之，但该队日军，在向城东南约十七公里之南林镇附近，被华军堵住，迄今尚在战争中。台儿庄争夺战中之华军，有若干新到之机械化部队，于三月三十日起参加作战。（路透社）

【徐州三日电】东台敌约千余，近日积极准备船舶，有进犯泰县或兴化企图。（中央社）

津浦北段展开运动战　北上部队越大汶口进抵肥城　南下部队克两下店攻至界河　鲁西我军一周来战绩

【徐州三日电】三日晨，王参谋由济兖前线，携带战利品（敌军旗、机关枪、手枪、地图、军服、日记本敌军布告）解徐。记者就访一周来鲁西作战经过，据谈，鲁西方面以某师及某旅为主干之北进部队，三月廿七日晚间，进抵大汶口，廿九日进至界首，卅一日进至肥城，以某师为主干之南进部队，三月卅一日晚已占领两下店，一日晚进至界河南北，两队进展皆甚顺利。兖州大汶口间，兖州济宁间，及兖州临城间各段路轨，均已完全破坏，致敌南下增援部队，先后到六列车，停泰安车站，无法移动。当我北进骑队廿七日晨突进至接川集西北姜家集时，敌机低飞用机关枪扫射，我骑兵即用步枪还射，敌机当即着火降落，我军追击搜寻，见其三驾驶员二死，余一持手枪放射，亦被我军击毙，并搜获地图日记及信札甚多。死者之一，系中富部队仓持将军曹井内俊二，所检留〔北支事变战场之微风〕一手册，极多反战语录，且对战事前途，十分悲观。廿七日夜间袭击大汶口飞机场时，敌驾驶员正在休息，仓促逃避，当被我击毙十余人，并炸毁敌机八架。二十九日晚进界首时，与敌步队发生猛烈遭遇战，歼灭其全队共四百八十余人，获枪支三百四十余枝，正在设法运徐。南进部队三十一日夜半占领两下店时，歼灭敌步兵五百余人，获枪二百九十余枝。此次我鲁西各军，在津浦北段左翼作此种机动性之大运动战，不仅斩获甚多，且完成津浦北段正面歼灭战之外卫线，意义极为重大。（中央社）

摘自《申报》1938 年 4 月 4 日　第二版

台儿庄附近仍有恶战　敌一师团被我包围　我空军飞往轰炸毙敌无算
被围敌弹尽援绝势将覆没

【徐州五日电】李司令长官二日对外社记者称，日军战略在取得徐州，威胁陇海线，然后进占武汉，但日方屡图突破华方阵线，未获结果。台儿庄附近有日军一师团被围，已似瓮中之鳖，现日军后方时为我军所阻挠，故援军及军需均未能源源运至日军前线，故不足虑。如敌军继续深入，意图切断陇海线，渡过黄河，则其前锋部队，随时有遭歼灭之虞，故日方此种企图，亦不足虞云。（中央社）

【汉口五日电】此间华军当局称，日军不但未曾渡过运河，未曾占领台儿庄与韩庄，该二处华军，且有随时收复全境可能。（路透社）

【上海五日电】外讯，日军当局，今日发出官报，自认昨日所称占领台儿庄之说，并非事实，日军所得者，仅为该地之一角。又称此次战役之激烈，尚在淞沪罗店刘行诸役之上，日军曾述及台儿庄华军防务之坚强，足见过去两星期来，屡次反攻，拟将华军逐出之计划，完全失败。现悉华军之主力，尚在台儿庄之北，其目的在阻止日方援军前进，此项战略已告成功，盖日方援军，至台儿庄东北十二英里之地，已为华军迎击，苦战不脱。至台儿庄被围日军，昨日薄暮，又被中国空军猛烈轰炸，死伤枕藉，该地之战事，仅在东北一隅，激烈进行中，其东西双方之日军，则已为华军逐渐肃清矣。（路透社）

【徐州五日电】津浦北段泰安以北，路轨桥梁，被我破坏，临枣台支线作战之敌，感运输困难，弹药给养无法接济，前数日敌虽利用公路运送，又遭我军在公路两旁截击，仍无由接济。在台儿庄大战之初，敌为显示其材料战本色，大炮每发辄达数千以上，最近则炮击稀疏，无复当日豪气，尤为敌补充不足之明证。现敌妙想天开，竟用飞机运送接济，无奈台儿庄附近已陷于混战状态，敌飞行员又技术平凡，抛掷欠确，五日有敌机三架，误将子弹给养投下我军阵地，某部拾之，视为无上光荣之战利品，特解送后方陈列。（中央社）

【徐州五日电】犯台儿庄之敌连日迭遭惨败，乃使用其催泪性毒瓦斯，致我军正在歼敌最后紧急关头，常因此功亏一篑。我军事当局以敌蔑视国际公法，现已筹妥有效办法抵制云。（中央社）

摘自《申报》1938 年 4 月 6 日　第二版

鲁南空前大会战　台庄残敌束手待毙　敌交通全被截断外援绝望　我军已操第二期大战胜券

【徐州七日上午二时急电】津浦北段中央战场台儿庄附近之大歼灭战，现有惊人发展，我台儿庄内外两线各军英勇将士，自五日下午，向退集台儿庄正东东北及正北一带村落敌之主力包围猛攻，即冲锋复冲锋，肉搏复肉搏，激战至六日晚，计内线各军歼敌逾千余，外线各军歼敌达三千。两昼一夜之间，共歼敌达四千余之众，并俘获无算，诚开抗战以来未有之胜利。（中央社）

【曹县六日电】津浦北段战局，自我上月二十四日实行全线总攻后，即展开空前未有之大会战，此会战迄今已持续十三日，我英勇将士有进无退，业将暴敌打通津浦线之迷梦彻底击破。现临峄韩台之敌，经我连续猛攻，歼灭过半，少数敌虽尚死守待援，图作最后挣扎。但以铁路及交通均已被我破坏断绝，增援无望，瓮中之鳖，死期不远，敌于苦战之余，竟退出阵地。晋南之敌，不惜放弃其以绝大代价所得之地区，抽兵东移，凡此种种，无非欲解台韩残寇之围，足证敌人对鲁南会战之重视。凡所举措，都未出我最高军事当局之预料，故各路均早有充分准备，敌之最后一计，又告失败，二期大战之胜券谁操，至是已不问可知矣。（中央社）

我敢死队两次冲锋　反覆肉搏　克复台儿庄附近两村　将村内残敌全部肃清

【徐州六日电】我由台儿庄北进部队，五日将台儿庄右侧枣庄靠临台间之敌包围，敌据房屋顽抗，我两次挑选敢死队冲锋，与敌反复肉搏，卒将屋内之敌数百全部歼灭，我随即占领该两庄并夺获大批军需品。又我在台儿庄西北摄花楼彭家庙龚庄范口之部队，四日夜袭击赖庄，闸南墙子（在台儿庄西）当将该处数百之敌肃清，五日晨敌又增援数百，附炮数门，迄晚仍在激战中。（中央社）

台儿庄南门包围线坚如铁桶

【汉口六日电】今晨此间收得李司令长官宗仁来电称："本月四日下午，向台儿庄南门进攻，致被东南方我军包围之日军一联队，陷入重围。我军之包围线，坚如铁桶，南北双方之大炮，向该联队日军，当头痛击，弹如雨下，而被围日军，亦于昨日全日以大炮继击，阻止我军之进逼，惟自昨日下午起，日军之炮火已弱。据今晨徐州消息，几已完全停止，可见其军火之供给已迅将告罄矣，华军当局现定于今日由各方进攻，如日方援军不能及早开到，则此被围日军，即将歼灭无遗"云。（路透社）

摘自《申报》1938 年 4 月 7 日　第二版

台儿庄再度克复　鲁南会战我军大胜　汤恩伯等率部四面围攻敌不支溃败　敌主力两万仅剩七千余名狼狈北窜　蒋委员长勖全国将士民众闻胜勿骄

【汉口七日电】昨晚华军又向台儿庄东北之日军猛烈进攻，据李司令长官宗仁电称："经彻夜激战后，台儿庄附近之敌军，现已完全向北溃退，沿津浦线向枣庄方面窜去。其不及逃避者，均被我军包围，现正在一一歼灭中，同时我军主力，向北前进追击敌军"，深夜，此间收到徐州发来一惊人电话，报告最近向日军进攻经过，略谓。未进攻前，汤恩伯关麟澄二军长，亲立文书，谓如不将台儿庄部之日军扫数歼灭，情甘军法从事。过去数日来，华方援军，循序开到，即于昨深晚，开始进攻。进攻队伍中，包含汤恩伯、关麟澄、黄光华、李炳藩等四部，时间一到，立即发动，一路由台儿庄北五英里之地南下，一路由南向北进，渡过运河后，抵达台儿庄南三英里之地，该二路由南北夹攻，最后其前锋相距，仅有四英里。日军见不久即有被围之虞，乃狼奔豕突，拟向北窜逃，其幸而漏网者，得在此四英里缺口，完全衔接前，逃至台儿庄东北约七英里之处，现闻台儿庄一带之日军，已完全被围矣。（路透社）

【汉口七日电】七日我汉各界闻台儿庄大捷，群情欢跃，各商店一律悬旗志庆，并有燃放鞭炮者，各民众团体均列队游行，情况异常热烈。蒋委员长以此次不过初步之胜利，不足以言庆祝，且来日方长，我民众正宜加倍警惕，不应过事铺张，当即通电全国将士同胞，勖以闻胜勿骄，应坚毅沉着，奋斗到底。原电如下：各战区司令长官，各省市党部，各省市政府，各报馆，并转全体将士，全国同胞公监，军兴以来，失地数省。国府播迁，将士牺牲之烈，同胞受祸之重，创巨痛深，至惨极酷，溯往思来，祗有悚惕。此次台儿庄之捷，幸赖我前方将士之不惜牺牲，后方同胞之共同奋斗，乃获此初步之胜利，不过聊慰八月来全国之期望，稍弭我民族所受之忧患与痛苦，决不足以言庆祝。来日方长，艰难未已，凡我全体同胞，与全体袍泽，虑此时机，更应力戒矜夸，时加警惕，唯能闻胜而不骄，始能遇挫而不馁，务当兢兢业业，再接再厉。经战局之久远上着眼，坚毅沉着，竭尽责任，忍劳耐苦，奋斗到底，以完成抗战之使命，求得最后之胜利，幸听此旨，共相黾勉，为盼，蒋中正阳。（中央社）

矶谷坂垣两师主力完全歼灭　我各部队追击残敌　空军出动猛烈轰炸

【徐州七日电】敌坂垣矶谷两师团主力已被我歼灭，其一部分现向莒县逃走，我军正追击中，我军在战场上，俘获战利品极多，刻在清查中。（中央社）

【徐州七日余】我台儿庄附近各军，六日晚向敌开始第三次总攻后，激战彻夜，又歼敌二千余，获坦克车八辆，其他军用品无算。残敌约七千余人，七日沿临枣台支线两侧溃退，我各部队现正乘胜分头追击中。同时我空军亦出动，协同跟踪轰炸残，敌不难一鼓歼灭。（中央社）

高级长官亲率所部　猛扑济南　现离城仅三十公里　北岸部队策应夹击

【曹县七日电】我某高级长官，亲率所部，由池头集南下，袭击临台敌侧背，五日下午二时到达指定地点，日内当有惊人进展。泰安以北之大车站，郭家河，阴关，士门等处较大铁桥，均经我北进部队破坏无遗，泰安北敌运输确已中断，现我大部已到达距济南三十公里之地区，刻仍向济南疾进中。（中央社）

【徐州七日电】我黄河北岸侧袭津浦铁路部队，五日已由平原攻入禹城。另由鲁西渡河之北进部队，六日已攻入白马山，济南之敌因受腹背夹击，七日极为恐慌。军事家观察，敌在津浦北段中央战场，迭受巨创，似有放弃正面，另以青岛为后方，而与我争鲁南山地之势。（中央社）

前方捷报传出以后　举国欢腾　各地民众大喜欲狂　鞭炮之声响彻云霄

【汉口七日电】七日晨十一时许，台儿庄我军空前大胜捷报消息传出后，三镇民众，无不鼓舞欢欣。各团体公司均以卡车周游全市，所过之处，市民鼓掌欢呼。午后七时汉市当部召集各机关团院及民众在中山公园

举行火炬大游行，参加者十余万人。（中央社）

【汉口七日电】平时宁静而匆忙之汉口，今日下午，一变而为叫嚣之场，数万鞭炮，响彻云霄。卖报小童，飞跃街头，大声疾呼，"台儿庄日军歼灭"，"台儿庄日军歼灭"。该项新闻，系由前线传来，谓［著名之日军二师团，现在聚歼中，今晨日军战死者，即有七千余人］。今晚人人笑容满面，大喜欲狂，如此叫嚣喧哗，确为武汉多年来所未见。（路透社）

【长沙七日电】台儿庄捷报传来，此间极形兴奋，民众纷纷游行，鸣炮祝捷。湘各界定八日下午四时举行庆祝前方胜利大会，并定是晚火炬游行。（中央社）

冀鲁边境渡河企图　被我粉碎

【曹县七日电】进范占县之敌数百名，四日经我范筑由东北两面猛攻，敌据城顽抗，我官兵奋不顾身，爬入城内，敌向西南方面狼狈逃窜，我当将县城收复。（中央社）

【郑州七日电】濮阳之敌，大部东移，向范县（在鲁西濮阳东北）转进，有偷渡黄河模样。四日晨敌约一联队，附山炮平射炮各一，连野炮三门，向□移动，在旧范县附近发现，我正严密戒备中。（中央社）

抗战八阅月　我歼敌三十万　各线现余敌军仅二十余万

【郑州七日电】军息，敌自对我作战以来，迄三月十七日止，共开出二十七个师团，计现役十八，预备九，总额为五十二万余名。在南北各战场为我消灭者，截至上月已达三十万七千余，现所存者不过二十万，最近虽陆续补充，但多数为预备军或新兵。据俘虏之敌军供称，敌国人民厌战情绪已遍全国，敌军素质日趋薄弱，近因我津浦线之空前胜利，敌军士气益形颓丧云。（中央社）

被俘敌军供称　敌军败在轻敌　自承我军勇气百倍于厌战日军　深感我官民优待悔听长官谣言

【徐州七日电】此次我军在鲁南所获俘虏，六日已解徐转送后方安插，其中有敌上等兵阿部重夫，一等兵上尾一马二名，被我军事机关提讯。据供日本军队，此次在鲁南失败原因，有如下述，（一）日军官常告士兵，谓中国军队极怕死，实则较日军勇气百倍，极非日军所能比拟。（二）日本军队十之八九，皆充满厌战恨战情绪，大部反对战争，因受高度压迫，均只勉强应战。（三）作战期内，日军运输常遭截击，致弹药无法补充，给养断绝接济，士兵常有二三日不得饭食，亦未得一次安眠者，此种过度疲劳困苦，已非日军所能忍受。（四）对中国水土不服，常有患伤风及腹泻者，战斗力自有日见削弱，渠等并谓日本军官对士兵在中国之掳掠财产，□□妇女，并不禁止，依渠等视察，日军所为，实太背人道，最后渠等表示被俘后蒙中国军队，对渠等之安慰与优待，实与日本军官所言者不大相符。渠等现对中国政府及人民，实不胜其感谢云。（中央社）

摘自《申报》1938 年 4 月 8 日　第二版

津浦北段局势急转直下　我军两路追击残敌　前锋进抵峄县西南十公里　刘部克复惠民捕获伪县长

【汉口八日电】日军自台儿庄狼狈逃走后，华军于今晨追击至峄县西南十公里，迫日军退回峄县，又华军一队出击日军右翼。（海通社）

【徐州八日电】台儿庄以北当面之敌，七日经我关王两军猛烈攻击，肉搏十余次，又续毙敌军一千左右。（中央社）

【徐州八日电】界河两下店方面，我军自得台儿庄捷讯，即于七日下午从铁道东侧强行军，向敌军猛烈进击。敌极恐慌，无心抵抗，我军于七日夜一举而克复枣庄，滕县敌军已形动摇。（中央社）

【汉口八日电】此间收到台儿庄战役之详细报告称，华军于星期三（六）日晚十时，首次击破日军阵线，事前激战达二小时之久。此路华军系孙连仲军长部下之第三十一师。华军自占领内城后，又在午夜十二时前，占领北车站，昨（七日）晨西北角之日军最后根据地，又为华军猛攻。闻台儿庄以东之日军，有一部分被北、东北、东南三方面之华军所包围，现尚在战斗中。今日各华字报，一致赞许蒋委员长通电中所称遇胜勿骄之意，冯玉祥氏，因台儿庄之战有感，成诗一首。（路透社）

【曹县八日电】济宁嘉祥间公路，已被我军破坏多处，嘉祥之敌经我夹击，窜入城内困守。泰安以北火车站、郭家庄、阴灵关、土门等处较大铁桥，均经我军破坏，泰安以北公路，截断多日。（中央社）

【正阳关八日电】津浦北段我刘民良部率同民团，六日攻下惠民城，

伪县长张玉玛，被我捕获。（中央社）

台儿庄附近残敌 全部肃清 总计击毙敌军万五千名 邵庄一地遗尸即达千余

【汉口八日电】台枣临三角地带，至昨午经将日军肃清，无一留存，台儿庄附近日军，被击毙逾万五千人，现目尚有万五千名，由台儿庄方面溃退。又外人消息，日方前数日宣称，有五万军队增援，惟未悉因何不能参与台儿庄之战云。（海通社）

【徐州八日电】台儿庄东北之邵庄，被我收复后，附近乡民指点敌埋尸所五处，上树旗杆，每处均有敌尸三四百具。敌对阵亡尸身，辄用全力抢走，此次竟遗尸达千余具之多，足证其溃退之狼狈。（中央社）

【汉口八日电】昨日深晚，华军司令部发出一公报称，台儿庄自被包围后，与华军激战，为华军歼灭者约七八千人。（路透社）

敌在台儿庄一役损失惨重 我获步枪逾万机枪九百 轻炮七十七尊坦克三十辆

【汉口八日电】华方宣称，津浦线日军矶谷坂垣两师团，已在扫数歼灭中，日军仓皇败北，遗下大宗军用品及坦克车、装甲汽车等，悉被华军所得。（路透社）

【汉口八日电】此间居民，得阅各报号中报外告日军在台儿庄大惨败后，无不鼓舞欢欣。群众拥塞道路，分列三队巡行，前往总部致敬礼，并将孙总理与蒋委员长放大照相，连同大国旗与各种标语，随街游行，所过之处，鞭炮声与鼓掌欢呼声不绝。又昨午军部发出号外，谓此次华军在台儿庄夺获日军长枪逾万，轻、重机关枪九百枝，轻炮七十七尊，坦克车三十辆，与重炮数门云。（海通社）

摘自《申报》1938年4月9日　第二版

华南要闻 津浦线我军大捷 佳讯传来 粤人热烈庆祝 爆竹喧天午夜未止 抗战情绪愈益高涨

【广州专讯】我军津浦线台儿庄大捷之讯，于七日下午传到此间后，百万市民同感兴奋，各报发行号外，有一部分民众体团及商店均燃放鞭炮祝捷，爆竹声喧至深夜十二时未止，市民于热烈中充满抗战情绪，市面治安均甚安谧。昨（八日）午我续克泰安，石家庄捷音传来，市民更欣然相告，咸露积极状态，惟各界一致秉遵蒋委员长闻胜勿骄奋斗到底之命令，均不欲过事矜持，故昨午未有燃放鞭炮云。

摘自《申报》1938 年 4 月 9 日　第三版

津浦北段敌总崩溃　我军昨晨克复济南　商埠一带尚在剧烈巷战中 伪维持会长马良传已正法

【徐州九日急电】鲁境黄河以南之敌，自在台儿庄惨败，现已整个动摇，津浦北段及两翼，均有遍地烽火之势，顷据军息，我孙曹两部手枪队二千，九日晨化装由白马山袭击济南，当将南关之千佛山、齐鲁大学、共和医院，东关华美医院，及西关之商埠地占领，刻正攻入商埠，与敌猛烈巷战，济南即将为我全部收复，敌之辎重，纷向黄河北岸移动。（中央社）

【徐州九日下午十时电】官方公布消息，我军某师于七日晚占领白马山，随即向济南挺进，八日夜及九日晨先后占领济南商埠东关华美医院、千佛山、齐鲁大学堂等处，敌辎重向黄河北岸撤退，又传伪维持会长马良（子贞）已被我枪决，惟激战经过，尚未接详细报告。又据曹县电话称，自我军退出济南后，曾留有两营便衣队，分匿于白马山及华美医院，后马良将该两营收编扩充，改为二千人，负责维持济市治安，我军吴□□部由鲁西北进之先，已与该两营接洽就绪，济南之克复，恐系里应外合所奏之效果。又称，我克复济南消息，系由范筑先司令急电报告，吴本人尚未来电证实。（中央社）

【汉口九日电】华军现向山东省会济南进逼中，山东西部之华军，日前曾绕道济宁兖州，向大汶口与泰安附近之津浦路进攻。俾日军不能沿该路南下救援台儿庄峄县方面被围之日军，今该部华军，已跨过铁路，向济南北进矣，孙桐萱军长之部下，于（星期四）七日开抵去济南仅二十四公里之俞家棚，及天马寨二小村，九日清晨可抵济南。（路透社）

正面残敌向北溃窜　我军两路猛扑峄县　右翼重创向城附近敌增援部队　左翼包围嘉祥济宁现正猛攻中

【本报徐州九日专电】津浦正面台儿庄溃敌已与峄县敌会合，现在该县西北高地布置阵地，我大军分两路自西南两方，正向该城猛攻，并派空军助战，接战甚烈，右翼方面，敌自沂水南窜，已抵向城，图援峄县之敌，临沂我军除出击东北方之敌外，并警戒向城敌增援军，断其后路，另派大军在向城以南，向该路敌军痛击，极为得手，左翼方面，我军某部正围攻嘉祥济宁中。除此三路外，临城枣庄间，峄县台儿庄间，我正歼灭掩护大队退却，因而落后之敌，现李及白崇禧为加紧我追击堵截计划，已亲临前线督战。

敌倾全力与我决战　可调兵力全开津浦　不惜牺牲图雪奇耻

【上海九日电】据此间收到之各方报告称，日本已将其可供调遣之兵力，悉数赶送至津浦线前敌，尤注重于台儿庄之北，日本本国及［满洲国］内之大批军队，已急开华北，即人数单薄之天津青岛方面之驻军，亦抽出一大部分向台儿庄力疾行军，按：台儿庄本为一山东之小镇，城内几系土屋，不过有一城墙及火车站，二星期前，即华人方面，亦十九不知其名，更无论日本或他国人士，但今则已一显而为带有神秘性质之象征物矣，该处在战略上本鲜价值，今以全境已化为灰烬，且充满兵士之尸体，更无军事价值可言，惟日人曾两次大吹大擂，宣传台儿庄被占领消息，其整个国家之尊严，已有颠覆之虞，故绝不惜任何代价，欲将该处冲破，即迁道以过，亦不甘心，俾其对华作战之胜利史上，台儿庄三字之痕迹，可以永远洗去，外国军事观察家，今将台儿庄之役与欧战时耶普拉斯之役相比拟，惟其相似处，自在心理上，而不在物质上耳。再者，日军既将其在华之预备兵力，开往台儿庄以后，其所占土地，更易为华军所收回，自系意中事也。（路透社）

我军获胜原因四项　近代武器购备充足　游击战术制敌死命

（上海九日电）日军当局，今仍诽笑华方所传台儿庄胜利消息，但据中立人士及比较可靠方面之报告。前线来讯，确足证实华军之胜利，日军已蒙严重打击，鲜有疑问，被华军歼灭者，至少有一师团之多，另有一师团狼狈逃遁，几将所有之军需品，自大炮至步枪，悉数抛弃，甚至子弹及水瓶亦不及于仓皇出奔中随身携去。据外人方面之可靠消息：华军获胜。有重要之原因四：（一）德国军事顾问，今有便宜行事之术，故华军之训练及联络，已有改良。（二）近代武器如坦克车飞机及野战炮等，皆有添购。（三）新训练之［学生军］，初次上阵，其战斗力极强。（四）华军游击队之活动及向日军交通线之侧面进攻，使日军之军火供给，几于完全断绝，此点恐为华军得胜之最大原因。据确息，在华军尚未开到之二日前，前线日军已在开炮轰击，几毫无意义可言。华方报告称，就夺得之大炮审查，大多数之炮身，皆冰冷无热气，可见已有若干时间，搁置未用，结果当华军进攻与肉搏时，因其人数较多，自无法以当其锋。由军事的观点言，华军在台儿庄之胜利，不过为目前津浦线战事之一小节，其意义仅为某一反攻之一时的胜利而已，然华人方面，则指出此役在心理上极为重要，予日人一严重反省之机会，因今后对日军之前后方，必将更予打击，使日军被迫史行深入，其防务单薄之交通线，亦益为展长。（路透社）

摘自《申报》1938 年 4 月 10 日　第二版

我最高军事当局计划　平汉江南同时反攻　由平汉直趋安阳江南进取南京 济南残敌将肃清峄县指日可下

【汉口十日电】为援助津浦线之华军反攻起见，平汉线上亦有大批援军开到，不日即可由郑州北进，直趋安阳，与津浦线取双管齐下之势，又中国最高军事当局，鉴于长江以南日军实力单薄，游击队作战得力，拟即派大军沿长江而下，进取南京，现闻新练之川军一集团即将奉命赴该方作战，由王陵基军长负指挥之责云。（路透社）

【汉口十日电】据此间收到李司令长官宗仁电告，华军向济南骤然进攻，今已在城内作激烈之巷战，济南全城指日可下，华军现已占领南门附近千佛山之齐鲁大学，及共合医院，东门附近之华美医院，西门之商埠地，该路华军为孙桐萱曹福林二军长部下，于两星期前渡过运河，津浦铁路被其截断者不下有百十处之多，使日本援军及军用品不能由济南运至台儿庄，该路华军有一部分，又由界河南移，袭击枣庄及峄县一带之日军后路，其余部队则向北开动，越泰安而趋济南，其间若干士兵跨过铁路进抵济南之东门南门，昨日清晨华军前锋已占领白马山，另一路抵东门附近，同时泰安方面之华军，亦向东推进，博山莱芜间之公路被毁多处，另有一路则向兖州进逼中。（路透社）

（汉口十日电）据津浦路前线华军今日宣称［我军乘过去数日来之胜利余威，又可将枣庄与峄县二处克复］。我进攻枣庄北门者，为曹福林军，该军自截断滕县与泰安间之津浦路后，即与孙桐萱军相联合，直逼枣庄，兹闻枣庄车站已为收复，其前锋且进占城内，与死守枣庄中学之日军残余正在激战中，在枣庄之南约十英里，又有汤恩伯军，该军追击由台儿庄溃退之残敌，闻已抵峄县之东郊，现亦在战争中，此外又有数路华军，由台儿庄北进，占领县西南方与东北方之山地，华军之进行颇为慎重，到处即建筑防御工程，盖闻日方援军已到，即将开始反攻也。（路透社）

【徐州十日电】溃退峄县之敌，经我军跟从追击，左翼已将峄县东北五公里之九山攻下，峄县两侧之卧虎寨亦经我占领，齐村后路被我截断，峄县南桥桥梁亦破坏，敌战车已无从活动。（中央社）

摘自《申报》1938 年 4 月 11 日　第二版

台枣峄一带连日大捷　残敌向北溃退被扼咽喉　泰安长清顽敌大起恐慌

【曹县十一日电】台枣峄一带连日我军大捷，残敌纷纷向北溃退，其由峄县仙人桥北溃之敌四五百，九日早六时经我南进支队靳团在郭里集以南地区截击，激战极烈。我侯营长身先士卒，率队冲锋，不幸阵亡，敌之后卫残部千余，炮四门窜抵相庄附近，我派侯团向相庄东花沟急进腰击，堵其归路，当在牛角与敌遭遇，发生凶猛之白刃战，敌以疲惫不堪，无力应战，死伤狼藉，残部渐向西侧移动，希图觅一弱点继续北窜，我又派乔团向双山一带截阻，扼其咽喉，以期无一漏网。（中央社）

【曹县十一日电】我某师连日在泰安一带破坏敌之交通，极为活跃，九日夜又将庵上村东北堡间四孔石桥一座炸毁，并割断电线六七里，破坏兖济公路，致泰安，长清，肥城之敌，受我威胁甚恐慌，连日调动频繁，肥城有敌四五百，炮六门。九日晨又有大部敌兵由长清向肥城开进，长肥公路敌坦克车、装甲车往来不绝，泰安之敌亦有一部向西运动。（中央社）

摘自《申报》1938 年 4 月 12 日　第二版

峄县困敌　日内可下

【泥沟十二日电】我军合围进攻峄县之各部，由峄县东南面推进者，已进占乱清及天柱山等据点，由峄县东北推进者，亦于昨日进占双山，刻已进迫峄县县城敌后方空处，有向西北撤退模样，郭里集附近之敌千余人，经我痛击，向东溃退。又电，我军围攻峄县，刻已迫近峄县县城，敌自十一日晚起，已将炮兵及笨重器械，陆续向西北撤退，但尚有一部分炮兵，向我猛烈射击，以掩护退却。（中央社）

摘自《申报》1938 年 4 月 13 日　　第二版

津浦北段及沪南　我新进攻均极顺利　日军退集峄县被围随时可下济南敌宣布戒严并准备撤退

【上海十三日电】据最近华方报告，华军在山东南部及上海南方之新进攻，皆在顺利发展中，日军自台儿庄败退后，集中峄县，该县现已随时可下。（路透社）

【上海十三日电】外讯：济南日军因我军进逼已临城下，乃宣布戒严，各日商及日籍居民，已拼挡一切，只待日军当局命令一下，即可撤退。（路透社）

【上海十三日电】据今晨日方报告，华军便衣队三千名携备长短枪械，在此间城外附近，不断向日军袭击，惟目下将被肃清云云，但事实上，中国游击队现在沪东南角川沙与周浦间，仍甚活动云。（海通社）

【汉口十三日电】峄县枣庄之争夺战，于昨日下午爆发，其激烈为空前未有，华军现已将峄县完全包围，日军于星期一（十一日）晨拟在峄县西北方冲破华军包围线，与枣庄之日军相会合，但据华方消息，此举已归失败，枣庄亦在大批华军包围中，上星期日（十日）日军尚在枣庄城外占有炮兵阵地数处，今则已悉数放弃，退入城内，华军现向枣庄各方同时进攻，步兵队及机枪队外，又有重炮及飞机等助战。据最近华方消息、二日来之枣庄战事、日军阵亡者不下一千五百人之多、华军之作战目的，在阻止日军突破包围线，重犯台儿庄，任何牺牲，在所不惜，故华军阵地现已加厚兵力，其进攻济南之动机亦在于此，今由华军进攻济南之兵力观察，可见其目的并不在于攻陷济南，而实在于牵制胶济路日军之活动。（海通社）

峄县区又一胜利战　红瓦屋我歼敌五千人　峄县被围残敌已成瓮中之鳖　枣庄敌增援军陷入我军重围

【泥沟十三日上午八时电】峄县南之红瓦屋之敌，经我某某军十二日夜猛烈围击，战况极剧，十三日晨计我毙敌四千七百余，俘获三百余名，现我正大施更精巧歼灭计划，决使顽敌无一人能希望幸免。（中央社）

峄县残敌　不难歼灭

【台儿庄十三日电】我军围攻峄县数日，并有惊人进展，已达合围之势，顷据前线电话称，我近迫峄县县城之各方部队，由峄县东方向西推进且已占据双山一半，由东南向西方取半面包围者，自獐山前进后，过黄山等要地，现已达永安庄一带，由西北南下进击部队，业已到达齐村卓山，逼近枣庄，并已积极与各部取得合围联络，现敌军甚为慌乱，峄县之敌，于昨夜有一部向东方之南安城溃窜，余部尚顽强据守峄城，据军事家判断，该敌后方四面皆为我军截断，不难即可歼灭云。（中央社）

敌军增援　陷入重围

【汉口十三日电】中日两军，争夺枣庄战，今日仍甚剧烈，胜负未分，日军虽得援军千五百名赶到，惟全无进展。又县附近日军，企图冲破华军重围，免遭歼灭，但不得逞，华军方面目前作战，由李宗仁白崇禧程潜将军指挥，又日军竭力反攻，企图修理济南至泰安段路轨，惟泰安兖州支线，经被华军破毁云。（海通社）

【曹县十一日电】韩临枣一带残敌，原拟死守各据点，待其援兵开来，惟以我各路大军合围痛击，卒至不能支持，嗣我将天柱山獐山各要点占领，尤使敌进退失据，而不得不全线溃退，峄县附近之敌炮兵及坦克车，已有一部向西北撤走，十日夜及十日晨敌方炮声激烈，可断其为总退却之先声，十二日早我军开始追击，关王两军由右翼攻潭山，汤部以一师兵力由左翼攻卧虎寨，孙部则以三师兵力沿铁路攻击前进，此外并另以主力军马冯等部作长途追击，期将残敌赶尽杀绝。（中央社）

敌忾同仇　盛极一时　武汉抗战宣传　有六十万人参加　重庆全城亦举行提灯会　庆祝台儿庄歼敌战胜利　并祝蒋汪当选正副总裁

【汉口十三日电】中国抗战之第二宣传周于今日结束，武汉三镇参加游行者无虑六十万人，其间有兵士，救火员及军事训练班人员，各政府机关、党部、学校、工厂及公共团体，亦均有代表参加游行队，由军乐队、童子军乐队，及肩负孙中山先生及蒋委员长大幅肖像者为领导，宣传图画中，如［炸毁日本出云舰］、［日人暴行］、［活捉日人］，标语中如［最后胜利是我们的］、［打倒汉奸］等最为显著，如电影院除通常影片外，又放映武汉卫戍司令陈诚演讲中国抗战之有声及战事画片等。（路透社）

【重庆十三日电】昨晚重庆街市间极为热闹、家家悬旗、各店肆亦遍贴红纸，一如旧历新年中所见之春联，纸上书有［追随蒋汪二领袖抵抗外侮］，［庆祝台儿庄歼敌战之胜利］等标语，盖为庆祝蒋汪当选国民党正副总裁及华北战事胜利而发，昨晚全城举行提灯会，各街道中爆竹声喧盛极一时。（路透社）

【清江浦十二日电】淮各界十一日午后三时在南公园举行拥护蒋汪正副总裁及庆祝鲁南我军大捷会，到民众万余，主席省府代主席韩德勤，晚万人举行提灯会，游行全市，情况极热烈。

矶谷中将　有被我击毙之说

【汉口十三日电】据上海敌军军事机关透出消息称，敌军第十师团团长矶谷中将，在台儿庄会战时，有被我击毙说。（中央社）

摘自《申报》1938 年 4 月 14 日　第二版

津浦残敌犹图负隅　我军三面猛扑峄县　各路会师城下即可克复　向城一带有爆发决战势

【汉口十四日电】津浦线华军前锋，昨晨已进抵峄县西仅四公里之地，驻在峄县北郭里方之日军约二千名，已向东北移动，拟援助向城方面之日军，闻此路日军，即在郭里之东北税郭附近，与华军接触，今尚在战斗中，据徐州来讯，包围峄县之华军，已占领寅山，迄今激战未已，又由滕县出发之华军，占领枣庄北面之齐村，日军向东北溃退。（路透社）

【临沂十四日上午十二时电】据探悉，莒县现开到敌军约二三千，汤头镇方面之敌屡次增援，概由青岛用汽车运输，我军在沂河东南阵地戒备严密，如敌进犯，决予以重创。（中央社）

【徐州十四日电】峄县之敌、现犹作困兽之斗、十四日我已将城郊各高地完全占领、我军孙部并已迫近南关、现仍在积极猛攻中、（中央社）

【台儿庄十四日电】今日我军由正面南洛一带，向峄县进攻，集中炮火，毁敌阵地，我昨日进占峄县附近各高地后，形势已在我完全控制之下，敌负隅困斗，终必为我悉数歼灭，同时我军某部进攻枣庄残敌，战况亦甚猛烈。（中央社）

（本报徐州十四日电）连日战事，侧包重围峄县，我军分自南、西、西北各方，着着向该县进压，以期会师城下，予敌沉重打击，县城收复，即在目下，预料残敌必向东南临沂方面窜去，我已调生力军间道向该方面增援，向城一带将代台儿庄成为战局之重心。

摘自《申报》1938 年 4 月 15 日　第二版

峄县在我重重包围中　残敌万人即可歼灭　敌北窜归路已断决难漏网我连夜部署阵地开始攻城

【汉口十五日电】华军向峄县之进攻，各方企侯已久，今已发动，华军自占领峄县四周后，于昨日黎明开始进攻，今正在聚攻城门。据昨晚汉口发出之公报称，城内约有日军一万人，其命运实危在旦夕，昨晨在华军完成包围线前，城内日军四千人突围而出，向北逃窜。（路透社）

【泥沟十五日电】我左翼挺进部队，十四日占领峄县西北关后，即开始攻城，敌恐怖万状。我军当挑选敢死队二百名，首先攻至西门外之敌最后阵地，我军以手榴弹及大刀与敌发生肉搏，斩毙残敌五十余名，我亦伤亡排长一员，士兵三十余人，午将西门外各险要地带完全占领，我军连夜部署阵地，并准备种种攻城器具，城内之敌虽决心死守，但不难被我歼灭。（中央社）

【台儿庄十五日下午二时电】我军围攻峄县阵线，今日无何变化，枣庄峄县方面，敌军并无增加，其战斗力渐渐减弱，而其待援反攻企图，迄无实现，反之我方□□有力部队亦加入围攻之大举，实力更加雄厚，峄县以西约四五公里之老虎山附近，敌今晨二度猛烈反攻，但均以兵力薄弱，当我精粹之师，如卵击石，故稍有交绥即被我击败，我军刻下加紧进攻，并已占领峄县东北附近各地，以断敌之后路。（中央社）

两翼战况激烈异常　临沂峄县公路　敌苦守朱陈待援

【徐州十五日电】顷据敌方俘虏称，临沂南面朱陈之敌，均为铃木师团之一部千余人，粮弹尚足，决死守待增援。（中央社）

（汉口十五日电）上海外讯，今晨日军部发言人称，峄县附近战事异常激烈，台儿庄已为华军夺回。日军现在向城附近与华军作战，又称距峄县四英里之獐山附近，亦有激战云云，日方承诺台儿庄被华军夺回，此尚为第一次云。（中央社）

月明风清之夜　枣庄展开白刃战

【泥沟十五日电】我右翼大军运动完毕，十四日夜二时开始向枣庄攻击，我先头队与千余顽敌在土家庄、张庄一带遭遇，于月明风清之夜，展开白刃血战，我指挥官当下令全路总攻，士气奋发，激战达三小时，张庄之敌渐呈摇动，我某团加紧冲锋，卒将东北角占领，旋因敌迂击我左翼，我仍回守原阵地，王家庄正面，我敌反复进攻六七次，至天明始稍休养，十五日晨八时，敌再图蠢动，我沉着应战，现仍相持原阵地。（中央社）

【台儿庄十五日电】枣庄之敌约四千余，郭里集东窜敌约二千，枣庄西南倪汤永安庄、聂家庄一带已被我收复，并将庄西之老虎山、卧虎寨、青檀寺及八里屯之张、孙、刘、干四庄占领，枣庄北阜山、枣庄东南安城亦在我手，枣庄郭里集间之敌，即可就歼。（中央社）

北段我军　实力雄厚　据敌调查　达十五师

【汉口十五日电】北平外讯：日方发言人昨称，台儿庄或已为华军克复，惟日方前线详情，渠不能有所说明，因恐为华方知悉云，日军计划原欲在运河以北地带进攻华军，讵华方以大批生力军增援前线，致情势变化，峄县战事现并不激烈，至台儿庄峄县一线之华军，共有十三师，在临沂之华军有三师，华军现正进攻韩庄，惟来势不甚猛，济宁附近及临城以南和临城以北均已发现华军。（中央社）

摘自《申报》1938 年 4 月 16 日　第二版

我奋勇迎击敌增援军　汤恩伯部克复向城　临峄间交通断绝大局已定
密集炮火下峄县敌受重创

【本报徐州十七日晨专电】连日战事，外驰实紧，敌为援救峄县一带被围部队，不得不冒巨大危险，将平汉江南晋省之敌，大部撤调津浦北段，青岛方面连日开到敌增援军甚众，兹正向临沂西南紧急输送中，我为保持现有胜局计，不得不暂缓发动消灭峄县残敌之举，而以运动于峄台支线东侧之汤恩伯军团及关部等，集中兵力，堵截敌增援军于临沂峄县公路上，经数日苦战，现已将向城克复，至峄县残敌，顽守城内待援，犹如瓮中之鳖，我军为以最小代价换取最大效果计，目前尚未全力攻城，正以密集炮火向城内轰击，并助以飞机之轰炸，以减少攻城时敌之抵抗力，据一般观测，峄县当在三数日内收复。

【汉口十六日电】此间接前方报告，昨日鲁南方面，津浦路东发生激战，华军进攻峄县，卒达包围目的，城内全日不停，被华军炮队猛攻，闻有一部经被火毁，惟日军仍坚守城内顽抗，希冀援军赶到，华军趁日主力军由鲁北未抵达目的地前，实行增厚军力，将峄县与枣庄被困之日军，从速扑灭，闻李宗仁与陈诚将军，经增调华军数千，加入鲁南防线，又悉日军三千，由青岛开往临沂，在朱陈被截，又现目在青岛之日军，系从京杭调来。（海通社）

各线敌军纷调津浦　我军一一加以扑灭

【台儿庄十六日电】津方盛传敌军有以关外抽调军队南下增援之说，实际不过在平汉晋南方面抽调若干军队，向津浦线增援，我军采稳健作战方策，逐步进迫，敌据险死守，我每克一村落，必作一次恶战，因此连日敌军伤亡数目甚大。（中央社）

摘自《申报》1938年4月17日　第二版

津浦线我变更战略　峄县仍在围攻中　临沂峄县之间我续调生力军增援　汤孙所部转战鲁南山地立功最伟

【汉口十七日电】据此间今日接得之华方消息，津浦线之华军当局，正在改变战略，进攻峄县之华军，闻已暂行停顿，"以免攻城时之无用牺牲"，华军当局现决用少数兵力，包围峄县枣庄及向城之日军，使其不堪饥饿而溃窜，同时大队华军，已移至某处作战，其地点未曾宣布云。（路透社）

【台儿庄十七日电】峄县仍在围攻中，枣庄东北秦崖之敌，屡挫屡攻，并以一部进犯卓山官庄朱楼等处均被我击退，韩庄朱陈及税郭东北一带，我均增加生力军，猛烈攻击，正分别歼灭中。（中央社）

【红店十七日电】记者顷由台儿庄经兰陵转鲁南山地视察，沿途迭遇汤关李诸将领，得悉半月来我忠勇将士，为牵制枣台间敌之侧背，并断其归路，无日不在迂回线上浴血奋斗，吃苦最大，收获亦多，自敌在台庄总崩溃，我汤部为策应正面，我孙部将残敌聚歼，时而迎击，时而堵截，立功尤伟，现残敌企图由峄县穿山地窜胶东，决难得逞。（中央社）

【临沂十五日电】敌自台儿庄惨败后，积极设法增援，本月十日至十二日，自晋省转移济南之敌约万余，一部开往东胶，十四日步马两千，汽车百辆，由胶东开莒县汤头镇等处，现临等处，现临沂正面敌增援约三千已到达，即开始向我阵地攻击，其后续部队尚有三千，我亦有生力军加入堵截。（中央社）

【徐州十七日电】我军某部十四日拂晚向韩庄攻击，我军已进占韩庄车站。

摘自《申报》1938 年 4 月 18 日　　第二版

大股敌军增援临沂　鲁南战事再度紧张　津浦全线我兵力大调动生力军北上增援　敌分三路南犯图援峄县现正与我激战中　汤恩伯部封锁临峄间交通力阻敌军会和

【汉口十八日电】日军在山东东南部之进攻，各方伫候已久，至昨日深晚始发动，当时临沂附近之华军阵地，曾被日军猛烈进袭，今尚在激战中，华军当局现正调兵赶往该处增援，今日津浦线兵力，极多调动，惟实际情势鲜有变化。（路透社）

【徐州十九日电】顷据军方确实探息，敌军开鲁南者，计有由沪续开青岛之一〇二加柄三部一师团，由关外及平汉等方面调来一师团半以上，由国内抽调开往青岛登陆约一师团半，总共四师团以上，预计在本月内，敌我当有大规模决战，前途惨烈情况，当更甚于台儿庄之役，如能再将顽敌一鼓而击破之，则华北之敌必将整个崩溃也。（中央社）

【临沂十八日电】沂河西岸之敌，因由青岛开来援军六千，气焰又呈猖獗，昨分三路来犯，侵入西岸之敌，十八日与我在城北十余里之某处相持，南岸之敌，亦越相公庄南犯，临沂又成三度兵临城下之势，我生力军已开往增援，前途即可转佳。（中央社）

【徐州十八日电】现临枣支线之敌，无法东窜，台潍公路之敌无法西来，皆由我汤部从中隔绝与封锁所致，据记者调查，汤部在鲁南作战两旬，每战必取攻势，尤以临城收效最大，第一次在郭里集枣庄之役，曾将矶谷师团之赤柴联队整个歼灭，第二次在洪山兰陵之役，复击毙敌人达一千余之众，第三次侧击台儿庄敌之侧背，并跟从追击一昼夜，杀敌逾三千，其他零细接触所予敌之打击，尤无法统计，汤部并已做到两个坚不可拔之信条：（一）无上级命令不撤退。（二）遇任何情势不溃乱，以此种精神制敌，无怪敌之摧枯拉朽也。（中央社）

正面我军　收复韩庄　冲入峄县城内　包围枣庄残敌

【徐州十八日电】我军十八日晨拂晓，已将韩庄及车站确实收复，按过去韩庄虽经我两度攻入，因系游击性质，随即退出，此次系正式收复。（中央社）

【汉口十八日电】峄县日军，曾有猛烈反攻，但被华军击退，华军随即挑派敢死队二百人，用竹梯爬入峄县城内，闻彼等曾在城内得有据点，惟日军在屋顶架机枪扫射，故华军仍未得手。（路透社）

【徐州十八日电】我围攻峄县，今仍与敌激战于县城附郊三十里内各山地，敌先期占据优越地势，故我军连日进攻颇感困难，并悉枣庄之敌，潜藏于中兴炭井，我军已将枣庄东北方面严密包围。（中央社）

向城朱陈　敌被包围　迄今无法北窜　传已悉数解决

【临沂十八日电】被困向城之敌约有六百余人，现依据碉寨犹作困兽之斗，似对峄县方面有所期待，我军十六日下午起，已开始向敌围攻，炮兵亦参加助战，激战甚烈，传十七日已将该敌悉数解决，惟尚无官电证实。（中央社）

【临沂十八日电】被我包围于朱陈之敌，困守待援，已无突围能力，其据守之寨墙，被我炮击轰坍多处，我正拼力猛攻中，又我某部在局宜、王平、小官路、大岑与敌激战，我反复冲杀，敌又增援千余名，炮十六门，向我反攻，我军奋力扑击，十七日仍在激烈应战，阵线迄无变化。（中央社）

摘自《申报》1938 年 4 月 19 日　第二版

敌续向胶东鲁西增援　　鲁南大会战即将爆发　　我调生力军分途迎击敌增援部队　　一面猛扑朱陈向城韩庄断敌爪牙　　峄县战事转趋沉寂临沂形势紧张

【徐州十八日电】台儿庄一役以后，旬日来敌之企图，表面虽以峄县为死守据点，实则在吸引我主力迟滞于峄县四周，再乘隙分由台潍公路及津浦铁路以运送其援队而解峄县之围，一面并在朱陈、向城税郭、郭里集、韩庄一带分布爪牙，胜则充其援军之侧应，败则亦可为峄县被围之敌，预布突围路线，我早日窥破敌计，除调生力军分途迎击敌之援队外，并已开始斩断敌之爪牙，连日朱陈、向城、税郭、郭里集、沙清、韩庄一带、均发生猛烈战事，峄县争夺战反转沉寂，即为我实行斩断敌爪牙计划之所致，现韩庄既被我□部收复，其他各处之敌，亦在围歼中，敌之爪牙将悉被斩断，而失其作用，增援之敌，与困在峄县之敌，已无所适从，未来大会战前途，我又先占优势。（中央社）

敌援军四师团开抵鲁南

【汉口十九日电】由津浦路前线传来之华方军报称，日方向山东东南输送之援军，共有四师团，其中一师团由上海出发，至青岛登陆，然后沿汽车路向西南进发，以期抵达临沂，徐州华军当局，不信日军生力，将向临沂方面进攻，而以为山东东南部日军，与津浦线日军，拟在泰山及峄县山地南之平原上会合，其目的一则在救援目下被困于峄县枣庄城内之日军，一则在联合上述南部兵力，向微山湖与运河间之华军，大举进攻，华方宣称，在青岛登陆之日军，已抵潍县，现分二路西犯，一路以峄县为目的，一路以向城为目的，拟解二城之围，同时由山西开来之日军，已由铁路抵济南，现正开入汶山，向山东西部前进，以图占领巨野金乡商丘，截断徐州以西之陇海路。（路透社）

临沂朱陈展开壮烈战争

【临沂十九日电】昨日我军由临沂西北六七公里之北道，奋勇向敌反攻，战况激烈，歼敌甚众，曾毙敌尉官二名，敌后方部队尚继续增加，敌军炮火向我猛攻，刻仍在激战中。（中央社）

【临沂十八日电】我军自十六晚起以坚决意志，猛攻朱陈，迭次接近敌阵，发生浴血混战，某将领限期克复该地，士兵有进无退，高级长官均

身立前线督战，战事猛烈，迄后敌增援部队开到，我军功亏一篑，被迫退回原阵，现仍在相持中。（中央社）

摘自《申报》1938年4月20日 第二版

津浦线我采运动战术 临沂以西战情惨烈 敌借猛烈炮火掩护进犯 我加调生力军北开堵截

【汉口二十日电】据津浦线李司令官长官宗仁来电话称，日军借极猛烈之炮火，掩护向临沂华军阵地大举进犯。华军阵地，虽受严重轰击，但仍在奋勇抵抗，虽寸土尺壤，亦必死力以争，临沂情势紧张。华军当局现正赶派生力军赴临沂增援。闻日军拟在炮火轰击下，即用大队步兵进攻。由前线传来之军报称，日军企图先行冲破临沂，然后向西南进犯，以期解峄县之围，按峄县被围日军，现仍在顽抗中。（路透社）

【汉口二十日电】临沂方面之华军当局，现采用新运动战术，将其大部分兵力移往左翼，以便包抄日军。但同时仍竭尽全力阻止日军向该方进攻。据华方报告，左翼华军，在抵达沂河西岸之大岑、小岑二村后，正自北南下，向临沂区之日军右翼，大举痛击。（路透社）

【徐州廿日电】犯临沂之敌，因山下旅团之铃木联队，已被我击溃，现悉系新由上海调来增援之一〇二师团加藤正部队，人数约一旅团，配有炮骑兵若干，尚有后续部队约一旅团。该敌由上海开抵青岛后，即沿台潍公路，输送至汤头，用少数部队向汤头以南警戒。主力则由此渡过沂河，在西岸船流登陆，分股南犯。自十八日起，与我在临沂西北之义堂集大小岑南北道一带激战多日，双方伤亡惨重。截至二十日，我军仍在临沂西北（费县临沂间）及西南（临沂傅家庄间）一带，将敌包围，并猛烈反攻，战事极为惨烈，我军颇占优势。我某部骑兵，廿日仍坚守临沂遴东、即沂河东岸、相公庄以西之线。并与西岸反攻之我军，相互策应。（中央社）

峄县残敌 突围不逞 济宁敌沿铁路南下川军改守韩庄城外

【徐州二十日电】盘踞济宁之敌军，大部南下增援反攻，我军一部在韩庄东北向敌袭击。峄县方面，五日拂晓，敌军向我反攻后，经我军奋勇击退。铁路正面，敌增援部队约一千左右，与南沙河我军对峙。大、小官庄（沿公路一带），亦有敌军小部队前进。（中央社）

【汉口二十日电】今日此间收到华方报告称，占领韩庄之川军，经日军之猛烈反攻，于昨晚退出城外。（路透社）

华北敌军　续开津浦　现已达三万人以上　荒木到平指示战略

【徐州廿日电】津息：连日平汉线敌军整批向津浦线开拔。十七日十八日两日又有敌两三千自平绥线过津南下增援。此间传荒木现到平，对战略上有所指示，据估计过去若干日，由平汉线以及最近由平绥线调往津浦之敌军，已在三万人以上。（中央社）

【汉口二十日电】津息、津浦线敌现继续增援，连日运输不断。十八日计有八列车过津南下。十九日计有十二列步、骑兵续往。两日来总计五千以上。此项敌军，大部自平绥线开来。另有敌军一列车，十九日由东北抵津，均系新入伍者。着新制服，未携武器。另有伪军由承大线到平，转往平绥平汉线填防。十八日敌运汽油五千箱，自津赴大同云。（中央社）

摘自《申报》1938 年 4 月 21 日　第二版

我主力进压敌军侧背　鲁南会战即将爆发　我军奉命改守临沂西南向城敌谋突围被我痛击

【本报汉口二十一日专电】据此间军事家观察，敌军此次进占临沂，又犯台儿庄一役错误，我军除正面坚守峄县东北险要地带，阻敌南下与峄县残敌会合外，已将主力布置于沂河西岸各地，向敌侧背进压，合围之势渐成，鲁南第二次大会战，酝酿成熟，即将爆发。

【本报徐州二十一日专电】十九日晨九时起，敌以重炮向临沂猛轰，下午六时，旋即向北关西关缺口处冲入，继即发生惨烈巷战，我军死力相拼，虽一街一屋，必换取相当代价，始行退出，此项巷战，继续达十二小时之久，双方俱有惨烈牺牲。二十日晨，我军当局为减少牺牲起见，下令退出临沂县城，改守临沂西南峄县东北之高地。同时，临沂西北方，我亦布以重兵，对敌侧面威胁，峄县之敌，兹亦向我阵地反攻，图策应临沂方面敌军，并谋取得联络，韩庄正面一带沿铁路活动之川军，现改守运河南岸，对北岸之敌，严密戒备。

【汉口二十一日电】华军当局，并未因临沂战事而发生焦虑，谓该方日军，总数仅有二师团半而已，纵使可以冲破临沂，亦须在台儿庄境内作

二次大战云。（路透社）

【上海二十一日电】日军计划在冲破临沂方面之华军阵线，然后继续
进兵，以救援峄县方面之被围日军，按：峄县日军，被围后屡受华军攻
击，至今仍在顽抗中。外人估计，山东境内之日军，共有五十万人，乃以
调往该省之日军数为根据，实则该项报告，颇为夸大。在山东之日军确
数，自属军事秘密，惟其是否超过二十五万，已有疑问，事实上或尚远逊
此数也。（路透社）

【徐州二十一日电】敌土肥原部队约五千人，已由平汉调至津浦增
援。（中央社）

【徐州二十一日电】二十日晨向城之敌，分两路突围我包围部队让开
道路，待敌出城时，即包抄袭击，战至九时，敌一股窜至城东之代村，又
被我伏兵袭击，现仍在派队堵击，是役毙敌百余名，该处之敌，刻急谋与
临沂西进之敌，取得联络。（中央社）

摘自《申报》1938 年 4 月 22 日　　第二版

敌倾全力猛扑津浦　鲁南展开空前大会战　我调生力军星夜向临沂前线疾进　临峄敌已取得联络冒险再犯台庄

【汉口二十二日电】大批中国生力军，日夜赶往临沂前线增援，阻止
日军前进。华军当局为准备大战起见，现正调集中日开战以来最雄厚之兵
力，较去年八月保卫上海时之兵力尤有过之。汉口华方皆称，最近之大战
将为［日本压迫中国武装抵抗最后一次之努力］。华军既在临沂城西南两
方之五六公里地，布置弧形阵线。同时广西军之精锐数师，向某一地点疾
进，拟在临沂血战开始时，痛击日军。按此项广西军队，皆勇善敢战，曾
经李司令长官宗仁之严格训练者。（路透社）

【汉口二十二日电】山东战局仍无变化，华军现在临沂后方约六公里
之地，布置新防线。华军拟避免阵地战，而采取游击战术。故各增援之游
击队，正赶往前线作战。（路透社）

【汉口二十二日电】峄县与临沂双方之日军，以取得联络，开始南
下，同向台儿庄方面进逼。闻今次大战，参加军队共有二十万人。华军奋
勇抗战，闻现仍坚守其原有阵地。（路透社）

【汉口二十二日电】据青岛报告，此间因日军队由各方征调来者，络

绎于途，赶往鲁南增援。日当局遂禁止所有外国船只航行。又据中国军界消息，鲁南方面局势，仍于华军有利，日军虽有向数要点加增生力军，作大牺牲反攻，惟无显著成效。倘日军再行深入，其两翼将大受华军威胁云。（海通社）

我军进压临沂西南　汤头残敌被我缴械

【徐州廿二日下午二时电】临沂方面我军某部在城南，某某两部在城西南，某部在城西。敌虽占领临沂，但已在我包围控制之下，失其动作之能力，故战局转趋沉寂。于是敌又企图从峄县方面进攻，以期牵制。故今昨两日峄县方面战事，异常激烈，敌军主力，用飞机坦克车及大炮掩护，向我红瓦屋与隆桥（峄县东南十余里）阵地猛扑，我早有准备，固守阵地，刻尚在激战中。（中央社）

【清江浦廿二日电】军息，诸城敌约三百余，为我军层层包围，即可歼灭，汤头有敌一部，已失联络，要求我军收编，并愿先行缴械。（中央社）

滕县以北铁道公路被我破坏敌失联络

【徐州廿二日电】我某部廿日夜猛袭滕县车站之敌，毙甚敌众。滕县以北铁道公路，又为我军破坏。又南沙河以东之光由钵山北王庄高庄张庄，均已为我占领。（中央社）

【徐州廿一日电】向城之敌，一部沿台潍公路东犯，有企图夹击临沂我军之势，我已派队堵击。（中央社）

嘉祥敌进犯　遭我痛击

【曹县二十一日电】嘉祥敌一部约三百余，携炮八门，前晚向我商村阵地进犯。经我炮击，敌伤亡士兵四五十名，毙敌中队长一员。敌不支，退窜城内。（中央社）

摘自《申报》1938 年 4 月 23 日　第二版

我生力军源源增援　鲁南敌受沉重打击　远东空前大血战即将开始
敌两路南犯一路已被击退

【徐州廿三日电】敌增援部队实不足五万人，前传增援四师团，系敌方虚张声势。惟增援部队之番号，实已超过四个师团以上，足证系其东抽西调，勉强凑合而来。连日敌得援军补充，虽幸获突围，分由临沂西南及峄县东南进犯，经我迎击，廿三日仍在米店大官庄小官庄一带相持。此数村落略位于南桥大店崖及河湾陶墩之线以南，众信目前接触，仍为第二次大会战前之序幕战。一村一庄得失，无关全局。现我全线均以崭新阵容出战，日内将有大进展。（中央社）

【汉口二十三日电】今日下午，此间收到津浦路前线华军战地司令部发来之加急电话称，日军在山东之新进攻，已受严重打击。华军不但已将觊觎台儿庄之日军击退，且向日军阵地反攻。现正在向北推进中。中国官报称〔在临沂及峄县双方之日军，拟同时向台儿庄东北一基点进犯，以便会合袭取台儿庄。该庄东北红瓦屋屯及道屯二村，现为双方争夺焦点，各在竭尽全力，以期占据一立足点。昨日该方华军阵地，曾有一时颇为危殆，因日军进攻华军防线，势甚凶猛，嗣有大批生力军开到，战局即好转。华军奋勇反攻，将日军击退。今日清晨，全线华军，一致向北前进，再度进取峄县〕。（路透社）

【台儿庄廿三日电】峄县西之四户镇，大良壁、小良壁及向东伸之各村庄，均在我军手中。由临沂南犯之敌，已被我军阻截于四户镇之北，敌军分由临沂峄县进攻，测其用意，似企图在台儿庄东北地区取得联络，然后向台儿庄长驱进迫。向峄县进犯之敌数千人，昨晚在峄县东南红瓦屋、陶墩河湾一带与我激战。该方面一度紧张，现我某部生力军开到，立刻加入作战。迨至今日拂晓，将敌完全击溃，予敌以甚大之损害。我军乘胜向峄县方面进击，此为敌方调集援军开始进攻后，第一次遭受重大之挫折。（中央社）

（汉口二十三日电）中日双方军队在临沂前线集中互相对峙，其人数之多，开战争以来之新纪录。远东破天荒之大血战，行将开始。此役自关于双方之命运者，至重且大。据华方报告，峄县日军，向台儿庄东北红瓦屋屯及峄县东南约十公里之兴隆桥两处之华军阵地，不断猛攻。日军借炮队飞机反机械化部队之援助，显欲冲破台儿庄以北之华军阵线，以威胁临沂线华军之后方。日前保卫台儿庄之孙连仲军长之第二十六军，现仍坚守李口。汤恩伯军长之第十三军，则坚守台儿庄东北之小良壁及四户镇。（路透社）

【徐州二十三日电】我李部二十二日收复临沂西南之朱陈。（中央社）

军委会政治部发表 慰劳前线将士书

【汉口二十二日电】国民政府军事委员会政治部，顷发表慰劳前线将士书，原文录次：

英勇的前线将士们，敌人占领了南京以后，就开始作第二期的进攻。在这期内，我们英勇的前线将士们，你们造成了不少光荣的纪录，改变了整个抗战的形势。

敌人在这第二期内，起先是想打通津浦路，从南北两段进攻，这个企图不能成功，又改变方略，在山西和河南的北部，分好几路进犯。然而进犯的结果，虽各路深入，都被我军包围截断，不能得手。于是又从新进犯鲁南。但敌人从青岛登陆南下的板垣师团，在临沂被我歼灭。沿津浦南下的矾谷师团的先头部队，也被我军在韩庄临城枣庄一带歼灭。板垣和矾谷师团，都是敌人最精锐的军队，最近又有矾谷师团的残余部队，和其他师团共有两万余人之多，都被我军在台儿庄附近聚而歼灭。造成我军的极大胜利，我军在鲁南连战连胜，已经使这区域变成了一个消灭敌人的大战场。

敌军在其他各路，也都受着我军的牵制包抄侧击和反攻，被我军逐渐加以歼灭。山西与河南的北部是如此，长江以南苏浙皖边的一带区域也是如此，津浦南段也是如此，鲁南我军也在节节反攻，各地游击部队都把敌人的后方，作了我们的前方。空军不断的摧毁敌军，也是打击敌人的一个主要力量。

现在我国全面战争，都已由被动变为主动，由坚守转为反攻，对各路敌军逐渐加以歼灭。抗战形势，已经变成完全于我有利的局面。英勇的前线将士们，这都是你们前仆后继浴血抗战的成绩。

敌人在华已经到处受到我军的打击，他们的速战速决的计划，已经完全失败，他们的勇气，已经完全挫折，他们的士兵，是受了他们国内疯狂军阀的压迫而来的，他们国内的人民厌战，已经将反战运动一天天扩大起来。我们则是为了正义而抗战，为了保全民族的生存而抗战，我们全国的军民，是手携手的，对着一个最高尚的目标前进。

英勇的前线将士们，我们全国的军民早已合成一体，打成一片。你们在前线奋勇杀敌，为保民卫国而牺牲。在后方的人民，更加紧了各种后援的工作，更努力于优待军人家属的运动。全国的人民，都要贡献一切的力量，与军队相配合，以争取最后的胜利。

英勇的前线将士们，你们在前线浴血抗战，已引起了后方人民极大的尊敬爱护和兴奋，我们敬向你们致最真挚的慰劳。同时，我们大家知道，目前胜利固然伟大，然而远不过是长期抗战最后胜利的开始，后方千千万万的人民，都希望你们再接再厉，步步前进，收回失地，驱逐敌人出境。

英勇的前线将士们，这是后方人民最深切的希望，我们相信，这也是你们最高的志向，最大的愿望。（中央社）

摘自《申报》1938 年 4 月 24 日　　第二版

敌图绕道切断陇海东段　猛袭右翼郯县邳城　我予迎头痛击现正激战中　敌如再败东京政府将动摇

【上海二十四日电】徐州大战，关系甚为重要，究竟中国受挫，抑或日本再度被创，现尚未知。不过中国如受挫折，尚可忍受，日本则否，苟日本再不得逞，则皇军声威扫地，战事更须展长，甚或使其侵华一举，终归失败。东京政府，发生动摇，此战之重要，可于陆相杉山来华视察前线归去，发表谈话一事见之。日军各将领，经奉命全力进攻徐州，以补偿台儿庄丧师之损失。此次于杉山来华，即为向日军将领面授机宜，有等军事观察家，曾将华军台儿庄胜利，与西班牙政府军之台鲁尔胜利作一比较，认为华军无疑已得大胜。不过以为华军追蹤进攻其他日军阵地，似属不宜。在日军未占领徐州，打通津浦线以前，将华北华中两伪组织，加以合并，实不可能。又据消息灵通者估计，日军自津浦线北段进攻徐州之兵力，约有十五万人，华军则有五十万人，日军炮队及机械化部队，虽较华军为优，但黄河天然形势，对于华军有利。倘河水泛滥，数千里内顿成泽国。故华军可以以举手之劳，而使日军陷于完全不能活动。如日军此次攻徐失败，其处境极为严重，因其在华兵力已无可增调，势不能不向国内乞师。军事家对华军是否死守徐州，多不允预测。不过认为战事形势如发生变动，华军宜乘时撤退，无久留之必要。（路透社）

【徐州二十四日电】由峄县向东南进犯步炮联合之敌约三千人，经红瓦屋屯颜庄河湾之线活动，似有窥我邳县西北之向墩连防山模样。我军据报，迎头痛击，廿三日下午敌与遭遇于半步店，激战至黄昏，敌气大馁。我即加紧反攻。廿四日该敌已回窜。（中央社）

【东海廿四日电】临沂西南之敌，廿三日晚越米庄进犯郯城。该地廿四日仍有猛烈之争夺战。又郯城西北我某部，廿三日晨由山东庄及邹家埠

桥附近强渡燕子河，攻击当面之敌。与敌在农山墟邹家埠激战，毙敌极多。廿四日仍在相持中。（中央社）

【曹县二十四日电】敌约二千余，炮八门，由滕县临城分途向我某支队阵地迂回攻击。二十三日午至晚激战甚烈，我某旅奋力抵抗，反复肉搏，毙敌两百。刻仍对峙中。（中央社）

【汉口二十四日电】中日双方现仍大举向鲁南增援，料不日该地带将发生中日间最大剧战。又华方承认，临沂西南于星期五日，被日军占有数据点，惟日军损失极重。华军每失一寸土地，必向日军取偿甚大代价。又日军攻入朱陈，将被困二周之日军数百名解围。又峄县城内被困日军，屡欲以高度机械化部队冲破城南华军阵线，但卒被击退。又韩庄撤退之华军，现已与包围峄县部队会合。又日军运用渡船廿艘，企图偷渡运河，袭击华军后方，但被华军预为戒备，卒不得逞云。（海通社）

【徐州廿四日电】李司令长官，以此次鲁南获胜，承各方捐金慰劳。截至四月廿日止，共收到捐款六一、七五九·九六元。除提发徐州民众总动员委员会九、七五九·九六元，慰劳负伤官兵外，余款已分配发给参战部队，以昭公允。现已电饬各该部队派员具领。（中央社）

摘自《申报》1938 年 4 月 25 日　　第二版

增援军陆续开抵前线　鲁南我军全线总攻　敌主力南袭郯邳遭我痛击
我重军压敌侧背战局转佳

【本报徐州二十五日专电】近数日来北段战局，显见紧张。敌除于临城滕县方面，向西佯攻，分我军力外，峄县枣庄之敌，沿铁路向我正面台儿庄猛犯，而以新近开到之生力部队，约数万人之众，自临沂循公路南下，疾趋郯城。该城防御力本甚单薄，故于廿三日竟告失守。另有敌主力一股，约一师团众，附有炮兵坦克等机械化部队，亦由临沂循峄台支线东侧，经四户镇向邳县猛扑，一时陇海东段，颇有被切断之虞，我军事当局得报后，即调生力军向运河东岸迈进，阻郯城敌于城南，复与进窥邳县之敌，在连防山附近遭遇，一面调原在鲁南山地一带运动攻击之某军团，向该两路之侧背进压。廿五日晨，并下令各路总攻，大局兹已转危为安。预料三五日内，战局常有惊人开展。

【汉口二十五日电】昨全日山东南部郯城附近有激战，但至深夜，仍未闻日军或华军有何重要进展。日军之战略，仍由临沂南下，冲过郯城，在山东江苏边界附近之新安镇，截断陇海路，如此举成功，不但陇海路将有一处被其截断，且可沿铁路向徐州进犯，使华军右翼，受严重威胁，届时在台儿庄以西之华军，亦将被迫向运河撤退。另有一路日军，向江苏省运河东岸邳县猛进，该县离铁路不过六英里，惟仍在华军坚守中。（路透社）

右翼方面　转危为安　我阵线始终保持联络　援军开到后战况转佳

【台儿庄廿五日下午三时电】鲁南我军阵线始终保持联络，予敌以猛烈夹击。自昨日下午，迄今日中午，战况综报如下，郯城我军曾一度向南撤退，俟增援部队开到，今晨已向敌开始猛烈反攻。台庄东北之陶墩河滩一带，我某某两军取得联络，并有生力军加入作战，已大有进展。敌军昨晚由四户镇方面，向邳县以北之连防山我军阵地，猛烈反攻，企图由此线进迫邳县，当与我军发生激战，邳县附近我已有大部增援，可告无虞。我某部由鲁南山地向西袭击，四户镇以北一带之敌，当不及后头，其小部队被我击溃后，仍由四户镇增援，与我在四户镇附近激战，峄县正面敌进犯郝家湖。在临枣支线之西天柱山獐山仍在我军手中，卧虎寨一度失守，已于昨日克复。（中央社）

峄县敌军　猛攻台庄　我军三纵队奋勇抵抗　敌被阻庄北七英里处

【汉口廿五日电】峄县日军，现正猛攻台儿庄。华军三纵队在台儿庄北七英里之阵地中坚决抵抗，日军迄未得逞。（路透社）

【汉口廿五日电】今日破晓，华军当局下令，在台儿庄以北全线总攻击，以期驱逐由峄县向台儿庄南下之日军。至今日晨间，华军总攻击之结果如何，尚未探悉。（路透社）

【汉口二十五日电】昨日鲁南日军，反攻阵线延长五十公里，向临台公路与陇海铁路南犯，惟闻华军竭力抵抗，并将柞城镇夺回，同时收复朱陈。又峄县城内被困日军，不停向外猛攻，企图突围与临沂方面日军联合。又韩庄战事，仍甚剧烈。日军连续不断向运河南岸华军阵地炮轰，昨日陇海铁路，全日输运中国军队甚忙。又外国军事观察家称，料在日间华军，将施展全力，将日军击退，以保卫陇海铁路云。（海通社）

摘自《申报》1938 年 4 月 26 日　第二版

津浦右翼爆发决战　我军两面夹攻郯城　双方主力激战台儿庄以东
犯邳敌军被阻县北连防山

【汉口二十六日电】山东华军自昨日反攻，阻止日军向陇海路进逼后，局势大见稳固。向邳县前进之日军，在其北六英里处被阻。临沂西南方之华军，闻已南移威胁郯城日军之后方，现向该城西北门进攻中。现有战线，系自峄县南之山地，展至台儿庄北之各乡村，然后向西南行至邳县，又由邳县展至郯城附近沂水西岸之某地。中日两军主力，闻现在台儿庄东及邳县东北各点对峙中。韩庄济宁方面，亦有战事，惟仅为小规模接触，华人方面谓，山东南部战事为［决胜负之战争］，虽非［最后决战］，但足以决定战局之结果云。（路透社）

【汉口二十六日电】在台儿庄东北陶屯河湾拒敌之两路华军，昨与新开到之生力军，密切合作，向台儿庄附近之日军阵地进攻。据华军公报称，该两路华军颇有进展，又进击邳县之日军，在邳县北之连防山，被华军击退，华方生力军，正向邳县赶运中。（路透社）

【汉口二十六日电】据华方报告，日军昨日先以猛烈炮火密集轰击数小时，共约五千发，掩护坦克车二十辆，向运河与陇海路交叉要点之华军坚固阵地，大举进犯，惟华军生力军及时赶到，始将日军击退，保持原状。又昨晨日军攻陷郯城，但至晚双方仍在争夺中，未分胜负。两军终日在郯城内发生巷战。又峄县南方，昨日中日两军争夺峄台支线，双方仍在相持中云。（海通社）

【曹县二十五日电】某方面情报，自十七日迄廿四日由沪晋冀等处转赴鲁南之敌，已达五万余，炮百余门。最近敌由鲁南运回济南之伤兵及尸体，约两万余，已由各口渡河向北运去，中有一部伤兵，闻系于其施放毒瓦斯时为逆风倒吹，自受其毒所致。（中央社）

【徐州二十六日电】我军向郯城之敌反攻后，昨晚在城边激战，尤以郯城以西马头镇为烈。峄县东南与我对峙之敌一部，窜入萧汪迂回，我遂转移阵地，自兰城店至张楼丁家桥戴庄等处，成一平直线，阻止该敌前进。（中央社）

摘自《申报》1938 年 4 月 27 日　第二版

鲁南我军开抵指定地点　邠县以北战情惨烈　连防山四户镇成战事重心　郯城敌在马头镇与我激战

【汉口二十七日电】日军自冲破峄县东南之华军阵线后，即进逼台儿庄之华军右翼，该方华军阵线，自兰城店起经张西、丁家桥至台儿庄。据一中国战报称，韩桥北兰桥方面之日军一队，昨向华军阵地攻击，但被击退。津浦线临城北滕县附近，亦有激战。（路透社）

【汉口二十七日电】此间今日收到华方报告称，邠县北连防山一带之华军阵线，经五日夜不断之攻击，曾略向南移，按邠县在江苏境内，在陇海路北十二英里，现为该方日军之直接目标。短小精悍之云南健儿，经千余英里之长途跋涉，由其本省开来，今在台儿庄之东北，首当日军之冲，因日军现正向该方大举进犯也，该项云南健儿，勇敢善战，虽经敌军大炮飞机及坦克之猛轰，仍坚守阵地，决不使敌军重占台儿庄之寸土。国民政府今日特去电奖勉，对于彼等之作战英勇，表示钦感。（路透社）

【台儿庄二十七日电】鲁南我军各部队，均已到达指定地点，某部昨晚由连防山东北向连防山之敌，开始进攻。同时我某某两部主力，夹攻四户镇侧背，颇为得手，该处已为战事重心，兰城店争夺甚烈，我有新增部队，敌进攻已受顿挫。（中央社）

【东海二十七日电】郯城敌分为二路，一路在马头镇附近，一路在马头镇东南关帝庙附近，与我激战中。（中央社）

【上海二十七日电】日军发言人，今日于招待报界时宣称，日军已于昨日将台儿庄邠县区之据点洪山沟上占领，其结果已使日军更能深入华军阵线。最近之将来，必有更大之发展，华军在此两据点，筑有坚强之工事，故日军之占领两地，对于军事上极为重要。同时由南向北进攻之军队，已由南通州向西北推过，已占领盐城。（路透社）

连防山苦战四昼夜　高鹏全团殉国　以寡敌众至死不退全团牺牲　高鹏灵榇过徐民众泣不成声　抗战史上悲壮光荣一页

【徐州二十七日电】记者于二十日经邠县转赴前方观战。是晚，我关麟征军奉命在邠县以北二十里之连防山及某某等处布防，敌不下一师团之众，于次晨即到达阵地前方，黎明开始，向我连防山阵地攻击。我守连防山之部队，为关军张师高团全部，计自廿一日至廿四日，敌主力连续指向该处猛攻，不下数十次。我高团全体官兵，奋勇博战，迄未稍动，关军长日夜均在前线，严督所部，指授机宜。敌屡犯屡溃，卒未得逞。自廿四日晨以后，敌更集中轻重炮五六十门，并以飞机五六架协同，更欲连续向连防山阵地轰击，围堡墙屋，悉为炸平。该团坚支四日，伤亡殆尽，高团长犹自裹仍挥众力予巷战，反复肉搏，敌之伤亡更数倍于我。四日来，当在三千以上，终以敌源源增加，到处攻击，我守连防山之高团，自团长高鹏、营长楼浩联、曹云剑、姜玉振，以下全体官兵，多作壮烈牺牲，仅余数十人，尚与敌争夺，至死不退，终至全团殉职，其光荣报国，可与南口战役互相辉映，又记者目睹该部官兵战斗精神之强盛，技能之优越，实出人意想之外，尤其由士兵口中所询得之战斗实事及经验，记者认为系战术上无价之至宝。（中央社）

【徐州二十六日电】关军张师明令参加台儿庄会战最著勋功之高鹏团长，此次在连防山奋战阵亡，其灵柩廿六日过徐时，各界均往车站致祭。妇孺均泣不成声，按：高氏曾于长城抗战时负伤一次，去冬稳定平汉线之漠河战役，又负伤一次，今则为国捐躯矣，若高氏者，诚可为模范军人，民族英雄也。（中央社）

摘自《申报》1938 年 4 月 28 日 第二版

李宗仁发表谈话　鲁南会战我军必胜

【汉口二十八日电】华方援军，已分别开抵山东南部之各指定地点，随即发动全线总攻击，日军图由邳县截断陇海路，目前战事中心，即在邳县北及台儿庄东之四户镇，闻华军现向四户镇日军之侧面及后方夹击，兰城店方面亦有激烈之争夺战。另一军报称，由郯城进犯之日军三千余人，于本星期二（二十六日）晨向华军阵线之前后夹击，经激战后，于当日下午溃退，自南老口、北老口、冯家窑，另有日军两队，由郯城出发，一队向马头镇附近进逼，一队向马头镇东南之关帝庙进逼，现尚在激战中，左翼泥沟之战局，未有变动，华军当局，对于山东南部之战事结果，表示绝对有把握。又云，徐州绝对不能为日军所攻破，按：该地不仅为日军此次战争之目标，且为津浦线华军司令长官李宗仁氏之大本营所在地也。（路透社）

临峄支线敌力单薄　伤亡过多无法补充

【徐州二十七日电】据报峄县城内有敌仅五十余名，县西北高地约二百余人，峄县东南嘉鱼寺附近约万余人，刘匪桂堂约三四千人，附轻重机枪甚多，坦克车四十余辆，汽车廿余辆，炮百余门，骑兵甚多，战斗时以刘匪为前驱，二十五日午敌汽车九辆，载敌兵数百名，运入枣庄中兴医院，该处并有敌二百余名，西门外被我击坏之坦克车汽车各三辆，山炮二门正在修理中，敌伤亡无法补充，现调中兴矿警四百余。开临沂作战，临城沙沟一带敌番号，为第二方面军团，队长名小田，临城南铁桥被我破坏，齐村有敌飞机场，每日有敌机数架起落。（中央社）

敌军数千南下增援　左翼敌军蠢蠢欲动

【曹县二十八日电】敌此次增往鲁南部队，号称四师团，大部均由台潍路南下，其由济南沿铁道线南来者，廿五日午已有千余经过泰安，其后续部队仍源源不绝。截至廿六日晚七时正通过泰安徒步南进之敌约有五六千众，均系步兵，军容不整，沿途骚扰不堪。铁路两侧居民，已逃避一空。（中央社）

【曹县二十七日电】敌步骑二百余，廿五日午由界河方面向北行进，经过下看铺时，被我□旅部队突袭，当场毙敌十余，马廿余匹，余敌狼狈北窜。同时敌铁甲车向我发炮七十余响，以其扫射不准，我无损伤，两下店之敌百余亦欲蠢动，刻在小苗庄与□团对战中。又嘉祥敌百余，二十五日早五时分占新桃河一带民房上警戒，七时有敌汽车廿余，载麻袋木箱等物，由济宁开赴嘉祥，空车于十时许开回济宁，似为输送辎重，准备南犯。（中央社）

某军转战鲁北　屡建奇功　民众携械相从伪军纷纷反正　鲁第五行政区伪逆先后伏法

【曹县廿八日电】我某军月来在鲁北惠民一带，挥兵杀敌，屡建奇功。去年底该军以短枪十三支，冲入河北庆云县城，收缴敌伪枪支二百六十余，一时声威大震，各县武装民众，纷纷携械相从。旋又率部将乐陵阳信敌军驱逐，集有兵力六千余众。时敌正向黄河南岸进犯，以后方受到威胁，一切接济均感困难，乃回兵反攻，该军奋勇抵抗，死守乐阳两城五十三昼夜之久，共计大小卅余战，终以弹尽援绝，牺牲过重，乃率部突围而出，六千大军，生存者数仅七十而已，沿途复遭截击，最后仅余九人，此九员壮士，当晚赴利津之台子庄潜伏，徐图再起，远近各县民众，随纷纷派人秘与联络，不及匝月，即又集有两千之众，二月廿八日首向利津之伪军进攻，数小时内收复县城。伪团长王凤五伏法。各县伪军，摄于声威，纷纷反正，惠民县城亦于三月七日，正式克复，现利津沾化无棣阳信渭县蒲台惠民商河开城等八县政治，均已恢复常态，县长均在城内照常办公。德县平原县临邑乐陵等四县，亦无敌踪，惟社会秩序，尚未完全恢复。总上所述，惠民为中心之山东第五行政区，除济阳城内有敌卅余人，县政由伪维持会会长郭百祥盘踞外，其他各县之主权行政，均尚保持其完整状态。（中央社）

摘自《申报》1938 年 4 月 29 日　第二版

鲁南二次会战首次捷音　我军完全克复郯城　我分三路夹攻歼敌千余人　军事当局限期收复马头镇

【运河站二十九日下午六时急电】我军某部廿九日下午五时完全克复郯城，歼敌千余人，刻正分向十里铺及马头镇（郯城西北十公里）追击，并限令二十九日晚收复马头镇。此为鲁南第二次大会战中之首次捷音。（中央社）

【东海二十九日电】鲁南战事形成相持局面，郯城方面敌军刻已遭受我军三路夹击，一向郯城正面进攻，一向深入郯城西南十区沟大王庄一带之敌迎击，一则向西北迂回。现战况甚烈，台庄东北阵线无大变动，兰城店我敌各占一半，仍在争夺中。连防山无激战。（中央社）

【汉口二十九日电】一华军发言人，昨晚告路透社访员谓，华军必可将鲁南日军之大举进犯击退，又称山东战事之结果，可于五日内决定。在上次台儿庄战役，华军将敌人包围，其胜利之原因有三：（一）台儿庄之范围甚小，故有包围可能。（二）日军后方之交通被破坏，使其援军及军需品，无从接济。（三）华军较日军为多，故得在各军事要点，集中重兵，日军欲冲破包围线，极为困难。最近山东战事，日军亦图采取包围战略，陷华军于包围圈之中，其包围线竟自峄县展至邳县、郯城、蚌埠、怀远诸地。但华方援军及接济，目前仍可自由抵达之。鲁南日军，现已筋疲力尽，其迭次进攻失败，足见已无战斗能力，此因日军由其他战线开来，长途跋涉，已疲敝不堪，不予休息即行开始进攻，故成强弩之末耳。（路透社）

鲁南全线激战　战线蔓延五十英里　泥沟敌军伤亡近千

【汉口二十九日电】鲁南战线自峄县至郯城，共长五十英里，全线均在激战中。日军向邳县北及台儿庄东北进攻尤烈。郯城日军曾于本星期初采取迂回战略，占领邳县东北之军事要地虎山及郭山。据华方消息，该二处于本星期三（二十七日）又为华军克复。华军游击队，在日军两翼活动，准备向临沂及郯城间之日军阵地进攻，其目的则在威胁进攻邳县之日军后方。中国官报称，津浦路东黄河北岸之鲁北五县（即利津、沾化、无棣、阳信、渭县），已被华军游击队收复。（路透社）

【汉口二十九日电】据今晨发表之华方军报称，日军在台儿庄之正北及东北进攻，但鲁南战局，仍无变动。星期三（廿七日）晚，华军在泥沟及黄庄之阵线，被日军进袭三次，但每次悉被击退。日军损失共九百人，该方战事，已成相持不下之局。台儿庄东北之日军，现向两廊山进攻，并无显著发展，日军约一千名，仍坚守郯城附近之关帝庙。另有三千名左右，则坚守马头镇，华军现已开往各该方向日军阵地进攻矣。（路透社）

双方续调援军　以数言我倍于敌军　以质言敌兵疲力弱

【汉口二十九日电】开往鲁南之日本援军，因铁路及公路被中国游击队所破坏，仅有三分之一由铁路运抵前线，其余三分之二，悉由济南步行而来。据华方发言人称，鲁南敌军已在他方经一个月之战斗，故其实力已大为减少，反之参加前次台儿庄战役之华军，早经调后方休息补充，现在前线作战者，悉为生力军云。（路透社）

【郑州二十九日电】据华方报告，现在集于津浦路之华军，逾百万人，日军只五十万人，此为中日战事开始以来最大军队集合，惟华军何时发动总攻阵线，现仍未悉。目下双方不停运输军械上前线，日军多由山西及河北两省调来。故此两省日驻军之数大减，而该两省之中国军队及游击队，则仍保持其实力，待机发动。（海通社）

政治部慰劳团　考察津浦前线　据谈前线军民合作　益信我操最后胜算

【徐州二十九日电】军委会政治部设计委员郁达夫、李侠公、杜冰坡、罗任一、庄智焕等，日前来徐转往前线慰劳英勇抗战将士，现已分别回徐。记者昨遇郁氏，承告此行观感，谓此次我们奉政治部之命，前来慰劳将士，一面也想看看前线的情形，如军民合作的现象，士兵风纪的整备等等。我们到了台儿庄，到了利国驿。从前线归来，感想很多，而最重要的一点是因此次的实地观察，更加强了我们最后胜利的确信，分开来说：（一）我们的士兵已经有了十足的自信，觉得敌人的炮火、战车飞机的乱轰乱放，终抵不过我们的忠勇刚毅。（二）是老百姓敌忾的加强。敌人轰炸得愈厉害，□□掳掠得愈凶，老百姓的自卫与协助的工作也做得愈周密。台儿庄一役，敌死伤万余人，郯城邳城峄县诸线敌人的伤亡，每日总在三四千人以上。敌人想雪台儿庄的奇耻大辱，用其疲惫之各路线兵集中于津浦南北两段，未战就先已露出败兆。因为这类残兵都已苦于久战，思乡心切，虽勉强集中，实早已丧失了英锐的战斗能力。这于这一次检阅了许多俘虏及战死者的手记家信及日记之后，尤其明白，最使我们感觉奇异的，是在台儿庄作战的许多华北驻军板垣矶谷部队的手记，他们都是与"二二六"事件有关的青年将校及士兵，在他们的日记中，我们见到了"被役前的错误观念害怕了"等忏悔懦怯之词。此外的感想还很多，当于回武汉之后再慢慢地写出来。（中央社）

摘自《申报》1938 年 4 月 30 日　第二版

郯城得而复失　鲁南战事突转剧烈　邳北敌三度南犯均被击退　我经增援后开始二次反攻

【徐州三十日电】邳县北部之敌，廿九日晨至午，又举全力向我虎皮山一带阵地进犯，三次均被击退。（中央社）

【东海三十日下午二时电】顷据前方电话称，昨日下午我某某部两部协同向郯城西南关帝庙进攻，敌即向郯城溃退，我军遂乘胜克复郯城。迨至昨日下午，敌调援军拼命反攻，我为避免牺牲计，暂仍退出郯城外，我已增援，开始第二次进攻。（中央社）

【汉口三十日电】据今日华方报告称，华军自昨日薄暮，占领郯城后，又向西北马头镇及十里铺推进。据徐州发来之详细报告称，郯城区内之华军，于本月二十八日晚开始总攻击，日军于昨晨起开始向郯城撤退，立即将城门关闭，把守城墙。华军当分三路攻城，经数小时之激战，中国混在城内之便衣队，起而响应。在此后之混战中，华军用竹梯爬城，结果经终日之血战，至昨日下午五时，华军将郯城完全占领。（路透社）

【徐州三十日电】峄县方面我军，由戴庄之线，搜索前进后，当面之敌，三十日晨已呈动摇，并向后退。其突入胡山郭山三角形地带之敌，亦被我肃清。邳县北部连防山附近之敌，多向西北溃退。马头镇方面，现正激战中。（中央社）

【汉口三十日电】华军公报称，据最近前线消息，中日两军在鲁南之情势，仍无变化，郯城区内之华军，分三路反攻，一路进攻日军正面，一路攻向台儿庄，另一路进攻郯城东北之日军阵线。现仍在激战中。台儿庄方面，并无新发展，双方仍在争夺兰城店，及连防山、连防山西之胡山郭山，于本月廿八日为日军占领，华军现已猛烈反攻中。（路透社）

摘自《申报》1938 年 5 月 1 日　　第二版

鲁南战况转佳　我军再度包围郯城　邳县台庄间各村相继收复　未来大战将在马头镇爆发

【台儿庄一日电】我军现开始第二度包围郯城，颇有进展，城内敌军似有准备突围他窜模样。兰城店之敌，已被我军歼灭大半，我已进占兰城店。（中央社）

【汉口一日电】山东东南部之郯城，离陇海路仅十二英里，为一军事要地。在过去十二小时内，该城在中日二军争夺中，彼此易手，已二次以上。按星期五（二十九日）晨，华军在郯城南总攻击获胜，即乘机向该城进攻，至当日薄暮，将其克复，但据中国战地司令部向汉口报告之最后消息，日军自援兵开到后，开始作猛烈反攻，又将该城占领，同时中国援军，亦已陆续赶往，行将再度搏斗，郯城东之马头镇，居战局之枢纽，该地将于数日内发生极激烈之血战。华军已有一部分攻入台儿庄东之日军阵线，并将马店及界河二村占领，以减轻邳县方面之压力。日军现正计划反攻，以图恢复失地。日军为预防华军沿津浦路前进计，已在韩庄至台儿庄线，匆匆设置防御工程，并占领济宁南面三十公里南阳湖畔之南阳镇，至

津浦南段之日军，已在蚌埠与怀远集中，显拟在短期内北犯，以声援鲁南日军。（路透社）

【汉口一日电】现目鲁南战事，戴庄前日曾被日军一度攻陷，华军经于昨日收复，惟附近战事，仍甚剧烈，日军再向邳县进攻，但被华军击退，卒不得逞。据华方宣称，日军损失死约二万名，伤约华军五倍，邳县与台儿庄间，多数村落，经被华军克复。（海通社）

【台儿庄一日电】邳县东北西北拐南居十字沟之敌，已被我军击溃，毙敌甚众。各该地已为我完全占领，犯我南港（邳县东北）之敌，昨自晨至暮，数度向我猛扑，经我官兵奋勇出击，敌不支，向半庄溃窜，我军跟踪追击，当将残敌肃清，并占领半庄。（中央社）

我军准备　正面决战　陇海平汉路暂停客货运　赶运大军东开津浦增援

【汉口一日电】据中国军事方面消息，现目战事乃大战之前夕，目下双方正调集补充军队，然后作正面决战云。本社记者曾往前线巡视十四天回来，获有甚佳印象。中国人无论上下朝野，对战事甚抱乐观。自信必能将敌寇侵略制止。在津浦一带，中国军队，纪律极佳，机械与运输方面，甚为充足活动，由陇海路至徐州一段，地方安谧，在华军手中之平汉与陇海路，连日军运不绝，客货运暂行停止。在徐州前线，中国有大军参战，但机械化军队数目，视日为逊。众料中国在徐州线，将取守势。又平汉路方面，日军部队，实力不足，无进攻能力，将被中国歼灭云。（海通社）

【汉口一日电】津讯，敌军继续向津浦线调军增援，廿九日有三列车过津南下，卅日又有炮兵二列，骑兵一列续行，其炮兵所用之大炮口径甚大，卅日晚又有一列车四百余人，由济过津南下，另有军用品两列车同来。（中央社）

摘自《申报》1938 年 5 月 2 日　第二版

我集中全力　猛扑马头镇敌阵地　敌师团长山田被我击毙　南段我军攻克如皋来安

【汉口二日电】汉口华军事当局，对于各路战事，甚抱乐观，并相信下周山东战事，华机将有惊人进展云。（海通社）

【汉口二日电】华军现方集中力量，进攻郯城西马头镇之日军阵地，因该镇形势险要，一旦占领后，即可完全控制郯城区也。据华方消息，敌某师团已抵郯城，为板垣师团增援。另有一部分驻在邳县以北，昨日华军进攻郯城西南之日军阵地，进展一英里，冲入日军第□道防线，同时韩庄日军，拟渡过运河，又进犯台儿庄至皇庄线之战事，特为激烈。昨日破晓，经猛烈炮战后，华军即开始反攻，邳县以南之战事，陷于僵局，双方皆在山中建筑坚强工事，相互对垒。（路透社）

（清江浦一日电）敌师团长山田奇二朗，在郯城为我军击毙。（中央社）

蒋委员长　昭告国民党员　军事已有长足进步　胜利前途愈觉光明

【上海二日电】蒋委员长昨向全国国民党员通告，谓抗战已转入第二阶段，形势虽仍甚严重，但军事已有长足进步，正规军与游击队合作甚佳，敌军已有穷竭征兆，胜利前途，愈觉光明矣。（路透社）

摘自《申报》1938 年 5 月 3 日　　第二版

鲁南二次大战爆发　我军昨晨起向敌总攻　邳北一役歼敌万余名

【徐州三日晨十时电】我鲁南前线各军，三日晨拂晓开始向敌总攻，刻正在顺利进展中。举世瞩目之鲁南第二次大会战序幕，至是正式揭开。（中央社）

【广州通讯】第某战区司令长官李宗仁，昨电五路军驻粤办事处告捷云，特急△密，鲁南最近情况：（一）郯城西南之西北拐捷庄之敌约三千人，（廿八）日为我军击破，毙敌八百，残部向十字沟溃退，郯城马头镇在我围攻中，（二）一周以来，敌板垣矶谷两师团及伪军一部约四万人，向我邳县东北之陈家场涧下庄及台儿庄东北之禹王山陈家渡兰城店一带阵地猛攻，卒赖我军沉着应战，步炮协同作战，计毙敌万余。今日敌气焰锐减，我军虽有伤亡，但士气旺盛。

【汉口三日电】据昨晚此间华军发言人向报界称［目前华军不仅在鲁南占优势，且在晋冀豫皖江浙等省亦渐有利］，又称，［华军现分三路围攻郯城，主力由南进攻，左翼向郯城西之马头镇进攻，右翼则向东北围攻日军侧面，日军主力分两队南犯，一队推向津浦路东南，一队则由临沂推向津浦路西南，此两队日军一旦会合后，料又进犯台儿庄，日军在上周屡攻华军阵地，死亡甚众，华军阵地未有变动。据前方报告，日军攻势已衰

疲，从南京芜湖调至蚌埠及和县之日军，亦未有何进展，盐城方面之日军，业已被华军阻住］。（路透社）

关麟征部杀敌邳北　奠定会战胜利基础

【运河站三日电】敌自上月十八日起增援，向我反攻，其用专攻我邳北县部阵地者，现查明为第三第六两师团，及片野板本等支队，约近二万人，原期一举占我邳县，西出运河，直趋徐州，经关麟征军在连防山虎皮山一带攻击，敌死伤过半，我并获战利品山积。连防山虎皮山，仍在我固守中，连防山一度失守，隔日即夺回。二日夜敌为图最后挣扎，以小部约三百人，突向我连防山夜袭卒被击退，并生擒敌藤川一人，现敌已残破不堪，改守待援，决难发生任何作用，说者谓邳县北部之役，不惟在鲁南第二次大会战前，奠定我军胜利之基础。（中央社）

【运河站三日电】邳县北部我军，三日拂晓出击，当收复大小良壁。（中央社）

我大军进压马头镇　左翼郯城已被包围

【汉口三日电】据最近前线战报，鲁南郯城现已为华军完全包围，可望于最近克复。传郯城南面之华军，已达离郯城一公里之村庄，西面华军，现正进攻马头镇，若占领该镇，即可完全控制郯城区，东面华军急行队已绕过日军侧面，而抵郯城后方，由东北方进攻该城。（路透社）

【台儿庄三日下午一时电】鲁南战事，连日成胶着形势。迄至今晨，更见激烈，台儿庄以东正面战局稳定，我军就主动之地位，予敌以重大攻击，右翼郯城方面，盘踞冯家窑之敌，即可解决，右翼之敌，陆续增援约千余名，猛烈进攻，我某部坚守兴隆集邱旺之线，现某部开到协攻，战况渐趋好转。（中央社）

【台儿庄三日电】济宁敌方增加约一千余，似有南犯金乡，以窥归德之企图。禹城至南阳镇间，敌军往来频繁。（日央社）

【汉口三日电】津讯，一日、二日两日敌军已由东北开来二千五百余人进关，一部即开津浦前线，余于二日晨开石家庄，至由北平过津赴津浦前线之敌军官，则不详，随行之敌兵及军用品颇众。（中央社）

摘自《申报》1938年5月4日　第二版

鲁南我军总攻进展　突破台庄东北敌阵地　我八十万大军将合围

【汉口四日电】鲁南华军，昨晨开始总攻后，已进展数里，据前线电话报告，郯城北台儿庄东之日军防线，被华军击破，四户镇以西之大小良壁，已被华军克服，日军向北退却，据华军事家之意见谓，鲁南战局已有新进展，决战之期不远，各路华军人数有八十万之多，彼等乘日军进攻力渐疲弱之际，大举反攻。又台儿庄之东北有日援兵二千开到进攻兴隆集，但迄未得逞，鲁西方面，亦有日援兵开到，将由济宁及南阳镇两地进犯金乡，而以归德为最终目的，华军当局业已严密防范。又闻华军一队已抵达滕县之北四十公里处。（路透社）

【汉口四日电】鲁南华军，于昨晨起向日军总攻击，已大有进展，此间华军咸将是此华军大胜之征兆。昨日华军曾称，已在台儿庄区推进七英里。今日又称，昨晚激战迄晓，结果又进展五英里。据今晨此间得前线电讯，得悉华军冲破台儿庄东北日军阵线之中心点后，乃得最近之进展，另有华军游击队一队，绕过日军左翼，将临沂与郯城间之日军阵线截断，华军不仅在鲁南先发制敌，且在晋绥皖苏豫各省一致进攻，战线之长，为中日开战以来所未有，华方对于事实，特为重视，华人虽称山东战事胜利，但仍承认向合肥进逼之日军二路，曾有进展。（路透社）

【台儿庄四日下午三时电】台儿庄东北战局，我军采取新攻势，传肃清侧面敌军，以稳固我正面挺进部队之阵地，今晨由沙河镇西南侧击胡山锅山，与敌激战，两日来敌经我歼灭伤亡约五六千人，右翼方面占据郯城马头镇之敌，始终被我军监视中，昨日下午由临沂开向郯城之敌汽车百余辆，载械弹给养，中途被我截击，毁汽车数十辆，敌损失极重。（中央社）

【台儿庄四日上午十时电】（一）我中路军已到达小良壁图侧以北，敌军纷向北方溃退。（二）左翼方面我军已逼近峄南，前线阵地益形稳固，（三）右翼方面我军已占据郯城以北地带，并向临沂方面猛进，郯城敌军已为我切断后路。（中央社）

【汉口四日电】中国军事当局恐日军将集中部队改向鲁西进犯，取轻避重，遂再派军队五师，开赴前线，增厚实力，又徐州西部与沿湖一带阵线，我已加强防卫。（海通社）

【徐州四日电】临沂方面之敌千余，增援郯城，被我某军袭击于郯城

北之十里堡，敌受创惨重。（海通社）

【徐州四日电】济南近郊，我游击队异常活跃，传泰安大汶口间，已发现正规军，敌恐慌异常。

【徐州四日电】敌运输汽车百余辆，昨日载敌尸二千余由临沂附近经诸城开往青岛，闻此项敌尸为郯城邳县等处阵亡者。

【汉口四日电】运河站电，自我军收复大小良壁后，邳县之敌，处于孤立地位，今晨我军分三路猛攻，连克数村庄，毙敌七百以上，我军刻已将敌包围，敌援已断，无能为力。

摘自《申报》1938 年 5 月 5 日　第二版

鲁南我包围敌左翼　郯城西南猛烈争夺战　我长官亲临火线指挥

【汉口五日电】华军冲破台儿庄东北角日军阵地后，大举进攻，欲将日军驱逐，巩固防线，华军在鲁南布阵如 w 形，两翼西至峄县，东至郯城，而以台儿庄及邳县为最南点，华军在该两地间，渐次推进，其中心已进至最南点以北二十公里，现正极力将中心推前，使与两翼成一直线，华军一队，经向日军左翼包围，已进至郯城及临沂间，将由临沂运往郯城之日军弹药车一百辆施以袭击，津浦线南段，日军昨在临淮关以北与华军剧战，日军一度攻陷两镇，但不旋踵即被华军反攻夺回。（路透社）

【运河站五日电】郯城西南冯家窑捷庄大王庄一带，我敌五日仍在作猛烈之争夺战，五日晨我向敌数度冲锋，卒因敌炮火猛烈，尚未得手，现敌已自临沂四户两方面调兵力增援。（中央社）

【徐州五日电】台儿庄东北，我军进展廿余公里，乘机猛攻敌军右翼，郯城我军进展神速，已克马头镇南，敌退窜西北，我□旅一部今晨已迂回到达双山街，分途猛射敌背，台庄与马头镇敌均受威胁，同时我长官均上火线指挥，士气旺盛，马头镇争夺战，我毙敌一千二百人，刻敌势颓丧，该镇旦夕可下。

【徐州五日电】我机一大队，今晨八时半飞郯城台儿庄一带敌阵轰炸，投下重磅炸弹四十余枚，毁敌阵工事无算，并毙敌甚多，我军完成任务，安全飞回根据地。

【徐州五日电】津浦北段台儿庄附近，及邳县以北等地，战事仍见激烈，当前之敌兵共二万余人，土肥原由平汉线调来者一部，盖津浦之敌，原本二万人，现敌主力分布于台儿庄东北、及邳县北面、郯城西面一带，向我猛犯，企图作最后挣扎。我增援部队，连日全线反攻，截至四日晚，已转危为安，今晨各路战事，无大变化，台庄东西，我敌仍在附近村庄之西黄石山，岔河镇、胡山锅山一带血战中，我集中兵力，分路抄攻，故战况极为剧烈，附近村庄，多成焦土，迄晚仍在相持中。台庄北面曹家埠、小集、王庄、张楼、兰城店、大官桥一带，尚有激战，台庄西北以峄县西关卧虎寨之残敌，时以小部试犯我各据点，均经我某部击溃。峄县方面，我敌仍在连防山以南艾山、半步店子、青石桥一带血战中，郯城以西战事亦极剧烈，我□部反攻甚为得手，刻正继续推进中，郯城之敌，谅不久可以解决。

【台儿庄四日电】临枣台支线东侧北起大小官庄，南经小王庄、熊堡、兰城店、杨庄、辛庄，及禹王山一带，三日四日两日，我敌均发生激战，尤以禹王山附近最烈，该地我毙敌四百余，并于夺获杨庄、辛庄一役，我本可将敌聚歼，后因敌施放催泪性瓦斯，至功亏一篑。（中央社）

【汉口五日电】津讯，敌军在津浦前线作战，闻以炮兵为主力，自三日晚至四日午，共有九列炮兵由北平过津南下，准备开往前线，又连日敌死亡伤兵甚多，继续过津东行。（中央社）

津浦南段　血战序幕揭开　敌军两万以蚌埠为据点　大举北犯企图夹攻徐州

【六安五日电】敌军二万，昨今两日以蚌怀远为据点，向正北及西北大举进攻，其主力系在北向，目的显攻徐州，我大军已与敌在深淮两河发生剧战，昨日敌被挫后退，遗尸累累，今日我又与敌进入混战中，是则津浦南段血战之序幕，又重展开矣。（中央社）

我阵地被毁　改守肥河

【固镇五日电】津浦南段偷渡淮河北岸之敌，攻击受挫后，四日晨增援千余，以猛烈炮火，又向我于家口阵地进犯，我守兵沉着应战，不为所动，惟敌炮愈发愈密，前后达二千余发，敌步兵亦每隔半小时向我冲锋，激战至晚八时，虽经我予敌以重创，终以阵地全被轰平，数百守兵，牺牲殆尽，我高级长官乃下令撤守肥河北岸，五日我敌仍隔肥河相持，并数度向敌反攻。（中央社）

我空军一队　飞蚌轰炸

【徐州五日电】我空军一队，三日飞蚌埠轰炸，在机场及其他各处投弹多枚，毁敌机三架，并毁蚌面粉厂及弹药库。（中央社）

临淮关敌军　图犯固镇

【六安五日电】临淮关河北有敌二百余，并配有坦克车大炮，似有进犯固镇趋势。（中央社）

【汉口五日电】徐州电，敌由明光开江心舶，敌坦克车四十八辆，汽车百余辆，满载军用品，分向凤阳开去，又上窑敌连日有增加，兵力不详，并附重炮数门，帆布船十余艘，企图不明。

摘自《申报》1938 年 5 月 6 日　第二版

津浦全线同时激战　北段我增强已得阵地　南段敌猛犯淮河北岸

【汉口六日电】据今晨鲁南前方报告称，津浦线南北两段战事，仍在相持中，无大变动，北段华军向戴庄北部进攻，临沂日援军千名赶到，始得解围，日军分三路进扑台儿庄，惟被击退，又该方面华军猛烈抵抗，致令日军无法进展，又连日日军屡犯邳县，均无力冲破华军防线，盖该路华军，现占优势，又津浦线西部济宁一带，日军集合军队不少，据华方估计，目下在济宁日军约有六千，及南阳镇三千人，又料不久将有增援，又津浦南段，日军显有大活动，日军于蚌埠附近，渡过淮河，向北进攻固镇，同时日军又分一路，企图在怀远强渡淮河，但被华军所挫云。（海通社）

【汉口六日电】据最近华方报告，前数日鲁南剧战，华军获得若干胜利，鲁南战事现渐沉寂，华军击破台儿庄东北日军阵线后，现正从事增强其已得阵地，华军司令俟增援部队开到后，再行大举进攻云。（路透社）

【汉口六日电】徐州电，鲁南二次大会战已展开，临枣台支线敌土肥原部，经我汤张庞三部夹击，伤亡惨重，今晨我军采迂回袭击，土肥原部溃败不堪，西尾师团沿津浦直下接防，土肥原部调曲阜补充。

【汉口六日电】台儿庄电话，郯城北之敌多门师团，被我孙连仲部截为数段，我并进行各个击破。

【汉口六日电】台儿庄电，鲁南前线昨奉蒋委员长命令，开始三面总攻，是次作战我军达四十余万人，故邳县郯城峄县兰陵各路，我军所至，敌皆披靡，邳县之敌不敢再度来犯，临城残敌纷向临沂退却，弃炮廿余门及坦克车多辆，现临枣间我精锐部队一二日间当有惊人动作。

【台儿庄六日下午二时电】胡山锅山之敌，盘踞山顶，被我军包围，该处敌四周均有工事，死守待援，我军一部攻占该处西北之吴家窑平墩堡之线，已成封锁形势，前昨两日该处敌南攻禹王山甚烈，已被我军击退，毙敌数百。郯城马头镇方面，敌由临沂增援，我军一部在郯城东赤峰镇、构筑阵地。（中央社）

【汉口六日电】徐州电，军息：（一）大小良壁我军向四户镇取得大包围势，胡以锅山之敌余，继尽失联络。（二）邳县我军与敌激战数小时，歼敌三百余人。（三）我军生力军由平汉线开到，参加鲁南前线作战。（四）临沂昨晚发现我游击队数百活动，予敌极大创伤。

【徐州五日电】济宁之敌又增千余，临城之敌近驱大批难民修临城至夏镇公路，并以微湖水涸，宽仅及五里，拟由夏镇附近之沙滩，堆筑一横贯微湖之堤，西通杨官屯，期由该地进犯，我窥破敌计，已派大军沿湖监视，俟敌动工，即可予以打击。（中央社）

【徐州五日电】军息，我游击队四日在临城韩庄间截获敌运往沙沟之炮弹火药筒百余枚，近日敌每以卡车由临城输送弹药至韩庄，惟常被我截获。（中央社）

【六安六日电】敌近增兵三师团，已由上海出发，其去向尚在侦察中。（中央社）

【六安六日电】淮河北岸敌，以密集之炮弹，构成火网，终日向我阵地轰射，同时复以坦克车百辆，利用飞机掩护，向北冲击，我军均奋不顾身，猛烈抵抗，双方牺牲均巨，现我与敌在曹老集一带混战中。（中央社）

【汉口六日电】正阳关电，此间空气极紧张，因津浦南段敌阵线由芜湖北调，企图渡过澳河接应北段之敌，我守军积极堵击，复派大批生力军由正阳关开赴北岸抢救，淮河第二次大会战颇难避免，我军炮兵亦开到，准备再度进行大歼灭战。

四月份统计　毙敌八万余人　鲁南一隅即达四万余　俘敌四千获军火无算

【汉口六日电】军息：四月份晋城、平汉、津浦苏浙皖各路我军，奋勇杀敌，斩获极多，计：

晋绥方面　与敌大小战六十余次，战地遍山西全省及绥远之包头与蒙旗各地，共计毙敌一万七千余人，俘敌伪军一千三百余人，获敌步机枪四千二百余枝，汽车八百余辆，马匹无数。

平汉方面　与敌大小战四十余次，战地遍黄河以北，及铁道沿线，共计毙敌四千三百余人，获敌步机枪一千二百余枝，战马汽车文件粮食甚多。

津浦方面　大战重心均在北段之临沂峄县台儿庄郯城邳县等地区，南段仅有小规模之游击战，共计毙敌官兵四万五千余人，俘敌二千余人，步枪四千六百余支，子弹五万余发，轻重机枪四百余，战车坦克车八十余辆，文件辎重粮食堆积如山。

江南方面　苏浙皖三省境内，与敌大小战四十余次，战地遍京杭国道宣城公路及富阳余杭等地区，共计毙敌一万三千余人，俘敌百余，获步枪一千四百余支，汽车载车颇多。

以上各路　我军在四月份以内总计毙敌共八万余人，俘敌四千以上，获步枪机枪二万以上，辎重战车坦克车难于枚举，各战役中尤以津浦北段台儿庄一战著称于世，然其次各地鳞次小胜，亦正适我军〔积小胜为大胜〕之旨。

摘自《申报》1938 年 5 月 7 日　　第二版

淮南敌军三路北犯　猛扑怀远山郭集一带　我分头迎战已占优势

【汉口七日电】据华方军报，怀远日军昨日向怀远西北约十公里由郭集等地方之华军阵地猛攻多次，意欲向徐州方面北进，日军先用大炮猛轰，后用步队前进，但均不得逞，华军现守阵线为由山口附近之东郭集至山郭集。（路透社）

【六安七日电】淮河北岸战事，今日无变化，双方仅作炮战而已，惟敌在全椒一带，已极空虚，盖敌已尽其在该方面所有兵力，运往蚌怀一带，准备向正北或西北进犯。（中央社）

【汉口七日电】正阳关电：津浦南段敌屡欲渡过淮河，终为我军猛烈抵抗，无法到达目的，昨夜我游击队突将临淮关包围，敌急调兵增援，淮河渡过，敌已感困难。

【淮阴四日电】由盐城北犯之敌，为我大军堵击于上冈，三日晨我生力军赶到，与敌激战数小时，至午将敌完全击退。（中央社）

【徐州七日电】由盐城北犯阜宁之敌，经我□部截断其后路，已向南溃退，我正乘胜追击，阜宁情势可趋稳定。（中央社）

【上海七日电】据可靠消息，华军游击队二千人，已开入长江北岸实业要区之南通，当地日本驻军，仅二百五十人，现在华军聚歼中。日援军现方由浦东开出，以期击退此项游击队云。（路透社）

【六安七日电】我游击队前晚进围含山，将五里冈敌排哨击溃，并进至十字路，遣散修路民工，破坏修复木桥，又我和县队丁，连日在祁门站活动，予敌重大打击，敌颇感痛苦，入晚以探照灯四射，防我攻击。（中央社）

【阜阳七日电】淮河南之敌，连日由蚌埠怀远临淮分三路进犯，我军分头迎战，士气甚壮，大战展开后，我占优势，怀远间战事甚烈，蒙城可闻炮声，五日蒙城遭敌机空袭，投弹百余枚，各机关多被炸毁，民房倒塌百余，伤百余人。（中央社）

台庄东南战事转剧　我击退敌军主力　收复马家窑等重要据点

【汉口七日电】鲁南华军，继续向台儿庄东南胡山锅山之日军阵地进攻，有一队华军已占领台儿庄东马家窑及草墩堡两村落，日军现方凭借其坚固之防御工事，把守山地待援。（路透社）

【汉口七日电】徐州电：鲁南战局由沉寂转趋紧张，津浦南北段战事由昨日起俱甚剧烈，北段台儿庄东我军派遣大兵与敌作殊死战，在马家窑将土肥原师团及西尾师团击溃，各重要据点次第被我收复，敌极顽强，屡次增援，与我发生肉搏战。

【汉口七日电】台儿庄电：蒋委员长昨电令李宗仁，对前线将士作战勇敢备极嘉许，故我士气益为振奋。台儿庄东北各据点之争夺，我军迭奏□功，敌矶谷师团再度惨败，竟蔑视公法，施放泪毒瓦斯及以达□弹作战，我为死守各据点，点已将大批防毒面具由徐运前线。

【汉口七日电】徐州电：台儿庄东南李家墟一带，昨到敌数千，以坦克车十余辆向我猛冲，我□部死守不退，潜伏道旁以手榴弹掷击，当场毁敌车四架，其余纷向后退，我军乘机冲杀歼敌甚多。敌大部仍在李家墟之禹王山死守，与我作剧烈火拼。

【汉口七日电】台儿庄电：台儿庄我军采运动战成功，东南李家墟我采大迂回战术，极有收获。敌所筑之临时砲垒，被我夺获五座，获机关枪十余挺，步枪二百支，及其他军用品无算。

【台儿庄七日电】我军五日克复卜洛村时，获战利品极多，重迫击砲弹一项，即达两千余颗。（中央社）

临峄公路上　肉搏十余次

【汉口七日电】徐州电：今日正午，我三路大军在临沂以南及峄县兰陵附近与敌发生剧烈战，由午至暮肉搏不下十余次，两方死亡均重，敌坦克车、大炮无法施用，故我军更形活跃，为揭开鲁南第二次大战序幕最猛烈之一役，我军并向临城，韩庄等处总攻，牵动鲁东战线，我军全线确占大优势。

左翼济宁敌　已增至两千

【曹县七日电】近三日来，济宁敌确已增至两千，野炮卅余，重炮四，骑兵五六百。南阳方面，据官方侦察，共有四五百，炮十余，不时派小队在湖中各村强征民夫，沿湖及运河堤，构筑工事。（中央社）

鲁乡民蒲二　刺杀三敌兵

【徐州七日电】此次我军收复望仙山迤南之阴平时，有一乡民名蒲二者，系敌由峄县掠来搬运子弹，因相随多日，敌未戒备，当敌占阴平时，蒲二与三敌同住一室，敌均脱衣而睡，蒲在夜间，闻敌酣声，灯下睡状至沉，乃潜持刺刀，将三敌刺死，并将其三枪捆缚，于黑夜中摸索至我阵地自首，我某部已收容嘉奖。（中央社）

摘自《申报》1938 年 5 月 8 日　第二版

郯城又成战事重心　敌犯台儿庄受我包围　变更战略改攻我右翼

【汉口八日电】中国军报称，日军因迭次进犯台儿庄区内之华军阵地，完全失败，拟变更战略，谋取徐州，鲁南日军，鉴于台儿庄东北之华军实力，特为雄厚，拟避免此路，另向郯城方面进攻。（路透社）

【汉口八日电】徐州电，鲁南我军开始三面总攻，战事渐有急转直下之势，邳县之敌经不起我军猛烈攻击，转为守势，□剧战之点移于郯城，敌以飞机及机械化部队参加作战，惟终不能阻我军前进，现再由青岛调敌数千，开来临沂增援，郯城大会战决难避免。

【汉口八日电】鲁南华军连日迭次进攻，结果郯城西南之马家镇及捷庄，已被华军包围，马头镇附近有大队日军集中，准备截击华军之右翼。（路透社）

【汉口八日电】据华方消息，华军经将台儿庄东部之四千日军，完全包围成功，遂将东北近邳县一带之八千日军截断。又被困日军，尚未允降，仍负隅顽抗。又津浦路战局，无大变动，惟鲁南方面，日军无法向晋西北调动部队，赶来增援，因华军现经开始大反攻，并迫近大同云。（海通社）

【汉口八日电】台儿庄电，峄县枣庄以南，运河以东，郯城以西敌军约有三师团兵力，其主力似在马头镇四户镇连防山一带，连日被我军痛击，敌受创惨重，攻势大不如前，我军现乘势反攻，各处之敌，不久可被我扫荡殆尽。

临台支线激战未已

【汉口八日电】徐州电，今晨台儿庄北，我军与敌继续激战，计由昨夜一时许起，迄今仍未停息，双方互有进退。据前线报告，敌冀雪前耻，虽集主力猛烈来攻，惟我军仍保存以往成绩，此役至发电时，估计毙敌约三千余人，我军亦略有损伤。

【汉口八日电】台儿庄电，敌连日在本庄作战，损失甚巨，消耗弹药无算，连日运输甚忙，迭被我别动队抄后方袭击，我军因运输困难，所获除补充本队外，尽行毁灭。

【汉口八日电】峄县东南之敌，昨向我阵地进攻三次，均被痛击，敌伤亡千余人，刻已不敢再犯。又界河之敌三百余人北犯，被我在白山伏击，毙敌甚众，残敌北窜。

【汉口八日电】徐州电，向峄县西南进攻临城韩庄之我军，现已迫近城下，双方互战甚烈，临城南门为我一部冲入，与敌据巷口激战，我部以该处不能久守，冲杀一阵，乃返回原阵地协助作战。

江北我军攻入南通（汉口七日电）据可靠方面消息，华方军队二千人，日前攻入南通，该处日驻军仅六百五十人，游击队正努力歼灭中。日方已自浦东调军前往增援云。

【汉口八日电】又据最近华方报告，徐州以南之日军，现分两路进取徐州，一路沿津浦南段犯固镇，一路则由临城北上，已抵运河右侧之阜宁，舍鲁南而转犯江苏之北部，闻津浦南段之华军，现仍扼守固镇南两站之曹老集站以南，该地附近，已有少数日军发现。（路透社）

【汉口八日电】六安电，和县含山间我游击队非常活动，含山已在我军包围中，城内壮丁，纷起响应，有壮丁二人在城内以大刀连斩敌兵八九人，我军一度曾冲入含山东门，毙敌数十，后敌援赶至，我军因众寡关系，旋即退去。

【汉口八日电】正阳关点，蚌埠怀远凤阳等处敌军，纷纷活动，察其企图，似为大举渡淮河之准备，但铁路公路之桥梁，均遭我游击队破坏，敌运输困难，我军昨日已乘机发动游击战，收获颇宏。

【汉口八日电】海州电，此间我军积极布置防务，因敌屡攻徐州不下，有转窥海州企图，昨连云港突驶来航空母舰一艘，并有运输舰驱逐舰多艘，我已加紧戒备。

摘自《申报》1938 年 5 月 9 日　第二版

鲁南我军再度总攻　济宁敌万余西犯归德　我调劲旅集金乡堵击

【徐州九日电】鲁南之敌，八日向我全线攻击，又遭顿挫，我以敌已成强弩之末，九日晨向敌再度总攻，各路均有战事，我军士气甚旺，颇占优势。（中央社）

【汉口九日电】此间华方，收得前线消息，台儿庄区内日军，向华军迭次进攻，始终未有进展，现改变作战计划，分五路进取徐州，闻日军现拟发见华军包围线上之弱点，津浦南段日军，亦闻已渡过淮河，向北进犯，新桥附近现有战事，日军左翼以怀远为根据，沿肥河向西北前进，其右翼则由盐城沿海岸进达阜宁。津浦北部之日军，似已转移其注意力于鲁西，希望在徐州西山方面，截断陇海路，同时，临城日军在微山湖北集中，准备假道沛县丰县，以袭砀山，济宁日军，则拟进犯归德。（路透社）

【汉口九日电】徐州电，峄县郯城战况无变化，今晨邳县北部我军已收复连防山，邳县郯城间敌之联络线，已为我切断，台庄方面我进展顺利。

左翼战况突转剧烈

【徐州九日电】鲁南战事，今日仅有小接触，自郯城西南之捷庄为我克复后，敌已知难而退，连防山邳县方面双方仍在对峙中。正面之敌，企图直下徐州，刻敌已变更计划，企图向鲁西方面发展，敌连日增援，兖州济宁一带兵车络绎于途。济宁方面，我军兵力充裕，敌来将予迎头痛击。

【徐州九日电】济宁之敌，自援军抵达后，今晨犯金乡，为我驻军迎击，双方肉搏三小时，毙敌甚众，残敌窜回济宁。今午金乡我生力军，源源开至，士气旺盛，刻向济宁反攻中。

【曹县九日电】济宁敌连日增加，总数已达万二三千人，并确有两师团长驻该县指挥，城关及四乡满驻敌兵，沿魏庄西正桥之线筑有工事。八日晨以来，全线均有接触，以河长口正面最为激烈，敌炮不断向我发射，空中并有敌机五六架轮流侦察，不时用机枪向下扫射。（中央社）

【徐州九日电】临城新增敌八百，八日又由枣庄开来千余，临城西之古井刚停有敌汽车七十余辆，上载铁板及橡皮船，开赴夏镇，又夏镇敌约九百余，分往该镇南北两端搜集材料，似有偷渡微山湖企图。（中央社）

敌调化学部队作战

【汉口九日电】兹据确息，敌军事当局，因鲁南战事失利，虽经数度增援反攻，均属无效，现决进行大规模之化学战争，并经派出化学部队两大队开赴山东前线参加作战，该两大队乃最近编成之独立机械化部队中之一部，其司令官为本间中将，该两大队经于四月十九日由神户出发，由青岛登陆，转调津浦前线，刻下敌方仍继续增调此项化学部队前来我国。另一独立机械化部队，方始编成，亦赶于五月一日调往鲁南，其司令官为吉池少将，此项部队均配备瓦斯施放队，在过去两月中，敌曾数度施用催泪弹，但结果认为效用不足，故决意施用更强烈之毒瓦斯云。（中央社）

【徐州九日电】据报鲁南之敌，因在连防山禹王山及冯家窑等处屡战屡挫，伤亡惨重，预期攻克徐州之计划已不能实现，东京敌大本营乃恼羞成怒，竟不顾国际公法，准敌于苦战时使用毒瓦斯及毒菌弹，我军事当局对此除已寻有抵制办法外，并将诉诸正义云。（中央社）

摘自《申报》1938 年 5 月 10 日 第二版

淮南我军攻克含山　苏北盐城敌向东溃退　津浦南段我放弃蒙城

【汉口十日电】华军发言人昨报告长江流域战事形势，谓合肥华军已向东开拔，现在万家山与敌人会战中，巢县日军实力尚薄，不足为虑，临城日军向北推进，经在阜宁以南之沟安镇，被华军制止，日军谓已攻陷阜宁，未免言之过早，但该处消息不明。（路透社）

【青江浦九日电】由盐城北犯之敌，刻已大部向海滨东退，测其原因，系受我军收复草□□，归路已断，而公路两侧，我正发动游击战所致，我正面部队，除向东袭击外，并举草□□我军收夹击扫荡之效果。（中央社）

【六安十日电】淮河北岸之敌，近在空军掩护下，猛攻我军，九日晨我军由其侧背之凤台北上，途经一宵集，遇敌约四百余人，当将敌包围，我士兵遂以日语高呼缴械，敌因身陷重围，无法挣脱，乃纷纷缴械，此役我俘敌二百余人，战马二十四匹，步枪二百余支，轻机枪数挺。（中央社）

【徐州十日电】蒙城我军，因该地经敌机及大炮轰击，已成一片焦土，且连日与围攻之敌，血战两昼，但伤亡甚重，已于十日子奉令退出，现改在蒙城西北地区，继续与敌激战。（中央社）

【六安十日电】淮河南峰之我军，为牵制津浦南路敌军，以策应津浦北路战事起见，连日向前挺进，攻击敌军，九日拂晓，我某部到达指定地点后，乃一鼓收复为敌盘踞数月之新城口，毙敌百余人，同时占领所有上大埠北部之高地，武店方面之我军，亦乘敌不意，作猛烈之攻击，敌五千余人，被我击溃，敌死伤约四百余人，内有官长上田大尉一名，夺获战马四十余匹，我军死伤仅数十人，我当时并不以一时胜利为满足，仍向前推进，刻已抵达刘府附近，并已与凤阳来援之敌激战中。（中央社）

鲁南方面全日激战

【汉口十日电】徐州电，鲁南之敌，昨日全线总攻，各路均有战事，激战竟日，敌屡为我军击退，伤亡惨重，已成强弩之末，我军始终站于优势地位，士气奋发，今晨我军下令反攻，长官均上火线指挥，士兵争先恐后，向前猛冲，在连防山、马头镇、泥沟一带剧战中，连防山敌阵线已为我军冲破，毙敌五百余人，台庄峄县仅有小接触。

【徐州十日电】台儿庄电，郯城之敌已为我包围，同时我军□部已迫近临沂，将临郯之敌，联络切断，台庄以东，我军进展颇速，鲁西敌军虽增至二万，谋攻归德，我已派大军到达各重要据点，敌来当予逐个击破。

摘自《申报》1938 年 5 月 11 日　第二版

津浦我军猛烈反攻　阻敌夹攻归德　北段敌向西南三路进犯　南段敌主力在蒙城受挫

【汉口十一日电】中国援军已到，随即向日军猛烈反攻，阻其进犯归德，按归德在徐州西约一百英里，日军现由东北及东南进逼，惟华军则特别注意于沿河西北，进犯之日军，华军一队在蚌埠西北约四十五英里之蒙城，与日军接触，另一队则在蚌埠西向北推进，以袭击蒙城与怀远间之日军侧面，由西南方进犯归德之日军，闻分三路，其主力由济宁向鱼台南下，现在济宁南十五公里处，与华军接触，第二路由兖州西之汶上出发，向郯城前进，闻已抵郯城之东南郊，第三路向巨野前进，日军宣称，蒙城已被占领。（路透社）

【六安十一日电】鲁西皖北两地区，目下已成为世界视线集中之场所，依战势视察，敌欲在此两面战线延成一线，而我则欲使其分散，现我在该两方面，均配以重兵，敌之战线，已被我截断，不但绵延困难，且撤退亦成问题，我在津浦南段，已施行侧击。（中央社）

鲁南方面　我军稍有进展

【徐州十一日电】鲁南战事全局，今日仍无大变化，郯城马头镇方面，敌我激战仍烈，我军稍有进展，闻郯城现仅有敌少数部队，马头镇今晨我肃清敌军一部后，极占优势，该处残敌即可完全歼灭，台儿庄邳县韩庄各方面战况，今日均无大变化。

【汉口十日电】郯城日军千余人，昨向红花埠推进，图在新安镇方面截断陇海路，该处离该路仅八里之遥。（路透社）

敌犯金乡　被我迎头痛击

【汉口十一日电】日军向济宁南进，沿南阳湖西岸，向嘉祥与鱼台进攻，惟据华方报告，中国军队增援后，经将日军拦截，又黄河北岸，虽有日军大队集合，昨日仍未有渡河之势，盖中国游击队沿北岸日军后方，施

以严重袭击，又昨前两夜，该地日军，不停被便衣队所袭，又鲁南与津浦路，今日阵地无变化云。（海通社）

【徐州十一日电】鲁西济宁嘉祥方面敌军，今晨向金乡推进，为我军迎头痛击，双方发生白刃战，我军以手榴弹猛掷，敌伤亡奇重，来势顿挫，我军乘胜向济宁锐进。

南段正面　敌沿铁路北犯

【汉口十一日电】蚌埠日军开始攻击固镇，该处在南宿州以南，双方现在固镇南之苏家集激战中。（路透社）

【徐州十一日电】蚌埠敌军今晨破晓，乘雾偷渡淮河，我军待敌至中流，以机枪密集扫射，敌被击毙当在千人以上，残敌纷向南岸溃窜。

蒙城激战　我援军已开到

【汉口十一日电】徐州电，津浦南段敌主力，犯我蒙城，因我军坚守抵抗，敌迄未得逞，昨晚我援军赶到，开始反攻，战事激烈。

【徐州十一日下午四时电】九日晨，敌少数部队迂回至蒙城垣附近，经激战后，敌陷入蒙城，并有少数骑兵向西北窥察，当为我有力增援部队阻击，一部正由蒙城西北推进，一部已开至蒙城南十六公里地点，向蒙城附近小涧集西洋集之线，猛烈进攻，敌已遭受顿挫。（中央社）

【徐州十一日电】津浦南段之敌，集合机械化部队及坦克车多辆，向蒙城推进，今日战事，仍异常激烈，双方屡进屡退，敌伤亡多我一倍，我军始终占着优势地位。

【徐州十一日电】津浦南段我军发动伟大运动战，蒙城之敌后方运输线，为我游击队切断，蒙怀之间龙亢镇为我军收复，今晨我游击队在明光镇廿里之杨家庄，炸毁敌兵车十余下，毙敌七十余人。

摘自《申报》1938 年 5 月 12 日　第二版

敌军分犯津浦西侧　北路越郯城进犯巨野　南路敌与我争夺蒙城

【徐州十二日电】津浦东侧之敌，虽欲分由郯城阜宁会合于陇海东段，经我军南北分途阻截，郯城南红花埠附近已无敌踪，阜宁敌未敢再作孤军深入，陇海东段现仍安谧，西侧之敌，十二日仍在济宁蒙城一带，与我激战，十二日晨敌机十余架，到蒙城北之永城轰炸，并有敌骑数百，在蒙城永城间窥察，已被我击退，另据前方电告，传蒙城十二日为我军收复，淮北我军出击后，颇占优势，济淮之敌，虽增至二师团半，因后路已发生动摇，现颇恐慌，至津浦两端正面阵线，并无变化。（中央社）

【汉口十二日电】济宁敌军，现沿公路向西南金乡猛攻，而以陇海线上之马牧集车站（在徐州与归德间，距归德约廿公里）为最终目的，敌即企图于该处达到切断陇海线之目的，至右翼方面，敌自郯城南下，进抵红花埠后，又转而西向，进击邳县我军之侧，除此两股外，汶上敌向运城进犯，已越城而达城南八公里之陈家庄，正向巨野进犯，又津浦正面，韩庄以北之敌，蠢蠢思动，图渡微山湖西犯。（路透社）

【运河站十二日电】窜郯城南境大禹庄之敌脚踏车队及骑兵约三四百人，被我某部击退，敌机数次抛送子弹接济该敌，均被我夺获，现红花埠附近，已无敌踪，新安镇至红花埠间，我防务巩固。（中央社）

【曹县十二日下午三时电】昨日汶上方面之敌，猛扑郓城，炮火异常剧烈，迄晚郓城我军转移阵地，刻正增援反攻。（中央社）

南段敌军　两路进犯皖北　一路循津浦路窥固镇　一路沿过河攻入蒙城

【汉口十二日电】据华方今日报告，日军由蚌埠分两路向皖北进犯，一路图陷固镇，另一路犯怀县归德间之蒙城，惟两地战事，仍在相持中，料华军可将敌军击退，蒙城方面日军数千，包围华军，但仍不能取胜，又固镇两岸有河相隔，日军被迫至南岸，被华军炮队击退。（海通社）

南段正面

【徐州十二日电】津浦南段正面曹家集、张八营、孙家庄一带敌军，迭被我军打击，我军在新桥、高庄瓦、禹王庙已布成坚固绵长数十里之阵线。

【徐州十二日电】津浦南段新城口、上窑我军乘胜向考城推进，蚌埠敌军后方已发生摇动，同时仁和集我军今晨已越曹老集、张店子，向蚌埠进击。

蒙城方面

【汉口十二日电】据华方昨夜发出公报，承认已于星期一（九日）由蒙城撤至该城以西地带，华军两路进援蒙城，一路进达蒙城东北要点，另一路则进展距该城十六公里地带。（路透社）

【上海十二日电】日方报称，由蒙城出发进犯陇海路之日军，昨日已占领离铁路西北约十一英里之潘家埠。（路透社）

蒙城陷落经过　敌军两度败退　曾付重大代价

【六安十一日电】淮河北岸之敌四千余，每日以飞机掩护，坦克车作先导，积极向我蒙城方面进犯，七日敌一度轰炸我县城一角，由该处攻入城内，我军拼死抵抗，终将入城之敌悉数解决，八日敌复以飞机廿余架猛炸我蒙城城内，致城内房屋俱成焦土，同时敌之主力部队向我守军进犯，是时我指挥长官周副师长已身负重伤，但仍继续指挥作战，我方将士大为感动，乃益奋勇冲向城外，与敌肉搏，敌不支，后退十余里，九日拂晓，敌援军赶到，复向我蒙城猛进，敌机廿余架又大肆轰炸，我守城部队仍沉着应战，迨下午三时余，敌更调来坦克车助战，卒以城垣缺口过大，不得已退出，敌遂入城，惟我尚有一部，仍据城内残垣断壁，与敌作激烈巷战。（中央社）

津浦北段　两翼战事紧张　右翼与敌相持邳县　左翼争夺郓鱼之线

【汉口十二日电】津浦北段战争，侧重两翼，右翼郯城方面之敌，图与邳县敌汇合，与我激战于邳县东北两面，双方伤亡均重，左翼方面，敌我出入于郓城、巨野、金乡、鱼台之线，我援军已开到，正布置反攻中，我高级军事长官，正在该方面指挥。

鲁南方面

【上海十二日电】此间日人消息，闻据北平日军部预测，郯城南陇海路上之新安镇将于四十八小时内沦落，可见徐州战事已近紧急关头矣，日方军报又称，日军已离新安镇不远，华军向陇海路撤退，如新安镇果被占领，则陇海路将在海州与徐州间被日军截断，使日军得首次在陇海路上得一立足点。（路透社）

【徐州十二日电】鲁南郯城之东南敌军千余，今日到红花埠转向西进，企图威胁邳县我军，为涝沟□旅将之截击，同时郯城之南，我□师猛攻敌背，即时将敌歼灭过半，残敌溃不成军，又临沂之敌，昨晚我游击队乘月夜偷袭南门，以大刀手榴弹斩获寇兵百余，敌援赶至，我军早已安全退出。

鲁西方面

【汉口十二日电】鲁西方面日军沿微山湖西岸推进，又一路向西迫近归德廿公里，又济宁西北郓城，现在激战争夺中，又微山湖南部日军一队，企图由东渡湖，惟被华军赶退，又鲁南战局，无甚变动云。（海通社）

【徐州十二日电】鲁西正面之敌千余，今晨向金乡猛攻三次，均不得逞，临城敌谋强渡微山湖，为我军密集机枪扫射，将敌击毙甚众，残敌退回临城，又汶上攻郓城一路敌军，为我将之歼灭过半，巨野金乡我大部援军开到前线，今午分两路猛烈向嘉祥济宁反攻，敌阵线被我冲破多处，是役我军斩获无算。

【徐州十二日电】鲁西鱼台、金乡、马庙集，我大军云集，士气旺盛，敌来当予痛击，鲁南战事无变化，我敌仅有小接触，我占绝对优势。

【郑州十二日电】鲁西战事紧张，郓城附近之敌约二千，为土肥原部之森田部队，十一日晨九时许，郓城西南廿余公里路上发现敌骑兵七十名，战车四五辆，企图破坏我方电线，当被我军奋勇击退，旋有大批敌军，向□林李家河一带我军阵地猛攻，炮火异常激烈，混战至晚，现我援军已源源开到，正在对峙中。（中央社）

摘自《申报》1938年5月13日　第二版

淮北敌军归路断绝　永城之敌被我包围　我军已处有利地势

【六安十三日电】鲁皖两地战局，目前已成息息相关状态，此次战面之广，战线之长，与情况之严重，均较过去为甚。鲁南方面，现成对阵态势，即我敌双方主力在相互监视中。鲁西方面，敌虽逐渐南侵，惟我在其两侧，已实行夹击，敌已遭遇顿挫。皖北一带，敌原拟一路由正北直犯固镇，一路由西北进犯归德，自正北一路被我当头猛击后，迄今尚无活动模样。其西北一路，自侵占蒙城后，主力路线突然改变，即向永城方面进犯，其目的在切断我宿县砀山之联络线，以威胁徐州。但我在其四周业已构成坚固之包围线，敌主力路线已断。淮河以南部队连日进展极速，敌之归路，必被我截断无疑。合肥方面，敌虽已侵入近郊，惟其后路之含巢，极为空虚，我大军已在其南北两面加紧压迫，则敌之后路，又有问题，且合肥地极险要，必可予敌严重之打击，总之，敌所盘踞侵占之处，均为我所包围，若一路受挫，全局必起动摇，而至崩溃。当前战局，我已处有利地势，前方将士，均已奋勇上阵，以夺取伟大之胜利，所望全国人士，振奋精神，一致协助，以完成抗战之任务。（中央社）

【本报汉口十三日电】津浦敌军，自开始实行所谓新攻势后，扩展两翼，图对徐州作大包围势，约略言之，北段敌军，左翼以郯城为基点，正面以峄县韩庄为基点，右翼汶上部队，已抵郓城、济宁部队，迫近鱼台，微山湖东岸之敌，亦蠢蠢思动。南段敌军，右翼已进抵阜宁，正面与我对峙固镇以南蚌埠以北之浍河，左翼则正自蒙城渡过河进袭永城，此间军事当局，除宣布上项消息外，对于敌军主力所在，及我抵御之方，不欲多所发表，仅闻我生力军若干师，业已自陇海路开抵归德，分头迎击自南北段来犯之敌，据非官方确息，我津浦全线正规兵力，已达四十万之众，武装民众，尚未计入，较之敌军（包括伪军）十二万五千之数，超过数倍，敌军数量上既然逊于我，尚图对我包围，自无取胜之理。故此间对津浦战局，虽极度注意，然对决战前途，仍抱乐观云。

津浦西侧我军反攻　切断陇海计划完全失败

【汉口十三日晚十二时电】鲁南台儿庄附近战事沉寂，华军目光移往蒙城进向陇海路之日军，据华方最后消息，日军被华军两路夹攻，一由徐州进攻，一由津浦路西进攻，后者，据谓在蒙城、定远、凤阳等地，袭击日军后方，据华方未证实之公报，华军已于十二日克复蒙城，若然，日军在由南面切断徐州西之企图，必遭失败无疑。中国公报又谓，日军于十一日占领郓城，但华军于十二日复将该城克复。（路透社）

【郑州十二日电】前方电话，鲁西我军陆续增援后，各线已有进展，连日由濮县濮阳渡河之敌，总数确有一二千，十二日午被我机炸毙数百，同时我某部将渡河之敌，包围于临濮集，予以伏击，又歼灭一部，郓城已入敌手，我自援军开到后，士气大振，将该处敌军联络切断，使郓城敌军不克前往应援，预料可逐个消灭之。金乡方面，十三日亦激战甚烈，金乡县万口河以南敌军被歼灭颇多，攻入金乡巨野间独山集之敌，被我□□两部夹击，混战数小时，歼灭大半，残部狼狈逃窜，总之，鲁西战事，已逐渐好转，深入永城之敌，十三日已被我包围。（中央社）

摘自《申报》1938 年 5 月 14 日　第二版

淮南我军克复巢县　歼灭城内敌军千余名　合肥敌主力已被包围

【徐州十四日电】我敌在鲁西之济南、嘉祥、郓城、金乡一带混战，而尤以郓城之北一带为激烈，我军前仆后继，向敌猛冲，夺回村庄多处，濮县渡河之敌，现正与我激战中，鱼台、金乡，我阵线颇占优势。

【徐州十四日电）我军已克黄河西岸之范县，经于与该地之游击□部三千余人取得联络，沿公路南下反攻濮县，郓城濮县之敌联络，已为我切断。

【郑州十四日电】我军已将临沂以南公路，完全破坏，敌汽车不能行使，又敌兵千余，由临沂间郯城，在郯城北之李家庄，为我军埋伏截击，被我击毙五百余人，残敌向临沂回窜。

摘自《申报》1938 年 5 月 15 日　第二版

南段我军克复永城　淮北敌被截成数段　鲁西我分五路迎战

【汉口十五日电】据大本营所得前线最后消息，津浦华军形势，已于昨日转佳，日军之直趋陇海路西段者，已在永城以北受挫，该项日军，系以骑兵为主，而以机械化部队为辅，故以性质言之，纯属别动队，华方大批援军，已开永城，堵截日军，同时，淮南方面，华军正由合肥实施反攻，并收复巢湖以东之巢县，鲁西方面，现正展开血战，该方日军，分五路向陇海路进犯，（一）鲁豫边境，日军自郓城西四十公里之张镇，（译音）南犯菏泽（曹州），企图切断陇海路，距张镇十二公里之□濮集，已有战事。（二）郓城日军，正向巨野单县推进。（据未证实消息，华军已克郓城，该城日军现正向北退却）。（三）进犯金乡日军，亦向曹县推进，其先头部队，据云已于金乡单县间之公路上出现。（四）进犯鱼台日军，正向徐州归德间之砀山前进。（五）此外另有日军一队，已渡微山湖，进

犯沛县，至于苏北方面，日军前锋，进达阜宁以北，盐河东岸之新安镇云。（路透社）

砀山以南敌锋受挫　　归路断绝欲退不得

【汉口十五日电】蒋委员长大本营今日发表一公报称，陇海路砀山南十四英里地，曾有极激烈之战事，日军拟在砀山方面截断陇海路，结果反受华军之重创，华军于昨晨起正面进攻，经肉搏血战后，夺得日军铁甲车十二辆，日军战死者五百人，伤者更远过于此。另一路华军克复永城，将日军退路斩断，日军不得已乃向各方溃散。（路透社）

【汉口十四日电】军息，砀山南四十里附近，敌先头部队配以坦克车及高度机械化部队，于十四日晨向我猛扑，我军当即沉着应战，俟其迫近战壕时，始跃出以手榴弹向敌坦克车抛掷，一面复自战壕中，跃出与敌步兵肉搏、冲锋激战两小时后，敌坦克车十二辆失其运动力量，一一于强烈手榴弹下毁灭，敌官兵五百余名全部死亡，敌势至此为之大挫。（中央社）

【徐州十四日电】我某部十三日将由蒙城窜扰永城之敌骑歼灭，并完全收复永城，敌已向南回窜。（中央社）

【阜阳十五日电】军息，敌在淮河一带，兵力极薄弱，我在凤阳定远一带获捷后，有直捣津浦南段各据点之势。据过阳电话，窜入豫边永城之敌机械化部，经我打击堵截，无由前进，有回窜模样，十四日敌机一架，飞亳县侦察。（中央社）

鲁西全线俱有接触　　鱼台城内发生巷战

【汉口十五日电】鲁西日军拟向陇海路南犯现在鱼台金乡及巨野等地，与华军激战中。日军已攻破鱼台城墙，现方与华军进行巷战，金乡巨野郊外，亦在战斗中，日军宣传谓，鲁省西南隅之菏泽，已被占领，华方特加否认，但称该方战事，仍在郊外进行中，菏泽与汉口间之电报，亦照常通畅。（路透社）

【北平十五日电】此间日方公报称，日军在山东濮阳附近渡河，已告成功。华军在十四日晨虽竭力抵抗，惟未能达阻止日军前进之目的。现日军已进占山东西北之菏泽云。（路透社）

【郑州十五日电】敌二百余，附炮四门，十二日午十一时由濮县经杨庄向我进犯，侵据杨庄罗庄渡口，我刘部沿河阻击，敌向杨庄逃窜。又军息：（一）鲁西敌二千余，以坦克车开导，十四日向菏泽进犯，并以飞机数架助战，现与我激战中。（二）进据黄河东岸临濮集之敌，因受我军侧击，伤亡颇巨，敌恐归路截断，大部向后撤退，一部数百人沿堤南犯，现在与我激战中。（三）据城董乃桥一带敌军共二千余，十四日亦与我不断接触。（四）观音集方面，敌军十四日向我进犯，我正堵击中。（中央社）

【徐州十四日电】微山湖东岸夏镇到敌七八百，由临城开卜镇敌千余，沛县北马家口有敌五六百，敌一部约两千向我金乡东南牌坊林猛犯，与我军激战甚烈。另一部由万福河北岸向我右翼张楼镇猛进，又敌千余向我大义集围攻，我阵地将南移，鱼台以北之敌，正向城内猛攻，单县至金乡之公路，发现敌数百，巨野西北李楼附近发现敌踪。（中央社）

【曹县十四日下午二时电】鲁西郓城北四五里发现敌骑兵，有北犯模样。闻郓城有克复说，敌军昨日起猛攻鱼台，发生激战，金乡附近亦有接触，敌小部队增援单县至金乡公路，又敌五六百，在沛县北马家渡口微山湖方面向南进犯。（中央社）

【徐州十四日电】由鲁西进攻之敌，十四日仍与我在金乡鱼台迤北激战，深入淮北之敌，十四日受我某部侧袭，已被截成数段，正分别歼灭中，津浦两端正面无变化。（中央社）

摘自《申报》1938 年 5 月 16 日　第二版